教育心理学研究丛书·心理健康教育书系

·张大均　主编·

学生心理素质培养模式及实施策略研究

张大均　余　林　王金良等　著

科学出版社

北　京

内 容 简 介

本书以“学生心理素质培养模式及实施策略”结项成果为基础，通过对国内外心理健康教育模式及实施策略的系统分析，结合我国学校教育和学生心理发展的实际需要，在理论探讨和实证检验基础上系统构建学生心理素质培养模式及实施策略。全书内容分为基本(整合)模式及实施策略、具体模式及实施策略两大部分，具体模式及实施策略又包括专题训练模式及实施策略、学科渗透模式及实施策略、计算机辅助模式及实施策略、审美熏陶模式及实施策略等。

本书对于科学开展学校心理健康教育、学生心理素质教育以及学校素质教育都有重要参考价值，既可供从事学校心理健康、学生工作及相关管理者阅读参考，又可供从事学校心理健康研究、素质教育研究和青少年研究的相关人员参考。

图书在版编目(CIP)数据

学生心理素质培养模式及实施策略研究 / 张大均等著.—北京:科学出版社,2014
(教育心理学研究丛书 · 心理健康教育书系)
ISBN 978-7-03-041770-1

Ⅰ. 学…　Ⅱ. 张…Ⅲ. 中学生-心理健康-健康教育-研究　Ⅳ. G479

中国版本图书馆 CIP 数据核字(2014)第 201804 号

责任编辑:赵　鹏 / 责任校对:张小霞　鲁　素
责任印制:徐晓晨 / 封面设计:谜底书装

科 学 出 版 社 出版
北京东黄城根北街 16 号
邮政编码:100717
http://www.sciencep.com

北京凌奇印刷有限责任公司 印刷

科学出版社发行　各地新华书店经销

*

2014 年 10 月第　一　版　开本:B5(720×1000)
2020 年 1 月第三次印刷　印张:35 1/4
字数:700 000

定价: 88.00 元

(如有印装质量问题,我社负责调换)

总　　序

“教学心理学”和“心理健康教育”既是教育心理学中新的研究领域和重要内容，又是直接与教育教学密切联系的亟待加强研究的重要课题，也是近20年来我及我指导的硕士、博士研究生重点研究的两个方向。这套《教育心理学研究丛书》(含《教学心理学书系》和《心理健康教育书系》)主要是从我指导的部分博士的学位论文和主持的国家级相关科研课题结题成果中精选出来并整理修改而成的。撰写出版该丛书的目的，一方面是通过总结梳理我们在这两个领域的探索性研究成果，向学界前辈和同仁汇报交流我们探索的收获和体会，寻求同行对深化这两个领域的研究的帮助和支持；另一方面是适应我国教育现实发展需要，将我们的研究所获、所思、所悟形成文字并公开出版，为我国学校教育教学改革和青少年健康发展提供教育心理学依据。

秉持上述目的，本丛书各选题从研究过程到撰写成书都力求遵循以下两个基本原则：

坚持继承与创新结合，突出问题中心的研究取向。继承和创新既是科学研究应恪守的基本原则，也是我们开展“教学心理学”和“心理健康教育”研究首先要突出的特点。教育心理学历经百年发展已经是心理科学中最重要的分支学科之一，形成了比较完整的研究范式和学科体系。然而，教育心理学又是一个需要不断发展和完善的学科，面临着一系列的新问题需要研究，需要不断进行理论和方法创新。因此，我们在研究中既强调在研究思路上要遵循教育心理学研究规范，继承发扬其优良传统，又注重在研究内容上针对传统教育心理学体系中的薄弱环节和教育现实亟待研究的新领域、新问题，采取问题中心的研究取向，选择那些既属于教育心理学范畴又富创新性和现实性且属亟待研究的课题进行系统研究，强调在继承基础上的创新，在创新探索中不断发现研究理念。

坚持理论与实践相结合，恪守服务教育现实的价值取向。教育心理学是研究教育情境中心理活动特征和规律的科学，教育心理学的学科性质决定了其研究必须从教育现实需要出发，其研究成果最终又应服务于教育现实需要。从教育实际需要来看，提高教育教学质量和促进学生健全发展是中国教育现实的头等需要，这也是教育内涵发展之根本。无论是教育的整体改革还是学校的课程教学改革，其最终目的都是促进教育内涵发展。教育内涵发展的实质是实施素质教育，即提高育人质量，关键要解决教育(主要是教学)的有效性和学生健康发展的问题。开展教学心理学研究，为有效教学提供科学支撑，是从“教”(主导)的层面探讨如何科学有效实施素质教育、保障育人质量的心理学理论和方法；开展心理健康教育研究，为学生素质全面发展奠定良好的心理基础，是从“学”（主体）的层面探讨如何保障素质教育和育人质量的心理学理论和方法。然而，开展“教学心理学”和“心理健康教育”系列研究，必须坚持理论与中国教育实践相结合，研究的问题应从现实教育中发现和提炼，研究结果应能服务于教育现实，这是本丛书的价值追求所在。

本丛书是我和学生们集体探索的结晶，多年来我们通力合作、共同探讨，不仅共同收获了学术研究成果，而且建立了亦师亦友亦同行的良好师生关系，这是我们能多年坚守在这两个研究领域的团队动力。在本丛书付梓之际，首先要感谢丛书各分册作者的支持。在研究和撰写的过程中各位作者都竭力践行既定的研究原则，但因丛书探讨的主题都系探索性课题，多为“初生之物”，难免有不足之处，欢迎同行专家及广大读者批评指正。最后，衷心感谢科学出版社的领导及各位编辑的支持！

张大均

2012 年 4 月 5 日于西南大学

前 言

自“九五”以来，我们开展了“青少年心理健康与心理素质培养的整合研究”，迄今我们课题组已完成了“青少年心理健康教育的理论与实践研究”“青少年心理问题及对策研究”“学生（青少年）心理素质培养模式及实施策略研究”“学生心理健康学校保障体系研究”“学校心理健康教师胜任特征研究”“心理健康与心理素质关系模型研究”“影响青少年心理健康的心理因素研究”“学生社会适应的心理学研究”等彼此联系的八项国家级课题研究。《学生心理素质培养模式及实施策略研究》一书，既是“青少年心理健康与心理素质培养的整合研究”系列成果之一，也是全国教育科学规划“十五”国家项目“学生心理素质培育模式及实施策略研究”的最终结题成果。

心理素质是人的内在品质，是制约人心理健康的内源性因素。因此，培养学生健全、积极的心理素质是从根源上解决青少年心理健康问题的有效途径。学生心理素质培养不仅是维护学生心理健康的现实需要，而且也是我国素质教育的重要任务，但如何科学有效地培养学生心理素质对学校来说是一项重要而又陌生的教育任务，需要心理科学、教育科学为其提供必要的理论依据和实证支持。因此，开展系统的“学生心理素质培养模式及实施策略研究”，既有重要理论价值又有重要现实意义。

本书以“学生心理素质培养模式及实施策略”结项成果为基础，通过对国内外心理健康教育模式及实施策略的系统分析，结合我国学校教育和学生心理发展的实际需要，系统构建了学生心理素质培养模式及实施策略。全书基本内容分为基本（整合）模式及实施策略和具体模式及实施策略两部分。基本模式及实施策略从教育“目标”“内容”“过程”“策略”等多环节“整合”出发，提出了将生理-心理-社会-教育协调作用融合一体的整合模式及实施策略；具体模式及实施策略又包括专题训练模式及实施策略、学科渗透模式及实施策略、计算机辅助模式及实施策略、审美熏陶模式及实施策略等，从不同角度和层面联系现实教育情境探讨了如何实施学生心理素质培养模式及实施策略，为学生心理素质培养模式的科学有效开展提供了理论依据和实证支持。

撰写出版本书的目的，一是系统整理总结“学生心理素质培养模式及其实施策略研究”的主要成果；二是为把“青少年心理健康与心理素质培养的整合研究”继续引向深入，抛砖引玉；三是希望能为日益受到重视的学校心理健康教育和学生健全心理素质培养提供有中国特色的参考资料和研究视角启示。

本书是一项团队合作研究成果，课题主持人张大均负责全书结构设计、指导书稿撰写修改和统稿审稿，余林、王金良协助主持人统稿，参与各章书稿撰写者分别是（以各章排列为序）：张大均、向守俊、臧原、宋丽娟、王翠萍、徐燕刚、邵景进、齐晓栋、阴山燕、赵慧、周巧；参与书稿修改的有：郭成、余林、王金良、刘衍玲、江琦。

本书的出版是课题组全体同志通力合作的结果，同时得到了全国教育科学规划领导小组办公室、西南大学社会科学处、重庆市人文社会科学重点研究基地西南大学心理健康教育研究中心、西南大学教育科学研究所等单位，以及学界前辈和同仁的大力支持。借本书出版之际，谨向所有给予我们支持的单位和个人表示诚挚的谢意！

另外，学生心理素质培养是一个新领域、新课题。因此，本书无论是问题的提出、理论的探讨，还是内容的确定、方法的选择、结果的分析都是初步的，还存在一些探索性研究的固有缺陷，诚请学界同仁和广大读者批评赐教！

著　者

2013 年 5 月 1 日

目 录

第一章 总 论

全国教育科学“十五”规划重点课题（国家一般课题）“学生心理素质培育模式及其实施策略研究”，于2002年2月立项，2005年12月完成了全部研究任务，2006年5月通过全国教育科学规划办组织的结题评审。课题组围绕构建科学、可行、有效的“学生心理素质培养模式及实施策略”这一主题，进行了系统的理论探讨、工具开发、实际调研和实验检验等方面的研究，取得了比较系统的研究成果。本书是以该课题结题成果为基础撰写而成的研究专著。

本章拟概括介绍本课题研究价值、研究方法、理论基础、模式策略、实证支持和后续方向等主要方面，以便读者在阅读本书之前对研究背景和概貌有一个初步的了解。

一、研究价值

（一）现实意义

随着素质教育的全面推进和新一轮基础教育课程改革的深入开展，作为素质教育重要组成部分的心理素质教育受到越来越多研究者的关注。从目前的研究来看，虽然研究者对心理素质教育有不同的理解，但大都认为心理素质教育是非常重要的，对人的发展起着不可替代的作用。因此，应该从多方面、多层次和多角度对心理素质教育及其相关问题进行系统研究。

所谓心理素质教育就是通过有效教育手段培养学生健全心理素质的教育活动，是素质教育的重要组成部分，与其他学科教育处于平等地位。从目前的研究来看，心理素质教育研究在国内还处于起步阶段，表现出以下不足：①特殊性不明显。研究者虽然关注心理素质教育，但一般强调心理素质教育与其他学科的相互联系和重叠交叉的一面，而忽视了心理素质教育的独立地位，缺乏开展实质性的心理素质教育。②系统性不够。虽已有研究对心理素质教育的目标、功能、内容、策略、方法及评价等方面都有所涉及，但大都单独对某一方面进行研究，鲜有将它们整合在一起，进行系统的探讨，致使这些研究出现一定程度的脱节，甚至有的互相冲突。③科学性不足。主要表现在两方面，一方面部分研究者提出的许多关于心理素质教育的观点、看法仅仅是个人的经验之谈，缺乏普遍性；另一方面，部分研究者提出观点之后，对观点的检验不多，缺乏相应科学证据的支持，更有甚者在探讨心理素质教育的相关问题时，以个人喜好或推论代替实证。

④针对性、操作性不强。研究者虽然提出了一些心理素质教育的具体方法，但这些方法大都比较抽象，缺乏针对性和可操作性，难以用于指导实践。导致上述问题的原因是多方面的，其中一个重要原因就是套用学科教学或思品教育的模式及策略，缺乏适应心理素质教育要求的培养模式及实施策略。因此，针对以上不足，从理论和实践的结合上开展建构学生心理素质的培养模式及其实施策略的科学研究具有重要的现实意义。

（二）理论价值

学生心理素质及其培养是我国教育学和心理科学面临的新课题，有一系列的理论问题需要探讨。本书对相关理论问题进行了探索，其中以下三方面的理论探索富有积极的理论价值：

第一，心理素质概念的本质含义和学生心理素质结构的系统探讨。在系统理论分析和大量实证研究的基础上，对人的心理素质给出明确界定，并提出了心理素质由认知特性、个性品质和适应能力三个基本维度构成。这些见解和观点，对素质教育特别是学生心理素质教育的理论建构有重要的理论价值。

第二，学生心理素质培养模式及实施策略的系统构建。课题组通过理论建构、实证检验，构建了学生心理素质培养模式及实施策略系统。这一系统以学生心理素质培养的整合模式为基本模式，依据基本模式的要求，针对教育目标、内容、情境和手段（可能采用的有效手段和方法）来构建操作性强的具体培养模式及实施策略，并较系统地阐述了在不同的教育情境中应采取不同的学生心理素质培养模式及实施策略的理论问题，对学校心理素质教育的深化研究和学生健全心理素质的有效培养都有积极的理论价值。

第三，拓展了教育心理学研究领域，丰富了教育心理学和素质教育理论。本课题关于心理素质概念、学生心理素质结构、学生心理素质培养模式及策略研究，是教育心理学面临的新课题，其研究成果拓展了教育心理学研究领域，丰富了教育心理学和素质教育理论。

（三）教育影响

科学研究的根本目的是促进社会发展，人类进步。本研究属应用理论研究，其研究成果的社会影响应反映在对社会相应领域的作用中。

第一，以课题为牵引建立实验基地，确保课题研究紧密联系学校教育实际。课题组根据研究任务提出了 30 多个子课题，进行公开招标，有上百所中小学校申请本课题的实验学校，经过严格审查申报学校条件，从中挑选一批学校领导重视、教师有志有能、有一定研究基础的学校作为课题研究实验学校。这些实验学校不仅是课题研究的基地，而且是课题研究成果应用推广的排头兵，带动了其他学校开展心理健康教育的积极性。

第二，指导实验学校科学开展学生心理素质培养研究，取得了颇丰的应用成果。在课题组的指导下，各实验学校按总课题组的要求，结合本地区、本校学生的实情，选择既有价值又可行的子课题进行教育实验或实践研究，取得了大量应用成果和明显的教育效果，受到实验学校的普遍欢迎。

第三，基于本研究成果编写的儿童青少年心理素质培养系列教材，通过重庆市教育委员会教材审定委员会审定，作为重庆市大中小学心理健康教育推荐教材，并广泛用于全国十多个省市学生心理素质的教育培养实践，产生了显著的教育影响。

二、思想方法

学生心理素质培育模式及其实施策略研究是一个探索性研究课题，研究的思想方法有系统思考、综合探索及方法探新。

1. 系统思考

系统思考是"学生心理素质培育模式及其实施策略研究"课题研究遵循的基本方法论原则，主要体现在以下三个方面。

第一，课题研究的系统设计。从科学的系统观出发，将整个课题研究设计为理论探索—实际调研—模式建构—实证检验等彼此联系、衔接的序列进行研究。

第二，培养模式及实施策略的系统构建。本研究不仅构建了学生心理素质培育的基本模式（整合模式），而且以此为基础系统构建了专题训练、教学渗透、计算机辅助、审美熏陶等具体培养模式及实施策略系统。

第三，具体实施步骤的系统安排。在研究过程中，针对每一种培养模式的要求和特点，对实施步骤作出具体而系统的安排，如计算机辅助心理素质培养模式就包括心理问题的调研、模式的理论探讨、脚本的编写、训练软件的开发、教育干预实验等研究步骤，形成实施系统。

2. 综合探索

教育是一个复杂的系统，本课题研究不仅涉及心理科学的方法，而且涉及教育科学、行为科学、系统科学和生命科学等多学科的相关方法，为了达成研究目标，保证研究结果的可靠性，在研究过程中综合运用了多种相关研究方法和手段。如在理论探讨中，我们不仅采用了文献分析、理论构建等质性研究方法，而且对学生心理素质和心理问题基本现状采用调研、访谈、专家咨询、测量和实践经验总结等多种质性与量性结合的方法；在实证研究中，除应用学生心理问题调研、学生心理素质测量、学生心理素质培养实验、个案分析等实证方法外，还应用文献分析、模式建构、过程调控、师生座谈或笔谈等多种质性研究方法。这些研究方法的综合运用，相互补充、印证，保证了本研究的有效性和研究结论的真实可靠性。

3. 方法探新

第一，整合培养模式构建的方法论。从学生心理素质培养的总目标、学生心理素质结构、教育基本情境出发构建学生心理素质培养的整合模式。该模式强调生理—心理—社会—教育协调作用的整合，具体而言包括目标的整合、内容的整合、过程的整合、策略的整合和学段的整合等。本课题研究首次提出并构建的学生心理素质培养整合模式，实验证明符合学生心理素质培养要求，对这方面的研究具有方法论意义。

第二，培养模式系统的构建与实验验证。依据“整合”思想，从教育情境的实际出发，兼顾目的性与可行性，课题组在理论探讨和实证研的基础上，构建了由专题训练、学科渗透、计算机辅助、审美熏陶组成的学生心理素质培养模式系统，并通过实验验证了其可行性和有效性。

第三，学生心理素质培养方式和手段。学生心理素质培养是随着我国素质教育开展而出现的新的教育活动，没有现存的教育方式可用。因此，探索新的教育方式和手段是本课题的重要任务。本课题提出并完善的专题训练、学科渗透、计算机辅助、审美熏陶等培养式模及策略，都是研究方法探新的体现和产物。

三、理论基础

学生心理素质培养模式及实施策略研究，是我们关于“学生心理素质及其教育研究”的继续和深入，此前我们曾比较系统地研究了“当代青少年（学生）心理问题”“中小学心理素质教育的理论与实践”“大学生心理健康教育的理论与实践”等课题，对学生心理素质教育的诸多理论问题进行了探讨，其中关于学生心理素质和学生健全心理素结构的理论和心理素质教育理论是本研究最直接的理论基础，学生心理素质培养模式及实施策略就是针对培养学生健全心理素质的需要而构建的。

第一，心理素质概念及心理素质结构。在前期的研究中，明确把心理素质界定为以生理条件为基础的，将外在刺激内化成稳定的、基本的、内隐的，具有基础、衍生和发展功能的，并与人的适应行为、发展行为和创造行为密切联系的心理品质。心理素质由认知特性、个性品质和适应能力三个基本维度构成（图 1-1）。其中，认知特性是人对客观事物的反映活动中表现出来的心理品质，直接参与对客观事物认知的具体操作，是心理素质结构的最基本的成分。个性品质是指人对客观事物的对待活动中个性品质的表现，虽不直接参与对客观事物认知的具体操

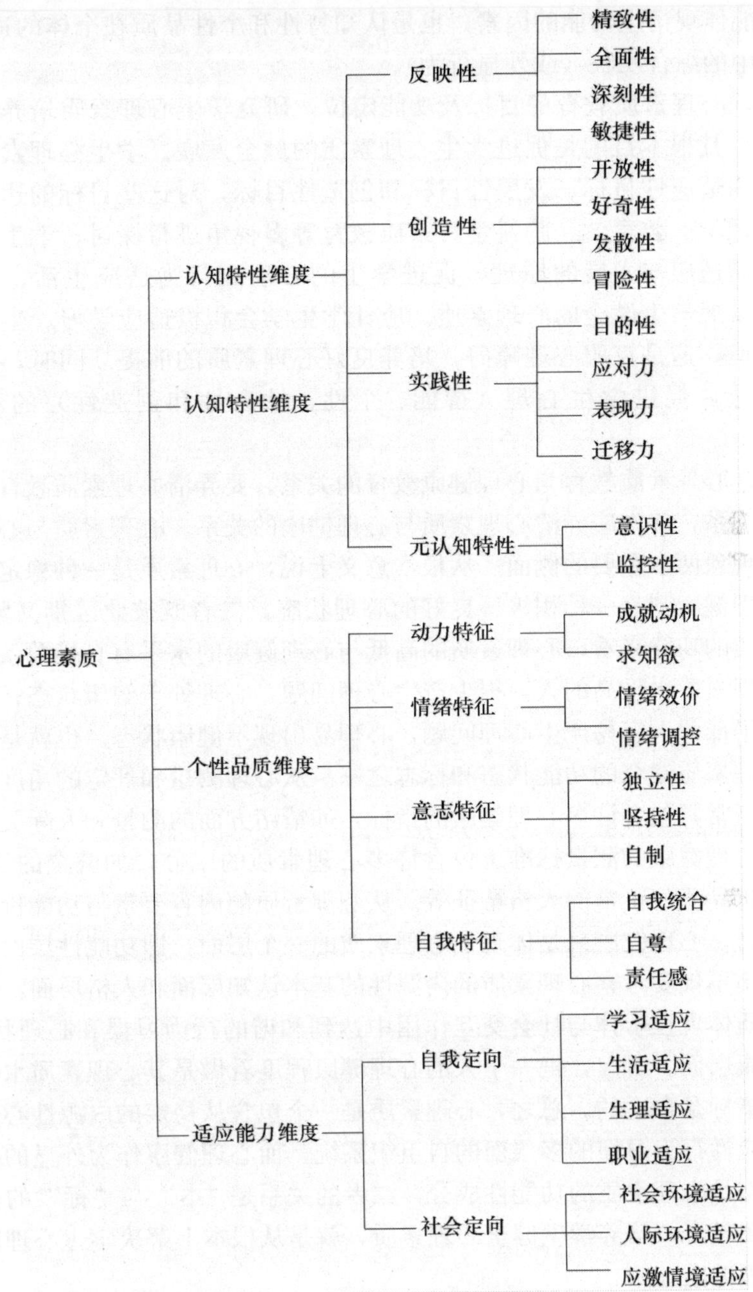

图 1-1 学生心理素质结构

作，但其具有动力和调节机能，居于心理素质的核心地位。适应能力是指个体在社会化过程中，改变自身或环境，使自身与环境和谐协调的能力，它是心理素质结构中最能体现衍生功能的因素，也是认知特性和个性品质在个体的适应-发展-创造行为中的综合反映（或外显行为）。

第二，心理素质教育的目标及功能定位。研究学生心理素质培养模式及其实施策略，其根本目的是促进学生心理素质的健全发展。学生心理素质教育目标又可分为适应性目标、发展性目标和创造性目标，对这些目标的达成应从人性论、心理学、教育学、脑科学、素质教育等多视角进行探讨；学生心理素质教育应遵循适应与发展的原理，促进学生的心理和行为适应生活、学习和环境，积极发展学生健全的心理素质。应让学生学会积极适应学习、生活、交往和社会环境，这是克服心理障碍、培养良好心理素质的前提。同时，在积极适应的基础上，促进学生心理（智能、个性、社会性和创造性）的和谐健全发展。

第三，心理素质教育与心理健康教育的关系。要弄清心理素质教育与心理健康教育的关系，首先应弄清心理素质与心理健康的关系。心理素质与心理健康是人的心理现象两个重要的侧面。从根本意义上说，心理素质是一种稳定的心理品质，而心理健康则是一种积极、良好的心理状态，二者既彼此区别又紧密联系。从心理素质的功能来看，心理素质的高低与心理健康的水平有直接关系。一般情况下，心理素质水平高的人，很少产生心理问题，心理处于健康状态；相反，心理素质水平低的人容易产生心理问题，心理易出现不健康状态。也就是说，心理健康是心理素质健全的功能状态和标志之一。从心理测量和评定的角度看，心理素质的测量常常包含许多心理健康的指标，如情绪方面的测量和人际关系方面的测量；而心理健康的测量标准也包含许多心理素质的成分，如健全的认知能力、坚强的意志品质、正常的人格特征等。从心理素质的内容要素与功能价值的统一性意义来看，心理健康只是体现了心理素质的一个层面，即功能性层面。科学考察心理素质不仅要考察心理素质的内源性的基本认知层面和人格层面，而且要考察心理素质体现在个体与社会交互作用中达到和谐的行为习惯和心理状态层面，即心理健康层面。所以，把一个人的心理健康程度看做是其心理素质水平高低的一个重要指标是合适的。总之，心理素质是一个包含从稳定的内源性心理基质到外显的适应性行为习惯的多层面的自组织系统，而心理健康作为外显的行为表现和心理状态是心理素质的功能性成分，二者的关系是“本”与“标”的关系。开展心理素质教育，培养学生健全心理素质，就是从根本上解决学生心理问题，保障学生心理健康。

四、模式策略

学生心理素质培养模式及实施策略是我们开展的学校心理健康教育整合研究总体构想中的重点研究课题，构建科学、可行、有效的学生心理素质培养模式及实施策略系统是本研究的主要任务之一。

（一）基本模式及实施策略

课题组在前期研究的基础上，首先构建了基本模式即整合培养模式及实施策略，并对该模式进行较系统的理论阐释。通过对国内外心理健康教育模式的研究，根据我国学校教育和学生的实际，提出并论证了学校心理健康教育的基本模式应该是生理—心理—社会—教育协调作用的整合模式，这个整合模式包括四个方面：①心理健康教育目标的整合，即心理健康教育应该包括积极适应和主动发展两个方面，它们是现代心理健康教育根本目的的两级基本目标。②心理健康教育内容的整合，在调研的基础上，提出了八个基本组成部分，即适应学习、适应生活、适应人际交往、学会做人、发展智能、发展个性、发展社会性和发展创造性。③心理健康教育过程的整合，心理健康教育应该包括三个基本环节，即判断鉴别、策略训练和反思体验。④心理健康教育策略的整合，包括三个层面，一是从纵向关系上的协调整合，即宏观的原则与一般的心理健康教育策略及微观的、具体的心理健康教育方法的整合；二是从横向结构上进行策略与策略之间的整合；三是外部行为塑造与内部认知、情感等心理活动影响策略的整合。

学生心理素质的培养模式不应是单一的模式，而应建立一个模式系统。这个模式系统是以基本模式（整合模式）为基础，以学生、家庭、学校、社会四要素结合构成模式的背景，以生理—心理—社会—教育四环节结合构成模式的主轴，依据分层（适合大学、中学、小学、幼儿园不同层次学生）、分类（考虑认知特性、个性品质、适应能力的不同特点）、分境（根据学校环境、教育情境、社区环境及人际情境实际）、目标（依据目标、目的需要）、手段（可能采用的有效手段和方法）来构建操作性强的具体培养模式系统。

（二）具体模式及实施策略

依据整合模式的思想理念，我们初步构建了心理素质的培养模式系统中的具体操作模式，即专题训练、学科渗透、计算机辅助、审美熏陶等模式，针对每种模式的运行程序和实施策略提出了系统建构的思想观点。

1. 专题训练模式及实施策略

提高学生相应心理素质水平是心理素质专题训练活动的基本目标。具体而言，包含两个方面：一是促进学生心理健全发展，使他们既能适应学习、生活、交往，具有良好的社会适应能力，又能促进智能、个性、社会性和创造性等心理品质的发展；二是培育良好的心理素质，即心理素质各成分及其整体结构的健全健康发展，既符合社会变革和教育的要求，又符合学生发展规律，有利于学生的成长及发展，达到与学生的年龄特征相符的心理素质发展水平。

根据学生心理品质形成由刺激（外）到品质（内）的渐成性特点，我们将学生心理素质专题训练概括为判断鉴别、训练策略、反思体验三个基本环节并提出了相应的策略。

2. 学科渗透模式及实施策略

学生心理素质专题训练虽然成效显著，但因其须专门开设课程，这对学业负担本身较重的中小学来说实施起来有一定困难，因此，利用学科课程蕴含的心理素质教育功能，既可不增加学生课业负担又能完成学科知识学习和心理素质发展的双重任务。学科渗透心理素质培养的目标是在促进学科知识技能掌握的同时，促进学生适应与发展，培养学生健全的心理素质。做到学科教学目标和心理素质教育目标相互联系、相互影响，学生心理素质发展在知识掌握中进行，是知识掌握的自然组成部分；学生心理素质的发展，能有效促进其知识掌握，两者都是为促进学生整体素质发展服务的。

根据整合模式，结合学生的年龄特征，在实验研究的基础上，我们提出了在学科教学中渗透学生心理素质培养模式及实施策略。

3. 计算机辅助模式及实施策略

采用计算机辅助的形式开展心理素质教育，其教学目标和心理素质培养的总体目标是统一的，都遵循心理素质教育的基本目标，只是手段和形式不同。具体而言，计算机辅助心理素质教育以帮助学生培养正常的智能、完善的人格和良好的适应能力，使其心理素质各成分都得到健康发展为基本目标。

根据整合模式提出的自我认识—晓之以理—导之以行—反思内化—习以成性的学生心理素质形成过程，我们将该模式具体化为情境导入—认知改变—行为指导—反思总结等四个彼此联系的环节和策略。

4. 审美陶冶模式及实施策略

从音乐审美心理和跨音乐风格欣赏两个独特视角出发，构建既合乎大学生心理需要又能针对大学生心理问题进行有效调适的音乐审美欣赏的活动模型。然后，以此模型为指导，引入团体心理咨询和音乐治疗两种技术，设计具有针对性和可操作性的音乐审美欣赏活动方案。最后，采用教育干预实验对方案的可行性进行检验。

音乐审美欣赏内容是音乐审美欣赏的依据，是被试获得音乐审美感受和体验的客观条件。因此，选择具有欣赏价值、能够唤起美感的音乐作为音乐审美欣赏的内容是极其重要的，它是音乐欣赏实现以审美为核心的基础。

研究结果表明：采用团体心理咨询的技术，在团体氛围中通过彼此真诚交流，获取社会支持特别是情绪支持，学会展示自我和有效调适心理问题的能力，是可行的、有效的。

五、实证支持

以系统构建的学生心理素质培养模式及实施策略为依据，为了探索学生心理素质培养模式及其实施策略的有效性，我们进行了系列的实验研究，并获得了实证支持。

1. 专题训练的实证支持

专题训练模式及实施策略是本课题研究得最早、运用得最广的培养模式，本书主要介绍两篇实证检验研究。

1）初中生挫折应对自我监控训练的实验研究

结合国内外研究，探讨了初中生挫折应对自我监控的理论内涵，依据专题训练模式及实施策略要求，提出了初中生挫折应对自我监控培训模式和操作策略。运用教育实验验证了我们所设计的挫折应对自我监控训练模式对提高初中生挫折应对自我监控技能是可行和有效的。

2）家校合作培养初一学生自我适应性的研究

通过学生自我适应性测量和问卷调查了解学生的自我适应性水平和家校合作教育的现状，运用构建的家校合作教育模式与策略进行家校合作教育实验干预，考察了该模式对培养初中生自我适应性的可行性和有效性。

2. 学科渗透的实证支持

学科教学中渗透心理素质教育是学校开展心理素质教育的基本途径之一，课题组根据构建的专题训练模式及实施策略的要求，分别在中小学语文、数学和英语等主要学科教学中开展了渗透心理素质培养研究，证实了学科渗透模式及实施策略的可行性和有效性。

1）初中英语教学中培养学生学习适应性的研究

学习适应性是中学生心理素质结构中适应性特征的核心成分，本研究在借鉴国内外已有研究成果的基础上，针对当前初中学生存在的英语学习适应问题，遵循心理素质培养学科渗透模式及实施策略的要求，构建了英语教学中培养学生学习适应性的教学渗透模式，着重从激发学习动机、培养学习兴趣、指导学习方法、培养学习习惯等方面提出相应的教学策略，并通过教育实验修正该模式和教学策略，检验该模式和教学策略的可行性和有效性，从而探寻提高中学生学习适应性水平、英语学习适应性水平、心理素质水平和英语学业成绩的途径和方法。

研究结果表明：初中英语教学中渗透学习适应性的教育干预实验能有效提高学生的英语学业成绩。主要表现在能减小中等生朝差等生成绩下滑的幅度，能促进中等生朝优等生方向发展。

2）初中数学教学中渗透学生学习自我效能感培养的实验研究

学习自我效能感是自我效能感在学习领域内的表现，指个体对自我学业的能力信念，是学习者对自己能否利用所拥有的能力或技能去完成学习任务的自信程度的评价。本研究在借鉴国内外有关自我效能感研究的基础上，以修编的中学生数学自我效能感问卷为测量工具，结合中学数学学科特点、教学要求和学生数学学习特点，构建了在数学教学中渗透学生自我效能感培养的教育模式，并运用该模式进行了教育干预实验，实验结果表明：在数学教学中渗透学习自我效能感培养的教育模式能促进中学生心理健康，促进中学生心理素质，提高中学生数学成绩。

3）小学数学教学中渗透学生学习自我监控能力培养的研究

学习自我监控能力是学生元学习能力的核心成分之一，本研究在借鉴已有研究成果的基础上，着眼于通过提高学生学习自我监控能力来达到既提高学生学习成绩又完善学生心理素质的双重目标，进而探讨在小学数学教学中渗透学生学习自我监控能力培养的可行性和操作性，揭示小学生学习自我监控能力发展与课堂教育渗透，以及小学生学习自我监控能力与心理素质之间的关系。研究结果表明：小学数学教学中渗透学习自我监控能力，可以改善小学生学习自我监控的品质，促进小学生心理素质，提高小学生学习能力，提高小学生的数学成绩。小学数学教学中渗透学习自我监控能力是提高小学生心理素质的有效途径。

4）小学语文教学中培养学生情绪调节能力的研究

情绪调节是学生心理素质结构中个性特征的重要组成部分，也是心理健康的本质特征之一。本研究从分析小学生情绪调节困难的现状出发，初步构建小学语文教学中培养学生情绪调节能力的渗透教育模式，教育实验结果表明：语文学科教学中培养学生情绪调节能力的渗透教育模式可以有效改善小学生情绪调节困难状况，促进小学生情绪调节能力，增强小学生心理素质，提高小学生语文学业成绩。

3. 计算机辅助的实证支持

在计算机辅助心理素质教育模式及其实施策略的研究方面，我们通过前期的调研，发现中学生，特别是初中生的人际交往方面存在很大的不足。因此，以初中生人际交往的三个方面（同伴关系、师生关系、异性交往）进行了计算机辅助教育模式及其实施策略的开发与实证研究。

1）改善亲子关系心理素质教育软件开发与实验研究

亲子关系是心理学研究的重要课题，本研究运用开发的以改善亲子关系为内容的教育软件，从亲子关系的角度对计算机辅助教学模式的有效性和可行性进行检验。研究结果表明：亲子关系教育软件及其训练能明显改善和提高亲子关系。这说明本研究开发的计算机辅助心理素质教育软件（以改善亲子关系为例）作为心理素质教育的手段是可行的，构建的计算机辅助心理素质教育模式获得了实证支持。

2）促进师生关系的心理素质教育软件开发与实验研究

心理素质及其教育的复杂性，决定了心理素质教育途径的多样性。本研究在调查初中师生交往及关系现状的基础上，针对初中师生交往中存在的问题，依据心理素质教育的理论研究和多媒体计算机的技术支持，构建了计算机辅助心理素质教育模式及其实施策略，开发了促进师生关系的心理素质教育软件，并以此软件为工具进行了教育实验，探讨师生关系训练软件对提高初中生师生交往心理素质，以及促进师生关系的可行性和有效性。研究结果表明：计算机辅助心理素质教育模式是有效的。通过实验训练，学生的师生关系状况得到了明显改善，尤其是亲密性有了显著提高，其余因素有所提高，但未达到显著性水平。其中，男生与老师的亲密性有了显著提高，而女生对师生关系的满意度有了明显改善。

3）改善同伴关系心理素质教育软件开发与实验研究

本研究遵循理论探讨—模式构建—软件开发—实验检验的研究思路，以探讨计算机辅助心理素质教育新模式为目的，从理论上阐述了计算机辅助心理素质教育作为心理素质教育新途径的可行性。研究结果表明：计算机辅助心理素质教育软件能提高初中生同伴交往技能，改善其同伴关系，计算机辅助心理素质教育模式是一种有效的模式。

4. 审美陶冶的实证支持

面对现代社会个体心理问题日益突出的现实，充分利用艺术手段的审美熏陶模式来调适学生的心理问题，促进其心理素质的健康发展，既可行又有效。

1）音乐审美欣赏对大学生抑郁症状的影响

本研究在借鉴国内外已有研究的基础上，从音乐审美心理和跨音乐风格欣赏两个独特视角出发，遵循个体音乐审美心理活动的规律，构建音乐审美熏陶模式及实施策略，以改善大学生抑郁症状为研究目的，设计具针对性和可操作性的音乐审美欣赏活动方案并进行干预实验。研究结果表明：音乐审美欣赏通过显著地改善大学生被试的抑郁症状，促进了抑郁症状大学生被试总体心理健康水平，尤其是轻度抑郁水平大学生被试的总体心理健康水平。

2）文学作品审美赏析对大学生情绪障碍的影响

该研究以构建的艺术陶冶培养模式及实施策略为依据，旨在建构文学审美赏析的活动模型，探讨并选取具有治疗功能的文学作品，验证文学审美赏析活动对大学生抑郁和焦虑症状减轻或消除的积极干预效应。

六、后续研究方向

本课题是一项探索性研究，虽然无论在理论探讨方面，还是在实证研究方面都做了有益的探索，获得了一些既具有理论价值又具有实践意义的研究结果，但由于课题难度大、研究内容涉及面广、研究经费短缺、研究时间和研究者水平有限等因素，本研究还需要进一步深入研究。

第一，课题组提出并经实验初步支持的学生心理素质培养模式及实施策略系统，其理论和实证研究尚需完善。

第二，学生心理素质培养的具体模式及实施策略尚需在更大范围内进行实验研究验证。

第三，部分心理素质培养模式及其实施策略的研究尚需深入，如计算机辅助心理素质培养、审美陶冶心理素质培养等。由于研究经费等的限制，所涉及的内容仅是心理素质中的极少部分，如果有经费的支持，可进行系列开发，建立完整的心理素质培养的自主训练系统。

第四，今后拟重点开展以下研究：①依据构建的学生心理素质培养模式及实施策略系统，进行较大规模的验证性研究，完善研究成果，提升研究学术水平和应用价值。②遵循学生心理素质发展阶段性和连续性的特点，开展学生心理素质教育培养模式及其实施策略的学段衔接问题研究。③开展学校心理健康教育保障系统研究。④重视学校心理健康教育的专业化发展研究。⑤重视学生心理素质测量与其培养效果的评价问题研究。

第二章　心理素质培养模式及实施策略的构建

学生心理素质培养模式及实施策略不应是单一的，而应是一个模式及策略系统。本课题通过对国内外心理健康教育模式及实施策略的系统分析，结合我国学校教育和学生心理发展的实际需要，构建学生心理素质培养模式及实施策略系统。该系统具体化为整合模式（也称基本模式）及实施策略、专题训练模式及实施策略、学科渗透模式及实施策略、计算机辅助模式及实施策略、审美陶冶模式及实施策略等。

第一节　整合模式及实施策略

整合是系统内各要素的整体协调、相互结合，任何一个系统只有通过整合，形成整体结构，才能发挥整体功能。学生心理素质培养系统也是一样。因此，我们在学生心理素质教育研究中提出并实施了将生理—心理—社会—教育协调作用融合一体的整合模式。这是一个整合多学科、多系统的模式，即从生物学、心理学、社会学、教育学等多学科的研究视角出发，立足于人的生理、心理、社会、教育等多系统的综合活动，以塑造符合人的成长规律和社会需要的心理素质结构。人的心理素质以先天生理素质为基础，它的形成与发展都存在自身的生物学基础。整合模式以促进学生积极适应和主动发展为目标，根据教育对象已有的心理素质水平和发展需要，以指导学生学会学习、生活、交往、做人，促进智能、个性、社会性和创造性发展为基本教育内容，运用专题训练、学科渗透、咨询辅导、审美陶冶、家校结合等具体培养模式及实施策略，从自我认知—动情晓理—策略导行—反思内化—形成品质等主体心理素质形成过程的五个基本环节，创设适宜的教育干预情境，设计有效的教育策略，最终达到培养健全心理素质，保持心理健康发展的根本目的。该模式的关键是“整合”。整合既是一种理念又是一种策略。整合作为理念并非是一种具体的模式，而是其他学生心理素质培养模式的灵魂；作为策略，它必须体现在学生心理素质培养的实践活动中，表现在其他具体培养模式及实施策略中。因此，整合培养模式及实施策略是学生心理素质培养的基本模式，本书其他培养模式都是遵循该模式构建的。

一、目标的整合

学校心理素质教育的基本目的在于培养学生健全的心理素质。健全心理素质的培养包括两个相互衔接的基本目标：一是促进学生积极适应，维护心理健康。积极适应，即学生能够合理应对学习、生活、交往和身体发育中的各种变化，能够表现出与学习、生活、交往活动的变化和身体发育相一致的心理和行为。面对学习情境、任务要求、目标内容的变化，生活历程、内容、环境、要求的变化，交往环境、交往对象、交往规范的变化，身体生长发育的变化，学生能否表现出与这些变化相适应的心理和行为，既是衡量其心理是否健康的重要标志，也是其心理素质发展的重要基础。因此，心理素质教育活动的基本出发点之一就是让学生能够积极适应学习、适应生活、适应人际交往、适应身体变化（身心协调），达到会学习、会生活、会交往、会做人，成为适应良好、心理健康的人，这是心理素质教育的初级目标。二是促进学生心理素质的主动发展，形成健全的心理素质，这是心理素质教育的高级目标。达成这一目标的基本要求是促进学生心理素质各成分及其整体结构的健全、健康发展。因此，学校的各种心理素质教育措施，既应符合社会发展和教育对人才的要求，又应有利于学生的成长发展，符合学生的年龄特征。有意识、有目的、有计划地培养和发展全体学生健全的心理素质，这既是心理素质教育的出发点，也是心理素质教育的终极目的。

积极适应和主动发展是体现现代心理素质教育根本目的的两级基本目标，这两级目标的提出与整合主要基于以下考虑：①教育要适应现代社会发展的要求。在知识经济时代，社会飞速发展和变革，社会生产方式、生活方式巨变，社会规范重构，社会利益格局重新调整，社会竞争加剧，生存压力加大，思想价值观念嬗变，家庭结构和功能显著变化，知识信息的更新速率加快，文化的开放度提高……快节奏、高竞争、高压力、多变换的社会对每一个社会成员的社会适应力、个性、认知等心理素质的发展提出了更高的要求，赋予了人的素质发展新的内涵。因此，学校必须适应现代社会发展要求，才能完成培养高素质人才的使命。②从中小学生的心理健康现状看，客观上需要促进学生积极适应、主动发展。成长中的儿童及青少年，生理、心理迅猛发展但尚未成熟，心理矛盾交织，知识经验、生活阅历相当有限，适应能力差，心理发展中易于出现障碍。据国内大量的调查研究表明，10％～20％的中小学生中存在程度不同、类型各异的心理障碍，常见的有厌学、逃学、角色紧张和冲突、自我中心、挫折耐受力差、过度依赖、过度焦虑、情绪脆弱、攻击性行为、人际交往障碍、孤独与冷漠等，这些障碍表现形式多样、成因复杂，要求教育者根据不同的障碍类型和原因，分别采取不同的咨询、辅导和教育对策。我们的研究表明，通过适应性教育，学生能够表现出与学习、生活、交往和生理发育的变化相一致的心理和行为。同时，我们应该从学生的认知、个性和适应性等多维度去培养其健全的心理素质，增强他们对学习、生活、交往和环境的适应能力，缓解他们成长中的心理矛盾和心理压力，促进他们健康成长。③从心理素质教育的现状看，有必要强调积极适应与主动发展的协同进行。目前，我国心理素质教育方兴未艾，但实践中存在若干误区：心理素质教育医学化，把心理健康教育的对象局限于存在心理障碍的少数学生，途径和方法局限在医学模式中的心理治疗，甚至把心理障碍等同于心理疾病，对存在心理障碍的学生采取歧视、漠视或忽视的态度；心理素质教育简单化，把因心理素质发展不成熟、心理适应力差而引起的心理障碍等同于道德品质问题，单纯采用简单说教或严格管束的方式进行教育；心理健康教育学科化，把心理素质教育等同于学科教学，局限于心理学知识的传授，认为只要给学生讲解一些心理学知识，就可以解决心理问题。所有这些都忽视了心理素质教育的终极目的是培养学生健全的心理素质，忽视了学生心理素质在其心理健康中的基础作用，曲解了心理素质教育的任务要求。我们认为，通过心理素质教育活动，主动地、有意识地、有目的地促进学生心理素质的健全和健康发展，开发学生的心理潜能，使其形成正常的智能，养成健全人格，培养学生对社会环境、人际环境、生活环境和学习环境的适应能力，预防和矫正各种异常的心理和行为，消除心理和行为障碍，是心理素质教育目标整合作用发挥的重要标志。

二、内容的整合

在构建和选择学校心理素质教育的内容时，应围绕适应与发展两个基本目标为主线进行综合安排。所谓“综合安排”，主要考虑两个方面：一是根据个体心理素质发展的阶段性和连续性，从总体和局部综合建构心理素质教育的内容体系；二是以各年级学生的生理、心理、社会性发展的水平、特点及具体的教育培养目标要求为出发点，针对学生学习、生活、交往和成长中普遍存在或可能出现的心理问题，进行有侧重的培养和训练，安排各年级的教育要求和内容。

三、过程的整合

学校心理素质教育过程的整合首先是学生心理素质的形成过程与心理素质教育过程的整合，心理素质教育过程的设计、实施与管理评价，都应该围绕学生心理素质形成的基本环节展开。教育活动、教育环节以心理活动、心理环节为依据，教育过程服从于心理素质的形成过程。其次，心理素质教育过程内部三个基本环节——判断鉴别、策略训练、反思体验的整合。张大均教授领导的心理健康教育、心理素质教育研究课题组（张大均 2000；张大均 2001）在课题研究和指导中小学心理素质教育实践中，以学生心理素质形成过程为依据，总结出上述心理素质教育过程的三个基本环节。其中，判断鉴别是教育过程的发端；策略训练环节让学生掌握各种心理、行为策略，是心理素质教育过程的基础；反思体验旨在促进外在东西的内化，这是心理素质形成的关键环节，也是心理素质教育的核心环节，三者缺一不可。再次，他人教育过程与自我教育过程、他人训练与自我塑造过程的整合。学生心理素质是家庭、学校、社区、大众传媒等他人教育力量与学生自我教育力量共同作用的结果，随着学生年级的升高或心理素质教育活动过程的逐渐深入，他人力量的作用逐渐减弱，自我教育过程的作用逐渐凸显。最后，群体情境中的社会建构与学生个人的自我建构过程的整合。

四、策略的整合

学校心理素质教育策略是多种多样的。从形式上看，主要有心理咨询（团体和个别咨询）策略、心理辅导和教育策略、心理治疗策略、心理训练活动策略、心理健康维护支持策略。从内容上看，主要有学习心理辅导与训练策略、生活辅导与训练策略、个性辅导与训练策略、交往心理辅导与训练策略等。从方法上看，主要有认知类策略，如启发思考、专题讨论、小组讨论、认知矫正、辩论、评价法等；情感类策略，如反思体验、移情体验、换位体验、情境感受等；行为类策略，如行为训练、行为改变、角色扮演、行为示范、行为强化等。各种策略在心理健康教育中或许都有一定教育效果，但如何将各种心理素质教育策略整合，充分发挥各种策略整合后的综合效益，是增强心理健康教育针对性和实效性的必要条件。我们认为，心理素质教育策略的整合，主要包括三个层面的整合：一是从纵向关系上协调整合，即宏观的、一般的心理素质教育策略与微观的、具体的心理素质教育策略的整合，如心理咨询与辅导策略、心理素质训练活动策略、学科渗透心理素质教育策略与讨论策略、角色扮演策略、辩论策略等之间的整合，心理咨询策略与晤谈策略、电话咨询策略、书信咨询策略的整合。二是从横向结构上策略与策略之间的整合，如专题训练活动策略与学科渗透策略的整合，启发思考策略、交流讨论策略、群体互动策略与自我剖析、自我反思、自我锻炼策略的整合。三是外部行为塑造策略与内部认知、情感等心理活动影响策略的整合，如认知矫正训练策略、移情体验策略、角色行为强化训练策略之间的整合。整合心理素质教育策略，在理论上首先应该以学生心理素质的健全发展这一最终目的为基本依据，围绕学生健全心理素质的培养、训练和养成，针对积极适应和主动发展这两级基本目标，体现学生健康观念的形成、积极体验的积淀、能力的发展、良好习惯的养成。其次，策略的整合必须从学生生理、心理和社会性发展的年龄特征出发，以学生现有心理素质发展水平为起点，以学生学习、生活、交往和成长中普遍存在或可能出现的心理问题为切入点。最后，整合心理素质教育策略应该体现主体性原则，充分尊重学生的主体地位，尊重学生的人格，发掘、发挥学生的主体潜能，重视学生主体作用，调动学生主动参与的积极性、能动性和创造性。

在心理素质教育实践中，教育策略的整合主要应该把握三个方面：一是不同年龄段学生心理素质教育策略的区别与衔接。小学段的心理素质教育策略力求简单明了、生动有趣，重在习惯养成；初中段教育策略力求简明扼要、生动活泼，重在方法掌握；高中段教育策略力求言简意赅、富有启发，重在内化体验和品质形成。但贯穿各年龄段的主线都应该体现积极适应与主动发展的要求，既要体现阶段特点，又要考虑与整体目标一致。二是不同内容和不同类型的心理素质教育策略的交叉与融合。指导学生学会学习、生活、交往、做人，培养学生的智能、个性、社会性和创造性，既需要一般策略，也需要与具体内容相适应的特殊策略。学科渗透策略与专题训练策略中的具体策略可以交叉；认知类策略、情感类策略、行为类策略中的具体策略也可交叉使用。并且，具体策略的操作方法也应该整合，如采用情境创设策略，分别可以创设有思考价值或能引起学生思考的问题情境，与目标内容相适应的物理情境，能诱导学生行动的表演情境，能使学生获得心理自由、心理安全并触发心理共鸣的心理情境等。三是不同年龄段目标、不同内容、不同类型的心理素质教育策略的序列化。完整的心理素质教育策略应该同时包括如下序列：与培养目标相一致的策略序列（目标序）、与年龄特征相一致的策略序列（年龄序）、与教育内容相一致的策略序列（内容序）、与心理素质形成过程或环节相一致的策略序列（过程序）。

总之，学生心理素质培养需要整合各种教育策略，发挥各种策略的优势，充分运用各种策略的综合教育效应，为培养学生健全心理素质提供理论依据和实践指导。

第二节　专题训练模式及实施策略

心理素质教育专题训练又称为心理素质训练活动课，作为心理素质教育的主要实施途径之一，它融合了课程模式、活动模式、训练模式的特点和优势，针对学生的心理素质发展和成长中的问题进行专门训练。该途径以促进学生心理素质整体结构及其功能的健全、健康发展为根本目标，以各年级学生的心理素质发展为阶段目标，以每一年级学生的某类心理素质要素的发展为具体目标；以各年级学生心理素质培养目标为基本依据，针对心理发展中普遍存在的问题组织训练内容；以组织训练活动为中心。根据训练的目的不同，训练的形式又可分为专题训练和系统训练，专题训练主要针对重点或突出问题进行，系统训练则按年龄阶段，分层次对学生整体心理素质进行系统培养。心理素质训练作为一种科学性、实践性很强的教育工作，它既是学校教育的重要内容，又不同于学校的常规教育，有其自身的特点和规律。具体来说，与学科课程不同，心理素质训练不强调知识性、形成性，而强调体验、冲突与品质形成；与规范教育不同，它强调学生在应对自身存在或可能存在的心理问题之后的体验、感受，强调自身通过训练有何提高或改变。

一、专题训练的目标

健全心理素质的培养包括两个相互衔接的基本目标：一是促进学生积极适应，维护心理健康。积极适应，即学生能够合理应对学习、生活、交往和身体发育中各种变化，能够表现出与学习、生活、交往活动的变化和身体发育相一致的心理和行为。面对学习情境、任务要求、目标内容的变化，生活历程、内容、环境、要求的变化，交往环境、交往对象、交往规范的变化，身体生长发育的变化，学生能否表现出与这些变化相适应的心理和行为，既是衡量其心理是否健康的重要标志，也是其心理素质发展的重要基础。因此，心理健康教育活动的基本出发点就是让学生能够积极适应学习、适应生活、适应人际交往、适应身体变化（身心协调），达到会学习、会生活、会交往、会做人的目的，成为适应良好、心理健康的人，这是心理健康教育的初级目标。二是促进学生心理素质的健康发展，形成健全的心理素质，这是心理健康教育的高级目标。达成这一目标的基本要求是，促进学生心理素质各成分及其整体结构的健全、健康发展。因此，学校的各种心理健康教育措施，既应符合社会发展和教育对人才的要求，又应有利于学生的成长发展，符合学生的年龄特征。有意识、有目的、有计划地培养和发展全体学生健全的心理素质，这既是心理健康教育的出发点，也是心理健康教育的终极目的。

二、专题训练的内容

在构建和选择学校心理素质教育的内容时，应围绕适应与发展两个基本目标为主线进行综合安排。所谓“综合安排”，主要考虑两个方面：一是根据个体心理素质发展的阶段性和连续性，从总体和局部综合建构心理健康教育的内容体系；二是以各年级学生的生理、心理、社会性发展的水平、特点及具体的教育培养目标要求为出发点，针对学生学习、生活、交往和成长中普遍存在或可能出现的心理问题，进行各有侧重的培养和训练，安排各年级的教育要求和内容。

基于上述考虑，我们在调研的基础上，概括提出心理素质教育的内容由八个基本部分有机构成：①适应学习，如学习环境的熟悉、学习任务要求的了解、学习时间的合理安排、学习方法的掌握、学习习惯的养成、学习兴趣的发展、学习动机的激发、应考技能的掌握、应考心态的调整、学习疲劳和两极分化的预防等；②适应生活，如生活环境的熟悉、生活内容的调整、生活方式的改变、生活技能的掌握、生活习惯的养成及合理应对生理发育而诱发的心理压力、矛盾和烦恼等；③适应人际交往，学会处理与各种交往对象的关系，如师生关系、亲子关系、同学关系、同伴关系、异性同学关系，掌握与不同对象交往的规范，掌握交往媒体，发展交往技能，消除人际交往的矛盾和障碍，缓解交往压力等；④学会做人，如处理个人与集体规范、他人要求、社会公德的关系，处理自己的各种社会角色之间的关系等；⑤发展智能，以思维能力的培养为核心，掌握基本的思维方法、思维策略，同时着力培养观察能力、记忆能力、想象能力、注意能力、动手操作能力等；⑥发展个性，培养学生的自我认识和评价能力、自信心、自尊心、自控力、独立性、成就动机，能够接纳自我、发展自我、超越自我等；⑦发展社会性，发展学生的责任感、义务感、荣誉感、友谊感、奉献感、竞争和合作意识等；⑧发展创造性，培养学生创造的动机、创造的兴趣、创造的愿望，认识自己创造的潜能，掌握创造的思维方法与策略，发展创造性想象，进而培养创造意识和创造能力。上述八个方面的内容既体现总目的的要求，又分别反映两个目标的要求，同时力求目标内（如适应）彼此衔接，目标间（适应和发展）上下连续，形成一个有机的内容体系，促成内容之间的协调整合。

三、专题训练的特点

1. 训练活动的系统性

通过设置专门的心理素质教育课程，确立系统心理素质教育目标体系，对学生心理素质的整体结构及其构成因素进行分层、分类别地系统、全面训练，既能保证心理素质训练的整体性，又能提高心理素质教育的单位时间效能。

2. 内容的针对性

以心理素质教育的目标体系为依据，遵循各年级学生心理素质发展的特点，针对各年龄段心理素质发展任务，兼顾各年级学生心理发展中普遍存在或易于出现的问题，对心理素质教育八个方面（适应学习、适应生活、适应人际交往、学会做人、发展智能、发展个性、发展社会性、发展创造性）基本内容进行分解，在总体框架下按年级设置若干具体专题。这样的训练既符合心理素质教育总体目标的要求，又针对各年级学生的生理、心理、社会性发展的水平和特点，立足于学生现实学习、生活、交往实际，同时兼顾学生未来的需要，因此针对性突出。

3. 组织形式的活动性

专门训练活动课的显著特点之一就是寓心理素质教育于活动中，拓展了活动课程的内涵和外延，丰富了活动课程的内容，更重要的是利用广大教育工作者较为熟悉的教育形式对学生适应、发展、创造诸方面进行训练，在活动课程中开发学生智能，培养健全人格，增强适应性，使活动有利于接近学生、吸引学生，促进学生发展，充分发挥活动课程的育人作用。就活动课程本身而言，以精心组织的活动为主线，在活动中注重心理素质的养成性训练，使活动操作更自然、更流畅，在潜移默化中达成心理素质教育目标。活动中，学生以活动主体的角色参与，而不是旁观者，要充分体现学生的自主性，有利于发挥其活动主体的作用。活动课的操作活动符合中小学生的兴趣和需要，有助于他们全身心投入和参与，为心理素质训练提供契机。

4. 突出心理训练的特色

专门活动训练课以心理品质的养成性训练为中心，如认知能力的训练、观念的改变、情感的激发与积淀、人格的培养、行为的塑造和习惯的养成等，并且这种养成性训练也是按系列、按层次进行。这使心理素质教育区别于心理学学科知识普及课，也区别于以解决心理问题为中心目标的心理辅导课，还区别于有多种目标的综合实践课或一般活动课。

5. 训练对象的全体性

学校心理素质教育以面向全体学生的发展性目标为主，提高全体学生的心理素质。这单靠面向少数人甚至个别人的心理咨询是难以完成的，必须借助于面向全体学生的心理素质教育专门课程，才能实现。

四、专题训练的任务

我们认为，心理素质专题训练课至少应该完成以下四个任务。

(1) 创设或利用活动化、动态化、情境化的教学手段，促进学生认知自己心理素质发展的状况。

(2) 教给学生最基础的心理常识，让学生明白某种心理现象产生的原因及其对学习、生活、交往和成长的意义。

(3) 通过互动式活动情境的创设，引导学生参与活动，在活动过程中训练学生掌握各种心理和行为策略，这是专门训练课最主要的任务。掌握解决问题的思维和行动的方法、步骤、过程及策略，是心理素质形成的必要条件。

(4) 引导学生对训练过程、方法和策略进行反思、比较，体验心理过程前后的感受，促进训练策略的内化。

五、专题训练的基本要求

在心理素质专题训练的设计中，应该注意七个方面。

(1) 情境化。创设有思考价值、能引起学生思考的问题情境，能引导学生活动的活动情境，与目标、内容需要相符的、能触发学生感受的物理情境，民主、宽松、开放、能触动学生内心世界的心理情境。

(2) 活动化。学生自由、自主、创造性地参与活动，既包括外部的观察、动作操作、表演等活动，也包括内心的思考、体验、感受、反思等活动，以及由内到外的表达（文字、符号、图形等多种形式）、辩论、讨论等活动。

（3）操作化。训练内容重在指导学生如何思考、如何行动、如何体验、如何反思，教给学生方法、步骤和策略。

（4）发展性。训练目标重点强调素质的培养、训练、养成，而不是以咨询辅导、解决心理问题为主；注重观念、体验、习惯和能力的培养，而非心理学知识的普及。

（5）互动性。训练过程强调生生之间、师生之间、亲子之间、同伴之间观念的启发与碰撞、情感的激发与冲击、行为的激励与制约。训练过程应该是一个互动过程。

（6）针对性。心理素质专门训练活动的开展应针对学生的年龄特点、心理素质的发展水平、学生中普遍存在的心理问题和家庭、学校、班级的实际状况而进行。

（7）疏导性。教师在专门活动训练课中的角色是设计者、参与者、引导者、组织者，在训练过程中的主要作用在于启发、引导、调控训练活动，即知识性问题点到为止，学生内心矛盾、困惑要点醒，活动过程中及时点拨，引导学生及时归纳、总结、剖析训练所得。

以上七个方面，我们可简单概括为五个“三”，即活动设计体现“三性”——参与性、活动性、主体性；训练形式的“三化”——情境化、生活化、多样化；教师指导做到“三点”——点醒、点拨、点化；情境创设注意“三自”——学生的表现是行为自发、情绪自然、参与自觉；目标设计突出“三质”——开发“潜质”、依据“特质”、形成“素质”。

六、专题训练的过程与条件

（一）专题训练的过程

从实施过程考察，心理健康教育是一项形式多样的教育活动。若从教育途径看，主要有心理素质专题训练、心理咨询与辅导、学科教学渗透等；若从教育要素看，可开展学校、家庭、社区三结合的心理健康教育等；若从教育活动的承担主体看，主要有指导性心理健康教育和非指导性心理健康教育。如何将多种活动形式有机地整合于心理健康教育过程中，是提高心理健康教育实效性的重要保障。为此，我们在指导大中小学开展心理健康教育实验中，力图将心理健康教育的有效途径、方式、要素整合于心理健康教育过程的判断鉴别、策略训练和反思体验三个基本环节中。那么我们如何将上述的心理素质专题训练的目标、内容、特征、任务和要求体现在心理素质训练课的三环节中呢？

1. 判断鉴别

该环节旨在通过检测，让学生了解自己某方面心理素质发展的现状，自己是否具备健康的心理素质，以此引起学生的认同感或缺失感，唤起情感共鸣或震撼，激活心理活动，激发思考和提出问题；让学生明白道理，了解某种心理现象产生的原因及这种心理素质对他们的学习、生活、交往及成长的意义。判断鉴别的主要内容包括测验及对自己现状的判断；判断的标准；心理表现案例等。活动形式有呈现自测题将测验题物化、情境化、动态化；呈现情境，结合情境内容力求让学生置身于生活化情境中作出判断；呈现案例，让学生归纳、总结；进行小实验，创设相应活动情境，让学生参与活动。

2. 策略训练

这是面向全体学生进行心理素质训练的核心环节，目的在于：①引思，引导学生思考所涉及的心理问题，提高认识，转变思维方式、角度，确立新观念；②导行，设置思维步骤和行动步骤；③激情，在思考、行动中唤醒其情感体验；④练习，按照思考的、操作的方式、方法练习，掌握基本的思维过程、思维方法及行为方法。该环节的训练目标是让学生掌握相应的行为策略，可以采用如下活动形式：学生自己讲解；角色扮演、角色换位；讨论；辩论；生生之间、师生之间、亲子之间互动交流；动手操作；参观访问；教师适度引导或咨询。

3. 反思体验

学生对训练中的心理感受、情感体验、行为变化、活动过程及效果等进行反思，目的在于对训练过程、方式进行反思；将训练中掌握的方法、步骤延伸到类似的其他情境；对训练结果进行总结。反思体验内容以训练目标、内容为依据，考察训练目标的达成度。该环节可采用如下活动形式：呈现问题，训练前后对比；设计情境，实际操作；对案例进行归纳总结；自我暗示或提醒；明确后续的思考、体验和行动方向等。

应当注意的是心理健康教育过程的上述三个环节的顺利实现，教育者必须具备以下思想和教学观。

（二）专题训练的条件

1. 学生主动参与是前提

学生认知素质的发展、健全个性人格的培养、适应能力的提高，不能像学科知识的掌握主要依靠知识传授的手段和方法，心理健康教育过程应当是学生的主动参与过程，让学生在主动参与的活动中发现问题，分析自我，探究原因，寻求方法，反思体验，形成思想、观念、能力等心理素质。学生参与内容丰富、形式多样的活动，是心理素质培养发展的前提。首先，参与活动为心理素质发展提供动力源泉，能满足中小学生参与活动的需要。学生独立意识和独立能力要发展，一个基本条件就是他自己要有独立的愿望，有独立思考、独立判断、独立选择、独立决定、独立活动的需要，而这种愿望和需要是在活动中产生并得到满足；学生的同情心的培养，也是基于他有同情别人的需要，这种需要是在活动中得到激发的。其次，活动为学生心理素质的表现和发展提供阵地和契机。再次，活动为中小学生心理素质的发展提供内容基础。在活动中，他们了解、选择、判断和整合客观的社会刺激和自我信息，把内外刺激源选择性地内化为自身素质。因此，必须强调在活动中培养学生健全的心理素质，根据不同的内容要求和学生实际，开展内容丰富、形式多样、趣味性强、学生参与操作程度高的活动。

2. 学生心理素质的形成过程是基础

我们根据对学生的调查发现，学生的心理素质形成一般要经历如下过程：自我认识—动情晓理—策略导行—反思内化—形成品质。因此，心理健康教育过程也应以此为基础，围绕这个历程展开。为了简明勾画出心理素质的形成过程（内部的）与心理健康教育过程（外部的）的整合关系，我们拟以流程图示意并略作解释。判断鉴别以物化、动化、情境化手段呈现客观刺激（测量），提供判断标准、分析原因、探讨意义，让学生在对照、选择中认识自己，在讨论、归纳、表演和实际操作中明白道理；策略训练中通过学生讲解、讨论、操作、辩论等活动，掌握思维和行动的方法与步骤；反思体验通过学生反思自己的感受、行为变化、活动过程及结果，在活动中形成观念、内化体验、形成素质。

3. 互动式情境的创设是特色

心理健康教育过程，也是创设互动式情境，尤其是激活或唤醒学生心理活动的过程。它通常能引发学生的认同感、缺失感，激发情感共鸣或者震撼，诱发行动愿望。学生的心理素质是在学生与教师之间、学生与学生之间、学生与家长之间相互作用而构成的心理环境中得到培养和锻炼的。因此，和谐的互动式心理环境的创设就成为心理健康教育的重要特色。心理环境的创设可以采用物理手段，如背景音乐、动画的呈现，空间位置的设置，语言暗示或激励等，同时，更应该重视心理手段，如尊重、理解、信任学生，真正做到师生之间、亲子之间人格平等，以宽容、开放的心态对待学生，以发展的眼光看待学生，用心体验学生的内心感受和情绪反应。总之，心理健康教育是师生之间、生生之间、亲子之间心与心的交流、沟通，营造民主、宽松、开放的互动气氛，是提高心理健康教育有效性的心理基础。

第三节　学科教学渗透模式及实施策略

随着我国教育改革的逐步深入，心理素质教育已经在各级各类学校中得到相当的发展。就其实施途径看，主要有专题训练、心理咨询与辅导、学科渗透三种方式，相应地，在具体实施中形成了学生心理素质教育的训练模式、咨辅模式和渗透模式。

训练模式针对学生共同的发展水平与发展特征及存在或可能存在的共同心理问题，进行心理健康维护知识讲座、系统心理素质发展训练和发展性团体心理辅导等。但该模式主要以集体方式组织实施，注重学生心理发展共性问题的探讨，而学生个性心理问题则难以得到体现。

咨辅模式关注个体差异，排除那些影响个体心理平衡或发展的不利因素，创设一种和谐的心理气氛，应用心理科学的专门方法和技术，通过语言、文字及其他手段对咨询对象的心理施加影响，使其认知、情感和意向发生变化，维护其心理健康，提高其心理素质水平。但该模式是以少数学生为对象，以其存在的心理行为问题或成长需要为中心，探索解决问题的可能条件和途径，共同协商出摆脱困境的对策，最后使其增强信心，克服心理障碍。

训练模式以其对象的全体性、内容的系统全面性克服了咨辅模式的不足，而咨辅模式又以其对象、问题针对性克服了训练模式难以兼顾到学生个性心理问题的缺点，但无论是训练模式还是咨辅模式均难以达成其他学科课程具有的心理素质教育功能。而学校心理素质教育是个系统工程，心理素质教育目标体系的最终达成，仅靠某一模式是难以实现的。要保障整体目标的实现，必须建立多渠道、全方位、立体的心理素质教育网络，全面拓展学校心理素质教育的实施模式。从教育实践看，现今学校心理素质教育实施途径中训练模式和咨辅模式在各级各类学校已有相当的发展，而在学科教学中渗透心理素质教育则相对薄弱和滞后。这种状况和学科渗透模式的实施相对复杂、对教师素质要求较高有关，但也和学科教学中渗透心理素质教育理论研究的相对薄弱是分不开的。根据心理素质教育的理论和实证方面的研究（张大均　2004），结合有关学科渗透实证方面的研究（徐燕刚　2005；邵景进　2005；王翠萍　2005；宋丽娟　2005），我们试图对学科渗透模式的相关理论问题进行初步探讨。

一、学科教学渗透的目标设定

学校心理素质教育的基本目标：一是促进学生积极适应、维护心理健康；二是促进学生心理素质的主动发展，形成健全的心理素质。学科渗透目标从属于学校心理素质教育的基本目标，其具体目标表现为在促进学科知识技能掌握的同时，培养学生健全的心理素质。换言之，学科教学目标和心理素质教育目标是相互联系、相互影响的，学生心理素质发展在知识掌握中进行，是知识掌握的自然组成部分；而学生心理素质的发展，又能有效促进其知识掌握，两者都是为促进学生整体素质发展服务的。在具体目标设定中主要遵循以下原则。

1. 内在规定性

教师在设定学科渗透的目标时，要充分考虑“本教材可资利用的相关教育资源，应是教材本身所蕴含的”（叶一舵　2004），而非脱离教材本身刻意强加上的。例如，在小学语文课文《颐和园》《新型玻璃》及《爬山虎的脚》等说明文中就不宜进行有关情绪能力培养的渗透。我们不能不顾教材本身的内容体系一味地将有关内容剪贴在上面，甚至生搬硬套地黏合在一起，这种做法从根本上曲解了学科渗透心理素质教育本身的含义，也背离了学科渗透对于学生心理素质发展的意义与价值。

2. 客观针对性

教师在设定学科渗透的目标时，应该考虑到本学校、本班级的具体情况及可资利用的资源，并充分考虑本班学生的心理特征及发展水平，有针对性地合理设定有关心理素质教育的具体目标，而且要充分考虑到个体之间所存在的差异。例如，在数学教学中渗透学生学习自我效能感的培养时，其中的一个重要环节是引导学生进行积极归因。由于不同学业水平学生有不同的归因倾向，要引导学生进行正确的归因，我们必须首先通过问卷调查和师生访谈等方式对不同学生的归因进行了解，以准确地掌握不同学生的归因特点。

3. 自然潜入性

教师在学科渗透时应注重潜移默化、耳濡目染，在自然的渗透中达到优化心理素质的目的。将渗透目标与内容同学科教学本身的目标与内容有机地结合起来，通过创设特定的教学情境，设计有效的教学策略，挖掘和处理学科知识中的相关内容，有意识地运用心理学理论、方法和技术，以内隐、暗示、濡染的方式，促使学生在掌握知识的同时提高其相应的心理素质。例如，在数学教学中渗透学生学习自我监控能力时，可以通过让学生预测自己的做题情况，然后对比判断其正确率，达到提高学生学习自我监控的意识性和反馈性的目的。

二、学科教学渗透的内容选择

学科渗透作为心理素质教育实施的重要方式之一，其内容选择理应依据积极适应与主动发展的心理素质教育的基本目标为主线进行综合安排，根据个体心理素质发展的阶段性和连续性，从总体和局部综合建构学科渗透的内容体系；以各年级学生的生理、心理和社会性发展的水平、特点及具体的教育目标要求为出发点，针对学生学习、生活、交往和成长中存在或可能出现的心理问题进行各有侧重的渗透培养，安排各年级的渗透教育要求和内容；以学生心理素质结构为基础，充分考虑认知、个性和适应三个方面内容要素之间的协调性和整体性，主要围绕适应学习、适应生活、适应人际交往、学会做人、发展智能、发展个性、发展社会性和发展创造性八个方面的内容来组织相应的材料加以实施；同时，学科渗透内容选择要考虑到学科性质、学科教学特点及授课类型的不同。

学科渗透中可资利用的心理素质教育资源具有以下特点。

1. 广泛性和多样性

学科教学内容中都蕴含着十分丰富的心理素质教育素材，从这种意义上看，学科教学中渗透心理素质教育内容广泛、方式多样，涉及学习、生活、人际、个性及社会性等诸多内容。具体到一门学科，甚至一个单元、一节课，所涉及的心理素质教育内容，往往也是多种多样、多侧面、多维度的。因此，在学科教学过程中，教师要学会从整体上把握教材，灵活处理教学过程中的渗透内容，善于把学科教学与心理素质教育结合起来。

2. 分散性

学科教学是以各门学科自身知识体系为主线编排的，其主要遵循学科逻辑，反映的主要是知识序列。而学生心理素质的形成过程则是一种心理逻辑，学科渗透难以完全符合学生心理素质发展的序列，由此注定了学科渗透心理素质教育的分散特性。这成为学科渗透心理素质教育实施中的最大“瓶颈”，致使学科渗透显得凌乱，有失系统性。

3. 潜在性

学科教学内容中蕴含的心理素质教育资源不全是外显、直接的，有时是内隐、间接的，这与学科渗透的濡染整合性这一特点相对应。因此，对于学科课程中的显性心理素质教育资源，教师可以直接利用；隐性的心理素质教育资源则需要教师进行加工处理，如采用归纳、总结、衍生、拓展等方法，找出学科教学与相应心理素质教育内容的结合点。

4. 伴生性

教育教学活动中的心理素质教育内容往往不是独立存在的，而是与其他教育因素综合并存。学科渗透不单要利用学科教材中的心理素质教育内容，而且要利用课堂教学中的其他教育教学资源，如教学过程、课堂教学心理环境等，这样才能达到学科渗透效果的最大化。

三、学科教学渗透的实施过程

根据陈旭、张大均等所提出的心理健康教育整合模式（陈旭，张大均 2002），结合学生心理素质发展的年龄特征，在我们课题组实验研究的基础上，我们初步提出了学科教学中渗透学生心理素质教育的基本模式。这一模式也是对我们实验实施过程的一种理论性的、简单明了的表达（图 2-1）。

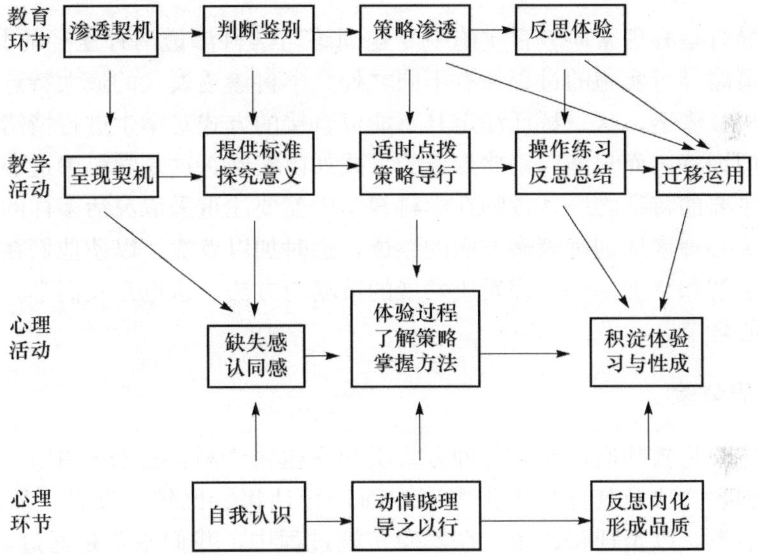

图 2-1　学科教学中渗透学生心理素质教育的基本程序图

从实施过程角度而言，学科教学中渗透学生心理素质教育的教学实施过程依然遵循心理素质教育过程的基本环节，即判断鉴别、策略训练、反思体验。但学科渗透的教育实施过程也有其自身的特征，我们认为学科渗透教育实施的基本环节主要包括。

1. 创设渗透契机

创设渗透契机是学科教学中渗透心理素质的首要环节之一。教师必须首先创设学科渗透的最佳契机，从整体上把握学科教学目标和内容，从中寻求心理素质渗透的最佳结合点。然后，结合学生心理素质发展特点及其生活中的典型事件，将心理素质发展的有关目标与内容同学科教学相融合起来，同时还要考虑教学实施的具体策略及方法。

2. 判断鉴别

教师采取各种检测方式可以了解学生心理素质发展过程中所面临的困难或问题，同时也可以促使他们自觉地关注自身心理素质发展的状况，通过对比、判断、震撼、探索以体察某种心理现象产生的原因及其对他们的学习、生活和交往的意义，从而激发他们主动探索自己心理问题产生的原因、解决策略及对他们心理素质发展和成长的意义。

3. 策略渗透

策略导行是心理素质教育实施中专题训练与学科渗透两种途径的共通之处，但二者在策略导行实施的过程却有不同之处。学科渗透模式的最大特点在于追寻自然、有机、渗透，这一特征注定其不能以直接的方式对学生进行情绪调节策略方面的专门训练，而只能以策略渗透的方式加以实施，这是学科渗透心理素质教育的最为主要的特征之一。教师在学科教学中就要注重采取灵活多样的方式对学生进行有关心理素质训练策略方面的渗透，适时加以点拨，以使他们在学习知识的过程中了解和掌握一些心理素质发展的策略与方法，这也是我们学科教学渗透模式的核心环节。

4. 反思体验

反思体验是教师通过采取各种方式引导学生对学科渗透过程中的心理感受、体验、过程、方法及其行为变化等诸方面进行认识、比较、反思，从而促进内化，形成品质，以至迁移运用。在实验实施过程中，我们主要是通过名言警句、人物故事或操作练习的方式要求学生体验、认同、悦纳、内化所学习的心理素质的有关知识及相应的策略与方法，以使小学生能够最大限度地将其迁移到其他类似的情境中去。

综上所述，我们在学科渗透教学过程中，“学生主动参与是学科渗透成功实施的前提，学生心理素质的形成过程和知识掌握的心理过程是学科渗透的心理基础，知识教学是学科渗透的支架，创设互动式教学情境是提高学科渗透有效性的保证”（曾天德等　2007）。因此，学科渗透教学实施过程中基本程序的提出和实践主要体现了如下思想：

（1）学生主动参与是前提。学科渗透心理素质教育即是让学生在学习学科知识的同时达到提高心理素质的目的，其实质上是一个“助人自助”的过程。学生是心理素质发展的主体，各种心理素质教育形式必须作用于主体才能产生良好的效果。在学科渗透过程中，我们不能像学科教学那样过于依靠知识传授的手段和方法，而是要充分认识学生的主体地位，最大限度地调动学生参与心理素质教育的积极性、主动性，充分发挥他们对自身心理素质发展促进的自觉性与能动性。

(2) 学生心理素质的形成过程是基础。学科渗透的实施必须依据学生心理素质发展与形成的心理序列性变化的历程与规律合理安排相关内容，是学科渗透学生心理素质教育有效的基本前提。我们在对学生的调查中发现，学生心理素质形成一般要经历自我认识—动情晓理—策略导行—反思内化—形成品质这一过程(陈旭，张大均　2002)。学科渗透教育过程也应该以此为基础，围绕这一历程展开。

(3) 知识教学是支架。学科知识教学是学科渗透心理素质的载体，学科渗透心理素质教育的实施也必须以学科知识教学为依托。具体而言，我们必须首先充分挖掘学科教学中所蕴含的心理素质的相关内容，并将其有机地融合于学科知识教学过程中。无论是学科渗透内容还是渗透契机的把握都必须以学科教学的具体内容为支架，理应是教材本身自然蕴含其中的。那种不顾教学内容的硬性渗透，不仅妨碍了教师对专业课本身的科学性和教育规律的关注，而且重复了历史上的心理主义的错误（刘翔平，张大均　2004)。从这种意义上说，知识教学是学科渗透的基本支架，也是学科渗透心理素质教育赖以存在的逻辑起点。

(4) 创设互动式教学情境是有效保证。互动式教学情境的创设是学科渗透教学实施的起点，是激活与唤醒学生心理活动的“起搏器”。它通常能够引发学生的认同感、缺失感，激发情感共鸣或震撼，诱发行动愿望。教师在互动式教学情境下，以宽容、开放的心态对待、理解、信任学生，用心体验学生内心的感受和心理反应，以形成平等、民主、开放的师生关系，从而塑造良好的课堂气氛。这样才可能使学生迅速地置身于具体的情境之下，自然而然地体会到学科教学中所蕴含的心理素质资源；也可以唤醒学生对自身心理素质发展状况的积极关注，自觉主动地探索心理素质发展的有关策略与方法。鉴于此，互动式教学情境的创设是提高学科渗透心理素质有效性的根本保证。

四、学科教学渗透的实施策略

1. 自然融洽策略

学科渗透心理素质教育最为本质的特点就在于渗透的自然性、融合性、濡染性，它应与整个学科课程内容体系和教学过程是浑然一体、自然融合的。教师要根据学科教学的具体内容和这些内容所蕴含的可利用资源寻找心理健康教育的合理渗透点，任何为渗透而渗透的做法都是不可取的。虽然学科课程中蕴含有丰富的心理健康教育资源，但并非任何内容、任何时候都可以渗透心理教育。有些教师似乎为了完成某种任务而强行渗透，这显然走进了学科渗透心理素质教育的误区。学科渗透贵在自然、贴切，它与整个学科教学的具体过程是紧扣的，是有机融合的。因此，学科教学中渗透心理素质教育的首要原则就是“顺其自然”，应尽量避免生硬直接的渗透方式。

2. 适度有效策略

学科渗透与学科教学是学校素质教育中的两个相对独立的部分，各有各自的出发点和目标。任何把学科教学心理素质化或心理素质教育学科化，挤占对方位置顾此失彼的做法都是极不合理的。因此，在学科渗透教学实施中，我们必须依据学科渗透心理素质教育的对象、方式及特征等综合把握其度量，讲究适度有效。学科渗透教学中首要把握渗透的时间，教师在每篇课文甚至具体到每堂课都应该合理安排渗透的时间，不宜过长或过短。而且，学科渗透所具有的独特的不确定性及难测性，决定了学科渗透的实施还要注意其梯度，尽量保证学生可接受性及渗透的循序渐进（叶一舵　2004）。同时，也要适当把握渗透实施的程度、范围及保证渗透效果的有效性。

3. 灵活多变策略

学科渗透心理素质是一门教育科学，更是一种育人的艺术，其教学实施没有固定的方法（叶一舵　2004）可以遵循。不同的教学设计取向、渗透形式和渗透方法的灵活运用构成了不同的渗透策略。教学过程中的一些偶发事件则更需要教师能够采取灵活的方式巧妙地加以解决，虽然有可能与具体的教学内容没有任何的联系，但学科教学渗透实施过程中却不能置之不理、随意放过，更不能采取粗暴的方式简单处理，肆意压制；而应该采取灵活的方式加以处理，将其转化为心理素质教育方面的“活教材”。例如，学生之间有时会因一些小事突然发生争吵，甚至大打出手，而不顾及课堂秩序，老师就应该及时灵活地采取措施让学生情绪迅速稳定下来，并适时给予学生一些克制、调整自己情绪的策略与方法。这样既能恰当地处理教学过程中的意外干扰，又可以对学生适时进行情绪能力方面的教育。

4. 创设互动情境策略

互动式情境的创设是学科教学的必需，更是心理素质教育的基本特色（陈旭等　2002；刘慧等　2004）。从心理素质教育的角度看，学科渗透教学通过创设互动式情境，激活学生心理活动，可以引起学生的情感共鸣，进而促进学生的行动需求，使得学生的心理素质在人际环境相互作用构成的心理环境中得到培养和发展。从学科教学的角度看，有效的教学必须通过在情境中的交际互动使用来实现。让学生在参与活动的过程中，通过感知、体验、实践、探究等手段自然地、不知不觉地吸收和练习，在不断构建知识和提高学科能力的同时，享受学习的乐趣。

5. 鼓励参与活动策略

学科渗透中鼓励参与活动主要包括两层含义：一是学生的外部行为操作，如在课堂中的具体行为实践活动；二是学生的内部心智操作，如内心的思考、体验、感受、反思等活动。心理学研究表明，活动是人类心理产生和发展最重要的因素，是心理的本源。人的各种高级心理机能都是产生于主体和客体相互作用的活动中，是活动与交往不断内化的结果。心理素质教育研究表明，主动参与活动是心理素质培养发展的前提，学生在主动参与的活动中发现问题、分析自我、探究原因、寻求方法、反思体验，形成思想、观念、能力。从学科教学的角度看，教学需要学生积极参与，让学生在灵活多样的学习活动中，发展技能，形成学科能力。具体的活动形式有角色扮演、登台表演、游戏、分组竞赛、合作学习等。

6. 引导体验内化策略

体验内化是心理素质形成的关键：体验是一种产生情感且生成意义的活动过程，学生通过体验将自身经历的外部经验、事物内化为自身的素质，包括认识、信念、行为、品质等。同时，体验内化也是学科教学培养学生学科能力形成的重要环节，在这一环节中，学生把对所学知识、技能的归纳总结、建构、同化，内化为自身的认知结构和能力。我们可以从四个方面着手引导学生的体验内化：第一，拓展学生心理自由空间，让学生在探究尝试活动过程中获得体验。探究尝试活动可以是认知操作、游戏活动、行为作业等。第二，创设互动式交流契机，让学生在课堂学习活动中获得体验。互动式交流沟通包括认知信息的交流、人际情感信息的交流，以及态度、行为等方面的信息交流。第三，让学生在情境中获得体验，这在创设互动情境策略中谈到了。第四，让学生在自我反省、自我暗示、自我提醒中获得体验，这包括学生对自己的心理和行为进行反思体验、对自己的过失与错误进行自我批评和提醒、对自己的成功进行自我肯定、适时调节控制自己等内容。

五、学科教学渗透的相关关系

学科渗透既是课程自身的积极建构及课程实施策略的改进与提升的必然（陈家麟　2002），同时更是实施心理素质教育的有效途径之一。但是鉴于学科渗透心理素质教育本身的复杂性，我们对这一渗透模式理应具有合理的认识，它包含由不同的教学设计取向、渗透形式和渗透方法的灵活运用构成的不同的渗透策略，它既不是一成不变的僵化模式，也不是可以适用于所有心理素质培养的万能模式。因此，在该渗透模式的实施过程中，要求教师能够依据实际情况加以灵活运用，合理变通。我们认为，学科渗透模式的实施需要处理好以下三对关系。

1. 学科渗透与学科教学

学科渗透是指依据心理素质教育的根本目标，在学科教学中，从学科特点出发，抓住学科教学与学生心理素质发展的结合点，有目的、有计划地运用心理素质教育的方法策略，渗透心理素质教育内容，增进学生的心理健康，为培养学生健全的心理素质教育服务（曾天德等 2007）。可见，学科教学与学科渗透的目标是一致的，即都是为提高学生整体素质而服务的。就整体功能而言，从心理素质教育角度看，学科渗透的实现，有利于拓宽心理素质教育的途径，增强心理素质教育的功能，从而把心理素质教育目标落到实处，做到“以教育心”；从学科教学角度看，学科渗透的实现，有利于拓宽学科教学的功能，促进学科教学目标的实现，做到“以心促教”；从素质教育角度看，学科渗透有利于改善学科教学与心理素质教育的分离状态，结束学科教学中心理素质教育目标长期缺失的问题，有利于素质教育整体目标的实现。因此，学科渗透是学科教学功能的拓展，也是心理素质教育研究合逻辑性的深入。

2. 不同性质学科渗透

学科渗透教育实施要认识到不同学科，由于学科性质的不同，其渗透内容也有所不同。在渗透实施时，我们要注意把握各学科的学科特点和各学科间的差异性，找准某学科的最佳的心理素质教育渗透内容，如社会科学类学科可以较多地直接取用教材内容作为心理素质教育的内容，而自然科学类学科则可以更多地从教学过程中发掘心理素质教育的内容。就具体学科而言，语文学科在内容上具有广泛性、分散性、潜在性和濡染性等特点，所以渗透学生人格等方面的内容就比较恰当；数学学科以其独具的思维性、逻辑性等内在性质成为培养学生元认知能力等的强势学科。

3. 学科渗透与专题训练、咨询辅导的协同

学科渗透将心理素质教育的目标融入学科教学之中，不但有一石二鸟之效，而且可以充分利用教育资源，符合教育的经济性原则。但是这种方式有其自身的弱点：①对教师自身素质要求比较高，需要教师具备一定的理论思维和教育心理学、教学心理学等课程的专业知识，内化整个渗透思想；需要教师活用模式，将模式变通为不同课型，不拘泥于固定格式，合理突出渗透重点；需要教师具有较强的教育综合能力，即需要教师既要有较强的学科教学能力又要有心理素质教育能力，还应有将二者综合运用的能力。②学科教学内容选择与编排是按照学科自身内在逻辑性进行的，其中所蕴含的心理素质教育内容具有分散性与潜在性，这非但不与学生心理素质发展的序列性相符合，而且学科渗透自身的特征又注定了其难以从整体上严格地按照心理素质发展状况进行有针对性的干预。③学科渗透是一个系统工程，需要不同学科教师之间的协作，而且需要教师在教学实践中长期坚持。所以，在学校心理素质教育实施中，我们需要学科渗透与专题训练、咨询辅导的协同，三者的综合运用更有助于学生心理素质的健全发展与提高。

第四节　计算机辅助模式及实施策略

随着素质教育的全面推进，学生的心理素质教育越来越受到重视，因而心理素质教育的手段也成了近期关注的热点。本研究提出计算机辅助培养学生心理素质的教育模式，即利用计算机辅助教学形式，将心理素质教育的内容开发为教育软件，运用于学校心理素质教育之中，从而提高学生心理素质水平。为了证实该教育模式的有效性和可行性，本研究应用以改善初二学生人际关系（包括亲子关系、师生关系和同伴关系）为内容开发的教育软件进行了教育实验研究。实验结果表明，依据学校心理素质教育目标和特点所开发的心理素质教育软件对于提高学生人际关系是有效的，提出的计算机辅助心理素质教育模式及其实施策略是可行的。下面我们就对这一教育模式的建构及实施等做一详细探讨。

一、建构计算机辅助模式的必要性

（一）心理素质培养需要模式的创新

1. 心理素质教育的复杂性要求探索新模式

心理素质是个体稳定的、基本的、具有衍生功能的心理品质，是一个由认知、个性心理、心理健康与社会适应四个亚系统同构而成、相互作用、动态发展的自组织系统（张大均等　2000）。心理素质本身复杂的特性和多样的构成在根本上要求用多种方式进行培养和教育。心理素质教育既是教育学、心理学共同研究的一个崭新领域，又是一项综合性的素质教育实践活动。它需要通过多种途径对学生心理素质的各个层面实施有目的、有计划的积极影响，从而达到培养健全心理素质的目的。为了有效实施心理素质教育，必须建立多渠道、全方位、立体的心理素质教育网络，最大限度地探索学校心理素质教育的方法体系，需要不断探索新的教育模式。

2. 现有心理素质教育模式的不足需要进行模式的创新

目前，学校心理素质教育主要采取咨询辅导、专题训练、教学渗透等模式，这些模式对提高学生的心理素质、开发学生的心理潜能发挥了重要作用，在一定程度上推动了学校心理素质教育的发展，但也存在教育形式单一、教育方法刻板、教师不能胜任、教育效率不高等不足。同时，学生心理素质是一个动态的发展过程，也必然要求在不断的发展中探索新的教育模式。因此，探索新的教育途径和模式已成为学校心理素质教育的现实要求。

（二）多媒体计算机的发展为心理素质教育模式创新提供了契机

教育和心理工作者为了顺应现实的要求，一直致力于寻找更有效、更符合学生需要的心理素质教育模式，而多媒体计算机的发展与普及恰恰给这种探索提供了契机。

1. 多媒体技术的发展使计算机辅助心理素质教育模式成为可能

计算机对人类的影响是革命性的，它涉及人类生活和学术的各个领域。对于心理学来说，计算机已经成为被广泛使用的新的研究工具。多媒体计算机技术可以运用语言、文字、声音、图形、图像、影像等多种媒体信息，把适合于学生年龄阶段的心理训练内容进行有机组合，然后在计算机屏幕上呈现出来，学生通过学习来提高自己的心理素质。多媒体计算机的这种功能使心理素质教育可以在计算机上实现，扩展了心理素质教育的实施途径，也开拓了计算机辅助教学在心理领域的新应用。

2. 计算机在心理领域的应用为计算机辅助心理素质教育提供了借鉴

计算机科学的兴起和发展，为心理学研究开辟了新的道路。近一二十年来，儿童青少年心理研究中出现了计算机化的新趋势。计算机作为现代科学研究不可或缺的重要工具，已被广泛地运用于儿童、青少年心理研究的各个领域。计算机为心理学研究提供了高度灵敏、精确快捷的工具，它可用于实验设计、建构模型；可用于控制自变量、操作实验、记录反应；可用于建立数据系统、储存数据；可用于实验结果的数据分析、检索和统计处理；可用于模拟实验、验证假设；可用于对其他现代化技术手段的结果分析处理等。计算机在心理学领域的成功应用为计算机辅助心理素质教育提供了借鉴。

（三）探讨计算机辅助心理素质教育模式的意义

对计算机辅助心理素质教育模式的探讨，既可以丰富心理素质教育的理论，又可以促进心理素质教育内容与形式的更新，扩展心理素质教育的空间，为学校心理素质教育的深化开展提供崭新的途径和模式。具体来说，在理论上，心理素质教育可以有多种实现方式，为了更有效开展学生的心理素质教育，就要求研究者不断提出新观念、构建新模式，为培养学生健全心理素质提供理论指导；在实践上，计算机辅助心理素质教育是新技术应用到心理素质教育的必要尝试。计算机多媒体新技术的出现可以为生活、工作和学习的各个方面服务，探讨计算机技术与心理素质教育的结合，开发新技术、采用新策略是心理素质教育实践的现实要求，也是现代化教学技术在更广泛渠道上应用的要求。

心理素质教育是一项系统工程，除了学校的心理素质教育外，还应该扩大心理素质教育的空间，让学生随时随处都可以接受、参与心理素质训练，计算机互联网就可以做到这一点，学习者将不受时间和空间的限制，寻找自己需要的心理素质训练，进行学习。这正是我们构建计算机辅助心理素质教育模式的出发点。

二、计算机辅助模式及实施策略的构建

（一）计算机辅助模式的目标

教学目标的合理性直接影响学校心理素质教育的效果。采用计算机辅助的形式开展心理素质教育，其教学目标和心理素质训练课的教学目标是统一的，都遵循心理素质教育的基本目标，只是手段和形式不同。培养学生良好的心理素质是心理素质教育的基本目标，计算机辅助心理训练是心理素质教育的重要实施途径，所以帮助学生培养正常的智能、完善的人格和良好的适应能力，使其心理素质各成分都得到健康发展，也是计算机辅助心理素质教育的基本目标。同时，计算机辅助心理素质教育目标的确立也与学生的心理发展水平、规律和特征相吻合。总之，计算机辅助心理素质教育的目的在于调动学生人际交往的积极性，帮助他们克服发展中的一些交往问题，主动改善其人际关系；通过着重训练学生学会适应人际交往，预防和矫正他们因为不适应而导致的各种交往心理、行为困难和障碍，从而促进其积极适应与主动发展。

（二）计算机辅助模式的内容

计算机辅助心理素质教育模式的内容构建不仅有充分的理论依据，而且具备坚实的实证基础，充分体现出科学性原则。首先，从理论上分析，研究吸取传统心理素质训练课的内容，结合多媒体的新式表现手段，依据学生实际情况制订一系列系统的训练课程来提高学生的人际交往能力，改善其人际关系。其次，多项实证研究表明，运用认知改变、行为指导与体验学习的策略进行人际交往技能训练，被试交往心理素质明显提高。虽然已有研究的具体训练内容不同，但大多数研究者认为可以从认知、情感体验、行为训练三方面进行人际交往技能训练。同时，通过对人际关系的现状调查分析，也为我们制定训练内容提供一定的现实依据。

基于已有研究，我们构建的计算机辅助心理素质教育模式主要从认知和行为

两方面进行训练，其间穿插部分内容，激发学生的情感共鸣，增强情感体验。每个主题内容一般都从情景入手，引起学生兴趣或共鸣，然后从认知上进行分析，最后给予行为上的技巧指导。因为和谐人际关系的创建，重要条件之一就是要正确认识自我、交往对象及二者之间的关系。只有有了充分、客观而正确的认识，才能激起情感上的体验，提高行动的积极性，通过这些认知和行为上的改变来提高学生的人际关系，从而提高其交往心理素质。

（三）计算机辅助模式的策略

计算机辅助心理素质教育模式的实施，将一定的心理素质教育策略贯穿进去，这些策略包括活动性策略、主体性策略及情境性策略。

(1) 活动性策略。该模式采用交互式的“寻宝”等方式，突出体现学生与计算机间的和谐互动，寓教于乐，融益智、教学、游戏于一体，提高学生的学习兴趣和求知欲。而且，整个教学过程中，随时保证学生同计算机的交流和沟通，既不是计算机单独死板的呈现，也不是学生漫无目的的反省，而是由计算机引导，由学生主导的和谐的互动过程。

(2) 主体性策略。计算机辅助心理素质教育模式的实施过程是学生主动参与训练的过程，充分体现出“以学生为中心”的主体性原则。该模式通过设置“模拟训练”等模块，引导学生在模拟情境中自己制订、实施和修改自我管理的计划，通过自我控制和自我管理，掌握正确的交往技巧和行为方法。

(3) 情境性策略。情景的创设使学生的注意总是处于积极的功能状态，激发起学生求知的愿望和兴趣，激励学生积极的心向，使学生能以积极参与的态度主动做好进入学习情景的心理准备。根据不同的教学内容，我们力图采用动画、音乐、图片等媒体信息，创设一系列能引起学生思考的问题情景、引导其活动的活动情景及触动其内心世界的心理情景，丰富学生的感性材料，不断加深学生的认知表象，诱发再造想象。

（四）计算机辅助训练模式

根据张大均和田澜（2003）提出的“自我认识—晓之以理—导之以行—反思内化—习以成性”的学生心理素质形成过程，我们提出“情境导入—认知改变—行为指导—反思总结”的计算机辅助心理素质训练模式。

情境导入：采用动画、音乐、图片、解说词等媒体表现形式（或以讲故事的形式），通过介绍主人公或其周围人的亲身经历，引出课程主题，让学生身临其境，拉近内容和生活的距离，引起情感共鸣，激活心理活动，最终激发学生对内容的好奇和兴趣，引导学生进入学习的主题。

认知改变：通过提问、测验等不同形式，引导学生通过观念联想和换位思考，进行自我反思和自我分析，改变原有的不良认知，使其形成正确的观点，以促进学生的自我发展。如提出“你帮主人公想想办法”这样的问题引起学生思考。学生给别人出谋划策，也是给自己想办法，即使想不出什么办法，也是在自我反思。不断反思自己认知的过程其实也是自我反思的过程。

行为指导：训练模式的主体部分，采用榜样示范、角色互换等策略，以不同形式的内容为载体，由上环节的问题引发了学生的思考，然后给予学生各种指导性的行为建议。每一个技巧介绍，我们均遵循从认知到行为的原则。首先让学生有一个新的认识，即认知的改变，然后再告诉他们可以如何做，给出一些具体的行为建议。

反思总结：在音乐、歌曲、诗歌朗诵、动画等中结束课程学习，采用名言警句、精美小诗或经典故事深化本课学习的主要内容，让学生有一个概括性的了解，起到画龙点睛的作用。

每课学习过程基本遵循以上模式，但具体到每一课时，又具灵活多变性。每一个技巧介绍都是先从认知开始，然后介绍行为技巧。

根据以上计算机辅助心理素质教育模式的构建，我们遵循“脚本撰写—软件开发—专家评定—修订—学生反馈—再修订—专家评定”的开发模式，开发出计算机辅助心理素质教育软件，以此作为后续实验的研究工具，验证计算机辅助心理素质教育模式的有效性和可行性。

三、计算机辅助模式的有效性

学生心理素质教育是多维度、多层次的，要求针对不同学生的不同心理品质，这是心理素质教育的一个基本出发点。研究证明在教育及学生自身发展的过程中，父母、教师及同学是三个最主要的影响因素。因此，研究学生与这三者的人际交往对于他们相应的心理素质培养有至关重要的作用。本研究从人际交往的这三个方面设计教育实验验证了计算机辅助模式的可行性和有效性。

计算机辅助学生心理素质培养模式的理论分析和实验探索都表明该模式可以成为学生心理素质培养的一种新手段。首先，计算机辅助心理素质教育模式在理论上能够充分体现心理素质教育的思想，符合心理素质教育的要求。其次，软件的内容设计符合学生的年龄要求和成长需要，在内容的选择上尽量保证生活化的原则，并且充分利用多媒体的优势，充分体现情境性和模拟性的特点。最后，与心理素质培养的其他模式和现有心理素质教育软件相比，该模式具有以下优势和特点：①情境性强。与当前使用较多的心理专题训练课、心理咨询辅导、学科渗透等心理素质教育模式相比，计算机辅助心理素质教育模式的情境性较强。该模式力求利用计算机的技术优势，通过音乐、动画等多媒体信息提供尽量逼真的交往情景，让学生在观看动画中感受交往情景，获取交往知识和技能，体验交往乐趣，最后形成稳定的交往心理品质，这是一般心理素质教育模式难以实现的。②系统性强。当前出现的一些网上心理教育资源一般内容比较简单，功能有限，运行情况不是很好，至今仍缺乏科学的、系统化的、功能完善的心理素质教育系统。我们构建了科学性较强的计算机辅助心理素质教育模式，并根据此模式开发了一系列的心理素质教育软件，能够对学生的各种心理品质进行有效培养和教育。具体到某一品质，我们又从多方面、多角度进行训练，具有较强的系统性。③专业性强。目前，进行心理素质教育软件研究的大多是计算机人员、教育技术人员，他们大都从技术出发考虑软件开发，而实际上，心理素质教育软件训练的内容和思想是核心，技术只是一种实现工具。我们根据计算机辅助心理素质教育模式开发的心理素质教育软件是从心理学的角度，设计训练内容，让计算机人员实现技术支持。计算机只是作为一种实现工具，软件的核心仍然是心理素质教育的内容体系。④操作性强。现有心理素质教育软件的内容多集中在心理学知识的介绍或者是心理品质的测量上，涉及的心理训练较少，仅有的软件也是简单地给出一些建议性的知识。而依据我们构建的计算机辅助心理素质教育模式开发的软件可操作性较强，该软件训练的重点是对学生进行行为指导，提供可操作性的技巧，学生在软件中学到的知识技巧可以直接运用到生活中去。

第五节　审美陶冶模式及实施策略

近年来，我国心理健康教育受到广泛重视，心理健康教育的理论探索和教育实践都取得了多方面的成就。心理健康教育模式是联系心理健康教育理论和实践的桥梁，为了使心理健康教育理论更好地指导心理健康教育实践，许多研究者从不同的角度，基于不同的理论和教育途径提出了各具特色的心理健康教育模式。在我们探索艺术审美心理过程中发现，艺术审美活动具有积极的心理健康效应。由此，提出了将艺术审美活动与心理健康教育有机结合的“心理健康教育的艺术审美陶冶模式”。

一、审美陶冶模式的内涵和特征

审美活动是人类特有的一种社会现象。所谓审美，就是通过主体感官对审美对象的体验与感受，从中获取精神享受与启迪的过程。心理健康教育的艺术审美陶冶模式是应用艺术的形式和内容，通过审美活动来促进学生心理健康的一种教育实践操作规范和程序，它直接指导心理健康教育实践。我们称根据这一模式进行的心理健康教育为“艺术审美陶冶心理健康教育”。这一模式具体包括艺术审美陶冶心理健康教育的目标系统、内容体系、实施途径及组织管理系统。

艺术审美陶冶心理健康教育模式与传统的、针对心理问题的艺术治疗模式既有联系又有区别。二者的联系在于，它们均借助艺术这一形式对心理进行干预。二者的区别表现为：①目的不同。艺术审美陶冶心理健康教育的目标更全面，它着眼于全体学生心理素质的发展，它有消除心理障碍的目标，但更重要的是防御心理障碍和促进学生发展。相对说来，艺术治疗仅着眼于心理问题的解决。正如Griffiths（2005）所说："艺术健康与艺术治疗是有重要区别的。艺术治疗是有很长历史的传统专业学科，它被用于治疗有严重、长期心理健康问题的病人和外伤辅助治疗等。而艺术健康比艺术治疗的目标范围要广阔得多，它往往与社区健康发展、改造相联系。"②作用机制不同。艺术审美陶冶的作用机制强调审美欣赏、情感共鸣、积极体验；艺术治疗的作用机制强调释放、宣泄。

与其他心理健康教育模式相比，心理健康教育的艺术审美陶冶模式具有以下特征：

（1）发展性。艺术审美陶冶模式的目标是以积极心理品质的培养为核心目标，着眼于个体心理素质的发展和潜能开发。

（2）愉悦性。艺术审美陶冶模式强调通过艺术的审美特征来激发学生的积极情感体验，使其产生心理满足和心理安全来实现主动发展。

（3）主动（自觉）性。它通过艺术美吸引学生主动参与到艺术活动中，亲身投入到艺术情境中，从而达到提高心理素质，促进心理健康的目的。

二、审美陶冶模式提出的依据

（一）理论依据

1. 精神分析学派的艺术升华宣泄与共享满足论

西格蒙德·弗洛伊德（S. Freud）是精神分析学派的创始人，他把艺术看成是升华与宣泄本我力量，从而达到心理健康的重要手段。弗洛伊德认为，人格由本我、自我、超我三部分构成。本我中以潜意识形式存在着大量的本能冲动，其中性本能占主导地位。人的本能冲动按照快乐原则活动，往往与现实发生矛盾冲突，受到代表社会道德的超我的压抑。这使得本能欲望不能实现，从而导致了人的心理健康问题甚至精神疾病。弗洛伊德认为，艺术是人们释放本能冲动的一种升华形式。艺术使得本能冲动以社会所认可的形式得以宣泄，这既使得本能冲动得到释放又减轻了艺术欣赏者和创作者过于压抑的心理和精神负担，维护了心理健康。

新精神分析学派也十分看重艺术对人心理健康的积极作用，并明确提出了集体艺术的共享满足论。新精神分析学派的重要代表人物弗洛姆（Fromm）认为，人的精神病与社会病症的治疗遵循同样的原则，并从社会发展的角度强调了集体艺术对人精神健康的重要作用。弗洛姆把集体艺术与艺术作了区分，他认为"集体艺术”一词包含所有的艺术活动形式及仪式，它意味着我们的感觉将按照一种有意义的、有技巧的、建设性的、主动的和共享的方式去把握世界。在集体艺术中共享尤其重要，它可以使人在一种富于意义和建设性的情形中感到与他人成为一体。弗洛姆认为集体艺术不是附加给生活的一种个人闲暇时间的消遣，而是生活的组成部分，它与人的基本需要相符合，如果这种需要不能得到满足，那么人就会感到不安和焦虑，也就不可能达到对世界的深刻认识。弗洛姆强调了集体艺术对青年和社会健康的重要作用。他说：“当青年们不可能进行富于意义的和共享的艺术活动时，他们还会做什么呢？他们除了酗酒、做白日梦、犯罪、患上神经病和精神病以外，还可能做些什么呢？如果我们没有对人的整个存在的共同认识，如果我们没有共同的艺术和仪式，即使彻底消灭了文盲，即使高等教育达到了前所未有的普遍程度，这又有什么用处呢？”（弗洛姆　1989）由此可见，弗洛姆把集体艺术看成是促进人们心理健康，进而达到社会健康的重要手段。

2. 马斯洛的艺术审美心理满足与高峰体验艺术功能论

人本主义心理学家亚伯拉罕·马斯洛（A. H. Maslow）把人的需要分为生理需要、安全需要、爱与归属的需要、尊重的需要及自我实现的需要五个层次，并着重研究了自我实现的需要。他认为，自我实现的需要是指人自我发挥和自我完善的一种欲望，也就是一种使自己的潜能得以实现的倾向。马斯洛罗列了十几条自我实现的人所具有的特点。其中鉴赏力不断更新、创造性、自主性、高峰体验等特点在艺术的创造和审美欣赏过程中是常见的。马斯洛还认为人的高级需要中包含有审美的需要。马斯洛发现，对美的需要至少对有些人来说是很强烈的。他早期对学生的一些研究证明，环境的美丑对他们是会产生影响的（戈布尔　1987）。

马斯洛在研究自我实现的过程中发现了人的高峰体验。高峰体验指人处于最佳状态的时刻，即感到敬畏、强烈的幸福、狂喜、完美或欣慰的时刻。在治疗中，卡尔·罗杰斯（C. R. Rogers）所说的“充分作用”即是高峰体验。马斯洛认为，进入顶峰状态的人不但觉得自己变得更好、更坚强、更统一了，而且在他眼里整个世界看上去也更美好、更统一、更真实了，他也能更好地认识现实及个体本身。马斯洛（1987）通过分析，认为高峰体验具有以下可被证实的心理后效：①可以而且的确具有一些严格意义上的疗效，能够永远消除精神病状；②可以朝着健康的方向改变一个人对自己的看法；③可以以许多方式改变一个人对他人的看法及他（她）与他们的关系；④可以或多或少地改变一个人对世界的看法，或者改变他（她）对世界的某些方面的看法；⑤能把一个人解放出来，使他（她）具有更大的创造性、自发性、表达力和独特性；⑥常常能让人们把这种体验当做一件十分重要、称心如意的事情而保持在记忆之中，并且力图重复这一体验；⑦即使生活枯燥乏味、痛苦或不尽如人意，仍能使一个人感到生活总的说来是值得的，因为他（她）已经看到美、激动、诚实、嬉戏、真、善、生活的意义被证明是存在的。马斯洛认为，审美特别是古典音乐欣赏，能够创造激情和灵感，使人领悟真理，产生高峰体验。此外，人在体育比赛、翩翩起舞时都可能产生高峰体验。

马斯洛的理论说明了艺术审美欣赏可以通过帮助人自我实现、满足人的审美需要、使人产生高峰体验来提高人的心理健康水平。

3. 来自加德纳多元智力理论的启示

针对传统智力理论的不足，美国教育学家、心理学家加德纳（Gardner）（1985）提出了多元智力理论。他认为，智力是在某种社会或文化环境的价值标准下，个体用以解决自己遇到的真正难题或产生及创造有效产品所需要的能力。智力的核心是解决实际问题的能力和创造力。对于智力的结构，加德纳认为，人的智力以彼此独立的多元方式存在 8 种主要智力，即言语-语言智力、逻辑-数学智力、视觉-空间智力、身体-运动智力、音乐-节奏智力、人际智力、自知-自省智力、自然观察智力。在加德纳的多元智力理论中，智力与艺术能力紧密相连。首先，创造力是智力的核心，又是艺术的两个要素——创造力和将创造力表现出来的技能之一；其次，加德纳认为上述 8 种智力中至少有 4 种（语言-言语智力、音乐-节奏智力、视觉-空间智力和身体-动觉智力）与艺术有直接联系，是音乐、视觉艺术、文艺创作等艺术形式的基本要素；再次，加德纳还认为这 8 种智力中的每一种在运用过程中都能导向艺术思维的结果——创造力和表现力，因为表现智能的每一种形式的符号，都能（但不一定必需）按照美学的方式排列。加德纳理论为艺术教育和用艺术促进人的智力开发、促进人的全面发展奠定了理论基础，如美国的“艺术推进”课程计划就是以此为主要理论基础的。

（二）实践与实验依据

在西方，音乐等艺术形式的心理健康效应历来为人们所重视。20 世纪 80 年代开始，音乐治疗用于儿科治疗的文章大量刊发。大量的文献从一般意义上描述了音乐治疗的前景，并从具体方面描述了专门的治疗过程。临床医生描述了音乐治疗怎样应用于促进学前儿童的动机和社会性发展，也描述了运用音乐将被试注意力转移到积极刺激上来，使之摆脱不熟悉环境或痛苦的医疗过程和方法（Colwell et al.　2005）。Clift（2002）以一个实际例子说明了艺术的综合健康功能，他报道说，美国俄勒冈州的波特兰市修建了一个公众聚集场所，他们画了一个巨大的向日葵在十字路口交叉点，并在周围装上了交互式的特色艺术。结果激发了居民的幸福感，出现了一系列社会良性发展景象。世界健康组织曾在广泛调查的基础上提出生活质量包括环境质量、社会关系质量、心理健康质量、身体健康质量四个维度，其中每一维度又包括若干项目。White（2004）在理论考查和大量的质性证据的基础上认定，参加艺术工作对健康的四个维度都有影响，特别是对心理健康质量维度上的各方面都有直接的贡献。Colwell 等（2005）的研究也发现，绘画艺术和音乐艺术能显著地提高青少年患病者的自我概念水平。

近年来，参与艺术活动的潜在心理健康效应得到了广泛的重视，艺术被用来作为提高健康的一种手段。英国极为重视艺术的健康功能。早在 1988 年，英国就在曼彻斯特成立了“国家艺术健康服务信息中心（the National Centre for Information on the Arts in Health Care)”。英国健康教育当局在 1999 年的健康教育报告中充分肯定了艺术陶冶健康教育的成就，报告中指出“社区艺术计划的实践很好，艺术的介入促进了人们的健康和康乐感。”(Semenza　2003)

我国学者在研究美育心理的过程中对美育的心理效应作过较多探讨。郭成等认为美育除了具有审美心理效应以外，还通过审美能力结构的迁移产生着智育效应，通过人格效应、外在效应及审美观念结构效应的迁移产生着心理健康及德育效应等。美育的心理健康等效应从美育角度说明了艺术审美活动具有心理健康功能。周巧（2005）曾就音乐审美欣赏对大学生抑郁症状的影响做过实验研究，研究表明，音乐审美欣赏能显著降低大学生的抑郁症状及其他心理症状水平。这也证明应用艺术提高学生心理健康水平是有效的。

以上这些实验研究和实践探索进一步说明了艺术具有全面的心理健康功能，它不仅能实现传统的治疗性目标，也能实现防御性、发展性目标。建立心理健康教育的艺术审美陶冶模式，实施艺术审美陶冶心理健康教育，促进心理健康教育的各项目标实现是可行的。

（三）心理健康教育的发展客观上需要开发艺术的心理健康价值

现代学校心理健康教育（简称心理健康教育）产生于美国，至今美国的心理健康教育仍然领先于世界各国。我们以美国的心理健康教育为例来说明心理健康教育对开发艺术的心理健康价值的客观需要。

美国的学校心理健康教育是从心理咨询与辅导（counseling）开始的。19 世纪末 20 世纪初，移民潮、工业化、城市化给美国带来一系列社会问题，学生的职业困惑、学习中的心理与行为问题也日趋突出。为了解决这些问题，心理辅导工作于 20 世纪初开展起来。随着时代的变换，心理咨询与辅导的对象、目标不断扩展，同时，心理咨询与辅导以外的其他心理健康干预方式也发展起来。于是，“学校心理健康教育”一词日趋频繁地应用于学校教育。

如今的心理健康教育与往昔的心理咨询与辅导相比更强调提高全体学生的心理素质水平，发掘学生的心理潜能。例如，美国学校辅导主任协会在其制定的

《中学辅导主任的工作》中就明确提出："发展性的指导是指导工作的组成部分，这种指导是努力对学生成长进行有计划的、积极的干预，从而推动学生各方面（个人的、社会的、情感的、生计的、道德的、认识的、审美的）都得到发展，并促进这些方面综合统一到个人生活方式之中。"

学校心理健康教育不仅包括心理咨询与辅导，而且还包括其他许多心理健康干预模式。目前，美国的心理健康干预措施可以概括为三类（肖旻婵　2005）。一是直接的个体干预，指心理健康教育工作者直接针对学生个体，采取各种有效措施来确保学生的心理健康。一般包括课堂教学、辅导、心理门诊等几种形式。二是环境的间接干预（又称生态干预），指学校心理健康教育工作者采用各种方法对个体所处的环境进行修正，给个体创造一个积极的学习和生活环境，如调整课程设置、对教师和学校员工、家长进行干预等。三是整体干预，指将心理健康、教育辅助和社会援助等干预整合起来，对学生进行多方面的、综合的干预。为了提高心理健康教育的绩效，人们将传统干预作为重要的干预手段的同时，还在不断地探索新的干预手段。心理环境与物质环境因素对学生的心理健康的影响将越来越受到重视，生态干预、整体干预将会得到长足的发展。

音乐等艺术手段在过去的心理治疗中已经比较广泛地应用。随着心理健康教育目标的扩展和干预模式的发展，艺术的应用也不会仅停留于心理治疗领域，它将日趋增多地应用到维护心理健康，促进发展的心理服务中。艺术干预将成为心理健康教育的重要干预模式。由此，建立心理健康教育的艺术审美陶冶模式，发挥艺术在心理健康教育中的作用，符合心理健康教育发展的趋势，是心理健康教育发展的客观要求。

三、审美陶冶对心理健康的作用分析

艺术主要是通过引起积极的艺术审美情绪体验实现心理健康作用的。对艺术能引起情绪的机制有不同种理论。格式塔心理学家韦特海默根据异质同构理论认为，艺术形式作为一种力场能引起相应的审美情绪体验（郭成，赵伶俐　1998）；人本主义心理学家马斯洛认为，艺术可以通过满足人审美需要、自我实现需要和产生高峰体验而使人产生积极情绪；人本主义的"审美心理的积淀说"认为，一定的艺术形式能作用于通过历史积淀形成的人类社会共同的审美生理心理结构，并引起相应的情绪。积极的情绪体验产生后，作为一种状态存在于脑的活动过程中，为人的认知加工提供有利的脑背景，促进、增强认知加工的效率；同时，作为意志的成分来源而增强意志力；并投射于人的周围事物，使世事也披上美好色彩，从而改变一个人的世界观和人生观。情绪的这些认识、意志、个性功能将会进一步促进个体的心理健康。集体成员中个体的心理健康也必将增进个人的人际适应能力，从而带来群体关系的和谐，实现群体的心理健康。

另外，艺术审美欣赏不但可以通过产生积极情绪，而且还可以通过释放消极的压抑情绪实现心理健康（图 2-2）。前文已提及精神分析心理学家弗洛伊德把艺术看成是宣泄由于本我冲动受到超我压抑而产生的消极情绪的一种升华方式。通过艺术的升华式宣泄可以保持心理健康。

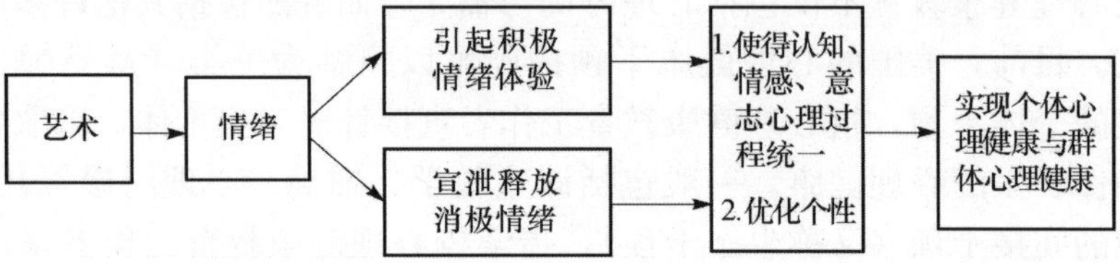

图 2-2　艺术审美欣赏促进心理健康的途径

四、审美陶冶模式及实施策略的构建

国内外对于教育模式构建应包括的内容有不同认识，概括起来，一般认为构建模式应包括确定和规划教育对象与目标、实施者或组织机构、内容、途径与方法等。据此，我们初步构建了包括目标系统、内容体系、实施途径和组织管理系统四个部分的心理健康教育的艺术审美陶冶模式。

1. 目标系统

心理健康教育的艺术审美陶冶模式包括三大层次目标。一是障碍消解目标。这一目标针对少数有明显心理障碍的学生，用艺术手段消解其心理障碍。国外的研究表明，大约有 20％的学生存在不同程度的心理障碍，我国的调查研究结果与之相似。1989 年，国家教委的一份报告说，对全国 12.6 万名大学生的抽样调查结果表明，大学生心理疾患率高达 20.23％（孔艳等　1998）。目前，校园里的自杀、暴力事件频出，学生的心理现状令人担忧。学生的心理健康现状要求心理健康教育仍然要重视对学生心理障碍的关注和矫治。为此，我们应该把消解心理障碍作为艺术审美陶冶模式的目标之一。据调查，学生的心理障碍主要有焦虑、抑郁、恐怖、冷漠、狂躁等。对于这些心理健康问题，艺术审美活动都能在一定程度上使之缓解或消除。所以，心理健康教育的艺术审美陶冶模式也可以以消解心理障碍为目标。二是防御性目标。防御目标是面对部分可能发生心理问题的学生，将艺术作为重要手段对其进行干预，从而防止心理问题的发生。研究和教育实践证明，除少数有心理障碍的学生外，还有很大一部分学生处于心理亚健康状态，如果不给予重视，这些学生很可能会转变为心理障碍者，因而艺术审美陶冶模式应该重视防御性目标。与此同时，艺术也能够实现防御目标：艺术环境可以为学生创造一个优美的物质环境，使学生产生审美体验，改变学生的心境，增强学生对心理矛盾和冲突的抵御能力；艺术审美活动可以使学生内心的压抑得以释放和排解，防止抑郁、焦虑等心理问题的发生；成功参与艺术活动及艺术活动中的创造可以增强学生的自信心，提高学生的耐挫能力。三是发展性目标。这一目标是面对全体学生开展艺术审美陶冶心理保健工作，全面提高全体学生的心理素质。在艺术审美陶冶中，要用艺术美满足学生的审美需要；在艺术审美和创造艺术美的过程中帮助学生实现自我价值，满足其自我实现的需要；利用艺术美引起学生的高峰体验，促进学生创造力的发展，开发学生潜能。

这三层目标是不可分割的整体，它们有机地构成艺术审美陶冶心理健康教育的三层目标系统。障碍消解目标针对少数学生，但并不是说这部分学生就没有潜在的心理问题、不需要发展。所以，少数有心理障碍的学生仍然是防御性和发展性目标的对象。同样，一部分有潜在心理问题的学生是防御性目标的主要对象，但在防御的同时也应该利用艺术促进其发展。这样防御性目标的对象也是发展性目标的对象。发展性目标不仅针对没有心理问题和潜在心理问题的学生，而且要考虑促进有心理障碍或潜在心理问题的学生发展。所以说，发展性目标是针对所有学生的，它是最高层次的目标；防御性目标仅次于发展性目标，处于中间层次；消解障碍目标针对少数有心理障碍的学生，是处于最内层的目标。三层次目标的关系见图 2-3。

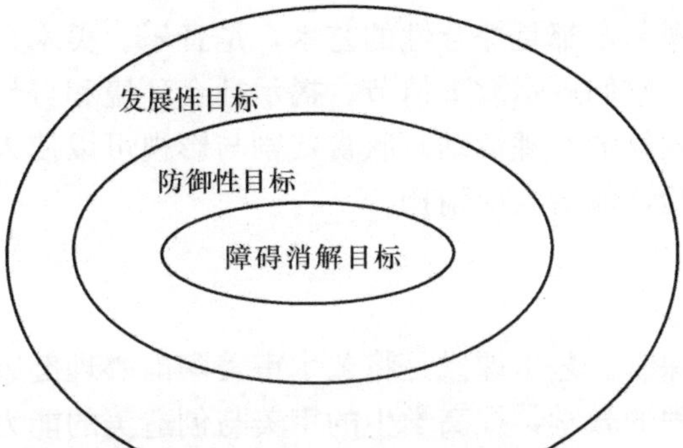

图 2-3　心理健康教育的艺术审美陶冶模式的三层目标系统

2. 内容体系

从艺术类别角度看，艺术审美陶冶心理健康教育的内容包括音乐审美陶冶、美术审美陶冶、文学审美陶冶、舞蹈审美陶冶和戏剧影视审美陶冶等。

（1）音乐审美陶冶就是利用音乐的旋律、节奏、和声、复调、曲式、配器等来陶冶学生，使其产生审美体验。音乐是以流动的、有组织的声音表现人的思想感情、反映现实生活的艺术，包括演唱性音乐和演奏性音乐，即声乐和器乐。

（2）美术审美陶冶就是利用美术的造型美来熏陶学生，使其产生审美体验。美术是用一定的物质材料，通过造型手段，创造出具有一定空间感和审美价值的直观形象的艺术。美术包括实用美术，如工艺美术、装演、染织、服装、建筑、园林、环境等设计艺术中与美术相关的方面；绘画，如国画、版画、油画等；雕塑，如圆雕、浮雕；摄影、书法和篆刻艺术等。美术通过具有造型性特征的表现手段创造艺术形象，其美术形式的审美特征充分地表现在色彩、线条、形体、明暗、空间等美术语言合乎规律与合乎目的性组合的形式美上。从接受角度来看，美术作品中的形式美与主体直接的生理和心理感受相互联结。

（3）文学审美陶冶就是利用文学塑造的人、事、物的美来陶冶学生，使其产生审美体验。文学是指以语言符号为媒介塑造形象、抒发感情、表达思想，对社会生活作出审美反映的一门艺术，包括诗歌、小说、散文等。文学利用语言，生动地塑造来源于生活的形象，读者以语言为中介通过想象来把握这些形象。

（4）舞蹈审美陶冶就是利用舞蹈的节奏、韵律和造型美来陶冶学生，使其产生审美体验。舞蹈是以人体为物质媒介，通过组织规范而富有节奏性、韵律感和造型美的动作流程来抒发思想感情，表现社会生活的一门艺术。其舞蹈造型和动作都能使人产生美感或激起特定感情。

（5）戏剧、影视审美陶冶就是利用戏剧和影视艺术来陶冶学生，引起学生审美体验。戏剧和影视艺术都是综合性的艺术，是音乐、美术、文学、舞蹈等多种艺术因素的结合体。它们展示故事情节、揭示社会环境和自然环境、刻画人物性格，用情景来烘托人物的心理活动。欣赏戏剧与影视可以使人增长知识也可使人产生复杂的情绪体验，陶冶人的情操。

3. 实施途径

途径一：艺术课堂。艺术课堂是将艺术审美陶冶心理健康教育融于艺术性课程中，通过艺术课程的教学，提高学生的审美与创造美的能力，使学生能更好地接受艺术的影响；激发对艺术的兴趣，使学生积极地参与艺术活动；使学生在课堂欣赏中获得美的体验，增进心理健康。

途径二：建立心理健康艺术性社团，开展心理健康活动。从艺术类别维度看，可建立包括心理健康绘画艺术团体、心理健康书法艺术团体、心理健康表演艺术团体、心理健康戏剧艺术团体、心理健康影视艺术团体等。从艺术接受与创造维度看，可建立包括心理健康艺术爱好与欣赏艺术团体、心理健康艺术爱好与艺术创作团体等。心理健康艺术性社团和艺术社团具有联系也有区别。从内容和形式上看二者都以艺术为主要内容，开展的活动也表现为艺术形式；但二者目的不同，前者的最终目的是促进心理健康和发展，后者的最终目的是艺术欣赏与创造。例如，有的高校建立的心理剧社与戏剧艺术团就是目标不同的两类社团。心理健康艺术性社团主要在高校建立，在有条件的中小学也可根据实际情况建立具有特色的心理健康艺术性社团。目前，各高校的心理健康艺术性社团发展还很不充分。各学校应该根据本校的实际情况积极创建心理健康艺术性社团，如建立心理健康剧社、心理健康电影欣赏社、心理健康音乐欣赏社等。心理健康艺术性团体开展以促进心理健康为主旨的各类艺术活动，将有力地提高学生的心理健康水平。

途径三：开展较大规模的心理健康文化艺术活动。这里的心理健康文化艺术活动与心理健康艺术性社团开展的活动不同，其组织者是学校或部门，规模较大，影响较广。学校和各部门可以专门以各类艺术活动的形式开展心理健康教育活动，也可以在纯艺术性活动中渗透心理健康教育。

途径四：开展艺术性团体辅导。团体辅导是心理健康教育的重要形式，但一般的团体辅导不重视艺术手段的应用。在心理健康教育的艺术审美陶冶模式中，艺术成为团体辅导的主要内容或手段。艺术性团体辅导可采取两种形式发挥艺术的心理健康功能：一是在团体辅导中创设具有艺术美感的辅导环境，让学生在接受其他形式的心理辅导时拥有美的体验，在潜移默化中受到艺术的熏陶，增强其他形式的团体辅导的效果；二是以艺术欣赏和创作为中心展开团体辅导活动，如以音乐欣赏、绘画欣赏为中心开展辅导活动。

途径五：校园物质环境艺术化。校园物质环境艺术化指在校园物质环境建设中讲究设计的艺术美感性，使校园物质环境具有艺术性，如校园建设中注重应用建筑艺术、园林艺术，使得学校的各类建筑、校园设计具有艺术美的特征。在艺术化的校园里，学生随时随地能体验到艺术美，受到美的熏陶，从而能保持一个快乐健康的情绪。

4. 组织机构系统

艺术审美陶冶心理健康教育的组织机构系统构建可以采用两种形式。一种是附设形式，即在原来的主要心理健康教育管理机构中附设艺术审美陶冶心理健康教育管理小组或负责人。例如，一般高校都设有校级心理健康教育服务中心，在这一中心中可设专门负责管理艺术审美陶冶心理健康教育的小组。如果下属各部门有心理健康教育管理机构也应指定专人或设专门小组负责艺术审美陶冶心理健康教育工作。另一种是专门形式，即从学校到各部门都设立专门的艺术审美陶冶心理健康教育组织机构。这种专门机构的人员虽然与学校心理健康管理机构有工作上的联系，但在机构层次上没有隶属关系。就目前的心理健康教育管理来看，采用第一种形式更具可行性和操作性。

不管采用哪种形式，每一学校都应具有全校性的艺术审美陶冶心理健康教育负责人、小组或机构，并由其负责规划、组织、指导、管理全校性的艺术审美陶冶心理健康教育，组建全校性的艺术审美陶冶心理健康教育团体，协助各部门或各年级组建艺术类组织、社团，与社区的艺术文化组织发展联系，以形成学校-社区整合的艺术氛围。规模较大的学校或有条件的学校应该在下级部门或单位设专人或专门小组负责艺术审美陶冶心理健康教育工作，在上级部门的指导与管理下开展各项艺术审美陶冶心理健康教育活动。

五、审美陶冶模式实施中应注意的问题

1. 遵循基本规律

（1）要遵循教育心理学、发展心理学中关于学生心理发展及有效促进的基本规律。首先，由于艺术审美陶冶心理健康教育的最高层次目标是促进学生发展，所以实施过程中应该遵循学生心理发展的一般规律。例如，了解学生心理发展的阶段特点和个别差异，遵循学生心理发展中先天与后天、内因与外因对学生起作用的规律。其次，由于艺术审美陶冶是通过审美效应等对心理起作用的，所以应该遵循教育心理学中关于美育心理的规律，如审美心理发展的基本规律、审美心理效应产生的基本规律等。

（2）要遵循艺术审美心理学中的一些基本规律。主要包括遵循艺术心理动力规律，了解怎样唤起学生的艺术需要，如何激发学生参与艺术活动的动机；遵循艺术心理要素规律，了解艺术活动中学生有哪些艺术心理要素参与，其活动规律怎样；遵循艺术创作与欣赏规律，了解怎样促进学生的艺术创作和艺术欣赏。

2. 发挥学生的主体性

艺术审美心理健康效应的产生是以学生亲身体验艺术美、在艺术审美欣赏过程中释放内部压力、在艺术创造活动中获得成功体验等为前提的，所以在艺术审美陶冶心理健康教育中必须重视发挥学生的主体性，让学生积极主动地参与各种艺术审美陶冶活动。

3. 注重与其他心理健康教育干预模式结合

艺术干预对有的心理问题效果比较明显，如焦虑、抑郁等；对有的心理健康问题只能作为辅助的手段，如职业困惑等；对有的心理健康问题无明显效果。所以，把艺术干预与其他心理健康教育干预措施结合起来是必要的。在心理健康教育干预模式走向整合的今天，更不能单一地靠艺术或其他某一途径达到心理健康教育的目的。

4. 建立审美陶冶模式是一项复杂工程，不能急于求成

艺术对心理健康的促进作用早已经被人们所认识，但在实际的心理健康教育过程中应用得相当少。艺术审美陶冶心理健康教育的理论探索和实践经验积累都很不够；心理健康艺术性社团的组建、完善，心理健康艺术活动内容、形式的选择和设计均需要较长时间；校园人文艺术环境和物质艺术环境的建成更不是短期就能完成的事，它需要学校在长期的校园文化建设和物质环境建设中注重艺术性。这一切都要求我们把艺术审美陶冶模式的建立作为一项长期工程。

5. 不能将审美陶冶心理健康教育与美育、艺术治疗混为一谈

艺术审美陶冶心理健康教育和美育中都有艺术内容，但美育是以发展学生感知、体验、鉴赏、创造美的能力为目的的教育，艺术心理健康教育的目的在于通过学生感知美、体验美和创造美的活动促进学生心理健康。艺术治疗与艺术审美陶冶心理健康教育都利用艺术手段达到心理健康的目的，但艺术治疗只针对少数有心理疾患的学生，其目的只是消除心理障碍；艺术审美陶冶心理健康教育面对全体学生，它有消除心理障碍的目标，但更重要的是防御心理障碍和促进学生发展。在实践过程中，不能以美育或心理治疗代替艺术审美陶冶心理健康教育。

参考文献

埃利希·弗洛姆. 1998. 健全的社会. 欧阳谦译. 北京：中国文联出版公司：357-358.
陈家麟. 2002. 学校心理健康教育——原理与操作. 北京：教育科学出版社：397.
陈旭，张大均. 2002. 心理健康教育的整合模式探析. 教育研究，(1)：71-75.
弗兰克·戈布尔. 1987. 第三思潮——马斯洛心理学. 昌明，陈红雯译. 上海：上海译文出版社：47.
郭成，赵伶俐. 1998. 美育心理学：让教与学充满美感和生机. 北京：警官教育出版社：69-109.
孔燕，江立成，兰文敏，等. 1998. 大学生心理健康教育. 合肥：安徽人民出版社：9-10.
刘慧，张大均. 2004. 论心理素质教育对教师素质的要求. 河北师范大学学报（教育科学版），1：56.
刘翔平，顾群. 2004. 我国中小学心理教师的角色模糊及其深层次原因剖析. 教师教育研究，(4)：61-65.
马斯洛. 1987. 自我实现的人. 许金声，刘峰，等译. 北京：生活·读书·新知三联书店：322-323.
邵景进. 2005. 小学语文教学中培养学生情绪调节能力的研究. 西南师范大学硕士学位论文.
宋丽娟. 2005. 初中英语教学中学生学习适应性的实验研究. 西南师范大学硕士学位论文.
王翠萍. 2005. 初中数学教学中渗透学生学习自我效能感培养的实验研究. 西南师范大学硕

士学位论文.
肖旻婵. 2005. 美国心理健康教育干预模式. 教育科学. 21（2）：60-61.
徐燕刚. 2005. 小学数学教学中渗透自我监控性的实验研究. 西南师范大学硕士学位论文.
叶一舵. 2004. 学科教学中渗透心理健康教育的若干问题. 中国教育学刊，（3）：18-21.
曾天德，江琦，张大均. 2007. 学科教学渗透心理素质教育研究问题及对策. 漳州师范学院学报，4：160-164.
张大均，刘衍玲，冯正直. 2000. 高中生心理素质水平与学业成绩的相关研究. 西南师范大学学报（自然科学版），25（4）：496.
张大均，田澜. 2003. 论心理素质教育的设计和实施策略. 课程·教材·教法，（6）：66-70.
张大均. 2000. 中小学生心理素质训练. 重庆：西南师范大学出版社.
张大均. 2001. 心理健康教育的目标与功能. 内蒙古教育，（7）：26.
张大均. 2004. 学校心理素质教育概论. 重庆：西南师范大学出版社.
周巧. 2005. 音乐审美欣赏对大学生抑郁症状影响的实验研究. 西南师范大学硕士学位论文.
Clift S. 2002. Guess editorial：the arts and health. Health Education，102（4）：153-155.
Colwell C M，Davis K，Schroeder L K. 2005. The effect of composition（art or music）on the self-concept of hospitalized children. Journal of Music Therapy，42（1）：49-63.
Gardner H. 1985. Frames of Mind：The Theory of Multiple Intelligences. New York：Basic Books.
Griffiths S. 2005. The mental health benefits of arts and creativity for young african and caribbean men. The Mental Health Review，10（2）：27-28.
Semenza J C. 2003. The intersection of urban planning，art，and public health：the sunnyside piazza. American Journal of Public Health，93（9）：143-145.
White M. 2004. Arts，mental health and social inclusion. A Life in the Day，8（1）：15-19.

第三章　初中生挫折应对自我监控训练的实验研究

已有的调查研究显示，中学时期是挫折的高发期之一，在中学生中较普遍地存在着耐挫能力差的情况。在挫折应对方面，中学生不同程度地存在一些心理问题，如果得不到及时解决就会积累起来而导致心理疾患。1998 年，教育部在《关于进一步加强和改进学校德育工作的若干意见》中明确要求："要通过多种方式对不同年龄层次的学生进行心理健康教育和指导，帮助学生提高心理素质，健全人格，增强承受挫折、适应环境的能力。"挫折承受力教育已受到教育界和国家教育决策层的重视，其重要性和迫切性由此可见一斑。挫折承受力即抵抗挫折而没有不良反应的能力，即个体适应挫折、抗御和对付挫折的能力。在这个概念里，包含对挫折的防御和应对（coping，也有译作应付）。挫折承受力是心理素质的一个重要指标，在实践中，挫折辅导作为心理辅导的一个项目，已成为心理学家和心理学工作者的共识。

第一节　研究概述

一、问题提出

应对作为应激与健康的中介机制，对身心健康的维护起着重要的作用。Pelietier于 20 世纪 70 年代提出"现代人类疾病一半以上与应激有关"（Zimbardo 1985）。20 世纪 70 年代，应对研究随着应激的心理学理论模型的形成而兴起，至今已积累了较丰富的研究资料，研究方法不断完善，理论观点逐渐形成，并已走向临床应用。有研究者曾较乐观地认为，我们正趋向发展一门"应对科学（science of coping）"（Carter et al.　1985）。我国关于应对的研究刚刚开始，这一问题还没有引起心理学界应有的重视。

现代社会竞争激烈，生活节奏加快，人们所面对的未知与变动的挑战日渐频繁，挫折遭遇也更加平常。Braunstein（1981）曾将应激源分成四类：①躯体性应激源，如外伤等；②心理性应激源，如人际关系方面的矛盾和冲突、挫折等；③社会性应激源，如学业失败；④文化性应激源。社会生活的复杂对人们适应与发展提出更高的要求。其中，良好的挫折承受力是现代人的一个重要心理品质。相应地，良好的挫折应对作为学会生存的重要条件也成为素质教育的重要内容。

已有的调查研究显示，在挫折应对方面，中学生不同程度地存在一些心理问题。据北京有关部门对10所重点中学进行的一次问卷调查表明，在“你的弱点是什么?”一题中，有60%的同学认为自己“缺乏毅力、不能自我调适感情、经不起挫折”。(肖力华　1997)高亚兵和聂江(1997)设计6种初中生常见的挫折情景：①平时某次考试失败；②升学考试失败；③当着同学的面受到老师严厉批评；④与父母的意见不一致；⑤受到同学嘲笑；⑥某种上进的愿望不能实现。调查结果表明，初中生在承受②、③、④、⑤挫折项目上出现非理智反应的人数接近或超过50%，在①、⑥两个项目上出现非理智反应的人数接近40%，并将非理智反应分为自卑型、攻击型、焦虑型、逃避型、嫉妒型5种类型。

目前，在中小学学生中较普遍地存在着耐挫能力差的情况，突出表现在三个方面：①对挫折的容忍承受程度差。在挫折面前，心理脆弱、惊慌失措、过分焦虑、容易陷入长时间不良情绪的困扰中不能自拔。②产生不理智的对抗行为，包括消极对抗、暴力侵犯、过分发泄不满情绪等。③诱发严重的心理疾病。个别学生在遇到较大或连续的挫折后，产生神经衰弱、抑郁、恐怖症、强迫症、疑病症、神经症等心理失常现象。

青少年时期是挫折的高发期之一。中学生正值青春发育期，他们生理上急剧变化、心理上动荡发展、学业上紧张繁重，他们所面临的生理、心理与社会变化的压力相当大，并且随着身心发展，他们的需要日益丰富和强烈。但是，他们的很多需要常常遭遇障碍，由于自身缺乏社会适应和应变能力，以及外部教育缺乏及时正确有效的教育、引导，这些需要不能通过正常途径得到满足，而造成心理上无法解决的冲突。例如，由性成熟产生的需要同性道德、性教育的冲突；对运动、娱乐的需要同学业负担过重、家庭学校对其过多过严限制的冲突；渴望独立、平等、人格受到尊重理解同成人世界教育对这种需要的忽视和压制的冲突。此外，日益激烈的竞争所造成的心理压力，以及当今社会日益多元的社会思想、观念、价值给也给中学生带来心理矛盾和冲突。总之，中学阶段是挫折比较集中的时期，如果这些挫折得不到及时解决就会积累起来而导致心理疾患。

大桥正夫把心理发展与挫折联系起来论述(周国光　1997)，认为人从婴儿到成人的整个发展过程中，都有各自不同的挫折事件，到青少年期和成年期，可能遇到更多的挫折。埃里克森认为人的发展每一阶段都有相应的问题矛盾，其中包括挫折。对这些问题的解决或处理的效果，直接关系个体的下一步成长和发展，解决得好，就会促进个体进一步发展，否则就会阻碍个体的成长。Vaillant(1996)研究得出结论，数百名被试经过数十年，在生活和工作上出现显著的差异，究其原因，关键在于他们在适应和应对生活的过程中所采用的心理应对机制不同，即能否采用成熟的应对机制决定个体是否适应生活，取得发展。

综合所述，研究中学生挫折应对具有重要的理论意义和实践价值。

二、研究现状

（一）挫折应对的相关概念

1. 挫折的概念

挫折是个人从事有目的的活动时，由于遇到障碍和干扰，其需要不能得到满足时的一种消极情绪状态。挫折的概念包括三方面的含义：一是指需要不能获得满足的内外障碍或干扰等情境状态或情境条件，这是造成挫折的情境因素，也称为挫折情境；二是对挫折情境的知觉、认识和评价，称为挫折认知；三是指伴随着挫折认知，对于自己的需要不能满足而产生的情绪和行为反应，称为挫折反应。在挫折情境、挫折认知和挫折反应这三个因素中，挫折认知是最重要的，挫折情境与挫折反应没有直接的联系，它们的关系要通过挫折认知来确定。挫折反应的性质及程度，主要取决于挫折认知。

2. 应激和挫折应对的概念

研究者对应对比较一致的看法是，应对是个体为了处理被自己评价为超出自己能力资源的特定内外环境要求，而做出的不断变化的认知和行为努力（Lazarus，Folkman　1984）。Billingsdeng 等认为应对是评价应激源的意义，控制或改变应激环境，缓解由应激引起的情绪反应的认知活动和行为（肖计划　1992）。关于应激，在当代的科学文献中，应激这个概念至少有三种不同的含义（Rice 2000）。第一种，应激指那些使人感到紧张的事件或环境刺激。从这个意义上来讲，应激对人是外部的。当我们把应激看成是外部刺激时，将它称为应激源更恰当一些。第二种，应激指的是一种主观反应。从这个意义上讲，应激是紧张或唤醒的一种内部心理状态，它是人体内部出现的解释性的、情感性的、防御性的应对过程。最后一种，应激也可能是人体对需要或伤害侵入的一种生理反应。需要会提高人体的自然唤醒水平，以达到高水平的活动。这些身体反应的作用可能支持行为和心理上的应对努力。

无论从上述关于应激的定义，还是从 Braunstein 对应激源的分类，我们可以说，挫折是应激的一个子课题，有关应激的理论也就可以在研究挫折时使用。

通过对应对和应激两个概念的简单陈述，我们可以给“挫折应对”下一个定义。所谓挫折应对，是评价挫折源的意义，控制或改变挫折环境，缓解由挫折引起的情绪反应的认知活动和行为。

3. 挫折承受力的概念

从心理动态-稳态这个维度上来看，我们认为挫折承受力是一种心理素质，它是一种稳定的心理特征，是教育培训的目标，而挫折应对是一个动态的过程，如果要培养学生良好的挫折承受能力，就必须从挫折应对的具体过程中开始。冯江平（1991）认为，挫折承受力包括挫折耐受力和挫折排解力。其中，挫折耐受力，也称耐挫力，是指个体遭受挫折、经受打击和压力时，保持心理和行为正常的能力；挫折排解力，也称排挫力，指个体遭遇挫折后，对挫折进行直接的调整和转变，积极改善挫折情境，解脱挫折状态的能力。挫折耐受力与挫折排解力区别在于：①挫折耐受力是对挫折消极被动的适应，即忍受、接受、顺应，其典型特征是忍辱负重；而挫折排解力则是对挫折积极主动的适应，即调整、改善、克服，其典型特征是拼搏进取。②挫折耐受力表现为对挫折的负荷能力；挫折排解力则表现为对挫折情境的改造能力。③挫折耐受力是接受现实，减轻挫折情绪反应的强度；挫折排解力则是改变现状，夺取事情本身的成功。相应地，挫折应对从功能上看，也有两种取向，即问题应对和情绪应对。有研究认为（Folkman，Lazarus 1980；Lazarus，Folkman 1984）：个体的应对有两种主要类型，即问题关注应对和情绪关注应对。前者指应激努力是针对引起动机的原因，个体试图通过改变应激事件的原因而改变该事件所造成的后果；后者指应激努力是针对由应激事件而诱发的个体的情绪状态，个体试图通过调节该情绪状态而摆脱应激事件所造成的影响。希尔加德等人认为，防御策略和应对策略是个体遭遇挫折后的两种反应。挫折和其他形式的应激引起焦虑，而焦虑是一种不愉快的情绪，人不能长期忍受长时间的焦虑，我们常有强烈的动机要设法减轻痛苦。应对策略是力图改善引起焦虑的情境；防御策略则在于力图减少焦虑的情感。防御策略包括各种防御机制。防御机制可以解除焦虑，使人能够找到解决个人问题的更为实际的方法。这里，“防御策略”实际上就是“情绪关注应对”，“应对策略”实际上就是“问题关注应对”。

（二）国内外挫折研究情况

1. 国外挫折研究情况

国外关于挫折研究在最近十多年呈现以下特点。

1）探讨影响挫折感受及挫折反应的相关因素

生理因素：挫折感的性别差异与年龄特征、残疾与挫折等。

心理因素：学生的气质、性格、高低焦虑特质等对挫折的影响；比较天才、学业不良者、普通男孩对学校挫折的应对等。

社会因素：探讨组织或团体的控制点对挫折事件中人的情绪和行为反应的影响；探讨挫折与社会经济地位的相关关系；探讨同伴比较与挫折等。

2）探讨影响挫折容忍的因素

探讨生理因素对挫折容忍力的影响；探讨认知类型、人格水平等心理因素对挫折承受力的影响；探讨噪声、音乐等环境因素对挫折容忍力的影响等。

3）不断完善、补充、验证、重新构建挫折—攻击理论

提出一些解释挫折—攻击理论的新方法；研究药品、镇静剂、酒精与挫折—攻击的关系；进行综合研究，探讨年龄、性别、社会经济地位、人格、智力和学业成绩对挫折—攻击的类型与方向的影响；研究文化价值的冲突、文化剥夺等与挫折—攻击的关系等。

2. 国内挫折研究情况

国内有关中学生挫折及其应对的研究主要表现在以下方面。

1）调查中学生所涉及的挫折表现

孙煜明（1986）在观察访问的基础上，发现中小学生在学习、人际关系、兴趣和愿望、自我尊重等方面所涉及的主要挫折事件。调查材料表明，学生在学习方面所受挫折的比例高于其他方面，并发现不同年级受挫的频率和人次也有差别。刘贤臣等（1998）对青少年应激性生活事件研究表明：青少年学生的生活事件主要来自学习方面，如考试失败、学习负担重和升学压力等。

2）利用修订的或自编的问卷调查中学生挫折应对方式

黄希庭等（2000）用自编中学生应对方式量表对 1254 名中学生的测量结果表明，我国中学生对挫折和烦恼的应对方式主要是问题解决、求助、退避、发泄、幻想和忍耐；女生比男生更多采用发泄和忍耐应对，男生比女生更多采用幻想应对；重点中学生更多采用问题解决应对，而较少采用幻想和退避应对；随着年龄的发展，中学生应对方式的变化趋势不明显。

3）对中学生挫折应对教育提出自己的思考和建议

很多心理卫生或心理健康著作都有专章介绍有关挫折的理论，并提出很多挫折应对的具体方法。其中冯江平（1991）的《挫折心理学》，李海洲和边和平（1995）的《挫折教育论》对挫折、挫折应对、挫折教育等方面进行了较深入的探讨。查阅最近十几年来我国心理学、教育学等相关报刊文献索引，关于青少年挫折教育的文章时有见诸报端，在强调挫折应对教育的重要性和迫切性的同时进行各自的理论探索。其中，有研究者所提及的“心理预防接种”（姜燕琴　1998）训练设想对本实验具有重要参考价值。

3. 国内外有关挫折应对教育的概况总结

综合国内外挫折研究情况，国内外关于挫折应对的研究有以下六个特征：

（1）一般问题探讨多（关于挫折应对训练的原则、内容、方法），实践训练少。

（2）对具体挫折应对方法介绍多，提出完善的理论构建少。

（3）关于挫折应对的研究多停留在一般认知层面，较少涉及元认知层面。

（4）事后应对，忽略预先应对。（国外有学者已经注意到这个问题，同时也提出了预期应对的概念及相应理论模型，本章在实验的理论依据部分将要谈及）

（5）从已有理论研究看，已有人注意到自我监控的作用和地位，但没有对自我监控的操作构成作进一步理论探讨。

（6）在挫折的有关研究中，多数研究把青少年作为受动者，探讨影响青少年应对挫折的各种因素，而忽视青少年作为能动者具有对挫折应对的自我监控的能力。

三、本研究拟解决的问题

综合已有研究基础，本研究拟解决以下问题：

（1）探讨一种较有统摄力的挫折应对理论，对众多挫折应对知识、方法进行整合；并探讨在有限的训练时间内，教会学生掌握挫折应对基本技能的可能性。实验训练的目标应该设定为：在一定挫折应对知识、技能习得的基础上，加强青少年的主体性，使其能在适应与发展过程中不断提高自身的挫折应对水平，增强应对的有效性。

（2）将理论假设变为教学实践，并在实践中验证和完善理论。通过教学训练实验，将理论方法等陈述性知识转化为青少年实际的技能，将有关自我监控的知识与技能结构化、程序化、熟练化、自动化。把提高青少年挫折应对自我监控作为训练的目标和训练的理论支撑点，并提出挫折应对自我监控技能的操作构成，努力尝试使挫折应对自我监控的理论构建，将有关挫折应对方法有序化、系统化、具体操作化。

第二节　挫折应对自我监控的理论探讨与培训模式的构建

一、挫折应对自我监控的理论探讨

（一）挫折应对自我监控的理论依据

1. 挫折应对的可变性与应对技能训练的可行性

1）根据挫折应对的定义

应对是指个体不断改变着的认知和行为的努力，从而控制（包括容忍、降低、回避等）那些被评价为超出个体适应能力的内部的或外部的需要。这个定义有两个特点：第一，它把应对视为一个过程，强调人在应激事件中想些什么、做些什么，以及随着事件的发展，这些想法和做法是怎样变化的。这种观点与有关特质的探讨（关心的是人通常是如何行动的，强调的是稳定性，而不是变化的过程）形成了鲜明的对照。第二，应对是与情境相关联的，人如何评价事件的重要程度，如何评价自己对该事件的适应能力，影响人们如何去应对。换句话说，应对既包括特定的人这个变量，也包括环境变量。从应对及挫折应对的定义中，我们知道挫折应对的实质是一系列的“认知和行为”过程，它牵涉到评价、控制、缓解等认知活动，这些认知和行为从心理活动的维度上来看，属于心理过程，具有不稳定性、可变性。

2）根据挫折应对所包含的内容

它包含挫折应对技能、挫折应对策略、挫折应对风格等，这些内容具有从动态向稳态转变的特征。挫折应对风格是挫折应对技能、挫折应对策略的一贯化、定势化。而挫折应对技能、挫折应对策略是通过学习获得的，具有不稳定性、可变性。

3）根据挫折应对方式形成的影响因素

就像任何能力的发育一样，成熟防御机制（也可称为应对机制，所谓精神分析理论的防御机制亦经常被称为应付或适应机制）的发育也需要机体在生物学上有所准备，并且在心理上有适当的认同榜样这两个条件（莫文彬　1991）。通过环境影响、榜样认同、社会支持和心理治疗等途径，人们会放弃较僵硬的心理防御机制方式，代之以比较灵活的应付方式（范伦特　1996）。

研究表明，影响挫折承受力的因素有生理条件、生活经历、挫折频率、期望水平、心理准备、挫折认知、思想基础、个性特征、防卫机制、社会支持等。在这些因素中，有些因素如期望水平、挫折认知、防卫机制、社会支持等是不稳定的、易变的，从而使得挫折承受力本身具有可变性、可塑性。

4）根据应对研究成果

Lazarus（1993）对关于应对研究的一些最重要成果进行总结后认为：①应对是复杂的。人们在任何应激遭遇中都使用很多基本的应对策略。②应对取决于对情境性质和应对资源的评价。如果个体认为能够改变情境，问题关注应对就占主导地位优势；如果个体认为无能为力，那么情感关注应对就占优势。③应对策略在复杂的应激情境中随着阶段的变化而变化。如果我们要概括出一个复杂的应激情境所通用的应对策略，那只能得到一个关于应对过程的失真的图像。

通过以上四个方面的探讨，我们知道挫折应对是一个动态过程，挫折应对方式受挫折认知、挫折评价、挫折应对技能、挫折应对策略、社会支持等因素的制约，而这些因素是可变的且可控的；另外有研究证明，人们可以通过环境影响、榜样认同、社会支持和心理治疗等途径获得灵活有效的挫折应对方式。因此，挫折应对方式在一定程度上是可变的和可控的，这为我们挫折应对培训的可行性提供了直接的理论依据。

2. 对挫折应对进行自我监控的必要性

董奇等（1996）认为，自我监控就是某一客观事物为了达到预定的目标，将自身正在进行的实践活动（目的性是实践活动的特征之一）过程作为对象，不断地对其进行的积极、自觉的计划，监察，检查，评价，反馈，控制和调节的过程。斯腾伯格在智力三重结构理论中，十分强调元认知在智力结构中的核心作用。元认知监控认知活动，对认知活动起着计划、监视和评价作用。元认知能起到提高行为的自觉性和认知效率的作用。大量的实验表明，要使个体的认知活动和行为有效，就必须提高个体的自我监控水平（元认知水平）。沃建中（1996）就认为自我监控是认知活动的核心，也是人的心理系统的指挥中心；自我监控是智力的核心成分，它在人类智力中处于支配地位，对智力的其他成分起着控制和调节作用。董奇等（1996）研究发现，如果没有元认知策略的使用，一个人的较强的一般认知能力在解决问题的过程中就得不到有效的发挥。反之，如果一个人有很好的元认知知识，那么即使一般认知能力不高，也能在问题解决过程中表现得很好，元认知知识能弥补一般认知的不足。在问题解决的过程中（挫折应对也是一种问题解决）存在问题解决者的自我监控，它作为一种内隐的过程，是问题解决方法的寻找、选定和实施的操纵者和指挥者，不仅在某项具体问题的解决中起着十分关键的作用，而且对于个体解决问题能力的发展与提高也有着非常重要的意义。

研究表明，有效应对的一个主要的因素就是建立对挫折源的控制感，即能根据事件的过程而采取相应的措施。有效的应对涉及四种控制类型，即信息控制（知道期待什么）、认知控制（能从不同角度进行更具建设性的思考）、决定控制（能够依靠灵活变通的行为采取决定）及行为控制（采取行动减少应激事件的后果）。挫折应对是评价挫折源的意义，控制或改变挫折环境，缓解由挫折引起的情绪反应的认知活动和行为。挫折应对实质上是一系列的认知活动（这里的认知包括获取信息、作出决定、采取行为等），而认知活动会受各种因素的影响而出现偏差，从而影响挫折应对的效果。美国临床心理学家艾里斯（Ellis）在 20 世纪 50 年代创立合理情绪疗法时提出了挫折 ABC 理论。其中，A 指诱发性事件，B 指人对挫折产生的认识和信念，即个体对于这一事件的想法、解释和评价；C 指特定情景中个体的情绪反应及行为的结果。该理论认为，诱发事件 A 只是引起情绪及行为反应 C 的间接原因，人们对诱发性事件所持的信念、看法、解释 B 才是引起人的情绪及行为反应 C 的直接原因。C 的性质及程度，主要取决于 B。挫折 ABC 理论强调了人的主观认知在挫折时对行为反应的制约作用。如果人们主动调整自己对诱发事件 A 的看法和态度，学会并扩大自己的理性思考和合理的信念，减少不合理的信念，就能有效调整自己的情绪，最大限度地减少挫折所产生的不良反应 C，解除苦恼、郁闷等情绪困扰所来的不良影响（冯江平 1993）。

从应激的有关理论来看，美国心理学家 Richaid S. Lazarus 对应激的研究作出了很大贡献。他特别强调认知因素在应激反应中的作用，注重对应激过程进行研究，直到现在他仍是这一领域最重要的领导人物之一（韦有华等　1998）。这个理论非常强调认知评价过程在应激和应对中的绝对作用。这与艾里斯提出的挫折 ABC 理论如出一辙。

Lazarus、Folkman、Cox、Mackay 等倡导的应激的 CPT 理论模型，即认知-现象-相互作用（cognitive-phenomennological-transactional，CPT）理论模型，其理论模型见图 3-1。

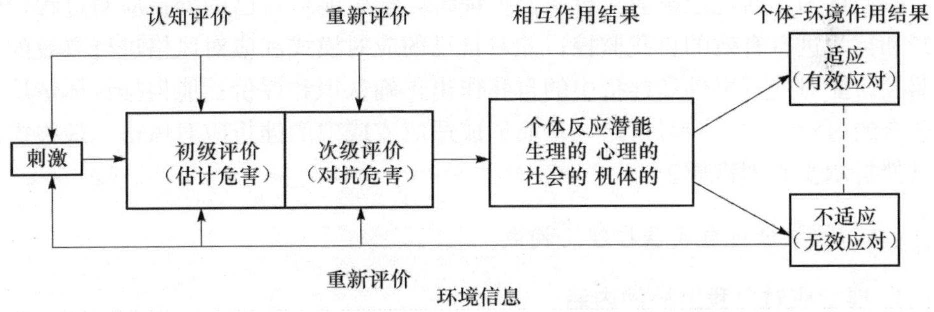

图 3-1　应激的 CPT 模型

CPT 理论其中一个重要的观点是它的认知观点，它认为，思维、经验及个体所体验到的事件的意义是决定应激反应的主要中介和直接动因，即应激是否发生，以什么形式出现，这都依赖于每个个体评价他和环境之间关系的方式，包括初级评价、重新评价和次级评价。初级评价是指个体对事件的危害性（该事件对他的信仰、价值或目标等是有害还是有益）进行评价，可能是不相干的、②平和积极的或应激的。初级评价决定在事件中情绪反应的性质。平和积极的评价导致积极的情绪反应，如振奋，放松等。次级评价是指个体对自身应对资源（coping resource）、应对方式、策略、能力进行评价，同时还会考虑由应对活动是否会带来新的问题。

该理论把人看成具有能动性的高级生命体，它提供了一种可以用于现实生活中的对付应激的方法。根据 CPT 模型，个体可以借助他人（他助），也可以通过自己（自助）对自身的初级和次级评价进行干预或矫正，确定所感知的威胁的来源，设计应对策略，帮助个体对环境压力进行个人控制，并对所运用的应对策略的有效性及时进行评估，进而调整其应对行为，适应环境需要。

受上述两个理论的启发，我们可以这样说：决定我们能否有效应对挫折的因素在于我们的认知活动，特别是我们对挫折情境或挫折事件，以及自我应对挫折的资源的评价。换句话说，从心理健康自助的角度，个体在遭遇挫折时，要减少或消除情绪困扰和心理问题，以及对挫折的不适当的反应，最终要学会对自己头脑中的想法、解释和评价进行自我监控：自己的认识和信念是否合乎逻辑或合乎理性？自己对挫折情境或挫折事件的评价是否正确和客观？自己所采取的应对策略是否妥当？必要时又该采取哪些措施来调整自己的认知、情绪、意志、行为等？也就是说，要想有效地应对挫折，就必须发挥个体的主体性，对自己的认知活动和行为进行有效的监控。

3. 对挫折应对进行自我监控的可能性

我们认为，通过挫折应对自我监控训练，学生能对自己的挫折应对过程中的认知和行为进行有效的自我监控；能对自己的应对模式和应对风格进行有效的自我监控；能对挫折事件和挫折中的自我作出正确认识和评价；能根据具体情境选择适合的应对模式、应对策略，从而形成适应或成熟的挫折应对风格，最终提高自己挫折承受心理素质。

（二）挫折应对自我监控理论构成

1. 挫折应对自我监控的内涵

同元认知的构成成分一样，我们认为挫折应对自我监控包含三要素：挫折应对自我监控知识、挫折应对自我监控技能和挫折应对自我监控体验。

（1）挫折应对自我监控知识。挫折应对自我监控知识包括三个方面的内容，第一，有关挫折应对主体方面的知识，即有关人（包括自己，也包括他人）作为挫折应对者的主体的一切特征知识。这方面的知识可以再细分为三类：①关于个体内差异的认识，如正确认识自己的个性特征、能力大小，客观看待自己的长处、优点和短处、缺点，知道如何发挥自己特有的优势、克服自己的不足；②关于个体间差异的认识，如知道个体之间在价值观念、知识、阅历、性格等方面存在差异（这些差异可能影响到不同个体挫折应对的效果）；③关于影响挫折应对效果的各种主体因素的普遍性的认识，如知道挫折应对能力不是一成不变的，知道人的观念和实践是有效应对挫折的重要因素等。第二，有关挫折方面的知识，如挫折的种类、挫折的严重程度、挫折的价值等。第三，有关挫折应对策略方面的知识。例如，挫折应对有哪些方法策略，这些方法策略的优点和不足是什么，它们应用的条件和情境是什么，以及挫折应对风格等。

（2）挫折应对自我监控技能。本研究对挫折应对自我监控技能作了初步理论构想。大致有四种共同的监控成分：①注意识别，即对潜在挫折源的注意和发现，监测自己对相关可能的挫折内外线索、信息的注意和识别。发现潜在的挫折源，需要注意潜在的威胁信息。有时，这个任务包含对来自环境的警示信号的解释。有时，关于潜在挫折源的信息来自个体内部的思考。注意识别实质就是在挫折应对中向自己回答“是什么?”的问题。②评价，即监测自己对自身应对资源和挫折情境、挫折类型（真实的或预期的）及挫折应对策略的评价。评价实质就是在挫折应对中向自己回答“怎么样?”的问题。③计划，即对应对活动（包括预期应对、事先应对、遭遇挫折时的应对）的计划和安排，选择并采取合适的应对策略和方法。在应对活动的早期，计划主要体现为明确任务意思、明确目标、回忆相关知识、选择问题解决策略、确定问题解决思路等。值得一提的是，计划并不仅仅发生在应对活动的早期阶段，在应对活动进行的过程中也存在着计划。例如，个体在对自己的应对活动采取某种调整措施之前，也会就如何调整做出相应的计划。计划实质就是在挫折应对中向自己回答“怎么做?”的问题。④检查总结，即对执行过程、策略、方法和结果及事件变化等方面进行评价和矫正，亦即在应对活动进行的过程中及结束后，个体对应对活动的效果所做的自我反馈。在应对活动的中期，获知活动的进展、检查自己有无出错，检验思路是否可行；在应对活动的后期，表现为对应对活动的效果、效率及收获的评价，如检验是否完成了任务，评价应对活动的效率如何，以及总结自己的收获、经验、教训等。同时，根据监测所得到的信息，对应对活动采取适当的矫正性或补救性措施，包括纠正错误、排除障碍、调整思路等。检查总结实质就是在挫折应对中向自己回答“做得怎么样？对以后的挫折应对有何经验教训?”的问题。

（3）挫折应对自我监控体验。挫折应对自我监控体验是指个体对应对活动的有关情况的觉察和了解。挫折应对自我监控体验的内容有哪些呢？在应对活动的初期，主要是关于任务的难度、任务的熟悉程度，以及对完成任务的把握程度的体验；在应对活动的中期，主要是关于当前进展的体验、关于自己遇到的障碍或面临的困难的体验；在应对活动的后期，主要是关于目标是否达成、应对活动的效果及效率如何的体验，以及关于自己在任务解决过程中的收获的体验。

2. 挫折应对自我监控的内容

在培训中，重点训练学生监控自己挫折应对模式。

就应对模式而言，需要说明的是，在构建挫折应对自我监控技能的理论框架时，我们借鉴了泰勒（Taylor），夫克曼（Folkman）和莱哲斯（Lazarus）等提出的有关概念，即预先应对（proactive coping）、事先应对（anticipatory coping）及应对（coping）三个概念（Aspinwall et al 1997）。其中，预先应对指在有潜在出现可能的应激事件发生之前，预先或提前采取一系列措施或努力以阻止它或调整它；事先应对指对即将可能或肯定要发生的事件的应激后果加以准备；应对（指个体所采取的控制、容忍、降低或减少要求的一系列活动）。在考虑挫折应对自我监控时，我们将视野放得更宽，并从中提取相关成分。

预先应对与应对和事先应对有所不同，具体表现在三个方面。①预先应对在时间上先于应对和事先应对。它指的是扩展应对资源和获得技巧，这些技巧不是针对特殊的挫折源而是一般意义上的准备，用以辨别要发生的挫折源并且提前就做好准备。②预先应对需要的技巧不同于针对特殊事件的应对。例如，由于预先应对活动不是指向具体的挫折源，因此在挫折发生之前就能辨别它潜在源头的技能在预先应对活动中承担重要角色。③与针对具体事件的应对相比，不同的技巧和活动对于预先应对将可能是成功的。

如图 3-2 所示，预先应对始于在具体的可预期的挫折源之前储备应对资源和获得技巧（资源扩展）的过程中。有效的预先应对包含时间和金钱的积累，计划和组织技能，社会支持，以及在尽可能的范围内对精神压力的调控，具备这些条件后，当挫折源不可避免地被察觉时，个体可以尽可能地控制它。

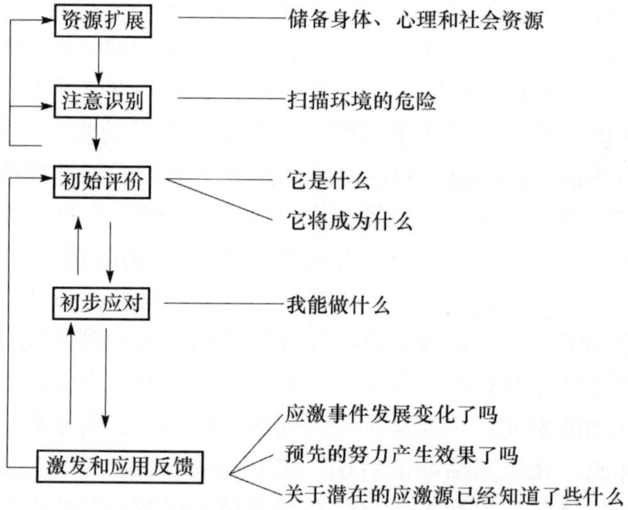

图 3-2 预先应对五个阶段的任务及各阶段间的反馈回路

预先应对还包含识别潜在的挫折源。识别指的是有能力洞察潜在的挫折事件的到来，它依赖于审视环境危险的能力，以及对内部线索的敏感，这些内部线索暗含着某种可能出现的威胁。个体察觉到潜在的挫折源后，就开始了初始评价。初始评价包括对潜在挫折源当前状态（“这是什么?”）和潜在状态（“这可能会变为什么?”）的初步评价及相关评价，如“我应该为此担心焦虑吗?”和“这是我应该留意的事情吗?”这些评价可能强化对挫折源的高度注意并可能增强初始应对努力。初始应对努力是指所采取的一系列活动，这些活动被认为可能阻止或减弱一个被识别或猜想的挫折源。我们认为成功的预先应对在这一阶段实际上总是积极的而不是逃避的，既包含认知活动（如计划），也包含行为活动（如从他人那里寻找信息和采取初步行动）。

激发和应用反馈是预先应对过程的最后步骤。它的核心是获得和应用反馈。这些反馈是关于挫折事件本身发展变化的（“它会进一步发展，改变形式，或者加剧?”），或者关于个体起初的努力在挫折事件上所产生的效果（“我是否成功地避免了挫折源?”），再或者关于是否需要增加应对努力（“还有什么更多的事我可以做，或者我应该停下来看看它是否是一个问题?”）。这些反馈也许可用来修正个体对于潜在或初期的挫折源的评价，以及调整个体关于抵消挫折源的策略。

这个模式的一个重要的因素是，存在一些反馈回路。特别是资源积聚、注意、评估和调节消极情绪唤醒被概括为相互关联的任务，其中认为一个可能的威胁的评价导致对潜在的挫折源提高注意力，同时促使努力去调节情绪，以及丰富应对资源。具体的初始评价影响起初所采取的应对努力，而反过来，应对努力影响被提炼出的关于潜在挫折源信息，从而为评价程序和调整应对努力提供信息。

在预先应对中，自我调节技巧有力地解释了个体是怎样提前准备挫折源的发生，从而使人们避免挫折事件或者使挫折事件的影响最小化。马塞尼（Matheny）等提出应对模式可以根据应对斗争或预防的本质来看待。斗争应对产生于应激源引起反应时，它企图减轻或打败存在的应激源。而预防应对则是通过对要求的感知的认知结构或通过对应激后果的不断抵抗来防止应激源出现的努力。资源的增加也增加了对应激的抵抗。

根据以上所分析的挫折应对模式，我们认为在预防应对阶段，挫折应对自我监控的内容包括按照预防应对的流程图，监控每一阶段的任务执行情况，如自己应对资源（身体资源、心理资源、社会支持等）的扩展情况，尤其是自己挫折应对技能的准备情况；能否在某些方面有准备地训练自己，如关注挫折信息、“评估、放松训练、认知重组、问题解决、时间安排、营养咨询和锻炼计划”（Rice 2000）；自己对潜在挫折源的识别（是否注意到一些潜在的信号）、对有关事件的评价、自己所采取的应对情况，如是否按照有关策略（调整要求水平、调整生活躲避挫折源、改变引起挫折的行为方式）进行了相应调整。

在挫折应对阶段，挫折应对自我监控首先监控自己对挫折事件的评价，因为应对取决于能否做些事情以改变应激情境的评价。如果个体认为能够有所作为去改变情境，那么问题关注应对就占主导地位；如果个体认为无能为力，那么情感关注应对就占优势。根据前面的理论，评价在整个应对过程中具有重要作用，所以在挫折应对自我监控时就要监控自己对挫折事件危害程度的评价，监控自己对自身应对资源的评价是否恰当、准确？通过自我监控，力争自己对挫折、对自己应对挫折的资源有个清醒、客观和积极的评价。同时，改变对应激的评估，以及改变关于处理应激方式的自我挫败的认知也是更具适应性地处理应激的一个有效途径。因此，面对挫折情境，必须监控自己寻找另外的思路，重新思考自己的角色，以及自己用来解释后果的归因。另外就是监控自己重新建构对于应激反应的认知，用自我激励取代自我挫败，通过改变自己的自我对话更好地控制应激事件。

因为应对方式是在应对过程中继认知评价之后所表现出来的应对活动（肖计划 1992)，所以在挫折应对过程中对应对方式（或者应对策略、应对机制）的自我监控，首先根据一定的标准来评价自己挫折应对情况，例如，①根据应对活动的针对性，可分为问题指向应对和情绪指向应对或者攻击应激源、容忍应激源及降低唤醒；②根据应对效果，可分为建设性应对和破坏性应对（林崇德等 2004)、消极应对方式和积极应对方式（Carver et al. 1989)、适应性应对和机能失调性应对（Lazarus 1966)，或者精神病理性应对机制、神经症性应对机制、不成熟应对机制和成熟应对机制（范伦特 1996)。然后根据评价的情况对自己的应对策略或应对方式做相应的调整。通过对应对方式的识别、评价、调整，使自己能根据挫折情境采取灵活有效的应对策略。从而使自己适应内外环境，保持心理健康。

总的说来，挫折应对自我监控就是利用挫折应对自我监控技能监控自己在挫折应对中的应对模式、应对风格。在应对模式选择之后，又监控自己执行模式的具体情况。

二、挫折应对自我监控培训模式的构建

（一）挫折应对自我监控培训的一般模式

挫折应对自我监控训练首先遵循心理素质教育的基本模式，根据张大均等(2000）提出，并经过大量实证研究证明行之有效的心理素质教育模式，本研究认为挫折应对自我监控训练应遵循以下模式：以培养学生良好的挫折承受力为基本目标；遵循适应与发展的两条基本原则；运用专题训练、咨询辅导等基本教育方式；着眼于自我认识—晓之以理—导之以行—反思内化—形成品质的学生心理素质形成过程的五阶段；重点突出学会学习、学会交往、个性发展和社会性发展等方面的基本内容。

训练突出实用性。针对中学生心理发展的特点和挫折耐受力训练的要求，实用性具体体现在：①趣味性。力求每课或以故事引入，或以自我测验、案例归纳总结等形式开始，让学生在愉快、新奇的心境下客观认识自我，产生兴趣。②操作性。重点突出每课的训练主题，设计具体的训练环节和活动步骤，让师生共同完成。③针对性。根据不同学生所出现的不同问题，精心设计针对不同挫折背景

的训练策略（相关材料见附录一）。

（二）挫折应对自我监控的具体模式

元认知体验的这种中介作用决定了只有通过元认知体验，个体才能基于当前认知活动进展的有关信息，利用相关的元认知知识，对认知活动进行有效的调节。因此可以说，元认知体验是使调节得以进行的关键因素。那么，如何可以获得元认知体验呢？

张大均等（2000）认为，通过进行反省性自我提问，可以激发相应的元认知体验。以问题解决过程为例，在认知活动的早期阶段，通过向自己提问，可以使个体产生关于问题的熟悉程度、难度，以及成功解决的把握程度等方面的元认知体验；在中期阶段，通过向自己提问，可以使个体产生关于活动的进展、障碍等方面的元认知体验；在认知活动的后期阶段，通过提问，可以使个体产生关于活动的效果、效率及收获等方面的元认知体验。

Dorminowski（1990）进行的研究表明，说出理由的言语活动能促进问题解决，其原因是引发了、调动了元认知加工（监控）过程。这种元认知加工过程（如评价、计划、监控）对于问题解决起到重要作用。Atan 和 Hennie（1990）的实验表明，元认知训练程序能提高学生的思维技巧。Alision（1991）进行了一项问题解决中的策略提问训练的实验研究，结果表明训练学生就一些认知策略相互提问（利用元认知训练问题）有助于提高元认知能力和解决问题的能力。Berardo-Coletta 等（1995）进行的元认知实验发现，向学生提出“你为什么那样做”的问题可以激发元认知加工过程，即个体自己的思维加工过程，能够使人的注意力从指向信息加工的内容转移到信息加工的过程，更好地监控评价、调节、修正自己的认知活动，从而提高解决问题的效果。

在应对挫折所带来的负性情绪或情感问题上，Meichenbaum 提出自我教导训练的概念（刘华山 1998）。自我教导训练是受埃里斯理性—情绪辅导影响而设计的一种具有明显的认知重建模式特征的训练方案。自我教导训练实质是通过处理内在对话，改变人的思考、认知结构和行为方式的程序。所谓内在对话是一种自己说、自己听的自我沟通过程，人们对自己所说的话决定了他们所做的事。例如，自我挫败者通常使用的内在对话总是带有自我批判性或自毁性质。

1. 出声思维模式的含义

根据上述研究结果，我们在挫折应对自我监控训练时采取了出声思维模式。出声思维模式是指通过言语的自我调节来实现挫折应对活动的自我监控。认知心理学，尤其元认知的研究已充分证实，个体的言语不仅反映了其行为、情感等心理活动，而且，对行为、心理活动也产生着很大影响，如计划、协调和控制等。

在该模式中，一方面，出声思维是教师的一种教学策略，教师通过出声思维为学生的学习和自我监控提供榜样和模式，通过自我陈述来呈现识别监控、评估监控、计划监控、检查总结监控等自我控制活动。另一方面，出声思维模式也是学生的一种学习策略，即学生在独立训练时，通过相互提问、自我对话及自我提问等方式进行自我指导。

2. 出声思维模式培养的实施

一般来说，出声思维模式的训练可分为以下五个步骤。

第一步，介绍出声思维模式的内涵和意义。

第二步，提供“说理由”、叙述自己解决问题的过程、相互提问、自我提问、自我交谈的课堂环境。由于学生各异，任务难度不同，并不是所有学生都同时需要出声思考问题，进行自我交谈。应教会学生小声地进行自我交谈。

第三步，采取办法消除学生消极的、与任务不相干的出声思维。

第四步，结合具体挫折情境进行出声思维指导，其中又包括三个环节：①自我观察。观察自己的学习与生活，找出挫折情境，说出并写出与情境有关的负向内在对话。②寻找积极的内在对话。引导学生寻找与原有非理性观念不相容的思考方式，并用新的内在对话来表达。③学习新的技巧。让学生在现实情境中练习新的内在对话，并帮助学生掌握一些有效的应对技巧，以便更好地适应挫折情境。

第五步，将出声思维方法从课堂迁移到课堂外，使学生通过出声思维指导改善自己挫折应对。

第三节 初中生挫折应对自我监控训练的教育实验

一、实验目的

通过挫折应对教育：①编制科学有效的中学生挫折应对测试工具；②使学生形成正确的挫折观，提高学生的挫折承受力；③探索挫折应对技能训练的有效途径和方法。

二、实验变量的确定

1. 自变量

初中学生挫折应对自我监控的知识传授和技能训练。

2. 因变量

初二学生训练后的挫折应对状况、挫折应对方式，挫折应对自我监控的水平。

3. 无关变量的控制

设置实验班、对照班。根据一定标准在一个学校选出挫折应对不良的学生，组成实验班、对照班。实验班进行挫折应对自我监控训练，对照班不进行任何训练。实验过程中均告诉实验班、对照班为实验对象，以消除实验的主观期望效应。

三、测试的主要工具和方法

1. 挫折情况半开放问卷

用以调查学生挫折源集中体现在哪些方面，以便训练时突出重点，加强训练的针对性。

2. 中学生应对方式量表

该量表由黄希庭等编制。量表共 30 道题，构想中学生应对挫折的方式有六类，即问题解决、求助、退避、发泄、幻想及忍耐。量表采用 5 点式进行评定。再测信度为 0.76（$p<0.01$），因素分析结果说明本量表具有良好的构想效度，确实反映了当前中学生应对的实际情况。

3. 自编中学生挫折应对状况问卷

中学生挫折应对状况问卷的编制，是结合挫折应对的动态-静态维度，分别从心理过程、心理状态和心理特征等不同侧面和层面考察挫折应对状况，并结合在开放式问卷调查中所获得的初中生普遍认同的挫折事件（包含学习方面、人际方面、个性发展方面、生活适应方面及身体发育方面等）而编制的。问卷共 19 项题目，分为情绪、意志、归因、行为和效能维度，五个因素共可解释总变异量的 51.685%，问卷的内部一致性信度为 0.813，重测信度为 0.765；各维度间的相关介于 0.183～0.441，总问卷与各维度间的相关介于 0.585～0.749，结构效度良好。问卷采用自陈测验（选择式），每一测题在一个描述句之后有“不是”“不一定”“是的”三个选项，按 3 点记分。为避免选择的定势，采用正反向记分的方法。

4. 自编中学生挫折应对自我监控问卷

中学生挫折应对自我监控问卷的编制，是依据自我监控理论，并参照了状态元认知问卷（O’Neil et al.　1996）而编制的。问卷共 17 个题项，分为注意识别、评估、计划和检查总结四个维度，四个维度共可解释总变异量的 52.704%，问卷的内部一致性信度为 0.899，重测信度为 0.723，各维度间的相关介于 0.326～0.611，总问卷与各维度间的相关介于 0.627～0.835，结构效度良好。问卷采用自陈测验（选择式），每一测题在一个描述句之后有四个供选答案，即“很少如此”“有时如此”“一般如此”“常常如此”，按 4 点记分。

四、实验过程

整个实验培训过程，共计 2 个月。分为三个阶段：

第一阶段：前测验

实验班与对照班的学生均参加前测验。前测验的调查内容包括挫折情况、挫折应对状况、挫折应对方式、焦虑感问卷、挫折应对自我监控。

第二阶段：教育干预

实验班进行挫折应对自我监控的训练；对照班不进行任何训练，但为了避免期望效应的影响，研究人员也定期与控制组学生接触，但不进行指导。

对实验班的教育干预主要是指按照规定的训练程序，采用一系列的方法，在教育、教学活动中有目的、有计划、有针对性地进行。大体如下：

1）教学设计把握三阶段

首先是挫折应对自我监控知识（元认知知识）获得阶段。

其次是挫折应对技能和挫折应对自我监控技能习得阶段。

最后是迁移、练习阶段。在自然情景中，学生利用习得的技能去应对生活中的挫折，或者教师创设一定的挫折情境，让学生应用所学技能。

2）教学策略

(1) 集体干预。集体干预沿用心理素质培训的通用方法，如讨论、小品表演、榜样示范、情境创设、角色扮演等。

(2) 个别干预。个别干预与集体干预同步进行，主要采用咨询辅导等方式。研究人员在同学生个别谈话时，解答他们在学习、生活、交往中遇到的问题，并提出具体的措施，帮助学生克服困难，鼓励学生对挫折作出积极的应对。

第三阶段：后测验

实验班与对照班均参加后测验，后测验内容与前测验相同。

五、实验结果与分析

（一）实验班与对照班挫折应对状况前后测结果比较

从表 3-1 中可以看出，实验班与对照班在实验前的挫折应对状况（$t=0.621$），包括情绪、意志、归因、行为、自我效能等方面没有显著性差异。实验后，实验班与对照班之间在挫折应对状况总体上有了非常显著的差异（$t=3.834$），挫折应对各个维度均有非常显著或显著的差异，同时与实验前相比，实验班的挫折应对状况有了非常显著的差异（$t=3.952$），而对照班则没有显著差异（$t=0.636$）。

表 3-1　实验班与对照班挫折应对状况前后测结果比较

维度	组别	前测（$n=20$）	后测（$n=20$）	t
挫折应对	实验班	37.9500±3.7623	43.2000±5.9347	3.952**
	对照班	35.4545±3.8727	36.4000±4.3256	0.636
	t	0.621	3.834**	
情绪维度	实验班	9.2000±2.4192	11.1000±2.8636	2.981*
	对照班	8.2727±2.5454	8.0000±1.5635	0.455
	t	0.467	2.797*	
意志维度	实验班	8.3500±1.3089	9.5500±1.5720	2.596*
	对照班	7.5227±1.6911	7.000±1.2517	0.377
	t	0.789	3.624**	
归因维度	实验班	6.9500±1.2763	8.5000±1.1921	2.718*
	对照班	6.3636±1.4800	7.3000±1.4181	1.869
	t	2.261	2.481*	
行为维度	实验班	7.7500±1.2513	8.7000±1.4903	2.334*
	对照班	7.5682±1.3364	7.2000±1.4757	0.724
	t	0.007	2.812**	
效能维度	实验班	5.7000±1.5252	7.3500±1.2680	3.540**
	对照班	5.7273±1.3702	6.2000±1.0328	1.223
	t	0.599	2.860*	

* 表示 $p<0.05$；** 表示 $p<0.01$；*** $p<0.001$。全书同

（二）实验班与对照班挫折应对方式前后测结果比较

从实验班与对照班挫折应对方式前后测结果比较中，我们可以获得以下信息：

(1) 实验班实验前学生挫折应对方式的采用序列情况：忍耐（3.0330）>问题解决（2.9345）>发泄（2.9125）>退避（2.9100）>求助（2.8790）>幻想（2.2845）；

(2) 实验班实验后学生挫折应对方式变化：问题解决（3.1307）>发泄（2.9773）>求助（2.8377）>退避（2.8273）>忍耐（2.6667）>幻想（2.5152）；

(3) 实验前对照班应对不良学生的应对方式：忍耐（3.0530）>求助（2.8604）>发泄（2.8239）>退避（2.8091）问题解决（2.7614）>幻想（2.4697）；

(4) 实验后对照班应对不良学生的应对方式：发泄（3.5833）>退避（3.2444）>忍耐（3.1852）>幻想（3.0000）>问题解决（2.7361）>求助（2.6984）。

从上面的信息可以判定，实验班与对照班在实验前挫折应对方式均以消极应对方式或着重情绪应对方式（包括忍耐、退避、发泄和幻想）为主。实验后，实验班的应对方式变得积极或着重问题应对（问题解决、求助），而对照班的应对方式没有任何改变。

（三）实验班与对照班挫折应对自我监控前后测结果比较

从表 3-2 中可以看出，实验班与对照班在实验前的挫折应对自我监控技能（t=1.184），包括注意识别、评估、计划与方法、检查与总结等方面没有显著差异。实验后，实验班与对照班之间在挫折应对自我监控技能总体上有了显著差异（t=2.798），挫折应对自我监控各个维度均有非常显著或显著的差异，同时与实验前相比，实验班的挫折应对自我监控技能有了非常显著的差异（t=3.952），而对照班则没有显著差异（t=0.636）。

表 3-2　实验班与对照班挫折应对自我监控技能前后测结果

维度	组别	前测（n=20）	后测（n=20）	t
全问卷	实验班	41.0500±8.7388	44.7000±8.7124	2.814*
	对照班	40.1628±8.1297	40.2000±7.5248	0.568
	t	1.184	2.798*	
注意识别	实验班	7.7500±1.7130	9.5500±2.3946	3.342**
	对照班	7.3409±2.2716	7.5000±2.3214	1.020
	t	0.410	2.900*	
评估	实验班	10.6500±2.9784	13.0500±2.1392	3.950***
	对照班	10.0455±2.7446	10.1000±1.6633	0.450
	t	1.739	3.785***	
计划策略	实验班	11.4000±3.3935	14.4200±2.9576	3.015**
	对照班	10.8182±2.6700	11.4000±2.7968	0.770
	t	1.928	3.267**	
检查总结	实验班	11.2500±2.9890	13.8000±3.0711	3.140*
	对照班	11.0239±3.2761	11.2000±3.5528	1.036
	t	1.511	2.689*	

六、挫折应对自我监控训练对中学生挫折应对状况改善的实验效应分析

通过挫折应对自我监控训练实验，学生的挫折应对方式由原来的消极应对（忍耐）变为积极应对（问题解决）；相对于实验前，学生在挫折面前表现出的应对状况也发生显著的变化，其中各个子维度，如对挫折的归因、学生在挫折面前的自我效能感、学生在挫折中的情绪与情感反应、学生在挫折中的意志表现及学生应对挫折的行为效果都有显著或极其显著的变化。分析发现，学生的挫折应对

状况与学生挫折应对自我监控水平成显著正相关，通过统计表明，与实验前比较，学生的挫折应对自我监控水平确实也发生了显著的变化，表明实验对提高学生挫折应对自我监控水平是有效的。

研究表明，我们所进行的中学生挫折应对自我监控实验研究在一定程度上是成功的，它丰富和发展了中学生挫折应对技巧和策略，改善了中学生挫折应对状况。对此我们进行如下的归因分析。

（一）训练的基本内容（知识、技能、策略）完整合理

在调查中，我们发现，对挫折中人和事的认识和观念不当、不全、不对；对挫折应对的技巧有限；缺乏挫折应对策略性知识是学生挫折应对不良的原因所在。在训练过程中我们结合学生挫折的实际情况，首先教给学生关于挫折的陈述性知识（也称描述性知识，主要说明事物是什么、为什么、怎么样，用以区别、辨别事物），如挫折是什么、为什么我们要正确应对挫折、怎样辩证地看待挫折的影响、影响人们挫折应对的因素是什么、什么是问题关注应对策略、什么是情绪关注应对策略等；然后让学生掌握挫折应对的程序性知识（做什么，怎样做的知识），如如何对待父母关系破裂、如何对待成绩落后等挫折；在此基础上，让学生体验和提炼出关于挫折应对的策略性知识（如何应对挫折的一般性、原则性知识，具有高度抽象性），如让学生知道在什么时候用问题解决应对策略、什么时候用情绪关注策略等。这三者不是并列关系，而是逐层递进。陈述性知识是基础，在此基础上，在各种情境中应用经过不断练习而转化成的程序性知识，最后从中领悟到一些跨情境的指导性知识，即指导自己根据不同的情境采取不同的应对策略的知识，也即策略性知识，策略性知识处于个体知识结构的最高层次。

在训练过程中，有关挫折应对的知识传授是本次训练的基础，目的是使学生建立对挫折中的人和事的合理的知识结构，以指导学生有效地应对挫折，包括具体知识和元认知知识。挫折应对技巧则是本次训练的重点，缺少挫折应对技巧，学生面对挫折时的选择性、能动性和主动性就减少。训练不仅教给学生挫折应对技巧，而且通过自我言语等自我监控途径教给学生挫折应对自我监控技巧，如注意识别、评价、计划和检查总结，这样学生利用这些元认知技巧来监控自己的挫折应对技巧，使挫折应对技巧、策略更加灵活、有效。挫折应对策略则是本次训练的灵魂。因为策略性知识根据情境的特征调节主体运用挫折应对的知识和技能。它的功能在于使主体能根据实际情况和具体条件灵活地运用知识和策略。缺乏策略性知识，再多的挫折应对知识和技能也会用之不当，成为僵化的知识和无效的技巧。

（二）训练重点定位（自我监控）准确

挫折应对自我监控培训突出了挫折应对训练的重点。从重视认知在挫折应对

过程中的作用转变为重视元认知的自我监控作用，更突出了重视人本身的能动作用。

最近认知心理学家认为，在传授一般认知策略的同时进行元认知策略的训练能提高学生解决问题的能力，它能使人更加意识到解决问题时自己的认知加工策略，更自觉地使用所学到的有效知识和策略方法。为了使学生自己真正掌握所教的挫折应对策略，对所学策略进行计划、监控、调节，就必须结合元认知监控训练才能取得好的效果。

在挫折应对过程中，有两种研究取向，一种是过程性研究，一种是特质性研究，前者注重应对者在应对过程中的所想、所做，重点研究特定生活事件中个体的应对过程；后者研究个体是否存在有个性倾向性的、相对稳定和习惯化了的应对风格。而我们认为，可以将这二者综合。我们一方面关注应对者在挫折应对过程中的所想、所做，以便外界对之加以针对性监控，更重要的是个体对自己的认知和行为加以针对性地监控，使自己的应对有效；另一方面，了解由于人格等特质的不同，个体存在着独特个性倾向性的、相对稳定和习惯化了的认知评价倾向和应对行为方式，制约着挫折反应的发生方式、强弱、久暂和机体受影响的程度（陈恩辉　1994)。而要适应环境，个体不得不随着环境的变化而改变自己一些固有的无法适应环境的认知评价倾向和应对行为方式。个体想要做出这一改变是可能的，因为心理学家已经取得共识，一个人的性格或人格特质虽然与先天有一定关系，但主要是后天学习的结果，是个体在认识环境事件中形成发展起来的。而要改造自身特质就必须依赖自我的监控功能。所以挫折应对自我监控能够将两种研究取向调和，既承认挫折应对的相对稳定性，又承认其具体变化性，最大程度发挥主体的能动性。

自我监控是对认知过程的监控与调节。研究表明，挫折承受力的高低受到各种因素的影响，如学生的生理条件、生活经历、思想水平、个性特点、期望值、心理准备状态、对挫折的知觉判断、社会支持及思维方式的灵活性。有人认为，在相同或相似的挫折情境中，不同的个体产生的挫折感强度不同，主要是由于个体的价值观念不同、个体的成就动机水平不同、个体的挫折归因不同、个体个性品质不同、个体对挫折的主观态度不同等。除了生理条件外，其他心理因素都不是无组织地、杂乱无章地影响挫折应对方式和效果，它们都由自我进行协调和控制，从而形成影响挫折应对的交互作用。并且这些因素都是一些具有一定稳定性的心理特征和心理状态，存在对外界反应的一种心理定势，不易受外界的影响而改变。为使个体顺应环境的变化而主动做出变化，需要发挥个体自我监控的调节、平衡作用，而中学生尤其是初中生自我意识正处于迅速形成发展时期，可谓是培养正确、积极的自我意识（包括自我监控）的关键期。根据方俊明（1990）的研究，中学生自我调控方式表现为知、情、意的整合调控，具有意志行为。初中生思想上带有强烈的内省性和分析性色彩，常将自己的思想作为一种客体去审视和分析。通过自我监控，发挥个体的主体性，将问题定向和情绪定向协调起来，并根据情境的变化做出相应的切换。因此，对初中生进行挫折应对自我监控的培训，抓住了初中生挫折应对培训的关键点与突破口，有利于初中生在较短时间内提高其挫折应对的水平。实验结果也支持这一理论假设。

在构成挫折的所有因素中，挫折认知是关键性因素。对挫折的认知和判断会决定挫折反应的有无、强弱、久暂等。因此，本实验抓住这一关键性因素，提高学生对挫折和自身应对挫折的认知和判断，提高学生监控自己对挫折和自身应对挫折的认知和评价，不断监控自己做出正确的认知和评价。许多训练设想关心学生对外界知识的传授与建构，忽略了对个体自身内部知识的认识和指导，个体不能围绕特定的挫折应对活动来正确认识、评价自己，不能正确认识、评价挫折及无法灵活地寻找相应的策略知识。现代认知心理学认为个体头脑中的知识结构对问题解决等认知过程和行为起决定作用。不仅如此，个体还借助头脑中知识结构的各种功能调节和保持内部身心平衡、个体与环境之间的平衡，从而适应环境并取得发展。如果知识结构内容失真或出现伪科学的东西，那么就会误导人的观念和行为。在挫折应对自我监控训练过程中，我们力求向学生传授正确的知识、观念，更重要的是唤醒学生随时监控自己的知识、观念状况，对自己内部的知识、观念保持警惕。在自我监控训练中，教给学生的自我监控的静态知识本身具有反省的效果。这些元认知知识使学生知道是什么因素影响自己对挫折的认知和应对，这些因素是如何起作用的、它们之间又是怎样相互作用的。自我监控训练最大程度激活学生的主体意识，使学生的认识和行为从自发到自觉。

调查表明，学生挫折应对不良是由于学生对挫折应对自我监控技能训练不够，影响学生对挫折应对的针对性，学生在应对挫折时，具有很大的随意性、盲目性、自发性，因而遭受挫折的消极影响也较大。而经过训练，学生一方面增强挫折应对策略、技巧，能够对有关的挫折应对策略的使用条件、情景做出准确的评价，并监督自己运用挫折应对策略的情况；另一方面能监控自己不断根据环境的变化而主动获得相应的应对策略和技巧，包括如何预防、如何准备、如何丰富和提炼自己挫折应对的经验和策略，能够根据挫折事件的性质，做策略上的灵活转换，主动增强应对挫折的能力。

经过挫折应对自我监控训练，学生能熟练运用自我提问技术，发挥自我监控技能，通过注意识别、评价、计划、检查总结等环节，不断对自己应对挫折的认知和行为做出监控，如对是否真正识别挫折的性质、是否对挫折性质做出客观的评价、是否认识到自身应对挫折的资源、面对挫折自己应该采取问题解决还是情绪应对、自己选择的挫折应对策略是否妥当、自己的应对方式是积极还是消极、还有哪些方面自己做的不理想等做出反思、反馈和评价，从而达到有效的监控。

同时，学生能从三个层次来应对挫折，即预先应对、事先应对、挫折应对，初步建立一个挫折应对的预防和应对体系，有效地加强对挫折的预防和准备、减轻挫折对个体身心的伤害程度。

实验表明，学生在面对挫折时，首先都能运用所教授的策略对自己的情绪进行有效的调节，减少情绪对自己的干扰，从实验前后学生的焦虑感的明显变化可以清楚地说明经过挫折应对自我监控训练，学生能有意识地反省自己应对挫折的状况，能动地对挫折做出有效的反应，增强了挫折应对的能力。

（三）训练模式对于达到训练目标科学有效

训练模式体现训练思想，制约训练成效，建构科学、有效、可行的培训模式是达到实验目标的重要环节。基于这种认识，依据心理素质训练的通用模式和自我监控训练具体模式构建了相应的挫折应对自我监控训练模式，包括一般训练模式和具体训练模式。

挫折应对自我监控技能一般训练模式的特点可以概括为：整个训练分为四大板块（学习、人际交往、生活适应、个性发展）；每个板块分为三个阶段（知识获得—技能习得—策略形成）；每个阶段分为三个步骤（判断鉴别—策略训练—反思体验）；整个训练遵循心理素质形成的五个环节（认识自我—晓之以理—导之以行—反思内化—形成品质），示意图见图 3-3。

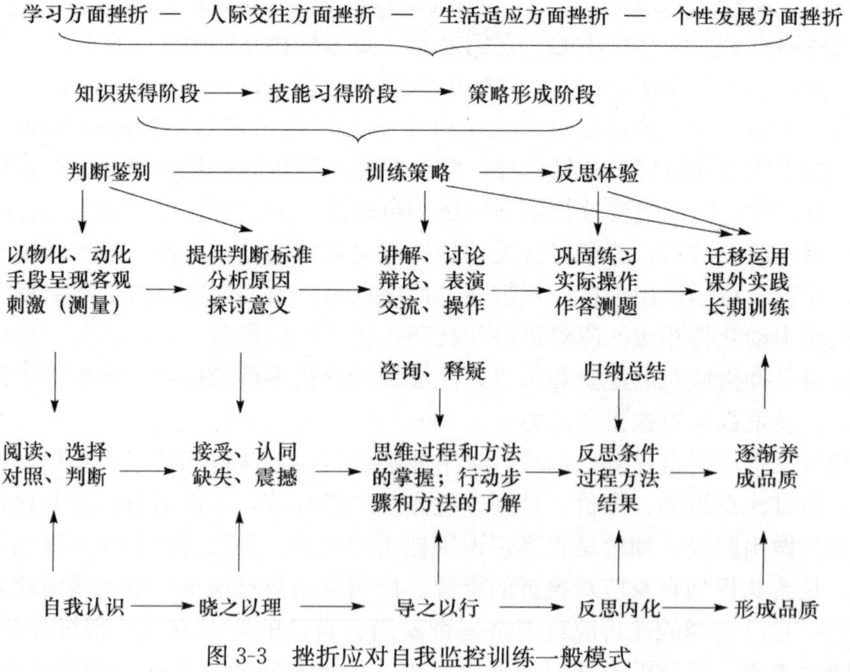

图 3-3　挫折应对自我监控训练一般模式

1. 四个方面

在本章第二节第二部分已作分析，在此不再重复。

2. 三个阶段

教育（知识获得）；排练应对技巧（技能习得）；运用应对技巧对付不同程度的挫折源（策略形成）。

教育阶段的目的是让学生获得挫折应对过程中的元认知知识。这些知识储备提高学生对挫折的心理准备，能够帮助学生改变在危险情境控制下的感受强度，能够帮助学生清除头脑中的不合理的认知，同时又发挥学生的积极主动性，能让他们自己根据自身情况和挫折事件的实际情况采用灵活的应对策略应对挫折，从而发挥学生挫折应对的自我效能感。

技能习得阶段的目的是帮助学生获得挫折应对的基本技巧。要有效地进行挫折应对，学生必须掌握一些基本应对技巧，这些技巧包括重新认识、调整情绪、停止消极思考和自我指导等。在此基础上，利用出声思维模式，如自我提问、自我交谈、自我暗示等方法来激活学生进行挫折应对自我监控技能训练，掌握注意识别、评价、计划和检查总结等挫折应对自我监控技能。

策略形成阶段创设一系列想象的或真实的挫折情境，让学生演练所学的挫折应对技巧，并提炼出挫折应对技巧的策略性知识。例如，一个学生可能通过想象考试进行来为即将举行的考试做好准备，考试中可能产生紧张的一些情况在想象过程中进行了脱敏，当真正的考试进行时，他就可能以一种平静的、熟练的方式来面对。学生通过应用，加深对策略使用条件和范围的理解，获得条件性知识，指导自己更好地利用挫折应对技巧。

3. 三个步骤

判断鉴别、训练策略（核心步骤）、反思体验。

1）判断鉴别

目的：①通过检验，让学生了解自己某方面挫折应对自我监控技能的发展状况，自己是否具有应该具有的技能或素质，以此引起学生的认同感或缺失感，唤起情感共鸣或震撼，激活心理活动，激发学生思考这类问题；②清除学生头脑中不正确的信念、非科学性的知识。让学生明白道理，建立挫折应对合理的知识结构，了解某种技能对他们应对挫折的意义。

内容：①测验的内容及对自己现状的判断（这部分内容是对该课所涉及的某种挫折应对技能的分解、具体化，是由该课训练意图衍生的）；②判断的标准；③挫折应对知识常识介绍。

形式：①自我测验题；②故事加判断；③案例加总结；④小实验；⑤活动情境。

2）训练策略

目的：①引思，引导学生思考该课题涉及的问题，提高认识，转变思维方式、角度，确立新观念；②导行，设置思维步骤和行动步骤；③激情，在思考、行动中唤醒其情感体验；④练习，按照思考的、操作的方式方法练习，掌握基本的思维过程，思维方法及行动方法。

内容：根据学生的挫折实际情况选择相应的训练策略。

形式：①让学生讲出来；②角色扮演、表演；③讨论；④辩论；⑤学生与学生之间、老师与学生之间交流；⑥实际动手操作；⑦观察、感悟；⑧教师少量讲授或指导。

3）反思体验

目的：①对训练过程、方式进行反思；②将训练中掌握的方法、步骤延伸到类似的其他情境；③对训练结果进行总结。

内容：以训练目标、内容为依据，考查训练目标的达成度。

形式：①呈现问题；②设计情境，实际操作；③对案例进行归纳总结；④训练前后对比。

整个挫折应对自我监控训练围绕着学生心理素质形成所要经历的五个环节，即自我认识—晓之以理—导之以行—反思内化—形成品质。

（四）训练遵循了科学有效的原则

1. 知识性原则

适当的挫折应对知识是自我监控训练的基础。因为自我监控过程是对主体心理活动的监控，其中，对主体认知活动的监控，所以它随认知内容的变化而变化。其中，自我监控知识是人们实际自我监控的基础与前提，指导人们自觉地、有效地选择、评价、修正或放弃挫折应对活动的任务、目标和策略。同样，它也能引起有关自身、目的、任务的各种各样的自我监控体验，帮助人们理解这些自我监控体验的意义和它们在行为方面的含义。自我监控知识的重要意义还在于，它是元认知活动的必要支持系统，为调节活动的进行提供了一种经验背景。认知调节的本质就是对当前的认知活动进行合理的规划、组织和调整，在这个过程中，个体对自身认知资源特点的认识，对任务类型的了解，以及具备的某些策略知识，对调节活动起着关键作用，个体正是根据这些知识对当前的认知活动进行组织。如果不具备相关的元认知知识，调节就具有很大的盲目性。因此，挫折应对能力的提高既依赖于方法和技巧的训练，又依赖于对挫折知识（特别是具体某一方面的知识）的掌握。

2. 示范性原则

提供榜样。它是指教师或监控能力较强的学生，用语言将自己的调节活动过程呈现出来，为多数学生提供进行监控活动的榜样。由于挫折应对过程中的思维活动是内隐抽象的，在培养中提供榜样无疑是十分必要的。提供榜样的具体内容即是出声思维的内容，主要有问题确定、评估、计划、策略的选择及检查和总结等。提供榜样的方式主要有教师榜样、同伴榜样和媒介榜样三种。教师提供的榜样，是学生学习的一个主要途径，而同伴的榜样也是非常重要的，它可以使学生体验到其他同学如何运用语言来指导学生。另外，特别指出，录像提供的榜样也能收到很好的效果。每星期安排学生看 50 分钟的录像，这样进行两个月后，学生便能运用与录像相类似的出声思维活动并使之内化。

提供原型。体现一般的挫折应对过程及结构，值得学生模仿和追求。在应对挫折时，只要从长时记忆中搜索到与自己当前所面对的挫折近似的原型，问题就可以得到解决。研究表明，挫折承受力强弱在挫折应对知识结构中的差异，表现为前者有挫折应对经验，头脑中有大量的挫折应对经验，有具有多种挫折应对知识的知识单元，这些知识单元具有某种应对挫折的功能。不仅考虑要让学生头脑中建构相应的挫折应对原型，更重要的是发展学生的主体性，让他们不断通过观察、总结、体验去主动构建更丰富、更完善的原型。此外，还应该让学生将自己的挫折应对过程与理想的过程两相对照，并从中获得建设性的收益，变教师的因材施教为学生的主动因材施教，从而立足现实，实现对挫折的最佳应对。

3. 活动性原则

学生活动是挫折应对自我监控训练的前提。让学生在主动参与的活动中发现问题、分析自我、探究原因、寻求方法、反思体验，通过脑动、手动、嘴动、眼动，达到心动，进而引导行动。首先，活动为心理素质发展提供动力源泉，满足学生参与活动的需要；其次，活动为学生挫折应对自我监控技能的产生、发展提供载体，提供存在和表现的阵地和契机。再次，活动为学生挫折应对自我监控技能的发展提供内容基础，在活动中，他们了解、选择、判断和整合客观的社会刺激和自我信息，把内外选择性的刺激源内化为自身素质。最后，活动促使学生把社会规范、价值观念、知识信息内化为自己的素质。

4. 有序性原则

在板块训练过程中，我们采取知识获得、技能习得、策略形成三个阶段，从知识性质的角度，也可称为陈述性知识、程序性知识、策略性知识三个阶段。这三者不是并列关系，而是逐层递进。陈述性知识是基础，在此基础上，在各种情境中应用，经过不断练习而转化为程序性知识，最后从中领悟到一些跨情境的指导性知识，即策略性知识，策略性知识处于个体知识结构的最高层次。

技能分解—技能整合。在自我监控技能的训练过程中，先把挫折应对的自我监控技能，即注意识别、评价、计划、检查总结逐一分解练习，让学生对每个技能能熟练应用，然后再通过参与情境活动把习得的技能整合起来，并达到能熟练应用程度，使挫折应对自我监控技能程序化、自动化。

5. 体验性原则

在实验中我们特别注重增强学生的体验，尤其是元认知体验。挫折应对自我监控体验对挫折应对自我监控知识和实际的自我监控有非常重要的作用。通过各种自我监控体验，学生可以补充、删除或修改原有的自我监控知识，即通过同化和顺应机制来发展自我监控知识。在实际自我监控过程中，自我监控体验有助于学生重新确定目标、修改或放弃旧的目标，有助于激活挫折应对策略和自我监控策略。元认知体验是元认知知识和认知调节之间、元认知活动和认知活动之间的重要的中介因素。一方面，元认知体验作为对当前认知活动有关情况的觉察和感受可以激活相关的元认知知识，使长时记忆中的元认知知识出现在个体工作记忆中，从而能够被个体用来为调节活动提供指导。另一方面，元认知体验可以为调节活动提供必要的信息，如果没有关于当前认知活动的体验，元认知活动与认知活动之间就处于脱节的状态，无法衔接起来。只有清楚地意识到当前认知活动中的种种变化，才能使调节过程有方向，有针对性地进行下去。

大量的心理情境的创设，如引用故事、音乐欣赏、实验操作、小品表演、角色扮演、活动参与等，实际上就是唤醒和增强学生的认知和元认知体验，用来引发学生认知上的认同感、缺失感，激发情感共鸣或震撼，诱发行动愿望。

6. 反思性原则

反思是自我监控的一个重要特征。创设问题情景，开展讨论与反思，有教师引导和监督与同学的启发和互助是强有力的训练环境。学生从明确“什么是良好的挫折应对策略”和“为什么是好策略”到愿意实践到真正形成良好的挫折应对是一个很长的过程。教师要有意识地创设问题情景，组织学生进行挫折应对反思讨论。为此，教师特别创设了情景组织系统的反思，让学生陈述自己的思路（把自己和同学的认知过程作为研究对象）→对这些策略归类（评价同一认知结果的不同认知过程）→讨论还有无其他解法（利用有意思考激活相关知识，进一步获得元认知体验）→讨论最优策略（促使学生评价不同思路在达到应对这个目标中的优劣）→让应对不佳的同学叙述原因（把错误认知过程也作为研究对象）→说出反思的收益，或者说出自己是否听懂各种策略、是否掌握，并估计自己在以后类似的情况下能否想起并正确运用这些解法（促使学生进一步评价自己有关的知识和能力状况，进一步激发把自己和同学的认知过程作为意识对象，进一步感受认知过程所产生的情感）。可见，学生在教师创设的情景中充分暴露自己挫折应对的认知过程，进行由不知到知的体验，依靠自己的思维能力学习知识，会加深思维体验，培养自我监控技能。

让学生学会记反思日记。研究表明，记反思日记可以使学生被试注意自己头脑中想些什么，能让思维更加清晰。本研究过程中，教师布置学生在课后记反思日记，将自己在日常生活中所遭遇的挫折及自己应对挫折的方式、表现在日记中记录下来，并结合自己在训练课上所学的内容对自己的应对状况进行评价和总结。

7. 反馈性原则

学会对自己的应对活动的方法、策略过程和结果进行及时的信息反馈和恰当的评价，并依此调控和改进自己的活动。这是挫折应对自我监控的重要技能之一，也是培训者进行挫折应对自我监控培训的必要手段。信息反馈是自我监控的必要条件，个体如果缺乏反馈技能，就会严重影响其进行有效的自我监控活动。因此，培训者应及时、准确、适当地对学生的监控活动做出评价，指导他们学会对自己的应对方法、策略过程和结果进行反馈和评价，促进其自我监控能力的发展，然后引导学生对自己的挫折应对活动做出反馈。

8. 迁移性原则

通过直接讲解使学生明确意识到自我监控策略运用的条件，同时提供范例，经常联系自己的实际，并提醒学生注意运用自我提示方法，如写座右铭、格言警句提示自己监控自己的认知和行为。另外，设置多种练习情境，在多种情况下运用这些监控策略，使训练背景增加变化性、多样性，让学生在不同的背景条件下进行练习，从而认识和体验到所学技能在广泛条件下的实用性，促进迁移效果。

参 考 文 献

陈恩辉．1994．心理应激反应与人格特质．湘潭师范学院学报，4：69-71.

董奇，周勇，陈红兵．1996．自我监控与智力．杭州：浙江人民出版社：13.

范伦特．1996．怎样适应生活——保持心理健康．颜文伟，等译．上海：华东师范大学出版社.

方俊明．1990．认知心理学与人格教育．西安：陕西师范大学出版社.

冯江平．1991．挫折心理学．太原：山西教育出版社：78-82.

冯江平. 1993. 国外关于挫折心理理论研究述评. 河北师范大学学报（社科版），1：56-60.
高亚兵，聂江. 1997. 初中生挫折反应类型与教育对策的研究. 社会心理科学，4：52-54.
黄希庭，余华，郑涌，等. 2000. 中学生应对方式的初步研究. 心理科学，23（1）：1-5.
姜燕琴. 1998. "心理预防接种"训练是提高青少年挫折容忍力的有效方法. 龙岩师专学报（社科版），2：21-23.
李海洲，边和平. 1995. 挫折教育论. 南京：江苏教育出版社.
林崇德，杨治良，黄希庭. 2004. 心理学大辞典. 上海：上海教育出版社：1891.
刘华山. 1998. 学校心理辅导. 合肥：安徽人民出版社：193.
刘贤臣，刘连启，李传琦，等. 1998. 青少年应激性生活事件和应对方式研究. 中国心理卫生杂志，12（1）：46-48.
莫文彬. 1991. 应激与应对的认知现象学理论简介. 心理学动态，1：68-71.
孙煜明. 1986. 儿童问题行为与心理挫折. 南京师范大学学报（社会科学版），2：15-19.
韦有华，汤盛钦. 1998. 几种主要的应激理论模型及其评价. 心理科学，21（5）：441-444.
沃建中. 1996. 智力研究的实验方法. 杭州：浙江人民出版社：24.
肖计划. 1992. 应付与应付方式. 中国心理卫生杂志，6（4）：181-183.
肖力华. 1997. 挫折教育：家庭教育不容忽视的问题. 惠州大学学报，1：74-78.
张大均，彭智勇. 2000. 中小学生心理素质训练. 重庆：西南师范大学出版社.
周国光. 1997. 试论挫折及其教育. 贵州教育学院（社会科学版），3：11-17.
Aspinwall L G，Taylor S E. 1997. A stitch in time：self-regulation and proactive coping. Psychological Bulletin，121（3）：417-436.
Atan J C，Hennie P. 1990. Training in metacognition：an application to industry//Gilhooly K J. Lines of Thinking. New York：Wiley.
Berardi-Coletta B，Buyer L S，Dominowski R L. 1995. Metacognition and problem-solving：a process-oriented approach. Journal of Exprimental Psychology：Learning，Memory，and Cognition，21（1）：205-223.
Braunstein J J，Toister R P. 1981. Medical Applications of the Behavioral Sciences. London：Year Book Medical Pub.
Carter B D，Bendell D，Matarazzo J D. 1985. Behavioral health：focus on preventive child health behavior//Zeiner A R，Bendell D，Walker C E. Health Psychology：Treatment and Research Issues. New York：Plenum Press：8-19.
Carver C S，Scheier M F，Weintraud J K. 1989. Assessing coping strategies：a theoretically based approach. Journal of Personality and Social Psychology，56：267-283.
Dominowski R L. Problem solving and metacongnition//Gilhooly K J，Kenae M T G，Loigc R H，et al. Lines of Thinking. New York：Wiley，1990.
Folkman S，Lazarus R S. 1980. An analysis of coping in a middle-aged community sample. Journal of Health and Social Behavior，21：219-239.
King A. 1991. Efects of training in strategic quesitoning on children's problem salving performance. Journal of Educational Psychology，83（3）：307-317.

Lazarus R S，Folkman S. 1984. Stress，Appraisal and Coping. New York：Springer.

Lazarus R S. 1966. Psychological Stress and the Coping Process. New York：McGraw-Hill.

Lazarus R S. 1993. From psychological stress to the emotions：a history of changing outlooks. Review of Psychology，44：1-21.

O'Neil H F，Abedi J. 1996. Reliability and validity of a state metacognitive inventory：potential for alternative assessment. The Journal of Educational Research，89 (4)：234-245.

Phillip L. Rice. 2000. 压力与健康. 石林，等译：北京：中国轻工业出版社：5-6.

Zimbardo P G. 1985. Understanding and managing stress // Zimbardo P G. Psychology and Life. London：Foresman and Company：454-487.

第四章　家校合作培养初一学生自我适应性的研究

教育是一个双向互动的过程，它既要求主体与客体之间和谐及有效互动，也要求教育要素之间的和谐互动。因此，家庭教育和学校教育的协调合作是非常必要的，它可以促进学生学业成绩进步、认知发展、心理素质提高、个性完善、社会性因素顺利发展，同时预防心理问题和心理疾病。对于家长和学校来说，互相合作可以充分利用两者的资源，深入了解学生的心理状况，把握好关键期，推进学生心理素质的发展，改进教育方式，同时也可以对形成良好的文化氛围起到积极的作用。基于此，本章就拟以初一学生为研究对象探讨家校合作模式在培养学生自我适应性上的意义。

第一节　研 究 概 述

一、家校合作的研究现状

（一）家校合作的概念

对于家校合作，到目前尚没有一个具有稳定涵义的定义。英语中表达家校合作的词有“home-school cooperation/home-school partnership（家校合作）”，“home-school collaboration/home-school partnership（家庭学校配合）”，“parent-teacher collaboration（家长教师合作）”；与之相关的词还有“parent involvement/parental involvement/parent participation（家长参与）”，“home-school relationships（家校关系）”，“home-school communication（家校交流）”，“home-school liaison（家校联系）”等。

徐明峡和吴建成（2003）认为，家校合作是指以促进青少年学生健康成长为目的，家庭和学校互相配合、互相支持、协调一致的互动活动。马忠虎（1999）认为，家校合作实质上是联合对学生影响最大的两个机构——家庭和学校的力量，对学生进行教育。在教育活动中，家庭和学校是互相支持、共同努力的。他强调学校在教育学生时可以得到来自家庭的支持，同时家长在养育子女时也可以得到来自学校的指导，两者是通力合作的。这种观点平衡了家庭和学校在教育中的地位和作用。

美国霍普金斯大学的研究专家艾普斯坦将家校合作的涵义扩展为“学校、家庭、社区合作”，强调了学校、家庭和社区对孩子的教育和发展负有共同的责任，以及三者对孩子的教育与发展的相互影响。艾普斯坦也同样认为家庭和学校是组成家校合作关系中的平等成员，同时她还认为应该把学生自身也包括在家校合作关系中，并且强调了学生在家校合作关系中的主体地位和作用。

本研究从操作的层面把家校合作定义为：以促进儿童青少年发展为目的，家庭和学校两种力量互相配合、互相支持、互相协调的教育互动活动。

归纳众多研究者对家校合作的看法，家校合作主要包括以下方面内涵：

(1) 家校合作是家庭教育与学校教育相互配合的双向活动。合作的基础是两者的尊重和信任，家长要对学校教育给予支持，学校要对家庭教育给以肯定并做出指导。

(2) 家校合作活动围绕的中心应该是学生，学生是家庭和学校共同的服务对象。学生在家校合作中处于主体地位、起主导作用，家校合作的最终目的是促进学生的全面发展。

(3) 家校合作应该基于预防而不是基于弥补。应该欢迎所有的家庭从他们的孩子刚进入学校时就参与教育过程，而不是在某些孩子在学校出现问题的时候，他们的父母才参与。

(4) 家校合作是社会参与学校教育的一个重要组成部分。家长的参与离不开社会大背景，现代家校合作必然会进一步扩展至与社区乃至社会的合作。

（二）家校合作分类

1. 按合作活动中家长担任的角色分类

美国学者 Williams 研究发现，家长在学校中渴望扮演不同的角色，其角色范围可从指导孩子、课堂辅助到参加校委会制定学校规章等。另外两位学者 Langenbrunner 和 Thornbur 则把参与学校教育过程中的家长角色分为三类。

(1) 作为支持者和学习者。家长以这种角色身份参与对孩子的教育往往受到教师和学校管理人员的偏爱，家长也在活动中感到轻松自然。这类参与的具体方式有家长会议、家长小报、家长学校、家庭教育咨询、家校书面联系、电话联系、个别家长约见等。在这些活动中，家长只对自己孩子的进步感兴趣。

(2) 作为学校活动的自愿参与者，自愿为学校提供无偿服务。家长可作为班主任的辅助人员帮助教育学生；可就某门学科对学生进行个别指导；可就自身经历给学生做非正式报告；可利用自己的特殊才能对学生进行课外辅导；也可帮助学校做一些不直接与学生打交道的工作，如负责图书室、家长室的工作，设计或整理课堂资料和学习游戏等。这种类型的参与已渗透到学校日常教育活动甚至课堂教学中。

(3) 作为学校教育决策参与者。家长参与学校教育决策的全过程，即决策形成、决策执行和决策监督。

2. 按家长参与的活动层次分类

由于家长的利益、兴趣、需要和动机各不相同，家长在家校合作过程中希望参与的活动形式也处于不同的层次。杭州大学的刘力将家长参与的活动形式分为三个层次。

(1) 形式上的参与。这是最表面化的参与层次，通常由学校主宰这类活动。家长在得到邀请时访问学校，参加家长教师会议、开放日、学生作业展览等活动。另外，家长联系簿、家长小报、家庭教育通信等也属此类。

(2) 人际的参与。这是一种双向交流式参与，家长与教师在较亲切的气氛中相互交流信息、意见和建议。经常性家访、家长参与课堂教学和课外活动、家长帮助制作教具、家长为学校募集资金等均可列入此类。

(3) 管理式的参与。北爱尔兰大学教授 Morgan 等（1992）把家长参与的活动形式分为低层次的参与（同“形式上的参与”）、高层次的参与（同“人际的参与”）和正式的、组织上的参与，详细的区分见图 4-1。

知情	第一层：信息传递（双向沟通）
	第二层：参与子女学习
	第三层：应邀参与学校活动
	第四层：培养对学校的兴趣
	第五层：协助学校运作
决策	第六层：参与学校决策

图 4-1　六层次的家长参与活动形式

3. 按家校合作活动的目的分类

美国学者 Davies（1976）主张，家校合作活动应该以其合作目的来划分。他认为许多学校要求家校合作是为了实现以下目的：

(1) 解决目前教育中存在的问题（如约见家长、成立家教咨询委员会等）；

(2) 促使家长参与其子女的教育（如家庭教育指导等）；

(3) 利用社区教育资源来丰富学校教育（如参观博物馆、开辟校外教育基地等）；

(4) 吸收家长参与教育决策（如家长委员会、家长教师协会等）。

（三）家校合作的影响因素

1. 学校方面的因素

(1) 学校对家校合作的认识和态度。校长和教师对家校合作作用的认识，是影响家校合作的一个重要的因素。如果学校管理者没有认识到家校合作的重要性，采取消极的态度，家校合作就不可能成功。

(2) 家校双方采取的沟通渠道。家校之间的信息交流是建立良好的家校合作关系的前提。如果学校在与家庭沟通的时候采取双向的沟通方式，并且积极主动地和家长交流，同时采取平等的态度，那么家校合作就可以达成较好的效果。反之，如果学校只是单方面地传达命令，不顾家长感受和反馈，则合作不会成功。

(3) 学生的主导作用。学生在家校之间所起的主导作用，也是影响家校合作的因素。如果学生积极地为学校和家庭传递信息，并且鼓励和要求家长参加学校的活动，就会为家校合作奠定良好的基础。反之，则会给学校和家庭双方的合作带来很大的困难。

2. 家庭方面的因素

(1) 家长对教育责任的观念。家长对于学校和家庭在教育孩子的责任上没有正确的划分往往影响家校合作，同时有些家长的教育观念不成熟，也不利于家校合作的进行。

(2) 家长的素质和养育方式。家长的受教育水平，可以部分地显示家长的教育能力。教育水平较低的家长，往往缺乏教育技能，他们常常会对学校和教师产生一种畏惧心理，不愿参与学校的活动，不利于家校之间的合作。素质不同的家长往往会采用不同养育方式，平时参加的活动也不同，也会影响到家校合作的进程（Bonnie　2002）。

3. 政策法规的因素

有无健全的政策法规支持对家校合作的构建也有很大的影响（徐明峡等 2003）。我国家校合作制度构建的政策法规还较为欠缺，学校也缺乏合作传统，具体实施还有一定的难度。

4. 人员机构因素

家校合作涉及很多方面，我国有些政府部门、教育部门和学校都不够重视。人员机构的设置也影响到家校合作活动的进展。

（四）国内家校合作模式的研究

1. “以校为本”的家校合作模式

“以校为本”的家校合作模式的主要含义是把学校作为家校合作的中心，以此为轮子的轴心，而家庭、社区、各种家校合作中心、家庭支持中心和其他支持系统便成为轮子的辐条向周围延伸（马忠虎 1999）。在家校合作中，各种活动都是围绕着学校展开，学校成为主要活动场所。这种模式的主要活动包括邀请家长访校、建立家庭中心、学校家庭教育辅导、参与学生课堂活动、参加各种学生活动、招募家长志愿者、家长参与学校事务管理、家庭学校研讨会等。这个模式适应于从幼儿园到高中的家庭和孩子，其中孩子越小，家庭的参与程度越高。以这种模式为基础的各种活动便于集中开展，可以同时吸引众多家长参加。

2. “以家为本”的家校合作模式

“以家为本”的家校合作模式的主要含义是把家庭作为家校合作的中心，以此为轮子的轴心，而学校、社区、各种家校合作中心、家庭支持中心和其他支持系统便成为轮子的辐条向周围延伸，各种活动的形式和层次依据每个家庭的特性和需要来确定，因家而异（马忠虎 1999）。在家校合作中，各种活动都是围绕着家庭展开，家庭成为主要活动场所。这种模式的主要活动包括家庭和社区家长教育、招募和培训家长教育辅助人员、建立社区家长与儿童发展中心、开展家庭学习活动、家访等。这个模式主要适合年龄比较小的孩子，可以深入地帮助家长对孩子进行教育和辅导，有利于发挥家庭教育的优势，但是需要较大的资源投入。

（五）国内家校合作实践的研究

1. 家校互动创建学习型家庭

2003 年山东青岛市长阳路小学开展家校合作创建学习型家庭，收到了比较好的效果，他们主要从三个方面着手开展活动：首先采取问卷调查，了解家长对于学习型家庭的理解；然后颁布实施《长阳路小学学习型家庭创建标准》，明确学习型家庭的内涵，并且采用《青岛长阳路小学创建学习型家庭评估自测表》进行测量；最后在具体实施阶段充分发挥班主任的指导作用，帮助家长学习和掌握技巧、提高其建立有自家特色的学习型家庭的能力。活动收到了很好的效果，学生有了进步，同时家长和教师也提高了自己的能力（崔鸣国 2003）。

2. 开展“家校互动和谐”活动

四川省成都市锦江区开展了中小学“家校互动和谐”的教育实验（汪育华等

2003)。实验开始，先对全区14所中小学的家校合作现状进行调查，然后在各学校中着手开展各种活动。传统的家校合作方式都被赋予了很多新的内涵。如家访，采用研究式家访、互助式家访、谈心式家访取代问题式家访、了解式家访，家长、教师和学生都成为了家访的主体。家长会则是由家长、学生、专家一起参加，并且形式多样，举行主题发言、才艺展示及全校性的活动。同时学校还尝试了一些较新的家校合作方式，如家长沙龙、亲子运动会和小区文化节，并且创建了学习型家庭。他们对学生的家庭状况进行调查分析；开展家庭教育专题讲座；举办家长学校、成立家长委员会、举办家长开放日、开展“好家长”评选活动等活动。这个实验得到了家庭、学校和孩子的普遍认可，三方面都有所受益。

（六）国外家校合作模式的研究

1. 日本的PTA项目

父母与教师联合会（Parent Teacher Association，PTA)，于19世纪末起源于美国，第二次世界大战后，被引进日本。在几十多年的实践中，PTA在致力于沟通学校与家庭、社区的联系，促进青少年的发展方面发挥了巨大的作用（南丁　2002)。

PTA的基本单位是班级，由家长自荐或推举产生委员，与班主任共同组成班级PTA。各班级的PTA委员组成学校PTA。学校PTA分成各种专业委员会，分别负责组织学校的运动会或父母与孩子的体育比赛；组织学生参加各种公益活动；组织野营；监督学校设施设备的使用情况；对学校的教育工作提出建议，并对儿童在社区中的活动进行组织和监督等。

PTA全国协议会是PTA的中央机构，它的任务是对全国各地的PTA活动进行指导和协调，并且开展关于家校合作的公益事业。现在日本全国的PTA组织有了很大的发展，成为日本中小学教育中不容忽视的巨大教育力量。

2. 美国的MegaSkill项目

MegaSkill项目成立于1964年，是一个由家庭-学校研究会（Home and School Institute）建立的教师培训项目。它的任务是增进学校与家庭之间的关系来促进孩子获得学业上的高成就。参加项目的家长在老师指导下积极帮助孩子在学业上取得进步，同时在家长和孩子的互动中，亲子关系也可以得到有效加强和改善。参与这个项目基本上是免费的，每次一般需要15～20分钟。

3. 美国学校发展项目

学校发展项目（SDP）由詹姆斯·克莫在1968年始建于在康涅狄格新港的

两所初级学校中（Fuller 2003）。它通过促进学校和家庭之间的关系来推进学生的学业成功。学校董事会负责制订计划，学校的发展团队承担代表家长、教师、管理者和学校支持者的责任来推进家校合作，家长被要求积极参加学校组织的各种活动，同时设立专门的家校协调者在学校与社区之间架起沟通的桥梁。

SDP项目目前主要包括5个方面的内容：①家长辅导培训；②教师培训；③学校管理者培训；④建立学校和州政府教育部门之间的伙伴关系；⑤电话培训。

4. 美国儿童看护发展中心项目

儿童看护发展中心（Center for the Improvement of Child Caring，CICC）成立于1974年，它建立了大量的地区性的社团来开展家长培训活动，它为促进家校合作起了很大的作用。

CICC将关注焦点聚集于家长和孩子之间的相互关系之上，它所开展的活动的目的是帮助父母提高教育孩子的水平。在活动中，家长学习引导孩子行为的基本技能，如关于有效的赞扬、口头交流、与孩子休闲娱乐和如何奖励孩子等方面的应对策略。

CICC开展了多种家长技能培训项目，召开了关于指导者培训的学术会议，提供了大量的关于家长培训和家庭生活培训的资料（Fuller 2003）。

5. 美国家庭与学校同在项目

家庭与学校同在项目（Families and Schools Together，FT）在1988年成立于威斯康星的麦迪森，它的主要目的是联合初级学校、心理健康机构、预防药品滥用机构与家庭进行合作以预防药品滥用。它的主要目标有：①改善家庭关系来帮助家长成为孩子消极行为的首要预防者并提高家庭的整体机能；②帮助学生提高在校行为和在校表现防止学生承受过度的校园失败；③加强家庭与治疗机构的联系，帮助孩子和家庭了解关于药品的相关知识来预防各种麻醉药品的滥用；④加强对高危儿童父母的支持，提高家庭对社区设施资源的利用率。这是一个很具有美国本土特色的项目，它的出现与药品滥用这一社会问题密切相关（McDonald et al. 1991）。

6. 美国教师帮助家长参与学校作业项目

1987年，约翰·霍普金斯大学的爱波斯坦提出了初级教育中的教师帮助家长参与学校作业（Teachers Involve Parent in Schoolwork，TIPS）项目的基本思想。TIPS项目要实现的目标包括：①提高家长对孩子学校作业的了解；②强化家长对孩子在家庭中学习活动的参与程度；③增强孩子向家长表达学校所发生事件的能力与愿望，并且帮助其提高表达频度；④提高各科作业的完成情况。

TIPS项目负责组织学校和家庭之间定期召开交流会，讨论主题则常常为语言艺术、科学、健康、数学等。家庭作业活动使家长能够经常地参与孩子的学习活动。TIPS中的一些活动要求孩子在面对其他家庭成员时敢于表现自我、分享经验、说明讨论，并与整个家庭互动交流。该项目的活动由教师参与设计，学生及其家庭每周参加一次或每两周参加一次。

（七）家校合作的作用

1. 家校合作对于父母的影响

很多研究表明父母可以从家校合作中获得很多收益。Liontos（1992）的研究发现，父母的教育效能感可以在家校合作的过程中得到提升，父母变得更加自信，他们对自己孩子的发展和孩子在不同的发展阶段的特点有了更加清楚的了解。很多父母会把在家校合作中学习到的知识应用到家庭教育中，他们可以充分利用好家庭这个环境来帮助孩子。

2. 家校合作对于青少年的影响

大量的研究发现家校合作会大大提高学生的学业成绩（Clark　1990）。研究者发现成功的家校合作活动可以帮助学生提高学习动机及学业成绩，促使学生规范行为，提升学生的出勤率，并且学生往往会对学校和家庭作业产生比较积极的态度。例如，教师帮助家长参与学校作业（TIPS）这个项目的结果表明，它可以促进学生、家长和教师的参与和合作（Rioux，Berla　1993）。学生更喜欢完成TIPS的家庭作业，家长和学生可以得到较好的配合，并且学生的学习态度十分积极。MegaSkill项目的评估结果（1993）表明，该项目使学生在对学校的兴趣、出勤率、学习成绩、学习时间、学业成就、州级考试中的分数、校内表现及家长的参与程度等方面的表现都有所改善。美国学校发展的家校合作项目（SDP）发现（Fuller　2003），该项目促使了学生在学术和社会领域都取得了明显的成绩，如实施学校的学生在阅读、数学、出勤率及在校行为这些方面均有了显著的提高。

3. 家校合作对于亲子关系的影响

家长通过与学校的合作，学习关于孩子发展的知识，可以起到改善亲子关系的效果。Siders（1993）的研究发现，家长与孩子一起交流对于学业和生活的看法，可以改善亲子关系，孩子会很容易接受家长的教育并且教育效果也很持久。Iverson和Walberg（1982）对18项家校合作项目的研究发现，家校合作与亲子之间在学业上的互动存在着显著相关。Clark（1990）对非裔美国高中生进行研究后发现，学业成功的非裔美国学生总是来自于亲子沟通好、父母对于学业较重视的家庭。美国家庭与学校同在（FT）项目的结果表明（McDonald et al. 1993），该项目有助于提高自我评价能力，拓宽家庭注意力的跨度，增强家庭亲和力，促进家庭与学校的合作。

4. 家校合作对于学校的影响

在家校合作中，学校向家长征求关于教育、教学等方面的意见，在改正不足的同时积极提高自己的水平，有不少研究发现这种方法对于学校的发展意义重大。如Logan（1992）调查了558名教职工发现，67%的被调查者认为家长的意见对他们非常有用。Lindle（1992）调查了385名学校教职工，也得到了相似的结果。

纵观家校合作研究取得的最主要结果有：①促使家庭关注孩子的学业，促进学生学习成绩的提高；②家长和教师协调对孩子的期望和目标，建立良好的监护系统；③提高家庭、学校教育的水平；④形成良好的家庭学校关系；⑤促进良好的亲子关系的建立；⑥提高父母的教育效能感；⑦促进孩子的发展。

（八）家校合作的理论基础

1. 系统-生态理论

系统-生态理论（system-ecological theory）的代表人物是Hobbs和Bronfenbrenner，其中，Hobbs主要研究的是家庭的需要，他采用系统生态理论来分析青少年家庭和学校的关系；而Bronfenbrenner则主要研究的是学前项目，并且以此来分析青少年和周围环境的关系（Raffaele，Kn off. 1999）。

Bronfenbrenner提出了一个理解社会影响的生态模型——系统-生态理论。他把社会影响分为围绕青少年扩展开来的一系列系统，青少年是这些系统的中心。对青少年最直接产生影响的是微系统（microsystem）中的因素。微系统主要是指个体直接接触的那些方面。对大多数青少年而言，家庭是主要的微系统，接下来是朋友和学校。微系统随着青少年在各种社会背景中的进进出出而改变。中系统（mesosystem）主要指微系统背景中的交互关系。在中系统中可以分析交互作用的频率、性质及影响。微系统和中系统可以相互强化，或者互相破坏。如果中系统与微系统的基本价值观有分歧，青少年可能会需要在不同的价值观体系上做选择，并且会感受到很大的压力。外系统（exosystem）是由那些青少年并不在其中扮演活跃角色，但是又对他们会产生影响的背景构成的。宏系统（macrosystem）包括特定文化中的意识形态、态度、道德观念、习俗及法律。Hobbs 则认为，儿童的问题不能与其亲友、学校和社区割裂开来，他认为青少年生活和学习与其家庭密切相关，而学校和社区则是为其家庭提供各种服务的机构。Hobbs 在自己的项目中验证了把家庭、社区、学校因素都加入考虑的必要性。

生态理论认为学校、社区、家庭都是互相关联依存的。种观点从整个社会环境分析学生的问题并且为问题寻找解决的途径。Lewis（1997）认为通过生态理论来系统的分析解决青少年和家庭、学校的问题是很有效的。

2. 责任分散理论

责任分散（separate responsibility）理论主要由 Lightfoot（1978）提出，他认为母亲和教师往往被赋予了最多的教育孩子的责任。女性往往被认为是养育、教导儿童的主要力量。儿童入学之前，母亲负有主要的责任，儿童入学之后，女教师则开始负责，尤其是在小学阶段，在这个过程中教师和父母教育的不同往往给儿童带来较大的矛盾和冲突。

母亲养育孩子的责任是全面的，她主要是在一个私人空间中教育儿童。而教师的责任则是较为单一的，多是围绕教授知识为主，他们把儿童领入一个更广阔的世界。虽然母亲和老师都负有教育孩子的责任，但他们并不是天然的合作者，学校往往认为家长参与学校活动是对学校的干涉，因而回避家长。尽管家长会参加一些学校的活动，但是双方缺乏真正意义的合作和交流。所以推进家庭和学校的合作是很有必要的。

然而家庭和学校之间缺乏联系也不全是负面的，拉特福特认为这种情况有时可给儿童更多的空间，让他们学会适应变化的世界，如果家庭、学校完全一致，青少年的自由就会减少。

3. 重叠领域理论

Gordon 认为家长、教师和其他成人在青少年的发展中分别充当着不同的角色，如家长可以作为志愿者、雇员、家庭教师、听众、决策者、成人学习者等。与这些角色相匹配的家教合作模式主要有：①家长影响模式（parent impact model）；②综合服务模式（comprehensive services model）；③学校影响模式（school impact model）；④社区影响模式（community impact model）（Raffaele et al. 1999）。

家长影响模式是围绕教师帮助家庭展开的，教师教给家长一些关于儿童发展和学习信息的技能，综合服务模式是围绕教育者对于儿童健康和社会心理需要的满足而展开的，在这两种模式中家长的角色都是被动的，他们是信息的接收者，是听众。在学校影响模式中，家长和教师之间的关系是双方互动的，父母是决策者和志愿者。在社区影响模式中，最主要的是家庭、社区和学校之间的联系。在这种联系中，家长可以成为六种角色的任意一种。

Epstein 依据 Gordon 的理论提出六种家校合作模式。Epstein 的家校模式强调的是家庭、社区和学校共同分担的责任，影响学生的主要领域是家庭、学校和社区，每一个领域都可以互相合作或单独起作用。重叠领域理论的外部模式主要指各个领域是如何合作和单独起作用的，而其内部模式则关心的是家庭、学校、社区中和谐的人际关系。

（九）家校合作研究存在的问题

家校合作研究虽然对家校合作进行了理论探讨，并且提出了一些开展活动的具体的教育对策，可是我国该领域的研究远未适应教育发展的要求，许多理论和实践问题都需要进一步探讨。

1. 基础理论研究较薄弱

与国外家校合作的理论基础和项目相比，国内的研究缺乏理论基础，并且家校合作的各种项目也开展得不多，形势比较单一，缺乏系统的规划，没有形成我国系统的理论。

2. 许多教育实践问题缺乏研究

尽管近年来很多学校和机构开展了家校合作教育活动及研究，但许多实践问题尚未解决。

(1) 随意性强，计划性差。有些家校合作活动缺乏整体计划，校、级、班和家长各层面上的合作难以相互配合，难以形成时间上的连续和效果上的强化。并且目的性不强，准备不足，组织不得力，收到的效果也微乎其微。

(2) 阶段性强，连续性差。在时间上许多学校的家校合作活动只是在几个大的时段进行，如学期初、学期末与节假日等，其他时间则不组织活动。缺乏一贯的、适合儿童青少年年龄特点和发展规律的家校合作。

(3) 单向灌输多，双向交流少。在具体家校合作活动中，交流只是采用简单的灌输方法，往往是教师的说教，针对性和实用性不强，又缺乏教师深入浅出的说明，很难被家长真正接受并内化为教育子女的正确思想和自觉行动。

3. 家校合作的方式多且缺乏统一的标准定义

大量的关于家校合作的研究都是描述性的，没有做相关研究和实验研究来具体发现各种变量之间的关系。这些研究没有控制变量，所以很难确定家校合作与学生发展的相关或者因果关系，这样的结果便不能得出科学的、确切的结论。

4. 缺乏以培育学生核心素质为目标的深入研究

目前家校合作教育及其研究之所以实效甚微，流于形式，其主要原因是研究不深入，大多注意家校合作教育的形式，即使涉及教育内容也多以学业和规范为主，鲜有以培养制约学生学业发展和规范掌握的核心素质——心理素质为目标的研究。事实上，对学生健全心理素质的培养来说，家校合作教育既是其有效培育方式又是其重要的教育资源。这是本研究的基本出发点。

二、初中学生自我适应性的现状

（一）自我适应性的概念

1. 适应和适应性

适应（adaptation）一词出自于拉丁文“adaptare”。心理学研究者对于适应的概念界定多是围绕着皮亚杰的理论来展开的，田澜（2002）认为，“适应既可以是一种过程，也可以是一种状态。有机体通过同化和顺应两种作用取得与环境的平衡，这种平衡的状态即适应状态；个体处于平衡—不平衡—平衡的动态变化过程即适应过程。”依据这种观点，我们可以发现适应的核心内容是指个体依据变化的环境来调整使自己，使自己与环境相协调、平衡的过程。

《心理咨询百科全书》（车文博　1991）是这样定义适应性的：“个体在社会组织系统、群体或文化经济因素的变化中，其生存功能、发展和目标的实现相应地变化的能力。”随着学生心理健康教育研究的深入，有研究者把心理适应性作为心理健康的一条重要标准，视其为学生心理素质结构的重要维度。张大均等（2000）认为，“适应性是指个体在社会化过程中，改变自身或环境，使自身与环境协调的能力。它是认知和个性因素在个体的‘适应—发展—创造’行为中的综合反映，是个体生存和发展中必要的心理因素之一。”综上所述，适应性一般都被定义为：个体在使自身与环境相互协调的某些身心活动中表现出来的较为稳定的能力特征。

2. 自我适应性

王滔（2002）认为，“适应性是个体在基本的能力素质（认知维度）和人格潜质（个性维度）的基础上，在自己特定年龄阶段所规定的社会生活背景中，通过和社会生活环境的交互作用，对外在社会环境进行学习、应对和防御，对内在心理过程进行控制、理解和调适所表现出来的习惯性行为倾向。其中它包括自我定向的适应性和社会定向的适应性。自我适应是对内在心理过程的控制、理解和调适等适应过程。”本研究认为自我适应性（ego-adaptability）指的是个体为了使自身和环境相互协调而对内在心理过程进行控制和调适的某些身心活动中表现出来的较为稳定的能力特征。

（二）初中学生自我适应性的研究

初一是青少年发展的一个重要阶段，它是青少年小学教育和中学教育的转折点。青少年能否适应好初中一年级的生活不仅关系到初中的生活，而且对其以后的生活也有巨大影响。现有研究从不同的角度探讨了初一学生的心理适应的一些特点。

李慧莉和张庆林（2004）的研究发现：①初一新生的学习适应性总体发展呈V型趋势，即入学后第一个月没有明显的不适应感，入学后两个月左右出现明显的不适应感，四个半月后又有所好转；②新生学习适应性在性别、生源地区、学校类型上存在显著差异。同时他们建议学校和教师在新生入学后的第二、第三个月加强学习适应指导。

黄荣生（2001）的研究发现，与初一学生的心理健康有显著相关的父母管教态度是溺爱、盲从、矛盾、不一致。杨孝莲（2000）的研究发现，初一的新生，由于环境的改变往往会面临许多小学不曾遇到过的新问题，并且当这些新的问题与其早已形成的心理态势发生冲突的时候，便会出现形形色色的心理烦恼。例如，中学学习课目变多、学业压力变大、学习需求与内心学习动机和目标产生冲突，大为拓宽的学习生活面使初一新生感到新鲜、紧张，很难适应，以至于产生对于自己学习和生活信心的怀疑，从而产生不同程度的不安和苦闷。

林敬德等（2004）研究了中学生的应激适应发现，中学生应激事件按主次分类依次是学习负担重、考试失败、厌学、被人误会和当众丢面子。李山和余欣欣（2003）的研究结果发现，初中生的主要应激源来自人际关系、学业、社会环境方面的生活应激事件；对初中生的应激反应有影响的中介变量主要是社会支持和求助、退避、发泄、忍耐、幻想等应对策略。

褚澄（2000）研究了中小学的生活适应发现，中、小学生的生活和学习在很大程度上取决于老师和家长的安排（独生子女更为突出），他们生活适应能力比较差。

上述研究都是围绕着中学生的适应性展开的，它们有些研究了适应性的一个具体的方面，如生活适应、学习适应、应激适应等，有些则阐明了小学到初中学段衔接过程中学生遇到的适应上的各种问题。虽然没有直接对于初中生自我适应性的研究，可是对研究初一学生自我适应性有一定的启示。

三、本研究的意义

（一）促进青少年学生的健康成长

(1) 形成家校教育合力。家庭和学校如果形成合力，就可以相互支持和配合，强化教育作用。

(2) 家校合作，可以优化教育资源。家校合作就是要通过使家庭全方位地支持学校教育工作，学校尽全力帮助家长解决在教育子女的过程中遇到的各种问题，进而使家庭和学校在教育过程中密切合作，互相配合，发挥各自的优势，优化家校教育资源。

（二）促进家长和教师教育能力的共同提高

家校合作教育不只是学生受益。家长的教子知识和理念不是与生俱来的，要做一个合格的家长必须学习。家校合作给家长们提供了这样一个重要的学习机会。家校合作教育也为教师提高教育能力和教育水平创造了条件。教师首先可以向家长了解有关学生的具体情况，了解学生的成长历程和家庭背景，做到比较全面、客观地认识学生，从而使自己的教育工作做到心中有数、有的放矢，并借助了解到的新情况不断修改教育内容和方法。

（三）丰富家校合作教育的理论，拓展学生心理素质教育研究的领域

家校合作教育还缺乏理论基础，实践中也没有各种具体的实施策略和评定标准。本研究在对家校合作教育现状进行调查研究的基础上，针对家校合作教育的实际，以家校合作培育初一学生自我适应性为目标，通过教育实验探索家校合作教育的一系列理论和实践问题，旨在丰富家校合作教育的理论，拓展学生心理素质教育研究的领域。

四、研究假设与方法

1. 研究假设

假设 1：自我适应性是由多种因素组成的结构，可通过综合多维度（应激策略、身体认同、学习适应、青春期心理适应、生活适应和应激反应）对此进行研究；

假设 2：初中一年级学生是自我适应性发展的关键时期，这个时期学生面临着学习、生活中的许多新变化，自我适应性的水平对于学生以后的发展较为重要；

假设3：家校合作教育是促进学生发展的有效途径，科学的家校合作的教育实验能提高初一学生的心理素质（如自我适应性）水平。

2. 具体研究方法

本研究主要采用文献综述、心理测量、问卷调查及教育实验相结合的方法。文献研究旨在通过相关文献的分析与综合，总结以往的研究成果，拟定本研究的研究思路及实证研究的逻辑起点；心理测量主要是指对学生自我适应性水平进行前后测；问卷调查是对学校的老师和家长进行访谈和问卷调查来调查家校合作教育的现状；家校合作教育实验干预主要是以家校合作教育模式与策略为实验因子来考查其对培养初中生自我适应性的可行性和有效性。

本研究中所采用的数据统一采用 SPSS 11.5 for Windows XP 统计软件包进行处理。

第二节　初中生自我适应性的发展特点

一、初中生自我适应性量表的修订

（一）初试问卷的形成

首先，在本量表的编制过程中，研究者参考了已有的量表，根据自己的理论建构抽取了部分题目，对之进行了适当改编，并加入了一部分题目。然后，选择重庆市的两所中学的学生为调查对象，包括初一至初三共三个年级，每个年级抽取4名同学，成绩兼顾高、中、低水平，男女比例大致相当，共计24人。利用课余时间对学生被试进行测试，要求学生在充裕的时间内逐题阅读预稿的各个项目，将问卷中不理解的词句标出，由研究者在事后对疑惑较多的地方对个别学生进行访谈，并且做出相应的修改。同时以两所学校的8位中学老师、5名发展与教育心理学专业硕士研究生及4位发展与教育心理学专业老师为被试进行访谈。由研究者指出每一个项目及其所属的维度，并对各维度的含义进行详细解释，询问每位被试对于项目的理解，并讨论该项目是否可以反映所属维度的内容，以及表达是否合理。对于在理解上有差异的项目做相应的修改和调整，再由研究者综合考虑所有被试的意见对问卷进行修改。

最后形成的预试问卷有四个维度：学习适应、生理适应、生活适应和应激情景，共由46个项目构成，每个项目给出一种适应维度的问题情境，要求被试依据自己的实际情况来加以回答。采用3点计分，备选答案由“很少如此”到“经常如此”分为三等，以单选迫选形式进行调查。题项采用正反项计分，通过对部分题目进行反向计分后，得分越高表明个体的自我适应性越高。

（二）初中生自我适应性正式问卷的形成

采用初中生自我适应性的预试问卷对重庆地区两所中学的 435 名初中生进行施测，共收回有效问卷 420 份。其中普通中学 290 人，重点中学 130 人。数据分析结果如下。

1. 项目分析

鉴别力：经分析表明，预试问卷只有一个项目的 t 值未达显著水平，表示预试问卷的其他各个项目具有较好的鉴别力，亦即该问卷中项目的效度良好。

标准差：一般而言，问卷标准差小于 0.5 的因素应予以剔除。本问卷中各项因素的标准差均大于 1.114，说明问卷各项目的鉴别力非常好。

2. 因素分析

对预试问卷进行项目取舍，构成小容量有效项目问卷；然后对所得的有效项目问卷进行主成分因素分析和正交旋转，求出最终的因素负荷矩阵（表 4-1）。

根据以上程序对预试问卷进行筛选，共剔除了 19 个项目，保留了 27 个项目，构成初中生自我适应性问卷的正式问卷。

表 4-1　因素负荷矩阵

项目	因素 1	因素 2	因素 3	因素 4	因素 5	因素 6	共同度
A2	0.453						0.358
A6	0.591						0.460
A34	0.495						0.345
A36	0.485						0.431
A39	0.565						0.420
A40	0.661						0.456
A44	0.616						0.423
A22		0.640					0.468
A25		0.681					0.478
A42		0.502					0.423
A46		0.507					0.462
A1			−0.574				0.351
A5			−0.660				0.469
A9			0.549				0.417
A16			0.584				0.395
A27			0.418				0.427
A10						0.634	0.460

续表

项目	因素 1	因素 2	因素 3	因素 4	因素 5	因素 6	共同度
A15						0.730	0.551
A17						0.526	0.427
A20					0.732		0.579
A32					0.432		0.467
A26					0.782		0.630
A4				0.566			0.468
A11				0.525			0.416
A14				0.477			0.456
A21				0.459			0.463
A28				0.622			0.474

表 4-2　初中生自我适应性问卷各因素的旋转因素特征值和贡献率

因素	特征值	贡献率/%	累积贡献率/%
1	2.389	10.424	10.424
2	1.871	8.134	18.559
3	1.843	8.015	26.573
4	1.572	3.834	33.407
5	1.567	6.813	40.220
6	1.563	6.796	47.016

从表 4-2 可以看出，因素分析共析出 6 个因素，获得 27 个有效项目，可以解释总变异量的 47.016%。因素 1 来自学生采用何种学习方法来适应学习方面的内容，故仍命名为学习适应；因素 2 来自学生的应激策略，测查的是学生是否可以在应激反应中采用正确的应对态度和方法，如采用积极的应对（乐观的归因，努力行动）和消极的回避应对（过度寻求社会支持、过度情绪专注、否认和疏泄、外控应对）方面的内容，故仍命名为应对策略；因素 3 来自应激反应方面的内容，即个体在面对应激情境时为减少压力、痛苦所做出的认知或行为努力的心理反应过程，如应激反应的情感体验（强度、持久性、主导情绪），故仍命名为应激反应；因素 4 测查的学生的生活态度、生活自理能力和生活常识方面的内容，故仍命名为生活适应；因素 5 测查的是学生在生长发育过程中是否可以正确认识和悦纳自己的身体状况，故仍命名为身体认同；因素 6 测查的是学生是否可以对性在生理和心理方面有正确的认识和调节形成健康的性意识和观念，故仍命名为青春期心理适应。

3. 问卷信度检验

本研究采用内部一致性信度和分半信度作为检验初中生自我适应性问卷及其

各因素的信度指标。

初中生自我适应性问卷在各个因素上的内部一致性系数介于0.520～0.734，总量表的内部一致性系数为0.790；各分量表的分半信度介于0.508～0.717，总量表的分半信度为0.721，说明本问卷有较好的信度。

4. 问卷效度检验

本研究通过对结果的显著性检验表明，除青春期心理适应与学习适应和应对策略之间相关不显著之外，其余均为显著性相关。各因素与问卷总分之间的相关较高，而因素之间的相关则相对较低，这表明该问卷的结构符合问卷编制的基本要求，具有较好的结构效度。

综上所述，本研究开发的初中生自我适应性问卷具有良好的信度和效度，能够作为测量初中生自我适应性状况的有效工具。

二、初中生自我适应性的特点研究

采用修订的初中生自我适应性问卷对重庆市和四川省三所中学的527名中学生（初一277人，初二186人，初三74人）进行调查，以考查初中生自我适应性在性别、年级、学校性质三个社会人口统计学上的差异，进而探讨初中生自我适应性发展的特点及其存在的问题，为实验研究提供依据。结果分析如下。

（一）初中生自我适应性的总体水平

经过统计分析，527名初中生自我适应性的总体水平见表4-3。

表4-3　527名初中生自我适应性的平均分和标准差

因素	*M*	*SD*
学习适应	2.351	0.465
应对策略	2.566	0.385
应激反应	1.959	0.268
身体认同	2.358	0.494
青春期心理适应	2.299	0.557
生活适应	2.292	0.428
总均分	2.220	0.238

根据描述性统计的结果（表4-3），所有因素的平均分都居于中等程度的范围，从总体上看，重庆市初中生的自我适应性水平不高。各因素的平均分从高到低依次为：应对策略＞身体认同＞学习适应＞青春期心理适应＞生活适应＞应激反应＞总平均分。

（二）初中生自我适应性的多因素方差分析

以年级、性别、学校性质为自变量，以初中生自我适应性各因素为因变量，进行 3×2×2 多因素方差分析。从表 4-4 可知，初中生自我适应性各因素中，学习适应因素和生活适应因素在学校性质和年级上存在主效应；应对策略因素和应激反应因素在学校性质上有主效应；在青春期心理适应和生活适应上存在年级×学校的交互作用。总均分则在学校性质和年级上存在主效应，并且在年级×学校上存在交互效应。

表 4-4 年级、性别、学校性质在学生自我适应性上的方差分析

变量	学校性质	年级	性别	年级×性别	学校×年级	学校×性别	学校×性别×年级
学习适应	7.008**	5.731***	0.690	0.050	0.988	0.055	0.128
应对策略	2.557	3.781*	0.061	0.428	0.036	0.391	0.016
应激反应	1.664	3.093*	0.024	0.815	3.200	1.157	0.516
身体认同	0.225	0.584	0.036	0.698	1.613	0.089	0.214
青春期心理适应	0.008	0.499	0.956	0.110	5.738*	0.126	1.651
生活适应	11.944**	3.802*	3.204	0.350	4.722*	0.019	0.633
总均分	10.749**	7.885**	0.851	0.179	5.555*	0.001	0.146

经方差分析发现，初中生自我适应性在青春期心理适应、生活适应和总均分上存在显著的学校与年级的交互作用。当方差分析发现交互作用显著时，需要对交互作用进行简单效应检验及事后比较。在本研究中运用条件筛选的方法进行简单效应分析，结果见表 4-5。

表 4-5 初中生青春期心理适应因素在年级与学校的简单效应分析

变异来源		*SS*	*df*	*MS*	*F*	事后比较
A 因子（学校性质）	在 b1（初一年级）	2.811	1	2.811	9.969**	普通中学>重点中学
	在 b2（初二年级）	0.626	1	0.626	1.932	
	在 b3（初三年级）	0.577	1	0.577	1.501	
B 因子（年级）	在 a1（重点中学）	0.692	1	0.692	2.251	初三>初二，初三>初一
	在 a2（普通中学）	2.293	2	1.146	3.758*	

由简单效应分析结果来看，学校性质因素在初一年级水平上 F 值达显著水平，在初一学生群体中，普通中学学生的青春期心理适应显著高于重点中学的学生；在年级因素上，普通中学学生的青春期心理适因素的 F 值达到显著水平，初三学生显著高于初二学生，初三学生显著高于初一学生。

由简单效应分析结果来看（表 4-6），学校性质因素在初三年级水平上 F 值达显著水平，在初三学生群体中，重点中学学生的生活适应因素显著高于普通中学的学生；在年级因素上，重点中学学生的生活适应因素的 F 值达到显著水平，具体表现为初三学生显著高于初二学生，初三学生显著高于初一学生。

表 4-6　初中生生活适应因素在年级与学校的简单效应分析

变异来源		SS	df	MS	F	事后比较
A因子（学校性质）	在 b1（初一年级）	0.496	1	0.496	3.159	重点中学>普通中学
	在 b2（初二年级）	0.072	1	0.072	0.349	
	在 b3（初三年级）	1.434	1	1.434	12.178**	
B因子（年级）	在 a1（重点中学）	1.626	2	0.813	5.604**	初三>初二，初三>初一
	在 a2（普通中学）	0.564	2	0.282	1.427	

由简单效应分析结果来看（表 4-7），学校性质因素在初三年级水平上 F 值达显著水平，在初三学生群体中，重点中学学生的自我适应性总均分显著高于普通中学的学生；在年级因素上，重点中学学生的自我适应性总均分的 F 值达到显著水平，初三学生显著高于初二学生，初三学生显著高于初一学生。

表 4-7　初中生自我适应性总均分在年级与学校的简单效应分析

变异来源		SS	df	MS	F	事后比较
A因子（学校性质）	在 b1（初一年级）	0.724	1	0.724	1.632	重点中学>普通中学
	在 b2（初二年级）	0.029	1	0.029	0.481	
	在 b3（初三年级）	0.499	1	0.499	12.782**	
B因子（年级）	在 a1（重点中学）	0.974	2	0.487	11.026**	初三>初一，初三>初二
	在 a2（普通中学）	0.201	2	0.100	1.622	

（三）初中生自我适应性的性别差异

以初中生性别为自变量，对初中生的自我适应性进行独立样本 t 检验。从表 4-8 可以看出，从整体水平而言，自我适应性没有呈现出显著的性别差异。在各因素上，除了青春期心理适应维度上有显著的差异之外（男生高于女生），其余各因素没有显著性差异，表明初中生自我适应性在性别发展上较为平衡。

表 4-8　初中生自我适应性的性别差异检验（$M \pm SD$）

变量	男（n=281）	女（n=246）	t
学习适应	2.3399±0.47290	2.3639±0.45546	−0.591
应对策略	2.5610±0.39484	2.5717±0.37488	−0.318
应激反应	1.9520±0.28786	1.9667±0.24467	−0.627
身体认同	2.3650±0.49327	2.3499±0.49667	0.350
青春期心理适应	2.3466±0.54017	2.2435±0.57223	2.127*
生活适应	2.2594±0.44295	2.3301±0.40877	−1.893
总均分	2.2130±0.25216	2.2282±0.22188	−0.727

（四）初中生自我适应性的学校类型差异

本研究中对于学校类型差异的考察重点在于重点初中与普通初中之间的差异程度。从表 4-9 可以看出重点初中与普通初中在自我适应性总体上存在极其显著的差异，重点初中的学生的自我适应性水平程度明显高于普通初中的学生。在学习适应因素、应对策略因素和生活适应因素上，重点初中明显高于普通初中；而在应激反应、身体认同、青春期心理适应等因素上，两者差异不明显。

表 4-9 初中生自我适应性的学校类型差异（$M\pm SD$）

变量	重点中学（$n=270$）	普通中学（$n=257$）	t
学习适应	2.5283±0.43055	2.3885±0.48211	3.514***
应对策略	2.6129±0.35423	2.5280±0.40543	2.564*
应激反应	1.9525±0.25689	1.9639±0.27774	−0.483
身体认同	2.3435±0.52737	2.3696±0.46664	−0.596
青春期心理适应	2.2644±0.55605	2.3261±0.55759	−1.265
生活适应	2.3847±0.38826	2.2175±0.44513	4.603***
总均分	2.2577±0.21892	2.1896±0.24933	3.338**

（五）初中生自我适应性的年级差异

以年级为自变量，自我适应性的诸因素及总分为因变量进行方差分析。

从表 4-10 可以看出，在整体上，初中生自我适应性水平总体上存在极其显著的年级差异，表现为初三年级＞初二年级＞初一年级，呈现出随年级升高而逐渐上升的趋势。多重比较表明，在学习适应因素上，每个年级都有显著差异；在应对策略因素上，初三和初二、初三和初一显著差异；在应对反应因素上，初三和初二、初三和初一显著差异；身体认同和青春期心理适应的维度上，三个年级均值差异不显著；在生活适应的维度上，初二和初一、初三和初一显著差异。

表 4-10 初中生自我适应性的年级差异的显著性检验

变量	初一（$n=277$）	初二（$n=186$）	初三（$n=74$）	F	显著性水平	事后多重比较
学习适应	2.3724（0.47997）	2.4700（0.44891）	2.6721（0.42573）	7.911***	0.000	初三＞初二＞初一（每个年级都有显著差异）
应对策略	2.5689（0.37418）	2.5283（0.42024）	2.7155（0.24106）	4.121*	0.017	初三＞初一＞初二（初三和初二、初三和初一显著差异）
应激反应	1.9432（0.026094）	1.9603（0.27437）	2.0619（0.27670）	3.635*	0.027	（初三和初二、初三和初一显著差异）

续表

变量	初一 (n=277)	初二 (n=186)	初三 (n=74)	F	显著性水平	事后多重比较
身体认同	2.3448 (0.5236)	2.3586 (0.46910)	2.4476 (0.38128)	0.795	0.452	
青春期心理适应	2.3071 (0.53897)	2.2810 (0.57228)	2.3167 (0.62388)	0.151	0.860	
生活适应	2.1857 (0.46087)	2.3378 (0.39752)	2.45224 (0.38713)	10.846***	0.000	初三＞初二＞初一（初二和初一、初三和初一显著差异）
总均分	2.1745 (0.24873)	2.2299 (0.22554)	2.3560 (0.22420)	10.931***	0.000	初三＞初二＞初一（每个年级都有显著差异）

三、对初中生自我适应性问卷修编和特点分析的探讨

（一）关于初中生自我适应性问卷的修编

本研究通过研究各种适应性量表，综合考虑专家、教师及学生的意见，形成初中生自我适应性的预试问卷。通过对初中生进行大规模的问卷调查，运用因素分析的方法对预试问卷进行分析检验、对项目进行筛选和剔除，形成正式问卷。整个过程基本遵循了问卷修订的测量学原则，从根本上保证了问卷修编程序的科学性。

分析结果表明，初中生自我适应性问卷是一个具有良好信度与效度的测量工具。最终修订的问卷由 27 个题目组成，共有 6 个维度，它们是学习适应、应对策略、应激反应、身体认同、青春期心理适应和生活适应。这与当时的预想维度是不同的，应激适应被分成了应对策略和应激反应，生理适应也被分成了身体认同和青春期心理适应。问卷测查的是被试与外界环境间的调适，并且这些适应活动与社会适应是相对而言的，主要是指个体对可控环境的评估、态度改变并产生行为上的改变。自我定向的应激适应被细化为情境中的应对方法和应激中的心理承受过程。而青春期心理适应也被单独划分出来，说明它和身体认同之间的相关比较小，对于初中生来说，他们刚进入青春期，对待青春期所特有的心理问题和身体认同的认识差别比较大，对待前者，可能有不少学生会感到不好意思，并对此回避、压抑。

问卷采用 3 点计分和反向计分。因素分析结果表明，修编后的问卷具有良好的结构效度，各个因素的特征值均大于 1，转轴后 6 个因素可以解释的总变异量为 47.016%。问卷在各个因素上的内部一致性系数均介于 0.520～0.734，总量表的内部一致性系数为 0.790；分半信度均介于 0.508～0.717，总量表的分半信度为 0.721。这些都表明修订后的问卷具有较好的信度与效度。

（二）初中生自我适应性的特点分析

1. 初中生自我适应性的总体水平

自我适应性的所有因素的平均分都居于中等程度的范围，从总体上看，重庆市初中生的自我适应性水平不高。

首先，这种结果可能是因为初中阶段的生活和学习与小学阶段非常不同，面对新的生活和学习，一些学生在适应上有困难，从而总体上自我适应性水平不高。例如，初中的学习与小学比起来差别较大，科目增多、知识增多，老师教授方法也不再同以前一样。这些变化对学生的适应提出了新的要求，要求他们改变原有的应对方式来适应新的生活，这对于部分学生来说有一定的难度。其次，家长和教师没有对学生的适应问题加以重视，不能帮助学生分析和解决在适应过程中遇到的问题，学生的问题越来越多，逐渐适应不良。最后，初中的学生管理比起小学来说要松散一些，可能一些自律比较差的学生更容易适应不好。

2. 初中生自我适应性的性别差异

初中生自我适应性水平在整体上的性别差异是不明显的。从总体来说，男女的自我适应性发展均衡，在学习适应、应对策略、应激反应、身体认同、青春期心理适应、生活适应几个维度中，只有青春期心理适应男生高于女生。这种结果同白晋荣等的研究（1997）不同，他们发现初中生学习适应有显著的性别差异。这种结果可能是由于测量工具的不同，在具体的学习适应维度上有偏差造成的。

对于青春期心理的调适男生要好于女生，这可能是由于他们比女生可以更坦然地面对自己在身体上的发育和成熟。男生的发育要晚于女生，在这个过程中他们可能更有机会去接受这方面的知识，为以后的适应做好准备。女生相对于男生来说比较羞涩、内向，她们青春期的发育也更加明显，可能适应起来也较慢。而其他几个方面男生和女生都没有显著差异，较为均衡。

3. 初中生自我适应性的学校类型差异

重点初中与普通初中在自我适应性总体上存在极其显著的差异，重点初中的学生的自我适应性水平明显高于普通初中的学生。在学习适应因素、应对策略因素和生活适应因素上，重点初中明显高于普通初中；而在应激反应、身体认同、青春期心理适应因素上，两者差异不明显。

首先，这可能是由于重点中学学生的个人素质从整体上高于普通中学，促成了在自我适应性几个维度上的差别。重点中学与非重点中学的划分主要是依据学生的学习成绩来确定的，学习适应上两者的显著差异是很合理的。由于学业上的成功，重点中学的学生一般比较善于采用积极的应对策略，更多地采用比较合理的应对态度和方法，并且生活适应也好一些。其次，学生进入中学后，重点中学的教育质量更好一些，师资及其他各种条件相对好一些，这些也促成了学生自我适应性上的差异。重点中学对素质教育比较重视，会针对学习适应、学业应激、生活能力等方面进行综合培养。再次，重点中学的教师和学生家长往往提出更高的要求，学生独立性更高，更自觉主动，所以适应能力也要高一些。最后，重点中学的校园氛围更好，学生更有可能互相促进、共同进步。

4. 初中生自我适应性的年级差异

在整体上，初中生自我适应性水平存在极其显著的年级差异，表现为初三年级＞初二年级＞初一年级，呈现出随年级升高而逐渐上升的趋势。多重比较表明，在学习适应因素上，各年级间都有显著差异；在应对策略因素上，初三和初二、初三和初一差异显著；在应激反应因素上，初三和初二、初三和初一差异显著；在身体认同和青春期心理适应的因素上，三个年级均值差异不显著；在生活适应因素上，初二和初一、初三和初一显著差异。

究其原因：①在学习适应因素上，各年级间都有显著差异，这可能是因为在整个初中阶段学生在学习上都是不断适应发展的。学生进入初一，发现初中的学习和小学的学习差别很大，他们必须采用不同的学习方法、策略来加以适应，他们在学习中不断摸索、进步；初二相对于初一来说课程更难且增加了不少主课，学生在初一的基础上需要再进一步改进以适应新的学习要求；学生进入初三之后，学习压力变得很大，这就更加促使了他们努力对学习加以适应。因此，中学学生的学习适应性有显著提高。②应对策略和应激反应因素的年级发展是相似的，都是初三和初二之间、初三和初一之间存在显著差异，这可能是因为中考压力促使初三学生更多地开始采用积极的应对策略，学会应对生活中的各种压力和突发事件，从而有了很大的提高。在生活适应因素上，则初一和初二之间、初三和初一之间差异显著，可能是学生到了初二比较熟悉初中生的学习和生活，他们的生活态度、生活自理能力和生活常识方面开始有了较大的提高。

第三节　初中家校合作教育的现状调查与模式构建

一、初中家校合作教育的现状调查

为了解初中家校合作教育的现状，系统探索其家校合作教育的特点，以及为模式构建与教育干预实验研究提供依据，我们对重庆 3 所中学的家长和老师（家长 430 人，教师 145 人）进行了半开放式问卷调查。为了可以详实地反映家校合作的现状，我们设计的教师问卷和家长问卷，其结构、内容基本相同，但具体问题及项目数根据适合老师还是适合家长而有所不同。两种问卷的项目包括选择题和问答题，项目顺序采取随机排列，备选等级有升有降，以消除反应倾向的干扰。编制出预测问卷后，请从事多年中小学教育工作的教师进行讨论，从中吸取经验；征求有关专家的意见，经过综合分析有关意见，将预测问卷修改成正式问卷。具体分析见表 4-11、表 4-12。

表 4-11　家校合作家长问卷结构、维度和题项数目

结构	维度	题项数目
家庭教育	家教方式（1）	3
	家庭效能感（2）	
家校联系	联系频率（2）	4
	联系方式（2）	
家校合作	合作内容（3）	5
	合作方式（2）	
合作意识	合作愿望（1）	2
	责任意识（1）	

表 4-12　家校合作教师问卷结构、维度和题项数目

结构	维度	题项数目
家校联系	联系频率（2）	4
	联系方式（2）	
家校合作	合作内容（3）	7
	合作方式（2）	
	合作效能感（2）	
合作意识	合作愿望（1）	2
	责任意识（1）	

（一）调查程序

问卷采用集中调查的方法，用时 25 分钟。由心理学教师发放到中学教师及家长手中。此外，有针对性地对 10 位教师、10 位家长进行了访谈来保证调查的真实性。

（二）调查结果及分析

1. 家校联系维度

1）联系频率

对于家庭和学校的联系频率，设计了 4 道题对家长和教师分别加以调查，让他们对一个学期中家校联系的次数和他们认为比较合理的联系次数做出回答，结果见表4-13、表4-14、表4-15、表4-16。

表4-13　实际的联系频率（家长问卷）

频率/(次/学期)	0	2～5	大于5	其他（据情况）
选择人数	21	156	252	10
百分比/%	5	36	57	2

表4-14　理想的联系频率（家长问卷）

频率/(次/学期)	0	2～5	大于5	其他（据情况）
选择人数	0	139	278	21
百分比/%	0	32	63	5

表4-15　实际的联系频率（教师问卷）

频率/(次/学期)	0	2～5	大于5	其他
选择人数	0	10	122	14
百分比/%	0	7	84	9

表4-16　理想的联系频率（教师问卷）

频率/(次/学期)	0	2～5	大于5	其他
选择人数	0	31	92	24
百分比/%	0	21	63	16

从表4-13、表4-14可以看出，联系频率一般集中在平均每学期每人5次以上或2～5次，访谈中大部分家长都认为这个合作频率比较合理，有些家长表示学校的联系频率不够，不能满足教育的需要。

从表4-15可以看出，大部分教师在一学期之内都和学生家长有5次以上的联系，只联系2～5次的情况比较少。而在这些教师当中有部分人认为一个学期联系2～5次是比较合理的。与教师访谈发现，一些教师认为考试之后和家长联系最合适，如果出现一些问题学生或者是突发事件，那么联系多次是必要而且应该的。

2）联系方式

对于家校合作的联系方式，一共设计了4道题来对家长和教师进行调查，让他们对家校合作中常用的联系方式和所希望的联系方式进行回答，结果见表4-17、表4-18、表4-19及表4-20。

表4-17　实际的联系方式（家长问卷）

方式	家长会	电话联系	成绩单和评定手册	与孩子交流	家访	其他（校访）
选择人数	292	138	209	219	42	63
百分比/%	30	14	22	23	4	7

表 4-18　理想的联系方式（家长问卷）

方式	家长会	电话联系	成绩单和评定手册	与孩子交流	家访	报告讲座	发放家长手册
选择人数	334	386	188	21	42	73	136
百分比/%	8	33	16	2	2	6	13

表 4-19　实际的联系方式（教师问卷）

方式	家长会	电话联系	成绩单和评定手册	与孩子交流	家访	校访	家长联系簿
选择人数	146	142	80	68	17	3	7
百分比/%	31	30	17	16	4	1	1

表 4-20　理想的联系方式（教师问卷）

方式	家长会	电话联系	成绩单和评定手册	发放家长手册	家访	报告讲座	家长联系簿
选择人数	111	125	40	56	17	59	3
百分比/%	26	30	12	13	4	14	1

从表 4-17 可以看出，在实际中家校联系的主要方式是家长参加家长会，他们对于学校和孩子信息的主要来源是学生的成绩单和与孩子直接交流，而直接与老师交流的机会比较少。通过访谈得知一些家长表示，在他们的孩子出现问题如早退、迟到时，班主任才会直接与之联系。

从表 4-18 可以看出，家长们普遍认为电话是最理想的联系方式，其次是可以面对面交流的家长会。在前期访谈中的家长们都表示没有收到过家长手册，可是在问卷中显示有为数不少的家长（12%）支持家长手册的发放。对成绩单和评定手册的认同再次证明家长对学习的关注和重视。

从表 4-19 和表 4-20 可以看出，家长会、电话是教师在实际中经常使用的与家长联系的方式，在实践中，教师也是较多地使用这两种手段来促进家校合作。被访谈的教师也认为发放家长手册是一个比较好的促进家校合作的方法，但是他们认为家校手册应该是学校来统一印刷、发放，单纯依靠任课教师和班主任是不合适的，因为这会大大加大教师的工作量。

2. 家校合作维度

1）家校合作方式

对于家校合作的方式，一共设计了 3 道题来对家长进行调查，让他们就最需要的学校帮助方式、最希望的合作方式和最需要的东西来进行回答，结果见表 4-21、表 4-22、表 4-23。

表 4-21　最需要的学校帮助（家长问卷）

学校帮助	交流	告知教子知识	理解家长情况	其他
选择人数	417	240	52	0
百分比/%	59	34	7	0

表 4-22　最希望的合作方式（家长问卷）

合作方式	家庭教子	加强交流	参加学校活动	参加学校组织管理	其他
选择人数	219	282	83	42	0
百分比/%	35	45	13	7	0

表 4-23　家校合作最需要的（家长问卷）

家长需要	教子知识	学生情况	时间保证	孩子合作	经济支持	其他
选择人数	313	365	21	167	10	0
百分比/%	36	42	2	19	1	0

从以上三个调查家长对于家校合作方式的选择我们可以看出，家长们认为最需要帮助的是和学校交流，其次才是学习一些教子知识。

家长最认同的合作方式首先是交流，其次是学习在家庭中教育孩子，再次是去学校参加各种活动，只有 7%的家长希望参加到学校的组织和管理中。

家长认为在家校合作中最需要的也是与学校交流，然后是知识，最后才是孩子的配合。可见家长最期盼的是了解更多孩子的情况，可以与教师有更多的沟通、在教育孩子上达成一致。

对于家校合作的方式，一共设计了 3 道题来对教师进行调查，让他们对家长最需要的学校帮助、最希望的合作方式和最需要的东西来进行回答，结果见表 4-24、表 4-25、表 4-26。

表 4-24　家长最需要的学校帮助（教师问卷）

帮助	交流	告知教子知识	理解家长情况	其他
选择人数	115	111	52	3
百分比/%	40	40	19	1

表 4-25　最希望的合作方式（教师问卷）

合作方式	家庭教子	加强交流	参加学校活动	参加学校组织管理	其他
选择人数	45	139	52	0	0
百分比/%	19	59	22	0	0

表 4-26　家校合作中最需要的（教师问卷）

教师需要	交流经验	了解背景	时间精力	家长合作	资金支持	其他
选择人数	57	95	28	123	3	0
百分比/%	19	31	9	40	1	0

从表 4-24、表 4-25、表 4-26 可以看出，和家长一样，教师也认为家长最需要的帮助是和学校交流，然后才是教子知识。

在合作方式上，教师同家长一样，认为最重要的方式是互相交流，不过教师认为参加学校活动也是一个很重要的方式，甚至比帮助家长在家庭中教子更为重要，这点同家长不同。

教师认为在家校合作中最需要的是家长的配合，其次是对家长背景的了解，在访谈中，有的教师谈到这个问题，他们认为很多家长工作忙碌，这也是影响家校合作的一个很重要的原因。

2）家校合作内容

对于家校合作的内容，一共设计了 3 道题来对家长进行调查，让他们对最关心的孩子的问题、最希望配合学校做的事情和是否了解学校的情况来进行回答，结果见表 4-27、表 4-28、表 4-29。

表 4-27　家长最关心的孩子的问题（家长问卷）

关心问题	成绩	身心发展	生活能力	其他
选择人数	355	334	156	0
百分比/%	42	40	18	0

表 4-28　家长最希望配合学校做的事情（家长问卷）

配合学校	成绩	身心发展	生活能力	其他
选择人数	396	355	271	0
百分比/%	39	35	26	0

表 4-29　是否了解学校的情况（家长问卷）

了解学校情况	不了解	有些了解	了解	其他
选择人数	90	258	90	0
百分比/%	21	58	21	0

从表 4-27、表 4-28、表 4-29 可以看出，家长最关心的问题是学生的成绩，然后是学生的身心发展，最后是学生的生活能力。当问他们关于最想配合学校参加哪方面的活动时，他们的回答同以上的回答是一致的，只是三方面的比例更加接近了。当问及是否了解学生在学校的情况的时候，大部分家长选择有些了解，而选择不了解和了解的家长人数相同，都是 21%。结果和访谈的结果一致。

对于家校合作的内容，一共设计了 2 道题来对教师进行调查，让他们对最关心的孩子的问题、最希望家长配合做的事情来进行回答，结果见表 4-30 和表 4-31。

表 4-30　最关心学生的问题（教师问卷）

关心问题	成绩	身心发展	生活能力	其他（品德发展）
选择人数	72	153	28	5
百分比/%	22	65	12	1

表 4-31　最希望家长配合做的事情（教师问卷）

配合家长	成绩	身心发展	生活能力	其他
选择人数	108	136	94	3
百分比/%	31	40	28	1

从表 4-30、表 4-31 可以看出，大部分教师都最关心学生的身心发展，其次是成绩，再次是生活能力，同时他们也希望家长配合做这三种工作，比例大小大致相似。这与家长最关心的问题是学生的成绩不同。

3）教师家校合作效能感

对于教师的家校合作效能，一共设计了 2 道题来进行调查，主要调查了他们的合作效能感和是否了解家庭的情况，结果见表 4-32 和表 4-33。

表 4-32　合作效能感（教师问卷）

合作效能感	高	中	低	其他
选择人数	19	121	6	0
百分比/%	13	83	4	0

表 4-33　是否了解家庭的情况（教师问卷）

了解家庭情况	不了解	有些了解	了解	其他
选择人数	0	75	71	0
百分比/%	0	51	49	0

从表 4-32 和表 4-33 可以看出，大部分教师对于家校合作的效能感是中等，他们对学生家庭比较了解或者是很了解。

3. 家庭教育维度

问卷中还设计了 2 道题来调查家长的家庭教育，包括家教方法和家教效能感两道题，结果见表 4-34 和表 4-35。

表 4-34　家教方法家长问卷（家长问卷）

家教方法	帮助作业	督促学习	与孩子交流	其他
选择人数	115	354	292	0
百分比/%	15	47	38	0

表 4-35 家教效能问卷（家长问卷）

家教效能感	高	中	低	其他
选择人数	33	318	88	0
百分比/%	8	72	20	0

从表 4-34 和表 4-35 可以看出，家长主要是通过督促学习来帮助孩子，其次他们会与孩子交流给以启发，而只有一小部分的家长可以帮助孩子作业。对于家教效能感，大部分的家长家教效能感为中等水平，有 20%的家长则认为教育孩子很棘手，仅有一小部分的家长很有信心。

4. 合作意识维度

问卷的第四个维度调查的是家长和教师双方的合作意识，包括责任划分和合作愿望 4 道题，结果见表 4-36 至表 4-39。

表 4-36 家校合作责任划分（家长问卷）

责任化分	学校大部分责任	学校全部责任	各占一半	家长大部分责任	其他
选择人数	52	21	365	0	0
百分比/%	12	5	83	0	0

表 4-37 家校合作责任划分（教师问卷）

责任化分	学校大部分责任	学校全部责任	各占一半	家长大部分责任	其他（无法划分）
选择人数	3	3	111	22	6
百分比/%	2	2	76	15	5

表 4-38 合作愿望（家长问卷）

看待家校合作	很有用	有些重要	无所谓	对此反感	其他
选择人数	273	165	0	0	0
百分比/%	62	38	0	0	0

表 4-39 合作愿望（教师问卷）

看待家校合作	很有用	有些重要	无所谓	对此反感	其他
选择人数	132	14	0	0	0
百分比/%	90	10	0	0	0

从表 4-36 和表 4-37 可以看出，对于家长和教师在教育孩子的责任划分上，无论是家长还是教师都是大多数认为应该各占一半责任。

从表 4-38 和表 4-39 可以看出，对于家校合作的作用，无论是家长还是教师都有大部分人认为很有用，其中教师中这一比例更大。

（三）家校合作教育的现状分析

本研究通过对初中生家校合作进行半开放式问卷调查，对调查的初中家校合作的教育现状的原因进行探究，分析如下：

（1）家校联系的次数比较少，形式比较单一，这主要是因为各学校的家庭和学校合作随意性强、计划性差，双方很难相互配合，而且很多时候合作只是在学期初、学期末进行，阶段性强，形式化比较严重。

（2）缺乏家庭、学校交流，双方对彼此很不了解，这主要是因为家校交流在学校中没有真正得到贯彻，双方都是在出现了问题之后才被动联系，没有真正意义上的主动交流。在交流中也多是单向灌输，双向交流很少，不能平等对话。

（3）家长的教育观念不合理，帮助孩子的力量也不足。这主要是因为学校没有重视对家长的培训，没有充分利用家庭资源。学校对家庭的帮助也只是简单的说教，针对性和实用性不强，很难被家长真正接受并内化为教育子女的正确思想和自觉行动。家长的个人素质还有待提高。

二、家校合作教育模式的构建

（一）家校合作培养初中生自我适应性的教育模式的提出及其含义

国内外的很多研究者在开展家校合作的过程中提出了一些干预模式。如国内研究者提出的“以校为本”的家校合作模式，把学校作为家校合作的中心，向其他支持系统延伸开展各种合作活动；“以家为本”的家校合作模式，把家庭作为家校合作的中心，开展各种家校活动。国外有日本的PTA项目，它是全国型的家校合作项目，以班级为单位开展活动。美国的MegaSkill项目、学校发展项目（SDP）和教师帮助家长参与学校作业项目，它们都是直接针对提高学生的学习成绩的目标而开展的，都着力于帮助家长学习在家庭中教育和帮助孩子的技能，采用家庭学校结合的方式来促进学生阅读、数学等各种能力的提高。还有专门针对预防药品滥用的合作模式——家庭与学校同在项目，它通过学校和家长的合力来帮助青少年减少药品滥用。

在借鉴以前家校合作的各种模式研究的基础上，本研究提出了家校合作教育的模式，即从家庭、学校、家校三个层面开展目标一致的多种教育活动，促进学校教育和家庭教育有效整合，使其产生“一加一大于二”的教育合力，共同提高学生的心理素质（如自我适应性）。

家校合作提高学生的自我适应性的教育模式是基于心理素质的分层整合模式而提出的。张大均认为，学生良好心理素质的培养是素质教育的重要任务，学生心理素质在其素质结构中处于核心地位，发挥中介作用。学生心理素质的培养是一个系统模式，包括学生、家庭、学校、社会四个要素、生理、心理、社会、教育四环节，在实施的时候应该依据大中小学的各自特点来进行。在这种模式系统中，“整合”是关键。整合是多方面的，比如对学校、学生、家庭、社会因素进行协调整合，促进学生积极适应和主动发展目标的整合，促进智能、个性、社会性和创造性等教育内容的整合，采用专题训练、咨询辅导和学科渗透等干预方式的整合等。家校合作教育模式是依照学生心理素质的分层整合模式开展的，探究影响学生心理素质（自我适应性）的社会、家庭、学校、学生的因素，并且充分利用这四个因素来协调学生的生理、心理、社会、教育四个环节的作用来培养学生。在实验中，结合初中生心理素质培养的特点，促进自我适应性各个因子之间的协调和提高，在具体实施中依据心理素质培养的多种方式，在学校、家庭、家校三个层面上开展各种教育活动。

学生心理素质的培养遵循的是适应与发展的原理。促进学生的心理和行为适应生活、学习和环境，首先积极的适应学习、生活等，然后在积极适应的基础上促进学生心理的全面健康发展。家校合作教育模式对学生自我适应性的培养也是本着这个原理来实施的，促进学生自身和环境相互协调、对内在心理过程进行适当的控制和调适，在此基础上，再推进学生全面的发展。

（二）家校合作教育模式的实施策略

我们构建的家校合作教育模式的实施策略主要体现在学校、家庭、家校三个层次上的具体教育活动中。

1. 学校层面

以学校为基地，着眼于学生在校的表现，联系学校的任课教师、班主任和其他教师参加家校合作帮助学生提高自我适应性。同时在学校开设以培养学生自我适应性为目的的心理素质课，对学生进行直接培训。并且为家长和学生提供基于提高学生自我适应性的咨询服务。

1）学生心理素质课

从《中学生心理素质训练》《中学生成长导航》《班级心理辅导手册》《学习心理辅导手册》等相关材料中，抽选与量表各维度匹配的课题，编成《自我适应性专题辅导》实验教材，利用实验班每周一节的心理健康教育课，对学生集中进行自我适应性专题训练。实验班的授课教师由实验者担任。

2）教师交流与培训

就家校合作问题对实验班任课教师、班主任及年级负责教师进行访谈，了解他们对家校合作的认识。然后多次邀请他们参加家校合作讨论会，告知组织家校合作活动的方法、与家长合作的技巧、自我适应性的含义及培养方法。

3）个别咨询辅导活动

面对参加实验的学生、教师、家长开展各种形式的咨询。每周抽出 1～2 节课在学校心理健康中心为学生提供咨询服务，并抽出时间为家长提供咨询。同时鼓励学生在心理课作业本中、给实验者的电子邮件中倾诉自己的烦恼、提出咨询问题。

2. 家校交流层面

这一层面的主要工作是学校和教师根据学生在校的表现，与家长进行沟通。教师和家长随时发现问题，随时进行沟通，共同分析原因。教师通过各种形式来联系家长与家长进行交流，保证家庭和学校的教育协调一致，保证教师和家长对学生都有全面的认识，并且能够及时了解学生的情况。

1）家校通讯

组织实验班学生两周编辑一次《家校通讯》，内容主要登载班级新闻、学校新闻、学生的出色表现及家长和教师关于教育子女的一些经验等，让家长了解学生和班级学校的情况。学生以小组为单位参加《家校通讯》的编写，逢周一印发给家长。

2）便条和喜报

学生带回家寥寥数语的便条，也是一种非常有效的交流手段。鼓励和协助班主任及任课教师采用此种方法来加强和家长的沟通。教师把学生的精彩绘画、有趣的发言、优美的作文、好人好事等点滴进步记下来，然后当天让学生带回家中。

3）家校热线

公开校长办公电话及学校值班室、班主任办公室电话、手机。家长无论何时有事要找校长、老师，均可拨通电话。开辟家校热线电话，回答家长提出的有关学科课程、特殊事件、学生活动、家庭作业等方面的问题。鼓励督促任课教师和班主任经常与家长电话联系，交谈学生的进步和成绩、向家长了解情况或通报学校或班级的一些活动等。

4）家长会

每个月协助班主任召开信息型家长会，每一期确定一个主题，如学生的一般情况、成长历程、身体状况和能力、学习方法等。邀请全班的家长和一些相关教师参加，给予家长一半的时间来提出问题并讨论。

同时每个月邀请一部分家长、学生和教师参加问题型家长会。这些学生出现了一些共同的问题，如纪律问题、不完成作业的问题，然后学生、家长、老师一起共同寻找原因，解决问题。

5）家校联系本

建立家校联系本 A、B 两本，A 本由班主任掌握，B 本由家长掌握。鼓励一些住址离校太远或工作太忙、身体健康状况不好的家长与学校老师取得联系，帮助教育学生。鼓励教师或家长利用联系本对学生的微小进步及良好表现进行表扬、鼓励，同时教师向学生或家长介绍一些学习方法、教育经验，或向家长征询教育学生的建议和意见。

6）校访

确定校访日，组织家长进行校访。组织家长来到学校，参观一下学生的学习环境，了解学生的学习生活，同时会见班主任和各科教师。

3. 家庭层面

以家长学校为基地，着眼于改善家庭环境，以提高家庭教育质量来培养学生的自我适应性。从家庭环境的视角出发，主要以家庭为依托，注重改善家长教育观念、改进家长的教育方法，从而形成教育的合力。致力于使家长树立正确的教养观，采用正确的家教方法，引导家长重视与子女的交流与沟通。主要包括发放家教指导手册、组织各种亲子活动、时常和家长进行电话交流、定期开展家教讲座。通过交流、指导等方法，促使家长增长知识，配合学校工作，同时利用反馈的作用机制，帮助家长发挥家庭个别教育的优势，提高培养提高学生自我适应性的效果。

1）《家教指导手册》和《家长必读》

编写发放《家教指导手册》，每星期一本。指导手册是在心理素质课之后发放，让家长了解心理素质课的内容，同时让家长鼓励学生把课堂上学到的技巧和策略再重新温习一次，并且鼓励家长加以监督，保证策略的实施。同时发放各种教子手册，教给家长教育孩子的具体技巧。不定时发放一些教育孩子的成功案例，并且辅以讲解，让家长明白成功的原因和应该如何去做。

《家长必读》围绕着自我适应性展开，多以家庭教育的正反案例、名言警句、调查报告、案例评析、活动设计和问题思考等生动活泼的小栏目组成，特别是每个主题中均有需要家长和孩子参加的谈、说、写、演的活动安排，家长按照要求完成任务后，写出感言交给实验老师。

2）亲子活动小团体

组建亲子活动小团体，如数学学习困难小团体、亲子沟通小团体等。邀请家长、学生和相关的教师参加，在团体活动中让他们寻找原因、明白道理、学会一些技巧。

3）电话指导交流

每个星期选取一定数量的家长进行联系，询问他们关于孩子的一些情况，同时回答教子方面的疑问。着重了解家长的教育方式，给他们在教育孩子问题上一些建议，并且询问家校合作的反馈及意见。

4）家教讲座

举办家教讲座，邀请一部分有教育特色的家长介绍教育经验，鼓励其他各位家长学习。对家长进行相应的教育知识和家庭生活知识的宣传和教育，帮助家长更好地了解儿童成长的历程、教育孩子；加强亲子之间的交流；明确他们及孩子在家庭和社会中的角色。

5）家访

鼓励、帮助班主任从学生一入学时尽量抽时间在头一个月内到各学生家进行初步了解。然后对个别出现问题的学生进行家访，和家长共同商讨教育学生的方法。

家校合作教育模式的实施策略的确定主要是依据学生心理素质的“学生—家庭—学校—社会”四要素和“生理—心理—社会—教育”四环节的结合模式。学生心理素质是在家庭、学校、社会环境的交互作用下形成的，在家庭合作教育模式的实施中，从家庭、学校、家庭-学校三个层面来构建实施策略可以充分利用教育资源对学生进行系统的干预和培养。在家庭层面（校—家—校），学校的各种活动都是围绕家庭开展的。家庭成为合作的主要依托，家庭的教育作用可以得到充分发挥，家长在学校的帮助下配合学校教育、掌握各种教育方法和技能，家庭成为提高学生自我适应性的舞台。在学校层面上（家—校—家），学校成为活动的主导力量，学校开展各种提高自我适应性的活动，同时各个学生家庭支持学校活动。在学校-家庭层面（家—生—校），学校和家庭联合作用，加强交流对学生进行培养。学校和家庭协调对学生的各种要求和教育保持一致、稳定。总而言之，三个基本教育链的各要素的教育主导作用不同，它们各司其职、权责明确，发挥着各自独特的教育功能。它们可以综合“以校为本”“以家为本”等各种家校合作模式的优点，这些在同一教育模式中的不同的教育策略是实用而有效的。

（三）家校合作教育模式的目标与内容的整合

利用家校合作教育模式来提高初中生自我适应性的有效实施在很大程度上有赖于实验是否对目标和活动有清晰的界定。只有对于自我适应性的具体的目标与内容做出清晰的界定，实验的实施才能够得到有效的保证。否则，对于自我适应性的培养过于笼统、泛化，有失针对性，而且也无法保证可操作性。

采用家校合作教育模式对学生自我适应性进行培养的目标主要是通过对生理—心理—社会—教育因素进行协调整合，促进学生积极适应和主动发展，推进其智能、适应性、社会性的协调进步。具体来说是推进学生自我适应性各个方面的提高。自我适应性指个体在使自身可以和环境相互协调而对内在心理过程进行控制和调适的某些身心活动中表现出来的较为稳定的能力特征。它主要包括6个维度：学习适应、应激反应、应对策略、身体认同、青春期心理适应和生活适应。①学习适应主要关注的是学生在学习的过程中是否可以根据学习条件的变化（如学习内容、学习环境、学习任务），而做出身心调整来与之协调并促进其能力的发展。②应激反应和应对策略是应激适应的两个方面，主要关注的是学生对各种压力的应对。对于学生来说，最主要的就是学业压力，学生是否可以给予积极的应对，是否可以在应激情境或者挫折情境中为减少压力和痛苦做出积极的认知或者行为努力是这两个维度所测查的。③身体认同主要是指学生是否可以正确认识并且悦纳自己的身体状况，如对自己健康、体质、体重、外貌等的认同和悦纳。初一的学生正处于青春期，身体在不断的生长发育中，是否可以正确的对自己的身体进行认同也是学校心理健康教育中应该重视的一个方面。④青春期心理适应则主要关注的是正在生长发育中的青少年是否可以对青春期生理、心理发展有正确认识和调节，从而形成健康的性意识和性观念。

在随后的实验中，对这 6 个因素的培养是整合起来进行的，在家庭、学校、家校三个层面加以实施。这 6 个因素是互相促进、协调发展的，如在进行学习适应培养的同时，会帮助学生采用良好的学习方法、克服学习中的困难，同时这些活动也可以帮助学生应对学业压力、提高应激水平。在帮助学生悦纳自己的身体状况的时候，可以结合他们青春期发育的状况帮助他们了解青春期。

同时，在培养自我适应性的过程中始终本着学生心理素质培养应遵循的适应与发展原理。首先帮助学生积极的适应学习、生活、应激、身体状况，然后在积极适应的基础上促进学生心理的全面健康发展。促进学生自身可以和环境相互协调、对内在心理过程进行适当的控制和调适，然后促进学生全面发展，这是家校合作教育模式的最终目标。

第四节　家校合作提高初中生自我适应性的实验研究

一、实验目的

探讨采用家校合作教育模式培养初中生自我适应性的可行性与有效性。

二、实验对象

重庆市某中学初一年级 1 班和 6 班学生。其中 6 班为实验班，共 50 人；1 班为对照班，共 50 人。

三、实验方法与处理

本研究采用心理测量和教育实验相结合的方法。心理测量主要是指初中生自我适应性的测量和青少年亲子沟通的测量。教育实验则通过家校合作教育模式培养初中生的自我适应性来实施。

本实验采用实验班和对照班前后观测的等组实验设计，见表 4-40。

表 4-40　实验处理

班 级	前 测	实验处理	后 测
实验班	O_1	X	O_2
对照班	O_3	—	O_4

四、实验变量

自变量：家校合作教育模式。

因变量：①初中生自我适应性水平变化；②初中生亲子沟通水平改善。

无关变量的控制：设置实验班与对照班，实验班进行家校合作教育干预，对照班则是传统家校联系。

实验中需要注意：

（1）合理确定实验班和对照班，尽量做到两个班同质，即尽量保证实验班与对照班学生的自我适应性和亲子沟通的基点水平大体对等；

（2）控制影响实验效果的其他因素，注意消除期待效应、教师差异和时间效应。

五、实验程序

（一）准备阶段

（1）查阅中文文献，制定修改实验方案；

（2）联系实验学校；

（3）研究教材、组织实验材料；

（4）对学校的教师和家长就家校合作进行访谈，了解家校合作的现状。

（二）实施阶段

（1）进行自我适应性和亲子沟通前测（开学第二周）；

（2）在实验学校开展家校合作活动。

（三）实验后测

六、实验结果与分析

（一）实验班对照班学生自我适应性实验前后测结果分析

实验班与对照班自我适应性各维度与总分前后测得分的比较见表 4-41。

表 4-41 对照班和实验班前后测平均数和标准差比较（$M \pm SD$）

	因素	实验班（$n=50$）	对照班（$n=50$）	t
前测	学习适应	2.3225±0.3385	2.2893±0.3128	0.750
	应对策略	2.4162±0.2999	2.4250±0.3453	0.224
	应激反应	1.9623±0.2904	1.9425±0.2726	0.968
	身体认同	2.2400±0.2997	2.3033±0.3629	1.170
	青春期心理适应	2.3875±0.4868	2.3250±0.5256	1.094
	生活适应	2.3025±0.3759	2.2800±0.3090	−0.493
	总均分	2.2718±0.1812	2.2609±0.1676	0.756
后测	学习适应	2.4821±0.2906	2.3036±0.3472	−3.348**
	应对策略	2.5888±0.4009	2.5113±0.4489	−0.765
	应激反应	2.1100±0.3477	2.0225±0.2878	−1.372
	身体认同	2.5375±0.2442	2.3783±0.3730	−2.119*
	青春期心理适应	2.4750±0.4229	2.3375±0.5113	−1.380
	生活适应	2.6600±0.3848	2.3300±0.3824	−4.320**
	总均分	2.4756±0.1279	2.3139±0.2351	−3.940**

从表 4-41 可知，在实验前测时，实验班与对照班学生的自我适应性没有显著性差异；在实验后测中，实验班学生在全量表总体上与对照班之间达到显著性水平，但实验班学生在应激反应、应对策略和青春期心理适应三个维度上和对照班的均值差异没有达到显著水平。

（二）实验班初中生自我适应性前后测得分之比较

实验班初中生自我适应性前后测得分之比较，见表 4-42。

表 4-42 实验班前后测平均数和标准差比较（$M \pm SD$）

因素	前测（$n=42$）	后测（$n=42$）	t
学习适应	2.3225±0.3385	2.4821±0.2906	−2.125*
应激策略	2.4162±0.2999	2.5888±0.4009	−2.159*
应激反应	1.9623±0.2904	2.1100±0.3477	−1.808
身体认同	2.2400±0.2997	2.5375±0.2442	−4.556*
青春期心理适应	2.3875±0.4868	2.4750±0.4229	−0.840
生活适应	2.3025±0.3759	2.6600±0.3848	−4.937**
总均分	2.2718±0.1812	2.4756±0.1279	−5.013**

从表 4-42 可以看到，实验班学生后测的自我适应性水平在整体上较为显著地高于前测水平。而在问卷的六个维度中，学习适应、应对策略、身体认同和生活适应的后测得分显著高于前测得分。

（三）对照班初中生自我适应性水平前后测得分之比较

依据等组实验设计的要求，我们对对照班学生自我适应性水平的得分变化情况也需要进一步分析，见表 4-43。

表 4-43　对照班前后测平均数和标准差比较（$M \pm SD$）

因素	前测（$n=42$）	后测（$n=42$）	t
学习适应	2.2893±0.3128	2.3036±0.3472	−0.350
应激策略	2.4250±0.3453	2.5113±0.4489	−1.141
应激反应	1.9425±0.2726	2.0225±0.2878	−1.989
身体认同	2.3033±0.3629	2.3783±0.3730	−1.597
青春期心理适应	2.3250±0.5256	2.3375±0.5113	−0.206
生活适应	2.2800±0.3090	2.3300±0.3824	−0.772
总均分	2.2609±0.1676	2.3139±0.2351	−1.600

从表 4-43 来看，对照班学生的自我适应性程度的前后测得分无论是在整体上还是在各个维度上都没有显著性差异。

（四）实验班对照班学生亲子沟通发展结果分析

通过家校合作来提高学生的自我适应性，家长在家中协助学校教育儿童，如更多地和孩子进行交流、在家中帮助孩子作业、和孩子一起参加学校活动等。在实验中，在实验班的家校合作活动中曾经开展多次亲子沟通促进活动。实验结束，对亲子沟通水平进行了检测，以考察初中生自我适应性与其亲子沟通水平的关系，经统计分析，实验班与对照班初中生在亲子沟通各维度上的前后测得分比较结果见表 4-44。

表 4-44　实验班学生的亲子沟通状况前后测比较（$M \pm SD$）

维度	前测	后测	t
参与倾向性	24.49±6.22	27.73±7.12	−1.530*
情感需要	11.61±4.08	11.91±4.47	−0.292
轻松感	15.27±2.96	16.13±3.68	−1.410
理解	13.18±2.60	14.09±2.51	−1.101
积极倾听	6.97±2.16	10.37±3.07	−2.612**
支配需要	10.49±2.48	11.09±2.65	−0.883
沟通灵活性	6.87±2.02	9.79±2.15	−1.291*
开放的表达	9.14±2.83	12.13±2.74	−2.601*
总分	101.59±14.37	116.84±18.62	−1.179*

从表4-44可以看到，实验班学生后测的亲子沟通水平在整体上显著地高于前测结果。而在问卷的8个维度中，在参与倾向性、积极倾听、沟通灵活性和开放的表达4个维度上尤为明显。

七、家校合作教育模式实验结果讨论

（一）整体效应

实验前测时，实验班与对照班学生的自我适应性没有显著性差异；在实验后测中，实验班学生在全量表总体上与对照班之间达到显著性水平，在学习适应、身体认同和生活适应维度上达到显著水平。实验班学生后测的自我适应性水平在整体上较为显著地高于前测。对照班自我适应性的平均分，前后测在整体上并未达到显著差异水平。通过对实验结果的综合分析，我们可以认为，家校合作可以有效改善初中生自我适应性的水平。

本实验结论的可能的原因分析：

其一，从实验实施本身进行分析。本次实验联合家庭和学校两种力量对初一学生的自我适应性进行提高。实验者参照了各种家校合作的项目，依据心理素质培养的整合模式，制订出了实验的实施策略和计划，在实践中积极严格地加以实施。在实施的过程得到了家长、教师的支持和肯定，家庭和学校双方在合作中都投入了大量的精力和努力，做到了双方互相支持、配合，把对于学生的教育协调起来了。

其二，实验严格围绕着提高自我适应性的各个维度展开，针对不同的维度，采用了不同的适宜的方法，促成了实验的效应。

(1) 采用了多种方式对学习适应进行培养。已有很多研究者对学习适应的培养进行了研究，发现家庭环境、学习方法、学校环境等因素的改变都可以促进学习适应的提高。本研究采用了家庭教育、学习小团体、心理素质训练课、家长-教师交流会等多种方式，调动了家庭、学校和学生的力量，充分发挥了多方教育资源的作用。家长学习各种家庭教育方式，配合学校帮助学生养成良好的学习习惯、优化学习方法、安排学习时间等，并在家中对孩子的表现加以监控和督促。任课教师参加学习小团体，对部分学生进行辅导，帮助部分学生提高成绩。在学校中的心理素质课也对学习适应进行专题训练。本实验的结果表明，这些活动都促进了学生学习适应的提高。

(2) 基于家庭开展生活适应培养。生活适应单靠学校很难完成，学生在学校的主要活动是学习，很少有机会得到生活上的锻炼。在实验中，对学生的生活适应在学校进行专门培养，然后让家长在家庭中协助学生提高生活适应的能力。家长帮助学生把在学校学习到的适应策略在生活中加以应用并使其形成稳定的行为方式。实验结果表明，这种方式可以有效地提高学生的生活适应能力。

(3) 发挥家长作用，对身体认同和青春期心理适应进行培养。这两个维度都涉及青少年发育中的问题，有比较特殊的特点，更适合家庭教育。在培养过程中，首先在心理素质课上进行训练，然后要求家长学习具体的教育方法配合学校对孩子进行培养。家长在家庭中结合自己的故事给予孩子启迪和帮助，既克服了集体训练中学生容易害羞、不容易达到教育效果的缺点，又促进了亲子沟通的能力。实验结果证明，这种方式可以促进对于身体认同这个维度的效应。而青春期心理适应则效果不很明显，可能是因为初一的学生的身体发育比较慢，在这个维度上开展的活动相对少一些。

(4) 对于应对策略而言，学生原来的水平就比较高，提高比较缓慢。对自我适应性进行测量发现，应对策略这个维度的得分是最高的，学生原本就可以采用合适的策略来应对学习中的压力，总体水平比较高，这可能是造成这个维度实验效应不显著的原因。

(5) 应激反应属于比较稳定的因素，与人格特质相关较大，提高比较慢，效果不显著。

其三，自我适应性，这一能力的形成与发展需要一个长期的过程，并非一朝一夕就可以形成的。并且实验实施的人力、物力和财力有限，实验正式实施的时间只有一个学期的时间，时间略显不足。

其四，与教师和家长自身素质有关。家校合作需要通过家长和学校的合作形成合力来促进学生的发展，有时候家长和教师不能完全领悟活动的目的和效果，并且个别家长没有时间参与家校合作活动，很不积极。这些也都影响了实验的结果。

（二）家校合作教育模式对亲子沟通的影响

实验班学生后测的亲子沟通水平在整体上较为显著地高于前测结果，在问卷的8个维度中，在参与倾向性、积极倾听、沟通灵活性和开放的表达4个维度上尤为明显。

这主要是因为家校合作教育模式可以有效地促进亲子沟通活动。在实验中，家长在家中协助学校教育儿童，他们更多地和孩子进行交流、在家中帮助孩子作业、和孩子一起参加学校活动等。在这些活动中，父母和孩子有更多的相处时间，他们的关系也更加和谐，同时交流水平也得到提高。这和克拉克的研究及美国“家庭与学校同在（FT)”项目的评估结果较为一致。

参考文献

白晋荣，刘桂文，郭雪梅. 1997. 中学生学习适应性研究. 心理学动态，2：60-64.

车文博．1991．心理咨询百科全书．长春：吉林人民出版社．

褚澄．2000．关于高校新生生活适应能力的调查．健康心理学杂志，8（5）：520-521．

崔鸣国．2003．学生发展与管理．中小学管理，(11)：41．

黄荣生．2001．初一学生心理健康与父母管教态度的关系研究．漳州师范学院学报（哲学社科版），(1)：107-111．

李山，余欣欣．2003．初中生心理应激及其中介变量的研究．宁波大学学报（教育科学版），25（3）：18-21．

李慧莉，张庆林．2004．初一新生学习适应过程研究．心理与行为研究，2（1）：356-359．

林敬德，孔庆兰，秦彩凤．2004．应激性生活事件对中学生心理健康的影响．江苏预防医学，15（3）：26-28．

马忠虎．1999．家校合作．北京：教育科学出版社．

南丁．2002．探索家校合作的有效途径-日本的 PTA 给我们的启示．内蒙古师范大学学报，15（2）：12-14．

田澜．2002．小学生学习适应问题及其教育干预研究．西南师范大学硕士学位论文．

汪育华，张泽科．2003．教育力的整合-成都市锦江区开展“家校互动和谐”研究记略．四川教育，(4)：11-14．

王滔．2002．大学生心理素质结构及其发展特点研究．西南师范大学硕士学位论文．

徐明峡，吴建成．2003．影响现代家校合作制度建构的环境研究．内蒙古师范大学学报（教育科学版），16（3）：5-7．

杨孝莲．2000．浅析初一新生的心理烦恼与教育．绵阳师范高等专科学校学报，19（4）：92-93．

张大均，冯正直，郭成，等．2000．关于学生心理素质研究的几个问题．西南师范大学学报（人文社科版），26（3）：56-62．

Bonnie S H. 2002. Application of participatory action research to family-school intervention. School Psychology Review，31（1）：106-121.

Clark R. 1990. Why disadvantaged children succeed. Public Welfare，(48)：17-23.

Davies D. 1976. Making citizen participation word. National Elementary Principal，(55)：20-29.

Fuller M L. 2003. 家庭与学校的联系——如何成功地与家长联系．谭军华，等译．北京：中国轻工业出版社．

Iverson B，Walberg H. 1982. Home environment and school learning：a quantative synthesis. Journal of Experimental Education，50（3）：144-151.

Lewis A. 1997. Building bridges：eight case studies of schools and communities working together. Chicago：Cross City Campaign for Urban School Reform.

Lightfoot S. 1978. Worlds Apart：Relationships Between Families and Schools. New York：Basic Book.

Linda M，Knoff H M. 1999. Improving home-school collaboration with disadvantaged families：organizational principles，perspectives，and approaches. School Psychology Review，

3 (28)：448-466.

Lindle J. 1992. Developing school based decision-making capacities in Kentucky：communication satisfaction after the pilot year. Lexington，KY：University of Kentucky.

Liontos L. 1992. At-risk families and schools：becoming partners. Eugene，OR：University of Oregon.

Logan J. 1992. School-based decision-making：first year perceptions of Kentucky teachers，principals，and counselors. Lexington，KY：University of Kentucky.

McDonald L，Levin J R，Scalia P A. 1991. Family and schools together：an innovative substance abuse prevention program. Social Work in Education，13 (2)：118-128.

McDonald L，Bellingham H. l993. Families and Schools Together：Final Report. Washington：Office of Human Development，Administration on Children and Families.

Morgan V，Fraser G，Dunn S，et al. 1992. Parental involvement in education：how do parents want to become involved? Education Studies，18 (1)：11-20.

Raffaelelm，Knoff H M. 1999. Improving Horre-school collaboration with disadvantaged families：organizational，principles，perspectives，and approaches. School Psychology Review，28 (3)：448-446.

Rioux W，Berla N. 1993. Innovations in Parent and Family Involvement. Princeton Junction，NJ：Eyes on Education.

第五章　初中英语教学中培养学生学习适应性的研究

学习适应性也称学习适应能力，是个体为取得较好的学习效果，努力使自己的心理活动和行为方式符合学习环境变化和自身发展要求的自我调节过程中表现出来的一种稳定的能力特征。学习适应性是中学生心理素质结构中适应性特征的核心成分，直接影响着学生的学习效果和质量，与良好的个性特征和心理健康水平有着紧密联系。对中学生学习适应性的培养研究，既是学生心理健康发展和自我健康成长的需要，也是学校教育的重要课题。目前，学习适应性的研究主要集中在对中小学生学习适应性的现状调查，对学习适应性与人格特征、心理健康水平等因素的相关分析和学习适应性的局部培养上，缺乏系统的学习适应性教育实验研究，更缺乏有效融入常规学科教学中的实验研究。本章针对当前初中学生存在的主要英语学习适应问题，遵循心理健康教育整合性模式，构建了英语教学中培养学生学习适应性的教学渗透模式，并通过教育实验对该模式进行验证和修正。

第一节　研究概述

一、中学生学习适应性的研究现状

在西方，对学习适应性进行直接研究的很少，“学习适应性”并未成为专有术语。在 ProQuest Education/Psychology、Kluwer Online Journals、EBSCOhost、Cambridge University Press 等外文数据库中进行“learning adaptability”和“learning adaptation”的关键词搜索，查到的相关文章不多，且均来自我国台湾学者的实证研究。

（一）学习适应性的理论研究

我国关于中学生学习适应性的理论研究主要集中在学习适应性的概念界定、因素分析和常用测量工具编制上。

1. 概念界定

对学习适应性的研究主要集中在我国大陆和台湾，20 世纪 90 年代以来，掀起了一股研究热潮。集中起来，关于学习适应性的定义主要有以下几种：

①学习适应性亦学习适应能力，是个体克服困难取得较好学习效果的倾向（周步成 1991）。②学生的心理适应性表现在学习方面就是学习适应性。而心理适应性一般是指个体与环境相互作用过程中，以一定的行为动作积极地反作用于周围环境而获得平衡的心理能力（郑日昌 1994）。③学习适应性是指学生在学习过程中根据学习条件（学习态度、学习方法、学习环境等）的变化，主动做出身心调整，以求达到内外学习环境平衡的有利发展状态的能力（田澜 2002）。④学习适应性是指个体对学习充满热情，根据学习环境、学习内容等的变化不断调整自己的学习计划和学习方式的习惯性倾向（王滔 2002）。⑤大学生的学习适应性是指个体依据学习内外条件的变化及自身学习需要，主动调整自己的学习动力与行为，提高学习能力，使自身的学习心理和行为与不断变化的学习条件相互协调、取得良好学习成就的能力特征（徐小军 2004）。⑥学习适应性可以具体地表述为个体为取得较好的学习效果，努力使自己的心理活动和行为方式符合学习环境变化和自身发展要求的自我调节过程中所表现出来的一种稳定的能力特征（陈旭 2004）。

以上定义尽管表述不同，但仍具有几个共同点：

（1）学习适应性是个体在学习活动中形成的习惯性倾向，已内化为稳定的能力特征，具有相对稳定性。

（2）学习适应性是个体根据外界环境和自身发展需要进行自我调节的过程，具有绝对动态性和内在动力性。

（3）学习适应性直接影响个体的学习效果和学习质量。

因此，对于中学生学习适应性我们倾向于定义如下：学习适应性也称学习适应能力，是个体为取得较好的学习效果，努力使自己的心理活动和行为方式符合学习环境变化和自身发展要求的自我调节过程中表现出来的一种稳定的能力特征。

根据对中学生学习适应性定义的分析，学生在学习过程中不能根据学习内化环境变化采取积极措施、有效调节身心，致使学业成绩和身心健康达不到应有发展水平时就会出现学习适应问题（田澜 2002），具体表现为学习目的不明确、缺乏学习兴趣、厌学、缺乏适合自己的学习方法、学习习惯不好、对学习缺乏信心、学习紧张、焦虑、与同学关系紧张等。因此，学习适应问题是学习适应性这一心理适应能力适应不良时的表现。

在西方，对青少年学习适应问题进行直接研究的很少，主要都集中在学习困难的研究上。学习困难是个笼统的称法，其中包括学习障碍、学习迟钝、学习无能等术语。我国学者对学习困难的研究注意力主要集中在青少年学业不良上。从已有研究来看，具有学习适应问题和学业不良的青少年都智力正常。但学习适应问题的对象范围要比学业不良广，既包括有轻微学习适应问题的青少年，也包括学习适应不良发展、累积到一定程度成为学业不良的青少年；学习适应问题发展到一定程度必然导致学业不良，学业不良又反过来加重学习适应不良，彼此相互影响和作用（白晋荣等 1997；聂衍刚等 2004）。

2. 中学生学习适应性的因素分析

学习适应性是在学习活动中表现出来的，因此涉及影响学习活动的各方面因素。目前，关于中学生学习适应性的因素讨论不是很多，具有代表性的观点主要有：

（1）周步成等在《中学生学习适应性测验》使用手册中指出，学习适应性包括学习热情、有计划地学习、听课方法、读书和记笔记的方法、记忆和思维的方法、应试方法、学习环境、性格和身心健康等因素。

（2）台湾学者陈英豪、林正文、李坤崇在学习适应性量表中认为，学习适应性包括学习方法、学习习惯、学习态度、学习环境和身心适应 5 个方面（陈英豪等 1991）。

（3）华瑞人才测评公司所编制设计的中学生学习适应性测验认为，学习适应性包括学习动机、学习期望、学习方法、学习意志力、学习环境和身心健康等方面的内容（聂衍刚等 2004）。

（4）通过文献检索，我们发现中学一线教师在教学实践中，比较一致地认为中学生学习适应良好表现为有学习目的、学习态度端正、对学习有兴趣、有信心、有适合自己的学习方法、养成了良好的学习习惯、与周围环境关系融洽、能向教师求助解决问题、能与他人合作完成学习任务、情绪稳定、身心健康等方面。

因此，综合已有研究，我们认为中学生学习适应性的因素主要包括四个方面：①学习内部动力系统（学习动机、学习兴趣、学习态度等）；②学习方法策略系统（学习方法、学习策略、学习习惯等）；③学生的人格特征和身心健康状况；④学生对外界客观物质环境与人际心理环境的适应状况。

3. 测量工具

目前，国内外在学习适应方面开发的心理量表主要为针对一般儿童和针对有学习困难儿童两种，下面介绍测量一般儿童学习适应性最常用的三个量表。

（1）学习适应性测验（简称 AAT），由华东师范大学心理学系周步成教授等修订。该测验分小学版和中学版，都有全国常模。中学版由 4 个分量表，12 个内容量表构成，分别是学习态度量表（包括学习兴趣、学习计划、听课方法）；学习技术量表（包括读书和笔记方法、学习技术、应试方法）；学习环境量表（包括家庭环境、学校环境、朋友关系）；身心健康量表（包括独立性、毅力、心身健康)。该测验采用优等、中上、中等、中下、差 5 个等级来定性地评定学生的学习适应性。其中，中下和差等都属于学习适应不良。有关研究表明（崔葳嵬，孟庆茂　1998)，该量表的信度和效度良好。该测验目前国内使用最多。

（2）学习适应性量表，由台湾学者陈英豪、林正文、李坤崇等编制的。该量表适合小学 4 年级至初中 3 年级学生使用，由“学习方法”“学习习惯”“学习态度”“学习环境”和“身心适应”5 个分量表组成。孙春晖、郑日昌做的验证性因素分析显示“该量表的总量表和分量表的模型拟合性都未违背基本适合标准，只是学习环境分量表的结构效度不佳，需要对其重构。”（孙春晖，郑日昌　2001)

（3）中学生学习适应性测验，由华瑞人才测评公司编制设计，该量表把学习适应性分为学习动机、学习期望（教师/家长/自己)、学习方法（计划/听课/笔记/应试/记忆/习惯)、学习意志力、学校环境（同学/教师/学校)、家庭环境（学习空间/噪声/家庭关系）和身心健康 7 个分量表（聂衍刚等　2004)。

（二）学习适应性的实证研究

分析已有研究，我们发现中学生学习适应性的实证研究主要包括现状调查研究、相关研究和应用培养研究三方面。

1. 现状调查研究

当前中学生学习适应性的状况是总体水平正常，平均等级略高于中等，但还有超过 20％的学生其学习适应性处于中下或下等水平，属于学习适应不良甚至适应困难的状态（戴育红　1997b；白晋荣等　1997；阎江涛，邓彩云　1999)。程华山等对上海市 4649 名中小学生的心理问题现状的调查表明（吴增强　2001)，居前十位的是学习动机不正、学习习惯不好、学习能力不够、注意力障碍、自控力差、自我中心、耐挫力低、学习焦虑、自卑和社会退缩，其中与学习适应有关的问题就有 7 项。

在年级发展上，调查结果存在争议。较多研究发现随着年级增高，学生学习适应性水平有下降趋势（王鹏等　1996；冯正直　1999；聂衍刚等　2004)，初中生的学习适应性显著好于高中生，高中生的学习适应不良比例远远大于初中生。在性别上，调查结果也存在分歧（王鹏等　1996；戴育红　1997b；张承芬，张宝金　2000)，较多研究发现男女生学习适应性存在显著差异，女生学习适应性在很多方面都显著好于男生。在学生来源地上，也存在分歧（白晋荣等　1997；张承芬，张宝金　2000；阎江涛等　2000)，但可以肯定的是乡村学生在学习态度上显著好于城市学生。在学业成绩上，优生差生两类学生的学习适应性存在着极显著差异，差生的学习适应性平均得分显著低于优生（王惠萍等

1998）。在学校类型上，重点中学学生的学习适应性明显优于普通中学（聂衍刚等 2004）。

总的来说，调查结果存在分歧。这与各地区中学生学习适应性发展不平衡的客观原因有关，还与抽样地区不同、抽样代表性存在偏差有关。

2. 相关研究

学习适应性的相关研究主要集中在考察学习适应性与学业成绩、人格特征、心理健康水平的关系上。

在学业成绩上，戴育红（1997a；1997b）发现，中学生学习适应性的等级水平与学习成绩的等级水平有非常显著的正相关；小学生的学习适应性、智力水平和学习成绩间也均存在着较高程度的相关，学习适应性与学习成绩的相关系数为 0.331（$p<0.001$），智力与学习成绩的相关系数为 0.367。这说明，学习适应性和智力水平对学生学习成绩的影响都是极其显著的，且影响程度大致相同。刘衍玲（2001）的研究则从作用机制上揭示出，学习适应性对不同学习成绩组学生的影响机制不同，对中等成绩组学生的影响是直接的，对优等生和差生的影响是间接的。可见，较高的学习适应性是学生取得良好成绩的重要保证。学习适应性水平偏低是导致部分学生虽智力正常但学习成绩达不到正常发展水平的一个重要原因。学业成绩是学习适应的核心指标，学生学习适应的程度直接影响着学习效率。

在人格特征上，张大均等（2000）研究发现，学习适应性是中学生适应性素质的核心成分，包含在学生的心理素质结构中。学习适应状况的改善自然能够增进学生的适应性素质乃至整个心理素质结构和功能的发展，维护学生的人格。其他研究通过学习适应性测验和 16PF 调查，也发现学习适应性强的学生具有高稳定性、高有恒性、高独立性、高自律性、低紧张性、低怀疑性和低忧虑性等良好人格特征（查子秀　1993；宋广文　1999）。

在心理健康水平上，学习适应性也与 SCL-90 中的众多心理因子显著相关，学习适应性强的学生无论在总体水平，还是在具体指标上，心理健康水平均较好（宋广文等　1999）。杨宏飞（2002）研究了职高学生的焦虑情绪与学习适应性之间的相关，发现学生的焦虑情绪与学习适应性呈负相关。李灿桂（1995）也发现，学习适应不良的学生存在自卑、苦恼，失望等诸多不良情绪。

总的来说，学习适应性的相关研究从另一个角度充分说明了中学生的学习适应性具有促进学业进步、维护良好人格特征和维护心理健康的作用。

3. 应用培养研究

随着中学素质教育工作的开展，近年来出现了大量旨在提高中学生学习成效的实验研究，大多集中在激发和培养学习动机、增强学生自我效能感、改进学习方法、掌握有效学习策略、有效缓解考试压力、调整应试心态等方面，或独立于学科单独进行或结合具体学科进行。尽管这类培养研究对提高学生的学习适应能力产生了间接或直接的影响，但只对学习适应性的某一方面进行了培养。因此我们把这类研究归结为学习适应性的局部培养研究。

对学生学习适应性进行整体培养的培养研究并不多，除田澜（2002）从小学生学习适应问题的角度进行了整体培养研究的探索外，其他研究都是中学的课题培养研究。其中上海长宁区的研究规模和影响最大（徐浙宁，郑妙晨 2000），从1992年的“五校学习适应性课题”开始，现今已发展到了“十二校学习适应性课题组”。他们以周步成修订的学习适应性测验为理论依据，与华东师范大学心理系的部分师生合作，进行学习适应性普测、编制了学习适应性的辅导书、安排了学习适应性课程及家长辅导班等。另外湖南地质中学彭云霞（1999）的研究也很有影响力，他们在进行中学生心理素质教育的课题研究中开展了为期三年的学生学习适应性的培养实验研究。

总的来说，对中学生学习适应性整体培养实验主要通过开设学习适应性辅导课、组织学习适应性团体咨询和开展个别学生学习心理咨询三条途径进行，都取得了很明显的效果。但培养方法都集中在宏观层面，没有具体化的操作说明，如学习适应性辅导课进行了哪些心理活动环节；针对学习适应性的不同方面，具体采用了哪些教学策略等，这在一定程度上影响了实验的推广性，不利于教学实践的规范和指导。

（三）学习适应性研究存在的不足

已有研究为揭示中学生学习适应性的内涵和机制、了解我国中学生学习适应性的特点和现状、阐明学习适应性的重要作用都有重要的启示。但是，综观已有研究，我们不难发现，其中存在着一些不足：

（1）针对初一学生这一特定群体的学习适应性的本质、结构、形成和起作用的规律等方面的理论研究有待进一步深入。

（2）实证研究主要集中在对学生学习适应性发展特点的现状调查和相关研究上，学习适应性的培养研究仍不多。

（3）应用培养的实证研究大多集中在学习适应性的单一方面，缺乏系统的学习适应性教育实证研究，更缺乏有效融入常规学科教学中的实证研究。

二、学科渗透心理素质教育概述

在分析学科渗透研究现状之前，我们有一点需要说明，即在学校心理健康教育研究中，面对“心理健康教育”和“心理素质教育”两种提法，我们选择后者。因为我们赞同心理素质是一个包含从稳定的内源性心理基质到外显的适应性行为习惯的多层面的自组织系统，而心理健康是心理素质的一种功能性反映，是心理素质的外显表现状态。从总体上看，心理素质与心理健康属于“本”与“标”的关系（陈旭 2004）。因此，在本书中，我们更多采用心理素质教育的提法。

（一）学科渗透的定义与特征

学科渗透是学科教学中渗透心理素质教育的简称，它是学校心理健康教育研究者为弥补心理素质专题训练活动课（或称心理健康教育课）和心理咨询辅导这两条心理素质教育的主要途径在实施过程中存在的问题而提出的又一途径，意在通过学科教学这一教育主渠道进行心理素质教育。国内有“学科渗透”和“学科心育”两种提法。两相比较，学科渗透这一提法，不但突出了学校心理素质教育是一项以培养学生健全心理素质为目标的素质教育活动，具有更强的目的性、针对性、指导性和可操作性，而且明确了学科教学与心理素质教育的关系。因此，大多数学者采用“学科渗透”这一提法。

在具体定义上，尽管学者们的表述有所不同，但意义都相同。几种主要定义如下：①学科心育就是依据心育目标，在学科教学中有目的、有计划地培养学生良好的心理素质，开发学生的创造潜能，增进学生心理健康的教育活动（郑和钧 1999)。②学科渗透是指教师在学科教学中自觉地、有意识地进行心理健康教育（陈家麟 2002)。③学科渗透是指教师在常规学科教学中，自觉地、有意识地运用心理学理论、方法和技术，让学生在掌握知识、形成能力的同时，完善各种心理品质（孙远，张大均 2003)。④学科渗透是指教师在学科教学中，从学科特点出发，抓住学科知识教学与学生心理素质发展的结合点，有目的、有计划地运用心理素质教育的方法、策略，渗透心理素质教育的内容，以增进学生的心理健康（江琦，张大均 2004)。

从定义可以看出，学科渗透具有以下特点：

（1）学科教学是主线、心理素质教育是副线，学科教学目标是首要目标、心理素质教育目标是次级目标。

（2）学科渗透是以内隐的、濡染的方式进行，让学生的心理品质在潜移默化中得到发展与改善。

（3）学科渗透促进了学生的知识掌握与心理发展的有机结合，实现了学科教学和心理素质教育的双重目标，最终从整体上推进了学生心理素质的发展。

（二）学科渗透的地位与作用

理论界在学科渗透的地位问题上探讨较少，但都认为学科渗透是学科教学的重要的、不可分割的有机部分，是学校心理素质教育、心理健康教育的主阵地（郑和钧　1999）。学科渗透的作用归纳起来主要体现在以下五个方面。

（1）从心理素质教育的角度看，学科渗透的实现有利于拓宽心理素质教育的途径，增强心理素质教育的功能，从而把心理素质教育目标落到实处。

（2）从学科教学的角度看，学科渗透的实现，有利用拓宽学科教学的功能，是学科教学活动的内在需要，能促进学科教学目标的实现，切实提高学科教学效果。

（3）从素质教育的角度看，学科渗透有利于改变学科教学和心理素质教育的分离状态，结束学科教学中心理素质教育目标长期缺乏问题的现状，有利于素质教育整体目标的实现。

（4）从教师发展的角度看，学科渗透能促使更多教师学习和运用心理学理论，提高其理论素养和教学能力。

（5）从学校课程发展角度看，学科渗透促成了学科课程本身的积极建构，是课程实施策略的一种改进和提升。

总的来说，学科渗透的作用体现着进行学科渗透的必要性。

（三）学科渗透设定的目标和内容

在目标设定理论依据的主要有三种：①根据布鲁纳的教学目标分类，在认知领域、情感领域和动作领域确立教育目标；②根据加涅对学习结果的分类，在言语信息、智慧技能、动作技能、认知策略、态度类别上设立适合渗透的心理素质教育目标；③根据郑和钧（1999）的三维教学目标（包括构建内容、构建结果、构建过程三个维度）设立学科渗透的目标。

在内容的设定上，研究者们大多采取一种不言自明的态度：既然学科渗透是学校心理素质教育的实施途径之一，那么心理素质教育的内容也应该是学科渗透的内容。也有少数学者根据自身理论和实证研究，明确提出了学科渗透内容体系，如郑和钧提出学科心育就是让学生学会生活、学会学习、学会创造、学会关心、学会做人、学会自我教育，简称“六会”（郑和钧　1999）；陈旭和张大均（2002）提出学科渗透的内容包含积极适应（学会学习、学会交往、学会生活、学会做人）和主动发展（发展智能、发展个性、发展社会性、发展创造性）两大主题。

（四）实施学科渗透的途径、原则和方法

分析已有研究，学科渗透的途径主要有充分运用学科教材蕴含的心理资源和注重对教学过程的渗透两条。学科教材蕴含的心理资源以直接或间接的方式存在着，要采用一定的方法，如直接取用、挖掘、拓展等进行发掘，找准常规学科教

学与心理素质教育内容的结合点。有学者提出，文科类课程可以较多地直接引用相关心理资源，理科类则应更多地注重教学过程（陈家麟 2002）。许多研究指出，教学过程中渗透心理素质教育主要体现在教师的作用上，如教师转变教学观念、改进教学方法，创建良好师生关系、营造宽松愉悦和谐的课堂心理氛围等。有的研究甚至直接指出教师的作用是学科渗透成败的关键。

已有研究中，对实施学科渗透的原则的划分具有层次性：既有宏观层面上进行学科渗透的总体原则，如优势互补原则、发展性原则、整体性原则、针对性原则（肖敏 2003）、整体协同持续发展原则、开放性原则等（郑和钧 1999）；也有中观层面上学科渗透教学设计的原则，如在目标设定上要有内在规定性、客观针对性、濡染整合性和学科差异性（陈家麟 2002）；同时还有微观层面上教师的教学操作原则，如成功激励原则、主体参与性原则、情趣性原则（孙远等 2003）。

实施学科渗透的方法也具有多样性。有一般教学渗透过程都可以采用的教学方法，如体验法、评价法、发现法等。同时也有针对不同学科采用的微观具体教学方法，如陈家麟（2002）总结出在小学语文教学中可以采用咬文嚼字、启发提问、反复诵读、作业练习等方法；鞠东胜（2002）用课堂提问作为核心方法，在化学教学中培养学生的思维能力等。

（五）学科渗透研究存在的不足

综观已有研究，我们发现学科渗透无论在理论探讨还是在实证研究上都处于起步阶段，存在着许多不足，主要表现在：

（1）理论研究还缺乏系统探讨，相关的概念、内容、原则、方法、条件、评价标准等还需要进一步明确和界定，需要为实证研究提供理论支持。

（2）真正进行学科渗透的实证研究很少并且不深入。如大多数改善学生心理品质的实验研究并非通过学科渗透这一唯一途径，还结合心理讲座、心理辅导途径同时进行；在课堂教学中并非依据学科教材自身的内容体系进行，而是采用针对实验目的的自编材料进行；没有根据心理素质形成的基本环节，针对学生在特定学科中的心理素质薄弱内容，构建出具有学科渗透特色的教学模式；没有对学科渗透的教学目标、原则、途径、方法、实施策略进行说明。

尽管如此，已有研究对后继研究仍有宝贵的参考和借鉴意义。

三、本研究的价值

（一）促进学生学习适应能力的发展

当今社会，学习的内涵与形式已发生了深刻变化。“学会学习”“终身学习”成为时代进步和社会发展的必需，这要求个体不仅要学会对知识的合理建构，更要掌握和内化获取知识的策略、方法和手段，以及拥有在不断变化的知识环境中自主调控和主动适应的能力。培养学生“学会学习”的能力已成为当前世界各国教育领域共同关注的课题，已同“学会做事”“学会共同生活”和“学会生存”一起成为当前教育的四大支柱。本研究适应知识经济时代对学生学习的新要求，在中学生学习适应性和学科渗透心理素质教育的已有研究基础上，针对当前初中学生的英语学习适应问题，探索在学科教学中渗透培养学生学习适应能力的有效方法和途径。

（二）促进学生心理健康发展和自我健康成长

学习适应性是学生学习心理素质之一，培养学生良好的适应能力是素质教育的基本要求和重要职责。学习适应能力是学生适应素质结构中的核心成分，与良好个性特征和心理健康水平有着紧密的联系。因此对中学生学习适应性的培养研究，既是学生心理健康发展和自我成长的需要，也是学校教育的重要课题。

（三）探索学校心理素质教育的新模式与新策略

学生心理素质是多层次、多维度的自组织系统，学校心理素质教育要求针对不同年龄阶段、不同活动方式、不同心理品质采用不同的训练模式和策略。因此，本研究以初中英语教学为背景，针对当前初中学生的英语学习适应问题，遵循教育实验研究的规则，在英语学科教学的常态中进行以渗透学生学习适应能力培养为目标的实验研究，拓展学校心理素质教育的实施途径和学科教学的功能。

四、本研究的基本内容与所用工具

本研究在借鉴国内外已有研究成果基础上，通过文献分析和访谈，获得当前初中学生存在的英语学习适应问题；在心理健康教育整合性模式的指导下（陈旭等 2002），理论探析、构建英语教学中培养学生学习适应性的学科教学渗透模式和教学策略；在教学实验中修正并检验该模式和策略的可行性和有效性，探寻提高学生英语学习适应性水平、学习适应性水平、心理素质和英语学业成绩的途径和方法。

（一）基本内容

（1）探讨学科教学渗透心理素质教育的必要性、可行性、实施途径和原则。

（2）构建培养初中学生学习适应性的教育渗透模式，并提出实施策略。

（3）实验检验该模式和策略的有效性和可行性，探索此领域研究的理论和方法。

（二）所用的主要工具

（1）中学生学习适应性测验（AAT）。由华东师范大学心理学系周步成教授等修订。该量表的信度和效度良好，目前在国内使用得最多。

（2）中学生心理素质问卷（3SMQ）。由西南师范大学教育科学研究所张大均、冯正直等编制，由元认知问卷、个性问卷和适应性问卷三个分问卷组成。问卷总量表的重测相关是0.853，各因素的重测相关为0.76～0.84，量表的内部一致性系数为0.839，各因素的内部一致性系数为0.72～0.78，各因素之间的相关系数为0.251～0.540，表明量表具有较高的信度和良好的结构效度。

（3）7～9年级学生英语学习策略评价表。该评价表是秦泳（2000）根据《英语课程标准》中规定的初中毕业生在学习策略方面应达到的目标内容转变而成，共有32个条目，分认知策略、调控策略、交际策略和资源策略四部分。每个条目后设5个选择项，实行正向5点计分（1表示从来不使用，2表示基本不使用，3表示有时使用，4表示经常使用，5表示总是使用），内部一致性系数为0.90。

（4）收集到的数据统一采用SPSS 11.0 for Windows 2000统计软件处理。

第二节　初中英语教学中培养学生学习适应性的理论探讨

一、初中英语教学中培养学生学习适应性的条件分析

（一）初中英语教学中培养学生学习适应性的必要性

初一学生刚进中学，普遍存在着小学升中学学习适应衔接问题，在英语学科情况更突出。在与实验学校部分初中英语教师和初一学生访谈中，了解到在西部地区小学阶段学校开设英语课并未普及。即使开设了，由于不是主科，也没被足够重视，绝大多数学校安排的课时都较少。受应试教育影响，到了高年级为全力应对中考，几乎都不再开设。因此，在小学阶段，学生对英语的兴趣爱好并未得到很好发展，也没有形成稳定有效的英语学习方法。进入初中后，英语成为主科，新一轮课程改革又增加了英语难度，可规定的教学时间并不增加。在这种情况下，许多学生对英语学习感到头疼和吃力，出现学习适应问题。如果加上教师不转变教学观念、不改进教学方法，则学生的英语学习情况不容乐观。学习适应性是学生适应性心理素质的核心成分（冯正直等　2001），指导学生增强学习适应性成为心理健康教育研究和学习心理指导的一个重要内容（陈旭　2004）。因此，有必要在英语教学中渗透学习适应性教育。

(二) 初中英语教学中培养学生学习适应性的可行性

从教学目标上看,《九年义务教育全日制初级中学英语教学大纲(试用修订版)》提出:“初中英语教学是以素质教育为根本宗旨,以培养学生创新精神和实践能力为重点,为学生终身学习打好基础的教育。”终身学习需要学生具有良好的学习适应能力。2001 年 7 月,《全日制义务教育普通高级中学英语课程标准》(简称《英语新课程标准》)指出,基础教育阶段英语课程的任务之一就是“激发和培养学生学习英语的兴趣,使学生树立自信心,培养良好的学习习惯和形成有效的学习策略”(宋桂月等 2002)。可见,英语教学目标体现出需要培养学生的学习适应能力。从教学内容上看,学科渗透的关键在于学科课程本身及其教学过程是否有可资利用的资源(陈家麟 2002;叶一舵 2004)。初中英语的学科特点,决定了初中英语教材本身和教学过程都蕴含有相当丰富的可培养学生学习适应性的心理素质教育资源。可见,在英语教学中渗透学生学习适应性的培养是可行的。

二、初中英语教学中培养学生学习适应性的操作说明

由于学习适应性包括众多因素,为使实验培养具有针对性,我们决定通过文献分析和对实验学校部分师生进行访谈两条途径获取当前初中生存在的主要英语学习适应问题,以此确定我们培养学习适应性的具体内容。

首先,我们利用中国学术期刊全文数据库(CNKI),输入关键词“初中英语”和“学习问题”进行文献检索,检索出近百篇相关文章。逐一分析与归类,发现当前初中学生在英语学习中主要存在着 8 类问题,按问题出现的频度,由高到低依次为:

(1) 缺乏学习兴趣和热情。学习态度忽冷忽热,没有稳定的兴趣,遇到困难就退缩,丧失学习热情,活动不积极,各顾各的,没有参与到课堂活动中的愿望,厌学。

(2) 缺乏良好的学习习惯。课前不预习,课后不复习,有等待、依赖的习惯,学习不主动,课堂注意力不集中,思维活动游离于教学内容外。

(3) 缺乏科学的学习方法。学单词用汉字注音,记单词靠死记硬背,学语法好刨根问底,练句型生吞活剥,写句子搞逐词对译,汉语习惯离不开等。

(4) 基础差,记不住单词和语法知识。知识拖欠太多,边学边忘,常常混淆知识,学习困难。

(5) 学习目的不明确。不知道为什么要学英语,感觉学英语枯燥、没意思,学习带有很大随意性和盲目性,

(6) 缺乏信心,不能面对挫折。一遇到挫折就丧失兴趣和信心,遇难即退,弃而不学。

(7) 不了解英语学科的特点。不知道英语是门交际工具、学习英语的目的是获得听说读写的能力、发展语言交际能力，不知道学英语必须要经过大量的、反复的口、笔头实践练习。以为英语是知识型和理解型课程，仅满足于听懂教师讲的内容，不知道学习英语一定要循序渐进，扎扎实实，要靠平时的积累。

(8) 语言表达能力差。平时不喜欢张口说英语，不经常大声朗读课文，很少跟读录音磁带，不重视语音语调。

除去第（4）、(7)、(8) 项属于学生英语知识技能方面的问题外，其余各项都属于学生学习心理问题。具体地说，即是学习兴趣、学习习惯、学习方法等方面的学习适应问题，可以归为学习动力系统方面的问题和学习方法策略系统方面的问题。教育心理学研究表明，知识技能的掌握受个体学习心理影响。由此可见，学生知识技能方面的问题是学生学习适应问题的外在表现，我们培养学生的英语学习适应性可以主要从学习兴趣、学习习惯和学习方法入手。这与中学生学习适应性的内容因素正好相符。

同时，实验前，我们对实验学校部分初中英语教师和初一学生进行了访谈，了解到该校是一所城乡结合的普通型中学，城市和农村学生各占一半，父母受教育程度较低，大多在外地打工，许多学生和祖父母或外祖父母生活在一起，家长缺乏辅导孩子学习的能力，部分学生寄宿，学生学习积极性不很高，学生学习行为习惯也需要培养；小学阶段的学习内容和学习方法与中学有所不同，初一学生刚进中学，普遍存在着小学升中学学习适应衔接问题；在西部地区，英语课程的开设在小学阶段并未普及；新课程增加了学习难度，使得学生的英语学习适应问题更为突出。

因此，实验着重从激发学习动机、培养学习兴趣，指导学习方法、培养学习习惯两方面来培养学生的英语学习适应性。

至此，在本实验中，我们对英语学科教学中渗透学习适应性的培养可以下这样的操作性定义：教师在英语学科教学中，围绕培养学生的学习适应能力这一心理素质教育目标，以“激发学习动机、培养学习兴趣，指导学习方法、培养学习习惯”作为培养学习适应性的重点内容，依据构建的教学渗透模式和教学策略，有目的、有计划地实施这一基本教学操作程序。

三、初中英语教学中培养学生学习适应性的教育模式构建

（一）构建模式的意图

在现代科学方法论中，模式方法是一种重要的研究方法（查有梁　1998）。教学模式作为一种简约化、理论化的教学范式，一般包括理论依据、教学目标、操作程序和操作策略四部分（张大均　2003），它规定着教学策略和教学方法，

因此教学建模的意义重大。

我们构建教学渗透模式的目的是在具体操作层面上将心理素质教育理论和学科教学理论整合起来，以稳定、简约化的方式展示英语教学中渗透学生学习适应性培养的基本操作程序，并对渗透目标、内容、原则、途径和方法等进行指导性规范。

（二）构建模式的依据

我们主要参考了三方面的研究：①有关心理素质教育的理论与实证研究；②教育建模的理论研究；③有关英语学科教学的研究。

（三）初中英语教学中培养学生学习适应性的教学目标和教学内容

本实验的教育目标是培养初中学生的英语学习适应性。通过文献分析和对实验学校部分师生的访谈，“激发学习动机、培养学习兴趣，指导学习方法、培养学习习惯”被确立为本实验的重点教学内容，兼顾学习适应性的其他方面。按照布卢姆的教学目标分类，结合具体学科知识内容，可以发现本实验的教学目标既包括认知目标，如学生对已有知识状况的认识、对学习目的、学习方法的理解，对师生关系的评价等；也包括情感、态度、意志目标，如感受与体验、调节与监控、反思检查、改进完善等。

（四）初中英语教学中培养学生学习适应性的教学实施途径

心理素质教育要有机地融合在学科教学中，必须找准学科教学内容、方法与心理素质教育内容、方法的结合点和切合点（渗透契机），进行自然的、适度的、濡染的渗透，而不刻意、牵强，使学科教学成为心理素质教育课。

分析学科渗透的已有研究，结合初中英语学科教学的特点，我们认为在初中英语教学中培养学生学习适应性能发掘到的渗透途径主要有三条。

首先，英语教材本身就直接或间接的蕴含着十分丰富的学习适应性培养的教育资源。例如，单词、语法知识的呈现、讲解方式与激发学习动机、培养学习兴趣相连；单词、语法知识的理解和记忆过程又与指导学习方法、策略同步；听说读写技能的形成需要培养良好听说读写学习习惯。教师可以直接利用这些教学内容作为学习适应性的教育内容，也可以归纳、总结、衍生、拓展这些教学内容，找出“此”与“彼”的结合点，作为学习适应性的教育内容。

其次，英语教学过程中蕴藏着丰富的学习适应性培养的教育资源。英语是培养学生听说读写技能，发展综合运用语言能力的学科，学生语言能力的形成，需要大量的语言操练，但直接、机械的练习不能引发学生的学习热情，需要提供机会让学生在有意义、生动有趣的情境活动中练习和运用。这需要激发学生的学习热情和兴趣，需要师生间、生生间的合作互动。这些都为渗透学习适应性的培养提供了良好契机。

最后，英语课堂教学心理环境间接蕴含着学习适应性培养的教育资源。教学心理环境主要由人际环境（师生关系、同伴关系）和课堂教学心理气氛两部分组成（张大均　1997）。良好的教学心理环境对教学活动有重要影响：有利于沟通教学信息，交流思想，促进师生间、生生间产生心理相容和情感交流；能帮助学生克服和消除学习疲劳，提高学习效率；有助于维护正常教学秩序，顺利完成教学任务。其中，教师对良好教学心理环境的创设乃至整个学科渗透心理素质教育的效果起到主导作用（郑和钧　1999；叶水湖　2000；陈家麟　2002）。有的研究甚至直接指出教师的作用是学科渗透成败的关键（郑和钧　1999；罗道全，曲新英　2002；肖敏　2003）。这都为渗透培养学生的学习热情、建立良性师生、同伴关系，促进身心健康等学习适应性内容提供了契机。因此，教师要善于抓住这些渗透契机，进行适时、巧妙、恰当的渗透培养。

（五）初中英语教学中培养学生学习适应性的教学操作程序

本研究构建的初中英语教学中渗透学生学习适应性培养的教学操作模式（图 5-1）遵循学生心理素质的形成过程规律，结合初中学生学习适应性发展的年龄特征，以教师为主导、学生为主体的教学环节作为主线，整合教师教学环节、教学活动与学生心理活动、心理环节于一体。

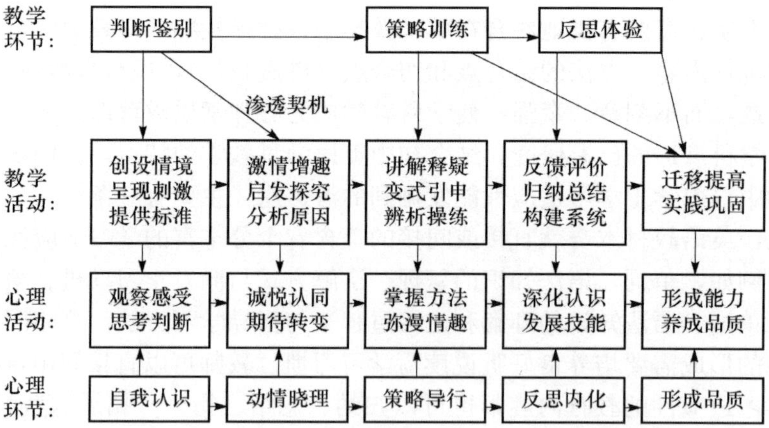

图 5-1　初中英语教学中培养学生学习适应性流程图

1. 教学环节

教学环节是教师培养学生学习适应能力所需经历的阶段，实现了对教学诸要素的整体构架，体现了整个教学过程的操作序列，是教学实施的基本环节，具有统领作用。整个教学实施过程有三个基本环节（详见附录二）。

1）判断鉴别

包括教师测查学生学习适应性现有状况，掌握学生主要学习问题，让学生明白学习适应性的作用，了解自己的英语学习的适应状况，自省自己是否具备良好的学习适应能力等内容。目的是为了引起学生的认同感或缺失感，唤起情感共鸣或震撼，激活心理活动，产生提高自身学习适应性的内在需要。这一环节可以进行的教学活动有创设情境、呈现刺激、提供标准，激情增趣、启发探究、分析原因；可采用的活动形式有复习、呈现自测题、呈现情境、呈现案例等。这一环节包含着教师寻找学习适应性的渗透契机这一重要内容。

2）策略训练

在这一环节中教师采取各种教学策略和方法，调动学生积极参与教学活动，训练学生学习适应性能力形成。教师可进行的教学活动和方法有讲解释疑、变式引申、辨析操练和迁移提高、实践巩固。其目的在于：①引思，引导学生思考所涉及的英语知识技能问题和学习适应性心理问题，掌握知识技能，提高认识，转变思维方式、角度等；②导行，设置思维步骤和行动步骤；③激情，在思考、行动中唤醒情感体验；④练习，按照思考、操作的方式方法练习、掌握英语听、说、读、写的基本学习方法和技能，进一步发展学习兴趣。该环节可进行的活动形式多样，有师生间、生生间的合作操作、角色扮演、讨论、辨析、合理的分组竞赛、学生自我探究发现等。

3）反思体验

在这一环节教师需要检查学生学习适应能力情况，使学生深化认识、掌握方法、内化操作、迁移运用。这一环节主要的教学活动有教师对学生学习活动的反馈评价，教师和学生共同对课堂学习内容进行归纳总结、共同构建学科知识认知图式和学习适应性心理系统。因此，反馈评价、归纳总结、构建系统和迁移提高、实践巩固是该环节采用的教学活动。

2. 教学活动

教学活动是教师培养学生学习适应性的教学过程，围绕教学环节展开，对应不同的环节，采取不同的教学方法和活动形式，其间为教师提供了针对学生英语学习适应问题进行干预的典型而具体的操作方法。整个教学活动具有灵活性和开放性，并不是每节课教师都必须按照图 5-1 中相应的五个板块的活动进行渗透操作，可以根据教学内容和课型的不同而有所侧重。

3. 心理活动

心理活动是学生在教学活动中的心理变化过程，与相应的教学活动相对应。

由于学生心理是个自组织系统，不仅能自动活动，而且在活动过程中能根据自身特点对教师引导的教学活动进行选择、加工、控制和调节，最终以需要、兴趣、情感、认知、能力、性格等形式反映出来。因此，教师在渗透活动中需要考虑学生的心理年龄特征和个体差异。另外值得注意的是，此处心理活动只标识了学生学习适应能力形成的一般心理规律，因此并不是每个学生都必须依次经历图 5-1 中相应的五个心理活动环节。有的学生的心理活动可以交叉和跳跃。

4. 心理环节

心理环节是学生心理素质形成过程的基本环节，体现心理素质形成的规律，学生学习适应能力的发展过程也经历了五个环节（图 5-1）。教师进行的所有教学环节和教学活动都是围绕这五个基本环节的形成规律进行。具体而言："自我认识"就是学生通过对英语学习适应性的判断检测，了解自身存在的品质缺失或不足；"动情晓理"就是学生在自我认识基础上产生了改变学习适应能力缺失或不足的内在需要，愿意克服困难，解决英语学习适应问题；"策略导行"就是学生在与教师、与同伴的互动合作中通过操作活动，去改善自身的学习适应性；"反思内化"就是学生对操作活动进行评价和体验，使之内化为自身心理品质或能力的一部分；"形成品质"就是学生通过进一步的实践和迁移操作形成英语学科能力，改善学习适应能力。

总的来说，在构建模式中，我们尽力整合学科教学目标与心理素质教育目标、学习适应性教育过程与英语学科教学过程、学习适应性教育内容与学科教学内容、学科教学方法与学习适应性培养方法，尽可能达成教师教学目标与学生内在学习需要的协同、教师教学活动与学生心理活动的同步协同、师生之间与生生之间情感的协同。

（六）初中英语教学中培养学生学习适应性的实施要求

总的来说，该教学渗透模式的实施力图体现以下四点要求。

1）学生主动参与是学科渗透成功实施的前提条件

学科渗透借助学科教学这一主要教学阵地，在学科课堂教学过程中使用心理学原理、方法、技术，来发展学生的认知、培养学生健全人格、提高学生适应能力。心理素质教育的过程需要学生的主动参与，学科渗透作为心理素质教育的一个基本途径，也需要学生的主动参与。首先，参与活动为心理素质发展提供动力源泉，能满足学生参与活动的需要，符合青少年心理发展的年龄特征。其次，活动为学生心理素质的表现和发展提供阵地和契机。最后，活动为学生心理素质的发展提供了内容基础。因此，我们在实验中根据不同的教学内容和学生实际情况，设计开展了丰富多彩、形式多样、趣味性强、学生操作程度高的教学活动。

2）学生心理素质的形成过程是学科渗透的依据

学科渗透是学校实施心理健康教育的基本途径之一，这决定了我们的实验必须根据初中生学习适应能力形成的心理历程，即“自我认识—动情晓理—策略导行—反思内化—形成品质”来组织教学活动，使得学生在教学活动中经历观察感受、思考判断，诚悦认同、期待转变，掌握方法、弥漫情趣，深化认识、发展技能，形成能力、养成品质这一系列心理活动来发展学习适应能力。

3）知识教学是学科渗透的支架

学科渗透的性质就决定了在各学科教学中，首先必须完成的是学科本身的知识、技能、能力的内在规定性目标，心理素质教育在学科教学中的渗透目标只是次级目标，后者服从于前者；学科知识教学是学科渗透心理素质教育的载体，学科渗透的实施必须以学科知识教学为依托。我们必须充分发掘学科课程中蕴含的、可以进行学习适应能力培养的相关内容，并采用一定的方法，将其有机融入到学科知识教学过程中。

4）创设互动式教学情境是提高学科渗透有效性的保证

创设互动式教学情境是心理健康教育的特色，也是提高学科渗透有效性的保证。这是因为，在互动式教学情境中，学生的心理活动过程（认知、情感、行为）被激活和唤醒，在此基础上进行相应的心理素质教育就能够最大限度地激发学生思考和行动，引发学生的认同感或缺失感，产生改变心理和行为现状的内在需要。教师在互动式教学情境中，更容易建立和谐、民主的师生关系，创设宽松、愉悦的课堂心理气氛，容易保持快乐、饱满、振奋的情绪状态，并感染学生。这样心理素质就能在师生之间、生生之间相互作用的心理环境中得到塑造。

（七）初中英语教学中培养学生学习适应性的教学原则

1. 教学目标和教学内容的整合协调性原则

正确把握和定位学科教学目标和心理素质教育目标是成功实施学科渗透的重要内容。二者相互联系、相互制约、相互影响，在教学中都要有所体现，但并不是同等重要（孙远，张大均　2003）。其中学科教学目标处于首要地位，心理素质教育目标处于次要地位（叶一舵　2004），二者统一于同一教学过程中。《英语新课程标准》从语言技能、语言知识、情感态度、学习策略等方面提出了培养学生学适应能力的目标。这与我们的实验培养目标相一致。

在教学内容上，任何一门学科知识除知识价值外，还有能力价值、品格价值和方法价值（陈旭，张大均　2002）。英语学科的特点使得英语教材、教学过程和教学环境中都蕴含着丰富的心理素质教育资源。因此，我们渗透的学习适应性内容应该是英语教材本身所有的（直接或间接），可以采取直接取用、归纳、总结、拓展或衍生等方式发掘出培养学习适应性的渗透点（邢金萍 2003；陈旭 2004）。同时，根据教学内容也要注重对教学过程和教学心理环境的渗透和濡染。

2. 教学方法的多样灵活性原则

这一原则是由初一学生的抽象逻辑思维能力不高，很大程度上还需要具体感性经验支持这一认知特点和学科渗透的间接性、内隐性特点决定的。

我们在实验中实行教师主导、学生主体的教学原则，利用了心理素质专题训练和咨询辅导的相关技术、方法，并根据英语学科特点，在渗透培养的不同教学环节上采取不同的渗透方法。具体而言：在判断鉴别环节上，我们采用了情境创设法、启发引导法、探究发现法、自我检测法等；在策略训练环节上，我们采用了游戏法、角色扮演法、合作操练法等；在反思体验环节上，我们采用了自我归纳法、相互评价法、经验交流法等。

同时，学习适应性诸因素与具体教学内容的结合、与各种课型的结合上采用的渗透方法也各有侧重。例如，学习适应性中激发和培养学习动机与培养学习习惯的内容各有不同的渗透方法。在新授课中，创设开放、互动的教学情境，进行形式多样的游戏活动更容易激起学生的学习积极性；在复习课中，渗透培养学生良好学习习惯的内容，相对更容易些。目的都是调动学生学习积极性，诱导学生主动思考、积极领悟，使他们能够掌握基本的学习方法及技能、养成良好习惯，并将其内化为自身的学习适应能力。

3. 学习评价的及时过程性原则

评价的及时性是指在教学活动中，教师及时对学生进行学习情况反馈。通过对学生回答问题的评价、课前预习和复习结果的检查、课后作业的批改等多种方式，让学生充分了解自己的学习状况，能够及时发现自己的问题并立即给予解决，能及时对掌握的学习技术、策略、技能等进行体验内化。教师评价的及时不仅为学习效果起检验、核对作用，而且对学习适应能力的发展起到强化和巩固作用。

注重过程评价就是加强形成性评价，这主要是因为在学科教学中渗透心理素质的培养，其目标的达成很大程度上具有滞后性，很多时候不能像学科教学的知识传授那样，产生立竿见影的效果。教师需要进行过程性评价，如通过口头表扬、书面批语等多种评价手段和方法，对学生的在课堂回答问题、预习与复习、课后作业等学习过程中表现出来的兴趣态度、参与活动程度、语言掌握情况等情况进行及时评判，对他们做出的努力给予及时肯定等来促进学生的学习积极性、学习技能的掌握、良好学习行为习惯的强化，最终达成学习适应能力的提高。

（八）初中英语教学中培养学生学习适应性的教学策略

英语学科特别强调学生活动参与实践，强调学生的主体性、活动性和合作性，这与心理素质教育的特点一致，为我们提供了渗透学习适应性的契机。根据学科特点，我们提出了以下教学策略。

1. 创设互动情境

互动式情境的创设既是心理素质教育的基本特色（陈旭等　2002；刘慧等　2004），也是英语教学的必需。从心理素质教育的角度看，心理素质教育过程，也是创设互动式情境，激活学生心理活动的过程。它通常能引起学生的情感共鸣，或认同或震撼，诱发行动愿望，使得学生的心理素质在人际环境相互作用构成的心理环境中得到培养和发展。从英语教学的角度看，语言是在使用中学会的，有效的外语教学必须通过在情境中的交际互动使用来实现；需要把课堂变成进行英语交际的场所，寓教于乐，让学生在参与活动的过程中，通过感知、体验、实践、探究等手段自然地、不知不觉地吸收和练习，在不断提高英语听、说、读、写的基本能力、构建知识和提高综合语言运用能力的同时，享受英语学习的乐趣。因此，可以说创设互动式教学活动情境是学科渗透的必要条件。

互动式教学情境有三层含义：一是用实物、图画、动作、表情、问题设置等直观载体，创设典型情境。二是师生间、生生间的互动，表现为外部行为互动和内在心理互动两方面。三是内外互动，即教师利用人为优化的环境（实物、图片、动作、表情等直观载体和良好的人际环境、气氛），激发学生的内心活动。因此在实验中，我们通过学生的认知结构与新知识的不协调来创设能引导学生积极思维活动的问题情境；通过实物展示、语言描述、音乐渲染、表演体会创设能引导学生活动的活动情境；创设与教学目标、教学内容相符的，能触发学生感受的物理情境；建立和谐、默契、合作的师生关系和创设民主、宽松、开放的，能触动学生内心世界的心理情境等。

2. 鼓励参与活动

此处的活动包括两层含义：一是学生的外部行为操作，如在课堂中的具体行为实践活动。二是学生的内部心智操作，如内心的思考、体验、感受、反思等活动。

心理学研究表明，活动是人类心理产生和发展最重要的因素，是心理的本源。人的各种高级心理机能都是产生于主体和客体相互作用的活动中，是活动与交往不断内化的结果。心理素质教育研究表明，主动参与活动是心理素质培养发展的前提，学生在主动参与的活动中发现问题、分析自我、探究原因、寻求方法、反思体验，形成思想、观念、能力。从英语学科教学的角度看，新教材倡导的任务型教学，特别强调学生的参与（刘倩 2003），让学生在以形成语言意义为主旨的灵活多样的学习活动中，发展言语技能，形成综合运用语言的能力。

因此，实验中我们注重从学生生活和学习的实际情况出发，创设各种情境，开展各种形式的活动，让学生在做中学，在参与中体验和感悟，从而促进学习适应能力的改善和英语学科能力的发展。具体的活动形式有角色扮演、登台表演、做游戏、分组竞赛、小组对话、学唱歌曲等。

3. 引导体验内化

体验内化是心理素质形成的关键：体验是一种产生情感且生成意义的活动过程，学生通过体验将自身经历的外部经验、事物内化为自身的素质（包括认识、信念、行为、品质等）。同时，体验内化也是英语教学培养学生语言运用能力形成的重要环节：学生把所学知识、技能的归纳总结、建构及同化，内化为自身的认知结构和能力。

在实验中，我们主要从四个方面着手引导学生的体验内化：第一，拓展学生心理自由空间，让学生在探究尝试活动过程中获得体验。探究尝试活动可以是认知操作、游戏活动、行为作业等。第二，创设互动式交流契机，让学生在课堂学习活动中获得体验。互动式交流沟通包括认知信息的交流，人际情感信息的交流，以及态度、行为等方面的信息交流，第三，让学生在情境中获得体验。第四，让学生在自我反省、自我暗示、自我提醒中获得体验。这包括学生对自己的心理和行为进行反思体验，对自己的过失与错误进行自我批评和提醒，对自己的成功进行自我肯定，适时调节控制自己等内容。

4. 让学生体验成功

学生之间存在着各种差异，如兴趣爱好、学习风格、现有基础、学习潜能等，教师应分析和掌握每个学生的特点，不论在目标要求、课堂提问还是在学习反馈中，都要注意因材施教，给学生创造机会，让各类学生都体验到成功。例如，比较简单的问题，就请基础知识差一点的学生回答；性格内向、拘谨的学生回答问题有困难时，采取积极鼓励、步步引导的方法；对自信心差的学生多鼓励，对自信心过强的学生，更多提出严格要求；引导学生学会与自己比，从自身进步中体验到成功。

5. 引导学生正确归因

心理学研究表明，个体对自己成就结果的不同归因，会引起不同的认知、情绪和行为反应。合理归因可以提高自信心和坚持性，错误的归因则会增加自卑与自弃。因此，教师非常有必要帮助学生正确归因。实验中，我们要求教师做到以下四点：①适时向学生指出学习潜力的开发很大程度上依赖于信心的确立，要获得成功首先要树立自信心，无论在成功还是在失败的情况下，都要相信自己。②向学生指出努力程度对于成功是相当重要，在学习中要坚持不懈，不要畏惧失败。③当学生成功时，让学生做出能力、持久努力等内部的、稳定的原因归因，以增强学生的成功期望和与自尊、自信相联系的积极情感，使其继续趋向学习任务。当学生失败时，教会学生认为这是由于心态不好、努力不够引起的，以使学生能维持相当高的成功期望，不产生消极情感，能继续学习下去。④同时告诉学生仅仅依靠努力还不够，寻求帮助、掌握科学的学习方法也很重要。

6. 合理设置课堂目标结构

心理学研究表明，班集体的目标结构有竞争、个体和合作三类。这三种目标结构既形成竞争、个体和合作三种班级动力气氛，又激发了身处其中的学生的三种相应动机系统：自我中心动机系统、任务掌握动机系统和集体中心动机系统。具体地说：①竞争目标结构易激发学生的社会比较，使得学生倾向能力归因，易导致学生的两极分化。②个体化目标结构使得学生倾向努力归因，强调任务本身的掌握，注重自己与自己比较，坚信只要努力就会成功，相信自己的能力会不断提高。③合作目标结构使得学生倾向于帮助和共同努力归因，非常看重集体成就。集体成功了，成绩较差的学生会受到鼓舞，相信自己也会成功。集体失败了，学生也不会把责任归咎于自己，因此不太影响到对自己能力的评价。因此实验中，我们大多采用从个体化目标结构和竞争到合作化目标结构，设置学生的“最近发展区”任务，让学生“跳一跳能把果子摘下来”。

第三节　初中英语教学中培养学生学习适应性的实验研究

一、实验目的

考察在英语学科教学中渗透学生学习适应性培养的可行性和有效性；理论探析、构建初中英语教学中培养学习适应性的学科教学渗透模式；探析实验的教学目标、教学内容、实施途径、实施原则、教学策略和教学方法的可行性和有效性，为学科渗透心理素质教育的研究提供实证支持。

二、实验对象

全日制初中一年级学生。选择重庆市某中学初中一年级两个班进行。被试构成：实验班和对照班人数分别为 70 人和 65 人。其中，实验班男生 34 人，女生 36 人；对照班男生 34 人，女生 31 人。

三、实验方法

采用问卷调查、教育实验和学业成绩测量相结合的方法。问卷调查包括周步成等修订的中学生学习适应性测验（AAT）、西南师范大学教育科学研究所开发的中学生心理素质问卷（3SMQ）和秦泳开发的七至九年级学生英语学习策略评价表。学业成绩测量是 4 次英语月考。

四、实验处理与程序

本实验采用实验班和对照班前、后测等组实验设计，见表 5-1。

表 5-1　实验处理

分组	前测	实验处理	后测
实验班	① 中学生心理素质问卷 ② 中学生学习适应性测验	根据初中英语教学中培养学习适应性的教学渗透模式和教学策略，进行学科渗透教育实验	① 中学生心理素质问卷 ② 中学生学习适应性测验 ③ 七至九年级学生英语学习策略评价表 ④ 学业成绩测量
对照班	同实验班	日常教育教学	同实验班

实验程序分三阶段进行：

1）准备阶段（2004 年 4 月～2004 年 8 月）

（1）查找中外文献，制订和修改实验方案；

（2）联系实验学校；

（3）构建英语教学中培养学习适应性的教学渗透模式，编写实验教案；

（4）对实验教师进行培训，与实验老师共同修改实验教案。

2）实施阶段（2004 年 9 月～2005 年 1 月）

（1）开学第一周进行中学生心理素质问卷前测，第二周进行中学生学习适应性测验前测；

（2）根据实验教案进行英语教育实验；

（3）后测。

3）资料整理与数据处理阶段

五、实验变量

自变量：初中英语教学中培养学习适应性的渗透教学模式和教学策略。

因变量：①学习适应性水平；②心理素质水平；③英语学习策略使用水平；④英语学业成绩。

无关变量的控制：①合理确定实验班和对照班，两班总人数和性别比例大致相等，授课教师不同，但教师性别相同，教龄相当，教学水平大致相等（通过学校领导介绍，实验者随堂听课确定），以尽量保证同质。②控制影响实验效果的其他因素。不打破常规教学进度，不对实验班教师刻意宣扬实验目的，消除期待效应和时间效应。

六、实验结果与分析

（一）两班学生前后测学习适应性总体水平等级情况比较

通过两班学生实验前后测学习适应性总体水平等级情况比较（表 5-2），实验前两班学生学习适应性水平无显著差异，实验后两班差异极显著。因此，有必要对两个班进行更精确的平均数差异显著性检验。

表 5-2　两班学生前后测学习适应性总体水平等级情况表（人次）

维度	班级	差	中下	中	中上	优	χ^2
前测	实验班（n=69）	4	17	34	8	6	1.58
	对照班（n=65）	2	15	30	9	9	
后测	实验班（n=69）	0	13	34	14	8	15.19**
	对照班（n=65）	3	17	40	2	3	

（二）两班学生在学习适应性测验前后测中的得分比较

进行独立样本 t 检验后发现（表 5-3），前测中，实验班和对照班在量表总分上无显著差异。在学习态度和学习技术维度及相关因素上，对照班得分均显著高于实验班。具体表现为：在学习态度维度中，对照班的学习计划和听课方法两因素得分显著高于实验班；在学习技术维度中，对照班的学习技术因素得分显著高于实验班。在差异不显著的各维度及因素中，除学习环境维度的得分和该维度学校环境、朋友关系因素的得分低于实验班外，其余得分均高于实验班。

实验后测中，实验班在量表总分和其他维度及相关因素的得分上均不同程度的显著高于对照班。具体表现为：实验班在学习态度、身心健康维度的各因素得分均显著高于对照班；在学习技术维度，除应试方法因素外，其余因素得分均显著高于对照班；在学习环境维度，除家庭环境因素外，其余因素得分均显著高于对照班。

表 5-3　两班学生学习适应性测验前后测得分（标准分）

维度和因素	前测					后测				
	实验班（n=69）		实验班（n=65）		t	实验班（n=69）		实验班（n=65）		t
	M	SD	M	SD		M	SD	M	SD	
学习态度	45.86	3.39	53.22	11.01	−5.17**	52.28	6.63	48.05	12.39	2.44*
学习热情	52.61	8.71	55.09	11.67	−1.40	53.13	9.74	49.15	12.07	2.10*
学习计划	47.74	7.55	50.95	10.52	−2.04*	54.12	9.85	49.11	11.84	2.67**
听课方法	52.62	7.90	55.86	10.18	−2.05*	52.36	8.08	49.45	11.42	1.71*
学习技术	49.26	7.38	52.45	8.87	−2.27*	51.71	7.26	46.12	9.49	3.84**
读书和记笔记方法	52.62	7.90	55.86	10.18	−1.54	52.57	8.74	48.63	10.04	2.42*
学习技术	49.77	8.22	54.14	9.84	−2.80**	52.71	7.75	48.61	10.38	2.60*
应试方法	49.10	8.53	51.97	10.64	−1.73	51.90	8.17	49.17	9.05	1.82
学习环境	50.48	9.20	49.77	11.42	0.40	50.22	8.17	39.06	8.47	7.76***
家庭环境	49.72	8.89	51.86	11.07	−1.24	51.78	9.26	48.18	8.15	2.37
学校环境	52.17	10.17	51.17	10.17	0.57	49.64	7.80	42.28	9.42	4.94**
朋友关系	52.89	10.11	49.49	11.64	1.80	53.10	11.98	40.43	10.33	6.57***
身心健康	47.83	8.82	49.54	11.05	−0.99	50.38	10.16	38.66	8.90	7.11***
独立性	46.84	8.96	48.68	10.04	−1.12	48.06	9.73	41.62	9.98	3.78**
毅力	53.49	11.71	55.35	12.69	−0.88	54.62	12.53	46.26	10.90	4.11**
心身健康	48.55	11.74	49.11	11.12	−0.28	52.86	10.57	38.86	9.69	7.98***
量表总分	48.81	7.42	50.91	10.29	−1.35	50.78	7.16	42.14	9.18	6.10***

（三）实验前后两班学生在各自学习适应性测验中的得分比较

经相关样本 t 检验后发现（表 5-4），实验班在量表总分、学习态度和学习技术维度及相关因素上，后测得分均显著或极显著地高于前测。具体表现为：在学习态度维度，后测的学习计划因素得分极显著地高于前测；在学习技术维度，学习技术因素的后测得分极显著地高于前测。在身心健康维度中，心身健康因素的后测得分也显著高于前测。在学习环境维度中，学校环境因素的后测得分显著低于前测。

对照班在量表总分和各维度及相关因素上的后测得分都显著或极显著的低于前测。具体表现为：在学习态度维度，除学习计划因素外，其余两因素的后测得分都显著低于前测；在学习技术、学习环境和身心健康维度上各因素的后测得分均显著低于前测。

表 5-4　实验前后两班学生在各自学习适应性测验中的得分（标准分）

维度和因素	实验班（n=68）					对照班（n=65）				
	前测		后测		*t*	前测		后测		*t*
	M	*SD*	*M*	*SD*		*M*	*SD*	*M*	*SD*	
学习态度	45.84	3.41	52.34	6.66	−8.43***	53.22	11.01	48.05	12.39	4.27***
学习热情	52.59	8.78	53.12	9.82	−0.37	55.09	11.67	49.15	12.07	4.73***
学习计划	47.74	7.61	54.15	9.92	−4.75***	50.95	10.52	49.11	11.84	1.28
听课方法	52.66	7.95	52.49	8.08	0.17	55.86	10.18	49.45	11.42	5.49***
学习技术	49.16	7.39	51.79	7.28	−2.80***	52.45	8.87	46.12	9.49	5.90***
读书和记笔记方法	51.35	8.14	52.62	8.80	−1.04	53.86	9.51	48.63	10.04	4.35***
学习技术	49.66	8.24	52.90	7.65	−2.96***	54.14	9.84	48.61	10.38	4.01***
应试方法	49.10	8.59	51.85	8.22	−2.30*	51.97	10.64	49.17	9.05	2.34*
学习环境	50.35	9.21	50.16	8.21	0.19	49.77	11.42	39.06	8.47	6.85***
家庭环境	49.56	8.85	51.78	9.33	−1.85	51.86	11.07	48.18	8.15	3.08***
学校环境	52.18	10.24	49.57	7.84	2.08*	51.17	10.17	42.28	9.42	5.24***
朋友关系	52.75	10.13	53.09	12.07	−0.25	49.49	11.64	40.43	10.33	5.47***
身心健康	47.81	8.89	50.25	10.18	−1.99	49.54	11.05	38.66	8.90	7.42***
独立性	46.76	9.00	48.10	9.80	−1.08	48.68	10.04	41.62	9.98	4.98***
毅力	53.57	11.77	54.47	12.56	−0.57	55.35	12.69	46.26	10.90	4.66***
心身健康	48.50	11.82	52.81	10.64	−2.43*	49.11	11.12	38.86	9.69	6.23***
量表总分	48.74	7.45	50.78	7.21	−2.47*	50.91	10.29	42.14	9.18	7.74***

（四）实验后两班学生在英语学习策略评价表中的得分比较

实验后，比较两班在英语学习策略评价表上的得分（表 5-5），实验班在认知策略、调控策略、交际策略和总均分因素上的得分都显著高于对照班。

表 5-5　实验后两班学生在英语学习策略评价表中的得分

维度	实验班（n=69）		对照班（n=64）		*t*
	M	*SD*	*M*	*SD*	
认知策略均分	3.66	0.46	3.24	0.85	3.52**
调控策略均分	4.09	0.65	3.37	0.90	5.25***
交际策略均分	3.64	0.83	3.25	0.77	2.83**
资源策略均分	3.22	0.83	3.34	0.85	−0.79
总均分	3.66	0.43	3.31	0.75	3.31**

（五）两班学生在心理素质问卷前后测中的得分比较

实验前测中（表 5-6），两班只在坚持性因素上差异显著，实验班得分显著高于对照班。实验后测中，实验班在个性维度的独立性、坚持性、自信心、创造力、自尊心因素和适应性维度的学习适应、挫折耐受和人际适应因素得分显著高于对照班。在个性维度抱负水平因素上，实验班的得分显著低于对照班。

表 5-6 两班学生在心理素质问卷前后测中的得分

因素	前测					后测				
	实验班（n=68）		对照班（n=65）		t	实验班（n=69）		对照班（n=62）		t
	M	SD	M	SD		M	SD	M	SD	
元认知意识性	21.94	3.59	22.92	4.15	−1.46	25.19	5.36	25.50	5.84	−0.32
元认知计划性	24.35	4.17	24.89	4.17	−0.75	25.64	5.22	24.05	6.20	1.59
元认知监控性	25.09	3.74	24.09	4.13	1.46	24.94	5.46	25.06	5.71	−0.13
抱负水平	23.47	4.20	23.60	4.56	−0.17	23.99	5.86	26.27	6.52	−2.12*
独立性	24.44	3.97	24.06	4.20	0.54	24.52	3.41	21.81	4.69	3.75***
坚持性	27.85	4.42	26.22	3.50	2.38*	31.83	5.36	25.56	6.91	5.83***
求知欲	26.44	4.54	26.46	3.96	−0.03	26.20	5.51	25.23	6.29	0.95
自制力	26.68	3.20	26.12	3.12	1.01	19.78	3.96	18.84	3.51	1.44
自信心	25.03	4.60	25.69	4.54	−0.84	23.10	4.58	20.29	4.10	3.68***
责任感	24.91	3.87	25.69	3.81	−1.17	19.22	3.53	19.73	4.01	−0.77
理智性	24.09	3.48	24.03	4.04	0.09	23.68	4.98	22.58	5.21	1.24
创造力	24.97	3.36	24.43	4.56	0.78	26.32	5.00	23.58	5.59	2.96**
自尊心	19.29	4.30	19.26	4.35	0.04	17.81	3.23	15.69	3.20	3.76***
心身适应	25.47	4.64	25.57	5.61	−0.11	22.88	4.81	21.84	5.01	1.22
学习适应	29.74	3.97	30.06	4.29	−0.46	36.13	5.81	30.82	8.64	4.16***
情绪适应	24.47	3.37	23.54	4.43	1.37	16.29	3.62	16.05	3.09	0.41
挫折耐受	24.35	3.54	24.31	3.75	0.07	17.28	2.79	15.73	2.46	3.36**
人际适应	22.32	4.31	21.91	4.34	0.56	14.45	2.73	12.82	2.78	3.37**
诚实性	20.03	4.42	20.68	4.23	−0.86	30.54	9.37	29.21	9.34	0.81

（六）实验前后两班学生在各自心理素质问卷中的得分比较

实验班在元认知意识性、元认知计划性、坚持性、学习适应和诚实性因素上的后测得分均极显著地高于前测（表 5-7）。在自制力、自信心、责任感、自尊心、情绪适应、挫折耐受和人际适应因素上的后测得分均显著低于前测。

对照班在元认知意识性和诚实性因素上的后测得分显著高于前测，在独立性、自制力、自信心、责任感、自尊心、心身适应、情绪适应、挫折耐受和人际适应因素上的后测得分均显著低于前测。

表 5-7　实验前后两班学生在各自心理素质问卷中的得分

因素	实验班（n=67）					对照班（n=62）				
	前测		后测		t	前测		后测		t
	M	SD	M	SD		M	SD	M	SD	
元认知意识性	20.97	4.52	23.81	5.40	−3.58***	22.58	3.92	25.50	5.84	−3.10**
元认知计划性	23.82	4.27	25.55	5.25	−2.32*	25.10	4.09	24.05	6.20	1.20
元认知监控性	25.04	3.57	24.82	5.45	0.28	23.90	4.12	25.06	5.71	−1.30
抱负水平	24.00	4.40	24.01	5.94	−0.02	23.45	4.60	24.76	6.61	−1.29
独立性	24.15	4.08	24.41	3.40	−0.44	24.00	4.25	21.81	4.69	2.85**
坚持性	27.76	4.36	31.84	5.43	−4.92***	26.06	3.42	25.56	6.91	0.56
求知欲	25.94	4.53	26.01	5.47	−0.08	26.58	3.96	25.23	6.29	1.36
自制力	27.10	3.43	19.85	3.83	12.85***	25.94	2.99	18.84	3.51	12.72***
自信心	24.96	4.35	23.22	4.56	2.30*	25.90	4.51	20.29	4.10	6.92***
责任感	24.84	4.14	19.15	3.50	8.52***	25.61	3.85	19.73	4.01	8.52***
理智性	24.60	3.70	23.61	5.01	1.32	23.87	3.95	22.58	5.21	1.56
创造力	24.84	3.41	26.21	5.03	−1.68	24.45	4.63	23.58	5.59	0.99
自尊心	19.94	4.33	17.91	3.21	2.93**	19.23	4.40	15.69	3.20	5.13***
心身适应	24.18	5.05	22.82	4.86	1.51	25.55	5.73	21.84	5.01	3.49**
学习适应	29.64	4.06	36.13	5.89	−7.34***	30.03	4.26	30.82	8.64	−0.67
情绪适应	25.07	3.87	16.31	3.63	12.39***	23.68	4.35	16.05	3.09	11.32***
挫折耐受	24.39	3.54	17.32	2.78	12.41***	24.26	3.74	15.73	2.46	14.80***
人际适应	22.57	4.37	14.43	2.75	12.56***	22.06	4.36	12.82	2.78	13.82***
诚实性	20.36	4.29	30.37	9.44	−8.33***	20.77	4.28	29.21	9.34	−7.01***

（七）两班学生四次月考英语平均成绩比较

英语成绩满分为 100。由表 5-8 可以看出，两班学生在四次测试中均无显著差异，只不过实验班的标准差均大于对照班。按照实验学校的成绩标准划分：成绩小于 65 分为差等，65～85 分为中等，85 分以上为优等，统计出等级人数，经 χ^2 检验发现（表 5-9）第一次月考两班成绩无显著差异，从第二次月考（期中考试）考试开始，两班的差异就逐渐显露出来。

表 5-8 两班学生英语平均成绩（$M \pm SD$）

班级	第一次月考	期中考试	第三次月考	期末考试
实验班（$n=70$）	94.6±9.20	72.0±8.25	73.1±10.89	73.9±10.25
对照班（$n=65$）	94.9±7.65	71.6±6.30	72.2±8.47	73.4±8.64
t	−0.20	0.31	0.53	0.30

表 5-9 两班学生英语成绩等级人数

等级	第一次月考		期中考试		第三次月考		期末考试	
	实验班	对照班	实验班	对照班	实验班	对照班	实验班	对照班
优	43	37	20	8	18	5	19	8
中	23	28	45	44	47	47	45	44
差	4	0	5	13	5	13	6	13
χ^2	4.77		8.53*		10.72**		6.89*	

注：实验班 $n=70$，对照班 $n=65$

七、对教学渗透模式和实验效果的探讨

（一）关于教学模式构建和教学策略的讨论

模式研究方法是现代科学方法论中的重要一种。教学模式处于教学理论和教学实践之间，是一种简约化、理论化的教学范式。我们构建该教学渗透模式就是为了在具体操作层面上将心理素质教育理论和学科教学理论整合起来，以稳定简约的方式展示初中英语教学中渗透学习适应性教育的基本操作程序，以指导学科渗透心理素质教育活动的进行，检验该模式的可行性和有效性，为学科渗透这一心理素质教育的新途径的可行性和有效性提供实证支持。

从理论上看，本研究中构建的教学渗透模式具有合理、可行性，是因为我们借鉴了学习适应性、心理素质教育、学科渗透、教学建模、初中英语教学的已有研究成果，具体表现如下：

（1）把学习适应性这一心理素质教育目标有机融入到英语学科教学目标中。初中学生普遍存在着小学升中学学习适应衔接问题，当前初中学生在英语学习中存在的学习适应问题，是进行学习适应能力教育能够解决的。我们确立的培养学生学习适应性目标，与《英语课程标准》在情感态度和学习策略上的教学目标一致。这说明我们构建的学习适应性教育目标能够有机融入到英语学科教学目标中，从而找到了英语学科教学中渗透培养学习适应性的教学目标，确立了渗透培养的教学内容。

（2）遵循了学生心理素质的形成过程和心理素质教育的流程。“自我认识—动情晓理—策略导行—反思内化—形成品质”是学生心理素质形成的过程，学科渗透理应按照这一过程进行。“判断鉴别—策略训练—反思体验”是心理素质教育课的三个基本教育环节，作为心理素质教育实施途径之一的学科渗透的教育环节整体上也可以借鉴这三个教育环节。其中根据学科渗透的特点，我们在“判断鉴别”这一环节增添了“渗透契机”子环节，为的是寻找和制造渗透契机。

（3）与初中英语学科教学过程相吻合。当前，最新版的英语教材是人民教育出版社出版的《义务教育课程标准实验教科书英语（新目标）》，这也是实验学校使用的教材。该教材提倡的教学流程保持了 RPDPC 模式（黄子成　2003），即复习（revision）—呈现（presentation）—操练（drill）—实践（practice）—巩固（consolidation），同时倡导采用任务型语言教学方法，让学生通过完成真实的生活任务（情境教学）来参与学习。我们的渗透教学模式的教学过程与之相符。三个基本教学环节“判断鉴别—策略训练—反思体验”展开后的教学活动为创设情境、呈现刺激、提供标准；激情增趣、启发探究、分析原因；讲解释疑、变式引申、辨析操练；反馈评价、归纳总结、构建系统；迁移提高、实践巩固共五个活动板块。这五个活动板块与新教材倡导的教学流程相对应。

（4）教学策略符合心理素质教育过程的特点和初中英语学科教学过程的特点。从教育过程上看，心理素质教育强调情境性、互动性、活动性和反思性，强调学生在与教师和同伴的互动式情境活动中，通过积极参与和主动反思内化实现心理素质的自我建构与自我生成。初中英语教学过程也特别强调学生与教师、同伴的合作，强调在情境活动中进行知识的建构和意义的生成。情感态度教学目标的设立、任务型教学法的倡导，都说明了这点。因此，我们从心理素质教育的教育过程特点和初中英语学科的教学过程特点出发，构建了创设互动情境、鼓励参与活动、引导体验内化等教学策略。

实验结果证明，该教学渗透模式和教学策略是合理、可行的，可以为学科渗透这一心理素质教育的新途径的可行性和有效性提供实证支持。同时我们也注意到，这一渗透模式不应该是一成不变的，需要根据不同课型、学生的个体差异和年龄特征灵活运用、合理变通。最后反思本研究，我们注意到了学科渗透心理素质教育领域还存在着许多理论和操作上的问题，如学科课程资源、教学过程资源的最大化优化、开发与利用的问题，各学科间的协调问题，教师教育理论素养的提高问题等，都需要进一步研究和解决。

（二）对实验效果的讨论

1. 该教学渗透模式和策略能显著改善学生的学习适应性水平

前测中，两班学习适应性总体水平差异不显著（表 5-2、表 5-3），基本保持同质，但具体维度和因素有差异（表 5-3）。这与我们没进行前测就确定实验班、对照班有关。本研究确定实验班与对照班时，主要基于以下考虑：我们能够挑选的班级都属于平行普通班，这些班的学生根据小学毕业考试成绩被随机分班的，从理论上讲都是同质的。因此，我们把选择实验班和对照班的标准放在英语教师的条件相当上。这两个班的英语教师一定不能是同一人，他们的教学水平要大致相同，最好教龄也相当，性别也相同。经学校领导介绍和我们的随堂听课，找到了这样两位教师，并把这两位教师所在班级随机地确定为实验班和对照班，之后进行前测。

实验后，两班学生学习适应性总体水平等级情况出现显著差异（表 5-2），实验班处于中下及差等的人数明显少于对照班，处于中上及优等的人数明显多于对照班。平均数差异的显著性检验结果进一步显示，实验班的学习适应性总体水平和各维度及绝大多数相关因素上的状况都显著好于对照班（表 5-3），这说明我们的实验有效。实验时对学习适应性的动力系统和方法策略系统进行重点培养，因此对学生的学习态度和学习技术产生了直接影响。虽然实验没有直接针对学习环境和身心健康采取措施，但我们意识到了教师对整个实验的关键性作用。实验前对实验教师进行了理论培训，实验中我们随堂听课，记录教师课堂教学渗透情况，每天抽一定时间就教学模式和策略实施情况与教师交流意见。这在很大程度上转变了实验教师的传统教学观念，实验教师乐于配合实验，对实验教学策略、方法把握比较到位，促进了教学心理环境的优化，反过来又促进学生学习适应性的改善，学生的学习胜任感、身心健康水平随之得到提高，最终形成良性循环，从整体上强化学生学习适应能力的改善。

进一步比较两班学生各自的学习适应性前、后测得分情况（表 5-4），发现实验班后测的学习适应性总体水平比前测有了显著提高，其中学习态度和学习技术改变极显著。这与我们的培养内容完全吻合，从侧面说明构建的教学渗透模式和教学策略合理有效。对照班的后测学习适应性总体水平、各维度及相关因素状况出现极显著下降。实验班后测的学习热情也只保持了前测时的水平，这与王鹏（1995）、白晋荣（1997）、戴育红（1997），聂衍刚（2004）等的调查结果一致，即中学生的学习适应性整体上呈现随年级升高而明显下降的趋势，说明了初一学生普遍存在着小学升中学学习适应衔接问题，不进行相应的教育干预则学生的学习适应性水平会有较大程度滑坡。因此，改善学生的学习适应能力是每个教师应尽的职责。

需注意的是，我们采取了优化教学心理环境的措施，实验班的学校环境后测状况仍显著差于前测，与对照班下滑极其显著程度相比，实验只是缓减了下滑程度。这与课堂渗透时间不长有关，需要教师结合其他途径如班团队活动，进行优化。特别要注重对师生关系的优化。因为师生关系是教学心理环境的重要构成要素，也是学校环境的重要影响力量，影响着学生的学习环境，是学生获得知识的前提和关键。学校也应从整个校园大环境入手，大力提高教师的教育理论素养。

2. 该教学渗透模式和策略能显著改善学生的英语学习适应性水平

中学生学习适应性测验并不针对具体学科，而我们的实验是在英语学科中进行，因此该测验的结果在针对性和说服力上存在一定局限性。为弥补这一缺陷，我们积极寻找能检测出初中学生英语学习适应性的问卷或测验，通过文献检索，并没有达到目的。基于这种情况，我们最终决定采用七至九年级学生英语学习策略评价表作为英语学习适应性在英语学习方法、策略和习惯上的检测指标。这三者虽有区别，但具有很强的联系性（郭成　2004）：学习策略不能脱离具体方法，学习策略的使用最终要落脚在学习方法上，借助学习方法表现出来；学习方法多次被有意识地使用后，就具有了策略的性质，成为学习策略不可分割的一部分；学习习惯是学习方法经常化的行为表现，当学习方法以固定行为方式表现出来时就形成了学习习惯。

实验后对两班进行独立样本 t 检验（表 5-5），结果发现资源策略无显著差异，这是因为初一英语是入门英语，学习内容相对简单，一般通过教师的帮助就能顺利完成任务。学生还没有产生自己借助多种媒体资源进行学习的意识和行为。在其他指标上实验班均显著好于对照班，这说明我们在学科教学中构建的培养学生学习适应性的教学渗透模式和相关教学策略是可行、有效的。

3. 该教学渗透模式和策略能有效优化学生的心理素质

为考察实验干预是否对学生的心理素质产生影响，实验前后对两个班进行了中学生心理素质问卷测试。结果显示（表 5-6），实验前两班学生的心理素质水平相当，只在个性维度的坚持性因素有差异，实验班显著好于对照班。实验后，实验班的这一优势更加突出，同时在独立性、自信心、创造力、自尊心个性因素和学习适应、挫折耐受和人际适应适应性因素上也极显著的好于对照班。这说明，该教学渗透模式和策略对学生的个性和适应性心理素质有积极影响。实验中教师每天督促检查学生预习、复习、及时完成作业情况，这在很大程度上促使了学生坚持个性的发展。为保护学生的英语学习兴趣，掌握英语学习方法，我们采取了一系列教学策略和方法，实验班学生在自信心和自尊心上的状况显著好于对照班，是情理之中的。自信心增强了，挫折耐受能力自然也会随之增强。学生在创造力和人际适应因素上的状况明显好于对照班，也符合预期，这与我们的教学策略方法分不开。实验班学生在学习适应因素上极显著的好于对照班，这也说明了我们实验的可行、有效，能显著改善学生的学习适应能力。

在抱负水平因素上，对照班显著地好于实验班，究其原因可能是因为我们在实验中没有注意培养学生树立远期目标，看重学生当前任务、近期目标的达成，需要在以后的实验中改进。

通过相关样本 t 检验进一步分析发现（表 5-7），实验后实验班在认知维度上的元认知计划性、个性维度上的坚持性和适应性维度上的学习适应状况都明显好于前测。这说明了实验中结合具体教学内容渗透的学习方法指导，已被学生所接受、使用，并在一定程度上内化为稳定的行为倾向，形成了习惯，内化为个体稳定的心理素质。

两班的元认知意识性后测得分都极其显著地高于前测，说明学生的元认知意识发展不是由实验造成的，而是学生心理自然发展的结果，这与已有研究一致。进入初中，学生的生理机能继续发展，使得初中生在心理上产生成人感，自我意识迅速发展，学生的自我意识的自觉性有了进一步发展，并开始对心理素质的发展产生重要影响。董奇和周勇（1995）对中学生自我监控学习能力的研究也发现，随年龄增长个体自我监控学习能力的各方面及整体水平均不断发展和提高，并对学习效果产生越来越明显的影响。

两班在自制力、自信心、责任感、自尊心个性因素上和情绪适应、挫折耐受、人际适应适应性因素上后测状况均差于前测。这说明中学生在初中阶段这个心理成熟前的动荡不定时期，心理发展素质充满矛盾、错综复杂，整体发展起伏跌宕，还不能很好地适应自身和周围环境，这与冯正直（1999）的研究结果，即中学生的个性因素和适应性因素大多并不随着年龄增高而呈上升趋势，而是呈现出波动起伏的发展状态一致。这说明初中阶段是进行心理素质教育的关键期，需要加强对学生个性心理素质和适应性心理素质的优化，否则学生心理素质会起伏不定，不能发展稳定在相对较高水平。

4. 该教学渗透模式和策略能有效提高学生的英语学业成绩

众多研究表明，学生的学习适应性与学业成绩有密切相关，一般情况下学习适应能力强则学业成绩好。比较两班的四次英语成绩发现（表 5-8），两班不存在显著差异。原因是多方面的，首先学业成绩受多种因素影响，如学生的认知能力、学习风格等，只对学习适应能力进行干预，实验效果势必会受到影响。其次，学习适应性属于相对稳定的能力特征，教育干预被学生内化成自身心理素质，需要一个长期过程。为期 4 个月的实验时间较短，不能在短期内把学习适应性改善到相对较高的稳定水平，学习适应性对学业成绩的影响不像知识传授效果那样立竿见影，更大程度上具有滞后效应。最后是实验班学生间的学业成绩差异较大，影响了整体成绩。这从实验班学生的学业成绩标准差均大于对照班可以得到证实。为此，我们考察了两班的学业成绩等级情况（表 5-9）。第一次月考两班中等、优秀成绩的人数占了绝大多数，都呈负偏态分布。这是因为教师考虑到学生刚进入中学，有相当一部分学生在小学没有学过英语，大家都存在着一个适应新环境、新学科的过程，因此将试题设置的比较简单，大家都考得比较好。从第二次月考开始，试题难度恢复正常，中等及以上成绩的人数骤减，实验效果就显现出来。实验班在后三次考试中优生人数都明显超过对照班，差生人数也较明显地少于对照班。这在一定程度上说明了该教育干预能有效减小中等生向差等生下滑的幅度，能促进中等生向优等生发展。

5. 对实验效果的反思

总的来说，实验结果证实了该教学渗透模式和策略是可行、有效的。这与我们以下两方面的努力分不开：

(1) 认识到教师在学科渗透中发挥着关键作用，注意到师生关系、同伴关系、课堂心理氛围等构成教学心理环境的要素都会影响学生对学科知识和心理素质教育干预的吸收及接受程度。因此实验中我们积极致力于良好师生关系、同伴关系的建立，和谐、宽松、愉悦的课堂心理氛围的创设，并把它们作为渗透途径之一。

(2) 认识到学生学习适应能力的形成过程是一种心理序，英语学科教学过程既有心理序、又有学科知识序，二者之间的交叉和重叠过程就是渗透的过程和基础。因此，我们尽力整合学习适应性教育目标和学科教学目标，找到学习适应性教育内容和英语学科教学内容的结合点，理清英语教学策略和学习适应性教学策略的共同处，遵循学科渗透的基本操作程序和学科渗透的教学原则，在教学内容、教学过程和教学心理环境这三条途径中开展学科渗透。

但是，实验效果仍没有达到最好，究其原因主要有三点：

(1) 学科渗透对教师的综合素质要求高，教师在短期内转变观念和方法难度大，这直接影响着实验效果。实验中教师乐于配合，有很高的参与积极性，但由于心理学基本知识和技能相对缺乏，有时不自主的又回到自己曾经的教学模式上，如注重知识传授，师生心理互动不够，教学渗透得较生硬。这都需要我们不断与实验教师进行交流沟通。

(2) 心理素质教育是个长期工程。常规教学中心理素质培养目标的达成更多时候不能与知识传授同步，具有滞后性，因而心理素质教育的效果不能在教学过程中立即显现出来。

(3) 心理素质教育还是个系统工程。单在一门学科中渗透不能最大化发挥出效果，需要在其他学科教学中共同渗透实施。并且还需要结合心理素质教育的其他途径进行，如学校日常教育工作的支持，学校、家庭、社区多种教育力量的配合。

参考文献

白晋荣，刘桂文，郭雪梅．1997．中学生学习适应性的研究．心理学动态，(2)：60-63．
查有梁．1998．教育建模．南宁：广西教育出版社．
查子秀．1993．超常儿童心理学．北京：人民教育出版社．
陈家麟．2002．学校心理健康教育——原理与操作．北京：教育科学出版社．
陈旭，张大均．2002．心理健康教育的整合模式探析．教育研究，(1)：71-75．
陈旭．2004．中学心理素质教育．重庆：西南师范大学出版社．
陈英豪，林正文，李坤崇．1991．学习适应性量表．台北：心理出版社．
崔葳嵬，孟庆茂．1998．《学习适应性测验》结构效度的验证性因素分析．心理科学，21(2)：176-177．
戴育红．1997a．小学生学习适应性的研究．教育学刊，(1)：15-17．
戴育红．1997b．中学生学习适应性的研究．教育导刊，(11)：24-26．
董奇，周勇．1995．关于学生学习自我监控的实验研究．北京师范大学学报（社会科学版），(1)：84-90．
冯正直，张大均．2001．中学生心理素质概念和成分的研究．西南师范大学学报（人文社会科学版），(6)：51-60．
冯正直．1999．中学生心理素质成分及其发展的研究．西南大学硕士学位论文．
郭成．2004．小学心理素质教育．重庆：西南师范大学出版社．
黄子成．2003．中学英语教学建模．南宁：广西教育出版社．
鞠东胜．2002．化学课堂教学中学生思维能力的培养．扬州教育，(2)：38-40
李灿桂．1995．职业高中学生的心理辅导浅议．职业技术教育，(2)：70-71．
刘慧，张大均．2004．论心理素质教育对教师素质的要求．河北师范大学学报（教育科学版），(1)：56-60．
刘倩．2003．初中英语新课程教学法．北京：开明出版社．
刘衍玲．2001．小学生心理素质与学业成绩的相关研究．西南大学硕士学位论文．
罗道全，曲新英．2002．关于心理健康教育的几个问题．山东教育（高教版），(4)：35-37．
聂衍刚，郑雪，张卫．2004．中学生学习适应性状况的研究．心理发展与教育，(1)：23-28．
彭云霞．1999．《中学生心理素质训练与教育》实验报告．现代教育研究，(2)：41-44．
秦泳．2000．初中英语主题性学习策略研究．四川师范大学硕士学位论文．
宋广文，杨昭宁．1999．中学生学习适应性比较分析．中国心理卫生杂志，(4)：233．
宋广文．1999．中学生的学习适应性与其人格特征、心理健康的相关研究．心理学探新，(1)：44-47．
宋桂月，金莺．2002．全日义务教育普通高级中学英语课程标准教师读本．武汉：华中师范大学出版社．
孙春晖，郑日昌．2001．《学习适应性量表》的验证性分析．心理学探新，(2)：59-64．
孙远，张大均．2003．学科教学中渗透心理素质教育的原则．乐山师范学院学报，(6)：10-13．

田澜．2002．小学生学习适应性问题及其教育干预研究．西南大学硕士学位论文．
王惠萍，李克信，时建朴．1998．农村初中生学习适应性发展的研究．应用科学，4（1）：49-54．
王鹏，时勘，左衍涛，等．1995．中学生适应性学习模型的发展研究．心理发展与教育，（1）：8-13．
王滔．2002．大学生心理素质结构及其发展特点的研究．西南大学硕士学位论文．
吴增强．2001．学习心理辅导．上海：上海教育出版社．
肖敏．2003．学科教学如何渗透心理健康教育内容．心理健康教育，（7）：56．
邢金萍．2003．论学科教学中心理教育的渗透．安阳师范学院学报，（4）：23-25．
徐小军．2004．大学生学习适应性：结构、发展特点与影响因素研究．西南大学硕士学位论文．
徐浙宁，郑妙晨．2000．国内“学习适应性”研究综述．上海教育科研，（5）：51-53．
阎江涛，邓彩云．1999．农村初中生学习适应性的研究报告．平顶山师专学报，（1）：39-42．
阎江涛，户相臣，王德润．2000．骑岭三中学生学习状况的研究报告．河南教育学院学报（社会科学版），19（1）：21-23．
杨宏飞．2002．职高学生焦虑情绪与学习适应性研究．中国心理卫生杂志，（2）：130．
叶水湖．2000．在学科教学中渗透心理健康教育．厦门教育学院学报，（1）：58-62．
叶一舵．2004．学科教学中渗透心理健康教育的若干问题．中国教育学刊，（3）：18-21．
曾天德，江琦，张大均．2007．学科教学渗透心理素质教育研究存在的问题及对策．漳州师范学院学报（哲学社会科学版），（4）：160-164．
张承芬，张宝金．2000．关于中学生学习适应性的调查分析．山东教育科研，（12）：60-61．
张大均，冯正直，郭成，等．2000．学生心理素质研究的几个问题．西南师范大学学报（人文社会科学版），26（3）：56-62．
张大均．1997．教学心理学．重庆：西南师范大学出版社．
张大均．2003．教与学的策略．北京：人民教育出版社．
郑和钧．1999．学科心育初探．教育研究，（9）：53-57．
郑日昌．1994．中学生心理诊断．济南：山东教育出版社．
周步成，方真，等．1991．《中学生学习适应性测验》使用手册．上海：华东师范大学心理系．

第六章 初中数学教学中渗透学习自我效能感培养的实验研究

学习自我效能感是自我效能感在学习领域内的表现，指个体对自我学业的能力信念，是学习者对自己能否利用所拥有的能力或技能去完成学习任务的自信程度的评价。学习自我效能感在青少年学生生活中占主导地位并对他们的生活产生重要影响，它不仅影响学生的学业成绩，而且影响学生身心健康，因此，培养学生的自我效能感是学校素质教育的重要组成部分。鉴于学科教学中渗透心理素质教育是学校开展心理素质教育的基本途径之一，本章在借鉴国内外有关自我效能感研究的基础上，结合中学数学学科特点、教学要求和学生数学学习特点，构建了在数学教学中渗透学生自我效能感培养的教育模式，并运用该模式进行教育干预实验。

第一节 研究概述

一、有关自我效能感理论的研究

（一）自我效能感影响人类行为的机制

班杜拉及众多学者普遍认为，自我效能感是通过选择、思维、动机、情感反应等中介过程对个体的行为起作用的。首先，自我效能感影响个体对行为的选择。当个体可以采用不同的活动方式来解决所面临的任务时，由于不同的活动包含着不同的技能和知识要求，个体选择哪种活动就取决于其对可供选择的各种方式的自我效能感。其次，自我效能感影响个体对目标设定的思维及对活动场面的想象。自我效能感低的个体会过多想到个人的不足，并将潜在的困难想得比实际更严重，从而产生心理压力，使其将更多的注意力转向可能的失败和不利后果，其自我设定的目标就会降低；而自我效能感强的个体坚信自己对活动具有的效能，倾向于想象成功的活动场面，将注意力和努力集中于情境的要求上，并被困难激发出更大的努力，敢于选择具有挑战性的目标。再次，自我效能感影响动机过程。效能信念决定个体的动机水平，它反映在行为的努力程度和面对困难时对行为的坚持性上。个体的自我效能感越强，其努力越具有力度，越能坚持下去，遇到困难时，也会以更大的努力去迎接挑战。反之，则会怀疑自己的能力，放弃努力。最后，自我效能感影响情感过程。效能信念影响个体在威胁性或困难性情境中的压力承受度和情绪体验。情绪反应又通过改变个体的思维模式而对个体的行为产生直接和间接的影响。

（二）效能信息的获得途径

班杜拉认为，个体在活动中主要通过四个方面的信息来获得并形成自我效能感，它们是实践的成败经验、替代经验、言语劝导及在活动过程中的生理唤醒水平。①实践的成败经验即个体对自我在实际活动中所取得的成就水平的感知。活动的成功保证并提高主体的自我效能感，而反复的失败（尤其是失败发生在效能感牢固建立之前）则削弱自我效能感。②所谓替代经验的效能信息，是指与自己能力等人格特征相似的榜样的成功会提高个体对类似活动的效能信念，反之会降低个体对效能的判断。③言语劝导即接受别人认为自己具有执行某一任务的能力的语言鼓励而相信自己的效能。④活动过程中的生理唤醒水平是指个体在面临某项活动任务时的身体反应，例如，在面临考试、应聘等生活事件时，人们往往根据自己的心跳、血压、呼吸等生理唤醒水平来判断自我效能。平静的反应使人镇定、自信，而焦虑不安的反应则使人对自己能力产生怀疑。

（三）自我效能信息的认知加工

效能自我判断作为一种推理过程，需要个体对影响到活动实际表现水平的各种能力因素和非能力因素及其在决定活动表现水平中的影响力的大小加以分辨。例如，成功地执行各项熟悉而简易的日常活动，对个体的经验生活不具有新的意义和价值，但在一项困难的挑战性任务中获得的成功，则向个体显示了新的效能信息，使个体产生胜任感、能力感和自我实现感。对活动过程中付出的努力程度的认知评估，是决定成就水平的效能判断的重要影响因素之一，如通过很少的努力在挑战性的任务中获得成功，说明活动主体具有很强的能力，而同样的成功若通过艰苦的努力才获得，则意味着主体能力的不足或平庸，因而难以提高个体的自我效能感。

此外，自我效能感还要受到个体对活动的自我监控偏好的影响。具有不同偏好的个体会选择性地注意某一特定形式的成就水平，并加以记忆，从而为自己的效能判断提供不同的基础。如有的人倾向于注意并忆起自己在活动中表现的消极方面，这种认知偏差必将削弱其自我效能感；有些人则更倾向于对自己活动的成功方面加以注意，而忽视自己活动的失败方面，从而使效能自我判断朝向夸大的方向发展。

二、学业领域中自我效能感测量工具的研究

自我效能感的测量和评估是自我效能感研究中的一个关键问题，它不仅反映

了研究者对自我效能感意义和结构的理解，也为进一步确定自我效能感同其他关联因素间的关系奠定基础。现有研究对自我效能感的评估主要有两种取向：一种认为自我效能感是针对特定领域的，并不存在一般的自我效能感，因而也不能对一般的自我效能感进行测量，对自我效能的测量要针对特定领域；另一种则认为存在着一般性的自我效能，并可以加以测量。国内外学者编制的测量学业领域自我效能感的工具见表 6-1。

表 6-1 国内外学者编制的测量学业领域自我效能感的工具

编者	表名	维度、题项、制表法	评价
Morgan 和 Jinks (1999)	Morgan-Jinks 学生效能量表	3 个分量表（天资，13 个题目；努力，4 个题目；情境，13 个题项）	研究表明，该量表三个分量表的结构能提供更多关于学生学习自我效能感的信息
Pintrich (1991)	动机和策略学习问卷 (MSQI)	5 个分量表（其中自我效能感量表有 9 个测题）；43 个题项；7 点计分	在该问卷中有关自我效能的测量一直被认为是典型的一般性学习自我效能的测量。虽然该量表题项的设定没有特定于学习任务，且只有 9 个测题，但后来被众多学者作为研究学习自我效能的工具
Bandura (2001)	儿童自我效能感量表 (CSES)	9 个分测验 57 个测题，分别考察儿童在利用社会资源、学业成就、自我调节学习、闲暇时间和课外活动、实现他人期望、谋求父母和社区支持等方面的自我效能	测验采用班杜拉经典的 0～100 的测量方式，包括效能强度和效能幅度测量
Wood 和 Lock (1987)	学业自我效能问卷 (ASEQ)	7 个分测验 35 个测题，分别考察理解、概念区分、概念解释、记忆、等方面的自我效能	测量项目是从对数学应用题、日常生活中的数学行为和包括各种水平的数学技巧的学业成绩的评估项目收集来的
Bezt 和 Haekett (1983)	数学自我效能感量表 (MSES)	3 个分量表 50 个题项，分别测查学生在日常数学任务、课程中数学完成情况、解决数学学业问题等方面的自我效能感。6 点计分。2 个维度；12 个测题	通常是从生活中的数学行为和包括各种水平的数学技巧的学业成绩的评估项目中收集来的
周勇和董奇（1994）	学习自我效能感问卷		根据 Gibson 和 Dembo 编制的教师功效量表的有关维度编制而成，主要用来测查学生在一般学习活动中普遍性的自我效能感水平
王凯荣等 (1999)	自我效能感量表	2 个维度（学习行为自我效能、学习能力自我效能）；12 个测题	根据 Gibson 和 Dembo 编制的教师功效量表编制而成
汪玲和雷雳（2000）	效能信念量表	3 个维度（控制信念、手段－目的信念、行为者信念）；21 个题项	根据活动—控制信念的理论编制
何先友 (1998)	数学自我效能量表	3 个分量表（解决日常生活中的自我效能、解决数学学业问题的自我表现效能和完成与数学有关课程的自我效能），15 个题目。5 点计分	参照 1983 年 Betzhe Thacketts 编制，Bikkars 等 1990 年修订的数学自我效能感量表修订而成

三、有关学业领域中自我效能感的研究

（一）国外有关学业领域中自我效能感的研究

国外有关学业情境中自我效能感的研究主要集中在下述领域：①自我效能感对大学生选择主修科目和职业的影响。研究者发现，大学毕业生倾向于选择他们认为比较胜任的主修科目和职业而避免选择那些他们认为较少胜任或不能胜任的科目和职业（Hackett，Betz　1989；Lent et al.　1991；Matsui et al.　1989；Matsui et al.　1990）。Pajares 和 Miller（1995）的研究结果也表明，与数学成绩或数学结果期望相比，大学毕业生的数学自我效能感更能预测他们的数学兴趣及对数学相关课程和主修科目的选择。②自我效能感的性别差异。Eisenberg 等（1996）研究认为在数学自我效能感上的性别差异或者逐渐减少或者事实上就不存在，但其他一些研究者发现美国学生在数学自信上的性别差异仍普遍存在。③自我效能感与其他心理关联因素间的关系。很多研究者考察了自我效能信念和目标设置（Wood et al.　1987）、榜样示范（Schunk　1981；1987）、问题解决、奖励偶然性（Schunk　1983）、自我调节（Zimmerman，Pons　1986；1990）、社会比较、焦虑及自我概念（Pajare，Johnson　1994；Pajares，Miller　1995）之间的关系。研究表明自我效能信念与上述因素之间都存在不同程度的相关。

（二）国内有关学业领域中自我效能感的研究

我国学者对自我效能感的研究主要集中在学生学业自我效能感的发展水平与特点、自我效能感与学业成绩及影响学习成就的其他关联因素的关系。研究者们通过系列的研究发现：①中学生自我效能感的发展呈下降趋势，从初中二年级开始明显下降（周国韬等　1994）；学习困难学生的自我效能感水平显著低于学习成绩优秀的学生（周国韬等　1994；杨心德　1996；王振宏　1999）。②自我效能感与学习成绩、归因方式、学习策略呈显著的相关。研究表明，中学生的自我效能感与其学习成绩（语文和数学）存在着非常显著的相关（李荟等　1998）；自我效能感水平与学生的自我监控学习行为各方面均存在非常显著的正相关（周勇，董奇　1994）。③在影响机制上，自我效能感除了直接对学习成绩产生影响外，还通过学习策略、归因方式等间接途径来影响学生学习成绩（李荟等　1998）。④在影响程度上，自我效能感最大，归因方式次之，学习动机最小（王振宏等　2000）。

四、有关自我效能感培养的研究

（一）国外有关自我效能感培养的实验研究

国外学者关于培养学生自我效能感的研究，从其干预方式或干预对象上看，

有从学生着手直接进行培养的，也有从教师训练入手间接地对学生自我效能感施加影响的。

直接以学生为实验对象来促进其自我效能感提高的培育方式主要有以下两种：①强化法，主要是通过外部强化或自我强化来提高学生的自我效能感（Shunk 1983）。②归因训练法，归因训练是通过一定的程序，使学生掌握归因技能，消除归因偏差，形成恰当的归因方式（Schunk 1982；1983；1984）。以归因训练来提高自我效能感的研究很多。这些培育方式都是在实验情境中进行的。

以教师为对象间接地培养学生的自我效能感主要是通过教师训练，改变教师的教学过程、教学方式，从而对学生的自我效能感施加影响。斯格尔过让教师学习 35 页的训练手册（手册里面包括有关自我效能感的基本原理及提高学生自我效能感策略的支持研究）和观看录像带（教师通过录像带可以观察到其他教师如何运用这些策略）对教师在三个领域（目标设置、教师反馈和榜样示范）的教学策略进行训练，并使其在教学过程中加以运用，试图增强学生的自我效能感，相应地提高学生的学业成绩。研究结果表明，目标设置、教师反馈和榜样示范等教学策略能提高学生的自我效能感。

（二）国内有关自我效能感培养的研究

我国有关自我效能感培养的研究主要集中在对小学生或学习困难生学习自我效能感的提高上。如郭占基等（1993）从成功体验、榜样示范、引导积极归因等效能信息的不同来源来培养和提高小学生的学业自我效能感；寇冬泉（1998）利用“自知、助学自验、自评”的方法对小学生数学自我效能感进行培养和提高；黄卓瑶（2002）在分层递进教学中，以成功体验、榜样示范、积极归因、进行学习策略指导等方式培养初中学习困难学生的自我效能感；杨雪（2003）则从理论上对如何提高学习困难学生的自我效能感进行了探讨。

五、现有研究的不足

（1）大多数研究集中在自我效能感与学生学业成绩及其他关联因素之间的关系和影响个体自我效能感内部心理机制的探讨上（如榜样示范中同性和异性同伴的影响差异），而有关自我效能感的培养研究薄弱。

（2）已有的培育研究多是在实验室情境中进行的，实验室情境与教育教学实际情境相去甚远，且自我效能感的实质是个体在特定自然情境中对自己的某种行为能力的自信程度。因此，学习自我效能感的培育不能脱离具体的教育教学情境和具体的学科。

（3）已有的培养研究少有建构出一个针对学科教学特点的培育模式。

（4）干预对象上，或者从教师入手，或者从学生入手，缺乏对教师和学生同时进行干预。

（5）有关自我效能感测量工具的选择，大部分采用的是自我效能强度的自评，缺少幅度（肯定回答数之和）的评价，没有很好地切合班杜拉的自我效能概念，获得的信息不够全面。

六、本研究的价值与研究基础

（一）研究价值

1. 拓展自我效能感的应用研究领域，丰富自我效能感理论

自我效能感理论一经提出，立刻引起众多学者的广泛关注，并在各应用性领域中得到普遍重视。目前，国外对自我效能感的研究已深入到心理健康教育、心理咨询和治疗、职业选择、管理、学习等各个领域。相对其他领域而言，研究最多、成果最丰富的无疑还是学习这一领域。在美国等自我效能感研究比较深入的国家，有关学习自我效能感的研究包括学习自我效能感与影响学习的其他变量（如能力、学习策略、学习兴趣、学习动机、自我监控等）及学业成就的关系、自我效能感的特殊性与一般性（如“学习自我效能感是不是只针对特定问题、特定任务、特定学科，有没有一般的学习自我效能感存在?”）、自我效能感的强度适当性及稳定性（如“自我效能感是不是越强越好?”“学习自我效能感稳定性如何?”）等。我国学者自 20 世纪 90 年代初开始对自我效能感进行了研究，研究大多集中在实证研究方面，如学生学习自我效能感的发展水平与特点，学业自我效能感与学习成绩、学习策略、归因方式等的关系。纵观国内外研究，对自我效能感培养的研究和探讨还相对较少，针对学科教学特点结合有关自我效能感理论，构建学生学习自我效能感的培养模式，对于拓展自我效能感的应用研究领域，丰富自我效能感理论有着极为重要的意义。

2. 弥补学科教学中渗透心理素质教育研究的不足，促进心理素质教育的深入开展

学校心理素质教育是个系统工程，学科教学中渗透心理素质教育是学校开展心理素质教育的基本途径之一，也是学校心理素质教育整个系统工程的子系统之一。学科渗透，是指在学科教学中，依据心理素质教育的根本目标，从学科特点出发，抓住学科教学与学生心理素质发展的结合点，有目的、有计划地运用心理素质教育的方法策略，渗透心理素质教育内容，增进学生的心理健康，为培养学生健全的心理素质服务。从教育实践看，现今学校心理素质教育实施途径中的专题训练和咨询辅导在各级各类学校已有相当的发展，而在学科教学中渗透心理素

质教育则相对薄弱和滞后，这种状况和学科教学渗透心理素质教育是一项相对较为复杂的任务、对教师素质要求较高有关，同时也和学科教学中渗透心理素质教育理论研究的相对薄弱是分不开的。针对学科教学特点，依据自我效能感理论构建中学生学习自我效能感的培养模式，在某种程度上可以为教师学科教学渗透心理素质教育工作的开展提供借鉴，以促进该领域研究的深入开展。

3. 维护学生心理健康，促进学生潜能开发

学习自我效能感对学生的学习和生活有着较为重要的影响。学生的主要任务是学习，而学习内容每天都是新的，在学习过程中学生经常会碰到困难、面临挑战，没有良好的学习自我效能感不足以支撑学生的学习，造成如学习焦虑、身心困惑等诸多适应困难。学习自我效能感弥漫于学生生活的方方面面，决定了学生学习生活的快乐和幸福，是学生能否获得良好学业成绩、能否保证心理健康和一生健康发展的重要变量。从增进学生的学习效能入手可以提升学生的学业成绩，让学生健康、自信、快乐地学习和成长。因此，培养学生的学习自我效能感不仅能够促进学生学习成绩的提高，而且对维护学生心理健康，开发学生心理潜能有着极为重要的现实意义。

（二）研究基础

1. 理论基础

（1）有关心理素质教育的理论研究。

由西南师范大学张大均教授领导的“心理健康教育与心理素质培育课题组”对学生心理素质教育的基本理论问题作了较为系统的探索：界定了心理素质、心理素质教育的概念，分析了学生心理素质的结构，开发出了具有较高信效度的大、中、小学生的心理素质量表，探讨了中小学生心理素质教育的目标、原则、内容、途径和实施策略，构建了学生心理素质教育的基本模式系统（专题训练—咨询辅导—学科渗透），并初步提出了学生心理素质教育的整合模式。这些研究成果为本研究提供了坚实的理论基础和实证参考资料，是本研究的理论基础之一。

（2）有关学科教学渗透的理论研究。

虽然有关学科渗透的理论研究还相对薄弱，缺乏系统性，但已有的理论研究也为本研究提供了有益的参考。如学科教学中渗透心理素质教育的实施策略、原则及要求等，对本研究中培养策略和培养模式的构建有借鉴作用。

（3）有关自我效能感的理论。

这些理论包括自我效能感的作用与内涵、自我效能感的主体作用机制、影响自我效能感形成和发展的因素及效能信息的认知加工机制。其中，有关自我效能感的内涵为自我效能感的培养提供了可能性；自我效能感的作用说明了培养学生自我效能感的意义；影响自我效能感形成和发展的因素为培养学生自我效能感提供了操作指标；效能信息的认知加工机制为本研究提供了培养实施的原则等。

2. 实证基础

（1）有关心理素质教育及学科渗透的教学实践。

（2）有关学生自我效能感培养的实验研究。

在学业领域，研究者们就自我效能感与学业成绩及影响学习成绩的其他因素进行了大量的研究，这些研究都为本研究提供了实证参考。

七、研究思路与构想

（一）研究目的与内容

本研究拟用教育实验法，以学科渗透为手段，以初中二年级数学学科教学为载体，探讨初中数学学科教学中培养学生学习自我效能感的有效途径和策略，并考察在学科教学中渗透学生心理素质培养模式的可行性和有效性。主要研究内容包括两个方面：①构建渗透中学生数学学习效能感的培养模式，为学生自我效能感的培养提供新的思路，为如何在具体学科教学中培养学生心理素质提供实证依据。②将渗透培养模式加以具体实施，在此基础上检验渗透模式的可行性、有效性。

（二）研究假设

假设 1：学科教学渗透学生学习自我效能感的培养模式是有效的、可操作的；

假设 2：在学科教学中渗透学生自我效能感的培养能够有效促进学生学业成绩（以数学为例）的提高；

假设 3：在学科教学（以数学学科为例）中渗透学生学习自我效能感的培养，能维护学生的心理健康水平，促进学生相应方面心理素质的健全发展。

（三）主要研究工具

1. 自我效能感自陈式问卷

该问卷由寇冬泉在借鉴 Gibson 和 Dembo（1984）编制的教师效能量表有关维度的基础上编制而成，共 21 个题项，正向题和逆向题各半，按 5 级评分制，问卷重测信度系数为 0.84，分半系数为 0.77，效标关联效度系数为 0.56。

2. 中学生数学学习自我效能感问卷

该问卷在南京师范大学毛丽丽编制的中学生数学自我效能感问卷的基础上修订而成；该问卷包括三个分量表：课程分量表（4个题项）、任务分量表（13个题项）、问题分量表（18个题项）。三个分量表和总量表的内部一致性系数分别如下：课程分量表的内部一致性系数为0.658；任务分量表的内部一致性系数为0.687；问题分量表的内部一致性系数为0.724；总效能量表的内部一致性系数为0.750。内容效度为0.846。

3. 归因问卷

采用Lefcourt等（1979）编制的多维度—多归因因果量表中的学业成就子量表，该量表由24个题项构成，其中有关成功和失败的题项各12个。共包括四种归因，即属于内控性的能力和努力，以及属于外控性的运气与背景。采用5级评分制，量表的内部一致性系数介于0.58～0.80。

4. 中学生心理素质问卷

该问卷由西南师范大学教科所张大均、冯正直等编制，共155个题项，由元认知问卷、个性问卷和适应性问卷三个分问卷组成。总问卷的重测相关系数是0.853，各因素的重测相关系数介于0.76～0.84，问卷的内部一致性系数为0.839，各因素的内部一致性系数介于0.72～0.78，各因素之间的相关系数介于0.251～0.541，表明问卷具有较高的信度和良好的结构效度。

5. 中学生心理健康问卷

该问卷是由王极盛于1997年专门针对我国中学生所编写，具有较高的信效度。由60个题项组成，共有10个分量表，分别为强迫、偏执、敌对、人际关系紧张与敏感、抑郁、焦虑、学习压力、适应不良、情绪不平衡、心理不平衡。为5级评分制（无、轻度、中度、偏重、严重），分别评定其总均分和10个因子均分。总均分及其各因子均分小于2.00表示正常；介于2.00～2.99表示轻度心理问题；介于3.00～3.99表示存在中度心理问题；介于4.00～4.99表示存在较严重的心理问题；5表示存在严重的心理问题。

6. 统计工具

本研究对收集到的数据统一应用SPSS10.0 for Windows 2000统计软件包进行处理。

第二节　数学学科中培养学生学习自我效能感的模式构建

一、学科教学渗透心理素质教育的原则及策略

在数学学科教学中培养学生自我效能感是学科教学中渗透心理素质教育在某一特定学科中的具体实施，因此，在数学学科中培养学生自我效能感必须遵循有关学科教学渗透心理素质教育的原则及实施方法策略等。

（一）学科教学渗透心理素质教育的原则

我们认为，学科教学中渗透心理素质教育除了应遵循心理素质教育的一般原则外，还必须遵循以下三个原则。

1. 目标整合原则

学科教学渗透心理素质教育包括两个成分，即学科教学和心理素质教育。给予二者合理、正确、恰当的把握和定位是实施学科教学渗透心理素质教育的关键问题，如果对二者之间的关系没有一个正确的认识极易误入学科教学心理素质教育化和心理素质教育学科化两个极端。学科教学目标和心理素质教育目标是相互联系、相互影响的，两者在教学中都要有所体现，但并不是同等重要的。其中学科教学目标处于首要地位，心理素质教育目标处于次要地位。在学科教学中，先要保证学科教学目标的实现，即在课堂教学中，其首目标、主目标是学科知识和技能的传授和掌握，而心理素质教育在学科教学中的渗透是副目标、辅目标。虽然我们说学科教学中的心理素质教育是副目标、辅目标，但不是说其不重要、可有可无，而是相对学科教学目标而言的。同时，就整个课堂教学来说，二者是整合于同一教学过程中的。

2. 内容协同原则

心理素质教育的内容必须符合学科教学本身的内在规定性，即是学科教学过程或教材本身派生出来的，是教学素材或教学过程所蕴含的，是分内的、自然的，而不是脱离教材或教学过程强加上去的。

3. 自然、适度、灵活渗透原则

自然指的是教师要根据学科教学内容所蕴含的可利用资源寻找心理素质教育的合理渗透点，任何为渗透而渗透的做法都是不可取的。适度表现在三个方面：①关系适度，即要把握学科教学和学科教学中心理素质教育二者的主次轻重；

②时间适度，即在一节课的有效时间内，渗透心理素质教育的时间不宜过长；③目标适度，即目标不能太高也不能太低，而是要符合学生现阶段的心理发展水平及特点。灵活也表现在两个方面：①内容设定的灵活，即各科教师在充分了解学生心理状况的基础上，在符合内在规定的前提下，根据不同班级的实际情况，设定不同的内容；②形式要灵活，即学科教学渗透心理素质教育的形式要灵活。

（二）学科教学渗透心理素质教育的实施策略

学科教学中渗透心理素质教育的实施方法或策略主要表现为如何合理把握学科教学渗透心理素质教育的渗透点上。我们认为可以从教材内容、教学过程、教师和课堂心理氛围入手来把握学科渗透心理素质教育的渗透点。

不同学科其性质不同，所蕴含的心理素质教育的资源就有所不同。就学科性质来讲，主要有三大类：一类是社会科学类学科，如语文、历史、地理、思想品德、政治等，这些课程其教材内容本身就直接或间接地蕴含着丰富的心理素质教育内容；第二类就是艺术、体育类课程，如音乐、美术、体育等，这类课程蕴含着更为丰富的心理素质教育资源，如音乐课、美术课本身就是心理素质教育的良好载体。因此，在前两类课程中渗透心理素质教育可以说主要从内容入手来加以实施。第三类是自然科学类学科，如生物、数学、物理、化学等，这类课程的学习不仅需要观察、记忆、注意、想象、思维等认知活动的参与，而且更需要各种心理品质的支持，但因其内容本身的抽象性和逻辑性，从内容上很难加以挖掘出能在前两类课程中渗透的心理品质，因此若在这类课程中渗透则主要从教学过程入手。但是，如果在自然类课程中培养如良好的观察、记忆、注意、想象、思维等认知品质，则可以从教学内容加以把握。

从人的因素上讲，教师也是一个渗透点，教师在学生生活中扮演着重要他人的角色，学生从教师那里得到的不仅有知识信息，还有情感、意志、性格等多种心理的综合信息。在教学过程中学生不只是一个知识的受体，被动地接受教师传来的信息，他们总是有选择地把握呈现在他们面前的各种信息，学生在这种交流的丰富性及体验性中心理也在发生着变化。此外，课堂环境是影响学生心理变化发展的心理场，良好的心理场发挥着积极的场效应，优化学生的心理环境，使学生获得安全感，可以自由表达自己的见解，不必担心被嘲笑或被批评而体验到焦虑及心理上的应激状态。

二、培养学生自我效能感的途径和方法

（一）增强学习活动中的成功经验

实践的成败经验是个体获得自我效能感的一种最基本最重要的途径，也是个

体赖以建立自我效能感的最可靠的基础，在此基础上建立的效能感不仅坚定，而且还有向其他活动领域泛化的趋势（Bandura et al. 1977）。其他途径获得的效能信息对个体自我效能感的影响，往往要以实践的成败经验作为参照的依据，需要接受实际活动结果的检验。只有当个体在活动中取得了成功，替代经验、言语劝导和生理唤醒所提供的效能信息才被个体在认知结构中加以接受。因此，要培养学生的自我效能感，最主要的途径就是要为学生提供更多体验成功的机会。

1. 消除课堂竞争奖赏结构，建立合作化和个体化的奖赏结构

Ames 等（1977）对奖赏结构做了大量研究，在此基础上将课堂划分为三种奖赏结构：竞争、合作和个体化。竞争要求个体之间进行比较，只有自己的成绩超过别人的成绩才算是成功，才能得到奖赏；合作强调小组之间进行比较，个体能否得到奖赏依赖于小组是否成功；个体化则强调自我比较，即将自己现在的成绩与过去的成绩进行比较，只要个体现在成绩超过过去的成绩就算成功，就能得到奖赏。

竞争强调社会比较，这种比较使大多数学生成为竞争中的失败者，从而损害了他们自我效能感的发展。个体化要求个体作自我比较，只要自己现在的成绩超过过去的成绩即为成功。一般来说，超过别人的成绩是不容易的，但超过自己过去的成绩是容易做到的。因此，个体化能使学生有更多的机会体验学习的成功，从而树立起对自己能力的自信，提高自我效能感。合作强调小组之间的比较，个体得到的奖赏和小组的成就间存在着积极的关系，即个体的奖赏依赖于小组能否成功。在合作下，一个人的成功同时帮助了另外一些人的成功，这就给学习困难学生提供了比在竞争之下多得多的体验成功的机会，从而增强自我效能感。

2. 建立积极期望，避免消极期望

教学是一种有组织、有计划、有目的的社会活动，教师对待学生的行为方式往往会受到其对学生期望的影响。教师对学生的期望按其性质，可分为积极期望和消极期望两种。不同性质的期望会使教师对学生产生不同的对待方式，不同的对待方式会影响学生体验成功的机会，进而影响学生的自我效能感。教师对学生的积极期望会使教师以积极的态度对待学生，从而使学生获得更多体验成功的机会，增强自我效能感。教师对学生消极的期望会使教师以消极的态度对待学生，从而使学生失去许多体验成功、发展能力的机会，降低自我效能感。积极期望是建立在学生现实能力基础上，同时又用发展的眼光看待学生的一种期望。有关研究表明，如果教师改变对学生的消极期望，建立积极期望，给予学生更多体验成功、发展能力的机会，就会增强他们的自我效能感。

改变对学生的消极期望，建立积极期望的关键，是要取消不平等的师生交往机制，建立平等的师生互动机制。自我效能感是个体对自身活动效能的一种自我判断，这种判断要以一定的知识或信息作为基础。除了个体直接的成败体验和社会劝导信息外，替代性成败经验也是个体建立自我效能感的重要信息源。替代性成败经验的效能信息是指当个体看到能力和自己相似的人在活动中取得了成功，他会相信当自己处于类似活动情境时也能获得成功，从而提高自我效能感；但若看到拥有和自己相当的能力水平的观察对象，在活动中付出很大努力，最终却失败了，他会认为当自己处于类似活动情境时，也不会获得成功，从而降低自我效能感。在课堂交往活动中，不平等的师生交往机制使得中、差生很少有参与课堂交往的机会，这使得他们不仅自己在课堂上很难有机会体验成功，而且也很难有机会看到水平与自己相当的同学在教学活动中取得成功，造成他们在学习活动中的成功经验越来越少，从而损害了他们自我效能感的发展。另外，不平等的师生交往机制也以社会劝导性效能信息的形式，影响学生自我效能感的发展。教师是学生学习生活中的重要他人，学生对自我能力的认识很容易受到教师对他们言语评价的影响。在课堂交往活动中，教师对差生正确回答问题的漫不经心，对他们不能回答或回答错了的指责、批评，都会使他们低估自己的能力，从而降低他们的自我效能感。

建立平等的师生交往机制，要做到两点：第一，给予学生平等的交往机会，即量上的平等，如在课堂上，教师应根据学生的现实能力水平，提问难易相当的问题，使得学生经过努力后可以正确解答。第二，以同样的态度对待与学生的交往，即质上的平等，如当学生（特别是差生）回答不出问题或回答错了时，教师应耐心对待，给学生足够的时间思考，或给予简单的提示或转而提问稍微简单的问题。

（二）培养学生积极的归因方式

自我效能感与个体的归因方式存在交互作用：自我效能感高的学生倾向于将成功归因于内部的稳定因素（如能力），将失败归因于内部的可控因素（如努力不足），这种积极的归因方式，反过来又能增强学生的自我效能感；而自我效能感低的学生则倾向于将成功归于外在因素（如运气好、任务容易），将失败归于不可控的因素（如能力），这种消极的归因方式使他们对自己的学习产生无能感，严重降低了自我效能感。因此，要增强学生的自我效能感，必须改变他们消极的归因方式，培养他们积极的归因方式。增加成功经验，是培养积极的归因方式的重要途径，因为经常成功容易使个体将成功归因于内部因素，将失败归因于可控因素努力不足。除了增加学生成功的经验外，还可以从以下三种途径来培养学生积极的归因方式。

1. 建立个体化的奖赏结构，消除竞争奖赏结构

奖赏结构是影响个体归因方式的重要因素。在竞争奖赏结构下，个体往往对失败作出能力不足的消极归因；而在个体化结构下，则倾向于对失败做出努力不足的积极归因。因为个体化强调自我比较，这使得个体将注意力集中在任务上，认为努力是掌握任务的手段，并认为如果自己努力，就能成功。我国有关研究也证明个体化结构下的学生比竞争结构下的学生更容易将学习结果归因于努力因素。

建立个体化的课堂奖赏结构是培养学生积极归因方式的必要条件。归因训练的研究表明，接受过归因训练的儿童比没有接受过训练的儿童更能将失败归因于努力不足，因而很少受失败经验的影响。海客浩森认为大多数归因训练的主要思想便是帮助学生建立自己的成绩目标，让学生根据自己过去的成就而不是别人的成就判断自己的成绩，即使有时比别人差，但超过了自己过去的成绩，就是自己努力的结果。因此，要培养学生积极的归因方式，必须创设一种有利于学生建立自己目标的教室气氛，即建立个体化课堂奖赏结构。

2. 使用适当的言语评价

教师对学生的言语评价也会对学生自我归因产生影响。研究表明，通常被认为积极评价的表扬对于提高学生学习的积极性并不总是起作用，而被认为是消极评价的批评也不一定会降低学生学习的积极性。表扬与批评对学生积极性的作用，因任务难易程度而定。对成功完成容易任务的学生给予表扬，会降低他们对自己能力的评价。教师对学生容易任务上失败的批评，则会使学生做出努力不够的归因，从而感到内疚而加倍努力以获得成功。由于表扬与批评对学生积极性的影响因任务难易程度而定，教师在对学生进行言语评价时，应根据任务的难易程度而定。对学生成功地完成困难任务给予表扬，引导其做出能力强的归因，提高其自我效能感；对学生没有成功地完成容易任务给予适当的批评，督促其努力学习。这里指的任务难易是相对于学生本人的实际能力而言的，而不是教师或其他同学所认为的难易。

3. 提供适时适当的帮助和指导

在实际的教育教学过程中，为了使学生顺利完成学习任务，教师往往要对学生的学习行为进行指导和帮助，特别是差生更需要教师的帮助和指导。但教师对学生学习行为的指导和帮助要因任务难度不同、学生情况的不同而有所区别。在学生学习顺利时给予指导和帮助不仅不利于学生独立思考和学习能力的培养，而且还会使学生做出能力低的归因而降低自我效能感。

最后，培养学生的积极归因方式，并不意味着在任何时候都让学生将成功归因于能力和努力，将失败归因于努力不足。在学生确实经过很大努力，但仍然失败后，教师应帮助学生从任务难度、身体状况等外在因素寻找原因。如果一味强调学生努力不足，则会使学生产生力不从心的感觉，挫伤其自我效能感，甚至会导致学生抑郁，影响学生的身体健康。

（三）学习方法、策略及目标设置指导

有关研究表明，学生的自我效能感、学习策略、学业成绩三者之间存在显著正相关。自我效能感高的学生、学业成绩好的学生，往往具有较高的学习策略运用水平；而自我效能感低的学生、学业成绩差的学生，策略运用水平也比较低。同时，学习策略又反作用于学生的自我效能感和学业成绩，学习策略运用水平越高，学生的自信心也越强，学业成绩也越好；反之，学生的自我效能感则越低，学业成绩也越差。因此，教师在教学中结合具体教学内容，教会学生掌握一些基本的学习策略（如复述策略、精加工策略、组织策略等）并清晰地展示如何运用这些策略，也是增强学生自我效能感，改善他们不良学业成绩的重要途径之一。此外，根据自身水平设置适当的目标也能提高个体自我效能感水平。目标设置对自我效能的发展具有重要影响，没有事先设置的目标作为衡量绩效的标准，个体就很难判断自己做得怎么样，以及自己的能力如何。事先设立学习目标可以使个体在目标达成时，体验到成功，从而使自我效能感得到提高。要发挥目标的积极作用，教师在指导学生设置目标时要注意：第一，目标要具有具体性，明确指出要完成什么任务及达到什么样的水平；第二，目标要具有合理性，太低的目标不能提高自我效能感，而太高的目标使个体在付出很多努力之后却总是失败，也不利于个体自我效能感的发展；第三，目标的近期性，太长远的目标无法为个体当前的行为提供有效的刺激和向导，近期的目标不仅可以告诉个体现在该做什么，而且目标达成时可以获得成功体验。

三、对数学课程标准和新教材的认识分析

2001 年 7 月，教育部颁布了《全日制义务教育数学课程标准》，这个标准作为我国 21 世纪初期义务教育阶段数学教育工作的纲领性文件，考虑了当代科学技术的发展、数学自身的发展、教育观念的更新、中小学学生数学学习的心理规律等多方面因素对数学教育的影响，结合当前数学教学现状，系统地给出了未来我国数学教育的基本目标和实施建议，为新一轮数学教育改革指明了方向。

（一）义务教育数学课程标准化的基本理念

（1）义务教育阶段的数学课程力图实现：人人学有价值的数学；人人都能获

得必要的数学；不同的人在数学上得到不同的发展。

（2）有效的数学学习活动主要表现为自主探索与合作交流，而不是复制和强化。向学生提供的数学学习内容应当是利于他们从事观察、实验、猜测、验证、推理与交流等数学活动的素材，而不是他们模仿与记忆的对象。

（3）对学生数学学习的评价是为了全面了解学生的数学学习状况，激励他们的学习，改进教师的教学。评价的功能更多地在于了解学生的纵向发展而不是横向比较。评价时要关注学习结果，更要关注学习过程；既要关注学习水平，也要关注在数学活动中学生所表现出来的情感与态度，以帮助他们认识自我，建立信心。

总之，数学课程标准使学生在获得数学基础知识与技能的同时，更为关注他们在情感、态度、价值观和一般能力等方面的全面发展。《标准》倡导自主探索，合作交流与实践创新的数学学习方式，重视学生创新精神和实践能力的培养，充分肯定了学生在课堂教学中的主体地位。

（二）新教材的主要特点

首先，新教材体现了学生的主体地位。课本中设计了大量富有启发性、挑战性及探究性的问题，如“想一想”“议一议”“做一做”。同学们在“想一想”中去思考，在“做一做”中去实践，在“议一议”中去交流，在“试一试”中去发现。教材把学习的主动权大胆地交给学生，同学们在民主、轻松愉快的课堂氛围中，通过亲身经历，体验数学知识的形成和应用过程。

其次，新教材丰富了教学环境。教材增加了新内容的同时也增加了难度，如七年级新增内容有“立体图形”“统计与概率”等知识。但由于教材提供了丰富的、轻松愉快的活动环境，使得学生在一系列的经历体验中逐步积累知识，并感受到数学的奇妙。新教材特别关注学生的参与活动，鼓励学生用自己的语言去描述，在已有的知识基础上通过自己的主动思考去体会新知识点，鼓励学生与同伴之间进行更多的交流，激励学生在实践活动中去发现去创新。在思考、实践、交流与探究的过程中，突破难点，解决疑问。

从以上我们对数学课标和新教材的分析看出，两者都十分重视学生的创新精神和实践能力的培养，充分肯定学生在课堂教学中的主体地位，这要求我们在建构培养模式时要考虑数学课标的新理念和适应新教材变化的要求。

四、在数学教学中培养学生自我效能感的模式构建

在有关自我效能感理论、学科教学渗透心理素质教育原理基础上结合中学数学学科教学特点和教学要求，我们初步构建了在数学教学中培养学生自我效能感的“合作讨论反馈”渗透模式（图 6-1）。

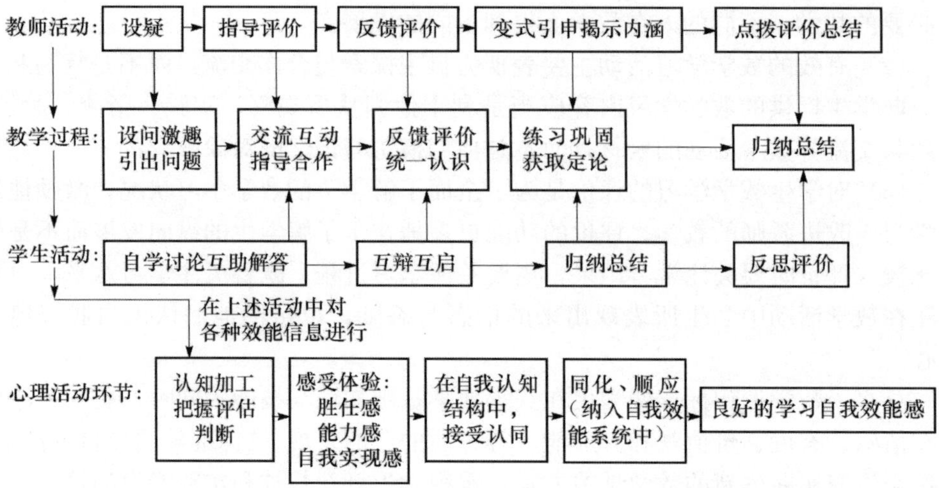

图 6-1　数学教学中渗透学生学习自我效能感培养的教学操作模式流程图

模式的具体实施分为以下几步。

(1) 教师创设问题（问题的创设，可以在课初、课中或课末），提出学习任务，学生对教师提出的学习任务（可以是问题解答也可以是新的知识点的预习）独立思考以求对学习任务获得最初的感性认识，形成自己的见解，找出疑难之处。

(2) 学生带着自己的理解、认识、体会开始组内的学习交流，提出自己的看法供大家讨论评析，听取他人意见，开拓思维，然后小组达成共识，最后选出一名代表作发言人，代表实行轮流制，以激发学生学习积极性、参与性及集体责任感和荣誉感。小组交流可以在课堂教学的最初进行，也可以在课外进行。教师要视教学内容的多少、教学进度的快慢、教学难度深浅进行合理安排，同时对每个小组内的合作情况进行指导监督。

(3) 小组代表向全班汇报本组合作情况，汇报内容包括小组对学习任务的解答及疑难；小组发言实行轮流不确定制，汇报形式不限。然后意见不同组可以交流。教师应对代表发言情况进行评价、鼓励，这种评价不仅要针对个人也要针对小组。在这一过程中，教师要注意以下三点：①为使尽量多的学生和学习程度不同的学生都能获得成功体验，教师在课前或教学中要根据学生不同水平设立不同层次的问题，然后就不同问题提问不同学生。②当学生顺利回答问题后，教师要给予积极鼓励并对其良好表现积极归因。若学生在发言或解答过程中出现困难或因紧张、焦虑、胆怯而出现思维阻碍时，教师要沉着耐心，积极引导，给学生提供必要的提示、线索或给予学生足够的时间考虑，而不能简单粗暴地阻止或打断，更不能因此而讽刺学生，同时，教师可以通过微笑、鼓励、期待性注视，来缓解学生的焦虑及紧张情绪。③教师在听取学生交流时，一方面要努力营造民主、宽松、和谐的课堂气氛，以便课堂教学在正常有序而不失热烈中进行，另一方面要就每个小组存在的问题及全体学生共同存在的问题进行解疑，明确学生学习掌握情况与教学目标教学要求差距所在，以便为下一过程的顺利进行做好铺垫。

（4）变式引申，揭示内涵。经过前几个环节的学习，学生可能会觉得对此问题或知识点已经掌握，从而可能注意力分散，参与行为下降。这时教师要抛出更高层次的问题，这样不仅可以引起学生认知失调，激发学生兴趣，同时可以使学生认清知识间的联系与差异、把握其本质与规律。

（5）归纳总结，突出重难点、反思评价。数学学科具有高度抽象性和系统性，并且数学的抽象具有层次性，教师要引导学生将问题提高到抽象层面，不要以题论题。引导学生根据学习内容和活动情况归纳总结，整理成系统知识。教师引导学生进行反思评价，通过反思，可以更好地促进新旧知识之间的联系，使新知识与学生头脑中原有的旧知识建立逻辑性的稳固联系，从而形成新的认知结构。同时通过反思，不仅可以梳理在学习过程中对知识的理解程度，还可以评价自己在认知加工过程中所闪现的思维火花，领悟其中的数学思想。

第三节　数学教学中渗透学生学习自我效能感培养的实验研究

（一）实验目的

考察在数学学科教学中渗透学生学习自我效能感培养模式的可行性、有效性。

（二）实验对象

重庆某中学初中二年级7班及8班学生，其中7班为实验班，共79人，男生48人，女生31人；对照班79人，男生45人，女生34人。

（三）实验设计

本实验采用实验班和对照班前、后测的等组实验设计。

前测中所采用的问卷包括自我效能感自陈式问卷、归因问卷、中学生心理健康问卷、中学生心理素质问卷、初一期末考试试卷，O_1（除去归因问卷后）同O_3；后测采用的问卷则包括自我效能感自陈式问卷、中学生数学学习自我效能感问卷、中学生心理健康问卷、中学生心理素质问卷、初二上学期期末考试试卷，O_2 同 O_4（表 6-2）。

表 6-2 实验处理

班级	前测	讨论反馈模式	后测
实验班	O_1	X	O_2
控制班	O_3	—	O_4

（四）实验变量

自变量：数学教学中渗透培养的教学模式

因变量：①学业自我效能感水平；②数学学习自我效能感水平；③数学学业成绩；④心理素质和心理健康水平。

无关变量的控制：①合理确定实验班和对照班。保证实验班与对照班学生的学业自我效能感、学业成绩和心理素质起始水平大致对等。实验班和对照班学生人数、性别比例大体相当。②为防止教师在教学过程中将自变量无意识地迁移到控制班，不同班级选择不同教师，但使两班教师在性别、教龄、教学水平、教学特点上（通过学校领导介绍，教师资料，学生信息反馈等）保持一致。③施测时使用严格、统一的指导语，并保证测试成绩不计入学生的成绩单，控制被试的答题时间。

（五）实验程序

（1）合作小组的建立。首先，根据学生的数学基础和能力及平时数学成绩，每 8 人一组，按优∶中∶差＝1∶2∶1 组建，注意男、女生合理分配，座位以前后座排列，实验初期由教师挑选或小组选举组织能力强、学习成绩优秀且乐于助人的学生为组长，建立合作学习小组，让小组长发挥小先生的辅导作用，形成组内互学的良好氛围，达到优生更优、差生转化、整体进步的目的。其次，是学习小组长的培训，学习小组长的培训以座谈的形式进行，侧重于助人意识、集体意识、协作意识，实验过程中，还根据各组具体情况对组长进行个别指导，小组长实行轮岗和调派制（实验中后期）。

（2）对实验班的学生在每周的数学课上以“合作讨论反馈”教学模式来培养学生的学习自我效能感（渗透教案见附录三）。该模式以“成功体验＋引导积极归因＋榜样示范＋积极评价、积极期望＋学习策略、目标设置等→内化为学生自我心理结构的一部分→良好的学习自我效能感”为教学主线，通过建立合作学习小组、积极的鼓励评价和期望，使学生获得实践的成功体验；在教学中进行榜样示范，以使学生获得替代性的成功经验；引导学生进行积极归因；在教学过程中对学生进行学习策略方面的指导，包括制订学习目标、学习计划，掌握学习方法。控制班则按常规进行教学。

（六）实验实施原则

1. 主体性原则

在实施过程中，要尽可能地让更多的学生参与到教学中来，兼顾到不同学业水平的学生，调动学生积极性，发挥其主体作用，实现其主体地位。

2. 灵活性、多样性原则

本研究构建的培育模式中，合作学习是主要的教学形式，但为了不使合作学习走向模式化、形式化，要确保合作形式灵活、多样，富有变化。

3. 最优化原则

本实验的假设是通过实验实施能够提高学生数学学习自我效能感，提高学生数学学业成绩，但在实验实施过程中，不能因此就增加教师的教学时间，加重教师的教学负担和学生的学业负担。对学生进行自我效能感培育是重要的，但我们反对那种为培育学生的自我效能感而延长学生的学习时间、增加他们学习任务的观点，我们强调的是要把培育学生的自我效能感与日常的教学工作有机地融合起来，在教学时间不变或缩短的条件下，提高学生的自我效能感水平，从而以最小的教育资源投入获得最大的教育教学效益。

（七）结果与分析

1. 实验班与对照班学生自我效能感测试结果分析

1）自我效能感自陈式问卷结果

（1）两班学生前后测自我效能感比较

由表 6-3 可以看出，两班学生自我效能感前测差异不显著，而后测差异达到显著水平（$p<0.05$）；对照班学生前后测差异不显著，而实验班前后测差异达到显著水平（$p<0.05$）。

表 6-3　两班学生自我效能感前后测比较

班级	前测（$M\pm SD$）	后测（$M\pm SD$）	t
实验班（$n=74$）	3.5508±0.5728	3.6776±0.4598	−2.506*
对照班（$n=73$）	3.5303±0.5181	3.5271±0.4471	0.042
t	0.288	2.012*	

（2）两班自我效能感不同层次学生的比较

为考察实验对自我效能感不同水平学生培养效果上的差异，我们依据自我效能感自陈式问卷前测结果把两班学生分别分为高、中、低三组（以平均数上下1个标准差为组别划分界限，平均数1个标准差以上者为高分组，平均数1个标准差以下者为低分组，介于二者之间为中分组），然后对这三组水平学生的自我效能感前、后测结果进行比较，结果见表6-4。

表6-4 两班自我效能感不同层次学生比较

组别	班级	前测（$M\pm SD$）	后测（$M\pm SD$）
高效能感组	实验班（n=17）	4.2689±0.1457	4.1488±0.3787
	对照班（n=14）	4.0884±0.4320	3.8912±0.6151
	t	1.495	1.366
中效能感组	实验班（n=42）	3.5578±0.2682	3.5952±0.3662
	对照班（n=44）	3.6071±0.2708	3.4232±0.3550
	t	−0.848	1.213*
低效能感组	实验班（n=15）	2.7175±0.3247	3.5778±0.4434
	对照班（n=15）	2.7841±0.2360	3.2889±0.2133
	t	−0.643	2.274*

由表6-4可以看出，两班后测中，高自我效能感组之间的差异不显著，而中效能感组和低效能感组差异都达到显著水平，说明自我效能感的培育主要对中效能感组和低效能感组学生有效。

（3）两班学业不同层次学生自我效能感的比较

为考察不同学业水平学生在实验效果上的差异，我们依据两班学生初一期末语、数、外三科考试成绩，同时结合班主任评价将学生分为优生、中生、差生，然后对不同学业水平不同效能感水平（自我效能感水平组划分标准同上）学生前后测结果进行比较分析，结果见表6-5。

表6-5 两班学业不同层次学生自我效能感的比较

组别	班级	前测（$M\pm SD$）	后测（$M\pm SD$）
优生高效能组	实验班（n=8）	4.2262±8.345E−02	4.0179±0.3299
	对比班（n=4）	4.0595±0.3934	3.5476±0.5614
	t	0.838	1.858
优生中效能组	实验班（n=10）	3.5850±0.3071	3.7238±0.4500
	对比班（n=11）	3.6327±0.3143	3.4459±0.3480
	t	−0.351	1.590
优生低效能组	实验班（n=1）	2.9048	3.4762
	对比班（n=2）	2.9286	3.0476
	t		
中生高效能组	实验班（n=5）	4.3333±0.1992	4.3524±0.5001
	对比班（n=8）	4.2202±0.3443	4.1429±0.4823
	t	0.662	0.752

续表

组别	班级	前测（$M\pm SD$）	后测（$M\pm SD$）
中生中效能组	实验班（$n=24$）	3.6091±0.2496	3.6190±0.2999
	对比班（$n=26$）	3.6861±0.2518	3.4827±0.3745
	t	−1.041	1.369
中生低效能组	实验班（$n=8$）	2.7440±0.2082	3.6488±0.2799
	对比班（$n=7$）	2.7007±0.2932	3.2925±0.2340
	t	0.334	2.651*
差生高效能组	实验班（$n=3$）	4.3175	4.2698
	对比班（$n=1$）	3.0952	4.3333
	t		
差生中效能组	实验班（$n=7$）	3.4014±0.2036	3.4354±0.3428
	对比班（$n=7$）	3.4694±0.1613	3.3061±0.2410
	t	−0.693	0.816
差生低效能组	实验班（$n=6$）	2.7540±0.5374	3.5000±0.6507
	对比班（$n=5$）	2.8571±0.1875	3.3619±0.1704
	t	−0.406	0.500

由表 6-5 可以看出，无论学业成绩处于哪一层次，两班后测时高、中效能感水平组结果差异均不显著；对于低效能感水平组而言，两班学业成绩处于中等水平的学生其后测结果达到显著水平，且实验班学生实验前后结果达到极为显著水平（$p<0.001$）。实验班优生低效能感水平组前、后测结果有明显提高，但由于样本太少无法考察其是否达到显著水平。实验班差生中、低效能感水平组实验前后有提高，但未达到显著水平。

2）中学生数学学习自我效能感问卷结果

（1）两班学生数学学习自我效能感幅度得分比较

为考察两班学生在自我效能感幅度得分上的差异，我们进行了独立样本 t 检验。

表 6-6　两班学生数学学习自我效能感幅度得分比较

班级	后测（$M\pm SD$）
实验班（$n=79$）	0.9071±0.1176
对照班（$n=69$）	0.8174±0.1919
t	3.368***

由表 6-6 可以看出，两班学生数学学习自我效能感幅度得分差异达到极为显著水平。

（2）两班学生数学学习自我效能感强度得分比较

由表 6-7 可以看出，除课程量表、任务量表，两班学生不存在显著差异外，在问题量表、总量表上，实验班学生得分均显著高于对照班学生得分。

表 6-7 两班学生数学学习自我效能感强度得分比较

班级	后测（$M \pm SD$）			
	课程量表	任务量表	问题量表	总量表
实验班（$n=79$）	4.2152±0.8461	4.6358±0.7917	2.2201±0.3501	3.3454±0.5149
对照班（$n=69$）	3.9239±1.0975	4.3768±0.9137	2.0258±0.4613	3.1159±0.5859
t	1.789	1.848	2.854**	2.536*

2. 实验班与对照班学生心理健康问卷结果分析

为考察培养模式对学生心理健康状况的影响，我们对实验班（$n=77$）和对照班 $n=75$ 前后测结果进行了比较（表 6-8）。

表 6-8 两班学生心理健康问卷前后测比较

因子	班级	前测（$M \pm SD$）	后测（$M \pm SD$）	t
人际关系紧张与敏感	实验班	2.5558±0.7737	2.4597±0.6728	1.119
	对照班	2.4773±0.7395	2.5600±0.8227	−1.052
	t	0.637	−0.823	
抑郁	实验班	2.3268±0.7120	2.2143±0.6616	1.712
	对照班	2.3422±0.7578	2.4244±0.8517	−0.992
	t	−0.129	−1.696	
焦虑	实验班	2.3896±0.6791	2.3896±0.6869	0
	对照班	2.6133±0.8765	2.5162±0.8057	1.332
	t	−1.756	−1.043	
学习压力	实验班	2.3740±0.7250	2.2753±0.6649	1.282
	对照班	2.5547±0.9074	2.6240±0.9586	−0.592
	t	−1.354	−2.599*	
适应不良	实验班	2.2831±0.6244	2.1844±0.5811	1.394
	对照班	2.4480±0.7703	2.5200±0.7641	−0.692
	t	−1.452	−3.042**	
情绪不平衡	实验班	2.6438±0.7327	2.5121±0.6111	1.940
	对照班	2.6952±0.8397	2.7562±0.7984	−0.603
	t	−0.403	−2.113*	
心理不平衡	实验班	2.1262±0.5114	2.0705±0.5283	0.833
	对照班	2.2095±0.7454	2.3105±0.7780	−1.104
	t	−0.802	−2.219*	
心理健康	实验班	2.3595±0.4865	2.3119±0.4406	1.112
	对照班	2.4658±0.5964	2.5131±0.6334	−0.865
	t	−1.205	−2.268*	

由表 6-8 可以看出，实验前，两班学生心理健康水平没有显著差异，均处于轻度心理问题的水平；实验后实验班学生问题水平有所减轻且显著低于对照班。从表 5-8 中所列出的各分因子得分来看，后测时实验班学生心理水平均有所提高，但前后对比没有显著变化；在学习压力、适应不良、情绪不平衡、心理不平衡，实验班学生得分低于对照班学生得分，差异显著。

3. 实验班与对照班学生心理素质问卷结果分析

同样，为了考察培养模式对实验班学生心理素质的影响，我们对实验班(n=75)和对照班（n=72）前后测结果进行了比较（表 6-9）。

表 6-9　两班学生心理素质问卷前后测结果比较

因子	班级	前测（$M \pm SD$）	后测（$M \pm SD$）	t
抱负水平	实验班	1.8133±0.2537	1.8283±0.2678	−0.423
	对照班	1.7882±0.2470	1.8090±0.2937	−0.011
	t	0.608	0.417	
自信心	实验班	2.1250±0.2251	2.2083±0.2434	−2.580*
	对照班	1.9913±0.3494	2.0278±0.3384	−0.847
	t	2.745**	3.700***	
学习适应	实验班	1.8967±0.3775	2.0733±0.3164	−4.835***
	对照班	1.9340±0.3460	1.9965±0.3447	−1.482
	t	−0.625	1.408	
情绪适应	实验班	1.9550±0.2637	1.9983±0.2644	−1.085
	对照班	1.9904±0.2536	1.9323±0.2508	−1.759
	t	−0.829	1.553	
总体素质水平	实验班	1.9603±8.583E−02	1.9852±6.710E−02	−2.597*
	对照班	1.9641±9.588E−02	1.9680±0.1275	0.564
	t	−0.250	1.196	

从表 6-9 可以看出，在抱负水平、自信心、学习适应、情绪适应及总体素质水平上，实验班学生前测得分都高于后测得分，且在后测中高于对照班，但仅在自信心因子上两班有显著的差异；对实验班前、后测结果的考察表明，实验班在自信心、学习适应、总体素质水平上差异显著，且在学习适应上差异达到极显著。

从表 6-10 中可以看出，实验班与对照班学生数学学业成绩前、后测结果差异都不显著。通过分层考察（表 6-11），实验班自我效能感不同水平学生的数学学业平均成绩后测均高于前测，高于对照班，但各项差异未达到显著水平。

4. 实验班与对照班学生数学学业成绩分析

表 6-10　两班学生数学学业成绩前后测比较

班级	前测（$M\pm SD$）	后测（$M\pm SD$）
实验班（$n=72$）	94.4028±25.8771	102.3750±28.6132
对照班（$n=77$）	95.0395±25.1345	100.7632±32.1683
t	−0.152	0.321

表 6-11　两班自我效能感不同层次学生数学学业成绩前后测比较

组别	班级	前测（$M\pm SD$）	后测（$M\pm SD$）
高效能组	实验班（$n=16$）	98.3125±29.0212	107.5000±32.1745
	对比班（$n=16$）	100.1875±27.9815	99.6250±32.2115
	t	−0.186	0.692
中效能组	实验班（$n=39$）	95.9231±23.5767	101.3333±25.6785
	对比班（$n=37$）	92.7297±24.6674	98.5526±30.8779
	t	0.577	0.436
低效能组	实验班（$n=10$）	83.9000±32.1540	96.7000±36.4785
	对比班（$n=11$）	82.0000±27.5136	88.0909±36.6748
	t	0.146	0.516

（八）对教育实验效果的探讨

1. 关于“合作讨论反馈”培育模式效果的分析

1）对培养学生自我效能感、数学学习自我效能感有明显效果

运用合作讨论反馈模式，在不增加教学时间的情况下，能有效提高中学生自我效能感、数学学习自我效能感（表 6-3、表 6-4），特别是对于中、低自我效能感水平的学生效果最好（$p<0.05$）（表 6-4）。其原因可能是具有中、低自我效能感水平的学生，实验前对自己数学能力认识欠全面、估计不足，做出的努力也少。实验的实施，使教师的教学方式、教学态度、课堂气氛及师生关系发生了变化，这在一定程度上激发了他们学习数学的主动性、积极性和兴趣。同时课堂学习中教师的积极期望、积极评价增强了他们学习数学的信心；目标的达成、一系列的成功体验也证实他们是有能力的，特别是有足够能力学好数学，从而使得他们的数学自我效能感得到提高。与此同时，数学学习——心理 2 游戏（见附录三）的完成使得他们不再消极地评价自己的数学学习情况，不再将注意力只集中在自己学习中失败的一面，使得他们能够积极地、客观地认识自己的数学学习状况。

从表 6-4 我们发现，实验班高效能感组学生后测得分略低于前测得分；对照班除低效能感组后测得分略高于前测得分外，高、中效能感组后测得分均低于前测得分。这可能和自我效能感发展水平有关，因为中学生自我效能感的发展呈下降趋势，从初中二年级开始明显下降（周国韬等　1994），实验的实施可能在一定程度上对处于该水平的学生有一定幅度的提高但无法改变这一下降趋势。实验班和对照班自我效能感高水平组学生在后测中差异不显著，这与寇冬泉（1998）对小学生自我效能感进行培养与提高的实验结果较为一致，其可能原因是：其在前测时已经达到了一个较高的水平，实验培育很难使其有大的增长，即自我效能感培育过程可能出现一定的“高原现象”。对于对照班低效能感组后测得分高于前测得分的情况，我们考察了该组人员的构成，15 个低效能感组人员中，有 6 个差生，6 个中等生，3 个优生，优生只占少数，而实验班则不存在这一情况。优生、中等生学习上的成功和教师因此对其的积极评价，很容易导致自我效能感的增长，从而出现后测得分高于前测的情况。

更进一步的考察发现（表 6-5），除了实验班优生高效能感组后测得分略低于前测外（差生高效能感水平组由于人数较少，无法考察），其他不同学业水平学生后测得分均高于前测，高于对照班，但两班仅有中等生低自我效能感组差异达到显著水平（$p<0.05$）。出现这种情况的原因可能是，相对于以往的教学，该教学模式最大的受益者是中等偏差生和差生。相对于差生而言，中偏差生是个比较特殊的群体，他们的基础相对好一些，稍加努力就可以获得成功，加上教师的一些积极反馈及该教学模式中其他积极的因素，他们能体会到更多的积极体验，对自己的评价也更积极。而差生虽然也能获得较多的积极体验，但由于一直以来学业上的失败表现及学校、家庭的不良反馈，强化了他们作为差生的认知，也强化了他们自我学业能力低的认识。因此，短期内使得他们对自己学业能力的认识发生显著提高是不容易的。

利用幅度和强度相结合的数学学习自我效能感问卷进行后测，结果（表 6-7、表 6-8）表明，实验班回答“是”的学生得分显著高于对照班学生；在课程、任务、问题三个分量表及总量表上的强度得分均高于对照班，且问题量表上的差异较为显著，在总量表上的差异显著。在课程和任务量表上差异不显著，原因可能是，在初中阶段，相关学科（化学、物理）用到的数学知识还相对较少，同时物理这一学科是在初二年级刚刚开设的，对学生来说不易理解，加上到了初中阶段开始出现偏科现象，所以学好数学学科的自信心的增强可能并不必然导致学习其他相关学科的自信心的极大增强。任务量表上差异不显著，可能存在这样的原因：数学本身就是一门比较抽象的学科且由于其培育模式仅仅在课堂教学中进行，而学生在课堂上接触到的大多是比较抽象的和实际生活中遇到的数学问题很难加以联系的知识，使得学生评价自己在遇到日常生活中遇到的数学问题时没有发生显著的变化。

总之，两种不同问卷结果得出的结论是相同的，这说明通过“合作讨论反馈”模式有意识地对学生进行自我效能感培育，使初中二年级学生的自我效能感水平在下降的客观基础上有所提高是可行的、有效的。

2）合作讨论反馈培育模式对提高学生心理健康水平、心理素质水平有明显效果

从表 6-8、表 6-9 我们可以看出，实验后，实验班学生心理问题水平均有所减轻、心理素质水平均有所提高。实验前，两班学生心理健康水平没有显著差异，均处于轻度心理问题的水平；实验后在学习压力、适应不良、情绪不平衡、心理不平衡及心理健康水平方面，实验班学生得分低于对照班学生得分，差异显著。后测时实验班学生心理健康水平及各分因子得分均有所降低，但前后没有显著变化。原因可能是中学生心理健康牵涉到很多方面的问题，不仅包括学习方面的还包括社会交往、人格、情绪方面等，要改善并有效提高学生心理健康水平，需要从多个方面入手。从表 6-9 可以看出，在所抽取的因子抱负水平、自信心、学习适应、情绪适应及总体素质水平上，实验班学生前测得分都高于后测，且在后测中高于对照班，但仅在自信心因子上两班有显著的差异；对实验班前、后测结果的考察表明，实验班在自信心、学习适应、总体素质水平上差异显著，且在学习适应上差异达到极显著。这在一定程度上验证了我们先前的假设。

总的来说，“合作讨论反馈”模式对提高心理健康水平、心理素质水平是有效的，但效果没有达到最好，这可能是因为我们只在数学学科教学中进行了渗透，而学生心理健康心理素质受到多方面因素的影响。学生心理健康、心理素质教育是一项相对较为复杂系统的工作，需要从多方面多途径入手。把心理健康教育心理素质教育工作全面渗透到各项活动各科教学中去，才能确保学生心理健康、心理素质水平取得最优效果。

2. “合作讨论反馈”培育模式教育效果的归因分析

1）对提高学生自我效能感、数学学习效能感水平的归因分析

由于本实验是在严格控制无关变量的情况下进行的，可以确认，学生自我效能感水平在实验后显示的差异应归结为“合作讨论反馈”培育模式与传统教学在教育效果上的差异。

我们认为，让更多学生参与到课堂教学中来，激发学生学习数学的兴趣，让其得到更多的积极体验、成功体验，引导其积极归因，消除不平等的师生交往机制，建立平等的师生互动机制及教师积极的鼓励评价和期望都是实验产生良好效果的重要原因。

首先，合作学习通过组内异质、组间同质结构分组技术把全班学生分成不同的小组。一方面，小组内不同的任务分工使得不同水平的学生都有任在肩，这打破了传统教学中优生与教师教学同步、中等生慢半步、差生原地踏步的形式，也使优、中、差生心理发生明显变化。对于优、中生而言，他们需要更加透彻地理解和掌握课堂教学内容，因为他们除了自己要听懂学会之外，还肩负着组织小组学习、传授学习方法、教会小组每个成员的任务，这使他们在帮助其他同学的同时体验到了自豪感和坚定的学好数学的认知。而对于差生来说，学习已不再是“个人的事”，而是与整个小组密切相关，从而防止了差生破罐破摔，激发了其参与课堂的愿望和动机，增强了学习数学的兴趣和积极性。同时，由于差生成为小组中的一员，同样为小组集体争得荣誉贡献了自己的一份力量，自己并非无用，其价值开始实现。另外，合作学习使差生也能从小组同伴那里、从老师那里得到比以往更多的鼓励、称赞和肯定，原先心理上的自卑被驱走，自信、自尊和自强逐渐回归差生身上。这势必唤起差生新的更大努力，使他们全身心投入到学习中去，且不断获得成功的体验。另一方面，就课堂奖励结构而言，合作学习中采用的是一种合作性奖励结构，这在客观上就给学生学业上获得成功提供了比传统教学多得多的机会。在这种奖励结构下，一个人的成功同时帮助了另外一些人（如小组成员）的成功，一个人获得成功体验的同时其小组内的其他成员也获得了成功体验。

其次，实验教师根据学生学习水平设置难度水平不同的问题并让学生根据自己的实际状况确立高、中、低不同层次的学习目标，使得每个同学都能在其能力所及的范围内正确回答教师所提出的问题圆满完成所设立的目标，这保证了学生成功体验的获得。当学生在课堂上有良好表现（包括积极地参与了课堂教学、正确回答了教师的提问），实验教师就根据学生个人水平情况和任务的难易给予积极的鼓励和评价。这种对于学生积极的评价和鼓励不仅表现在课堂教学师生互动中，也表现在对学生作业的评改中，对学生作业的评改不再仅仅是给学生打上几个红勾或红叉，而是就学生作业完成情况、当天近期的课堂表现情况给予言语评价。这样某一或某些学生受到的鼓励，对其他学生也起着榜样示范的作用。

再次，引导学生积极归因，使学生看到了学好数学的希望。引导学生积极正确的归因是学生正确认识自己能力的一个重要原因。韦纳认为，关于某项活动成败的归因，主要归结为个人能力、努力程度、任务难易和运气等方面。如果个体将成功归于不稳定的、可控的因素（如努力）会增加对将来成功的期望，增强自尊和自信心。相反，若个体将失败归于稳定的、不可控的因素（如能力）则将降低人们对成功的期望，并且引起消极的情绪体验。根据经典的归因理论，人们在归因训练中经常让学生在成功时做能力归因，在失败时做努力归因。但是，学习活动是一项非常复杂的活动，受到来自多方面的多种因素的影响和制约。若一味地将失败归于努力不足，学生经过多次努力后数学学习仍未见起色，则会使学生产生力不从心的感觉，挫伤其自我效能感，产生更加消极的情绪体验，甚至导致抑郁，影响其心理健康。因此，如果学生努力了但成绩并没有较大提高时，引导学生将原因归于任务较难、学习方法学习策略不当，一方面会使学生仍然坚持努力，另一方面又促使他们考虑如何努力。Borkowski 等（1988）对学习低能儿童进行归因训练发现，单独地强调努力的作用是不够的，因为在错误的认知策略下，再努力也不可能取得多大的进步，这会使学生对努力失去信心。所以传统的归因训练仍不能让学生正确地对自己学业失败进行归因。我们在进行归因训练时，根据每个学生不同的归因特点采取针对性措施，总的来说，先使学生认识到每个人都有学好数学的能力，有些同学之所以没有学好是因为没有努力或者努力不够；然后让学生认识到，在数学学习中好的学习方法、学习策略也是学好数学的保证，启发他们从学习方法、学习策略上寻找原因，并向其他同学学习好的学习方法和技巧。

最后，消除不平等的师生交往机制，建立平等的课堂师生互动机制。有关师生互动的研究表明，课堂上师生之间的交往行为会因学生的成绩、职务、性别等方面的差异而呈现出一些不平等的特征。这些不平等的特征会影响学生的自我效能感，进而影响到学生的学业成绩。不平等的师生互动机制表现在：①交往机会的不平等，即量上的不平等。在传统课堂上，学习成绩不同的学生与教师交往的机会是不相等的。与成绩差的学生相比，教师给成绩好的学生更多的交往机会，更经常地提问他们，时常对他们的回答做出反应。②交往过程的不平等，即质上的不平等。主要表现对学生回答所做的反馈、互动时间等方面。当优生回答正确时，他们会及时得到表扬，相反，差生极少得到表扬，而且他们回答错误时，极有可能受到批评。当优生和差生回答不出问题时，教师往往给予优生较长的时间思考，耐心地等待他们回答，或给予线索提示；若是差生，教师则往往会立即终止他们的回答，或让其他同学起来回答。

建立平等的师生交往机制，表现在实验教师对学生一视同仁并以发展的眼光来看待学生，相信每个学生都有其存在的价值和学好数学的潜力和希望。让更多的不同学业水平的学生都参与到课堂教学中来，给予他们平等的交往机会和交往过程。让差生参与更多的课堂交往，并根据他们的现实能力水平，让他们回答富有挑战性的，但又是经过他们努力可以取得成功的问题。若中、差生在发言或解答过程中出现困难或因紧张、焦虑、胆怯思维出现阻碍时，教师不要简单粗暴地阻止或打断，更没有因此而讽刺学生，而是耐心、积极引导，给学生必要的提示、线索，或给予学生足够的时间考虑，同时还可通过微笑、鼓励来缓解学生的焦虑紧张情绪。建立平等的师生交往机制，还表现在实验教师给予学生积极的期望。积极期望是建立在学生现实能力基础上，用发展的眼光看待学生的一种期望。因为学生的学习能力千差万别，这些是不可能通过愿望就可能消除的，如果不顾学生的现实能力一味给学生提出高期望，给学生设置一些不能达到的高标准，只会给学生带来困难，挫伤学生学习的自信心。

2）对提高学生心理健康水平、心理素质水平的归因分析

中学生的心理健康受到多方面因素、多种环境的影响。其中，学校对中学生的影响居社会环境之首位。学校主要通过教育指导思想、教师育人态度、师生关系及同学关系、学校组织的各种活动等对学生的身心发生影响。如学校片面追求升学率、教学内容枯燥乏味、学习负担过重、教师授课方法不当、人际关系不良、师生关系紧张，学生得不到师长、同辈的应有鼓励、支持和尊重，教师对学生讽刺挖苦、横加指责等都会给学生造成沉重的心理负担，引发学生心理问题，对学生的心理健康产生不良的影响。我们认为，平等的师生交往机制的建立，师生关系、生生关系的改善，民主和谐宽松的课堂氛围的形成、学习信心的增强和自尊心的维护是使得本实验中实验班学生心理健康水平、心理素质水平得以提高的重要原因。

首先，学生学习自信心增强，即学习自我效能感得到提高。

已有研究表明，中学生心理健康问题首先是学习方面的问题，来自学习的压力和磨难，会使中学生的心理受到一定的影响。学习焦虑、学习适应不良，都是学生缺乏自信的表现。对于中学生来说，他们每天生活的主要任务和活动就是学习。同时，随着年级的增高，学习科目增多其难度和梯度也加大，父母也对其学习提出了新的和更高的要求。在学习过程中，学生难免会碰到困难、面临挑战，若对学习上的困难缺乏信心或信心不足就很难支撑和维持每天的学习。学习自我效能感弥漫于学生生活的方方面面，决定了学生学习生活的快乐和幸福。个体焦虑、苦恼的主要源泉是面对困难时无力或无能感的知觉，而不是不利条件或困难的任务本身。本实验通过“合作讨论反馈”模式提高了学生的学习效能感和数学学习效能感，这在一定程度上避免了学生在面临学习上的困难时产生焦虑、抑郁等不良情绪反应，使学生在数学学习过程中体验到快乐、自信等积极的情绪体验。

其次，良好课堂心理环境的建立。

学校是中学生成长的重要环境。一个学生在学校中的体验如果是轻松的、愉快的、积极的，他的心理状态就趋于良好。反之，则容易出现焦虑、恐惧等心理问题。课堂是学生学习的重要场合也是学生活动最频繁的场所，学生主要的学习活动、人际交往均在课堂这一环境发生。使用良好的教学方法，创设良好的课堂气氛，建立平等、民主、友好的师生关系、生生关系，使学生在宽松和谐的学习氛围中体验到学习成功和生活的快乐，是学生心理健康水平、心理素质水平得以

提高的又一保证。

相对于以往教学而言，“合作讨论反馈”教学模式教学形式活泼、灵活、生动，给了更多学生参与课堂教学的机会，改变了原来教师讲学生听枯燥乏味、死气沉沉的局面，激发了学生学习数学的兴趣和动机，使学生体验到了学习数学的快乐。

由于学习在中学生的生活中占据着比较重要的地位，学校、家长往往把学习成绩好坏作为评价一个学生是否有价值、有前途的指标，甚至是唯一的指标。教师的忽视和冷落、成绩优秀学生的轻视和父母的抱怨、指责容易使学习差的学生对自己产生无能无用的认识，从而导致抑郁、自卑等心理问题。“合作讨论反馈”模式要求课堂教学中，师生之间交往机会和交往过程平等，生生之间互帮互助和互相分享学习中的快乐，这给了中、差生极大的尊重和信心，也使他们看到了自己成功的可能和希望，看到了自己的价值。学生在这种良好的氛围中感到安全，可以自由表达自己的见解，而不必因担心被嘲笑、批评而体验到焦虑等心理上的应激状态。

3）实验后，两班学生数学学业成绩差异不显著的归因分析

本实验对两班学生数学成绩进行差异检验的结果表明，实验后实验班数学成绩高于实验前，高于对照班，但差异未达到显著水平，这与寇冬泉（1998）的研究结果较为一致，而与路海东等（1998）的结果（实验后，实验班学生的数学、语文成绩显著地优于对照班学生的成绩）不一致。我们认为，初中学生的自我效能感水平与学业成绩有密切关系，一般来说，学业成绩越好，自我效能感水平越高，但自我效能感水平高并不必然预示成绩好。一方面是因为学生的学业成绩是受多种因素影响的，如教学方法、学习方法、学习态度的定势等。另一方面可能是因为自我效能感的提高需要一个长期的过程，短期内自我效能感不可能提高到一个相对较高的水平，学生增长了的效能感也相对不稳定，其对学业成绩的效应还没有发挥极致。此外，自我效能感对学业成绩的影响可能存在延时效应，即实验实施的过程是一个自我效能感逐步提高的过程，自我效能感的提高和学业成绩的提高不是同步的。已有的研究和本研究都是在实验结束后即测查学生学业成绩，可能其对学业成绩的影响还没有显现出来。影响因素的复杂，加上可能存在的延时效应，使得学业成绩在短时间内发生较大改变不太容易，尤其是对学习困难学生。

3. 在数学教学中渗透学生学习自我效能感培养的注意事项

建立学习小组进行合作学习，是一个能够激发学生学习热情和给予更多学生成功体验的教学方式，但若运用失当，就容易使合作学习流于形式。因此，在组织学生进行合作学习时，要明确三点：第一，选择合作学习的最佳时机。教师可

以从三个方面把握合作学习的时机，一是当问题或任务有一定难度需要相互启发时；二是当意见相左有讨论必要时；三是当教师提出问题后学生踊跃举手时。这些时刻不能满足每个学生发言的需要，可以师生相互交流。第二，确保进行讨论前，学生进行了独立思考、学生没有独立思考就匆忙讨论，一方面使得讨论因独立思考不够成熟流于肤浅；另一方面，那些思维迟缓、学习热情不高的学生，只能充当听客，助长了惰性和依赖性，无意中剥夺了学生独立思考、自主学习的机会。无论是什么方式的学习，都必须让学生扎扎实实地独立思考为基础，因此在组织学生参与讨论之前，要先让学生独立做一做、想一想，或者把想法写一写，再到小组讨论。第三，保证讨论时学生参与机会均等。合作学习，极易导致一两个优生垄断讲坛的局面，使一些中、差生无形中失去了表现的机会，被变相掠夺了学习的权利。教师对此要给予足够的关注，加强监督和指导，使每个学生都能在小组中积极主动与同伴合作。

另外，合作学习若使用频繁也会使学生产生厌烦心理，教师在运用过程中形式要灵活多样。小组合作学习的顺利开展，除需要小组组长有较强的组织能力外，还需要教师经常的指导、鼓励和鞭策。教师要定期了解每个小组的合作情况，以便使小组内存在的问题及时得到解决。

培养学生自我效能感仅仅通过改变教师教学方法策略、教学态度等有意识地为学生提供更多的效能信息是不够的，还应该引导学生将这些效能信息进行认知加工。因为各种形式的效能信息，相对于主体而言不是自明的，需要作为活动主体的人加以注意、把握和评估，只有个体在认知上加以把握和加工后，才构成个体效能自我判断的依据，决定个体的自我效能感。本研究中数学学习——心理 2 游戏就是在此基础上编制的，其目的是引导学生对课堂教学中的各种效能信息加以注意、把握，并学会正确合理客观的评价自己的数学学习情况及数学学习能力。但为了不加重学生的负担，过多占用学生时间，实施次数保持在每学期 4～5 次，且在教师指导下在规定的时间内完成，同时要求学生掌握这一评价自己数学学习能力的方法。

参考文献

冯正直，张大均．2001a．中学生心理素质量表的研制．中国行为医学科学，10（3）：223-226.

冯正直，张大均．2001b．中学生心理素质概念和成分的研究．西南师范大学学报（哲社版），27（6）：56-61.

郭占基，何先友．1993．自我效能理论与教学实践．心理科学，2：109-110

何先友．1998．小学生数学自我效能、自我概念与数学成绩关系的研究．心理发展与教育，1：45-48.

黄卓瑶．2002．初中学习困难学生自我效能感培养的实验研究．广西师范大学硕士学位论文.

寇冬泉. 1998. 培育小学生数学自我效能感的实验研究. 西南师范大学硕士学位论文.

李荟，辛涛，谷生华，等. 1998. 中学生自我效能感、学习策略与学习成绩关系的研究. 教育研究与实验，(4)：48-52.

路海东，刘晓明，郭占基. 1998. 小学生学业自我效能感的培养与提高实验研究报告. 现代中小学教育，(2)：31-35.

马复. 2002.《全日制义务教育数学课程标准》的基本理念和课程目标. 数学通报，(1)：15-17.

毛丽丽. 2003. 中学生数学自我效能感与数学成绩及其相关研究. 南京师范大学硕士学位论文.

汪玲，雷雳. 2000. 效能信念、加工方式和困难应对策略——关于自我调节学习的特点及各成分间关系的探讨. 心理发展与教育，(3)：30-35.

王极盛，邱炳武，郝尔实. 1997. 中学生焦虑量表的编制及其标准化. 社会心理科学，45 (3)：4-6.

王凯荣，辛涛，李琼. 1999. 中学生自我效能感、归因与学习成绩关系的研究. 心理发展与教育，4：22-25.

王振宏，刘萍. 2000. 动机因素、学习策略、智力水平对学生学业成就的影响. 心理学报，32 (1)：65-69.

王振宏. 1999. 初中学生学业自我效能与学业成就关系的研究. 心理发展与教育，(1)：39-43.

杨心德. 1996. 学习困难学生自我效能感的研究. 心理科学，19 (3)：185-187.

杨雪. 2003. 学习困难学生自我效能感的培养. 华中师范大学硕士学位论文.

周国韬，刘晓明，李丽萍，等. 1994. 关于初中生学习能力感的研究. 教育理论与研究，(5)：49-51.

周勇，董奇. 1994. 学习动机、归因、自我效能感与学生自我监控学习行为的关系研究. 心理发展与教育，(3)：30-33.

Ames C，Ames R，Felker D W. 1977. Effects of competitive reward structure and valence of outcome on children's achievement attributions. Journal of Educational Psychology，69 (1)：1-8.

Borkowski J G，Weyhing R S，Carr M. 1988. Effects of attributional retraining on strategy-based reading comprehension in learning-disabled students. Journal of Educational Psychology，80 (1)：46-53.

Bandura A，Adams N E，Beyer J. 1977. Cognitive proceases mediating behavioral change. Journal of Personality and Social Psychology，35：124-139.

Bandura A. 2001. The structure of children's perceived self-efficacy：a cross-national study. European Journal of Psychological Assessment，17 (2)：87-97.

Betz N E，Haekett G. 1983. The relationship of mathematics self-efficacy expectations to the selection of science based college majors. Journal of Vocational Behavior，23：329-345.

Eisenberg N, Martin C L, Fabes R A. 1996. Gender development and gender effects//Berliner D C, Calfee R C. Handbook of Educational Psychology. New York: Simon & Schuster Macmillan: 358-396.

Gibson S, Dembo M H. 1984. Teacher efficacy: a construct validation. Journal of Edueational Psychology, 76 (4): 569-582.

Hackett G., Betz N E. 1989. An exploration of the mathematics self-efficacy mathematics performance correspondence. Journal for Research in Mathematics Education, 20 (3): 261-273

Lent R W, Lopez F G, Bieschke K J. 1991. Mathematics self-efficacy: sources and relation to science-based career choice. Journal of Counseling Psychology, 38 (4): 424-430.

Lefcourt H M, von Baeyer C L, Ware E E, et al. 1979. The multidimensional-multiattributional causality scale: the development of a goal specific locus of control scale. Canadian Journal of Behavioural Science, 11 (4): 286-304.

Morgan V, Jinks J. 1999. Children's perceived academic self-efficacy: an inventory scale. The Clearing House, 72 (4): 224-230.

Matsui T, Ikeda H, Ohnishi R. 1989. Relations of sex-typed socializations to career self-efficacy expectations of college students. Journal of Vocational Behavior, 35 (1): 1-16.

Matsui T, Matsui K, Ohnishi R. 1990. Mechanism sunderlying math self-efficacy learning of college students. Journal of Vocational Behavior, 37 (2): 25-238.

Pintrich P R. 1991. A manual for the use of the motivated strategies for learning questionnaire (MSLQ). Ann Arbor: The University of Michigan.

Pajares F, Miller M D. 1995. Mathematics self-efficacy and mathematics outcomes: the need for specificity of assessment. Journal of Counseling Psychology, 42: 190-198.

Pajares F, Johnson M J. 1994. Confidence and competence in writing: the role of self-efficacy, outcome expectancy, and apprehension. Teaching of English, 28 (3): 313-331.

Schunk D H. 1981. Modeling and attributional effects on children's achievement: a self-efficacy analysis. Journal of Educational Psychology, 73: 93-105.

Schunk D H. 1982. Effects of effort attributional feedback on children's perceived self-efficacy and achievement. Journal of Educational Psychology, 74: 548-556.

Schunk D H. 1983. Ability versus effort attributional feedback: differential effects on self-efficacy and achievement. Journal of Educational Psychology, 75: 848-856.

Schunk D H. 1984. Enhancing self-efficacy and achievement through rewards and goals: motivational and informational effects. Journal of Educational Research, 78: 29-34.

Schunk D H. 1987. Peer models and children's behavioral change. Review of Educational Research, 57: 149-174.

Wood R E, Locke E A. 1987. The relation of self-efficacy and grade goals to academic performance. Educational and Psychological Measurement, 47 (4): 1013-1024.

Zimmerman B J, Pons M M. 1990. Student difference in self-regated learning: relating grade, sex and gifedness to self-efficacy and strategy use. Journal of Education Psychology，82 (1)：51-59.

Zimmerman B J，Pons M M. 1986. Development of a structured interview for assessing student use of self-regulated learning strategies. American educational research journal，23 (4)：614-628.

第七章　小学数学教学中渗透学习自我监控能力培养的研究

学习自我监控能力是学生元学习能力的核心成分之一。我们在借鉴已有研究成果的基础上，着眼于通过提高学生学习自我监控能力来达到提高学生学习成绩并完善学生心理素质的双重目标，系统探讨在小学数学教学中渗透学生学习自我监控能力培养的可行性和操作性，揭示小学生学习自我监控能力发展与课堂教育渗透、小学生学习自我监控能力与心理素质之间的关系。

第一节　研究概述

一、概念界定

（一）自我监控

自我监控（self-monitoring）又叫自我监控性、元认知监控或自我监察，最早由 Snyder（1974）提出。认知心理学和教育心理学常把它作为一种特殊的认知能力（元认知）来表述，人格和社会心理学家则把自我监控视为一种特殊的社会认知和人际交往能力，并将其作为一种人格的维度。

对此概念，国外学者的表述各不相同：斯耐德认为，自我监控是一个人在自我表现方面的心理结构，是指由社会适合性的情境线索引导的个体对自己进行的自我观察、自我控制和自我调节的能力。Lennox 和 Wolfe（1984）认为自我监控是指个体对他人表达性行为的敏感性和调节自我表现的能力。Sanz 等（1996）认为自我监控是指人们在社会交往过程中对自己表现出来的形象进行观察、调整和控制的程度。Robbins（1998）认为自我监控就是指个体根据外部情境因素而调整自己行为的一种能力。在国内，董奇等（1996）从发生过程的角度出发，将自我监控过程分为自我监察、自我指导和自我强化三部分。综上所述，本研究认为自我监控是一种智能监控，是指主体为达到预定的目标，将自身正在进行的实践活动作为对象，不断地自我监察、自我控制和自我调节的动态过程。

（二）学生学习自我监控

国外对学生学习自我监控的主要代表是 Zimmenman，他认为自我监控学习就是由动机、方法、结果和环境四个因素组成的一种思维结构，其研究的任务就是通过对学生自我监控学习过程的认识、分析及教育干预，促进学生自我监控学习能力的增长，更好地发挥学生学习的主体性、主动性（Zimmenman，Schunk 1989）。国内董奇和周勇（1994）认为，学生学习自我监控是学生为了保证学习的成功、提高学习的效果、达到学习的目标，在进行学习活动的全过程中，将自己正在进行的学习活动作为意识的对象，不断地对其进行积极自觉地计划、监察、检查、评价、反馈、控制和调节过程的能力。

学生学习的自我监控，不只是学生对某一较短时间内正在进行的某一具体学习活动的计划、监察、评价、反馈与调节，还指学生对自己在一个较长时期内的学习活动、学习系统的各个方面进行自觉的计划、监察、评价、反馈与调节。不只包括对学习计划的制订、学习方法和策略的选择、学习材料的使用、学习结果的检查和修正等认知过程进行计划、监察和调控，还包括对自己的学习兴趣、学习态度、注意程度、动机水平、情绪状态等非认知因素进行计划、监察和调控。

所以，本研究把学生学习的自我监控定义为：学生主体为了更好地达到预定的学习目标（长期或短期目标），将自身正在进行的学习活动（学习前、学习中、学习后）作为意识对象，不断地对其认知因素和非认知因素进行积极地计划、监察、评价、反馈、控制和调节的动态过程。

二、自我监控的测量工具

（一）国外测量工具

自我监控的测量方法主要是问卷法，其测量工具的开发主要集中在问卷的编制上。国外对自我监控量表的研究一直伴随着对自我监控结构的探讨，较有影响的是从自我监控性的单因素和多因素角度探讨其量表的编制。

斯耐德从单因素的角度，认为自我监控是一个单维结构。他编制的自我监控性量表由 25 个是非式回答的描述性陈述句组成，后来修订为 18 道题。其成分包括对自我表现的社会适应性的关心；对社会比较信息的关注，并将其作为适合的自我表达的线索；控制和修正自我表现和表达性行为的能力；能在特殊情境中使用上述能力；表达性行为和作为表现具有跨情境的一致性或可变性的程度五个部分。

从多因素角度分析的代表人物有 Briggs，Wolfe，Cheek 等。Briggs 等利用因素分析的方法认为自我监控量表包括三个项目内容群：表达性的自我控制，社会舞台的表现，他人定向的自我表现。从而他们认为自我监控不是一个简单的单维结构，而是一个三维结构，自我监控量表应该包括外倾性、他人定向、表演三个分量表。Lennox 和 Wolfe（1984）对 Snyder（1974）的 SMS 进行修订，认为自我监控量表应该是由专门测量个体对他人表达性行为的敏感程度和调节自我表现的能力如何，专门测查个体对行为适应性的关心程度和对社会比较信心的关注两方面组成。Briggs 和 Cheek 的研究认为，18 题的 SMS 修订版实际上包含公众表现和他人导向两部分。John 等（1996）运用 Q 分类技术对自我监控的结构进行分析研究证实了这点，并认为 18 题的修订版不如原先的 25 题的自我监控量表更能测出个体的自我监控性倾向。

（二）国内测量工具

国内自我监控量表的编制主要是借鉴国外量表改编而成，并使量表向实用化、具体化方向发展。

汤志群（1993）运用 Suyder 的自我监控量表（25 个题），并参考了 Lennox 和 Wolfe（1984）的观点，自编了一套对中学生的自我监控性与亲社会行为的关系进行研究的量表（55 题，其中 5 个测谎题）。该量表用六点计分的方法，再测信度为 0.84，分半信度为 0.68，并采用班主任作为效标（$r=0.43$）。其研究认为自我监控性是介于价值取向与亲社会行为之间能对亲社会行为起调节作用的一个中介变量。翁学东（1996）运用并修订这一量表，得到一个新的 28 项目量表，因素分析得到四个与 Lennox 和 Wolfe（1984）相似的四个维度，解释总变异量的 40%，内部一致性系数为 0.83，分半信度为 0.805。李峰（1992）根据广义的自我监控概念，认为个体的自我监控除了以上两类外，还有两种：一是具有自我监控倾向但缺乏调节行为能力的个体；二是具有自我监控能力但不倾向那么做的个体。他在中国大学生群体中进行自我监控量表的修订后得到 23 个项目的分量表：自我监控倾向分量表和自我监控能力分量表。鞠红霞（2003）、程正方（2004）根据前人研究编制了一套自我监控性自评问卷，首次在学校领导群体中使用，探求学校领导的自我监控性与其组织承诺、工作满意度之间的相互关系，将自我监控性这一人格特质引入领导心理学领域做了有意义的尝试。董奇和周勇（1995b）从学生学习自我监控的角度出发，将学生学习的自我监控划分为学习之前、学习之中和学习之后三大块，八个方面，编制了由 70 个六等级自陈项目组成的“学习自我监控量表”，用于测查学生计划、准备、意识、方法、执行、反馈、补救、总结八个方面的自我监控水平。该量表的内部一致性系数为 0.975，总量表的分半信度达到 0.973。

总之，在众多的自我监控测查问卷中，直接针对学生的也只有汤志群等编制的对中学生的自我监控性与亲社会行为的关系进行研究的量表，董奇等编制的适合于测查中小学生学习自我监控的“学习自我监控量表”。

三、自我监控的相关研究

（一）年龄特征的研究

从总体上看，随学生年龄的增长，学生学习自我监控能力的整体水平有不断提高的趋势（Zimmerman，Martinez. 1988；董奇，周勇 1995b）。从发展维度看，从比较具体、容易理解的直观方式方法到复杂、整合性高的方式方法发展，学生对自己学习的反馈由模糊理解的水平到越来越精确方向发展（傅金芝等 2002；周勇 1994）。从具体监控品质来看，学生学习自我监控的各个方面也有随年龄不断发展的大致趋势，且具有发展的不同速度和特点，具有发展的不平衡性（陈红兵 1991；沃建中，林崇德 2000）。

（二）影响因素的研究

1. 环境因素

环境因素对儿童自我监控能力的发展具有重要作用，在影响个体自我监控能力发展的环境因素中，家庭和学校环境变量对个体自我监控的发展具有全面而深刻的直接影响（王金云 2002）；不同地区、不同民族间学生自我监控学习能力差异并不明显（傅金芝等 2002）。不同的实验控制和影响方式对学生的记忆等监控水平产生明显影响（Kelemen 2000；Roeber 2002）。

2. 个体因素

学生的年龄、智力、非智力因素与自我监控学习能力间有显著相关；学生的认知风格对自我监控学习能力有一定影响，影响的强度和维度因年级的不同而有所不同（傅金芝等 2002）。学生学习动机、归因、自我效能感是影响学习自我监控的几个重要的内部因素。表面型学习动机与学习自我监控呈现显著负相关，深层型学习动机与学习自我监控呈现显著正相关，成就型学习动机与学习自我监控之间无明显相关关系；成功归因的内控分数与学习自我监控成正比，失败归因与自我监控学习行为无明显相关关系；自我效能感与学习自我监控之间有着正相关关系（董奇，周勇 1995a）。学生学习的自我监控水平存在性别的差异：女生的自我监控水平高于男生（傅金芝等 2002）。学习目标是形成成功的自我监控学习形式的保证，而成绩目标必然导致失败的自我监控学习形式（沃建中，林崇德 2001）。学业中等生的自我监控学习能力与稳定性、有恒性、自律性等人格特征存在着高度的正相关，而与忧虑性、紧张性等人格特征存在着负相关（连榕，孟迎芳 2003）。高任务取向的大学生倾向于更经常地使用自我监控策略，并且更多地具有避免被别人消极评价的动机（Riverro et al. 2001）。轻度弱智学生学习的自我监控水平与同一年龄阶段的正常学生的自我监控水平有明显的差异（赵清明，左银舫 2002）。

3. 与学生学习成绩关系的研究

学生自我监控能力和学习成绩的关系紧密（易晓明 2002）。学生的自我监控学习行为是通过学业自我概念及学习策略间接影响学习成绩的（李山，余欣欣

2002)。补救性和总结性的自我监控能力的差异是造成学业中等生和学习优良生数学成绩差异的重要原因；学业中等生的自我监控与语文、英语成绩无显著关系，而学习优良学生的自我监控则与英语成绩有显著的正相关，主要体现在意识性、方法性、反馈性等方面；其自我监控中的意识性、方法性维度也与语文成绩有显著的正相关（罗丽芳，连榕　2002)。在具体学科教学中，通过培养学生的自我监控能力可以提高学生的学科成绩和特殊技能：语文，主要集中在阅读和写作上的培养研究（谢强　2000)，数学（罗丽芳，连榕　2002)，体育（宋允清，彭金州　2002)。

4. 在数学学科中的研究

数学学科是学生学习自我监控研究的活跃领域，以往的研究主要集中在与数学的关系、重要性、发展的特点、影响因素和具体培养措施等方面。罗丽芳，连榕(2002）通过学业中等生和学习优良生数学成绩差异的分析比较，指出了学生自我监控与数学的密切关系。章建跃（1998）从数学学科的特点、对数学认知活动的深化、有效培养学生数学能力及提高中学数学的整体水平等方面，对数学学科自我监控研究的重要性进行了论述，提出了数学自我监控能力研究的课题，应重视的思想观点和应注意的问题。宁连华（2001）的研究认为：认知活动的有效监控调节能使新旧知识间建立实质性的联结，对数学技能的迁移有明显的促进作用；非常规问题解决的技能迁移更需要提高学生的自我监控调节能力，单纯的大量练习不足取。武锡环和张光照（2002）阐述了数学自我监控能力评价的含义、功能，提出了中学生数学自我监控能力评价是数学教育改革的关键和切入点。李浩然（1992）认为小学生数学自我监控发展经历了三个阶段：第一阶段从小学二年级到三年级，为了解和认识监控技能阶段；第二阶段从小学三年级到四年级，为实践和掌握初步监控技能阶段；第三阶段从小学四年级到五年级，为较熟练阶段，并开始形成监控的习惯。李明振（1997）的研究显示，数学学习动机、归因、自信心、意志品质都对学生数学学习的自我监控行为有显著的影响，在影响程度上，意志品质最大，自信心次之，归因再次，数学学习动机最小。倪军健（2002）提出了解答应用题过程中培养自我监控的实践模式，认为应用题解答策略分为应用题表征、确定解题思路、列式计算、检查结果、补救措施和总结六个步骤。

5. 培养研究

王彤焱（2000）认为学生自我监控能力的培养，重在方法指导，提出了符合学生认知规律的自我监控阅读教学程序。Rubman 等（2000）认为，运用故事情节串联板技术，可以有效地提高小学生的监控水平，从而提高阅读成绩。谢强(2000）指出，教师应自觉向学生传授自我监控的知识，以身示范（如采用大声思维法）使学生感知到自我监控在阅读理解中的积极作用，在教学中采用提问回答，角色互换等方法，强化学生的自我监控意识。张学军等（2002）从整体上运用自我监控理论提高大学生写作能力的方法，认为自我监控训练在写作构思阶段、思想表达阶段、修改润色阶段有重要作用。为保证长期效果，自我监控指导和训练应坚持不懈地进行。骆秉全和高嵘（1999）提出了体育教学中培养学生自我监控能力的基本方法和策略。仲宇等（2000）通过在体育教学中的实验研究，认为自我监控使学生具有较强的目的性、计划性、主动性和自觉性，注重信息策略是培养自我监控能力的前提，动手和动脑结合是培养自我监控能力的本质。游季浦，冷泽兵（1997）采用语算教材和自选教材，通过对小学三年级和五年级学生的强化训练和日常教学训练，探讨提高其策略意识和思维自我监控能力的有效途径。张大均（2002）从心理素质教育的角度，探讨了传授挫折应对自我监控知识，训练挫折应对自我监控技能，加强挫折应对自我监控体验等问题。

四、已有研究的不足

1. 从研究工具看，测查工具缺乏直接的针对性

我国关于学生学习自我监控的测量工具大多也是引进西方的量表研究修订而成，比较有针对性的也只有董奇等编制的“学习自我监控量表”，虽然该量表适合于中小学生的学习自我监控的测查，但是并不直接针对小学阶段，也不直接针对小学生的数学课堂。从时间和测查对象的角度来看，该量表的内容和表述方式等也缺乏很好的针对性。

2. 从研究领域看，相关研究多，直接研究少

就研究的对象来说，许多研究者根据学生学习自我监控的发展特点，认为小学阶段处于发展的较初级阶段，所以把精力集中在大学、初高中阶段，直接针对于小学生的学习自我监控研究甚是少见。就研究的内容来说：一方面，已有研究主要集中在对学生学习自我监控的理论探讨和发展特点、影响因素、与学习成绩单一关系等的实证研究上；另一方面，研究主要涉及语文中的阅读和写作、数学、体育等具体的教学科目。综观这些研究，直接指向数学课堂学生学习自我监控与其各方面发展关系的实证研究却不多见。

3. 从研究方法看，实证研究倾向于单一化

近年来，虽然对学生学习自我监控的研究深化和细化趋势明显，也有实证研究开始出现，但是在研究的方式上却缺少研究的综合性和系统性。调查研究，集中在对学生学习自我监控发展特点的横向或纵向比较上；实验研究，关注学生学习成绩或能力（品质）的单纯变化；培养研究，也存在专题训练的单一方式，学科结合不紧密，方法上不系统，注重好成绩的一维、短时效应。方法综合、目标

多元、方式系统的研究相对甚少。

五、本研究的价值

1. 既能丰富我国关于自我监控学习的研究，又有利于探索学校心理素质教育的新模式

自我监控学习理论是20世纪70年代以来在西方兴起的一种有关学生学习的理论。该理论认为学习是动机的、元认知的和行为的自我监控过程，它重视人所具有的巨大价值潜力，重视学生学习的主体性。自20世纪90年代以来，我国的许多专家、学者在国外研究的基础上对自我监控学习进行了一些实证性的研究。综观这些研究，从范畴上看，集中在对学生学习自我监控能力的发展和比较研究方面；从对象上看，集中在大学、初高中阶段等；从内容上看，集中在对其发展特点、影响因素、与学习成绩关系等的研究上。本研究从心理素质教育的角度，以小学五年级的学生为研究对象，以数学学科的教学为载体，通过心理素质“学科渗透”的培养方式，围绕提高小学生学习自我监控能力、完善小学生心理素质、提高小学生学习成绩这一根本目的，探讨小学五年级学生学习自我监控的特点，探寻小学五年级学生学习自我监控能力培养与数学教学的契合途径和方法，揭示学生学习自我监控能力与心理素质、学习成绩之间的关系，既可探讨学校心理素质教育的课堂教学渗透培养模式，亦可丰富学生学习自我监控学习研究。

2. 既能实现学科教学目标，又拓展了心理素质教育的培养途径

心理素质教育是遵循学生心理适应和发展原则，运用科学的教育手段，发展学生的认知能力、健康个性，培养良好的社会适应能力的教育。专题训练、学科渗透、咨询辅导是心理素质教育的基本途径。近几年来，张大均教授领导的“心理健康教育与学生心理素质培育课题组”对心理素质教育的“专题训练”和“咨询辅导”有系统研究，而“学科渗透”的研究则刚起步。

“学科渗透”的培养模式要求在学科教学中，以学科为背景，抓住学科知识教学与学生心理素质发展的结合点，有目的有计划地运用心理素质教育的策略，渗透心理素质教育的内容，达到既高效实现学科教学目标又培养学生健全的心理素质的双重目的。本研究以小学五年级数学教材为载体，根据小学生学习自我监控能力发展的特点和数学学科特点，把挖掘教材和分析学生心理品质有机地结合起来，既以学科教学为主，又拓宽学科教学的功能，以期达到实现“以教育心”和“以心促教”的教育整体功能。

3. 具有促进小学生智能良好发展和提高学业能力的双重效益

学生学习自我监控能力的发展水平直接制约着一个人智力的发展水平，同时也集中反映了一个人思维、智力水平的高低。在具备一定基础知识的前提下，学生学习自我监控能力的水平成为影响其学习成功的关键因素。学生具备较好的学习自我监控能力能指导学生自己依据不同学习内容，结合自身的学习特点来分析学习任务，制订切实可行的学习计划，选择恰当的学习方法；它可以指导学生自己在学习时实际使用选择的学习方法，并监督学习进程使其按计划进行；它能促使学生自己反思或总结性评价所达到的效果，以吸取经验与教训，并为下次学习做准备。小学高年级学生，其认知能力和学习能力正至发展期和习惯的养成期，所以，提高学生学习的自我监控能力，不仅对于开发学生智力、发挥学生学习的主动性和自觉性、减轻学习负担、提高学习效率、培养学习能力等具有十分重要的作用，还能培养学生一些良好的生活和学习习惯，并能很好地解决学生“不知如何学习”“厌学与逃学”“粗枝大叶与随心所欲”等问题，为提高学习成效奠定基础。

4. 既有助于解决学生学习心理问题，又能促进小学生心理素质健康发展

边玉芳和郑艳球（1997）对我国杭州市小学生心理健康状况的调查显示，由于社会发展中各种竞争的不断加剧及家庭教育和学校教育的一些失误，我国小学生在学习、情绪和行为等方面的问题日益突出。学生的心理素质问题应该给予高度重视。小学阶段是个体素质发展的基础阶段，由于小学生心理发展特有的较大开放性和可塑性，小学阶段便是个体良好心理素质与行为习惯养成的大好时机。同时，小学高年级学生正面临学习生涯的一次较大转折，他们在学习和生活的内容上更加丰富且复杂，只有促进他们心理素质的健康发展，才能让他们更好地适应当前生活和学习，也才能为以后的生活和学习得到更好发展创造条件。学生学习的自我监控能力是学生心理素质结构中认知维度上的核心成分，它在学生的整个学习活动中起基础性、关键性的作用，同时它又对其他心理品质的形成和发展起制约作用。学生较好的学习自我监控能力可以促使学生激发和保持良好的注意、情绪和动机水平，有助于解决学生的变“要我学”为“我要学”的问题；可以完善学生的个性，促进学生积极地适应生活、学习和社会；可以推动其素质的整体、和谐、健康发展。

六、本研究的内容与假设

1. 主要内容

首先是进行小学生学习自我监控问卷的修编，做好实验研究前、后测工具上的准备。其次是通过自编的问卷对四至六年级小学生学习自我监控特点进行调查分析，做好实验内容选择和安排上的准备；再次是通过理论分析渗透培养的必要性和可行性，渗透培养的模式和实施策略，做好实验研究理论上和方法上的准备。最后是根据问卷修编、特点分析、理论建构的结果，实施实验计划，验证实验假设。

2. 基本假设

假设 1：学生学习自我监控是一个历时的过程，也是一个共时的结构。小学生学习自我监控的个别品质具有分化的不确定性。

假设 2：学生学习自我监控能力既是提高学生学习能力的心理条件又是预测学生学习成绩的有效指标。

假设 3：学生学习自我监控能力可以通过学科教学中渗透教育进行培养，在数学课堂教学中进行系统的渗透培养对提高学生学习自我监控能力是可行的和有效的。

假设 4：在数学课堂教学中系统渗透学生学习自我监控能力培养的教学模式能促进其心理素质相应品质的发展。

第二节　小学生学习自我监控问卷的修编与特点分析

为在小学五年级数学课堂教学中渗透学生学习自我监控能力培养的实验研究提供信效度较高的前、后测工具，本研究首先对“小学生学习自我监控问卷”进行了修编；然后采用该问卷对小学四至六年级三个年级段学生学习自我监控的发展特点进行调查分析，为实验的实施提供一些内容上的依据与参考。

一、小学生学习自我监控问卷的修编

（一）修编问卷题项确立的依据

本问卷的修编遵循成分与题项匹配、心理特征与小学生年龄特征一致等原则，采用自陈量表法研究学生的学习自我监控。问卷题项确立的依据如下。

（1）维度结构借鉴董奇等人编制的“学习自我监控量表”关于学生学习自我监控的结构维度。该结构把学生学习的自我监控分为三大方面：一是对自己学习活动的事先计划和安排；二是对自己实际学习活动的监察、评价、反馈；三是在上面的基础上对自己的学习活动进行调节、修正和控制。

具体来讲：①学习活动前的自我监控：计划性，指学生在学习前对学习活动的计划和安排。如学习之前先做好计划，对学习哪些内容，如何去学习及学习时间安排等进行计划。准备性，指学生在学习前为学习活动做好各种具体的准备。如学习之前准备好学习用具，创设好学习环境，调节好情绪与精力。②学习活动中的自我监控：意识性，指学生在学习活动中清楚学习的目标、对象和任务。如上课时知道老师为什么要讲这些内容。方法性，指学生在预习、上课、作业、复习等学习活动中讲究策略，选择并采取合适的学习方法。如预习时在不懂的地方做上记号，听讲时弄清老师讲课的思路，采取理解的记忆方法。执行性，指学生

在学习活动中控制自己去执行学习计划，排除有关干扰，保证学习的顺利进行。如坚持在完成学习任务后才做其他事情。③学习活动后的自我监控：反馈性，指学生在学习活动后对自己的学习状况及效果进行检查、反馈与评价。补救性，指学生在学习活动后根据反馈结果对自己学习采取补救性措施。如一旦发现某一部分内容学得不好时，就多花时间或想一些办法去学好它。总结性，指学生在学习活动后思考和总结学习的经验和教训。如总结自己或借鉴别人和书本上好的学习方法和经验，不断提炼和完善自己学习的方式、方法。

（2）在题项的具体来源上，一方面，借鉴“学习自我监控量表”的 70 个题项，变换其表述，使其更适合于小学生和数学课堂；另一方面，从实际的教学经验中，以及对小学生的询问了解中，确定具有代表性的日常行为和心理描述。

（二）问卷修编的程序

（1）确立问卷结构：根据董奇等编制的“学习自我监控量表”的大体结构，完善、明确八个维度。

（2）编制预测问卷：根据问卷确定的详细结构，根据问卷题项确立的具体依据，编制好预测问卷（65 道题）。

（3）确定施测对象：根据研究目的与需要，确定被试对象。由于客观条件的原因，选择的被试主要是四川和重庆四至六年级小学生的代表性群体。

（4）进行团体施测：对确定的被试对象进行正式的团体施测，最后获得有效被试共 653 人，其中 4 年级 195 人，5 年级 271 人，6 年级 187 人。

（5）分析预测问卷：对回收的有效问卷进行统计分析，主要考察该问卷的难度、区分度、信度和效度。使用工具 SPSS10.0 和 AMOS4.0 进行分析处理。

（6）形成正式问卷：根据分析的结果调整因素和项目，对问卷进行认真仔细的修改与调整，最后形成正式问卷，以备进一步的特点分析和实验研究之用。

（三）对修编问卷结果的分析与检验

1. 项目分析

本研究采用区分度来评价项目的质量与筛选项目。通过分析各题目与问卷总分的相关（表略），本问卷 65 道题中，区分度较好（鉴别力指数在 0.4 以上）的有 46 道，占总问卷题目数的 70.8%；区分度一般的（鉴别力指数为 0.2～0.4）有 19 道，占总问卷题目数的 29.2%；区分度差的（鉴别力指数在 0.2 以下）题目数为 0。运用独立样本 t 检验考查高分组（占总人数的 27%）和低分组（占总人数的 27%）在每个题项上的差异，问卷中 65 道题的 t 值均达显著，表示预测问卷的各个题项均具有较好的鉴别力。

2. 探索性因素分析

1）一阶因素分析

对问卷调查资料进行主成分分析和正交旋转因素分析，抽取8个因子的因子结构较为合理，能解释总变异的42.260%。在此基础上剔除23个题目，保留42个题目，再次进行因素分析，8个因素能够解释总变异的48.369%（表7-1、表7-2）。

表7-1　小学生学习自我监控问卷一阶因素分析因素负荷

题号	因素1	因素2	因素3	因素4	因素5	因素6	因素7	因素8	共同度
N_{15}	0.633								0.582
N_{23}	0.612								0.483
N_{56}	0.605								0.465
N_{11}	0.598								0.549
N_{7}	0.581								0.478
N_{62}	0.576								0.484
N_{61}	0.570								0.445
N_{31}	0.517								0.486
N_{63}	0.506								0.467
N_{43}	0.499								0.399
N_{51}	0.415								0.421
N_{30}		0.699							0.533
N_{38}		0.548							0.455
N_{36}		0.496							0.350
N_{44}		0.491							0.472
N_{41}		0.471							0.424
N_{28}		0.469							0.380
N_{33}		0.444							0.492
N_{34}			0.730						0.576
N_{42}			0.584						0.546
N_{39}			0.561						0.502
N_{26}			0.443						0.470
N_{18}			0.433						0.482
N_{6}				0.692					0.595
N_{14}				0.669					0.617
N_{8}				0.647					0.574
N_{16}				0.502					0.534
N_{50}					0.606				0.496
N_{64}					0.601				0.491
N_{58}					0.574				0.497
N_{35}					0.439				0.499
N_{65}					0.430				0.456
N_{9}						0.697			0.616
N_{1}						0.631			0.480
N_{5}						0.568			0.424
N_{59}							0.625		0.437
N_{49}							0.582		0.413
N_{48}							0.503		0.448
N_{55}							0.410		0.456
N_{22}								0.570	0.438
N_{20}								0.523	0.478
N_{46}								0.503	0.424

表 7-2　小学生学习自我监控一阶因素分析各因素的旋转因素特征值和贡献率

因素	特征值	贡献率/%	因素	特征值	贡献率/%
1	4.437	10.565	6	2.064	4.915
2	2.891	6.883	7	1.893	4.507
3	2.547	6.063	8	1.841	4.382
4	2.387	5.683	合计		48.369
5	2.256	5.371			

根据因素命名的基本原则（观察该因素的题项主要来自理论构想的哪个维度；参考该因素具有较高负荷值的题项），因素 1 的题项主要来自理论构想维度的补救性因子，部分来自方法性、和意识性两个因子，表达的主要是补救性方面的内容，故仍命名为补救性；因素 2 的题项主要来自原反馈性因子，故仍命名为反馈性；因素 3 的题项主要来自原准备性因子，故仍命名为准备性；因素 4 的题项主要来自原总结性因子，故仍命名为总结性；因素 5 的题项主要来自原方法性因子，故仍命名为方法性；因素 6 的题项主要来自原计划性因子，故仍命名为计划性；因素 7 的题项主要来自原执行性因子，故仍命名为执行性；因素 8 的题项主要来自原意识性因子，故仍命名为意识性。

2）二阶因素分析

把一阶因素分析获得的 8 个因子作为新变量群进行因素分析，3 个因子的因子结构比较合适，共解释总变异的 71.848%（表 7-3、表 7-4）。

表 7-3　小学生学习自我监控问卷二阶因素分析因素负荷

变量	因素 1	因素 2	因素 3
补救性	0.847		
方法性	0.825		
总结性	0.783		
执行性		0.819	
准备性		0.802	
反馈性		0.664	
计划性			0.862
意识性			0.612

表 7-4　小学生学习自我监控二阶因素分析各因素的旋转因素特征值和贡献率

因素	特征值	贡献率/%	累积贡献率/%
1	2.164	27.051	27.051
2	2.155	26.935	53.986
3	1.429	17.862	71.848

因子 1 包含补救性、方法性、总结性，它们主要来自于理论构想的学习后维度，主要表达学生对整个学习中策略的把握和学习后策略的积极调整，故命名为

学习优化。因子 2 包含执行性、准备性、反馈性，它们主要来自于理论构想的学习中维度，主要表达学生对学习前、中、后的学习操作与执行情况，故命名为学习执行。因子 3 包含计划性和意识性，它们主要来自理论构想的学习前维度，主要表达学生对学习全过程的意识和计划情况，故命名为学习计划。

根据二阶因素分析结果，可以得到小学生学习自我监控的实证模型（图 7-1）。

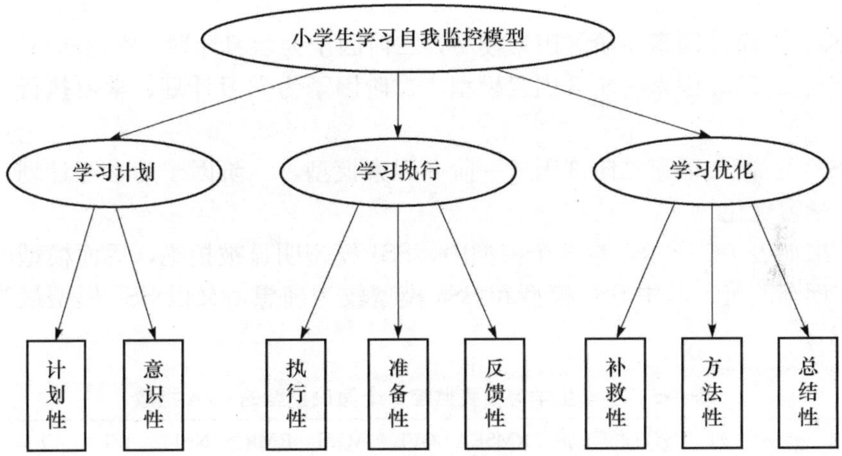

图 7-1　小学生学习自我监控的实证模型图

3. 信度检验

本问卷主要考察其内部一致性信度和分半信度。

通过分析（表略），各分量表内部一致性系数介于 0.536～0.846，总量表的内部一致性系数为 0.909；各分量表的分半信度介于 0.468～0.831，总量表的分半信度为 0.885。说明本问卷具有良好的信度。

4. 效度检验

本问卷以各因素之间的相关，各因素与问卷总分的相关，各分量表之间，以及各分量表与问卷总分之间的相关来估计问卷的结构效度。结果显示（表略）：各因素之间的相关介于 0.132～0.613，具有中等程度相关；各分量表之间的相关介于 0.289～0.636，也具有中等程度相关。说明该问卷的结构效度较好。

5. 验证性因素分析

一般来讲，拟合度较好的模型应该具备：较低的 χ^2 值、RMSEA 值和 RMR 值，$\chi^2/DF \leqslant 5$，RMSEA $\leqslant 0.05$，有人认为 RMSEA $\leqslant 0.08$ 也可以接受，

RMR≤0.10；GFI、AGFI、NFI、NNFI、CFI、IFI 越接近 1 越好。Anderson（1984）、Cole（1987）等建议，GFI≥0.85，AGFI≥0.80 也是可以接受的。

分析中，我们假设了以下几种模型：

SS1：一阶 8 因素模型，补救性、反馈性、准备性、总结性、方法性、计划性、执行性、意识性 8 个因素平行排列。

SS2：二阶 1 因素一阶 8 因素模型，8 因子同质测量模型，二阶因子为学习计划。

SS3：二阶 2 因素一阶 8 因素模型，二阶因子为学习计划、学习执行。

SS4：二阶 3 因素一阶 8 因素模型，二阶因子为学习计划、学习执行、学习优化。

SS5：三阶 1 因素二阶 3 因素一阶 8 因素模型，二阶因子为学习计划、学习执行、学习优化。

结果如表 7-5 所示，在 5 个模型中，SS1 模型明显被拒绝，后面模型的衡量指标在逐渐改善，其中 SS4 模型和 SS5 模型较为理想，又以 SS5 模型最为理想（图 7-2）。

表 7-5 小学生学习自我监控 5 个假设模型的 CFA 指数

模型	χ^2	df	χ^2/DF	p	RMSEA	GFI	AGFI	RMR	NFI	IFI	CFI	TLI
SS1	3278.4	819	4.003	0.000	0.068	0.764	0.740	0.286	0.579	0.855	0.645	0.627
SS2	1813.4	811	2.236	0.000	0.044	0.881	0.867	0.108	0.767	0.647	0.856	0.846
SS3	1711.1	810	2.112	0.000	0.041	0.884	0.870	0.109	0.780	0.871	0.870	0.860
SS4	1384.7	808	1.714	0.000	0.033	0.905	0.894	0.067	0.822	0.917	0.917	0.911
SS5	62.008	17	3.648	0.000	0.032	0.977	0.951	0.025	0.967	0.976	0.976	0.960

（四）对小学生学习自我监控问卷的修编探讨

1. 问卷修编的科学性

本研究修编的“小学生学习自我监控问卷”，在理论上借鉴董奇等编制的“学习自我监控量表”关于学生学习自我监控的结构维度；在原则上严格遵照成分与题项匹配原则、心理特征与小学生年龄特征一致原则；在程序上按照确立问卷结构—编制预测问卷—确定施测对象—进行团体施测—分析预测问卷—形成正式问卷的程序进行操作；在被试上，选择地区、学校都具有代表性的四至六年级学生作为测查对象；在施测上保证操作的规范性和严密性；在问卷处理上按照项目鉴别分析、探索性因素分析、验证性因素分析的步骤来确定正式问卷和验证理论模型。通过分析与验证，该问卷具有较强的可靠性和有效性，可以作为小学四至六年级学生学习自我监控特点分析和实验研究的有效工具。

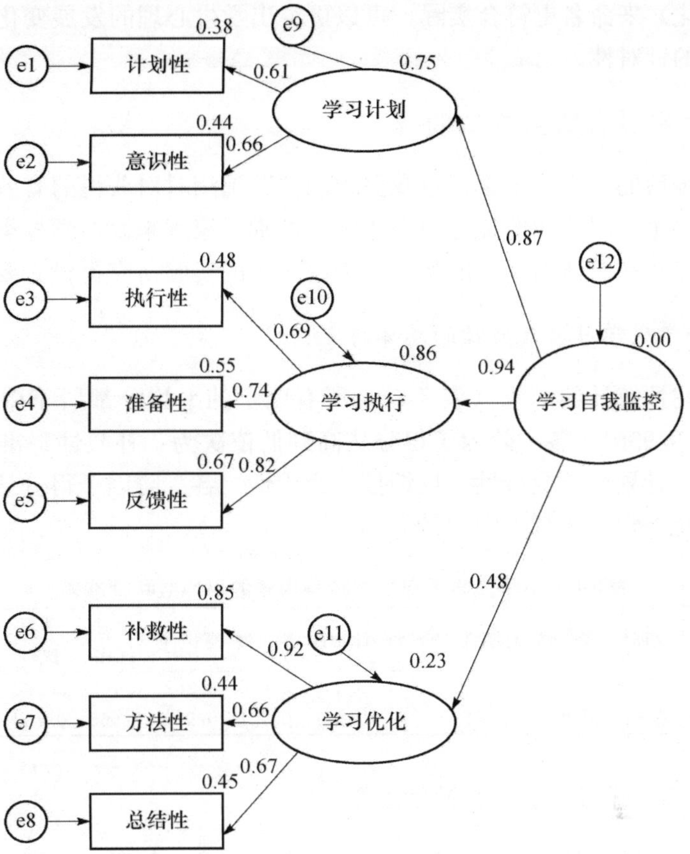

图 7-2 小学生学习自我监控三阶 1 因素二阶 3 因素一阶 8 因素模型

2. 问卷结构分析结果的说明

探索性因素分析和验证性因素分析的结果显示，三阶 1 因素二阶 3 因素一阶 8 因素结构最为理想，符合问卷编制的理论模型，只是在二阶因素的命名上不尽一致。董奇等编制的“学习自我监控量表”关于学生学习自我监控的二阶因素命名是学习前、学习中、学习后，这种命名主要从学生完成一件学习任务教与学的时间分段来命名，对于教与学的顺序性无疑有便捷之处，但这种学习前、中、后学习自我监控的刻板任务分割不符合学生学习自我监控的实际。在分析中发现：学生学习的自我监控不仅仅是一个历时的过程，也是一个共时的结构，并且小学生学习自我监控的个别品质表现出分化的不确定性；意识性贯穿于学习前中后的所有因素上，与计划性结合更紧密；计划、执行、补救都可以有方法性的参与；方法性与总结性、反馈性与补救性、准备性与意识性有相互吸纳的现象。所以，本研究认为，从学生学习一次任务经历的自我监控心理阶段（学习计划、学习执行和学习优化）来命名更符合实际，可以更突出学生心理的发展变化历程，更有利于教与学的针对性。

二、小学生学习自我监控的特点

采用修编后的“小学生学习自我监控问卷”施测时对获得的有效被试进行考察，探讨小学生学习自我监控能力在年级、性别、家庭来源、学校类型上的具体差异特点，以及在总体水平上的特点，为进一步的实验研究提供必要的依据。

（一）小学生学习自我监控的总体特点

根据描述性统计的结果（表 7-6），所有因子的平均分都居于中等程度的范围（3.262～3.936）。各一阶因子得分从高到低依次为：补救性＞准备性＞方法性＞总结性＞计划性＞执行性＞反馈性＞意识性。各二阶因子得分从高到低依次为：学习优化＞学习执行＞学习计划。

表 7-6　小学生学习自我监控各因素的平均数和标准差

变量	补救性	反馈性	准备性	总结性	方法性	计划性	执行性	意识性	学习优化	学习执行	学习计划	总均分
M	3.936	3.419	3.913	3.641	3.703	3.492	3.442	3.262	3.760	3.592	3.377	3.665
SD	0.729	0.845	0.946	0.874	0.779	0.947	0.921	0.998	0.666	0.762	0.816	0.585

（二）小学生学习自我监控的方差分析

本研究对小学生学习自我监控各因素在学校类型、年级、性别、家庭来源四个因素上的差异性进行了 2×3×2×2 的多元方差分析（表 7-7）。

表 7-7　学校类型、年级、性别和家庭来源在学生学习自我监控上的方差分析

因素	学校类型	年级	性别	家庭来源	学校类型×班级	学校类型×性别	学校类型×家庭来源	班级×家庭来源
补救性	3.175	0.115	0.119	2.213	3.212*	1.706	0.837	1.302
反馈性	0.810	0.384	2.020	15.455***	1.085	0.677	9.643**	2.736
准备性	0.111	0.756	2.678	9.886**	0.984	0.131	8.471**	3.705*
总结性	0.029	0.150	0.368	3.624	4.310*	0.000	2.637	0.383
方法性	1.324	0.431	0.087	0.944	2.969	0.963	0.657	0.298
计划性	0.026	4.769**	0.869	10.248**	2.255	5.273*	5.267*	6.563**
执行性	1.132	2.493	0.614	11.608**	1.570	0.827	4.175*	2.638
意识性	0.910	0.855	1.670	13.715***	0.019	0.749	4.640*	0.542
学习优化	1.044	0.193	0.259	3.114	4.516*	0.728	1.874	0.474
学习执行	0.409	1.363	2.348	17.475***	1.677	0.046	10.308**	4.181*

续表

因素	学校类型	年级	性别	家庭来源	学校类型×班级	学校类型×性别	学校类型×家庭来源	班级×家庭来源
学习计划	0.474	2.087	0.066	17.472***	0.837	0.652	7.209**	3.802*
总均分	0.085	1.039	1.201	15.132***	3.798*	0.581	8.299**	3.088*

结果显示，小学生学习自我监控在性别、年级、学校类型主效应上没有显著差异，在家庭来源的主效应上存在显著差异；小学生学习自我监控在二阶交互作用上没有显著差异，个别因素在学校类型×班级、学校类型×性别、学校类型×家庭来源、班级×家庭来源的交互作用上存在显著差异。

（三）小学生学习自我监控的具体差异分析

1. 小学生学习自我监控的性别差异

从表 7-8 可以看出，在整体上，女生的学习自我监控水平高于男生，并且具备显著的差异性。在各因素上，女生的发展水平均高于男生；在补救性、准备性、执行性 3 个因素上，差异达到显著水平。

表 7-8　小学生学习自我监控性别差异分析表（$M\pm SD$）

变量	男生（n=325）	女生（n=328）	t
补救性	3.8492±0.7607	4.0225±0.6868	−3.055**
反馈性	3.3675±0.8336	3.4708±0.8548	−1.564
准备性	3.7920±0.9400	4.0335±0.9378	−3.287**
总结性	3.5869±0.9071	3.6936±0.8379	−1.561
方法性	3.6548±0.7783	3.7506±0.7770	−1.575
计划性	3.4605±0.9216	3.5224±0.9727	−0.834
执行性	3.3362±0.9229	3.5473±0.9089	−2.945**
意识性	3.2338±0.9055	3.2907±0.9904	−0.727
学习优化	3.6970±0.6824	3.8222±0.6444	−2.411*
学习执行	3.4985±0.7634	3.6839±0.7495	−3.130**
学习计划	3.3472±0.8088	3.4065±0.8223	−0.929
总均分	3.5934±0.5884	3.7349±0.5737	−3.111**

2. 小学生学习自我监控的学校类型差异

本研究主要考察普通小学和重点小学之间的差异。从表 7-9 可以看出，在整体水平上存在极其显著的学校类型差异，重点小学学生的学习自我监控发展水平极其显著地高于普通小学学生。在具体因素上，重点小学学生在补救性、反馈性、准备性、计划性、意识性因素上极其显著地高于普通小学学生；在总结性、方法性、执行性因素上，重点小学学生显著高于普通小学学生。

表 7-9 小学生学习自我监控学校类型差异分析（$M \pm SD$）

变 量	普通小学（n=364）	重点小学（n=289）	t
补救性	3.7980±0.7218	4.1104±0.7017	5.562***
反馈性	3.2900±0.8035	3.5823±0.8695	4.452***
准备性	3.7203±0.9523	4.1564±0.8811	6.007***
总结性	3.5563±0.8391	3.7465±0.9064	2.777**
方法性	3.6104±0.7351	3.8194±0.8164	3.434**
计划性	3.3452±0.9172	3.6759±0.9542	4.495***
执行性	3.3771±0.8663	3.5242±0.9815	2.032*
意识性	3.1392±0.9510	3.4175±0.9642	3.573***
学习优化	3.6549±0.6359	3.8921±0.6805	4.589***
学习执行	3.1625±0.7240	3.7543±0.7780	4.950***
学习计划	3.2422±0.7675	3.5467±0.8435	4.819***
总均分	3.5392±0.5447	3.8222±0.5965	6.321***

3. 小学生学习自我监控的家庭来源差异

在家庭来源上，本研究主要考察城镇学生和农村学生。从表 7-10 可以看出，在整体发展水平上，城镇学生显著高于农村学生。就具体因素而言，城镇学生在反馈性、准备性、计划性、意识性、补救性、执行性上显著高于农村水平；在反馈性、准备性、计划性、意识性因素上的差异达到极其显著的水平。

表 7-10 小学生学习自我监控家庭来源分析（$M \pm SD$）

变量	农村学生（n=178）	城镇学生（n=475）	t
补救性	3.7993±0.6788	3.9876±0.7413	2.956**
反馈性	3.1966±0.7603	3.5029±0.8610	4.174***
准备性	3.6461±0.9686	4.0135±0.9184	4.484***
总结性	3.5632±0.8407	3.6695±0.8853	1.385
方法性	3.6146±0.6918	3.7360±0.8068	1.777
计划性	3.2360±0.9337	3.5874±0.9356	4.276***
执行性	3.2388±0.8849	3.5184±0.9240	3.483**
意识性	2.9757±0.9534	3.3698±0.9935	4.564***
学习优化	3.6590±0.6118	3.7977±0.6820	2.377*
学习执行	3.3605±0.7194	3.6783±0.7598	4.827***
学习计划	3.1058±0.7530	3.4786±0.8156	5.309***
总均分	3.4837±0.5190	3.7322±0.5943	4.921***

4. 小学生学习自我监控的年级差异

从表 7-11 可以看出，四至六年级小学生学习自我监控的整体水平随年级增高而增高：六年级＞五年级＞四年级，但不存在显著差异。多重比较表明，小学生的学习自我监控在准备性和意识性上存在显著差异。表现为：四年级与六年级之间存在显著差异，六年级＞四年级。

表 7-11　小学生学习自我监控年级差异分析（$M \pm SD$）

变量	四年级（$n=195$）	五年级（$n=271$）	六年级（$n=187$）	F	显著性程度
补救性	3.8732±0.8004	3.9165±0.7054	4.0306±0.6780	2.406	0.091
反馈性	3.3971±0.8680	3.3943±0.8356	3.4790±0.8367	0.652	0.522
准备性	3.7918±0.9606①	3.9048±0.9559	4.0524±0.9014	3.672*	0.026
总结性	3.6090±0.9385	3.6448±0.8566	3.6671±0.8319	0.216	0.806
方法性	3.7467±0.8772	3.7299±0.7453	3.6182±0.7108	1.581	0.207
计划性	3.4342±0.9426	3.5055±0.9510	3.5312±0.9495	0.550	0.577
执行性	3.4359±0.9084	3.4502±0.8844	3.4372±0.9894	0.017	0.983
意识性	3.1214±1.0235	3.2903±0.9700	3.3690±0.9982②	3.143*	0.044
学习优化	3.7429±0.7510	3.7637±0.6425	3.7720±0.6058	0.098	0.907
学习执行	3.5416±0.7653	3.5831±0.7523	3.6562±0.7711	1.110	0.330
学习计划	3.2778±0.7924	3.3979±0.8074	3.4501±0.8450	2.292	0.102
总均分	3.6172±0.5995	3.6615±0.5470	3.7181±0.5838	1.428	0.241

注：①表示四年级与六年级存在显著差异；②表示四年级与六年级存在显著差异

（四）对小学生学习自我监控特点的分析

从总体上看，我国小学四至六年级学生学习自我监控水平不高，在补救性和准备性方面较强，在反馈性和意识性方面还较弱。准备性较强，可能与小学教师比较注重学生学习规范的强化教育或者权威式管理有关；补救性较强，可能与小学生平时的作业方式（作业—修改—作业）或教师的批阅方式（批阅—反对—批阅）及教师死板的教学方式有关；意识性和反馈性较弱，既可能受学生本身心理品质发展缓慢的影响，也可能受非民主、非启发式教学方式的影响，造成学生不主动、不独立、压抑的思维方式。

在性别上，女生的学习自我监控水平高于男生，并且具备显著的差异性。这与傅金芝等（2002）、李政云（2001）的研究结论（女生的自我监控水平高于男生，二者差异非常显著）一致。造成这种差异的原因与女性脑的成熟相对较早，女性在人格特征上更加细心，更经常地内省，以及女性主观努力的程度更强等方面有关。

在学校类型上，重点学校学生的学习自我监控发展水平极其显著地高于普通学校的学生。这一结论与李政云（2001）的研究结论相一致，但是在研究对象上却不一致：李政云的研究针对的是初中学生。造成学校类型差异的原因可能是重点学校在教育环境、学生来源、学生基础上都要优于普通学校在学习期望、竞争压力上大于普通学校。

在家庭来源上，城镇学生显著高于农村学生。该结论与学校类型差异一起进一步验证了王金云（2002）的研究结论（环境因素对儿童自我监控能力的发展具有重要作用，在影响个体自我监控能力发展的环境因素中，家庭和学校环境变量对个体自我监控的发展具有全面而深刻的直接影响）。造成这种差异的原因可能是城镇父母及家庭成员的教育程度相对较高，在工作上的敬业与竞争和生活上的独立与艰辛，影响了城镇学生独立个性的较早发展；城镇家庭相对优越的环境及父母和家庭成员对子女的较高要求和期待，要求城镇学生要抵抗众多的诱惑，导致了他们自我监控意识的较早形成。

在年级上，四至六年级小学生学习自我监控的整体水平随年级增高而增高：六年级＞五年级＞四年级。该结论与董奇和周勇（1995b）的研究结论（从总体上看，随学生年龄的增长，学生学习自我监控能力的整体水平有不断提高的趋势；从具体监控品质来看，学生学习自我监控的各个方面也有随年龄不断发展的大致趋势），傅金芝等（2002）的研究结论（学生自我监控学习能力，随年级升高呈上升趋势）相一致。造成这种结果的原因与小学生大脑机能日益完善有关，与学校长期如一的规范教育有关，与学习任务不断增加和加深等有关。与以往研究不同的是，本研究进一步分析发现：在整体上这三个年级不存在显著差异；多重比较表明，小学生的学习自我监控在准备性和意识性上六年级与四年级之间存在显著差异。

由上可知，在进行学生学习自我监控的教育培养时，需要注意实验班和对照班所在学校类型的选择（以普通小学或准重点小学为主），需要考虑实验班和对照班的年级选择（以小学五年级为宜），需要考虑实验班和对照班学生的家庭来源情况、男女的比例情况（要大体一致）；在实验数据处理时，有必要对不同性别学生，不同家庭来源学生的数据进行进一步的分析处理。

第三节　小学数学教学中渗透学生学习自我监控能力培养的理论分析与教育实验

一、小学数学教学中渗透学生学习自我监控能力培养的理论分析

（一）小学数学教学中渗透学生学习自我监控能力培养的可行性

1. 研究方式的合理

学科渗透是心理素质教育的三种基本方式之一，是理论应用化、教育自然

化、教学多元化的重要研究取向。具体来说，本研究的学科渗透培育方式是以学科教学为主体，遵循教育教学规律；通过对教材的挖掘、学生心理品质的分析；将教育教学、教材、学生心理品质的形成有机结合，构建出一套系统的渗透培养操作模式；进而在课堂教学的“不刻意”要求中，既尊重学生又影响学生，达到“润物细无声”的效果。其形式的多元与自然也是教学实际容易接受的。

2. 研究角度的恰当

该研究在总结分析已有研究的基础上，与其他的研究主要有两点不同。其一，在视角上，其他研究只注重相应能力或品质的直接变化或效应，本研究除了考察学生学习自我监控能力的变化及其与学习成绩的关系，更重视学生整体心理素质的变化与发展完善，追求教育的长期效益。其二，在方式上，更注重于渗透的系统研究。本研究基于心理素质教育牢固的理论基础和多年研究的实践成果，构建了“小学数学教学中渗透学生学习自我监控能力培养的教学操作模式”；以教师和学生双主体为主线，以教师的渗透教学和学生的品质形成突破口，形成了以教师为主体的教育环节系统和教学活动系统，以学生为主体的心理活动系统和心理环节系统。

3. 学科性质的适合

小学数学是小学生学习的主要领域，它以自己独具的思维性、逻辑性等内在性质成为培养学生学习自我监控能力的强势学科。罗丽芳和连榕（2002）的研究表明，自我监控与数学的关系最为密切。我们可以这样理解这二者的关系：从教育资源的角度出发，找出学科与心理品质的内在联系，这无疑是节约了教育资源；从学生心理发展的角度来说，教学内容与学生心理品质发展的密切联系，为学生心理品质的适时有效发展提供了条件；对于渗透培养本身来说，它们在形式和内容上的很大相关，为渗透培养创造了诸多切入点和契机。另外，由于数学学科的上述性质，传统教学课堂具有任务单一、形式单调、目标单向的问题，渗透培养在遵循素质教育和新课程改革理念的基础上，以它独具特色的双重或多重任务目标、形式多样的渗透切入、适度恰当的激发和导引，可以很大程度地克服原有教学弊病，充分发挥学生学习的积极性、兴趣性、活动性，发展学生学习的主体性、能动性和有效性。

（二）小学数学教学中渗透学生学习自我监控能力培养的模式构建

1. 模式构建的目的

通过明确一套科学的、系统的在小学数学教学中渗透培养学生学习自我监控能力的教学操作程序，架起一座心理素质教育理论与教育教学实践之间的桥梁，为后面的实验研究做好铺垫。

2. 模式构建的依据

(1) 理论依据：①心理素质教育理论及其心理素质教育学科渗透思想；②“教育建模”理论及其构建教育模式的不同视角。

(2) 实践依据：心理素质教育课题组已有心理素质训练的研究成果，其他研究者对学生不同心理品质训练的研究成果；心理健康教育整合模式和众多教育模式的案例。

3. 模式构建的原则

(1) 典型性：构建的模式既要包含一种或一定的理论内容，又要来源于现实，是现实的抽象和概括，也要是一种简化的、最经济的表达形式。

(2) 针对性：构建的模式要围绕渗透培养这一宗旨，针对于小学生的数学课堂，考虑学生的年龄特征和兴趣爱好；针对于小学生的学习自我监控这一品质及其发展特征；针对于改变传统的或教条的教育方式和单一的教学目标。

4. 构建的模式图

本研究构建的“小学数学教学中渗透学生学习自我监控能力培养模式图”(图 7-3) 遵循心理健康教育整合模式，以教师和学生双主体为主线，从宏观的教学程序到细微的心理变化，形成了以教师为主体的教育环节系统和教学活动系统，以学生为主体的心理活动系统和心理环节系统。

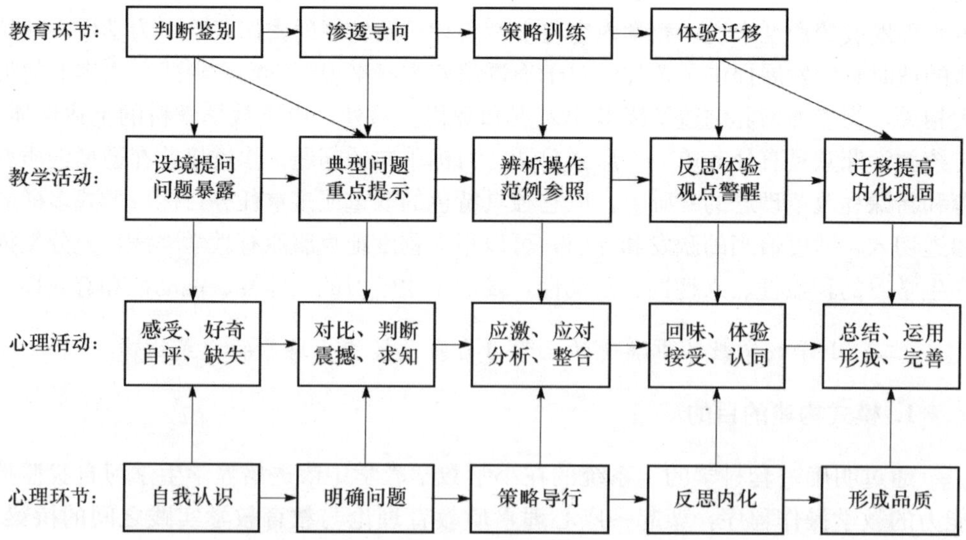

图 7-3 小学数学教学中渗透学生学习自我监控能力培养模式图

5. 模式的系统性

1）教育环节的完整性

教育环节的完整性是教师在小学生自我监控能力渗透培养教学前需要掌握内化的框架系统。它旨在把形式多样的教育教学活动进行整体构架，使渗透内容与形式不至于散乱地排列和呈现。这个系统主要包括判断鉴别、渗透导向、策略训练、体验迁移四个阶段。主要以“测—引—训—查”的方式，构成一次的学生学习自我监控品质教育的严密系统。具体来讲：判断鉴别是测查学生学习自我监控渗透品质的现有状况阶段；渗透导向是引导学生关注学习自我监控渗透品质的阶段；策略训练是训练学生学习自我监控渗透品质的阶段；体验迁移是检查学生学习自我监控渗透品质形成情况的阶段。由于这个系统与学科教育环节有很多相容和交叉之处，又符合学生学习知识的基本过程，所以该系统具有统领性和适用性。

2）教学活动的全程性

教学活动的全程性是教师在小学生自我监控能力渗透培养教学中需要选择运用的操作系统。它旨在为教师提供具体渗透教学的典型操作程序和方法，因其在教师一次的渗透教学活动中具有全程性而自成系统。这个系统包括设境提问、问题暴露，典型问题、重点提示，辨析操作、范例参照，反思体验、观点警醒，迁移提高、内化巩固五个环节。具体来讲：设境提问、问题暴露这个环节从属于教育环节的判断鉴别阶段，对应于目标教学的前提诊测阶段，主要通过呈现相关问题，或将问题物化、情境化、动态化，暴露学生在学习自我监控渗透品质上存在的问题或不足；典型问题、重点提示从属于教育环节的判断鉴别和渗透导向阶段，对应于目标教学的展示目标阶段，主要通过判断、分析、归纳学生对渗透问题的回答和反应，对学生进行重点渗透内容的引导与明确；辨析操作、范例参照从属于教育环节的策略训练阶段，对应于目标教学的达标教学阶段，主要通过分析、比较、讲解、扮演等方式让学生在活动中操作、练习渗透内容，并提供参考标准；反思体验、观点警醒从属于教育环节的反思迁移阶段，对应于目标教学的达标检测阶段，主要通过前后对比、归纳总结、暗示或提醒、谈体会或收获等方式，或者对一些与渗透内容相关的名言警句或错误观点的认识、比较或反思，促进学生内化、形成渗透品质；迁移提高、内化巩固从属于教育环节的反思体验阶段，对应于目标教学的矫正目标阶段，主要通过灵活多样的检测或实践应用题的处置，促进学生内化、强化渗透品质。考虑到渗透的特殊性，这个系统具有开放性和灵活性，换句话说，并不是每一节课都要按照这五个环节进行渗透操作，可以根据内容和形式的不同而有所侧重。

3）心理活动的序列性

心理活动的序列性是小学生在学习自我监控渗透教学活动全过程中心理变化的过程系统。它旨在揭示学生在师生互动的渗透教学过程中心理活动的变化历程，因其具有一次的学习渗透品质的序列性而自成系统。这个系统包括感受、好奇、自评、缺失，对比、判断、震撼、求知，应激、应对、分析、整合，回味、体验、接受、认同，总结、运用、形成、完善五个心理历程。具体来讲：这五个心理历程分别是教师在五个渗透教学活动中要让学生经历的典型心理活动表现，也是学生在与教师渗透教学的互动过程中自动流露与积极体验的主要心理变化历程。同理，这个系统只能说明学生学习渗透品质的大致序列，每一个学生不是都要经历这五个心理历程的全部心理活动，甚至可以产生交互和跳跃。

4）心理环节的渐进性

心理环节的渐进性是小学生在学习自我监控渗透教学活动全过程中渗透品质的形成系统。它旨在展示学生学习自我监控品质的形成过程，因其具有一次渗透品质形成过程的渐进性和完整性而自成系统。这个系统位于心理活动的各个历程，同教育环节系统、教学活动系统一样，都是服务于学生学习内化渗透品质的心理活动系统。该系统包括自我认识、明确问题、策略导行、反思内化、形成品质五个阶段。具体来讲：自我认识，就是学生通过渗透品质的问题或问题情境的判断检测，达到对品质缺失和不足的自我了解和判断；明确问题，就是学生对自己品质缺失和不足程度的明晰和确认；策略导行，就是学生在教师的指导下，通过可操作的方式去运作、去尝试；反思体验，就是学生对自己的操作和尝试进行评价和反思，对渗透品质自我变化的比较与认同；形成品质，就是学生通过进一步实践和练习渗透品质，达到习以成性。

（三）小学数学教学中渗透学生学习自我监控能力培养的实施策略

1. 渗透培养的科学设计

1）渗透目标的综合化与合理化

学生学习自我监控能力的渗透培养一改以往的单一目标，更注重教育目标的综合化，即在渗透培养的目标设计中，既要包括认知目标（如自我认识和对策略的认识等），又要包含情感、意志和态度目标（如感受与体验，调节与控制等），还要包含行为与习惯目标（如反思与检查，矫正与改进等）。教育者不能把教育目标仅仅限定在某一方面而忽视或舍弃其他方面，应该采取多方面、多层次的综合性教育目标来制定渗透教案。

学科渗透的教育方式要求在学科教学中，从学科特点出发，抓住学科知识教学与学生心理素质发展的结合点，有目的有计划地运用心理素质教育的方法策略，渗透心理素质教育的内容，培养学生健全的心理素质。考虑到它与专题训练的不同，其目标设计要把握好量和度。首先要严加控制渗透的量，要把握数学教学这个主体，不能本末倒置。一般情况下以一节课渗透 3～5 分钟为宜，而且这 3～5 分钟最好不要集中在一个时段上，如果不这样就有训练之嫌。其次，要根据教学内容的难度和小学生的可接受度，根据学生的实际状况和课堂反应，尽量考虑各层次学生的需求，把握好渗透梯度和效度的设计。

2）渗透内容的阶段化和生活化

小学阶段纵贯小学低、中、高三个学龄段，每个学段又有不同年级，要有渗透的不同内容和重点内容；随学段的渐进，注意简单易懂品质成分到较抽象综合品质成分的渐进与合理安排。由于学生在小学中低学龄段的学习自我监控意识的模糊性和不确定性，学生学习自我监控中的诸多品质（如计划性、方法性、执行性、总结性）都不宜在小学中低学龄段去渗透培养，而应该在小学高年级进行选择性重点渗透培养。对于各渗透内容也要有计划分阶段进行。

渗透内容的生活化更适合于小学生的兴趣爱好和接受方式。教师应选取贴近学生渗透品质的热点、焦点和难点问题，应深入了解学生学习自我监控的生活实际，或通过调查师长和学生本人，或查阅、收集有关文献和资料，让渗透内容建立在现实、生动、有趣的基础上。通过一系列典型内容的设计与呈现，激发学生强烈的学习愿望，引发学生的认同感或缺失感，让学生在典型问题、典型情境、典型活动中获得充分的体验、反思与深化。

3）渗透方法的多样化与具体化

学科渗透的间接性和数学学科的相对枯燥性，需要渗透方法的多样化和具体化。总的来说，要根据学生特点和渗透内容灵活运用渗透的操作模式，合理利用专题训练（角色扮演法、实践操作法等）和咨询辅导（认知法、行为改变法等）的相关技术和方法，创造活泼的互动化教学情境。具体来说，针对模式的判断鉴别阶段，可以采用设境提问法、成绩推测法、自我判断法等；针对模式的渗透导向阶段，可以采用典型问题法、角色假设法、对比判断法等；针对模式的策略训练阶段，可以采用辨析操作法、范例参照法、讨论分析法、经验交流法、游戏法、测验法、角色扮演法；针对模式的体验迁移阶段，可以采用观点警醒法、交流体会法、自我分析法、互相揭露法等。

4）渗透契机的多元化与层次化

小学数学教学中渗透培养学生的学习自我监控能力，不是单一把心理品质的相关内容糅合在数学课中，削弱数学课的内容；也不是单一从数学教材中寻找对应的品质进行训练，喧宾夺主。而是把挖掘教材和分析学生心理品质有机地结合起来，搜寻渗透教学的恰当契机，既以学科教学为主，又拓宽学科教学的功能，实现“以教育心”和“以心促教”的整体功能。

（1）教材内容的自然契机。小学数学课程本身蕴含有十分丰富的心理素质教育资源，这也是渗透契机的第一层挖掘点。小学教师要善于把握、利用这些资源。例如，数学教材中抽象的概念、法则、定理，以及运用这些法则、定理解决问题的过程，都是进行渗透培养学生学习自我监控能力的天然资源。教师要深入挖掘这些资源里面的一个或多个渗透点，进行恰当安排和巧妙设计，做好渗透前的充分准备。

（2）教学过程的偶然契机。由于实际的教学过程是动态的、多变的，所以对教材心理资源的挖掘和准备是必要的，但不是充分的。也就是说，一方面，我们要预想在课堂的教学过程中（包括知识教学和渗透点的教学）学生容易出现的回答方式和问题表现，特别是针对小学儿童具有的“多问”与“奇思怪想”等现象，进行渗透内容的二层挖掘，找到这些问题、表现、现象与渗透品质的相关和联系，做好渗透教学的课前准备；另一方面，教师要有灵活驾驭课堂的心理准备和能力，遵循渗透教案的内容准备，又不拘泥于死板的教案设计，善于抓住课堂中随时出现的动态的、偶然的、宝贵的渗透点或渗透机会，进行适时、恰当、深入的渗透培养。

（3）渗透内容的创造契机。渗透的天然资源和教学过程的偶然渗透资源都是有限的。既然渗透是长期坚持的过程，那么我们就不能断断续续、时有时无。这就要求教师除了要把握静态和动态渗透点的挖掘以外，还要进行创造性渗透契机的挖掘与准备，即渗透契机的第三层挖掘。这种创造性的挖掘不是凭空、随意产生的，它必须要在渗透教学的环节上有所相关，在渗透的内容上与教学内容有所联系，在渗透的形式上自然且合理。例如，教师可以通过渗透品质的适时指向式提问，暴露学生在学习自我监控某方面上存在的问题；通过渗透品质的恰当问题导向与评价让学生有所知、有所感、有所悟；通过渗透小情境和案例的创设，引导学生评价、体会与反思，在实践操作和比较中学习、提高；通过名人名言的巧妙运用与分析，使学生对应心理品质达到内化与升华。

5）渗透评价的客观化与过程化

渗透培养更注重的是学生心理品质的长期效益和全面发展，这也就要求渗透评价的客观化和过程化。就客观化而言，指评价者应该抛弃原有对被评对象的一些刻板印象，严格按照科学的评价程序和评价指标进行评价。这样才能对被评者渗透品质的变化有一个敏感的认识，也才能更客观地看到渗透培养的有效性程度。就过程化而言，评价应该立足于学生的发展，要注重对每一个渗透点的鉴别和诊测设计，做好每一个学生的渗透评价档案，适时地与学生交流、提出希望，适当地给个别学生当面评价，提出具体的可资改变的措施。具体来说，在量性评价上，可以通过问卷测评法比较学生实验前后渗透品质的得分差异；可以通过活动产品分析法来评定学生渗透品质的发展情况；也可以设计教学评价问卷，让学生评定教学效果。在质性评价上，注重了解学生对渗透课的体会、感受、要求和建议；同时，注重全面考查学生在其他课上的表现，在课后及家庭中的表现，客观全面地评价其实际效果。

2. 渗透培养的教学策略

1）渗透教学的一般策略

（1）面向全体学生、关注特殊个体

渗透的对象是全体小学生，渗透教学要针对每一个学生，不能因为任何特殊的目的而使渗透带有个别性和歧视性；教师在实施渗透行为的时候，不能表现出不平等的或极端的教学行为，要耐心解答每个学生所提出的渗透问题，合理评价每一个学生的渗透表现；教师要具有敏锐的洞察力，随时关注个体的特殊表现与反应，积极关心渗透品质方面的问题儿童，及时提供相应的建议和改进办法。

（2）增强趣味性、激发求知欲

针对小学生可塑性强，且又具有“活泼好动”“记得快忘得也快”的特点，渗透教学不能因为方便行事而千篇一律、索然乏味。教师在实施渗透行为的时候，要关注学生的认知、情绪、行为的状态和表现，创设民主、活动的渗透教学氛围，采用问题暴露、角色扮演、讨论分析、游戏、测验、观点警醒、互相揭露等方法积极调动学生的好奇心和求知欲。

（3）敏锐洞察、把握时机

渗透教学是特殊的教学活动。小学数学教学同其他学段、其他学科的教学一样，有自己内在的知识结构体系，有自己独特的教育教学方式。学生学习自我监控的渗透教学则要求教师在正常教学内容中融会贯通其品质，寓培养和教育于无形和有形的有机结合，这就需要教师的渗透教学表现得顺理成章，一气呵成，不刻意，不呆板；需要教师在课堂中有敏锐的观察力和洞察力，把握动态的渗透点，深入开掘、举一反三；需要教师内化渗透内容、渗透策略，恰当展现渗透内容，合理选择渗透方法，机智处理渗透中学生出现的种种问题，做到渗透教学时的随机应变与恰到好处。

（4）促进体验、内化品质

体验内化在学生渗透品质形成过程中起关键、定性的作用。在渗透教学中，教师要强化学生对渗透内容和策略方法的反思、体验、消化和运用，启发学生积极、主动、真实地去体验，避免学生消极、被动、虚伪的体验；教师可以通过布置适量的外部操作任务或提出恰到好处的问题，把握学生感受、体验、反思的方向，借助外部活动促进、深化内部体验。促进学生渗透品质的内化与形成。

2）渗透教学的具体策略

（1）问题暴露策略

该策略指教师通过设境提问法、自我判断法、成绩推测法等方法呈现相关问题，暴露学生在学习自我监控渗透品质上存在的问题或不足，让学生产生感受、好奇、自评、缺失等心理活动，从而达到清楚的自我认识。具体来讲，教师在渗透教学的判断鉴别阶段：要么创设一个有趣、活泼、真实或富有启发的情境，在情境中提出渗透的相关问题；要么询问学生对相关行为、习惯等的自我感受与判断；要么通过数学题的思考或解答，让学生推测自己思路或成绩的好坏。

（2）重点提示策略

该策略指教师在判断鉴别和渗透导向阶段，采用典型问题法、角色假设法、对比判断法等方法对学生进行重点渗透内容的引导与明确，让学生产生对比、判断、震撼、求知等心理活动，从而达到对问题的初步剖析。具体来讲，教师要用简练而明确的语言达到提示重点的目的：教师可以设计与渗透品质密切相关的问题明确重点，也可以用假设的方式让学生进入角色状态，还可以用相互间的对比来促进求知晓、求进步的积极判断。

（3）范例参照策略

该策略指教师在教育环节的策略训练阶段，采用辨析操作法、讨论分析法、测验法、经验交流法、游戏法、角色扮演法等方法对学生进行操作性的训练；让学生在活动中操作、练习渗透内容；并适时提供参考标准，达到策略导行的目的；让其经历应激、应对、分析、整合的心理历程。具体来说，不论是学生自己的辨别分析、同学间的讨论分析、师生间的问答测验分析，还是学生间的经验交流活动、游戏活动、角色扮演活动，都要在操作或练习的适当时机呈现参考标准，以供学生比较与整合。需要指出的是这个标准是在教师大量收集资料的基础上整理出来，适合于小学生参考对照之用，不是标准答案。

（4）观点警醒策略

该策略指教师通过名言警句或典型观点（正确的和错误的）的认识与剖析、比较与分析，促进学生对自己的操作和尝试进行评价和反思，对渗透品质的自我变化进行比较与内化，让学生产生回味、体验、接受、认同等心理活动。例如，在渗透预习之重要性的反思体验阶段可以引用“磨刀不误砍柴工”“不计划就像打一场没有把握的仗”；又如在渗透预习方法性的反思体验阶段可以引用学生经常存在的错误观点“我预习了，好像没有什么用”“预习就是把要讲的例题看一遍”等。

（5）内化巩固策略

该策略指教师可以采用交流体会法、自我分析法、互相揭露法等方法，让学生谈体会、谈心得、谈进步、谈不足、谈希望，进一步对渗透品质的习得情况进行反思体验；教师也可以通过应用灵活多样的检测或实践应用题，促进学生内化、强化渗透品质，获得渗透品质的真正迁移与提高。该策略主要让学生经历总结、运用、形成、完善等心理活动，达到渗透品质的习与成性。

（四）小学数学教学中渗透学生学习自我监控能力培养模式的探讨

小学生学习自我监控的渗透教学操作模式依据的是心理健康教育整合模式，它是心理素质教育理论与教育教学实际操作的一座桥梁。实验结果表明，该模式的有效实施可以改善小学生学习自我监控相应品质的水平，提高小学生的学习能力，提高小学生的数学成绩，也有助于小学生心理素质的发展。因此，我们认为心理素质教育的“学科渗透”模式是实施心理素质教育的有效途径之一。

当然，鉴于心理素质教育本身的复杂性，“学科渗透”教育模式的特殊性，以及渗透教育效果的非短时性，该渗透模式的实际操作对教师的要求比较高：①要求教师要善于深入学生生活实际，尊重、关心和接纳学生的表现与行为，与学生建立民主、平等、融洽的关系；同时要求教师具有丰富的学科知识，能够从整体上灵活地处理教材，善于把握与发掘教材所蕴含的心理素质教育资源，具备发展心理学、教育心理学、教学心理学等方面的知识，了解小学生心理发展的年龄特征。②需要教师具备一定的理论思维，内化整个渗透思路；需要教师深入挖掘渗透点，全面组织教学点，灵活表现渗透思想；需要教师活用模式，将模式变通为不同课型，不拘泥于固定格式，合理突出渗透重点。③需要教师具有较强的教育综合能力。学科渗透模式具有双重教学目标，即育智与育心。这一双重目标的实现需要教师既要有较强的学科教学能力又要有心理素质教育能力，还应有将二者综合运用的综合能力。另外，该模式的有效实施也离不开学校领导的重视，教学环境的优化设置、其他学科的协同与合作等。

二、小学数学教学中渗透学生学习自我监控能力培养的教育实验

（一）实验目的

通过在小学数学教学中渗透培养学生的学习自我监控能力，达到提高学生的学习能力及其学习成绩，进而提高学生心理素质相应品质的目的。探讨渗透培养系统方式的有效性和可行性，揭示小学生学习自我监控能力与小学生心理素质和学习成绩之间的关系，为推广实验研究提供理论依据，为我国小学高年级学生学习自我监控能力的培养实践提供实证依据。

（二）实验对象与方法

重庆市某小学全日制五年级 2 班和 3 班两个班学生。具体构成见表 7-12。

表 7-12 实验班和对照班的学生构成表

班级	男生/人	女生/人	总人数
实验班（5.2）	33	19	52
对照班（5.3）	27	24	51

本研究采用心理测量、学习成绩测量和教育实验相结合的方法。心理测量包括自编针对小学生学习自我监控问题的小学生学习自我监控问卷和张大均等编制的考查学生心理素质的小学生心理素质问卷。学习成绩测量主要指数学学科的期末考试成绩。

（三）实验变量

自变量：小学数学教学中渗透学生学习自我监控能力培养的模式与策略。

因变量：①小学生学习自我监控能力；②小学生心理素质水平；③小学生数学成绩。

无关变量的控制：①合理确定实验班和对照班。保证实验班与对照班学生的学习成绩、心理素质和学习自我监控能力起始水平大致对等。实验班和对照班学生人数、性别比例大体相当。②控制影响实验效果的其他因素。不对实验班教师、学生刻意宣扬实验的目的。不人为制造实验班和对照班在实验前后的竞赛气氛，保证学生在实验过程中做到情绪稳定。实验教师心态平和，对实验结果不抱过高期待等。

（四）实验处理

本实验采用实验班和对照班前后观测的等组实验设计（表 7-13）。

表 7-13 实验处理设计表

分班	前测	实验处理	后测
实验班	学习自我监控能力测验 小学生心理素质测量 学习成绩测量	利用数学课对学生进行学习自我监控品质的教育渗透	同前测
对照班	学习自我监控能力测验 小学生心理素质测量 学习成绩测量	不进行实验处理	同前测

（五）实验过程

1. 准备阶段（2004 年 4～8 月）

（1）查找中外文献，制定和修改实验方案；

（2）修编《小学生学习自我监控问卷》，确定测量工具；

（3）联系实验学校，确定实验班级；

（4）构建“小学数学教学中渗透学生学习自我监控能力培养模式图”；

（5）根据2004年小学五年级数学秋季教材，张大均等主编的《小学生心理素质训练》教材，董奇等对小学生学习自我监控的发展特点和结构成分的研究，参照本研究前期问卷修编与问卷分析的结果和构建的小学数学教学中渗透学生学习自我监控能力培养模式，编订小学五年级数学教学中渗透学生学习自我监控能力培养的教案集（部分见附录四）；

（6）对实验教师进行培训；

（7）实施学习成绩的前测。

2. 实施阶段（2004年9月～2005年1月）

（1）对实验班和对照班学生进行学生学习自我监控能力、小学生心理素质的前测（开学第二周）；

（2）在实验班利用每周两节或三节的数学课，根据编订的小学五年级数学学科中渗透培养学生学习自我监控能力的教案集对学生进行学习自我监控能力的渗透培养；

（3）对实验班和对照班学生进行学生学习自我监控能力、小学生心理素质和学习成绩的后测。

3. 整理阶段（2005年2～4月）

对前、后测数据进行统计分析处理。

（六）实验结果与分析

1. 实验班与对照班学生学习自我监控前后测得分比较

如表7-14所示，在前测中，实验班与对照班学生在各维度的平均得分上基本持平，没有表现出差异性；在二阶因素和问卷总均分上也基本相同，实验班略高于对照班，但没有显著性差异。在后测中，实验班在各维度上的平均得分均高于对照班；但在补救性、反馈性、准备性、总结性、执行性5个维度上没有表现出显著差异；在计划性、意识性2个维度上，实验班的平均得分明显高于对照班，表现出差异的显著性；另外，虽然在方法性维度上，实验班与对照班没有表现出显著的差异性，但是实验班的平均得分明显高于对照班，表明实验班学生在方法性维度上有很大的提高；在二阶因素的学习计划上，实验班与对照班差异显著。

表 7-14 实验班与对照班学生学习自我监控前后测得分比较（$M \pm SD$）

维度	变量	实验班（n=52）	对照班（n=51）	t
前测	补救性	3.7955±0.5763	3.7950±0.5989	0.004
	反馈性	3.1731±0.7968	3.1485±0.8071	0.156
	准备性	3.6231±0.9243	3.5882±0.9947	0.184
	总结性	3.7019±0.8373	3.6961±0.8296	0.036
	方法性	3.6423±0.7144	3.6000±0.7144	0.301
	计划性	3.1987±0.9617	3.1438±0.9098	0.298
	执行性	3.1538±0.9903	3.1324±0.9609	0.112
	意识性	2.7885±0.9359	2.7647±0.8877	0.132
	学习优化	3.7385±0.5321	3.7265±0.5465	0.113
	学习执行	3.3089±0.7269	3.2819±0.7526	0.185
	学习计划	2.9936±0.8297	2.9542±0.7580	0.251
	问卷总均分	3.4684±0.4646	3.4468±0.4489	0.240
后测	补救性	3.8846±0.6148	3.8592±0.6094	0.211
	反馈性	3.2225±0.8182	3.1989±0.8355	0.145
	准备性	3.6654±0.9891	3.643±1.0153	0.113
	总结性	3.7788±0.8249	3.7402±0.8411	0.235
	方法性	3.8538±0.7086	3.6510±0.7309	1.430
	计划性	3.6090±0.9514	3.1830±0.9553	2.267*
	执行性	3.1731±0.9871	3.1667±0.9794	0.033
	意识性	3.3462±0.8002	2.7908±0.8893	3.333**
	学习优化	3.8558±0.5415	3.7833±0.5593	0.668
	学习执行	3.3486±0.7536	3.2397±0.7693	0.126
	学习计划	3.4776±0.7276	2.9869±0.7915	3.276**
	问卷总均分	3.6085±0.4492	3.4967±0.4651	1.241

2. 实验班高、中、低不同层次学生学习自我监控前后测得分比较

为考察本实验对学习自我监控不同程度学生干预效果上的差异，我们将前测实验班学习自我监控的学生分为高分组（总分得分最高的 27%）、中分组（总分得分居中的 46%）和低分组（总分得分最低的 27%），然后进行前后测的显著性比较（表 7-15）。

表 7-15 实验班高、中、低不同层次学生学习自我监控前后测得分比较（$M \pm SD$）

组别	变量	前测	后测	t
高分组（n=16）	补救性	3.7898±0.6313	4.1193±0.4247	1.652
	反馈性	3.6500±0.8532	3.9500±0.7394	1.131
	准备性	3.3750±0.8062	3.5833±0.6939	0.825
	总结性	3.8594±0.7581	4.1250±0.5701	0.913
	方法性	3.3393±0.9212	3.8929±0.4222	2.306*
	计划性	2.9844±1.0664	4.0303±0.8209	2.735*
	执行性	3.4583±0.9418	3.7083±1.0391	0.972
	意识性	3.5500±1.0770	4.4375±0.5277	2.062*
	学习优化	3.7688±0.6058	4.0781±0.3371	1.606
	学习执行	3.4167±0.7503	3.6458±0.7979	1.055
	学习计划	3.3164±0.8054	4.0977±0.3722	3.358**
	问卷总均分	3.5461±0.4325	4.0238±0.2678	4.123**
中分组（n=22）	补救性	3.8099±0.4907	3.8388±0.5951	0.194
	反馈性	3.0195±0.6723	3.0909±0.7653	0.296
	准备性	3.6182±0.6964	3.6273±0.7682	0.036
	总结性	3.5568±0.8179	3.5795±0.9028	0.081
	方法性	3.5818±0.6645	3.9818±0.5981	2.139*
	计划性	3.3485±0.7799	3.5455±0.9059	0.760
	执行性	2.7614±0.7379	3.0682±0.8632	1.227
	意识性	2.5909±0.8845	3.3182±0.7452	2.460*
	学习优化	3.7068±0.4302	3.8182±0.4745	0.870
	学习执行	3.1761±0.4251	3.2188±0.5802	0.259
	学习计划	2.9697±0.6375	3.4318±0.6508	2.240*
	问卷总均分	3.3994±0.1736	3.5346±0.3771	1.455
低分组（n=14）	补救性	3.7590±0.5407	3.7688±0.5853	0.203
	反馈性	3.0089±0.6532	3.0897±0.7734	0.284
	准备性	3.5937±0.6894	3.6148±0.7547	0.048
	总结性	3.5466±0.8238	3.5798±0.9130	0.087
	方法性	3.5723±0.6446	3.6818±0.6918	0.837
	计划性	3.3357±0.7989	3.5595±0.9250	0.734
	执行性	2.7594±0.7496	2.9862±0.8339	0.977
	意识性	2.5587±0.8685	2.8182±0.8058	1.443
	学习优化	3.6869±0.4364	3.7182±0.4943	0.856
	学习执行	3.1463±0.4436	3.2087±0.5894	0.247
	学习计划	2.9504±0.6457	3.2307±0.5549	1.240
	问卷总均分	3.3824±0.1806	3.5283±0.3781	1.402

从表 7-15 可以看出，本实验对于高、中、低三组学生的学习自我监控状况都有不同程度的改善；高分组学生在方法性、计划性、意识性 3 个维度上的后测成绩显著高于前测成绩，在总体水平上后测成绩也显著高于前测成绩；中分组学生仅仅在方法性和意识性 2 个维度上后测成绩显著高于前测成绩，在总体水平上没有显著差异；低分组学生在各维度和总体水平上虽没有显著差异，但也有不同程度的提高。

3. 实验班不同性别学生学习自我监控前后测得分比较

从表 7-16 可以看出，在总体水平上男女生前后测的得分都没有达到显著水平；男生和女生在方法性、计划性、意识性 3 个维度上较之其他维度后测的平均得分高出前测许多；但男生在这三个维度上前后测得分没有显著差异；女生仅仅在意识性维度上后测得分显著高于前测得分。

表 7-16　实验班不同性别学生学习自我监控前后测得分比较（$M\pm SD$）

性别	变量	前测	后测	t
男生（n=33）	补救性	3.7630±0.6562	3.8019±0.7007	0.197
	反馈性	3.3878±0.8071	3.4031±0.8421	0.064
	准备性	3.6929±0.9293	3.7071±1.0449	0.045
	总结性	3.6786±0.8047	3.7143±0.8298	0.146
	方法性	3.6500±0.8012	3.8357±0.7324	0.958
	计划性	3.3690±0.8670	3.7262±0.8891	1.481
	执行性	3.0893±1.1164	3.1696±1.0608	0.255
	意识性	2.8690±1.0034	3.4167±0.7889	1.9669
	学习优化	3.7179±0.6107	3.7929±0.6123	0.425
	学习执行	3.4085±0.7549	3.4397±0.7829	0.135
	学习计划	3.1190±0.8581	3.5714±0.7178	1.966
	问卷总均分	3.5145±0.5189	3.6267±0.5129	0.701
女生（n=19）	补救性	3.8333±0.4778	3.981±0.4936	1.114
	反馈性	2.9226±0.7223	3.0119±0.7523	0.404
	准备性	3.5417±0.9315	3.6167±0.9398	0.326
	总结性	3.7292±0.8905	3.8542±0.8305	0.453
	方法性	3.6333±0.6148	3.8750±0.6949	1.277
	计划性	3.0000±1.0449	3.4722±1.0211	1.632
	执行性	3.2292±0.8370	3.1771±0.9163	−0.205
	意识性	2.6944±0.8621	3.2639±0.8223	2.240*
	学习优化	3.7625±0.4345	3.9292±0.4467	1.252
	学习执行	3.1927±0.6903	3.2422±0.7196	0.253
	学习计划	2.8472±0.7878	3.3681±0.7388	2.449*
	问卷总均分	3.4147±0.3962	3.5873±0.3710	1.648

4. 实验班不同家庭来源学生学习自我监控前后测得分比较

从表 7-17 可以看出，在总体水平上，城镇学生和农村学生的前后测得分都没有显著差异；城镇学生在计划性、执行性、意识性 3 个维度上较之其他维度后测的得分都要高出前测许多，但仅仅在意识性上后测得分显著高于前测得分；农村学生在方法性、计划性、意识性 3 个维度上较之其他维度后测的得分都要高出前测许多，但仅仅在方法性上后测成绩得分显著高于前测得分。

表 7-17　实验班不同家庭来源学生学习自我监控前后测得分比较（$M \pm SD$）

	变量	前测	后测	t
城镇（n=16）	补救性	3.8750±0.4427	3.6705±0.7211	−1.013
	反馈性	3.1250±0.6191	3.3036±0.8180	0.736
	准备性	3.4125±0.9280	3.7125±1.0275	0.829
	总结性	3.8281±0.6036	3.5938±0.9123	−0.832
	方法性	3.6000±0.7519	3.5125±0.7728	−0.345
	计划性	2.9375±0.7909	3.5833±0.9775	1.902
	执行性	2.6875±1.0145	3.3281±0.6105	1.924
	意识性	2.5833±0.8986	3.4168±0.6831	2.554*
	学习优化	3.7969±0.4620	3.6156±0.6459	−0.946
	学习执行	3.1055±0.6377	3.4375±0.6587	1.400
	学习计划	2.7604±0.6991	3.5000±0.6441	2.850*
	问卷总均分	3.3854±0.3260	3.5312±0.4374	0.996
农村（n=36）	补救性	3.7601±0.06291	3.9798±0.5455	1.484
	反馈性	3.1944±0.08714	3.1865±0.8272	−0.038
	准备性	3.7167±0.09201	3.6444±0.9857	−0.298
	总结性	3.6458±0.9246	3.8611±0.7825	0.941
	方法性	3.6611±0.7072	4.0056±0.6315	2.207*
	计划性	3.3148±1.0171	3.6204±0.9534	1.384
	执行性	3.3611±0.9189	3.1042±1.1154	1.052
	意识性	2.8796±0.9500	3.3148±0.8543	1.889
	学习优化	3.7125±0.5646	3.9625±0.4586	1.866
	学习执行	3.3993±0.7539	3.3090±0.7977	−0.471
	学习计划	3.0972±0.8705	3.4676±0.7703	1.910
	问卷总均分	3.5053±0.5142	3.6429±0.4561	1.082

5. 实验班与对照班学生数学成绩前后测比较

如表 7-18 可知，实验班与对照班学生前测数学成绩的平均分很是接近；两个班后测数学成绩的平均分都低于前测成绩；虽然实验班与对照班的后测数学成绩的平均分没有达到显著差异，但是实验班学生的平均成绩高出对照班 2.646 分。

表 7-18 实验班与对照班学生成绩前后测比较（$M\pm SD$）

项目	前测数学成绩	后测数学成绩
实验班	81.183±10.568	77.519±11.885
对照班	81.137±8.649	74.873±13.126
t	0.024	−1.764
显著性	0.981	0.081

6. 实验班学习自我监控高、中、低层次学生数学成绩前后测比较

根据学生学习自我监控前测得分将实验班学生分为高分组、中分组和低分组（分组方法同前），考察本实验对学习自我监控不同程度学生的数学成绩前后测得分差异情况（表 7-19）。

表 7-19 实验班学生学习自我监控高、中、低层次学生数学成绩前后测得分比较（$M\pm SD$）

变量	高分组（n=16）	中分组（n=22）	低分组（n=14）	F	显著性
数学成绩	−3.1875±9.8402	−3.1591±7.9931	−3.6071±7.4374	0.014	0.986

表 7-19 表明，学习自我监控高分组、中分组和低分组学生在数学成绩上增值的幅度均未达到显著水平。

7. 实验班与对照班学生心理素质前、后测得分比较

从表 7-20 可以看出：在前测中，实验班与对照班学生在心理素质各维度的平均得分上基本持平，没有表现出差异性；在二阶因素和问卷总均分上也基本相同，实验班略高于对照班，但没有显著性差异。在后测中，实验班在一阶的意识性、计划性、监控性、抱负水平、求知欲 5 个维度和二阶元认知维度上的得分明显高于对照班；意识性维度差异极其显著，计划性、求知欲维度差异显著，但监控性、抱负水平 2 个维度没有表现出显著差异；在二阶因素的元认知维度上，实验班极其显著地高于对照班；在问卷的总均分上没有显著的差异性。

表 7-20　实验班与对照班小学生心理素质前后测得分比较（$M\pm SD$）

维度	变量	实验班（n=52）	对照班（n=51）	t
前测	意识性	2.1577±0.3051	2.1333±0.3315	0.388
	计划性	2.2269±0.3737	2.1961±0.3763	0.417
	监控性	2.2577±0.3528	2.2196±0.3493	0.550
	抱负水平	2.5577±0.2865	2.5255±0.3071	0.550
	独立性	2.3692±0.3275	2.3333±0.3116	0.570
	坚持性	2.2769±0.3781	2.2667±0.3973	0.134
	求知欲	2.3077±0.3950	2.2667±0.3637	0.548
	自制力	2.3346±0.3580	2.3255±0.3857	0.124
	自信心	2.3808±0.4196	2.3529±0.4263	0.334
	责任感	2.5077±0.3930	2.4824±0.3983	0.325
	理智感	2.0346±0.3086	2.0078±0.3097	0.439
	创造性	2.2212±0.2569	2.1941±0.2580	0.533
	身心协调	2.1808±0.3946	2.1765±0.3912	0.056
	情绪适应	2.2058±0.2953	2.1804±0.2946	0.437
	学习适应	2.1942±0.3744	2.1647±0.3851	0.396
	人际适应	2.4731±0.3881	2.4471±0.4130	0.330
	挫折耐受力	2.2692±0.4318	2.2314±0.4654	0.428
	元认知	2.2141±0.2322	2.1830±0.2616	0.638
	个性	2.3212±0.1853	2.2949±0.1863	0.717
	适应性	2.2462±0.2727	2.2207±0.2803	0.467
	问卷总均分	2.2788±0.2045	2.2522±0.2084	0.656
后测	意识性	2.4038±0.3278	2.1725±0.3200	3.623***
	计划性	2.4538±0.3883	2.2235±0.3850	3.022**
	监控性	2.3808±0.3413	2.2667±0.3433	1.691
	抱负水平	2.6654±0.2876	2.5569±0.2921	1.900
	独立性	2.3885±0.3323	2.3765±0.3386	0.181
	坚持性	2.3038±0.4311	2.2980±0.3987	0.071
	求知欲	2.4654±0.4315	2.2981±0.3886	2.067*
	自制力	2.3654±0.3975	2.3608±0.3960	0.059
	自信心	2.4038±0.4694	2.3882±0.4426	0.174
	责任感	2.5385±0.4107	2.5216±0.4081	0.209
	理智感	2.0398±0.3153	2.0392±0.3099	−0.137
	创造性	2.2442±0.2704	2.2275±0.2639	0.319
	身心协调	2.2962±0.4163	2.2000±0.4079	−0.047
	情绪适应	2.2288±0.3089	2.2137±0.3027	0.251
	学习适应	2.2942±0.3842	2.2020±0.3917	1.207
	人际适应	2.5269±0.4001	2.5020±0.4007	0.316
	挫折耐受力	2.2808±0.4657	2.2784±0.4580	0.026
	元认知	2.4128±0.2686	2.2209±0.2478	3.766***
	个性	2.3650±0.2173	2.3294±0.1961	0.872
	适应性	2.2929±0.2897	2.2588±0.2877	0.598
	问卷总均分	2.3469±0.2308	2.2884±0.2153	1.330

（七）小学数学教学中渗透学生学习自我监控能力培养实验的效果

本实验充分考虑到实验学校类型的选择（中等学校），实验班学生家庭来源和学生性别的大体一致；严格按照实验计划，遵循渗透教学的系统操作模式，与实验教师一起提前研讨并认真设计渗透目标、渗透内容、渗透方法、渗透契机与渗透评价，确定可操作的渗透教案，讨论分析渗透教案的可行性，然后利用每周两节或三节数学课实施渗透教案，课后分析评价渗透的实施情况，调整并改进以后的渗透教案。该实验认真持续了一个学期，达到了较满意的实验效果。

（1）实验班学生学习自我监控的意识性、计划性显著高于对照班学生，方法性较之有较大的提高，其他品质没有大的变化。

造成该结果的主要原因是由于时间和精力的限制，本实验主要对学生预习，解题，复习的意识性、计划性、方法性进行了渗透培养，而没有进行全面培养。

（2）较之中分组和低分组学生，本实验更利于前测学习自我监控高分组学生学习自我监控相应品质的提高。三个组在数学成绩上的增幅没有显著差异。

本实验条件下，对前测学习自我监控高、中、低分组学生的学习自我监控的相应品质都有不同程度提高，相对而言高分组学生学习自我监控的渗透品质提高比较显著。通过进一步分析发现，高分组学生在学习成绩普遍偏高。也就是说，这些学生在智力水平、学习的方法和习惯上都要优于中分组和低分组学生，可能这些学生对渗透的品质比较敏感，更易于接受这些品质。

三个组在数学成绩上的增幅没有显著差异，造成这种结果的原因可能是学生学习自我监控水平与学生数学成绩大体一致所致。也就是说，自我监控水平高的学生，虽然其自我监控的相应品质有较大提高，但由于这些学生的成绩本来就好，其数学成绩的进步幅度不会太大；自我监控水平低的学生，其智力水平、学习方法和习惯相对较差，对于渗透品质不敏感，自我监控品质的提高较少，从而影响了数学成绩的较大提高；同理，自我监控水平中等学生数学成绩的提高幅度不显著也是可以理解的。

（3）男女学生学习自我监控在方法性、计划性、意识性 3 个维度上都有较大提高，女生在意识性维度上前后测差异显著。

该实验对男女学生学习自我监控的相应品质都有较大的促进作用；相对于男生，女生在自我监控的意识性上前、后测差异显著，造成这种差异的原因与女生更加细心，更经常地内省，以及女性主观努力的程度更强等方面有关。由于男女生在总体水平上差异不显著，不能因为一个维度达到显著水平而断定是男生的学习自我监控易于培养还是女生的学习自我监控易于培养。

（4）城镇学生和农村学生的计划性和意识性都有较大提高，城镇学生在意识性维度上的前、后测得分差异显著，农村学生在方法性维度上前、后测得分差异显著。

该实验对城镇学生和农村学生学习自我监控的相应品质都有改善，只是由于家庭环境的不同，造成了一些差异。城镇学生在意识性维度上的前、后测得分差异显著可能与其优越学习条件、生活条件和丰富多彩的生活环境有关，学生在这样的环境中容易变得懒散、自负，也易于接受新观念、新思想，原本较弱的自我监控意识性得到较大加强；农村学生在方法性维度上前后测得分差异显著可能与其较差的学习条件、生活条件和较朴实的生活环境有关，这样的环境使得学生具有较多的家务劳动而不得不考虑采用恰当的方法节约时间、使得学生长期具有获得成功的高期待和强烈愿望而努力学习。

（5）实验班与对照班学生前测数学成绩的平均分很是接近，实验班与对照班学生后测数学成绩的平均分都低于前测，实验班学生后测数学成绩的平均分高出对照班学生 2.646 分，没有达到显著差异。

实验班与对照班学生前测数学成绩的平均分很是接近，表明两个班的起点基本一致；实验班与对照班学生后测数学成绩的平均分都低于前测，这可能是因为期末考试的考题较难或阅卷标准较严格；实验班学生后测数学成绩的平均分高于对照班学生 2.646 分，表明学生学习自我监控的渗透培养对学生的数学成绩有较大的促进作用。实验班学生的后测数学成绩与前测没有达到显著差异，主要原因可能是：①学生数学成绩的提高受到众多因素的影响，如个体智力水平、成就动机、意志力、归因方式，教师的教学方法、教学质量，学习氛围，学校的常规教育等。②与实验采用的学科渗透方式对学生学习自我监控能力发展的时间上相对较短，或者是与该渗透方式局限于课堂的短暂时间有关。③与数学学科直接相关的学生学习自我监控的自然渗透资源相对有限有关。数学学科教学内容选择与编排是按照数学学科自身内在逻辑性编排的，其中所蕴含的学生学习自我监控的内容具有分散性、潜在性和不连续性。

（6）实验班学生在心理素质元认知维度中的计划性、意识性显著高于对照班学生，元认知维度中的监控性和个性维度上的抱负水平较之有较大的提高，实验班学生在个性维度上的求知欲显著地高于对照班学生。

该结论与游季浦（1997）的研究结论（小学生在元认知的发展上很有潜力，教育训练的进步显著）有相通之处。小学生心理素质问卷与小学生学习自我监控问卷在本研究中测得结果的较大一致性，原因主要与学生学习自我监控能力与心理素质之间的密切关系有关，即学生学习自我监控是学生心理素质元认知维度上的重要组成部分。该结果不但说明“小学生学习自我监控问卷”的有效性，而且说明本研究的渗透培养方式对促进学生心理素质健全、健康发展的有效性。预示了心理素质教育学科渗透方式在提高学生学习能力，促进学生个性发展，增进学生学习适应，完善学生心理素质上的可喜前景。

参考文献

边玉芳，郑艳球．1997．杭州市小学生心理健康状况调查报告．杭州大学学报（哲社版），27（6）：138-142．

陈红兵．1991．中学生安排学习时间策略的调查研究．心理发展与教育，13（2）：60-64．

程正方．2004．组织公正行为与自我监控性、工作满意度和组织承诺关系的研究．北京师范大学硕士学位论文．

董奇，周勇，陈红兵．1996．自我监控与智力．杭州：浙江人民出版社．

董奇，周勇．1994．论学生学习的自我监控．北京师范大学学报（社科版），（1）：8-14．

董奇，周勇．1995a．关于学生学习自我监控的实验研究．北京师范大学学报，（1）：84-90．

董奇，周勇．1995b．10-16岁儿童自我监控学习能力的成分、发展及作用的研究．心理科学，18（2）：75-79．

傅金芝，符明弘，杨玉宇，等．2002．中小学生自我监控学习能力的发展及影响因素研究．云南师范大学学报，34（2）：100-106．

鞠红霞．2003．97名中小学领导的自我监控性及其组织承诺、工作满意度的相关研究．柳州职业技术学院学报，3（4）：84-89．

李峰，张德，张宇莲．1992．心理控制源与自我监控在预测中的交互作用．心理学报，（3）：261-266．

李浩然．1992．小学生数学元认知的发展及其数学自我效能感的关系．北京师范大学硕士学位论文．

李明振．1997．数学学习动机、归因、自信心、意志品质与学生数学学习的自我监控行为的关系研究．数学教育学报，（2）：46-37．

李山，余欣欣．2002．初中生自我概念、自我监控学习行为、学习策略对学习成绩的影响．宁波大学学报（教科版），24（3）：18-22．

李政云．2001．初一新生学习适应水平特点调查．湖南工业大学学报（社会科学版），（6）：26-28．

连榕，孟迎芳．2003．学业中等生自我监控学习能力与人格特征关系的研究．福建师范大学学报（哲社版），（3）：128-131．

罗丽芳，连榕．2002．学业成就中等生和学习优良生的自我监控与语、数、英学习成绩关系的研究．福建师范大学学报（哲社版），（1）：141-144．

骆秉全，高嵘．1999．体育学习自我监控初论．北京体育师范学院学报，11（3）：34-38．

倪军健．2002．复合应用题策略研究——应用题解答过程中自我监控能力的培养．现代中小学教育，（8）：31-34．

宁连华．2001．自我监控调节策略对数学技能迁移作用的实验研究．数学通报，（12）：10-12．

宋允清，彭金洲．2002．在术科教学中培养学生自我监控能力的实验研究．北京体育大学学报，25（4）：534-535．

汤志群．1993．中学生价值取向、自我监控性与亲社会行为关系的研究．社会心理研究，15

(2)：1-10.
王金云. 2002. 环境对儿童自我监控能力的影响. 信阳师范学院学报（哲社版），22（5）：46-48.
王彤淼. 2000. 阅读教学中学生自我监控能力的培养. 内蒙古教育，(4)：34-35.
沃建中，林崇德. 2000. 青少年自我监控能力的发展研究. 心理科学，23（1）：10-15.
沃建中，林崇德. 2001. 加工速度、自我监控对认知操作的影响. 心理科学，24（5）：537-540.
武锡环，张光照. 2002. 中学生数学自我监控能力评价. 数学教学，(8)：35-37.
谢强. 2000. 语文阅读理解中的自我监控. 洛阳师范学院学报，19（4）：82-85.
易晓明. 2002. 大学生学习过程中的自我监控和学习成绩的关系. 中国临床心理学杂志，10（2）：116-117.
游季浦，冷泽兵. 1997. 对小学生实施元认知教育的实验研究. 四川师范学院学报，2：1-8.
张大均. 2002. 加强学校心理健康教育培养学生健全心理素质. 河北师范大学学报（教科版），4（1）：17-23.
张学军，田虎伟，赵锡凤. 2002. 自我监控理论在大学生写作能力培养中的作用. 洛阳农业高等专科学校学报，22（2）：152-153.
章建跃. 1998. 数学学科自我监控能力研究. 心理发展与教育，4：50-55.
赵清明，左银舫. 2002. 关于轻度弱智学生的智力、自我监控能力和学习适应性行为障碍的调查研究. 吕梁高等专科学校学报，(3)：34-37.
仲宇，刘新民，林俊. 2000. 游泳技术教学中学生自我监控能力的培养及优化教学的实验研究. 西安体育学院学报，17（4）：67-69.
周勇. 1994. 中小学学生自我监控学习能力的结构、发展及影响因素的研究. 北京师范大学硕士学位论文.
Briggs S R，Cheek J M. 1986. The role of the factor analysis in the development and evaluation of personality scales. Journal of Personality，54：106-148.
John O P，Cheek J M，Klohnen E C. 1996. On the nature of self-monitoring construct explication with Q-Sort ratings. Journal of Personality and Social Psychology，71（4）：763-776.
Kelemen W L. 2000. Metamemory cues and monitoring accuracy：judging what you kown and what you will know. American Journal of Educational Psychology，92（4）：800-810.
Lennox R D，Wolfe R N. 1984. Revision of the self-monitoring scale. Journal of Personality and Social Psychology，46：1349-1364.
Robbins S P. 1998. Fundamentos de Comportamiento Organizacional. Prentice-Hall international.
Roeber C M. 2002. Confidence judgments in children's and adults' event recall and suggestibility. Developmental Psychology，38（6）：1052-1067.
Rubman C N，Salatas Waters H. 2000. Seeing：the role of constructive processes in children's comprehension monitoring. American Journal of Educational Psychology，92（3）：503-514.
Sanz J，Sánchez-Bernardos M L，Avia M D. 1996. Self-monitoring and the prediction of one's

own and others' personality test scores. European Journal of Personality, 10 (3): 173-184.

Snyder M. 1974. Self-monitoring of expressive behavior. Journal of Personality and Social Psychology, 30: 526-537.

Suárez R J M, Cabanach R G, Arias A V. 2001. Multiple-goal pursuit and its relation to cognitive, self-rgulatory, and motivational strategies. British Journal of Educational Psychology, 71 (4): 561-572.

Wolters C A. 1998. Self-regulated learning and college students' regulated of motivation. Journal of Educational Psychology, 90: 224-235.

Zimmenman B J, Schunk D H. 1989. Self-regulated Learning and Achievement. New York: Spingerverlay.

Zimmerman B J, Martinez P M. 1988. Construct validation of a strategy model of student self-regulated learning. Journal of Educational Psychology, 80: 284-290.

第八章　小学语文教学中培养学生情绪调节能力的研究

情绪调节（emotion regulation）是个体适应心理与社会性发展必不可少的环节之一，同时情绪调节也是心理素质结构中个性特征的重要组成部分之一。长期以来，人们往往片面关注学生认知能力的发展，并未将情绪因素完全纳入学校教育的目标体系中，导致学生学习效率下降、厌学辍学严重、身心健康受损、个性片面发展等负面作用日趋严重。随着情绪心理研究的不断深入，对情绪情感在教育教学，以及在学生发展中的作用逐渐有了比较系统、科学的认识。从情绪、情感或情绪调节功能的角度所开展的教学促进研究方兴未艾，如“成功教学”“愉快教学”“情感教学”等诸多教学模式开始关注情绪对教育教学的积极作用。但是对于情绪及其调节在儿童人格发展中的作用仍未得到应有的重视。随着基础教育变革的不断深入及新课程改革全面开展，人们越来越多地关注学生人格的健全发展，关注学生情绪情感成长与发展，以及对他们整个人生发展的意义。因此，如何充分挖掘学科教学中所蕴含的丰富的教育教学资源，促进学生情绪情感及情绪调节能力的发展已成为当前教育教学改革中所面临的一项亟待解决的课题。

第一节　研究概述

一、基本概念

（一）情绪调节

情绪调节是一个相当模糊的概念，它包括两种类型的调节现象：情绪作为调节者（emotion as regulating）和情绪被调节（emotion as regulated），二者分属于不同的研究范畴。前者系指由已唤醒的情绪出现的变化（如情绪对认知或行为的调节），而后者则是指唤醒情绪本身的变化（如认知或行为对情绪本身的调节），其本质区别在于单独界定调节方面时何种情绪是最先被唤醒的。Gross（1999）指出，由于情绪本身的主要机能是协调各种反应系统，前者在很大程度上是与情绪概念相重复的。本研究正是从后者意义上来理解的，但即使从这种意义上说，情绪调节也仍然是一个内涵丰富的概念。乔建中和饶虹（2000）认为情绪调节含义的界定方式可以归纳为三类：①适应性界定方式，强调情绪调节是一种适应社会现实的情绪和行为反应（Cole et al. 1994）；②功效性界定方式，即突出情绪调节旨在服务于个人目的（Masters 1991）；③特征界定方式，即从情绪调节的某一特征或特性上加以界定（Dodge 1989；Cicchetti et al. 1995；黄敏儿和郭德俊 2000；陈艳玲 2002）。

从某种意义上说，上述三种界定方式是相互关联的，有助于我们从不同角度、不同侧面认识情绪调节的本质。我们认为情绪调节是个体有目的、有计划地运用一定的策略和方法管理、调整自身及他人情绪反应，使个体情绪反应达到灵活的、适应的、有效的整体功能的心理过程。黄敏儿和郭德俊（2000）认为情绪调节过程主要有以下特点。

（1）情绪调节包括所有正性和负性情绪，是维持积极情绪与消极情绪之间平衡的过程（Parke 1994；Cole et al. 1994；Walden，Smith 1997）；

（2）情绪调节不仅只针对强烈感受和过高生理唤醒的情绪，也针对低强度的、需要增强的情绪（Dodge 1989；Cole et al. 1994；Cicchetti，Fabes 1995）；

（3）情绪调节过程中“调节”的主要成分相当广泛，主要包括情绪的生理反应、主观体验、体态表情及行为表现（Thompson 1990；Eisenberg，Fabes 1992；Gross，Levenson 1993；1997）；

（4）情绪调节具有一定目的或目标指向（Thompson 1994；Cole et al. 1994；Cicchetti et al. 1995）；

（5）情绪调节过程具有策略性，是个体有意识、有计划、灵活地管理与调节情绪的心理过程（Underwood 1997）。

（二）情绪与情绪调节区分

情绪调节是情绪研究领域中的一个重要的组成部分，也是情绪研究的自然延伸与发展。情绪与情绪调节两个概念之间无疑有着密切的联系。Kagan（1994）、Stansbury和Gunnar（1994）甚至认为，情绪调节与情绪两个概念之间难以区分，并将“调节”视为情绪的内在属性。但大多情绪心理学家都将情绪与情绪调节视为两个内涵不同的概念：情绪是一种由客观事物与人的需要相互作用而产生的包含主观体验、生理唤醒和表情行为的整合性心理过程；而情绪调节则是指个体影响他们具有何种情绪、何时产生这些情绪以及如何体验和表达这些情绪的过程（Gross 1998）。从这种意义上说，我们可以认为已唤醒的特定情绪与情绪调节是两个相对独立的心理过程。

（三）情绪调节能力

情绪调节是个体协调、管理主观体验、生理唤醒及行为反应的心理操作过程。从个体发展来看，情绪调节可以形成稳定的心理特征，发展为一种特定的能力，即情绪调节能力，主要指个体通过管理自己和他人的情绪以促进任务定向行为的能力（黄敏儿　2001）。许多研究者（Salovey，Mayer　1990；王晓钧　2000；Buckley et al.　2003；张进辅，徐小燕　2004）都是从能力的角度来加以界定的，认为情绪调节能力是情绪智力的主要成分之一。但在情绪调节能力内涵范畴的界定上，人们却提出了不同的看法，如我国学者孟昭兰（2005）认为情绪调节是情绪智力的上位概念，情绪智力反映的就是情绪调节问题，或者说是情绪能力问题。情绪能力实质就是情绪调节问题，或者说是情绪能力问题。L. 格瑞兹与里兹贝斯．茹莫尔（Kim　2004）也提出了类似的观点，认为情绪调节能力与 Saarni 的“情绪能力（emotional competence）”有诸多共通之处。我们认为，情绪调节能力是个体依据外界情境要求自主、灵活、有效地应对、调整和管理各种情绪事件及困扰的能力，是情绪调节心理操作过程在其人格结构中沉浸与积淀所形成的相对稳定的心理品质。

二、情绪调节研究现状

情绪调节是儿童早期社会性发展的重要部分，历来是心理学家所关注的领域之一。自 20 世纪 80 年代以来，情绪调节已经成为发展与教育心理学中一个相对独立的研究课题。目前情绪调节概念已在心理学的相关文献中得到广泛应用，并与生理心理学、认知心理学、人格心理学、发展心理学、社会心理学等诸多学科建立了密切的联系，涉及儿童、成人、临床、健康、教育等领域，成为情绪研究中的前沿与热点问题。

（一）Gross 情绪调节同感过程模型

Gross（1998）提出了情绪调节的同感过程模型（consensual process model of emotion regulation），认为情绪反映着个体反应与环境的相互关系，个体对评价重要的刺激产生情绪。按照情绪调节过程模式，情绪调节发生于情绪线索的主观评价过程（包括情绪产生、情绪反应倾向的展现过程）中的任何节点上。换言之，调节可以发生在情绪来源过程中的评价过程和情绪反应过程中的体验、表情行为及生理反应的反应倾向过程中。这些反应倾向可能得到调整，也由此决定了情绪反应的最终形式。在情绪调节过程中，基本情绪调节类型主要为原因调节（直接调整已经激活的情绪倾向展现过程，情绪调节主要策略有情境选择、情境修正、注意调配及认知改变）和反应调节（对已经激活的情绪进行增强或减弱，如反应调整）。

（二）情绪调节的功能

1. 情绪调节与适应功能

Saarni 等（1998）和 Brenner 等（1997）认为，良好的情绪调节有助于促进个体的健康、保持情绪平衡的感觉、维持自我效能感及与他人交流的感觉，也有助于恰当地评价环境（包括社会环境），以及使用建设性的问题解决策略（王莉 2001）。许多临床理论都强调对冲动情绪的宣泄与调节，将情绪过分压抑视为许多心理障碍的主要原因。Dodge 和 Garber（1991）及 Keenan（2000）研究发现，失败的情绪调节使个体变得虚弱无助，是引起儿童心理病理学的最危险的因素之一，不利于他们社会行为的发展。Eisenberg 等（1997）及 Saarni 等（1998）都认为情绪调节水平低是外显性与内隐性问题行为儿童的最主要的特征之一。Richard 和 Dodgec（1982）研究表明，小学二至五年级社会性退缩的儿童和攻击性强的儿童在压力情境中很少使用积极性的情绪调节策略，他们之间没有统计上的差异，也不存在年龄上的差异。Caspi 等（1989）研究发现，缺乏控制的儿童情绪表达和情绪控制的能力差，这些因素很好地预测了父母和老师对 9 岁、11 岁及 13 岁儿童的注意力不良、多动和反社会行为的评价。我国青少年情绪调节的研究也得出类似结论，乔建中等（1999）和于萍等（1999）研究认为，青少年情绪调控能力发展水平较低，他们不清楚调节与控制情绪的方法，缺乏情绪调适的有效方式。

2. 情绪调节与认知促进功能

情绪调节是情绪与认知系统的中介，可以使人们保持任务定向行为，并对信息加工各成分之间的关系和策略采取的方式等产生系统影响。我们认为不仅仅是情绪调节对情绪唤醒水平很重要，而且情绪调节与情绪的效用也有着一定的关系。如情绪调节可以影响认知操作的效果，依据耶克斯—多德森定律，中等水平的情绪唤醒才能有效发挥情绪对智力操作过程的调节功能。有研究者认为良好的心态可以提高坚持性，使人更有耐力，对自己更有信心（Salove, Birnbaum 1989）。Siner 和 Salovey 等研究发现，与心境状态一致的信息由于享有共同的情感状态，从而更容易被接受和学习（Bower 1981）。但也有研究表明，心情抑郁对不愉快的材料不一定有更好的回忆，这或许也可以归因于人们对不良情绪调节的结果。Gumora 和 Aresnio（2002）则对情绪调节与学业成绩之间的关系做出了有益的尝试，结果表明学生情绪调节对其学业成绩具有极其显著的影响，而且对其他认知过程具有重要作用。塞里格曼（Seligman）也认为情绪失调会引起将来学习上的欠缺。周林和査子秀（1997），以及王伶伶（1998）研究发现，儿童情绪稳定程度直接影响着他们学习能力的发挥。因此，将情绪及其调节引入思维过程可以产生更有灵活性的计划，更有创造性的思维，促进任务定向行为和认知活动，提高作业成绩，使人们认知功能达到最佳状态。

（三）儿童情绪调节的影响因素研究

1. 情绪调节与气质因素

儿童情绪调节早期发展与气质特征有着密切的关系，消极情绪出现的频率和强度通常被视为气质测量的一个重要依据。Eisenberg 和 Fabes（1992）认为，可以通过对情绪强度参数和调节过程中稳定的个体差异两个重要气质维度的评估来预测儿童早期所采用的情绪调节策略，如注意转换与集中，以及对行为的主动发起或抑制。Davies 和 Cummings（1995）研究发现，被引发积极情绪的儿童在体验到愤怒时，他们的悲伤情绪更少，且有着更加积极的认知。王莉和陈会昌（1998）的研究表明，行为抑制型儿童在陌生情境中较多地寻求成人的安慰，而非抑制型儿童较多地使用积极活动与分心策略。此外，情绪强度和调节程度也是导致儿童情绪调节个体差异的重要因素。中等调节水平和中等情绪强度可能是儿童最佳的情绪调节，他们具有情绪表达能力、计划能力、以问题为中心的应付能力及灵活地运用各种情绪调节策略的能力。

2. 情绪调节与亲子关系

亲子关系对儿童情绪调节能力的发展具有极其重要的作用。Fabes 等（1994）认为，如果父母能够以适应儿童情绪社会化实践的方式对儿童的情绪发展作出反应，将对他们情绪调节及其策略的发展产生积极的影响。国外众多研究发现，如果儿童在较多地谈论情感话题的家庭中成长，不仅有利于他们更好地理解他人的情绪、感受，以及发展社会交往技能，还可能导致学前或学龄儿童表现出良好的道德情绪（刘国雄等 2003）。Walden（1988）、Halberstadt（1991）与 Denham（1997）研究表明，父母或抚养者对儿童情绪行为的反应及父母之间或抚养者之间的情绪相互作用（如父母之间的冲突），对儿童情绪调节能力及其同伴交往能力的发展有重要影响。随着儿童年龄的增长，他们对父母支持的依赖性逐渐减少，但父母在学龄早期儿童的情绪发展中持续扮演着重要的角色。多数小学儿童在研究者呈现的假想父母关注其情绪反应的故事中，仍然表现出真正的情绪表达（如生气、焦虑、难过和痛苦），尤其是年幼一些的学龄儿童把母亲看做愤怒表达的最佳对象，在自身缺乏调节技能时表达出愿意接受帮助的情绪（Saarni　1988；Zeman，Shipman　1996）。

3. 情绪调节与同伴关系

同伴关系是双方具有平等的社会地位和行为权力的对称性互动过程，要求儿童有一定水平的社会主动和自我调节能力（Eisenberg，Fabes　1992）。同伴关系对儿童情绪及其调节能力的发展具有广泛而深远的影响。首先，同伴之间所形成的团体或友谊关系，可以从一定程度上抑制或加强其情绪体验及其表达方式，使儿童的情绪及情绪调节能力发展显示出一定的独特性或年龄特征。同伴群体在很多情况下倾向于抑制情绪表达，同伴通常拒绝不服从情绪表达规则的儿童，如经常爆发愤怒、对其他儿童的失败洋洋得意会招致同伴的排斥（Volling et al. 1993），对他人成功的嫉妒也与同伴拒绝有关；其次，同伴之间具有诸多相似性，更有可能理解对方的情绪发展，彼此扮演着协商者的角色。儿童逐渐学会通过适当的策略来调节自己的情绪，从而形成较为成熟的情绪调节能力（Eisenberg et al. 1997；Murphy，Eisenberg 1996；Eisenberg et al. 1995）。Von Salisch（2001）对小学生情绪调节策略研究结果表明，年长儿童比年幼儿童更多采用“沉默处理”，更多地转移注意力，远离让他们生气的同伴；在向同伴寻求社会支持上则不存在年龄差异。Underwood 等（1999）研究发现，当受到不认识的同伴挑衅时，6 年级儿童比 2 年级儿童更容易做出沉默反应，显示中性的面部表情及耸肩。Murphy 和 Eisenberg（1996）研究表明，当同伴引起他们愤怒时，越来越多的年长儿童表示他们将避免直接对峙，并且越来越懂得转移注意力将会减轻痛苦体验。

4. 情绪调节与特定情境

情绪调节发生于特定社交情境中，其操作与情境要求与个体对这些要求的认知评价有关。这些情境既包括直接引发情绪的刺激物的特性，也包含如家庭、学校这样的环境背景特性，还包括情绪产生过程中人与人之间的社交关系的类型特性。狄恩纳（Diener）研究发现，相对于恐惧情境，儿童在挫折情境中所采用的情绪调节策略更多。Lempers 和 Clark（1992）研究表明，11～17 岁儿童，朋友之间较少发生冲突，似乎朋友之间情绪调节良好。但 Gottnan 和 Parket（1986）对此提出质疑，认为在儿童期和青少年早期，个体需要具有相当技巧才能处理消极情绪，维持友谊。此外，由于社会文化及亚文化的影响不同，可以接受的儿童情绪表达的有关方式及其发展轨迹也存在性别上的差异。Saarni（1988）研究发现，男孩更多的选择愤怒反应，他们在表达愤怒的方式的选择上较少受到限制，而且他们更多地考虑如何使自己心里更舒服。Denhanm et al. 1997）研究也证实，女孩调节消极情绪的能力更明显地受到父母社会化的影响；而且不同文化背景对儿童情绪表达规则有着影响（Joshi，MacLean 1994）。

（四）情绪调节发展趋势研究

儿童情绪调节发展主要与其认知能力、社会认知及社交技能的发展有着密切的关系（Campos et al.　1989；Gunnar et al.　1989）。随着年龄的增长，儿童表征能力、信息加工能力及社会认知能力都得到迅速地提高，儿童情绪调节也逐渐实现由依赖性到独立性的过渡，调节策略更加丰富、手段也更加灵活多样，从而使他们的情绪调节能力不断地得以提高，日臻成熟。

1. 情绪调节与认知能力

从某种意义上而言，个体认知能力的发展、认知解释及其期望决定了对事件的情绪反应。Lazarus 和 Optonc（1966）认为，不同个体对同样的情绪唤醒会出现不同的解释，而人们对事件意义的认知也会影响到情绪反应的产生。Harter 和 Buddin（1987）研究表明，由于儿童表征能力和信息加工能力的提高，促进了情绪的理解和适应性的应付能力，使儿童的情绪调节能力得到了发展。Pulkkinen（1986）认为，儿童可以通过认知评价和认知应对策略来调节攻击的情绪方面，并且控制情绪的认知能力是随着年龄的增长而提高的。沃特疏勒与茹布勒研究发现，学龄前儿童更多地把社会支持和寻求成年人帮助作为情绪调节的解决办法，而年长儿童则更多地寻求直接的问题解决和认知策略（陆芳 2004）。李晓文（2002）对不同适应水平小学生情绪体验评价比较，认为适应不良儿童对负性意义敏感，但有意识的负性意义情绪表达淡漠。罗峥等（2002）研究表明，小学高年级区分不同情绪表达的支配性及诱发接受者的情绪上存在着差别；低年级学生对接受者的后继行为的理解存在着差异。

2. 情绪调节与社会认知能力

从社会性发展的关系来看，情绪调节是一个社会性过程，它不仅仅是个体内部的加工，而且更是在社会关系和社会互动的情境中出现的。Thomposon（1994）研究发现，儿童情绪调节能力与他们对刺激源的社会认知，以及对自己和他人情绪反应的理解或推测能力有关。诸多研究表明，随着社会认知能力的发展，儿童对情绪的控制和调节能力逐渐增强，他们学会了减少愤怒的表达，以便和同伴的冲突观点进行协商或是重新形成新的看法。（Gottman，Parker　1986；Cumming　1987；Fabes et al.　1994；Murphy，Eisenberg　1996；Underwood et al.　1999；Parkinson et al.　1999）

与年幼儿童相比较，年长儿童更趋向于运用有利于达到目标而不破坏人际关系的方式，致力于通过一种指向他人的建设性方式来应付人与人之间的情绪冲突。Saami（1997）对学龄儿童社会认知的研究中，当主人公受到同伴伤害时，远离被认为是最好的策略；主人公受到同伴羞辱时，问题解决被认为是最好的办法。Altshuler 和 Rublec（1989）、Strayer（1989）与 Vinden（1999）认为，年幼儿童不能有效地调节自己情绪很大程度上与他们社会认知能力的发展水平有关，5 岁以下儿童难以理解他人的消极情绪体验，以致难以确定其情绪调节方式和范围（乔建中 2003）。很多心理学家认为，儿童亲社会行为的形成以某种程度的认识能力的发展和他人情绪的共鸣反应（移情）的发展为前提。Feshbach 和 Roe（1968），Eisenberg 等(1997) 研究显示，对悲伤情感的移情水平同亲社会行为之间有密切关系。Eisenberg 等（1995；1997）研究发现，那些灵活使用调节策略、有效调节情绪的儿童，他们的社会行为发展得比较好。

（五）情绪调节研究方法

鉴于各自所依据的理论观点及研究侧重点的不同，情绪心理学家往往只是对儿童情绪调节能力中的某一个或几个成分进行探讨，因而他们所采用的研究方法也有所不同。目前情绪调节研究的主要方法有：①生理测量法，一些心理学家结合儿童的某些生理变化指标，如计算心跳变化、皮肤电阻；②实验法，设计诱发情绪的实验特定情境，如延迟满足、父母分离，或是引发失望的情境，以观察儿童具体的情绪调节状况；③自然观察法，在自然情境中观察儿童情绪调节行为；④自我报告法，让儿童报告他们如何评价自己的情绪；⑤评定法，编制一些调查问卷，由父母、老师或儿童自身根据实际的体验和经验来评价情绪调节能力。

目前，评定法是情绪调节测查的较为常用的方法之一，国外相关的测量工具主要有：①情绪调节量表（ERC）（Shields et al. 1997）；②情绪调节 Q 分类量表（Ann et al. 1997）；③情绪调节困难量表（difficulties in emotion regulation scale，DERS）（Kim et al. 2004）；④情绪调节问卷（ERQ）（James et al. 2003）；⑤情绪调节测查量表（Shields，Ciahetti 1997）。但这些大多量表是由心理治疗医生或由父母、教师进行评定的，国内尚未发现相应的修订版本。

相对而言，我国关于情绪调节方面专门量表较为少见，与之相关的量表主要有：①初中生情绪调节量表（胡克祖等 2003）；②中学生情绪调节量表（沃建中 2003）；③中学生情绪性素质调查量表（乔建中 1999）；④情绪调节方式问卷（黄敏儿 2001）；⑤小学生不良情绪量表（沃建中 2003）。由此可见，目前国内尚缺乏适应于正常小学生情绪调节的信度与效度良好的测量工具。

（六）情绪调节能力培养的相关研究

情绪调节是近 20 年来情绪研究领域新兴的一个研究课题，国外研究也主要集中在对情绪调节的发展研究与相关研究上，而对于情绪调节能力干预研究也较少，大多研究也囿于精神病院或者医院病患者的临床技巧训练与心理治疗上，诸如对抑郁、愤怒、悲伤、孤独、恐惧、嫉妒、自卑、焦虑及敌对等情绪障碍的干预上。有关研究（Axline 1969；Gardner 1993；Sandler et al. 1980）认为，在对话中进行情绪体验及参与儿童活动可以帮助他们调节情绪，促进情绪健康和适应性提高。斯拉德（Slade 1994）认为，对大多数儿童而言，治疗包括儿童与治疗者的共同建构，解除儿童的冲突与慢性体验。拉扎鲁斯和福克曼等对情绪聚焦与应付策略感兴趣。此外，艾里斯的理情教育疗法（RET）也具有较大的影响（王国猛　2004）。

与之相比，我国情绪调节的有关研究刚刚起步，研究不多且比较零散。已有研究也主要限于情绪调节的发展研究及相关研究上（黄煜峰　1986；乔建中等　1999；沃建中，刘慧娟　2003；王莉　2001；黄敏儿等　2001；陈燕玲　2002；陆芳　2004；贾海艳等　2004），而有关情绪调节能力的干预性研究寥寥无几。目前除了沈德立等对非智力因素及其培养研究有所涉及外，胡克祖等（2003）通过认知训练的方式对初中生情绪调节能力进行实验干预，结果发现，在教育情境中通过认知能力培养可以提高初中生的情绪调节能力；王国猛（2004）实验研究表明，通过研究性学习方式开展的初中生情绪自我教育来培养初中生的情绪调节能力是可行的和有效的。此外，台湾黄月霞（1989）情绪教育实验在很大程度上与情绪调节能力培养有着密切的关系。该实验以催化取向或经验取向的大团体取向的实施方式，运用感觉与情绪教育经验课程对小学 4 年级儿童的态度与学业成绩影响进行实验研究。结果发现，情绪教育改善了儿童对自我、他人及学校的态度，同时也提升了语文学业成绩。

三、现有研究存在的不足之处

1. 基础理论研究相对薄弱

相对国外研究来说，我国关于情绪调节的研究相对薄弱、滞后，仍然处于对国外相关研究的译介阶段。现有研究大多局限于对其重要性或局部问题的经验描述上，基础理论研究相对薄弱，诸如情绪调节中一些定义、结构上的长期纠缠不清的问题尚有待澄清，这在一定程度上制约了我国情绪调节研究的进一步深入。

2. 研究领域较为狭窄

首先，从研究对象上看，情绪调节领域大多以研究婴幼儿为主，探讨生命早期情绪及情绪调节发生、发展的特点和规律。但在毕生发展观的影响下，情绪调节的对象逐渐显示出向学龄人群扩展的趋势，如开展了一些对大、中学生的情绪及情绪调节相关的研究，但对于情绪调节发展关键期的学龄儿童的研究并不多见，难以准确地揭示小学生情绪调节发展的年龄特征、心理机制及其调节策略等。

其次，情绪调节研究内容大多集中于一些单一的研究领域，如主要集中在对情绪觉知、理解及情绪调节策略的探讨上，或者仅仅集中于焦虑、抑郁、攻击、任性、自卑、敌对等情绪障碍的应对上，很少从整体上对情绪调节发展进行系统探讨，这也在一定程度上窄化了情绪调节研究的内容。

最后，情绪调节能力干预研究较少，与学科教学联系不紧密。现有研究大多侧重于情绪和情绪调节的功能，即主要集中于从教学技巧与策略角度对情绪及情绪调节与认知过程及行为特征之间相互关系的研究上。仅有的干预性研究也大多是临床方面对问题儿童实施的“医疗模式”，依然囿于“重补救、轻发展”及“重调适、轻潜能开发”等研究范式，而对于如何提高儿童情绪调节能力的干预性研究则少有探讨，特别是对于大多数正常儿童情绪能力的培养问题尚未引起充分的重视。

3. 研究方法较为单一

有关情绪调节研究大多是采用实验法、生理测量或自然观察等对其情绪调节能力的状况和发展特点进行研究。但在深入了解个体情绪调节活动的过程中，各种方法也显示一些局限性，单一的研究方法难以对儿童情绪调节做出充分的了解。情绪心理学家也倾向于认为情绪调节研究需要多种研究方法的综合运用，特别是对于小学生尤为必要。但从现有文献看，大多研究都是采用日常观察、经验总结或与具体情绪相关的量表作为情绪调节测评的参照指标而进行的，目前尚缺乏信度与效度良好的适应于我国小学生的情绪调节测量工具。

四、本研究的价值

1. 学生心理健康发展的客观需要

随着我国社会变革纵深开展，社会竞争日益加剧及学校教育某些功能的缺失，许多学生出现了不同类型、不同程度的心理与行为问题，如厌学、焦虑、抑郁、攻击、任性、自卑等。诸多研究发现，小学生心理健康问题也日益突出，许多心理问题都呈现出低龄化的发展趋势，不少心理障碍现象在少年儿童中已经出现，但小学生心理健康问题却仍未受到充分的重视（张大均，赵丽霞　2001）。唐慧琴等（1993）研究认为，我国小学生各类行为问题占总检出率的12.93%±2.19%，而情绪及情绪调节不良是小学生心理与行为问题中的一个重要特征。边玉芳和郑艳球（1997）调查表明，存在明显心理健康问题的学生约占9.5%，其中学业焦虑是影响小学生的主要问题。陈永胜（1994）认为，小学生的心理卫生问题主要表现在学习、行为、情绪等方面，情绪方面的问题为10%～20%。情绪困扰及心理问题的检出率也越来越高（卢家楣　2002），情绪失调或情绪调节困难已经成为导致儿童心理疾患的重要原因之一。由此，小学生情绪调节能力培养对促进他们心理健康发展有着极其重要的意义，而且良好的情绪调节本身即是衡量心理健康的主要指标之一。

2. 学生心理素质发展的需要

心理素质是指个体以生理条件为基础的，将外在获得的东西内化成稳定的、基本的、衍生的，并与人的社会适应行为和创造行为密切联系的心理品质（王滔 2002）。而情绪调节是个体心理素质结构中个性特征的重要组成部分之一，主要指个体对自己情绪的控制程度和调节的灵活性能力。随着年龄的增长，小学生认知、自我意识及自我控制能力发展，个体开始自觉选择目标，自觉主动地调节、管理自己的心理与行为，情绪外显性及冲动性逐渐减少，情绪调节能力也随之进一步增强。Cole 和 Kaslow（1988）研究表明，情绪调节模式在童年中期开始发展且变得更加稳定。陈永胜（1994）研究认为，学龄儿童在有组织的学习生活和集体活动锻炼下，控制和调节自己情感的能力有了显著发展，小学中、高年级学生逐渐学会控制和抑制自己的冲动，情绪的冲动性不断减少。杨小超、马宏燕等研究发现，小学三、四年级儿童不良情绪水平明显降低，呈现下降的趋势，从而也说明小学生调节自己情绪能力的增强（沃建中等　2002）。可见，小学中高年级是情绪调节能力发展的关键时期，对儿童情绪调节能力的研究有助于了解他们情绪调节能力的形成、发展机制及其过程，是小学生心理素质健全发展的需要。

3. 拓展心理素质教育途径，丰富教学心理学理论

当前学校心理素质教育实施途径中的专题训练和咨询辅导在各级各类学校已有相当的发展，而在学科教学中渗透心理素质教育则相对薄弱和滞后。这在很大程度上与对教师素质要求较高有关，但也和学科教学中渗透心理素质教育研究相对薄弱分不开，后者无疑成为制约该领域研究持续深入发展的主要“瓶颈”。心理素质教育与学科教学之间的长期分离状态，使得心理素质教育未能真正有效地纳入学校教育的主航道。所谓学科渗透是指依据心理素质教育的根本目标，在学科教学中，从学科特点出发，抓住学科教学与学生心理素质发展的结合点，有目的、有计划地运用心理素质教育的方法策略，渗透心理素质教育内容，增进学生的心理健康，为培养学生健全的心理素质教育服务（曾天德等　2007）。学科渗透是学科教学功能的拓展，也是心理素质教育研究的合逻辑性的深入。而且各科教学本身直接或间接地蕴含着许多可资利用的心理健康教育资源，符合教育经济学原则。因此，从学科教学角度而言，本研究既拓宽了学科教学的功能，促进了学科教学目标的实现，又拓展了教学心理学的研究范畴；而从心理素质教育的角度看，在小学语文教学中培养学生情绪调节能力可以为教师学科教学中渗透心理素质教育提供借鉴，促进心理素质教育在学校教育主渠道中的科学有效的实施。

五、研究设计

1. 研究目的

本研究拟用教育实验法的同时以学科渗透为手段，以小学四年级语文教学为载体，探讨小学语文教学中培养学生情绪调节能力的有效途径、策略及其效果。

2. 研究思路

本研究的基本思路，见如图 8-1。

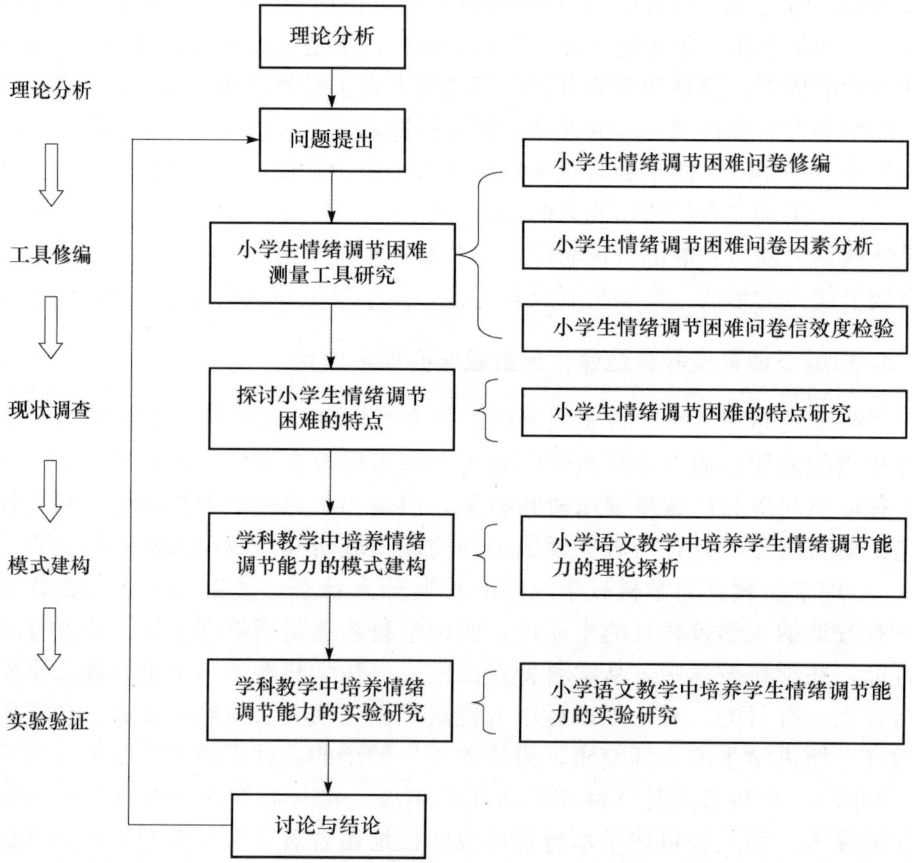

图 8-1　小学语文教学中培养学生情绪调节能力研究的流程图

3. 研究假设

假设 1：情绪调节困难是由多种成分组成的，可以通过综合考察小学生可观察的典型外在表现进行研究；

假设 2：小学四、五年级是情绪调节能力发展的关键时期，提高小学生情绪调节能力可以有效促进其心理素质的健全发展；

假设 3：情绪调节能力可以通过教育训练来提高，小学语文教学中有针对性地进行渗透式教育干预是促进学生情绪调节能力提高的有效途径；

假设 4：情绪调节能力的提高可以有效改善学生学业情感，促进认知操作效果，进而促进学生学业成绩的提高。

4. 研究对象

重庆市重点小学和普通小学各一所，包括小学四年级至小学六年级学生。

5. 研究方法

本研究主要采用文献综述、问卷调查、学业成绩测验及教育实验相结合的方法。文献研究旨在通过相关文献的分析与综合，总结以往研究成果，拟定本研究的研究思路及实证研究的逻辑起点；问卷调查主要是指对学生情绪调节能力及其心理素质发展水平的测量；学业成绩测验是对于所学相关语文知识技能进行测量；教育实验主要是以语文学科教学为载体、充分挖掘其中蕴含的相应教育资源，考察在小学语文教学中培养学生情绪调节能力的可行性和有效性。

6. 统计工具

本研究数据采用 SPSS 12.0 for Windows 2000 进行统计处理。

第二节　小学生情绪调节困难的发展特点

为考察小学生情绪调节困难在性别、年级、学校性质、家庭来源等社会人口统计学上的差异，进而探讨小学生情绪调节能力发展中所存在的问题及其特点，为进一步的实验研究提供必要的依据。我们首先对小学生情绪调节困难问卷进行了修编。

一、小学生情绪调节困难问卷的修编

（一）小学生情绪调节困难预试问卷的编译

本研究采用格兰茨与瑞莫尔（Kim L. Gratz & Lizabeth Roemer）编制的 DERS 为蓝本，并依据理论构想从杨建锋等（2003）修订的中学生巴昂情绪智力量表（青少版）中抽取移情能力分量表的相关项目。

在本问卷编译过程中，笔者主要采用了双向互译的方法。首先请5位发展与教育心理学专业的硕士生分别翻译原问卷的项目，对比以上5份问卷翻译的状况，形成翻译稿；然后请两位英语专业人士回译翻译稿的项目，将翻译稿转译为英文且与原文进行对比，并加以修改，从而使翻译尽量忠实于原文；最后再经两位发展与教育心理学博士讨论、分析题目的适切性，综合考虑以上建议，形成问卷初稿。

问卷初稿形成之后，请重庆市北碚区朝阳小学、梨园小学及具有丰富小学教学经验的研究生共12位小学教师对问卷初稿进行修改，由笔者指出每一个项目及其所属的维度，并对各维度的含义进行详细解释。询问每位教师对于项目的理解，并讨论该项目是否反映了该维度的内容，以及小学生对于项目表述的可能的理解程度。对于理解有异议的项目划上标记，根据自己的理解做出相应的修改。再由笔者综合考虑诸位教师的意见对问卷进行修改，从而形成预稿。最后，我们利用课余时间对学生被试进行测试。被试来自于重庆市某重点小学和普通小学各一所，包括小学四年级至小学六年级，每个年级抽取6名同学，成绩兼顾高、中、低水平，男女比例大致相当，共计36人。要求他们在充裕的时间内阅读预稿的各个项目，将问卷中不理解的词句划上标记，并由笔者在事后对疑惑较多的地方对个别学生进行访谈，以做出相应的修改，形成预试问卷。

（二）小学生情绪调节困难正式问卷的形成

采用自编的小学生情绪调节困难的预试问卷，选取重庆市3所小学的部分小学生作为测量对象（被试共551人，其中四年级192人，五年级263人，六年级96人），对小学生情绪调节困难理论构想进行验证，并在此基础上修编出适应于我国小学生情绪调节困难的正式问卷（见附录五）。自编的预试问卷共由7个维度构成：①情绪悦纳困难/情绪拒斥（non-acceptance of emotional responses/nonacceptance）；②目标定向困难/目标（difficulties engaging in goal-directed behavior/goals）；③冲动行为控制困难/行为冲动（impulse control difficulties/impulse）；④情绪觉知困难/情绪觉知（lack of emotional awareness/awareness）；⑤情绪调节策略应对困难/策略应对（limited access to emotion regulation strategies/strategies）；⑥情绪理解困难/情绪理解（lack of emotional clarity/clarity）；⑦移情困难/移情（lack of empathy/empathy）。问卷由49个项目（其中5个测谎题）构成。采用5点计分，备选答案由“很不符合我”到“很符合我”分为五等，以单选迫选形式进行调查。得分越高者，表明情绪调节困难越严重，情绪调节能力发展水平也越低。数据分析结果如下。

1. 项目分析

1）鉴别力

运用独立样本 t 检验高分组（占总人数的前27%）和低分组（占总人数的后27%）在每个项目上的差异。经分析表明，预试问卷中所有项目 t 值均达显著，这说明预试问卷的各个项目的鉴别力较好。

2）标准差

一般而言，问卷标准差小于0.5的因素应予以剔除。本问卷中各项因素的标准差均介于0.774～0.911，说明问卷各项目的鉴别力非常好。

2. 因素分析

对问卷进行主成分因素分析和正交旋转分析，共剔除22个项目，保留22个有效项目，6个因子可以解释总变异量的56.154%（表8-1、表8-2）。

表8-1　小学生情绪调节困难因素负荷矩阵

项目	因素1	因素2	因素3	因素4	因素5	因素6	共同度
A_{30}	0.770						0.606
A_{27}	0.756						0.581
A_{19}	0.752						0.590
A_{40}	0.627						0.428
A_{21}		0.764					0.711
A_{44}		0.730					0.668
A_{29}		0.596					0.681
A_{5}		0.513					0.499
A_{41}		0.470					0.613
A_{11}			0.795				0.611
A_{2}			0.747				0.615
A_{28}			0.724				0.562
A_{46}			0.591				0.507
A_{9}				0.827			0.673
A_{12}				0.807			0.533
A_{3}				0.743			0.596
A_{49}					0.797		0.591
A_{48}					0.691		0.369
A_{34}					0.647		0.655
A_{6}						0.750	0.428
A_{13}						0.676	0.273
A_{7}						0.614	0.563

表 8-2 小学生情绪调节困难问卷各因素的旋转因素特征值和贡献率

因素	特征值	贡献率/%	累积贡献率/%
1	2.402	10.918	10.918
2	2.322	10.556	21.473
3	2.266	10.301	31.774
4	1.964	8.929	40.704
5	1.741	7.912	48.616
6	1.658	7.538	56.154

从表 8-1、表 8-2 可以看出，因素 1 来自体验到负性情绪时个体无法集中精力及有效地完成任务方面的内容，故命名为目标定向困难；因素 2 来自当个体体验到负性情绪时无法有效维系对自身冲动行为控制的能力方面的内容，故命名为行为冲动控制困难；因素 3 来自个体无法有效及时准确地觉察、理解他人情绪的能力方面的内容，故命名为移情困难；因素 4 来自无法注意或缺乏对情绪反应的觉察、意识方面的内容，故命名为情绪觉知困难；因素 5 来自当遇到情绪困扰时个体无法采取有效策略以对所体验到的负性情绪做出相应调整的方面的内容，故命名为情绪调节策略应对困难；因素 6 来自个体无法准确地认识、理解所体验到的情绪的方面的内容，即无法准确地对所体验到的情绪进行命名，故命名为情绪理解困难。

3. 信度检验

本研究采用内部一致性系数和分半信度作为检验小学生情绪调节困难问卷及其各因素的信度指标。

小学生情绪调节困难问卷在各个因素上的内部一致性系数均介于 0.518～0.773，总问卷的内部一致性系数为 0.795；各分问卷的分半信度均介于 0.524～0.804，总问卷分半信度为 0.731，说明本问卷具有较好的信度。

4. 效度检验

本研究采用问卷各因素之间及各因素与问卷总分之间的相关作为估计问卷结构效度的指标。分析结果表明，除目标定向困难与情绪觉知困难之间相关不显著之外，其余各个因素之间均为中等偏低相关，各因素与问卷总分之间的相关介于 0.277～0.701，存在较高相关。这表明该问卷的结构符合心理测量学的要求，具有较好的结构效度。

（三）对《小学生情绪调节困难问卷》修编的探讨

本研究通过问卷编译与调查，综合考虑专家、教师及学生的意见，对 Gratz 和 Roemer（2004）编制的 DERS 进行修编，形成小学生情绪调节困难的预试问卷。然后通过对小学生进行大规模的问卷调查，运用因素分析的方法对预试问卷进行分析检验，对项目进行筛选和剔除，最终形成正式问卷。整个过程遵循测量学原则，从根本上保证了问卷修编程序的科学性。结果表明，修编的《小学生情绪调节困难问卷》具有良好的信度、效度指标，可以作为考察小学生情绪调节困难状况的测量工具。但是该问卷仍然存在一定的不足之处，如问卷的被试仅仅限于重庆市三所小学，样本代表性略显不足，而且问卷的内部一致性系数与分半信度稍显偏低，这些都有待在今后的研究中进一步改进和完善。

此外，我们需要说明的是，原问卷（DERS）中“情绪悦纳困难”是指个体对自己负性情绪的次级负性情绪反应，或不接纳自己的负性情绪反应。但修编后问卷项目分析和因素分析结果表明，反映个体“情绪悦纳困难”的 6 个项目因鉴别力或因素分析结果的贡献率过低而被剔除。这可能是因为“情绪悦纳困难”因子主要与个体对自己负性情绪的次级负性情绪反应（negative secondary emotional responses）有关，实质上是考察个体对所感知或体验到的情绪进行自我评价的能力。换言之，情绪调节能力发展成熟的个体能够正确地评价、尊重和接受自己的情绪情感及所取得的成绩，并从中体验到快乐的能力（张进辅等 2004）。就小学生特别是高年级学生而言，他们情绪自我评价能力逐步提高，评价标准也逐渐实现由依附家长、老师的他人标准向自我标准的转化。但这种发展水平是相对于学前儿童而言的。一般而言，小学儿童的情绪调节能力的整体发展水平较低，他们情绪极易变化，甚至反复无常，容易随外界情境或刺激的变化而迅速转换。他们对客观刺激与自身需要满足与否的感觉和体验是率真地、自然地，一般都能接纳自己感受的自然存在，很少压抑、否认或拒斥自己对负性情绪事件的真实的情绪体验，如小学生时常因别人侵犯而怒发冲冠、因成绩不好而泪流满面、或因受到老师批评而郁郁寡欢等。

二、小学生情绪调节困难的特点分析

采用修编的小学生情绪调节困难问卷来考察小学生情绪调节困难的发展特点（被试同上）。数据分析结果如下。

（一）小学生情绪调节困难的总体水平

经过统计分析，551 名小学生情绪调节困难的总体水平见表 8-3。

表 8-3　551 名小学生情绪调节困难的平均分和标准差

变量	目标定向困难	冲动行为控制困难	移情困难	情绪觉知困难	策略应对困难	情绪理解困难	总体均分
M	2.792	2.874	2.452	2.353	2.460	2.693	2.630
SD	1.191	0.955	0.922	1.018	1.066	1.091	0.614

从总体上看，小学生情绪调节困难总体均分 2.630，接近中分点（3 分），这基本反映了我国小学生情绪调节困难的总体状况与水平，也说明我国小学生情绪困难程度总体上接近于中等水平，情绪调节能力整体发展水平不高。小学生情绪调节困难各个因子的发展并不平衡，总体特点是情绪调节能力发展的认知方面要好于外显行为方面，目标定向困难和冲动行为控制困难两因子的得分较高，这与小学生情绪调节困难现状较为吻合。

（二）小学生情绪调节困难的多因素方差分析

以年级、性别、学校性质和家庭来源为自变量，以情绪调节困难各因素为因变量，进行 3×2×2×2 多因素方差分析。从表 8-4 可知，小学生情绪调节困难各因素中，行为冲动控制困难维度上，存在学校性质、性别主效应，存在年级×性别及年级×家庭来源显著的交互作用。在移情困难维度上存在年级、家庭来源主效应，以及显著的年级×性别交互作用。在策略应对困难维度上，存在显著的年级×性别交互作用。

表 8-4 年级、性别、学校性质和家庭来源在情绪调节困难上的方差分析（F）

变量	学校性质	年级	性别	家庭来源	年级×性别	学校×年级	学校×家庭	年级×家庭	性别×家庭	学校×性别
MB	0.492	0.127	0.695	1.802	1.289	1.400	0.149	0.452	2.086	0.056
XW	6.745**	2.397	4.447*	0.227	4.746**	3.764	1.073	4.773**	6.074	1.799
YQ	0.020	6.613***	3.553	5.345*	3.997*	0.021	0.579	1.47	0.005	0.259
JZ	0.109	0.053	0.236	2.968	1.727	1.674	0.253	0.424	0.131	0.068
CL	1.807	0.246	0.376	0.806	3.772*	0.001	0.615	1.056	0.268	0.104
LJ	1.821	0.429	0.093	3.113	0.697	0.211	0.882	0.428	0.904	0.018
ZJ	4.015*	0.465	0.151	5.610*	6.935***	1.007	0.013	1.461	3.518	0.072

注：MB 指目标定向困难；XW 指行为冲动控制困难；YQ 指移情困难；JZ 指情绪觉知困难；CL 指策略应对困难；LJ 指情绪理解困难；ZJ 指总体均分

经方差分析发现，小学生情绪调节困难总体上存在极其显著的性别与年级交互作用。当方差分析发现交互作用显著时，需要对交互作用进行简单效应检验及事后比较。本研究中以条件筛选的方法进行简单效应分析，结果见表 8-5。

表 8-5 小学生情绪调节困难在年级与性别的简单效应分析

变异来源		SS	df	MS	F	事后比较
A 因子（学生性别）	在 b_1（四年级）	2.378	1	2.378	6.859**	男＞女
	在 b_2（五年级）	2.790	1	2.790	7.922**	男＞女
	在 b_3（六年级）	0.359	1	0.359	0.784	
B 因子（年级）	在 a_1（男生）	10.391	2	5.195	15.194***	四＞六；五＞六
	在 a_2（女生）	1.410	2	0.705	1.938	

（三）小学生情绪调节困难的性别差异

由简单效应分析结果来看，性别因素在四年级（$F=6.859$，$p<0.01$）、五年级（$F=7.922$，$p<0.01$）两个水平上 F 值达显著水平，在四年级与五年级小学生群体中，男生的情绪调节困难程度显著地高于女生；年级因素在男生水平上的 F 值极其显著（$F=15.194$，$p<0.001$），小学四年级男生的情绪调节困难的程度极其显著地高于六年级男生；而小学五年级男生的情绪调节困难的程度也极其显著地高于六年级男生。

从表 8-6 可以看出，就整体水平而言，情绪调节困难显示出显著的性别差异，男生情绪调节的困难程度明显高于女生。在各因素上，小学男生得分均高于女生，在移情困难因素上存在极其显著的性别差异，而在策略应对困难因素上存在显著差异。

表 8-6　小学生情绪调节困难的性别差异分析（$M \pm SD$）

变量	男（$n=279$）	女（$n=272$）	t
目标定向困难	2.844 1±1.155 9	2.739 0±1.225 6	1.036
行为冲动困难	2.917 6±0.963 6	2.829 4±0.946 6	1.083
移情困难	2.608 4±0.968 1	2.292 3±0.845 3	4.079***
情绪觉知困难	2.412 2±1.046 6	2.958 4±0.986 1	1.391
策略应对困难	2.602 2±1.097 8	2.315 0±1.014 1	3.188**
情绪理解困难	2.698 9±1.078 2	2.686 3±1.106 7	0.136
总体均分	2.706 3±0.613 9	2.552 3±0.605 2	3.023**

（四）小学生情绪调节困难的家庭来源差异

从表 8-7 中可以看出，情绪调节困难在整体水平上城镇和农村小学生之间存在极其显著的差异，城镇小学生调节困难的程度显著低于农村小学生。在个别因素上，城镇小学生在目标定向困难因素上显著低于农村的小学生；而在情绪觉知困难、情绪理解困难、移情困难等因素上，城镇小学生极其显著低于农村小学生。

表 8-7　小学生情绪调节困难的家庭来源差异分析（$M \pm SD$）

变量	城镇（$n=457$）	农村（$n=94$）	t
目标定向困难	2.734 1±1.198 6	3.074 5±1.116 7	−2.536*
行为冲动困难	2.857 8±0.970 7	2.953 2±0.877 6	−0.882
移情困难	2.349 6±0.900 7	2.952 1±0.865 5	−5.946***

续表

变量	城镇（n=457）	农村（n=94）	t
情绪觉知困难	2.293 2±1.008 1	2.641 8±1.022 1	−3.046**
策略应对困难	2.430 3±1.085 6	2.606 4±0.957 8	−1.460
情绪理解困难	2.636 0±1.110 2	2.968 1±0.953 0	−2.702**
总体均分	2.577 4±0.622 0	2.887 3±0.501 7	−4.536***

（五）小学生情绪调节困难的学校类型差异

从表 8-8 可以看出，重点小学与普通小学在情绪调节困难上存在极其显著差异，重点小学学生的情绪调节困难程度明显低于普通小学学生；在策略应对困难因素上，重点小学明显低于普通小学；而且在目标定向困难、行为冲动困难、移情困难和情绪理解困难等因素上，普通小学学生情绪调节困难程度极其显著地高于重点小学。

表 8-8　小学生情绪调节困难的学校类型差异分析（$M \pm SD$）

变量	重点学校（n=289）	普通学校（n=262）	t
目标定向困难	2.616 8±1.220 7	2.985 7±1.128 3	−3.672***
行为冲动控制困难	2.708 0±1.033 7	3.057 3±0.824 1	−4.355***
移情困难	2.241 3±0.893 4	2.685 1±0.899 2	−5.805***
情绪觉知困难	2.319 5±1.023 5	2.389 3±1.012 6	−0.804
策略应对困难	2.363 3±1.110 0	2.567 4±1.006 7	−2.253*
情绪理解困难	2.464 8±1.117 5	2.944 0±1.005 4	−5.271***
总体均分	2.473 4±0.651 3	2.803 3±0.528 6	−6.532***

（六）小学生情绪调节困难的年级差异

从表 8-9 中可以看出，在整体上，小学生情绪调节困难状况存在极其显著的年级差异，表现为四年级＞五年级＞六年级，呈现出随年级升高而逐渐降低的趋势。多重比较分析表明，四、五年级与六年级之间存在极其显著的差异，从而说明小学四、五年级是学生情绪调节能力发展的关键时期；在冲动行为控制困难及移情困难因素上存在极其显著的年级差异。其中，在冲动行为控制困难因素上，五年级＞四年级＞六年级。多重比较分析表明，五年级与六年级之间的差异极其显著，说明五年级是冲动行为控制发展的关键年级；在移情困难因素上，四年级＞五年级＞六年级。多重比较分析结果表明，四、五年级与六年级之间的差异达到极其显著水平。

表 8-9 小学生情绪调节困难的年级差异分析

变量	四年级（n=192）	五年级（n=263）	六年级（n=96）	F	Sig.
目标定向困难	2.803 4 (1.179 9)	2.877 4 (1.164 2)	2.536 5 (1.260 2)	2.915	0.055
冲动行为控制困难	2.882 3 (0.913 7)	2.968 8① (0.914 9)	2.597 9 (1.093 3)	5.396**	0.005
移情困难	2.627 6 (0.892 8)	2.529 5 (0.912 6)	1.890 6② (0.792 9)	24.046***	0.000
情绪觉知困难	2.447 9 (1.033 8)	2.327 0 (0.970 5)	2.232 6 (1.104 1)	1.595	0.204
策略应对困难	2.500 0 (1.105 3)	2.514 6 (1.011 6)	2.232 6 (1.112 5)	2.679	0.070
情绪理解困难	2.753 5 (1.096 6)	2.732 6 (1.074 8)	2.461 8 (1.107 5)	2.637	0.072
总体均分	2.692 7 (0.597 7)	2.690 6 (0.572 7)	2.340 0③ (0.675 5)	13.593***	0.000

注：①五年级与六年级之间有显著差异；②六年级与四年级、五年级有显著差异；③六年级与四年级、五年级有极其显著差异

（七）对小学生情绪调节困难特点的原因分析

1. 小学生情绪调节困难的总体水平

由表 8-3 可知，小学生情绪调节困难整体状况接近于中等水平，说明我国小学生情绪调节能力整体发展状况处于中等偏低水平。这与黄煜峰、陈永胜及张涛（2003）的研究结论基本一致。值得注意的是，小学生情绪调节困难内部各因子的发展也不平衡，其中目标定向困难、行为冲动控制困难、情绪理解困难及策略应对困难因子上的得分较高，而情绪觉知困难和移情困难因子上的得分较低，说明我国小学生情绪调节困难问题主要集中于情绪理解、行为控制与管理及对负性情绪的策略应对上。这在一定程度上也可以从李祚山（2002）、于萍等（1999），以及乔建中等（1999）对青少年情绪发展特点的研究中得到佐证。导致这一现象的原因可能是多方面的，我们认为原因主要有以下三点。

（1）当前教育体制的影响。在传统应试教育体制的影响下，我国小学基础教育具有强烈的功利主义色彩，过于注重认知能力的发展，片面追求知识传授，而未将情绪发展完全纳入学校教育的目标体系，情绪问题在我们的教育中并没有被重视，从而在很大程度上忽视了对小学生进行情绪方面的教育。很多小学生缺乏摆脱情绪困扰，以及对自己冲动行为进行有效控制与调整的策略和方法，以至于深陷其中而不能自拔。

（2）父母与教师落后教育观念的影响。小学生情绪发展不稳定、富于变化，以至于很多父母与老师都认为小孩子使性子、哭鼻涕、发点脾气是很正常的现象，这种观念导致小学儿童父母和老师很少能够意识到这对于他们情绪成长和人格发展的意义。此外，当儿童遭遇情绪困扰时，父母与老师也一般是采取安慰、忽视或“好孩子”等方式简单处理了事，使一些小学生不能准确地了解自己的情绪状态，不善于调节自己的情绪。例如，他们可能为一点小事而伤心或大发雷霆，也可能为某次考试不理想而沮丧不已，等等。

（3）与小学生情绪调节能力发展特点有关。在学校教育影响下，小学儿童情绪调节的意识与能力有所发展，能够在一定程度上抑制自己的一些想法和欲望，能克服困难完成自己应当完成的任务，情绪的稳定性和平衡性日益增长，冲动性和易变性逐步减少。但这主要是相对于学龄前儿童来说的，就整体水平而言，小学生情绪易于冲动、不稳定，对自身情绪行为的控制与调节能力的发展仍然不够成熟。

2. 小学生情绪调节困难的性别差异

小学生情绪调节困难程度在整体上的性别差异是十分明显的。男生情绪调节困难程度明显比女生要高得多。这可以在一定程度从沈德立（1997）、沃建中和刘慧娟（2003）等的研究中得到佐证。具体到个别因素而言，小学男生在移情困难与策略应对困难两因子得分均显著地高于女生。这其中可能的原因有以下两点。

（1）从发展心理学角度而言，女生身体发育和心理发展都比男生要早，其生理和心理发展都较男生相对要成熟些，女生自我教育与自我控制能力比男生要强，这使得女生在对他人情绪觉知、理解及策略应对方面的发展水平稍高于男生，因而她们在这两方面所面临的情绪调节困难也相对较少；另外也可能与女生情绪情感体验丰富细腻的特性有关，她们更加关注自己的情绪，因而可能采取更多的策略与方法得以有效地应对情绪困扰与问题。

（2）与儿童性别角色教育有关。自出生伊始，人们就开始对男孩、女孩施以不同的性别角色教育。杨国枢（2002）认为，性别差异的产生主要是由于社会对男女性别有不同的评价和待遇。从这种意义上说，把小学生情绪调节困难性别差异现象的解释归因于儿童早期社会化及由此影响所形成的性别角色认同和教育方式的不同上似乎更加合理。尤其是在我国传统文化影响下，人们往往期望男孩能够成为独当一面、敢怒敢言、顶天立地的“男子汉”，对女生的要求则是文静淑雅、善解人意、听话懂事。当前学校教育对男女生性别角色期望也存在类似的现象，由此导致小学女生往往更加善于理解他人的情绪情感，同时她们也更加注意对自身情绪的克制与调整，这也与小学女生更得老师偏爱的基本事实相符合。

3. 小学生情绪调节困难的家庭来源差异

小学生情绪调节困难程度在整体上城镇儿童极其显著地低于农村儿童。在个别因素上，城镇小学生在目标定向困难上显著低于农村小学生；而家庭来源在情绪觉知困难、情绪理解困难和移情困难上的影响则更为明显，城镇小学生的得分都极其显著地低于农村小学生。出现这种情况，可能主要与家庭教育资源和教养方式上的差异有关。城镇儿童的家庭教育资源较农村儿童相对丰富，有更多的机会接受情绪方面的教育与辅导。同时城镇父母受教育的程度相对较高些，家庭教养方式更加民主、平等，从而可能对儿童情绪成长与人格发展的关注更多一些。他们有可能更多与儿童讨论情绪情感方面的话题，教给儿童如何处理情绪事件，告知孩子他们对情绪事件的评价，帮助孩子针对情绪体验准确地进行命名，以及告诉他们情绪表达的合理方式，从而也使得城镇儿童具有更好的目标定向能力。相比之下，农村父母则更多地关注儿童物质方面的需要与满足，甚至无暇顾及到儿童情绪方面的需求和发展。我们认为，小学生情绪调节困难的家庭来源差异可能更多地与父母对儿童情绪情感发展的关注程度有关。

4. 小学生情绪调节困难的学校类型差异

小学生情绪调节困难整体上存在极其显著的学校类型差异。重点小学学生的情绪调节困难程度在整体上极其显著地低于普通小学。重点小学学生在目标定向困难、冲动行为控制困难、情绪理解困难、移情困难及策略应对困难上显著低于普通小学学生。原因可能有以下两点。

（1）重点小学教育资源相对优越，育人环境较好，师资力量较雄厚，也更加重视小学生规范教育和养成教育。加之小学高年级儿童处于情绪调节发展的关键期，可塑性较大，其发展在很大程度上依赖于教育环境及教师素质的影响。因而重点小学学生更少地遇到情绪方面的困扰。

（2）从学生自身来看，重点小学学生学习能力突出，具有更为强烈的成就动机。为了获得更好的学业成绩，他们能够自觉主动地将更多的精力投入到学习中去。他们可能更善于把握自己的情绪状态，能够有效地疏解情绪困扰和控制冲动行为，以使自己能够全身心地倾注到学习目标的达成上，而较少地受到外界的干扰。这可以从国内学者研究中得到证明，张履祥（1990）研究发现，学习成绩优良的学生在克制性等因素上的得分明显高于成绩不良学生。钱含芬研究（1996）显示，学习优等学生比学习低分学生有较高的情绪稳定性和有克制力等。刘衍玲（2001）研究也表明，学业成绩高分组的学生心理素质包括情绪适应、自制力和挫折耐受在内的各因素上都显著优于学业成绩中等组和低分组。由此，重点小学学生的情绪调节困难程度低于普通小学学生也是不难理解的。

5. 小学生情绪调节困难的年级差异

我国小学生情绪调节困难整体水平上存在极其显著的年级差异，呈现出随年级升高而逐渐降低的趋势，具体表现为情绪调节困难得分四年级＞五年级＞六年级。这种年级差异主要出现在四、五年级与六年级之间存在极其显著的年级差异。换言之，小学四、五年级是情绪调节能力发展的关键年级，对此年龄段小学生进行相应的培养与教育，易于收到良好的效果。这一结果与 Cole & Kaslow、陈永胜（1994）、杨小超以及马宏燕等人研究结论基本一致。就各因子而言，其发展的水平并不平衡，主要在冲动行为控制困难及移情困难上存在极其显著的年级差异。其中在冲动行为控制困难上，五年级小学生得分比其他两个年级相对较高，而且在五年级与六年级之间的差异极其显著，说明五年级是行为冲动控制发展的关键年级；在移情困难上，小学生移情困难得分随着年级升高而降低，换言之，小学生移情能力发展随年级升高而有所增长，四年级、五年级是小学生移情能力发展的关键年级。这一结果与史晓红（1993），以及王景英和盖笑松（1998）的研究结果有所出入。我们认为原因有以下四点。

（1）与小学生大脑机能的日益完善有关。随着小学生年龄的增长，小学生生理机能的发展也日趋成熟。如小学生大脑的抑制与协调机能更加完善，逐步实现从不随意行为到随意行为的过渡，为他们对情绪行为进行有效的抑制与调节奠定了生理上的基础。

（2）与小学生心理素质发展特征有关。随着小学生年级的升高，受教育内容的量与质都在增加，其心理素质发展水平也实现了量与质上的巨大飞跃，如小学生认知能力的发展、自我意识的增强及社会交往范围的扩大，都为他们情绪调节能力的发展提供了必要的条件。

（3）与学校教育有关。小学生主导活动逐步实现由学前的游戏活动为主到以学习为主导的活动的转化，有组织的学习生活与集体生活成为小学生日常生活的最为重要的组成部分。学校比较重视学生学习的目的性、学习习惯和行为习惯等方面的教育与培养，特别是小学生日常守则和纪律的行为约束与规范。小学生自身也逐步学会抑制与调节自身的情绪行为，冲动行为逐渐减少。这对小学生情绪调节能力的发展具有重要的促进作用。

（4）通过学校生活（主要是在与教师及同伴交往中，特别是同伴交往中），小学生会遭遇到各种各样的情绪事件或困扰。他们也可以从中学到一些情绪词语的内涵，能够更加准确地了解自己或他人的主观体验，掌握有效地应对各种情绪困扰的策略与方法，从而有助于小学生情绪调节能力的提高。

第三节 小学语文教学中培养学生情绪调节能力的理论探析与模式构建

一、小学语文教学中培养学生情绪调节能力的必要性

由于社会竞争的加剧及学校教育与家庭教育某些功能的失范或缺失，小学生面临着越来越多的情绪困扰与问题，这已成为威胁他们心理健康发展的最重要的因素之一。根据我们调查的结果，我国小学生情绪调节困难整体状况不容乐观，情绪调节能力发展水平较低。从这种意义上说，小学生情绪调节能力培养研究的大力开展刻不容缓。但目前我国关于情绪调节及其教育乃至整个心理素质教育的实施主要是通过专题训练和心理咨询与辅导两种途径进行，而对充分挖掘蕴含在学科教学中的相关资源以培养情绪调节能力的研究还仅仅停留在理论探讨与经验总结方面。就现代教育观而言，完整的教育理论不应只强调认知方面的成就，还应该关注儿童情绪的成长与发展，情绪调适及其自我控制也理应是教育所面临的重大课题。我们可以认为，从最初学科“课程的心理学化”研究到各科学科对人的全面发展的关注，再到各学科中渗透心理健康教育都是对课程自身的积极建构，同时也是课程实施策略的改进与提升。鉴于我国心理健康教育专业人员的极度短缺及小学课程体系的相对成型，在各学科中渗透心理素质教育显得尤为必要，并且可以避免专门开展心理素质教育的课程化倾向及单纯灌输心理知识的流弊。因此，我们有必要开展小学语文学科教学渗透情绪调节能力的研究，这对于学科教学功能的拓展及心理素质教育实施途径的探讨都具有至关重要的意义。

二、小学语文教学中培养学生情绪调节能力的可行性

小学语文教学中培养学生情绪调节能力实验实施的关键在于“学科课程本身及其教学过程是否有可资利用的资源”（叶一舵 2004）。就学科内容而言，小学语文学科中蕴含有相当丰富的可资利用的情绪调节方面的资源，大部分课文选材来自小学生的生活，贴近他们的生活实际。例如，语文学科中人物画廊、寓言童话及历史典故等无不蕴含着作者的喜、怒、哀、乐，这些为小学生提供了一个色彩斑斓的空间，为对他们进行情绪调节能力渗透提供了一个多姿多彩的平台。如《长城砖》一文，我们就可以利用这则寓言故事进行小学生自卑情绪觉知、理解及相应的情绪调节策略方面的教育。小学生通过对这篇课文的学习不但可以掌握学科教学的有关知识，而且也能够学会自卑情绪调节的相关策略与方法，从而在很大程度上能够促进他们情绪调节能力的提高。另外，师生之间、生生之间多向互动活动的教学过程中也蕴含着相当丰富的相关教育

教学资源。总之，小学语文教学中培养学生情绪调节能力实验的理论构想是合理且可行的。

三、小学语文教学中培养学生情绪调节能力的渗透模式建构

在借鉴前人关于心理素质教育及情绪调节有关理论模式的基础上，遵循心理素质教育整合模式的基本思想，我们在小学语文教学中培养情绪调节能力的过程中，构建了小学语文教学中培养学生情绪调节能力的渗透模式，主要包括对学科渗透目标、内容、原则和方法等的指导性规范（教案设计参见附录五）。

（一）小学语文教学中培养学生情绪调节能力之教学目标设定

1. 小学语文教学中培养学生情绪调节能力之教学目标设定原则

1）内在规定性

所谓内在规定性是指在教材中设定情绪调节能力的内容时，要充分考虑“本教材可资利用的相关教育资源，应是教材本身所蕴含的”（叶一舵 2004），而非脱离教材本身刻意强加上情绪调节的有关内容。如在《颐和园》《新型玻璃》及《爬山虎的脚》等说明文中就难以进行有关情绪调节能力培养的渗透。我们不能不顾教材本身的内容体系一味地将有关内容剪贴在上面，甚至生搬硬套地黏合在一起，这种做法从根本上曲解了学科渗透心理素质教育本身的含义，也背离了学科渗透对于学生心理素质发展的意义与价值；另外，就每堂课而言，情绪调节能力的渗透也应是其教材本身内在蕴含的，即并非每篇课文的每个课时都必须进行一贯式的渗透。总之，语文学科渗透情绪调节能力要依托具体课文中所存在的渗透契机，寻找其中的最佳结合点进行渗透。

2）客观针对性

教师在设定情绪调节能力发展的目标时，应该考虑到地区、学校、班级的具体情况及可资利用的资源，并充分考虑本班学生的心理特征及发展水平，有针对性地合理设定有关情绪调节的具体目标，而且要充分考虑到个体之间所存在的差异，不可盲目套用同一模式。为增强客观针对性，我们必须做到：①针对实验学校的具体情况。就本研究而言，实验学校是一所村办小学，地理位置偏僻，办学条件相当有限。学生大多为农村子弟，父母教育程度较低，大多为生计来回奔波于城市与农村之间，平时无暇顾及子女的教育问题。加之外出务工子女较多，学生的流动性较大。小学生养成教育有待进一步加强，很多学生面临着各种各样的情绪困扰或问题。②针对小学生情绪调节困难的特征与现状。根据对小学生情绪调节困难状况的调查结果，我们在实验实施过程中有针对性地对小学生情绪理解、冲动行为控制及情绪调节策略等方面进行渗透式的培养。③针对小学生典型

情绪事件。教师要学会积极关注学生的情绪波动和变化，了解发生在他们生活中的典型情绪事件，将其与学科教学有机融合起来。这样我们才能在实验实施中做到有的放矢，有针对性疏解他们所面临的情绪困扰，从而促进小学儿童的情绪调节能力的提高。

3）渗透潜入性

所谓渗透潜入性是指在学科教学中培养心理素质教育时应注重潜移默化，在自然的渗透中达到优化学生心理素质的目的。小学语文教学中培养情绪调节能力的实验实施中特别注重将渗透目标与内容同学科教学本身的目标与内容“有机”地结合起来，通过创设特定的教学情境，设计有效的教学策略，挖掘和处理学科知识的情绪调节有关的内容，有意识地运用心理学理论、方法和技术，以内隐、暗示、濡染的方式，促使学生在掌握知识的同时提高其情绪调节能力。恰如“随风潜入夜，润物细无声”，而非刻意地、径直地、外显地将渗透内容“人为”强加在学科教学中。总之，学科渗透目标的设定应该尽量避免过于“线性化”，而是要有机地将情绪调节融合于学科教学的过程中，让小学生在耳濡目染中达到情绪调节能力提高的目的。

2. 小学语文教学中培养学生情绪调节能力之教学目标

在学科教学中，渗透心理素质教育的有效实施在很大程度上有赖于所要渗透心理素质本身的目标制定和活动是否有清晰的界定。小学语文学科渗透情绪调节能力的根本目标在于培养学生良好的情绪调节能力，但我们仍然需要对情绪调节能力的具体目标做出进一步清晰的界定，这样本研究的实施才能够得到有效的保证。具体而言，我们针对小学生情绪调节困难的特点及现状，实施的具体目标主要集中在提高小学生情绪理解、冲动行为控制及情绪调节策略应对等能力的提高上。唯有如此，小学生情绪调节能力的研究才具有针对性与可操作性，同时在很大程度上也可以避免陷入过于笼统、泛化的窠臼。

（二）小学语文教学中培养学生情绪调节能力之教学内容

根据本研究所修编的《小学生情绪调节困难问卷》，并结合我们对小学生情绪调节困难特点的调查与分析，小学生情绪调节能力的教学内容主要包括六个方面：①目标定向能力；②冲动行为控制能力；③移情能力；④情绪觉知能力；⑤情绪调节策略应对能力；⑥情绪理解能力。因此，我们认为小学语文学科渗透情绪调节能力的实验也理应围绕这几个方面来组织相应的教育内容而加以实施。根据本研究所设定的具体渗透目标，我们尤其要注重对小学生情绪理解能力、冲动行为控制能力及情绪调节策略应对能力等方面的有关内容进行渗透式培养。

（三）小学语文教学中培养学生情绪调节能力之实施方法

小学语文教学中蕴含着丰富的情绪调节相关的教育资源，但语文学科渗透心理素质教育具有广泛性、分散性、潜在性和濡染性的特点。因此，要充分发掘语文教材中相应的情绪调节教育资源，主动探索生动活泼、切实可行的实施方法，以达到小学生情绪调节能力提高的最终目标。否则，学科渗透情绪调节能力就成了“空中楼阁”，无法有效地付诸教学实践。在总结前人研究的基础上，结合国内小学语文教学实践，本研究主要通过以下方法。

1. 字词渗透法

所谓字词渗透法是指语文教师“抓住课文中的关键词句，启发理解，弄清词句的含义，让学生受到心理上的感染”（陈家麟 2002）。充分利用课文中生字词的学习及教学过程中关键字词的讲解来进行情绪调节能力方面的教育是我们研究过程中所运用的重要的方法之一。如在《与时间赛跑》一文中，学生在课前预习时，就让他们以查字典自学的方式对包括忧伤、哀痛、悲伤等在内的生词加以理解，并利用这些生词进行组词造句。在新课伊始即对学生生字词的掌握情况进行检查，以了解学生的预习情况。同时在学习课文第一、二自然段时让学生找出描写作者心情的词句，说明这些词语的意思，然后要求学生体会作者痛苦的原因是什么？联系自己在生活中是否曾经有类似的经历等。

2. 情境创设法

情境创设是指在心理素质教育过程中创设互动式情境，以激活或唤醒学生的心理活动，诱发行动愿望，使其在学生与教师之间、学生与学生之间相互作用而构成的心理环境中得到培养和锻炼。心理环境的创设既可以采用物理手段，如背景音乐、动画呈现、空间位置设置、语言暗示或激励等。例如，在学习《黄继光》《珍贵的教科书》等课文时，我们可以给学生放映一些战争材料的录像，使学生能够直观、生动、形象、真切地感受到课文所描述的时代背景，也就可以自然而然地体验到文中人物的情绪状态。但限于我们实验学校客观条件，物理手段创设情境运用得较。心理手段即是结合课文内容通过语言而设置相应的问题情境，这一方式更符合我们实验学校的实际情况，也是我们在研究过程中广泛使用的一种情境创设方式。问题情境既可以激发学生的学习兴趣，又可以引导学生体会文中人物的情绪情感，同时也易于联系学生生活实际及典型事件，引导学生入境入情，从而唤醒学生真实的情绪体验和感受，以及对自身情绪状态的积极关注。

3. 朗读法

朗读是小学生最经常也是最为重要的基本功。小学语文教学大纲中也明确要求任课教师授课过程中要"尽量多读少讲，以读代讲，把更多的时间投入到对课文的朗读中，而且要读出感情……重在引导学生入境入情，以朗读的方式表达出文中的思想感情"。琅琅读书可以充分调动学生的各种感官接收信息，充分发挥自己想象的空间，从而从中受到深层次的熏陶。如在学习林清玄先生的《与时间赛跑》一文时，文章开篇交代"我"失去了外祖母后心情极度悲伤，朗读时要读出忧郁、悲伤、沉痛之感；当"我"感受到了时间流逝时，朗读的声调应缓慢些，低沉些，带有一丝淡淡的哀愁；后半部分当"我"体会到了与时间赛跑取得成功的快乐，声调可以高些，速度也略快。从对课文的尽情朗读中，学生们可以体会到文中"我"的情绪变化的特征，其自身的情绪状态也会自然地随之起伏，荡起阵阵涟漪。这样就可以在学习课文的同时增进对自己情绪的觉察、理解，以及移情能力的提高与发展。

4. 启发诱导法

所谓启发诱导法是指教师在教学过程中可以利用语文中所蕴含的教育资源，精心设置问题，环环相扣、步步深入，让学生积极地逐步深入地体会，从而体会到心理上的启迪。当学习到《三味书屋》第三自然段时，我们就可以采用逐步设疑的方法给学生提出一些问题：①鲁迅先上学迟到是有客观原因的，但却受到了老师严厉的批评，他当时的感受是怎样的呢？②鲁迅先生又是怎么做的呢？文中的"默默地""刻"的含义是什么？③鲁迅先生受到了委屈，他为什么没有向老师解释或辩解呢？我们应该向鲁迅先生学习些什么？④联系生活实际，想想看自己是否也有过类似的经历，如无缘无故却受到了老师、父母、同学批评或误解？你当时的感受是怎么样的，又是怎么做的呢？当学生步步深入地思考这些问题时，必然潜移默化地受到情绪调节方面的教育。换言之，从这篇课文的学习中，同学们可以身临其境地学会对情绪的觉知与理解，也可以从鲁迅先生身上学会对自己情绪的克制与调节。

5. 讨论法

所谓讨论法是指通过师生、生生之间的深入广泛的思想交流，引导学生积极思考、步步深入、提高认识，因而掌握科学的行动步骤。讨论的方式可以分为全班讨论、辩论、小组讨论、脑力激荡、配对交谈，行动方案研讨等多种形式。就本研究而言，四人小组讨论是应用较多且较为有效的方式。如在学习《长城砖》一文时，我们就可以组织学生讨论自己是否也曾有过类似的感到不如别人的地方，接着可以让学生以四人组的方式讨论摆脱这种自卑情绪困扰的方法，然后指定某些小组将讨论的结果说给大家听。这样全体同学就可以迅速地学习到自卑情绪的调节策略及方法，在以后的生活或学习上遇到类似的情绪困扰时，就可以及时有效地得以疏解。

6. 角色扮演法

小学生具有极强的模仿力和想象力，而且也十分乐意参加角色扮演活动。通过对文中角色的扮演，可以让学生走进教材，走进人物的心理世界，更加真切地受到感染，在不知不觉中接受到心理素质教育的熏陶。在学习《陶罐和铁罐》一文时，我们就针对这篇课文的特点，让学生在教师的指导下编排课本剧。利用该文所创设的具体情境，让学生自己选择要扮演的角色，鼓励学生大胆发挥他们的想象，辅以夸张的表情和动作。通过扮演，学生不但可以更深入地理解课文的内容，而且也能够切身体会到所扮演角色的心理与行为。

7. 操作练习法

操作练习法是语文学科教学渗透心理素质中不可缺少的方法之一。我们主要是通过学生作业练习的方式来实施的，如通过对学生作业的适当设计，不仅可以使学生加深、巩固所学的知识，而且也可以成为学生心理素质教育的重要方法。实验实施过程中，我们就十分注意通过作业练习来进行情绪调节方面的渗透与教育。例如，学习《珍贵的教科书》一文后，我们要求学生以《当我回到教室以后……》为题写一作文片断，展开他们想象的翅膀，写出“我”当时的感受及行为反应、“同学们”看到带血的教科书时的惊愕及得知指导员为护书而牺牲时的哀痛之情。从作业练习完成的过程中，学生就可以自然而然地促进他们情绪理解能力的提高。

8. 体验内化法

体验内化法即是指要学生在积极参与活动和了解、掌握渗透内容的基础上，强调对内容及策略反思体验的过程的方法。周记写作是体验内化法最为常用的方式之一，也是我们在小学语文教学中渗透情绪调节能力实验中所运用的最为重要的方法。周记是学生心理痕迹或历程，它是即时的、随意的，又是真切的、现实的。它既可以提高学生的写作活动，也可以帮助学生释放郁结于心的烦恼、焦虑及种种躁动情绪，保持心理健康。小学儿童所面临的情绪方面的问题或困扰日益增多，需要他们以适当的方式将不良的情绪疏解。周记给儿童提供了一个对自己情绪关注及遭受挫折后产生的不良情绪得到宣泄、转移和升华的平台，这样学生就可以把心理的无序活动倾泻在文字上，从而有助于他们情绪调节能力的提高。

（四）小学语文教学中培养学生情绪调节能力之教学基本过程

1. 小学语文教学中培养学生情绪调节能力之教学实施的基本程序

根据陈旭和张大均（2002）所提出的心理健康教育整合模式，结合小学生情绪调节能力发展的年龄特征，在实验具体实施的基础上，我们提出了小学生语文教学中培养学生情绪调节能力的渗透模式，即是对我们实验实施过程的一种理论性的、简单明了的表达（图 8-2）。

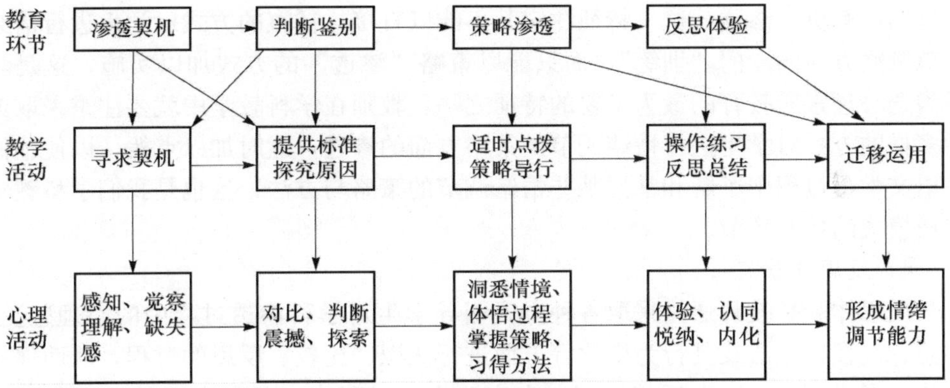

图 8-2　学科教学中培养学生情绪调节能力的基本程序图

2. 小学语文教学中培养学生情绪调节能力之教学实施的基本环节

从实施过程角度而言，小学语文教学中培养学生情绪调节能力的教学实施过程依然遵循心理素质教育过程的基本环节：判断鉴别—策略训练—反思体验。但学科渗透实验的实施过程也有其自身的特征，我们认为学科渗透实验实施的基本环节主要包括渗透契机、判断鉴别、策略渗透和反思体验。

1）渗透契机

渗透契机是学科教学中渗透心理素质的首要环节之一。教师必须首先寻求学科渗透的最佳契机，从整体上把握学科教学目标和内容，从中寻求情绪调节能力渗透的最佳结合点。在此基础上，结合小学生情绪调节能力发展特点及其生活中的典型事件，将情绪调节能力培养的有关目标与内容同学科教学相融合，同时要考虑教学实施的具体策略及方法。

2）判断鉴别

教师采取各种方式了解小学生情绪方面所面临的困难或问题，同时也可以促使他们了解自己情绪调节能力发展的现状，通过对比、判断、震撼、探索以了解自己的情绪状态，体察自己是否具有这些情绪方面的困扰，从而激发他们主动探索自己情绪困扰产生的原因、策略及其对他们情绪发展和成长的意义。如教师可以通过课前作业的形式给学生呈现典型情绪事件，让他们依据实际情况做出适当的选择，当然也可以依据教学经验把握小学生情绪调节能力发展水平，了解学生所面临的情绪困扰及其发展现状，以提高学科渗透内容的典型性与针对性。

3）策略渗透

策略导行是心理素质教育实施中专题训练与学科渗透两种途径的共通之处，但它们在策略导行实施的过程中却有不同之处。学科渗透模式的最大特点在于追寻自然、有机、渗透，这一特征注定其不能以直接、径直的方式对学生进行情绪调节策略方面的专门“训练”，而只能以策略“渗透”的方式加以实施，这是学科渗透心理素质教育的最为主要的特征之一。教师在学科教学中就要注重采取灵活多样的方式对学生进行情绪调节的策略方面的渗透，适时加以点拨，以使他们在语文学习过程中了解和掌握某些情绪调节的策略与方法，这也是我们学科教学渗透模式的核心环节。

4）反思体验

反思体验是教师通过采取各种方式引导学生对学科渗透过程中的心理感受、体验、过程、方法及其行为变化等方面进行认识、比较、反思的过程，从而促进内化，形成品质，以至迁移运用。在实验实施过程中，我们主要是通过名言警句、人物故事或操作练习的方式要求学生体验、认同、悦纳、内化所学习的情绪调节的有关知识及相应的策略与方法，以使小学生能够最大限度将其迁移到其他类似的情境中去。

3. 小学语文教学中培养学生情绪调节能力之教学实施的基本思想

我们在学科渗透教学过程中，“学生主动参与是学科渗透成功实施的前提，学生心理素质的形成过程和知识掌握的心理过程是学科渗透的心理基础，知识教学是学科渗透的支架，创设互动式教学情境是提高学科渗透有效性的保证”（曾天德等 2007）。因此，本实验教学实施过程之基本程序的提出和实践主要体现了如下思想：

1）学生主动参与是前提

学科渗透心理素质教育即是让学生在学习学科知识的同时达到提高心理素质的目的，其实质上是一个“助人自助”的过程。学生是心理素质发展的主体，各种心理素质教育形式必须作用于主体才能产生良好的效果。在学科渗透过程中，我们不能像学科教学那个过于依靠知识传授的手段和方法，而是要充分认识学生的主体地位，最大限度地调动学生参与情绪调节教育的积极性、主动性，充分发挥他们对自身情绪调节的自觉性与能动性。

2）小学生情绪调节能力的形成过程是心理基础

学科渗透情绪调节能力实验实施必须依据小学生情绪调节能力形成的心理序列性变化的历程与规律合理安排相关内容，其中每一具体品质如目标定向能力、冲动行为控制能力、情绪觉知能力、情绪理解能力等的形成都要遵循感知、觉察、理解、缺失感，对比、判断、震撼、探索，洞悉情境、体悟过程、掌握策略、习得方法，体验、认同、悦纳、内化，形成情绪调节能力的基本序列。唯有如此，学科渗透实验的实施才能得以有效促进小学生情绪调节能力的提高。

3）知识教学是支架

学科知识教学是学科渗透心理素质的载体，小学语文教学中培养学生情绪调节能力实验的实施也必须以学科知识教学为依托。具体而言，我们必须首先充分挖掘学科教学中所蕴含的情绪调节的相关内容，并将其有机地融合于学科知识教学过程中。无论是学科渗透内容还是渗透契机的把握都必须以学科教学的具体内容为支架，理应是教材本身自然蕴含其中的。那种不顾教学内容的硬性渗透，不仅妨碍了教师对专业课本身的科学性和教育规律的关注，而且重复了历史上的心理主义的错误（刘翔平，顾群　2004）。从这种意义上说，知识教学是学科渗透的基本支架，也是学科渗透心理素质教育赖以存在的逻辑起点。

4）创设互动式教学情境是有效保证

互动式教学情境的创设是学科渗透教学实施的起点，是激活与唤醒学生心理活动的“起搏器”。它通常能够引发学生的认同感、缺失感，激发情感共鸣或震撼，诱发行动愿望。教师在互动式教学情境下，以宽容、开放的心态对待、理解、信任学生，用心体验学生内心的感受和情绪反应，以形成平等、民主、开放的师生关系，从而塑造良好的课堂气氛。这样才可能使学生迅速地置身于具体的情境之下，自然而然地体会到课文中人物的情绪情感；也可以唤醒学生对自身情绪的关注，自觉主动地探索情绪调节的有关策略与方法。鉴于此，互动式教学情境的创设是提高学科渗透心理素质有效性的根本保证。

（五）小学语文教学中培养学生情绪调节能力之教学实施的基本策略

学科渗透、专题训练和心理咨询与辅导是学校心理素质教育实施的三大途径，因而小学语文教学中培养学生情绪调节能力的渗透模式的教学实施理应遵循心理素质教育的和谐互动策略、行为改变策略、体验内化策略和教学监控策略四大基本策略。此外，我们还应该根据学科渗透教学实施的基本特征考虑以下四个策略。

1. 自然融洽策略

在实验实施过程中，教师要充分利用小学语文教学的具体内容和这些内容所蕴含的可资利用资源，尽量寻求渗透情绪调节能力的最佳结合点。如何将渗透内容自然地、而非人为地融合到语文学科教学中是本实验所面临的最大的挑战之一。小学语文学科渗透学生情绪调节能力实验实施必须充分挖掘课文内容中所蕴含的教育资源，同时又要探究将这些内容合理地渗透融合到学科教学中的最佳契机及所要采取的方法。学科渗透心理素质教育最为本质的特点就在于渗透的自然性、融合性、濡染性，它应与整个学科课程内容体系和教学过程是浑然一体、自然融合的。正因为如此，教师在学科渗透教育的实践中极易陷入一些误区。如有些教师片面地认为学科渗透就是在课堂教学中多讲解一些心理健康教育的内容，以至于不顾课文内容胡乱联系、生搬硬套的胡乱讲解，很多内容风马牛不相及；或者采取课后“补补丁”的方式，利用课堂最后几分钟草草了事，即兴发挥式地给学生灌输一些心理学方面的知识，仅将学科渗透视为课堂教学的花絮或点缀。这些做法非但不符合学科渗透自然融合的原则，掺杂了过多的“人为痕迹”，而且在很大程度上导致学科渗透整体功能的弱化与缺失，从而加深了对学科渗透心理素质教育的误解。

2. 适度有效策略

学科渗透与学科教学是学校素质教育中的两个相对独立的部分，各有各自的出发点和目标。任何把学科教学心理素质化或心理素质教育学科化，挤占对方位置顾此失彼的做法都是极不合理的。因此，在学科渗透教学实施中，我们必须依据学科渗透心理素质教育的对象、方式及特征等综合把握其度量，讲究适度有效。学科渗透教学中首先要把握渗透的时间，教师在每篇课文甚至具体到每堂课都应该合理安排渗透的时间，不宜过长或过短。学科渗透时间过长容易导致学科教学心理素质教育化倾向，即使学科教学变成了心理素质训练课，从根本上影响到学科知识的目标达成；同样，学科渗透时间亦不宜过短，否则学科渗透心理素质无法得到充分的时间保证，难以促进学生心理素质的提高。一般而言，学科渗透每堂课 3～5 分钟为宜，教师可以根据渗透内容、方法统筹安排所需的时间。

小学语文学科渗透学生情绪调节能力具有不确定性和难测性，这些特征决定了学科渗透的实施要注意：①渗透的梯度。语文学科教材的工具性决定了学科渗透具有分散的特性，也使得其中蕴含的情绪调节资源与整个情绪调节能力发展序列先后不一致，深浅亦有所不同。这都要求教师必须从整体上把握教材中情绪调节相关的教育资源，以及小学生情绪调节能力发展的年龄特征，尽量保证学生可接受性及渗透的循序渐进（叶一舵　2004）。②渗透的程度与范围。教师把握某一学段、某篇课文甚至具体某堂课所要渗透的内容及范围，依据小学生情绪调节发展任务将语文教材中的情绪调节内容阐述到适当恰切的程度，从而使“隐者显之，显者隐之，或高者低之，低者高之”（白金声 2000)。③渗透的效度。教师要经常搜集学生的相关动态信息，掌握渗透的最佳契机，适时调整情绪调节渗透的有关策略，才能保证学科渗透情绪调节能力的培养落到实处。

3. 灵活多变策略

学科渗透心理素质是一门教育科学，更是一种育人的艺术，其教学实施没有固定的方法可以遵循。不同的教学设计取向、渗透形式和渗透方法的灵活运用构成了不同的渗透策略。在我们所进行的实验中，情绪调节能力中诸因素与学科具体内容的结合各有侧重，情绪调节目标定向、冲动行为控制、情绪觉知与理解等都各有不同的实施策略与方法。此外，教学过程中的一些偶发事件更需要教师能够采取灵活的方式巧妙地加以解决。虽然有可能与具体的教学内容没有任何的联系，但在小学语文学科教学渗透情绪调节能力的过程中却不能置之不理、随意放过，更不能采取粗暴的方式简单处理、肆意压制，而应该采取灵活的方式加以处理，将其转化为情绪调节方面的“活教材”。例如，小学生之间有时会因为一些小事突然发生争吵、各不相让，甚至大打出手，不能顾及课堂秩序或场合。如果这时老师及时灵活地采取措施让学生情绪迅速稳定下来，然后适时教会学生在特定场合下克制、调整自己情绪的策略与方法。这样既能恰当地处理教学过程中的意外干扰，又可以对学生适时进行情绪调节能力方面的教育。

第四节　小学语文教学中培养学生情绪调节能力的实验研究

一、实验目的

本研究旨在探索小学语文教学中培养学生情绪调节能力之渗透模式的可行性与有效性，以揭示小学生情绪调节能力与其心理素质、情绪调节能力与学业成绩之间的关系，为我国小学生情绪调节能力的培养提供实证上的依据。

二、实验对象

重庆市渝中区某小学四年级 2 班和 3 班学生，其中 3 班为实验班，共 42 人，男生 25 人，女生 17 人；2 班为对照班，共 35 人，男生 21 人，女生 14 人。

三、实验方法

本研究采用心理测量、学业成绩和教育实验相结合的方法。心理测量主要是指小学生情绪调节困难的测量和小学生心理素质发展水平的测量。学业成绩主要是对语文学科知识的测量。教育实验则通过小学语文教学中渗透学生情绪调节能力的方式来实施。

四、实验工具

(1) 修编的《小学生情绪调节困难问卷》。该问卷是在 Gratz 和 Roemer (2004) 编制的DERS基础上修订的，共有22个项目，由目标定向困难、行为冲动控制困难、移情困难、情绪觉知困难、情绪调节策略应对困难和情绪理解困难六个维度构成。问卷在各个因素上的内部一致性系数均介于0.518～0.773，总问卷的内部一致性系数为0.795；分半信度均介于0.524～0.804，总问卷的分半信度为0.731。

(2)《小学生心理素质问卷》。采用西南师范大学张大均等编制的《小学生心理素质问卷》，共108道题，由元认知问卷、个性问卷和适应性问卷三个分问卷组成。其内部一致性系数介于0.572～0.786，分半信度介于0.557～0.732；各项目与其所属分测验的相关系数（0.407～0.512）均高于它们与其他分测验的相关系数（0.102～0.317），分半信度和内部一致性信度良好。各个因素之间具有中等程度相关（最高为0.484，最低为0.215），表明结构效度良好。

(3) 学业成绩。实验班与对照班的前测后测都分别以小学三年级下期和四年级上期期末的语文成绩为测量指标。

(4) 本研究数据采用 SPSS 12.0 for Windows 2000 进行统计处理。

五、研究程序

（一）实验处理

本实验采用实验班和对照班前后观测的等组实验设计（表8-10）。

表 8-10 实验处理

班级	前测	实验处理	后测
实验班	O_1	X	O_2
对照班	O_3	—	O_4

（二）实验变量

自变量：小学语文教学中培养情绪调节能力的渗透教育模式。

因变量：小学生情绪调节能力；小学生心理素质发展水平；小学生语文学业成绩。

无关变量的控制：设置实验班与对照班，实验班进行教育干预，对照班不进行任何教育干预。实验中需要注意：①合理确定实验班和对照班，尽量做到两班同质，即尽量保证实验班与对照班学生的情绪调节能力、心理素质发展及学业成绩的基点水平大体对等；②控制影响实验效果的其他因素，注意消除期待效应、教师差异及时间效应等。

（三）实验程序

本实验可分为三个阶段进行。

1. 准备阶段（2004 年 6～8 月）

（1）查阅中文文献，制定修改实验方案；
（2）联系实验学校；
（3）研究教材、组织实验材料；
（4）对实验教师进行辅导与培训；
（5）语文学业成绩前测。

2. 实施阶段（2004 年 9 月～2005 年 1 月）

（1）进行《小学生情绪调节困难问卷》和《小学生心理素质问卷》前测（开学第二周）；

（2）在实验学校蹲点，与实验教师探讨学科教学与情绪调节内容结合的最佳契机及教学实施的有关策略及方法，并与实验教师一起搜集材料、整理教案、进行备课；

（3）研究者每天听取实验老师的课程，并利用课余时间与之反馈、交流、讨论，以便改进教学；

（4）了解学生情绪调节发展动态及特征，抓住学生典型情绪事件，以增强针对性并搜集素材。

3. 实验后测

六、结果与分析

（一）实验班对照班学生情绪调节困难结果分析

1. 实验班与对照班情绪调节困难各维度与总体均分前后测得分的比较

实验班与对照班情绪调节困难各维度与总体均分前后测得分的比较（表 8-11）。

表 8-11 实验班与对照班情绪调节困难前后测得分比较（$M \pm SD$）

测验	维度	实验班（$n=42$）	对照班（$n=35$）	t
前测	目标定向困难	2.434 5±0.864 4	2.750 0±0.929 5	−1.541
	行为冲动困难	2.852 4±0.692 9	2.937 1±0.974 7	−0.432
	移情困难	2.886 9±0.857 5	2.971 4±0.927 1	−0.415
	情绪觉知困难	2.714 3±0.828 3	2.371 4±1.187 5	1.487
	策略应对困难	2.585 7±0.657 6	2.577 1±0.915 0	0.046
	情绪理解困难	3.103 2±0.903 1	2.923 8±1.140 7	0.770
	总体均分	2.762 8±0.332 6	2.755 2±0.406 7	0.091
后测	目标定向困难	2.321 4±0.961 6	2.564 3±0.942 0	−1.114
	行为冲动困难	2.600 0±0.827 6	2.697 1±1.045 3	−0.455
	移情困难	3.029 8±0.922 6	2.792 9±0.810 1	1.185
	情绪觉知困难	2.857 1±0.859 0	2.428 6±1.068 2	1.952
	策略应对困难	2.023 8±0.711 5	2.584 3±0.799 4	−3.254**
	情绪理解困难	2.349 2±0.874 1	2.971 4±0.997 9	−2.916**
	总体均分	2.530 2±0.401 8	2.673 1±0.551 0	−1.313

从表 8-11 可知，在实验前测时，实验班与对照班学生的情绪调节困难程度没有显著性差异（$p>0.05$）；在实验后测中，实验班学生在全问卷总体均分上低于对照班，但并没有达到显著性水平（$p>0.05$）。就各维度而言，实验班学生在策略应对困难和情绪理解困难上较为显著（$p<0.01$）地低于对照班。

2. 实验班小学生情绪调节困难前后测得分之比较

实验班小学生情绪调节困难前后测得分之比较（表 8-12）。

表 8-12 实验班小学生情绪调节困难前后测得分比较（$M \pm SD$）

维度	前测（$n=42$）	后测（$n=42$）	t
目标定向困难	2.434 5±0.864 4	2.321 4±0.961 6	−0.546
行为冲动困难	2.852 4±0.692 9	2.600 0±0.827 6	−2.138*
移情困难	2.886 9±0.857 5	3.029 8±0.922 6	0.827
情绪觉知困难	2.714 3±0.828 3	2.857 1±0.859 0	0.755
策略应对困难	2.585 7±0.657 6	2.023 8±0.711 5	−3.848***
情绪理解困难	3.103 2±0.903 1	2.349 2±0.874 1	−4.853***
总体均分	2.762 8±0.332 6	2.530 2±0.401 8	−3.309**

从表 8-12 可以看到，实验班学生的后测的情绪调节困难程度在整体上较为

显著地低于前测（$p<0.01$）。在问卷的 6 个维度中，策略应对困难和情绪理解困难的得分降低极其显著（$p<0.001$），冲动行动困难上的降低较为显著（$p<0.01$）。

3. 对照班小学生情绪调节困难前后测得分比较

依据等组实验设计的要求，我们对对照班学生情绪调节困难程度的得分变化的情况也需要进一步分析（表 8-13）。

表 8-13　对照班小学生情绪调节困难前后测得分比较（$M\pm SD$）

维度	前测（$n=35$）	后测（$n=35$）	t
目标定向困难	2.750 0±0.929 5	2.564 3±0.942 0	−0.861
行为冲动困难	2.937 1±0.974 7	2.697 1±1.045 3	−1.155
移情困难	2.971 4±0.927 1	2.792 9±0.810 1	−0.908
情绪觉知困难	2.371 4±1.187 5	2.428 6±1.068 2	0.209
策略应对困难	2.577 1±0.915 0	2.584 3±0.799 4	0.083
情绪理解困难	2.923 8±1.140 7	2.971 4±0.997 9	0.181
总均分	2.755 2±0.406 7	2.673 1±0.551 0	−0.857

从表 8-13 来看，对照班学生的情绪调节困难程度的前后得分无论是在整体上还是在各个维度上都没有显著性差异（$p>0.05$）。

4. 实验班高、中、低不同层次学生情绪调节困难前后测得分比较

为考察情绪调节困难不同程度学生的干预效果上的差异，我们根据情绪调节困难前测得分将实验班学生分为高分组、中等组和低分组，测验总分最高的前 27%为高分组，最低的后 27%为低分组，其余为中等组。高、中、低三组学生的情绪调节困难前后测得分比较结果见表 8-14。

表 8-14　实验班高、中、低不同层次学生情绪调节困难前后测得分比较（$M\pm SD$）

组别	维度	前测	后测	t
高分组（$n=12$）	目标定向困难	2.729 2±0.588 3	2.208 3±0.824 6	−2.253*
	行为冲动困难	3.016 7±0.679 3	2.716 7±0.715 8	−1.092
	移情困难	3.583 3±0.651 3	3.229 2±1.073 7	−1.267
	情绪觉知困难	3.361 1±0.459 7	2.888 9±0.795 6	−1.653
	策略应对困难	3.000 0±0.426 4	2.194 4±0.999 6	−2.465*
	情绪理解困难	3.055 6±0.826 7	2.472 2±0.999 6	−2.508*
	总体均分	3.124 3±0.147 3	2.618 3±0.375 7	−4.903***

续表

组别	维度	前测	后测	t
中等组（n=18）	目标定向困难	2.597 2±0.924 1	2.458 3±0.871 3	−0.407
	行为冲动困难	2.866 7±0.689 4	2.700 0±0.788 9	−1.073
	移情困难	2.569 4±0.918 8	3.055 6±0.979 8	1.591
	情绪觉知困难	2.648 1±0.762 5	2.759 3±0.838 7	0.432
	策略应对困难	2.644 4±0.529 9	2.018 5±0.529 8	−4.414***
	情绪理解困难	3.425 9±0.822 9	2.240 7±0.721 3	−4.630***
	总体均分	2.792 0±0.894 3	2.538 7±0.389 9	−2.708*
低分组（n=12）	目标定向困难	1.895 8±0.815 0	2.229 2±1.240 7	0.740
	行为冲动困难	2.666 7±0.725 3	2.333 3±0.984 7	−1.511
	移情困难	2.666 7±0.514 9	2.791 7±0.655 7	0.527
	情绪觉知困难	2.166 7±0.810 3	2.972 2±0.999 6	2.031
	策略应对困难	2.083 3±0.726 5	1.861 1±0.627 0	−0.675
	情绪理解困难	2.666 7±0.964 0	2.388 9±1.003 4	−1.131
	总体均分	2.357 6±0.234 8	2.429 4±0.453 9	0.531

表8-14结果表明，本实验对于高、中、低三组学生的情绪调节困难状况都有不同程度的改善：低分组学生仅在冲动行为困难、策略应对困难及情绪理解困难上前、后测有所改善，但得分差异均未达到显著性水平（$p>0.05$）；中等组学生在情绪调节困难状况总体上后测显著地低于前测（$p<0.05$），且在策略应对困难和情绪理解困难两维度的前、后测具有极其显著的差异（$p<0.001$）；高分组学生情绪调节困难状况在总体上后测得分极其显著地低于前测（$p<0.001$），高分组在问卷各个维度上后测得分也显著低于前测，且在目标定向困难和策略应对困难上呈现较为显著的差异。

（二）实验班对照班学生心理素质发展结果分析

为考察小学生情绪调节能力与其心理素质发展的关系，我们从《小学生心理素质问卷》中抽取坚持性、自制力、心身适应、情绪适应、学习适应、人际适应及挫折耐受7个与情绪调节能力相关的因子作为指标。经统计分析，实验班与对照班小学生在心理素质7个维度上的前后测得分比较结果见表8-15。

表8-15　实验班对照班学生心理素质发展结果分析（$M\pm SD$）

维度	班级	前测	后测	t
坚持性	实验班	3.742 9±0.646 6	3.790 5±0.831 0	−0.351
	对照班	3.365 7±0.819 6	3.514 3±0.886 9	−0.965
	t	2.257*	1.408	

续表

维度	班级	前测	后测	t
自制力	实验班	3.752 4±0.857 5	3.819 0±0.744 2	−0.477
	对照班	3.594 3±0.753 8	3.560 0±0.733 7	0.210
	t	0.851	1.533	
心身适应	实验班	3.152 4±0.737 6	3.466 7±0.851 6	−2.258*
	对照班	3.262 9±0.573 5	3.251 4±0.758 2	0.073
	t	−0.739	1.160	
情绪适应	实验班	3.342 9±0.492 5	3.604 8±0.527 3	−2.860**
	对照班	3.228 6±0.566 0	3.345 7±0.605 5	−1.153
	t	0.947	2.006*	
学习适应	实验班	3.485 7±0.553 7	3.657 1±0.722 2	−1.369
	对照班	3.314 3±0.755 0	3.525 7±0.654 6	−1.420
	t	1.116	0.829	
人际适应	实验班	3.804 8±0.649 9	4.057 1±0.784 3	−2.185*
	对照班	3.617 1±0.686 6	3.754 3±0.737 4	−1.009
	t	1.229	1.743	
挫折耐受	实验班	3.352 4±0.888 7	3.609 5±0.791 4	−1.682
	对照班	3.251 4±0.851 8	3.274 3±0.959 3	−0.122
	t	0.506	1.681	

从表 8-15 中可见，实验班与对照班小学生在心理素质问卷坚持性维度前测得分差异达到显著性水平（$p<0.05$），除此之外，他们在前测其他维度上得分均未达到显著性差异（$p>0.05$）；对照班小学生后测得分均未达到显著性水平（$p>0.05$），而实验班小学生在心理素质问卷 7 个维度后测得分均高于对照班，但经考验仅在情绪适应维度上达到显著性差异（$p<0.05$）；实验班小学生在心理素质 7 个维度上前后得分均有所提高，但仅在心身适应和人际适应上达到显著性水平（$p<0.05$），在情绪适应维度得分前、后测差异较为显著（$p<0.01$）。

（三）实验班对照班实验前后学业成绩结果分析

1. 实验班与对照班学业成绩前后测比较

为考察小学生情绪调节能力与其学业成绩的关系，首先对实验班与对照班被试在学业绩效上的同质性进行检验；同时考虑到三年级下学期期末考试试题与四年级小学期中考试试题难度系数有较大差异，我们选择对增值分数进行统计分析，对每一名被试用其后测成绩减去前测成绩，分别求出两组增值分数的平均数，对两组增值分数进行显著性检（朱莹 2000）。分析结果见表 8-16、表 8-17。

表 8-16　实验班与对照班语文成绩前后测比较（$M \pm SD$）

班级	前测（n=35）	后测（n=35）	t
实验班（n=42）	63.952 4±8.979 5	82.071 4±9.387 1	−17.725***
对照班（n=35）	61.671 4±7.876 8	78.285 7±8.723 1	−15.417***
t	1.173	1.819	

表 8-17　实验班对照班学业成绩增值比较（$M \pm SD$）

变量	实验班（n=35）	对照班（n=35）	t
增值	18. 119 0±6. 624 8	16. 614 3±6. 375 6	1. 009

从表 8-16 统计结果可以看出，实验班与对照班测学业成绩的前测后测得分比较均不显著；但实验班学业成绩前后测及对照班学业前后测均达到极其显著性的水平（$p<0.001$）。这很可能主要与前后测试题的难度及判卷标准不同有关。进一步分析发现（表 8-17），实验班语文学业成绩比对照班有所提高，但经统计分析，两者差异并未达到显著性水平（$p>0.05$）。

2. 实验班情绪调节困难高、中、低不同层次学生学业成绩前后测得分比较

为考察本实验在对情绪调节困难不同程度学生的学业成绩前后测得分的差异，我们根据情绪调节困难前测得分将实验班学生分为高分组、中等组和低分组（分组方法同前）。高、中、低三组学生的情绪调节困难前后测低分比较结果见表 8-18。

表 8-18　实验班情绪调节困难高、中、低不同层次学生学业成绩前后测得分比较（$M \pm SD$）

变量	高分组（n=12）	中等组（n=18）	低分组（n=12）	F	Sig.
学业成绩	16. 375 0±5. 633 2	18. 805 6±8. 391 4	18. 833 3±4. 287 0	0.570	0.570

从表 8-18 可以看出，情绪调节困难程度中等组和低分组学生在学业成绩上增值的幅度比高分组学生要大些，但统计分析结果表明均未达到显著性水平。

七、对小学语文中培养学生情绪调节能力的实验效果的探讨

（一）关于小学语文教学中培养学生情绪调节能力的渗透模式

小学语文教学中培养学生情绪调节能力的实验研究既是对小学生情绪调节能力的教育干预研究，同时更是一项基于拓宽学校心理素质教育途径，探索学科渗透心理素质实施途径所做出的有益的尝试。本研究在小学生情绪调节困难

特征探析的基础上，借鉴心理健康教育整合模式，以小学语文学科教学内容为载体，充分挖掘其中所蕴含的丰富的情绪调节相关教育教学资源，初步构建了小学语文教学中培养学生情绪调节能力的渗透模式，并从理论上分析了小学语文学科渗透学生情绪调节能力的目标、内容、方法及教学实施的策略与操作程序。然后，从实证的角度系统探讨了学科渗透学生情绪调节能力的可行性与有效性。结果证明，学科渗透模式可以有效地改善儿童的情绪调节困难状况，促进小学生情绪调节能力发展，有助于小学生心理素质的健全发展，而且提升了语文学业成绩。由此，我们可以认为学科渗透是实施心理素质教育的有效途径之一。

但我们也应该注意到，鉴于学科渗透心理素质教育本身的复杂性，该领域仍旧存在许多理论与操作上的问题需要解决，如学校环境的设置、各个学科的协同、教师素质的提高、学科教学与心理素质的关系把握，以及教学过程资源的开发与利用等问题尚有待在今后的研究中不断地加以改进和完善。而且我们对这一渗透模式理应具有合理的认识，它既不是可以按部就班、一成不变的僵化模式，也不是可以适用于所有心理素质培养的万能模式。因而在该渗透模式的实施过程中，要求教师能够依据实际情况加以灵活运用，合理变通。既要考虑到所渗透心理素质的特征、学生的年龄特征及个体之间的差异，也要考虑到学科性质、学科教学特点及授课类型的不同，这样才能切实促进儿童心理素质的健全发展。

（二）关于小学语文教学中培养学生情绪调节能力的实验效果

1. 关于小学生情绪调节能力整体实验效果

从表 8-11、表 8-12、表 8-13 可知，通过小学语文教学中培养学生情绪调节能力实验的结果分析显示：语文学科教学的渗透模式改善了小学生情绪调节困难状况，从而促进了小学生情绪调节能力的发展。实验班与对照班学生的情绪调节困难水平在前测上没有显著性差异。经过实验干预之后，虽然实验班与对照班的整体效应仍不显著，但统计结果却显示实验班比对照班在策略应对困难和情绪理解困难两因素上的改善达到极其显著的水平；通过分别对实验班与对照班的前测与后测的比较结果分析表明，对照班情绪调节困难的平均分后测比前测有所降低，但整体上并未达到显著差异水平，而实验班情绪调节困难平均分后测比前测却达到了较为显著的水平，而且在策略应对困难和情绪理解困难上具有极其显著的差异，在冲动行为控制的改善上也达到了显著性水平。通过对实验结果的综合分析，我们可以认为，小学语文教学的渗透模式可以有效改善小学生情绪调节困难状况。本实验结论的可能的原因主要有以下四点。

（1）从实验实施本身而言。小学语文学科渗透学生情绪调节能力实验的干预方式可以充分利用语文课文中所蕴含的情绪调节内容，这既与小学教育基本目标相符合，也符合教育经济性原则。但是语文学科渗透也有其自身的难以逾越的弱点，学科教学内容选择与编排是按照学科自身内在逻辑性而编排的，其中所蕴含的情绪调节内容具有分散与潜在性，这非但不能与小学生情绪调节能力发展的序列性相符合，而且学科渗透自身的特征又注定了其难以从整体上严格地按照小学生情绪困难状况进行有针对性的干预。鉴于语文学科教学内容及小学生情绪调节能力发展特征的考虑，我们在实验过程中也主要是针对小学生情绪理解、策略应对及对冲动行为控制等方面的内容来进行渗透。

（2）与情绪调节能力发展特征有关。情绪调节能力是小学生心理素质的一部分，这一能力的形成与发展需要一个长期的过程，并非一朝一夕就可以形成。考虑到学科渗透本身的特性及实验实施的人力、物力和财力的限制，我们实验正式实施的时间只有一个学期的时间，相对于小学生情绪调节能力发展与形成而言渗透实施的总体时间稍显不足。

（3）与教师自身素质有关。教师自身素质是学科渗透心理素质这一途径运用的最主要“瓶颈”之一。学科渗透则要求教师要善于深入学生生活实际，尊重、关心和接纳学生的表现与行为，民主、平等、融洽的师生关系是有效进行学科渗透教育的前提。同时要求教师具有丰富的学科知识，能够从整体上灵活地处理教材，善于把握与发掘教材所蕴含的心理素质教育资源，需要教师具有发展心理学、教育心理学、教学心理学等方面的知识，了解小学生心理发展的年龄特征，以便能够有针对性地进行渗透。此外，教师也要善于利用学科教学过程中的心理教育资源，这种隐性资源的影响力甚至超过了学科课程本身的内容资源。由于客观条件的限制，本实验的实施在很大程度上过于倚重语文学科教学内容方面的渗透，未能有效地兼顾教学过程中所蕴含的情绪调节资源。

（4）与小学生养成教育有关。就我们的实验而言，小学四年级学生是养成教育实施的关键年级。学校利用朝会、班会、课管及升旗仪式等各种时机，采取各种各样的方式对学生实施纪律、规范和习惯养成方面的教育，其中有许多方面的内容与情绪调节密切相关。这些都可能使对照班学生的情绪调节能力有较大的提高而“污染”了对照班的后测数据，从而对我们实验效果的测评具有一定的干扰作用。另外，语文学科教学渗透是一个系统性工程，也需要各科教师的通力配合与协作。综合上述考虑，我们这一实验的研究结果亦在情理之中。

2. 关于情绪调节困难程度不同学生的实验效果

从表 8-13 可以知道，学科教学渗透模式实施对高、中、低三组学生情绪调节困难程度得到不同程度的改善：本实验对低分组学生情绪调节困难改善未达到显著性差异，而对高分组和中等组学生的改善较为显著。中等组学生在策略应对困难、情绪理解困难维度上具有极其显著的改善；高分组学生在策略应对困难、情绪理解困难及目标定向困难上有显著性的改善。这在一定程度上支持吴丽娟（2003）的研究结论。我们认为小学生情绪调节困难属于发展性问题，只要方法适当合理，各个层次情绪调节困难的学生都可以得到一定程度的改善；但情绪调节的渗透模式对高分组与中等组学生的情绪调节困难程度改善最为有效。这其中可能的原因是：低分组学生的情绪调节能力发展良好，他们可以自如地对自身情绪进行有效的调节，较少遇到情绪方面的困扰。相对而言，高分组和中等组学生则很少能够准确地把握自己的情绪体验，难以说清自身情绪状态，不知道负性情绪的成因与危害，缺乏必要的情绪调节和控制的常用方法，他们在遇到情绪方面的困扰或问题时也难以有效地抑制情绪冲动，抑或随心所欲，以至于难以维系有效的目标定向行为。因此，情绪调节能力培养对于情绪调节困难高分组与中等组学生具有至关重要的意义，这在一定程度上可以从乔建中（2003）对青少年情绪素质的研究中可以得到佐证。

3. 关于小学情绪调节渗透模式对其心理素质发展效果

从表 8-15 中可见，实验班与对照班小学生在心理素质问卷除坚持性维度前测得分差异达到之外，他们在前测其他维度上得分均未达到显著性差异。对照班小学生后测得分均未达到显著性水平，而实验班小学生在心理素质问卷 7 维度后测得分均高于对照班，但经考验仅在情绪适应维度上达到显著性差异。实验班小学生在心理素质 7 维度上前、后得分均有所提高，但仅在心身适应和人际适应上达到显著性水平，在情绪适应维度得分前、后测差异较为显著。这一结果可能主要与情绪调节能力和心理素质之间的密切关系有关。心理素质是一个复杂的自组织系统，包括认知性、个性和适应性等诸多成分，而情绪调节能力是心理素质结构中情绪适应维度中最为重要的组成部分之一，这也可以从刘衍玲（2001）的研究中得到确证。所以，我们也不难理解情绪调节能力的改善可以提高个体情绪适应性水平，从而促进心理素质的健全发展；当然，心理素质作为一种心理品质，其一旦形成即具有相对稳定性，不容易改变。而且个体心理素质的发展受到众多因素的影响，如个体原有的知识经验、社会环境、家庭环境及社区环境等。因此，我们可以认为情绪调节能力是学生心理素质的重要组成部分之一，情绪调节渗透模式可以有效提高小学生相应心理素质发展水平。

4. 关于小学情绪调节渗透模式对语文学业成绩影响

从表 8-16、表 8-17 统计结果可以看出，实验班与对照班语文学业成绩的前测、后测得分没有达到显著性差异；但实验班学业成绩前、后测及对照班学业前、后测均达到极其显著性的水平，这可能主要是由于实验学校三年级下学期期末与四年级上学期期中考试题目难度以及判卷标准差异太大而导致的。我们也可以从表 8-17得到证明，通过对实验班与对照班差值比较发现，实验班语文学业成绩比对照班有所提高，但经统计分析，两者差异并未达到显著性水平。与沃克（Walker 1983）、周天赐（1988）、黄月霞（1989）等对情绪教育研究结果相比，我们学科渗透学生情绪调节能力实验同样提高了学生学业成绩，只是对语文学业成绩的提升程度并没有像上述实验那样达到显著性的水平。通过对情绪调节困难不同层次学生学业成绩的考察也得到了类似的结果。我们认为，这一结果可能的原因有以下三点。

（1）学业成绩的提高受到众多因素的影响，如个体智力水平、成就动机及教学质量等，这些对学业成绩的提高都具有相当重要的影响。

（2）与情绪教育范畴广泛性有关。情绪教育主要包括四个方面的内容(Brown1971)：与学科有关的情感、与学校有关的情感、学生自我概念及心理卫生。周天赐（1988）等认为学生对某一学科的情感程度与该学科的成败经验有相互的因果关系，尤其学生对某科目的态度与学习动机常常影响其在该学科的成就。但我们学科渗透学生情绪调节能力实验并没有对学科的情绪情感做特别的探讨，而主要关注情绪调节能力的发展与完善是否影响到其学业成绩的变化。

（3）相对于对学生情感进行专门训练或辅导的方式而言，我们实验所采用的学科教学的渗透模式对学生情绪调节能力发展的干预时间相对较短，也可能由此导致本实验对小学生学业成绩的提高没有达到显著性差异。总之，我们可以认为小学生情绪调节能力的改善可以有效促进其语文学业成绩的提高。

参考文献

白金声．2000．语文德育渗透艺术．北京：中国林业出版社．
班华．1994．心育论．合肥：安徽教育出版社．
边玉芳，郑艳球．1997．杭州市小学生心理健康状况调查报告．杭州大学学报，4：138-142．
蔡秀玲，杨智馨．2001．情绪管理．合肥：安徽人民出版社．
陈家麟．2002．学校心理健康教育——原理与操作．北京：教育科学出版社：406．
陈旭，张大均．2002．心理健康教育的整合模式探析．教育研究，1：71-75．
陈艳玲．2002．中小学教师课堂情绪调节的研究．首都师范大学硕士学位论文．
陈永胜．1994．小学生心理卫生．济南：山东教育出版社：72-73．
郭亨杰，宋宁．2002．小学生心理素质训练．上海：上海教育出版社．

胡克祖，郑和钧，张桃. 2003. 通过认知训练培养初中生情绪调节能力的实验研究. 湖南师范大学教育科学学报，1：83-88.
黄敏儿，郭德俊. 2000. 情绪调节的实质. 心理科学，23（1）：109-110.
黄敏儿. 2001. 情绪调节与个体差异. 首都师范大学博士学位论文.
黄月霞. 1989. 情感教育与发展性辅导. 台北：五南图书出版公司：197-279.
劳拉·E. 贝克. 2002. 儿童发展. 5版. 吴颖等译. 南京：江苏教育出版社.
李晓文. 2002. 不同适应水平小学生情绪体验评价比较. 心理科学，6：683-686.
李正坤. 2000. 小学生心理健康教育指南（教师用书）. 长沙：湖南教育出版社.
李祚山. 2002. 小学生心理健康与学习适应性的研究. 重庆师范学院学报（自然科学版），9：68-71.
刘国雄，方富熹，杨小冬. 2003. 国外儿童情绪发展研究的新进展. 南京师范大学学报（社科版），(6)：98-104.
刘翔平，顾群. 2004. 我国中小学心理教师的角色模糊及其深层次原因剖析. 教师教育研究，4：61-65.
刘晓明，张宝来. 1999. 小学生心理健康与心理咨询. 长春：东北师范大学出版社.
刘衍玲. 2001. 小学生心理素质与学业成绩关系的研究. 西南师范大学硕士学位论文.
卢家楣. 2002. 以情优教——理论与实证研究. 上海：上海教育出版社：17.
陆芳. 2004. 学龄前儿童情绪调节策略的发展及其相关研究. 华东师范大学硕士学位论文.
罗峥，郭德俊，方平. 2002. 小学生对情绪社会调节作用的理解. 心理发展与教育，3：34-39.
骆亚. 1989. 情绪控制的理论与方法. 北京：光明日报出版社.
孟昭兰. 1989. 人类情绪. 上海：上海人民出版社.
孟昭兰. 2000. 当代中国心理学. 北京：人民教育出版社：215-219.
孟昭兰. 2005. 情绪心理学. 北京：北京大学出版社.
钱含芬，张履祥，谢雍道. 1996. 心理素质教育课与学生心理素质结构优化的实验研究. 心理科学，1：33-38.
乔建中，严榜宏，陈履伟，等. 1999. 中学生情绪素质的调查报告. 南京师范大学学报（社会科学版），2：80-85.
乔建中，饶虹. 2000. 国外儿童情绪调节研究的现状. 心理发展与教育，2：49-53.
乔建中. 2003. 情绪研究：理论与方法. 南京：南京师范大学出版社.
人民教育出版社小学语文室. 2001. 教师教学用书. 北京：人民教育出版社.
沈德立. 1997. 非智力因素的理论与实践. 北京：教育科学出版社.
史晓红. 1993. 城乡小学生移情发展的比较研究. 心理科学，1：53-54.
唐慧琴，忻仁娥，林霞凤，等. 1993. 儿童行为问题影响因素分析：22城市协作调查24013名儿童少年报告. 中国心理卫生杂志，7（1）：13-16.
王国猛. 2004. 情绪自我教育与初中生情绪调节能力的实验研究. 湖南师范大学硕士学位论文.
王加绵. 2002. 中国学生心理健康教育研究. 沈阳：辽宁教育出版社.

王景英，盖笑松. 1998. 小学生对不同类型情感的移情水平发展的研究. 心理发展与教育，3：19-22.

王莉，陈会昌. 1998. 2岁儿童在压力情境中的情绪调节策略的特点及其相关因素. 心理学报，3：289-297.

王莉. 2001. 情绪调节策略在儿童发展中的意义. 北京师范大学博士学位论文.

王伶伶. 1998. 情绪障碍少年儿童个性和智力测评. 中国心理卫生杂志，5：352-354.

王滔. 2002. 大学生心理素质结构及其发展特点的研究. 西南师范大学硕士学位论文.

王晓钧. 2000. 情绪智力理论结构的实证研究. 心理科学，23（1）：24-27.

王耘，叶忠根，林崇德. 1993. 小学生心理学. 杭州：浙江教育出版社.

沃建中，刘慧娟. 2003. 小学生不良情绪状况的特点研究. 中国临床心理学杂志，2：102-104.

沃建中，马红中，刘军. 2002. 走向心理健康：发展篇. 北京：华文出版社：45.

吴丽娟. 2003. 理情教育课程设计. 北京：世界图书出版公司.

吴明隆. 2001. SPSS统计应用实务. 北京：中国铁道出版社.

吴齐玲. 2002. 教学渗透设计. 合肥：安徽教育出版社.

杨建锋，徐小燕，张进辅. 2003. 关于中学生情绪智力的调查研究. 西南师范大学学报（自然科学版），8：650-654.

叶一舵. 2004. 学科教学中渗透心理健康教育的若干问题. 中国教育学刊，3：18-21.

于萍，张凤琳，莫瑞芳. 1999. 少年学生情绪健康问题初探. 云南师范大学学报，4：81-84.

曾天德，江琦，张大均. 2007. 学科教学渗透心理素质教育研究存在的问题及对策. 漳州师范学院学报（哲学社会科学版），(4)：160-164.

张春兴. 2002. 教育心理学. 杭州：浙江教育出版社：340.

张大均，彭智勇. 2000. 中小学生心理素质训练（小学4—6年级）. 重庆：西南师范大学出版社.

张大均，赵丽霞. 2001. 小学生心理素质教育初探. 忻州师范学院学报，5：56-62.

张殿国. 1985. 情绪的调控与调节. 上海：上海人民出版社.

张进辅，徐小燕. 2004. 大学生情绪智力特征的研究. 心理科学，2：293-296.

张履祥. 1990. 学业成绩与智力和人格特征的相关研究. 心理科学通讯，5：38-42.

张涛. 2003. 小学生心理健康状况的调查研究. 培训与研究——湖北教育学院学报，1：87-89.

钟志农. 2003. 多变的情绪（小学五年级）. 宁波：浙江电子音像出版社.

周林，查子秀. 1997. 对数理超智儿童学业情感作用的探讨. 心理科学，1：82-83.

朱滢. 2000. 实验心理学. 北京：北京大学出版社：20-21.

Altshuler J L，Ruble D N. 1989. Developmental changes in children's awareness of strategies for coping with uncontrollable stress. Child Development，60：1337-1349.

Axline V. 1969. Play Therapy：The Inner Dynamics of Childhood. Boston：Houghton Mifflin.

Bower G H，Gillian S G，Monteriro K P. 1981. Selectivity of learning caused by emotional states. Journal of Experimental Psychology：General，110：451-473.

Buckley M，Storino M，Saarni C. 2003. Promoting emotional competence in children and adolescents：implications for school psychologists. School Psychology Quarterly，18：177-191.

Campos J J，Campos R G，Barrett K C. 1989. Emergent themes in the study of emotional development and emotion regulation. Developmental Psychology，25：394-402.

Caspi A，Bem D，Elder G. 1989. Continuities and consequences of interactional styles across the life course. Journal of Personality，57，375-406.

Cicchetti D，Ackerman B P，Izard C E. 1995. Emotions and emotion regulation in developmental psychopathology. Development and Psychopathology，7 (1)：1-10.

Cole P M，Kaslow N. 1988. Interactional and cognitive strategies for affect regulation：developmental perspective on childhood depression//Alloy L. Cognitive Processes in Depression. New York：Gu ilford Press：310-343.

Cole P M，Michel M K，O'Donnell-Teti L. 1994. The development of emotion regulation：biological and behavioral consideration. Monographs of the Society for Research in Child Development，59 (2/3)：73-100.

Cumming A. 1987. Writing expertise and second language proficiency in ESL writing performance. Unpublished doctoral dissertation. University of Toronto.

Davies P T，Cummings E M. 1995. Children' s emotions as organizers of their reactions to interadult anger：a functionalist perspective. Developmental Psychology，31：677-684.

Denham S A，Mitchell-Copeland J，Strandberg K，et al. 1997. Parental contributions to preschoolers' emotional competence：direct and indirect effects. Motivation and Emotion，21：65-86.

Denham S A，Mitchell-Copeland J，Strandberg K，et al. 1997. Parental contributions to preschoolers' emotional competence：direct and indirect effects. Motivation and Emotion，21：65-86.

Diamond L M，Aspinwall L G. 2003. Emotion regulation across the life span：an integrative perspective emphasizing self-regulation，positive affect，and dyadic processes. Motivation and Emotion，27：125-156.

Dodge K A，Garber J. 1991. Domains of emotion regulation//Dodge K A，Garber J. The Development of Emotion Regulation and Dysregulation. UK：Cambridge University Press：3-14.

Dodge K. 1989. Coordinating responses to aversive stimuli. Developmental Psychology，25：339-342.

Eisenberg N，Fabes R A，Murphy B，et al. 1995. The role of emotionality and regulation in children's social functioning：a longitudinal study. Child Development，66：1360-1384.

Eisenberg N，Fabes R A，Murphy B，et al. 1997. Emotional responding：regulation，social，correlations，and socialization//Salovey P，Sluyter D. Emotional Development and Emotional In telligence Educational Implication. New York：Basic Books Inc：129-163.

Eisenberg N，Fabes R A. 1992. Emotion，regulation，and the development of social competence// Clark M S. Emotion and Social Behavior. Newbury Park：CA：119-150.

Eisenberg N，Losoya S，Guthrie I K. 1997. Social cognition and prosocial development // Halas. The Development of Social Cognition. Hove：Psychology Press：329-364.

Eisenberg N，Moore B S. 1997. Emotional regulation and development. Motivation and Emotion，21：1-6.

Fabes R A，Eisenberg N，Karbon，et al. 1994. Socialization of children's vicarious emotional responding and prosocial behavior：relations with mother's perceptions of reactivity. Developmental Psycho logy，30：44-45.

Feshbach N，Roe K. 1968. Empathy in six-and seven-year olds. Child Development，34：133-145.

Fox N A，Calkins S D. 2003. The development of self-control of emotion：intrinsic and extrinsic influences. Motivation and Emotion，27：7-26.

Gardner H. 1993. Multiple Intelligences：The Theory Inpractice. New York：Basic Books.

Goldsmith H H，Davidson R J. 2004. Disambiguating the components of emotion regulation. Child Development. 75：361-365.

Gottman J M，Parker J. 1986. Conversations of Friends：Speculations on Affective Development. New York：Cambridge University Press.

Gottman J M，Mettetal G. 1986. Speculations about social and affective development：friendship and acquaintance through adolescence// Gottman J M，Parker J G. Conversations with Friends：Speculations on Affective Development. Cambridge，UK：Cambridge University Press：3-48.

Gratz K L，Roemer L. 2004. Multidimensional assessment of emotion regulation and dysregulation：development，factor structure，and initial validation of the difficulties in emotion regulation scale. Journal of Psychopathology and Behavioral Assessment，26：41-54.

Gross J J，John O P. 2003. Individual differences in two emotion regulation processes：implications for affect，relationships，and well-belling. Journal of Personality and Social Psychology，85：348-362.

Gross J J，Levenson R W. 1997. Hiding feelings：the acute effects of inhibiting negative and positive emotion. Journal of Abnormal Psychology，106：95-103.

Gross J J. 1998. Antecedent-and response-focused emotion regulation：divergent consequences for experience，expression，and physiology. Journal of Personality and Social Psychology，74：224-237.

Gross J J. 1998. The emerging field of emotion regulation：an integrative review. Review of General Psychology，2：271-299.

Gross J J. 1999. Emotion regulation：past，present，future. Cognition and Emotion，13 (5)：551-573.

Gross J J，Levenson R W. 1993. Emotional suppression：physiology，self-report，and expressive behaviour. Journal of Personality and Social Psychology，64：970-986.

Gumora G，Aresnio W F. 2002. Emotionality，emotion regulation，and school performance in middle schhool children. Journal of School Psychology，40：395-413.

Gunnar M R，Mangelsdorf S，Larson M，et al. 1989. Attachment，temperament and adrenocortical activity in infancy：a study of psychoendocrine regulation. Developmental Psychology，25：355-363.

Halberstadt A. 1991. The ecology of expressiveness：family expressiveness in particular and a model in general // Feldman R S，Rime B. Fundamentals in Nonverbal Behavior. Cambridge，England：Cambridge University Press：106-162.

Harter S，Buddin B J. 1987. Children's understanding of the simultaneity of two emotions：a five-stage developmental acquisition sequence. Developmental Psychology，23 (3)：388-399.

Isenberg N，Cumberland A，Spinrad T L. 1998. Parental socialization of emotion. Psychological Inquiry，9：241-273.

Joshi M S，MacLean M. 1994. Indian and English children's understanding of the distinction between real and apparent emotion. Child Development，65：1372-1384.

Kagan J. 1994. The Nature of the Child. New York：Basic Books press.

Keenan K. 2000. Emotion dysregulation as a risk factor for child psychopathology. Clinical Psychology：Science and Practice，7：418-434.

Kim A. 2004. Investigating self-regulation in Korean students. Second International Conference on Self-Determination Theory. Ottowa，Canada.

Lazarus R S，Opton E M. 1966. The study of psychological stress：a summary of theoretical formulations and experimental findings // Spielberger C D. Anxiety and Behavior. New York：Academic Press：225-262.

Lempers J D，ClarkL D S. 1992. Young，middle and late adolescents comparisons of the functional importance of five significant relationships. Journal of Youth and Adolescence，21：53-96.

Masters C. 1991. Strategies and mechanisms for the personal and social control of emotion // Dodge K A，Garber J. The Development of Emotion Regulation and Dysregulation. Cambridge University Press：182-207.

Mayer J D，Salovey P. 1997. What is emotional intelligence? // Salovey P，Sluyter D J. Emotional Development and Emotional Intelligence：Educational Implications. New York：Basic Books.

Murphy B C，Eisenberg N. 1996. Provoked by a peer：Children's anger related responses and their relation to social functioning. Merrill Palmer Quarterly，42 (1)：103-124.

Murphy B，Eisenberg N. 1996. Provoked by a peer：children's anger related responses and their relation to social functioning . Merrill-Palmer Quarterly，42：103-124.

Parke R D. 1994. Progress, paradigms, and unresolved problems: a commentary on recent advances in our understanding of children's emotions. Merrill-Palmer Quarterly, 40: 157-169.

Parkinson J A, Robbins T W, Everitt B. 1999. Selective excitotoxic lesions of the nucleus accumbens core and shell differentially affect aversive Pavlovian conditioning to discrete and contextual cues. Psychobiology, 27: 256-266.

Penza-Clyve S, Zeman J. 2002. Initial validation of the emotion expression scale for children (EESC). Journal of Clinical Child and Adolescent Psychology, 31: 540-547.

Pulkkinen L. 1986. The roie of impulse control in the development of antisocial and prosocial behavior//Olweus D, Block J, Radke-Yarrow M. Development of Antisocial and Prosocial Behavior. Orlando, FL: Academic Press: 149-175.

Ramsden S R, Hubbard J A. 2002. Family expressiveness and parental emotion coaching: their role in children's emotion regulation and aggression. Journal of Abnormal Child Psychology, 30: 657-667.

Richard B A, Dodge K. 1982. Interpersonal problem-solving in school-aged children. Journal of Consulting and Clinical Psychology, 50: 226-233.

Saami C. 1997. Coping with aversive feelings. Motivation and Emotion, 21: 45-63.

Saarni C, Mumme D, Campos J. 1998. Emotional development: action, communication, and understanding// Damon W, Eisenberg N. Handbook of Child Psychology. New York: Wiley: 237-309.

Saarni C. 1988. Emotional competence: How emotions and relationships become integrated// Thompson R A. Socioemotional Devklopment. Lincoln: University of Nebraska Press: 115-182.

Salovey P, Birnbaum D. 1989. Influence of mood on health-relevant cognitions. Journal of Personality and Social Psychology, 57: 539-551.

Salovey P, Mayer J D. 1990. Emotional intelligence. Imagination, Cognition and Personality, 9: 185-211.

Shields A, Cicchetti D. 1997. Emotion regulation among school-age children: the development and validation of a new Criterion Q-Sort Scale. Developmental Psychology, 33: 906-916.

Shields A, Cicchetti D. 1997. Emotion regulation among school-age children: the development and validation of a new criterion Q-sort scale. Developmental Psychology, 33 (6): 906-916.

Stansbury K, Gunnar M R. 1994. Adrenocortical activity and emotion regulation. Monographs of the Societyfor Research in Child Development, 59: 108-134.

Strayer D L. 1989. A comparison of process and memory-based theories of automaticity. Unpublished doctoral dissertation. University of Illinois.

Thompson R A. 1990. Emotion and self-regulation//Thompson R A. Socioemotional Development. Lincoln: University of Nebraska Press: 367-467.

Thompson R A. 1994. Emotion regulation：a theme in search of definition // Fox N A. The Development of Emotion Regulation：Biological and Behavioral Considerations. Chicago：The University of Chicago Press：25-52.

Underwood M K. 1997. Top ten pressing questions about the development of emotion regulation. Motivation and Emotion，21：127-146.

Underwood M，Hurley J，Johnson C，et al. 1999. An experimental，observational investigation of children's responses to peer provocation：developmental and gender differences in Middle children. Child Development，70：1428-1446.

Vinden P G. 1999. Children's understanding of mind and emotion：a multi-culture study. Cognition and Emotion，13 (1)：19-48.

Volling B，Mackinnon-Lewis C，Rabiner D，et al. 1993. Children's social competence and socio-metric status：further exploration of aggression，social withdrawa，and peer rejection. Development and Psychopathology. 5：459-483.

Von Salisch M. 2001. Children's emotional development：challenges in their relationships to parents，peers，and friends. International Journal of Behavioral Development，25：310-319.

Walden T A，Smith M C. 1997. Emotion regulation. Motivation and Emotion，21：7-25.

Walden T A. 1998. A developmental approach to Social Behavior. Journal of Social Behavior and Personality，3：67-84.

Walker H M. 1983. The Access Program：Adolescent Curriculum for Communication and Effective Social Skills：Student Study Guide. Austin，TX：Pro-Ed.

Zeman J，Shipman K. 1996. Children's expression of negative affect：reasons and methods. Developmental Psychology，32：842-849.

第九章　改善亲子关系心理素质教育软件开发与实验研究

随着素质教育的全面推进，学生的心理素质教育越来越受到重视，因而心理素质教育的手段也成了近期关注的热点。本研究提出了一个新的培养心理素质的视角，即利用计算机辅助教学形式，将心理素质教育的内容开发为教育软件，运用于学校心理素质教育之中，从而提高学生心理素质水平。为了证实本教育模式的有效性和可行性，本研究运用开发的以改善亲子关系为内容的心理素质教育软件进行了实验研究。

第一节　研究概述

一、心理素质教育软件开发的理论探讨和模式建构

（一）心理素质教育软件开发的理论探讨

1. 心理素质教育软件符合心理素质教育的要求

首先，心理素质教育是一个“助人自助”过程（刘慧，张大均　2004）。在这个过程中，教师指导学生的目的是教会其自助。同样，学生在与计算机的交互作用中，可以通过软件中音像文字等的交流，接受软件的某些看法和思想，形成相应的心理素质，达成“自助”的目的。

其次，心理素质教育特别强调全面性和全体性。心理素质教育不仅要教学生学会学习，而且要教学生学会生活、学会做人、学会交往等。计算机辅助可以将这些表达出来，可以用多种方式促进学生智力品质、个性、社会性和创造性品质的发展。软件既可以针对所有学生共同的问题，又能将个别情况个别问题做重点分析，比较灵活的体现心理素质教育“全”的特点。

最后，心理素质教育十分重视活动性和互动性。计算机辅助可以用多种手段模拟学生在现实生活中可能遇到的各种各样的问题情境，并且给出在情境中比较好的解决方式，这样的演示可以更直观更形象的教给学生一些必要的处理问题的方法，而且提供的实例可以更丰富，也更节约时间。

综上所述，计算机模拟可以达到心理素质教育的基本要求，符合进行心理素质教育的特点。因此，将计算机辅助引入到心理素质教育是有一定科学依据的。

2. 心理素质教育软件开发的优势

计算机辅助被广泛应用于教育教学的很多领域，有它本身特有的优势。这些优势符合学生心理素质培养的要求，可以有助于进行心理素质训练。

1）促进感知和理解

多媒体计算机具有图像逼真、文字生动、声音动听等特点，提供的不是单一的外部刺激，而是多种感官的综合刺激，能将多层次、多角度的内容以活动的形式展示给学生，便于学生观察、认识和理解。而且多媒体技术储存信息量大，可读性强，学生在学习的各个环节都能保持较高的兴奋度，这些都有利于学生对学习内容的感知和理解。

在计算机心理素质教育软件中极其重视心理环境的创设，心理环境的创设是心理素质训练的保障。心理素质的教育过程，也是激活或唤醒学生心理活动的过程，引发学生的认同感或缺失感，激发情感共鸣或震撼，诱发行动愿望。在这个过程中，和谐的心理环境的创设就成为心理素质教育的重要条件。

2）交互性

和谐互动策略是心理素质教育中培养和提高学生心理素质的重要方式，在现实的实施方式中多通过学生与学生，学生与教师的互动来体现。计算机辅助过程中也可以用人机互动手段让学生参与进来，将学生的支持、合作和热情作为一个重要的支持因素。学生是一个主动积极的参与者而非旁观者，在计算机辅助过程中要求学生不断地做出反应，以控制训练的进程；要求学生适时地反省、交流，这是心理素质教育过程中不可缺少的重要特征之一。

3）激发学生的兴趣和动机

学生心理素质教育首先要引导学生做出判断鉴别，引起学生的缺失感和共鸣感，激发学生的动机。在多媒体软件里，多媒体计算机以其视听合一、及时反馈的显著特点，产生图文并茂、丰富多彩的人机交互方式，通过人机之间的互动，学生按照原有的基础和水平，自己选择进程，并获得及时反馈，使学习具有较强的主动性。这种主动的学习方式集知识性、趣味性、新颖性和娱乐性于一体，能激发起学生对学习内容的浓厚兴趣；而反馈信息友好、自然、生动，使学生容易接受，可以强化学习行为，激发学生的内在动机，使学生不仅可以获得可靠与完整的知识，而且能够更加积极主动的探索。

4）有利于巩固与迁移

学生心理素质的提高需要从虚拟情景迁移到现实生活中。心理学家 Treichler（1967）通过实验验证：在人们获得的信息中，1.0%通过味觉，1.5%通过触觉，3.5%通过嗅觉，11.0%通过听觉，83.0%通过视觉。可见视听在学习活动中的重要作用。他又指出：人们一般可以记住自己阅读到的 10%，自己听到的20%，自己看到的30%，自己看到和听到的50%，交谈时自己所说的70%，这说明了从增强记忆的角度考虑，可以在学习过程中同时使用多种感官。计算机辅助心理素质教育中正是如此，通过多种方式对学生的多种感官进行刺激，让其能够深刻记忆学习和了解相关内容，以便在相似情景中顺利提取和应用。

（二）心理素质教育软件的模式建构

1. 心理素质教育软件的基本模式

1）个别辅导模式

在学科教学中，个别辅导指的是由计算机辅助程序扮演指导者或教学者的角色，目的是教给学生新的知识技能，主要包括言语信息和智力技能（刘儒德 1997）。计算机辅助心理素质教育可以采用该模式，虽然目前的计算机辅助个别辅导程序还不能像教师那样灵活的和学生进行对话，但是它也有教师所不具有的优势，例如，和计算机交流学生没有心理戒备，更容易袒露自己的心迹。而且，这种个别辅导形式可以充分体现学生和计算机之间的交互作用，也充分体现了个别化，这都是心理素质训练中必不可少的条件。

2）情景模拟模式

计算机辅助模拟，是由计算机提供的交互式的某种“情景”的模拟，这种“情景”包括一件事，一个物体或者一种现象（刘儒德　1997）。利用模拟，教师可以在社会科学、人际关系和自然科学等方面，为学生提供一个实验室，它比直接的讲演法要耗费更多的时间，但是，所得的回报是高水平的、可能保持相当长时间的领会。模拟的一个最大的优越性在于，能让学生将他们在模拟环境中反复练习过的技能应用到实际生活中。

在心理素质训练的程序中一般应用角色扮演的模拟模式。角色扮演是一种以相对开放的人际交往为主要特征的模拟。一般说来，角色扮演模拟要求参与者想象自己是另一个人，或者处于某一种特殊的情境中，然后以这个人的方式或者该环境所要求的方式做出反应。一个好的模拟具有娱乐性、真实性等特点，这可以让学生有更好的迁移，减少在真实情景中的威胁和焦虑水平。计算机辅助心理素质教育采用这种模式可以为学生提供一个良好的模拟和体验的情景。

3）激励游戏模式

激励游戏模式是指利用计算机产生一种具有游戏性、竞争性的环境，激发学生学习动机，使学生在教学目标明确的游戏活动中有所发现，取得积极的效果。一些优秀的教学游戏能激发使用者强烈的兴趣。这种模式把科学性、趣味性和教育性融为一体，能起到“寓教于乐”的作用。当心理素质训练要求让学生掌握正确的行为方式时可以采用这种方式，以帮助培养良好的心理素质和行为习惯。

4）问题求解模式

问题求解模式是指结合所教内容给学生呈现一个或者几个问题情境，使学生在较短时间内就能解决较多的与实际背景较为接近的问题。这种模式一般不教授行为的条条框框，而是创设一定的问题空间，给学生提供创造性解决问题的机会，激发学生的学习动机，引导学习者进行问题解决，鼓励学生发展高水平的思维技能和解决问题的策略。让学生在实际情景中自己寻找解决问题的最佳方案，这也是心理素质教育的重要一环，这时比较适宜采用这个模式。

5）平行对话模式

平行对话模式是指通过计算机程序实现的计算机与学生之间的对话方式，它允许学生用自然语言提出与教学内容有关的问题，也允许学生用自然语言来回答计算机的提问，以此达到个别教授的目的。这种模式的优点是能启发学生积极思维，激发学生兴趣。

心理素质教育不同于文化课的教育，而是心对心的教育，这种教育模式要求能够使学生敞开心扉，对话是其中必不可少的艺术。和计算机的对话可以让学生更少有顾虑，能够坦诚表露自己，这有利于了解学生的心理素质水平，在整个计算机辅助心理素质教育的过程中，该模式都十分重要。

上述计算机辅助心理素质教育的模式均符合心理素质教育的要求。但计算机辅助心理素质教育中可以采用多种模式的组合，根据训练内容的要求将多种教育模式优化组合，达到最佳的教育效果。例如，当想让学生学习自身独特的内容时，可以采用个别辅导的模式，制定多个按钮，让其选择适合自己的内容学习，而当需要他反思内化某种优秀心理品质时，可以采用角色扮演的模式，可以利用对话模式的优势让他把自己的内心感触用文字形式表达出来，等等。因此，在制作计算机心理素质教育软件的时候，可以利用多种模式组合来实现心理素质教育的目标。

2. 心理素质教育软件设计的原则与相关策略

计算机辅助心理素质教育软件设计过程必须遵循一定的原则，这是已有的多媒体教育中得到的经验的概括和总结。从共性上看，心理素质教育必须遵循多媒体课程设计和一般教学设计的共同原则，注重系统性、程序性和可行性；从个性角度上说，又有必须遵循的独特原则。

1）主体性原则

心理素质教育软件设计原则必须重视学生的主观能动性，充分体现了学生的主体性。学生的主体性主要表现在：学习时认真观察，积极思考，能发现问题，并运用所学的知识分析、解决问题；通过自己动脑、动情将学到的知识迁移到现实生活中去。计算机辅助心理素质教育软件的开发必须考虑如何有效调动学生的主动性，这不仅关系到该软件的功能作用而且关系到学生心理素质的健全发展。

2）视听兼容-体验反思结合的原则

在计算机辅助心理素质教育软件应用过程中，视听与思考紧密相连，不可分割。计算机辅助过程不可能没有视听，但是只有视听没有体验和反思也达不到心理素质训练的目的。视听兼容与体验反思相结合的原则，就是为了使学习者的认识不仅仅停留在感性阶段，而必须从中获得心理的共鸣，达到提高其心理素质的目的。这个原则需要我们注意两点：①要周密组织学习者的视和听，以不断丰富和发展学习者感性认识的内容与形象思维的形式；②要引导学习者的体验和反思。在软件中设置体验和反思的一些问题和情境，这样可以促进学习者回忆在生活中的已有经验，唤醒他们的亲身体验，促使反思，从而改变行为，提高心理素质。

3）多媒体组合与活动设计最优化原则

软件的呈现形式是多种多样的，如何将各种表现手段实现最佳组合也是本研究必须考虑的问题。多种多样的媒体表现方式是为了体现心理素质教育的基本目的，而心理素质的目标也是多元的。虽然学生的心理素质总是以整体的形式表现出来，需要进行系统的综合培养和训练，但是心理素质是可以分为多维度和多层次的，软件的开发也应该具有层次性。在软件的编排中既要注意各种内容表现形式的最优化，也要注意各级目标的最优化表现。因此，如何用媒体的形式将多重的目标表现出来，如何用软件的设计表现想要表现的东西，这也是在软件设计中必须考虑的原则之一。

4）软件内容选择的生活化原则

学生的心理素质是在其日常的学习与生活中形成和发展起来的，进行心理素质训练也要紧紧围绕学生心理生活的热点、焦点和难点来组织教学材料。课程编排前要深入学生的心理生活实际，通过调查或者参阅研究文献，广泛搜集有关的素材。软件的编排必须能够给学生提供一个丰富多彩的、和现实生活相似的虚拟情景，让学生在其中得到真实的心理体验，掌握心理与行为的方法与技巧，在此基础上形成习惯，并在体验心理活动的基础上提升心理生活的品质，培养良好的心理素质。

（三）心理素质教育软件的制约因素

根据计算机辅助心理教育软件的使用过程，可以分析出影响训练效果的变量主要有软件的内容，学生的特点和环境变量。可以表示为：

软件效果＝f（软件特点×学生特点×环境因素）

软件特点包括内容的适当性、装饰的适当性、程序的适当性和衔接的适当性等特点；学生特点包括学生的年龄、性别、年级、学习动机、已有经验、对软件的态度和接受能力、对计算机的熟悉程度和使用能力，以及他们对软件模式的适应性等；环境因素包括社会的要求、学校使用的范围、教师或家长的态度，以及软硬件环境等。

1. 软件特点

在研究计算机辅助学习效果中，人们发现，计算机辅助的效果与计算机辅助软件的设计极其相关（刘儒德 1997）。对于计算机辅助心理素质教育的效果，有关实验研究还比较少，但是可以确定，计算机辅助心理教育的基本形式（例如，如何提供即时反馈，如何设计屏幕呈现，采用什么样的控制方式等）一样会影响心理素质教育的效果。不能将心理素质教育课本“大搬家”，软件应该是比课本更活泼更生动的媒体形式。只有做到了这点，才能保证软件的效果。

2. 环境因素

首先，使用软件的前提。目前，整个社会对计算机应用的要求是比较广泛的，因此许多学校都设有计算机课，整个大的社会环境是有利于计算机和各学科教学包括心理素质教育结合的。同时，学校环境也相当重要，它包括从校长到教师对心理素质教育软件功能的普遍看法、全校进行课堂计算机辅助心理素质教育软件的氛围，以及管理层对软件所采取的政策和激励手段等。

其次，软硬件条件。目前，一般学校的计算机资源仍然有限，并且大多数用在计算机知识的学习上，心理素质教育一般难以被安排进去。如果是这样，那么计算机辅助心理教育的基本要求都达不到，就更不用说效果了。

最后，使用软件的环境。软件的性质不同于课本，可以将所有计算机集中在一个计算机教室，但是这样学生之间可能会互相干扰；也可以将软件拿给学生回家自学，这样做的缺点是随意性比较大，家庭环境毕竟不如教室环境安静。因此，这些软件的使用环境也会成干扰效果的一个因素。

（四）计算机辅助心理素质教育的应用

1. 应用其网络互动进行心理知识的传授和心理问题的矫治

可以利用学生之间的互动系统，如网上聊天室、情绪宣泄角、角色扮演交往活动等让学生互相交流思想；可以利用家庭心理辅导的系统为学生家庭提供必需的学生心理资料与家庭心理辅导指导，如心理健康教育信息，正反面家教实例及家庭心理辅导的操作技术等；可以利用师生之间的互动系统，为学生和教师提供一定的交往知识的支持，以提高师生的交往效率。利用心理障碍矫正系统进行心理问题矫治，如对注意力缺失症、焦虑症、强迫症、孤独症、恐惧症等提供电脑治疗程序。这方面的研究在国外进行的较多，如艾里哲（Eliza）是根据罗杰斯的治疗理论而编写的计算机程序，被称为“前所未有的朋友”，利用它进行咨询，被试甚至难以判断正在和他们谈话的是咨询师还是计算机程序。

2. 应用其软件形式进行某些心理品质训练

计算机可以帮助心理学研究进行某些心理品质训练。计算机多媒体的优势可以帮助研究者进行一些训练，如注意力训练软件、记忆力训练软件、认知策略训练软件，以及学习兴趣、意志、习惯训练软件等。

3. 应有其数据库对心理健康状态进行评估

可以利用计算机的运算和储存功能进行某些心理品质的测量和评估（如认知能力测验、心理素质测验等），提高心理测验的效率，如记分、解释速度可以大幅度提高，同时还可以调动被试兴趣，减少主试的主观偏差。

计算机辅助心理素质教育软件给心理素质教育提供了一个新的视角，为培养学生的心理素质找到了一种新的模式。

二、亲子关系的研究概述

计算机辅助心理素质训练的方式是可行的，也有其自身的优势。为了验证这种方法的可行，还需要有实践的验证和支持，在实践中发现不足进而加以改进是新技术、新方法发展的一般过程。以下探讨心理素质教育软件的选题缘由，并对亲子关系的研究现状做出简单概述。

（一）选择亲子关系为干预内容的缘由

学生心理素质教育是多维度、多层次的，要求针对不同学生的不同心理品质。这是心理素质教育的一个基本出发点。研究证明在教育及学生自身发展的过程中，父母、教师及同学是三个最主要的影响因素。因此，研究学生与这三者的人际交往对于他们相应的心理素质培养有至关重要的作用。张大均等也将心理素质教育的内容分成适应学习、适应生活、学会做人、适应人际交往、发展智能、发展个性、发展社会性和发展创造性八个部分，人际交往明确列到心理素质的培养中，表明其在心理素质中的重要地位。

亲子关系是青少年重要社会关系之一，是影响青少年身心成长的重要因素，特别是处于心理急剧发展、遇到种种困难和困惑的青少年时期，亲子关系、家庭氛围更加强有力地影响着他们的人格发展和心理健康。参阅有关亲子关系的研究成果，亲子关系会给青少年的人格特征、问题行为、心理健康和以后的发展带来学校、社会不可替代的深刻而深远的影响。因此，提高亲子关系也是心理素质教育的一个要求。

从另一个侧面考察，父母认为青春期是儿童最难以教养的阶段，让许多父母感到无所适从。因此，这个时候家庭中的亲子交往应该得到格外的重视。张坤(2002)发现，在我国，6.2%的青少年报告与父母经常发生冲突（亲子冲突和亲子亲和是衡量亲子关系的两个重要维度），12.5%的青少年报告与父母的冲突强度很高。对青少年时期亲子冲突的研究发现，初中生与父母的冲突和不一致呈现增加趋势，而与父母的亲密感和凝聚感呈下降趋势（Collins，Russell 1991；Paikoff，Brooks-Gunn 1991）。同时，有关研究表明亲子冲突与青少年的问题行为、低学业成就呈正相关（Gehring et al. 1990）。鉴于亲子关系对个体成长十分重要，而初中时期又是亲子交往的关键时期，所以从理论上可以证明研究初二学生的亲子关系，找到提高亲子关系的方法是十分必要的。

最后，为了验证选择内容是否符合现今初二学生的实际情况，又对初二学生进行了个别询问，发现他们认为目前最苦恼最需要帮助的几个领域为：学习搞不好、和父母的关系不好、不会和老师同学相处、异性交往困惑等。所以，从学生的现实需要来看，亲子关系的提高也是他们迫切需要的。

综上所述，通过理论和实际两个方面的考虑，选择对初二学生的亲子关系问题进行研究。

（二）亲子关系的概念

亲子关系，原是遗传学中的用语，指亲代和子代之间的生物血缘关系，这里指父母与子女之间的相互关系，具体表现为父母与子女在日常生活中的情感交流和行为交往。亲子关系是儿童最早建立的人际关系，这种关系直接影响儿童的身心发展，并且也影响儿童以后形成的各层次的人际关系（朱智贤 1989）。

对亲子关系，目前不同的学者根据自己的理念进行了不同的分类，青少年亲子关系的分类主要有几种情况，大部分分类主要是依据各自测量选取的量表：选取PCRT量表的研究者将亲子关系分为5种态度10个类型，即拒绝的态度（A. 消极的拒绝型、B. 积极的拒绝型）、支配的态度（A. 严格型、B. 期待型）、保护的态度（A. 干涉型、B. 不安型）、服从的态度（A. 溺爱型、B. 盲从型）、矛盾的态度（A. 矛盾型、B. 不一致型）；选取PUI量表的主要将亲子关系分为4种类型，即少关心少管束、少关心多管束、多关心少管束和多关心多管束；郑希付（1998）将亲子关系分为6类，即养育型、财产拥有型、反向型、冲突型、泛爱型和亚平等型。分类形式给我们区分和研究亲子关系提供了一定的基础。

（三）青春期亲子关系的特点

在有关亲子关系的研究中，总体看来重点相对集中在幼儿时期的亲子游戏研究与青少年时期的亲子关系研究上。由于本研究关注的对象是初中生，下面重点针对青少年时期的亲子关系论述。

与童年期相比，青少年发展过程中的家庭功能发生了显著的变化。①家庭对青少年发展的支持和指导功能变得更为显著和重要，而教养、保护、社会化功能退居其次。②亲子关系的性质发生重要的变化，突出表现为由童年期以父母为中心的单边主义向平等与民主的双边主义过渡。③青少年自主要求增强，对父母权威的接受性降低，赋予父母权威的合法性下降，亲子之间的冲突增加。④青少年与同龄人之间的互动增多，亲子之间的互动相对减少（孟育群 1998）。青少年时期家庭系统的上述变化，以及出现新的特点，一方面是个体心理发展的结果，另一方面又深刻影响着青少年的发展。

（四）亲子关系的研究现状

家庭是子女早期社会化的主要场所，而父母作为子女重要的抚养者，对于子女各方面的发展起着不可替代的作用。同时，子女不是一个被动的接受者，子女自身也会对父母的教养行为产生影响，也就是说，一方面，家庭的情感气氛、父母的教养态度和方式会影响个体的发展；另一方面，个体的发展水平又反作用于父母的教养方式，影响着家庭的情感氛围。

1. 影响亲子关系的因素

（1）父母的特点：这方面的研究比较丰富，其中包括父母的个性、父母的心理健康状况、父母的教养态度、父母的文化程度及职业、父母的意识、父母行为等。这些研究用问卷调查和文献分析的方式探讨和论证了父母自身的这些特点对于家庭中亲子关系的情况有重要的影响。

（2）孩子的特点：李强和孟育群（2001）总结了孩子的哪些特点会影响到亲子关系，他们通过调查得到影响亲子关系的孩子特点包括孩子的性别、相貌、是否对父母有礼貌、对父母是否体贴、性格、气质特点、智力、学习成绩等。这充分说明了亲子关系之中孩子作为交往的主体有不可忽视的作用。

（3）家庭的特点：张青方等（1998）在探讨青少年心理社会发展与父母教养方式的时候，探讨了家庭的经济状况、家庭氛围、家庭结构等对亲子关系的影响。

（4）社会结构：德国研究者 Y. 许茨（1991）从这个角度研究影响德国青少年亲子关系的因素。他认为，社会结构因素的变化会影响青少年亲子关系，20 世纪 70 年代开始持续的高失业率、年龄比率不平衡，以及两代人之间教育上的差距，是影响 80 年代前德国青少年亲子关系的主要结构性变化。

2. 亲子关系对儿童的影响

亲子关系对儿童的成长有重大影响。例如：①亲子关系影响儿童社会化和人格发展。亲子关系和早期家庭教育是儿童社会化和人格发展的核心和主要动因，对儿童的成长有着决定性的影响。②亲子关系对儿童的同伴关系、师生关系都有一定的影响作用（王争艳等　2004）。③亲子沟通对孩子学业成绩整体上有影响（王争艳等　2004）。④亲子关系对青少年性心理、吸烟、饮酒、肥胖等有很大的影响作用（王争艳等　2002）。⑤亲子关系对青少年职业发展有影响（Roe 1957；Blustein et al.　1995）。⑥良好的沟通可以促进儿童亲社会行为的发展，而异常的沟通则造成反社会性或非社会性心理行为（雷雳等　2001）。

3. 对已有研究的评价

研究方法：已有研究主要集中在量表测量与实验研究两种方法上。其中也存在两个值得注意的问题，一是一般调查研究的样本量不大，抽样过程不严格；二是亲子关系是双向的，因此对青少年亲子关系的研究应尽可能根据双向双维原则，互相验证，更有说服力。单向性研究是不容易说明亲子关系的。另外，已有研究多为横断研究，缺乏纵向研究。

研究内容：已有研究主要集中在父母教养方式和青少年心理、人格发展方面，缺少青少年在亲子关系中主观能动性的研究和青少年社会化其他方面的研究。

研究工具：已有研究对亲子关系的操作性定义并不完全统一，所用的评估方法和评估指标也不尽相同。这样就很难将研究结果进行比较，也较难得到一致性结论。

（五）亲子关系的调适研究现状

1. 国内的研究

亲子关系是家庭教育的基础和结果，关注亲子关系、呼吁良好的亲子关系，应该成为心理学与家庭教育学的重要组成部分。但社会舆论还没有对良好的亲子关系和家庭氛围给予足够的重视，特别是关于提高亲子关系的实验论证更为少见。

国内有关亲子关系调适的实证研究很少，孟育群（1998）领导的小组进行的亲子关系研究是较为典型的实验研究。他们在研究中运用自然试验法、测验法、个案研究法，在实验学校进行实验。一般情况下也还是以父母为主要对象，兼顾学生的主体性。通常所做的家长的工作包括改变他们的认知方式，帮助他们转变教育观念，最重要的是调整他们对子女学习成绩的期望值。帮助他们了解子女的心理特征，克服认知偏见，认识子女需要独立的心理倾向。利用榜样教育的方法，提高子女的个人修养。另外，还对家长进行团体咨询和个案咨询。

2. 国外的研究

国外的研究多采用的方式是团体训练课程。团体训练课程包括一般的亲子交往的知识性讲座、小组辅导、心理剧游戏、家长讨论会、对家长进行集体咨询等方式。总之，就是教给父母一套明确且有用的方法，让父母学会与孩子沟通等技能。现有的主要亲子教育模式多以技巧训练为主。

Joanning 等（1980）回顾了几个常被应用的训练课程，包括父母效能训练（parent effectiveness training）、做合格父母的系统训练（systematic training for effective parenting）、亲子关系提高训练（parent-child relationship enhancement）、父母一青少年关系发展训练（parent adolescent relationship development）、行为训练（behavioral program）及亲和训练（elective programs）。从这些主流的训练课程中，他们归纳出 5 个主要的训练内容：①沟通技巧。训练重点在于表达和聆听，是一般亲子教育课程的主要内容之一。②环境设计技巧。在亲子沟通中，往往是透过环境配合而避免冲突的，如安排较宁静的环境让孩子学习。③改变孩子。家长在活动中学习处理孩子的行为问题，学习孩子行为管教技巧。④改变家长。家长在训练课程中的自我改变。⑤改变家庭。学习透过家庭会议和解决问题的步骤去处理家庭问题。

应用这些课程进行的实证研究也很多，父母训练对儿童反抗行为的作用这一研究表明这种方法的短期效果十分明显，尤其对那些有不顺从及破坏性行为的儿童来说（Schuhmann et al. 1998）。Webster-Stratton（1981）的研究对本研究有一定启示作用，他采用录影带进行亲子关系的训练，相关研究已经证明了这项程序在对亲子互动和孩子的行为矫正上起到了即时和长时效果，大部分效果可以保持 1 年以上。

这些国内外提高亲子关系的研究说明，亲子关系可以通过一定的途径来提高，相比改变孩子一方，可以更有效地促进和提高亲子关系的和谐度。

3. 对已有亲子关系调适研究的评价

亲子关系训练可以有效促进亲子的沟通、提高亲子和谐度，是被大多数研究者所认可和接受的。国外一些研究表明，亲子训练对完善儿童各方面的品质、提高他们的心理素质有明显的效果。他们将亲子训练应用到很多领域的研究。例如，Estrada 等对一些家庭训练的有关综述得出，对存在情绪及行为障碍的儿童进行一些家庭训练（父母训练）十分有必要。文献所见的亲子训练多干预已经出现问题的儿童家庭。训练方式一般都比较简单有效，相对于其他方法的治疗（药物治疗等）来说，亲子关系训练是一种比较容易掌握的相对自然的方式。国内的研究也可以证明，通过家长座谈会等方式可以有效地改善亲子关系。

尽管国内外教育学家和心理学家对亲子关系的调适方式进行了多方面的改进，但仍然存在一些缺点，例如：①这些方式更多的是注重父母的作用，忽视儿童在交往中的作用。已有的训练一般是以管教孩子行为为主。大部分的家长训练课程均以处理或改变孩子行为问题（如孩子的读书问题、不服从、坏脾气或情绪控制问题等）为主，孩子方面的关注和需要往往会被忽视。因此缺乏子女的观点，使亲子教育成为单向的介入，难以有效地处理双向或互动的亲子沟通问题。②国内外对亲子关系的研究多是针对出现问题的子女或家庭，缺少对更广大学生群体的关注。③训练多为集中进行，如对父母或子女讲授有关内容等，对学生和家长时间的要求比较高，在国外的一些有关亲子关系训练的实验中，被试流失就是一个很大的问题。

既然亲子关系对儿童尤其是青少年发展的重要意义已经不容置疑，那对于该研究的深化和发展也是必要的。而且随着新的问题和要求的出现，对这个问题的研究也要求以新的视角和方式进行。要求在今后的研究中应该借鉴以往的研究成果，坚持双向的原则，从而在总体理论层次上形成能适应时代发展和学生心理素质要求的新的研究方向和领域。因此，无论从理论上还是现实条件上都具备了继续探讨计算机辅助心理素质训练的方法。

三、本研究的构想与假设

以理论研究为基础，用实验法证明计算机辅助的形式可以有效提高学生的心理素质。这个部分又分为四个方面：①通过文献分析结合调查的方法得到实验中软件的主要内容，即中学生普遍关注且对其成长十分重要的亲子关系。②用问卷调查的方式调查目前中学生的亲子关系现状，描述其一般特点。③针对亲子关系，结合心理素质教育软件设计制作的原则，用脚本的形式表现训练的内容，最后用多媒体的表现形式形成系统性的软件。④用软件代替教师进行心理素质训练，最后通过数据分析和访谈分析实验效果。

本研究的基本假设为：

假设 1：心理素质及其教育的复杂性确定了心理素质教育模式的多样性，运用现代化教学手段实施学校心理素质教育有其现实依据和理论支持。

假设 2：基于计算机多媒体技术的心理素质教育软件能够提高学校心理素质教育的效果。

假设 3：应用所开发的心理素质教育软件能够促进亲子关系的改善，提高亲子交往的心理素质水平。

第二节 亲子关系的现状调查与教育软件的开发

一、对初二年级亲子关系现状的调查分析

为制作教育软件内容提供事实参考，同时也为了解实验对象的亲子关系情况，我们对重庆两所中学的初二年级学生（共 103 人，其中男生 43 人，女生 60 人）的亲子关系现状进行了调查。所采用的调查工具是日本东京大学名誉教授、田中教育研究所所员品川不二郎等编制，华东师大心理系周步成等主修的《亲子关系诊断测验（PCRT）手册》。该量表由“对父母的管教态度的评定”和“对孩子问题特点的评定”两个部分构成。

第一部分，按态度的特征分为 5 类（都是父母不希望有的），即拒绝、支配、保护、服从、矛盾不一致。量表对照常模给出了百分等级以表示这五类的程度。这 5 种态度再各分为 2 个类型，每个类型各有 10 个问题，共 100 个测验项目（测题）。因此，将这 10 种亲子关系类型作为问卷的 10 个维度，其详细含义见表 9-1。

表 9-1 亲子关系的类型以及表现

类型	表现
消极的拒绝型	对子女所说的话不理、忽视、放任，不关心、不信任，感情不好，不一致感等态度父母的类型
积极的拒绝型	对孩子有体罚，虐待，或存在威吓、苛求、放弃养育的责任等态度的父母类型
严格性	父母对子女虽有爱，但常存有顽固、强迫的态度，或以禁止、命令的方式来监督子女
期待型	父母把自己的野心或希望，投放在子女身上，而忽视子女的天赋能力与性向，希望子女完全遵从父母的要求或标准去做
干涉型	为了能使孩子变得更好，而细心地去照顾孩子，尽量给予帮助和嘱咐
不安型	对孩子的日常生活、学业、健康、朋友，前途等，具有完全不必要的担心和不安，因而对孩子们过分负责，给予过分的帮助和保护
盲从型	让孩子持有一切权力，父母不管付出多大牺牲也要接受孩子的要求
溺爱型	对子女的要求、主张、意见都给予无条件的接受，对孩子过分喜爱，想尽一切办法来迎合子女的要求，即使子女做了坏事也才替他申辩
矛盾型	对于子女的同一行为，有时斥责他，禁止他，但有时却宽恕他、勉励他
不一致型	父亲与母亲的管教态度不一致。例如，父亲严厉，而母亲放纵；父亲叱责子女时，母亲却来阻止；父亲已经决定了，但母亲却要反对

第二部分，即孩子的问题特点，按问题的内容分为 7 类：反社会性；非社会性；自我评价，兴趣和意志上的问题；退行性；神经质，神经性习惯、神经症；生活习惯；学力、能力。这些维度的分数越高就证明儿童的问题越大。本研究中

应用该量表进行补充分析学生亲子状况，为研究提供一定参考。整个问卷有较好的信效度，是应用比较普遍的测量亲子关系的量表。调查分析结果如下。

（一）总体在各个维度上的得分

对两个量表进行描述性统计，其中百分位等级是根据亲子关系测量手册换算过来的。百分等级最高为 99，最低为 0。百分位等级越高越好，以 50 为界线。百分位等级 50 只代表一般情况，40～20 为较坏，20 以下为最坏。结果见表 9-2。

表 9-2　总体在亲子关系问卷各个维度上的得分（N=103）

维度	$M \pm SD$	百分等级
消极拒绝型	13.566 0±2.732 6	33～51
积极拒绝型	15.037 7±3.168	49～69
严格型	12.396 2±3.530 7	32～54
期待型	9.245 3±3.196 4	5～7
干涉型	9.207 5±3.109 7	5
不安型	5.735 8±2.732 6	4
溺爱型	10.830 2±3.331 6	3～4
盲从型	15.047 2±3.331 6	31～49
矛盾型	11.849 1±3.343 2	5～10
不一致型	14.141 5±3.226 2	17～31

可以看出，被调查的初二学生亲子关系的各个维度都处于较低的状况，百分等级可以看出大部分亲子关系的维度都处于平均等级 50 以下，尤其是溺爱型、不安型、干涉型和期待型。积极拒绝型、消极拒绝型和盲从型的状况相对较好。

表 9-3 表明，在儿童特点上，神经质是应该引起注意的一个方面；其次是儿童的非社会性和自我评价；退行性在所测儿童中问题最小。其中较大的标准差可以从侧面证明有些儿童得分很高，问题比较严重。

表 9-3　总体在儿童特点各个维度上的得分（N=103）

维度	反社会性	非社会性	自我评价	退行性
$M \pm SD$	8.1415±9.8633	8.6604±6.4007	8.6132±7.7257	2.5755±3.0204
维度	神经质	生活习惯	学力、能力	
$M \pm SD$	9.5660±6.5378	7.6321±6.6409	5.4623±4.0969	

（二）差异显著性检验

对数据进行性别×家庭来源的交互作用检验，发现结果没有达到统计上的显著性差异，而性别和家庭来源的主效应显著，因此，以下分别检验初二学生的性别和家庭来源在哪些维度上存在显著性差异。

1. 性别差异显著性检验

对所有样本的学生采用独立样本 t 检验进行性别的差异显著性检验，结果见表 9-4。

表 9-4 亲子关系在性别上的差异显著性检验（$M \pm SD$）

性别	消极拒绝型	积极拒绝型	严格型	期待型
男（n=43）	13.7674±2.4479	15.1628±2.7510	12.6047±2.8127	8.6977±3.7578
女（n=60）	13.3167±2.9487	14.7333±3.3742	12.1000±3.2920	9.4833±3.0945
t	0.820	0.687	0.814	−1.161
性别	干涉型	不安型	溺爱型	盲从型
男（n=43）	9.1628±3.6705	5.4186±3.1109	10.6047±3.2960	14.3488±3.2285
女（n=60）	9.2167±3.0202	5.7667±2.4863	11.1333±3.5865	15.6000±2.9642
t	−0.082	0.630	−0.763	−2.035*
性别	矛盾型	不一致型	总分	
男（n=43）	11.0000±2.9841	14.4419±3.0261	115.2093±17.0637	
女（n=60）	12.1667±3.2944	14.0333±3.3241	117.5500±16.2370	
t	−1.843	0.638	−0.706	

从表 9-4 中可以看出，在亲子关系的各个维度上，除了在盲从型上男生显著低于女生之外，其余各个维度男女差异均未达到统计上的显著水平。但从平均分上看，男生的得分一般都低于女生。这说明男生在和父母交往方面比女生差，存在的问题更为严重。

对儿童特点的性别差异性检验结果见表 9-5。

表 9-5 儿童特点在性别上的差异显著性检验（$M \pm SD$）

性别	反社会性	非社会性	自我评价	退行性
男（n=43）	8.0930±9.1776	7.0698±4.4368	7.2558±5.3590	1.6047±2.6199
女（n=60）	7.7833±9.9645	9.9000±7.3777	9.6167±9.1097	3.2667±3.1616
t	0.161	2.422*	−1.520	−2.821**
性别	神经质	生活习惯	学习能力	
男（n=43）	7.6977±4.8232	6.9302±5.3559	5.0233±3.7064	
女（n=60）	10.9500±7.2823	7.6833±6.9927	5.6167±4.3999	
t	−2.553*	−0.592	−0.720	

表 9-5 表明，在非社会性、退行性和神经质 3 个维度上存在着显著的性别差异，其他各个维度性别差异不显著。并且从平均分可以看出，男生得分一般低于女生得分，说明男生在自身的特点上要比女生问题更轻微一些，提示应该注意女

生的心理健康维护。

2. 家庭来源的差异显著性检验

家庭来源可能是影响亲子关系的重要变量。因此，为了了解家庭来源对学生的亲子关系和个性特点的影响，我们对家庭来源进行独立样本 t 检验，结果见表 9-6。

表 9-6　亲子关系在家庭来源上的差异显著性检验（$M \pm SD$）

家庭来源	消极拒绝型	积极拒绝型	严格型	期待型
农村（n=49）	14.1837±2.4296	15.4082±2.9994	12.5306±3.0284	9.0816±2.8124
城市（n=54）	12.8889±2.8922	14.4630±3.1903	12.1111±3.1722	9.2222±3.8689
t	2.447**	1.545	0.685	−0.209
家庭来源	**干涉型**	**不安型**	**溺爱型**	**盲从型**
农村（n=49）	8.8367±2.6406	5.1429±2.1311	10.2449±3.3200	15.3061±2.8954
城市（n=54）	9.5185±3.7805	6.0556±3.1767	11.5185±3.5060	14.8704±3.3311
t	−1.051	−1.726	−1.888	0.705
家庭来源	**矛盾型**	**不一致型**	**总分**	
农村（n=49）	12.0612±3.2172	15.0408±2.8647	117.8889±16.1417	
城市（n=54）	11.3333±3.1861	13.4444±3.3119	115.4259±17.2950	
t	1.153	2.604*	0.732	

表 9-6 表明，在消极拒绝型和不一致型维度上，城乡学生的得分存在显著的差异，而其他维度不存在。这说明亲子关系的状况虽然具有普遍的相似问题，但不同家庭来源的学生在各种类型的亲子关系上存在的问题严重程度也不相同。

对儿童特点的家庭来源进行差异性检验，结果见表 9-7。

表 9-7　儿童特点在家庭来源上的差异显著性检验（$M \pm SD$）

家庭来源	反社会性	非社会性	自我评价	退行性
农村（n=49）	5.4286±4.3970	8.2857±6.2048	6.7551±5.4830	2.0816±2.6836
城市（n=54）	10.1667±12.204	9.1111±6.6918	10.3333±9.1837	3.0185±3.3052
t	−2.570*	−0.647	−2.370*	−1.569
家庭来源	**神经质**	**生活习惯**	**学习能力**	
农村（n=49）	8.9184±6.1164	4.7959±3.7248	4.3061±2.4170	
城市（n=54）	10.2037±6.9129	9.1037±7.2934	6.3333±5.0320	
t	−0.995	−4.358***	−2.643**	

表 9-7 表明，在反社会性、生活习惯和学习能力 3 个维度上存在显著的家庭来源差异，且都是城市学生的问题比农村学生更严重。这说明生活在城市的学生在一

些自身的个性特点的形成上不如农村学生，尤其表现在生活习惯和学习能力上。

3. 亲子关系与儿童特点在各个层面的相关

前面提及亲子关系的形成不是单方面的，儿童的特点在很大程度上影响着亲子关系，下面对亲子关系和儿童自身特点的各个层面作相关研究，以考察两者之间的关系。

从表 9-8 可以看出，亲子关系的各个层面与个体的个性特点在很多层面有显著的相关，尤其是反社会性和自我评价两个方面，与亲子关系的大部分维度都出现了显著相关。但刘金明和孟四清（1997）的调查却显示儿童特征与其亲子关系无显著相关。从本研究的调查看，亲子关系的各个维度中，消极拒绝型、积极拒绝型和严格型的亲子关系同儿童特点的各个方面都有显著性差异。这说明儿童自身的特点和亲子关系是互相影响的。而不安型维度与儿童特点的各个方面的相关均不显著，这可能说明了这个维度的不良亲子关系的形成与儿童的特点联系最小。另外，各个相关系数大部分是负相关，这说明了儿童问题越大亲子关系越不好，或者是亲子关系越不好，儿童问题越大。这或者是由于父母的教养方式和亲子关系影响了孩子个性品质的形成，或者是由于孩子的个性品质让父母对其没有耐心，采取比较消极的教养方式而造成。

表 9-8 亲子关系与儿童特点在各个层面的相关（$N=103$）

维度	反社会性	非社会性	自我评价	退行性	神经质	生活习惯	学力能力
消极拒绝型	−0.245*	−0.308**	−0.272**	−0.253*	−0.189*	0.266**	−0.327***
积极拒绝型	−0.422**	−0.367**	−0.487***	−0.350***	−0.234**	−0.407***	−0.401***
严格型	−0.316**	−0.367***	−0.444***	−0.265**	−0.259**	−0.313**	−0.309**
期待型	−0.212*	−0.052	−0.215*	−0.174	−0.125	−0.284**	−0.267**
干涉型	−0.211*	−0.153	−0.260**	−0.243*	−0.183	−0.223*	−0.147
不安型	−0.099	0.015	−0.078	−0.088	0.041	−0.090	−0.052
溺爱型	0.078	0.108	0.212*	0.002	−0.050	0.139	0.098
盲从型	−0.073	0.170	0.049	−0.128	0.077	−0.122	−0.041
矛盾型	−0.278*	−0.122	−0.219*	−0.174	−0.074	−0.239*	−0.180
不一致型	−0.238*	−0.178	−0.192	−0.172	−0.050	−0.194*	−0.104

4. 学业成绩对亲子关系各维度的影响

学业成绩是影响到亲子关系的一个重要变量，有关亲子冲突的研究表明，亲子之间发生冲突最多和最激烈的 3 个方面依次为学业、日常生活安排和做家务（方晓义等 2003）。因此，对不同学业成绩的学生进行差异检验。其中学业成绩是按照正态分布的标准划分，共分为好、中、差 3 个等级。由于两个中学进行考察的成绩标准不同，而调查更关注实验学校学生的情况，所以只用实验中学两个初中二年级学生进行比较（共 62 人，其中男生为 30 人，女生为 32 人），结果见表 9-9。

表 9-9　不同成绩学生在亲子关系各维度的显著性检验（$M \pm SD$）

成绩等级	消极拒绝型	积极拒绝型	严格型
成绩好（n=11）	14.2727±2.4936	16.0000±2.8983	13.4545±3.3276
成绩中（n=40）	13.1500±2.3918	14.3750±3.0775	12.1250±2.9017
成绩差（n=11）	11.3636±3.6131	14.0909±4.1582	11.4545±3.4457
F	3.413*	1.245	1.245
成绩等级	期待型	干涉型	不安型
成绩好（n=11）	10.8182±2.9939	12.1818±2.2279	7.0909±4.6574
成绩中（n=40）	9.6250±3.8209	9.2750±3.8229	6.3500±2.8334
成绩差（n=11）	7.5455±3.2669	7.9091±2.8794	4.6364±2.5796
F	2.377	4.570*	1.805
成绩等级	溺爱型	盲从型	矛盾型
成绩好（n=11）	11.8182±3.4298	13.8182±3.9451	12.3636±4.0564
成绩中（n=40）	11.2500±3.6986	15.0750±3.1328	12.0250±2.8688
成绩差（n=11）	10.7273±4.2212	14.0000±4.3589	10.0000±3.7148
F	0.233	0.789	1.931
成绩等级	不一致型	总分	
成绩好（n=11）	15.4545±2.8413	127.2727±11.5507	
成绩中（n=40）	13.1750±3.2808	116.4250±16.6023	
成绩差（n=11）	12.7273±3.4085	104.4545±16.2995	
F	2.527	5.740**	

事后分析表明，在几个有显著性差异的维度上，均是学业成绩好的学生显著高于学业成绩差的学生，而学习成绩中等的学生与另外两组均未得到统计上的显著差异。但从表 9-9 中数据可以看出，无论在哪个维度上，学生亲子关系问卷的得分都有按照学业成绩的下降而降低的趋势，这证明学生的学业成绩越差则与父母的关系越紧张。

（三）初二年级亲子关系现状的讨论

本调查的目的是描述初二学生的亲子关系，尤其是实验学校的亲子关系现状，因此，所选择的样本是实验学校和与其条件相同学校的初二学生。尽管对于描述整体初二学生的亲子关系来说，样本抽样存在局限性，但是在描述实验学校学生情况的同时，也可以推出整体初二学生的水平。以下针对调查结果进行分析讨论。

1. 总平均分的讨论

所调查的初二年级学生的亲子关系各项得分均处于平均等级以下，尤其是溺爱型、不安型和干涉型。吴念阳和张东昀（2004）研究表明，80%以上的青少年家庭的亲子关系出现一种或者几种问题，不良好的亲子关系的存在相当普遍。其中尤以期待型、溺爱型、不安型的问题最为突出，与本研究结果基本一致。分析出现这种状况的原因：首先是父母没有相应的心理学知识，特别是不能理解青少年对独立的要求，出现对青少年行为的过多干涉，这是造成干涉型亲子关系的主要原因。其次，由于现在大多数家庭只有一个孩子，父母很自然地把所有的希望与爱都寄托在独生子女身上，这也是造成期待型和溺爱型亲子关系如此普遍的主要原因。再次，孩子的情况与父母当年有了很大的不同，父母在面对教育孩子这一问题时缺少一定的经验，这种盲目会造成父母和子女的不安也是可以理解的。

在儿童特点上，神经质是应该引起注意的一个方面，其次是非社会性。量表中的神经质指神经性习惯，神经症状。非社会性指的是孤独、不参加集体、畏首畏尾、猜疑、懦弱、寡言、抑郁，不爱动、缺乏孩子气、对人不适应，不会和他人接触等方面。这提示了在初二年级由于生理心理都处于急剧变化的阶段，很多学生在发展中一时难以面对生活、学习和身体如此多的改变，可能会用一种近似神经质的方式应对一些问题，同时也可能导致他们逃避交往、抑郁等非社会性问题的出现。

2. 性别差异的显著性讨论

在亲子关系的各个维度上，除了在盲从型上男生显著低于女生之外，其余各个维度男女差异均未达到统计上的显著水平，但男生得分大部分较低。石伟等（2004）的研究中也考察了男女生与父母的关系，发现初中生亲子关系特性在多方面受到子代性别、亲代性别及其交互作用的影响，但单从子代性别考虑差异并不显著。刘金明和孟四清（1997）的研究也提到除了个别维度外，男女之间在各个维度上差异不显著，但各种不良亲子关系类型，表现在男生身上都较女生明显，与本调查基本一致。盲从型上出现显著性差异可能是由于家长（尤其是农村家长）还仍旧存在重男轻女的思想，更加倾向于满足男生的要求。儿童特点问卷在非社会性、退行性和神经质 3 个维度上存在着显著的性别差异。在初中阶段，男生已经接受了社会上的一些固有观念，需要去承担很多责任和义务，在对人的交际方面也显得比女生成熟，这可能是在非社会性上男生显著低于女生的原因。而退行性是指婴儿气、撒娇、怪癖、娇气，这点比较容易理解，因为社会角色认同女生的这些品质，而排斥男生也有这种品质，因此，男生的得分就显著低于女生。再有就是在神经质维度，这也和人们的认识相似，因为女生生性比男生敏感，喜欢关注自己的内心世界，因此，在神经质维度女生多于男生。

3. 家庭来源差异的讨论

在消极拒绝型和不一致型两个维度上，城乡学生的得分存在显著的差异。消极拒绝型维度上农村来源的学生显著高于城市来源的学生。可能由于本研究取样的地点大多是城乡结合部，这些地区的城市家庭父母一般都有自己的生意和业务，很难有时间和自己的子女共同相处，忙碌让他们感觉紧张，因此在对待子女问题上也比较粗暴。也由于同样的原因，父母之间交流不够，可能会出现对待子女不一致的情况。儿童特点量表上，在反社会性、生活习惯和学习能力 3 个维度上存在着显著的家庭来源差异，而且都是城市学生的问题比农村学生更严重。这说明生活在城市的学生在一些自身的个性特点的形成上不如农村学生，尤其表现在生活习惯和学习能力上。

4. 不同学业成绩的显著性讨论

不同学业成绩在消极拒绝型、干涉型和总分几个维度上有显著性差异，均是学业成绩好的学生显著高于学业成绩差的学生，而学习成绩中等的与另外两组比较均未达到统计上的显著差异。这说明学生的学业成绩越差则与父母的关系越紧张。虽然一直在强调素质教育，但是由于目前的考试压力仍然很大，父母大部分都十分重视孩子的学业成绩，如果学业成绩好，很可能可以得到父母更多的关注和爱，这种爱很可能就可以成为亲子之间的有利的润滑剂，适当调节亲子关系。

二、亲子关系的心理素质教育软件的开发

根据理论探索，计算机辅助心理素质教育软件是确实可行的，又由于亲子关系的重要性，提出一种新的改善亲子关系的途径——计算机辅助亲子关系教育。

计算机辅助亲子关系教育是指利用多媒体计算机，综合处理和控制符号、语言、文字、声音、图形、图像、影像等多种媒体信息，把适合于学生年龄阶段的有关亲子交往的训练内容进行有机组合并通过屏幕显示出来，以提高学生亲子交往能力从而提高其相应心理素质的过程。

（一）开发的过程

系统软件的开发一般需要从选择课题内容开始，到软件的设计、系统功能的设计，再到合成和评价，这个过程要不断地进行调整和完善，这样软件才能表达制作者的意图，收到良好效果。

1. 教学内容的选择和确定

首先，从理论上分析，研究吸取传统心理素质训练课的内容，结合多媒体的

新式表现手段，设想通过一系列系统的训练课程来提高学生的亲子交往能力，让他们掌握一定的交往技巧。整个系统根据一定的心理学原理，遵循学生心理素质教育的规律，依据学生的实际情况来设计和制定。协调父母与子女的关系，必须从互相认识了解开始，然后进行有效沟通，再学会交往中的技巧，以期通过这些认知和行为上的改变来提高学生与父母的交往技巧，从而提高学生交往的心理素质。这是本设计的整体思路。通过文献分析和对学生的个别访谈，确定基本内容，见表 9-10。

表 9-10　计算机辅助亲子关系训练软件主要内容分布表

课程主题	训练安排的原因
认识自己和父母的生理心理特点	保持对自己父母情绪的敏感，是维持良好亲子关系的一个重要方面。本课目的是让学生了解自己和父母年龄阶段的一些特点
保持日常交流	积极的交流是促进亲子关系改善和提高的一个重要方面。本课目的是激活沟通意愿，学会沟通方式，共同活动创设，增进亲近感。学会家庭中的表扬批评及应对
消除代沟	父母子女之间的观念、行为方式的不同是引起亲子关系不和谐的一个重要原因，通过列举生活中经常出现的代沟，分析，给学生引导，教会他们正确处理日常生活中和父母的矛盾
换位理解	人际关系中一种重要的技能就是换位思考。父母和子女的矛盾多是因为不理解对方。本课主要让学生站在父母的角度认识和解决问题，从而从心里理解父母的一些做法
共享甘苦	互相体验对方的辛苦是促进良好交往的前提。通过列举特殊的情况，如家庭经济困难时期等，让学生回忆家长辛苦，也给父母一个了解自己的机会，从而达到感情上的互融
亲子特殊矛盾处理	很多时候沟通是缺少处理矛盾的技巧，教会学生一些必要的交往技巧和策略也是提高亲子交往能力的心要方式。（如转移矛盾的焦点，延迟解决矛盾等）

每个内容一般都从情景入手，引起学生兴趣或共鸣，然后分析，从认知上让学生懂得交往的一些必要常识和交往的技巧。然后从行为上给予指导，让学生能掌握和父母交往的技巧和方法。具体应用以第一课为例进行阐述，具体内容见表 9-11。

表 9-11　教学呈现内容、主题和目的说明表

	呈现方式及内容	呈现主题	呈现目的
情景体验	flash 形式讲述一件亲子沟通中的冲突，贴近生活	与父母交往过程中容易冲动（容易和父母吵架）、叛逆（父母总是约束自己的行动）	引起共鸣，以便取得心理上的认同
自我反思	文字提问，伴随声音等方式	你有过类似的情况吗？如何处理的？等等	给学生一个反省自己的平台，引起反思，取得情感上真正的体验

续表

	呈现方式及内容	呈现主题	呈现目的
知识传授	案例，到达关键的地方暂停，用语言、文字等方式呈现	青春期的生理特点，如表现出高度的敏感性和不平衡性，父母的一些心理特点	用活泼的形式让学生认识自己的一些行为实际上是年龄特点
反馈深思	综合文字、声音和动画	针对案例，给出反思性的问题，让他们写出自己的感想	将学到的东西内化为自身的行为方式

针对选择的内容和表现方法进行了专家咨询（咨询问卷包括上述主要内容的咨询和第一课的表现方法等），共选择20位专家评判，总结各位专家的看法，发现对上述内容的安排同意率都达到了90%以上，这说明内容的选取基本都得到了专家的认同，再根据专家的意见和建议，对内容进行进一步充实修改和完善，最后确定出教育软件的基本内容和表现形式。

2. 亲子关系教育软件设计

软件的设计是十分复杂的过程，需要考虑很多问题，如软件应该包括哪些内容，期望学生学习后达到一个什么目标，应该用什么样的策略等。下面以软件中的一课为例，对软件设计进行分析（见附录六第一部分）。

1）软件设计的目标

在新形势下，人与社会、人与自然，以及人与自身的关系异常复杂，人要认识世界、改变环境，首先要学会认识环境。对学习、生活、人际交往和身体变化的适应与否是衡量学生心理健康的重要标准。初中生正处于身心迅速发展但又很不平衡的阶段，他们的心理活动变化的速度快、可塑性大。这个时期是学生亲子关系相对紧张的时期，因此，本研究认为，通过计算机辅助亲子关系程序的应用，可以帮助学生克服发展中与父母交往的一些问题，帮助他们克服成长中的一些障碍和困难，促进学生的积极适应与主动发展。例如在“如何和父母进行日常交流”一课中，教学的目标是帮助他们学会在生活中与父母有效沟通的手段，其实质是教会他们适应发展的变化以促进更好地成长。

2）对学生的分析

任何教育活动要达到一定的目标都必须符合学生心理发展的水平和特征，严格按规律办事，这一点对于心理素质教育尤为重要（张大均，田澜　2003）。学生心理素质教育活动只有使各种主客观因素和谐统一才能达到目标，收到良好的教育效果。因此，心理素质教育的目标、内容、形式和方法的设计都应该符合学生的年龄特征。根据学生心理发展的水平和特点确定和安排教育的内容、重点。在“如何和父母进行日常交流”一课中，根据调查可以得知学生目前的亲子关系状况不佳，存在比较严重的沟通问题，父母的干涉过多而子女的表达过少，针对这种实际情况，在本课设计时，选择了教会学生如何用言语和非言语表达自己的情绪，尤其是一些不满情绪等。

3）软件选择的策略分析

张大均等根据对学生的调查，发现学生的心理素质形成经历了如下过程：自我认知—晓理动情—导之以行—反思内化—习与成性，心理素质教育的环节也应该围绕这个历程展开。因此，在设计计算机心理素质教育软件的时候，这也是内容组合和安排的准绳。

其中，需要指出的是，在进行引导的过程中，用计算机多媒体形式模拟出一定的现实情景，将一定的心理素质教育策略贯穿进去，这些策略包括：①和谐互动策略，即人与计算机的和谐互动。这要求在制作软件的时候，要随时保证学生同计算机的交流和沟通，既不是计算机单独死板的呈现，也不是学生漫无目的的反省，而是由计算机引导，由学生主导的和谐的互动过程。例如在“如何和父母进行日常交流”中引入主题的时候就采用了这个策略，通过计算机屏幕显示“下面的情况，你遇到过吗?”将学生引入互动中。②行为改变策略。其中可以采用的有三种策略。第一，学生自我管理策略。软件以适合的方式引导学生通过自我控制和自我管理实现行为改变目标。教给学生改变行为的原则、方式、方法和技巧，让学生自己制定、实施和修改自我管理的计划。第二，行为练习策略。学生通过模拟练习掌握行为改变的方法。软件可以给出模拟情景，让学生在模拟中掌握正确的行为方法，如图 9-1 所示。第三，矫正不良行为策略。软件引导学生认识不良行为的表现，分析引发不良行为的具体因素，提示、指导不良行为的改善

图 9-1 “如何和父母进行日常交流”中的画面之一

措施，学生研究合理的矫正方案并在实施过程中做出调整和修改。③体验内化策略。这要求在制作软件过程中要留有足够的时间给学生去反省和体会，这个过程中既要保证不让其他的内容干扰到学生的体验过程，也要保证学生与软件的单独交流，不受其他学生影响。这是在学生主动的与软件互动的基础上才能达到的，在软件学习过程中学生的内化体验经常采用该策略，如图 9-2 所示。

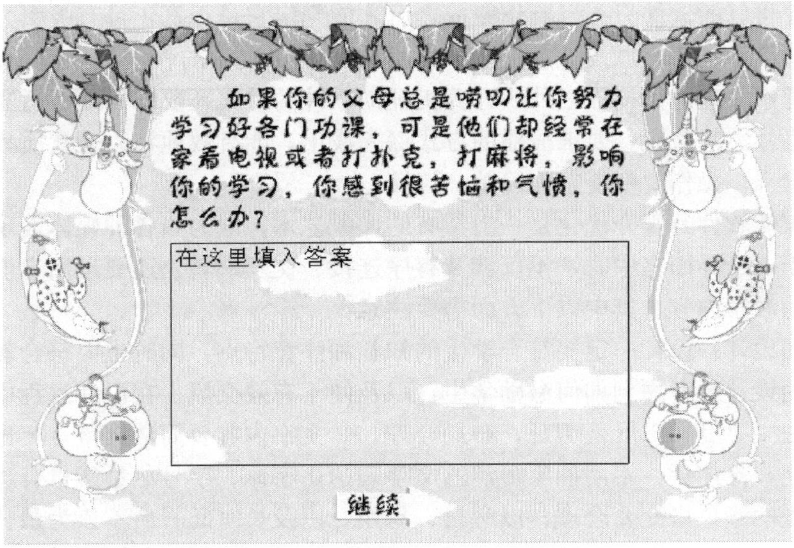

图 9-2　“如何和父母进行日常交流”中的画面之二

3. 心理素质教育软件系统功能的设计

1）心理素质教育软件设计时注意的事项

确定了软件的内容之后，还需要考虑软件的内容用什么方式来呈现，如何安排和组织软件内容，设计制作过程中应该遵循哪些基本规则，使用哪些技巧等。

首先，需要注意三个方面的内容：①设计过程中要目的明确。②应该注意合理安排训练内容和组织结构，如每页安排合理的信息量和内容，用学生熟悉、喜欢的视听材料、图片和文本资料等。③要考虑用富有审美价值的手法引起学生的审美情感和持久的学习行为等。

其次，要保证学生与软件之间的交互作用。交互作用在三个方面有益于学习：①确保信息的接收。确保软件的关键信息受到注意。与演讲、录音及其他大多数媒体不同，计算机辅助一般都要求学习者不断地做出反应，以控制其进行。②鼓励反应以加强认知联系和对反应的回忆。当学生对一个问题作出思索和反应的时候，这个思索或反应本身就对学生以后在相似情景中的思索和反应提供一定的线索。③有助于确保成功。在计算机辅助软件中，往往通过让学生亲自实践，来推动软件的执行，以此体现计算机辅助的交互性。经验告诉我们，“做中学”是一种很好的心理素质训练的方法，它大大提高了学生的主动性和参与性。

2）心理素质教育软件的媒体呈现策略

设计再好的软件只有当制作完成之后才能判定它是否真正具有吸引力，因而掌握一些设计技巧，以及注意一些事项将会为制作成功的软件提供捷径。因此，除了心理素质理论做指导之外，计算机辅助软件的完成还要求必须有适当的媒体表现策略，总的来说，要求演播的方式深入浅出，能有效地将心理素质教育的内容表达出来。操作要变复杂为简单、快捷。

多媒体软件其媒介优化是一门特有的形象艺术，因为当各种媒体表现形式同时集中于一个界面之中时，不仅涉及有序连接、交互跳转，还要运用它们表达丰富多彩的教学内容。其中以下方面需要注意：

界面设计：设计一定要符合学生的知觉和注意特点，同时也要符合教学的要求。画面设计要考虑到如何激励学生，以及便于有效交流。在设计过程中设计画面的做法主要有：①屏幕美观，布局合理。②文字内容要简洁且重点突出。语言要大众化，具体化，不用抽象晦涩的文字表达。字体、字号尽量醒目合理。③文字和背景的颜色搭配要合理，以醒目、易用，以及长时间看后不累为最佳，文字及其出现的方式设置不要太复杂。④使用边框、颜色等手段来突出强调重要信息。⑤一次只呈现一个观点。一个观点一般只有一两个句子长。⑥动画的安排应该有一定的合理性，不可太多太杂，更不可太花哨。

交互设计：计算机辅助的优势是能够个别进行，尤其是心理素质教育软件，更要和学生交流和互动。可以参考以下做法：①学生接受或反思信息的时间长短不同，因此，要注意让学生可以自主控制进程，或者留给学生足够的反思时间。②设置内容出现动画方式时避免无效等待。③按钮生动、活泼、形象，设计风格一致。④帮助信息清楚、提示内容及时。⑤尽可能操作简单。

3）制作中应该注意的两个原则

整个功能的设计还必须有一定的思想做指导，因此，一般制作过程要遵循两个原则。

第一，协调性原则。软件的制作不能过于粗糙，各个部分要注意协调性，要有美感。首先，多媒体软件的界面要美观和谐，色彩搭配要恰当，不能过于亮丽，也不能过于暗淡。其次，音效的采用要恰当，软件中使用的音效要适合当前的画面和演示过程，并且要在恰当的时机切入，在恰当的时机停止，不能出现画面已经停止而音乐还在继续的尴尬场面，不能因为演示过程不协调而影响学生的注意力。

第二，易用性原则。软件的目的是最终传达设计者的意图，提高学生心理素质，而不是为了让设计者显示软件功能和自己的制作水平。如果所用软件功能过多，可能造成整体画面零乱或者让使用者不知所措。

4. 软件的评价

心理素质训练效果常常并非立竿见影，需要一个内化的积累过程。因此，心理素质训练课的评价不能仅有终结性评价，它更适宜采用形成性评价。

1）心理素质教育软件的形成性评价

第一，目标的合理性。教学目标的合理性将直接影响教育的效果，表达相应的教学内容是软件设计的主旨。心理素质训练软件的教学目标和心理素质课的教学目标是统一的，只是手段和形式不同。陈旭和张大均（2002）从以下三个方面对此进行了讨论：①是否符合心理素质教育的目标。②是否符合教育对象的心理发展水平、规律和特征。③教学目标的范围适当性。教学目标概括如果大而全就会顾此失彼，学生学起来也没有重点，训练效果肯定不好。

第二，主题的适宜性。要保证心理素质教育取得实际效果，应该有适合的训练主题。一个合适的训练主题必须同时达到：①适人。必须考虑学生自身的特殊性。②适时。特定的情景往往在特定的时间内出现，心理素质教育课的设计必须同时考虑到因时而异。③适地。必须考虑到人的心理发展也受到地域的影响。④适势。心理素质教育的选题一定要适合时代的发展，触及学生所熟知、所关心的领域，结合学生所感兴趣的事物，才能使心理素质教育课收到较好的效果。

第三，主体的参与性。心理素质教育课的指导思想是以学生为本，促进其心理素质的健康发展。学生是心理素质教育的主体，所以，心理素质教育过程中，要注意让学生的主体积极性得到充分的发挥，使其参与到心理素质教育软件的学习中，引导学生通过充分的心理体验将学到的内容内化为自己的品质。精心设计的心理素质教育过程，优化学生在教育过程中的心理体验，是心理素质教育软件取得成效的关键因素。

第四，过程的全人化。①教育是否是在真正了解学生共同的心理发展水平与规律基础上开展的。②软件是否能根据学生的心理特点与具体存在的心理问题，在适当的时候采取适当、有针对性的教育策略。③学生是否达到了知、情、意、行四个方面的综合发展。④软件是否以学生整体心理发展为出发点，是否始终注重学生是一个发展中的整体人。

第五，策略的有效性。心理素质教育软件应用的提高心理素质的策略主要有互动策略、行为改变策略、内化体验策略、教学监控策略等，要评价一个软件的好坏及其效果，必定不可忽视这些策略的有效性。

2）心理素质教育软件的终结性评价

可以从质和量两个方面来说。从量的方面通过心理测试，了解学生在实施心理素质教育前后心理素质的变化，评定心理素质教育课对学生心理素质发展的影响。从质的方面主要有两种方式：一是相关分析，对学生内省材料进行分析评定，如通过学生的学习体会、周记等来对其心理变化进行评定；二是对学生参与心理素质教育课后发生的行为变化进行评定。对心理素质效果进行评价时，应该考虑到追踪评价或延缓评价的问题。心理素质变化可能是来自心理素质教育，也可能来自环境和其他各个方面的联合因素。在作出评价的时候应该考虑到各个方面的影响。

（二）心理素质教育软件的试用及修订

在西南师范大学附中选取一个班进行软件试用，试用之后进行软件观后调查，分析总结结果发现学生对软件基本认同。从内容和形式上分析，看完软件之后，有90.2%的学生认为软件对自己有帮助，90.1%的学生认为有计算机辅助（包括只用软件和教师与软件相结合）比教师单独上心理素质教育课的形式好；认为内容落伍的有5.9%，呈现方式呆板的占5.9%，衔接不好的占15.7%。从软件的表现形式上分析，对软件人物设计不满意的人有9%，对背景音乐不满意的人有7.8%。总体看来，学生对软件是接受和认可的，证明这种新的方式可以成为一种受欢迎的新的心理素质途径，有必要进行进一步探讨。

学生在开放式的问题中，提出了一些对软件的改进意见，多是从表现形式和表现手段上：有些学生认为动画设置比较简单，背景音乐比较单一，动画中的人物形象设计呆板等。根据学生提出的对软件的意见和建议，进一步对软件的内容、媒体表现形式等都做了修改，以期更符合学生的特点，引起他们的学习兴趣。

第三节　心理素质教育软件提高亲子关系的实验研究

一、心理素质教育软件提高亲子关系的教育实验

（一）实验目的

验证应用计算机辅助心理素质教育软件可以有效提高亲子关系，以证明用计算机辅助的方式作为一种心理素质教育的方式是可行的、有效的。

（二）实验对象及工具

1. 实验对象

全日制初中二年级学生。选择重庆北碚实验中学初中二年级的两个班进行实验。被试分为实验组和对照组，分别为 34 人、28 人。

2. 实验工具

采用自编的初二学生亲子关系教育软件，软件根据心理素质教育的原理，以学生的亲子关系特点为参考，结合初二学生的年龄发展特点制定内容，采用多媒体的表现形式，如活泼的动画、动听的音乐、优美的图片，以及适时的讲解。

软件的进程可以由学生自主控制。并且在软件进行中会有一些关于学生内心感受和体验，以及引发思考的问题，学生可以按照自己的想法将学习的感触和思想变化用文字表达出来，软件会将学生填写的有关内容保存起来，为以后分析和干预学生的心理提供依据。

（三）实验变量

自变量：计算机辅助心理素质教育软件。

因变量：学生亲子关系水平，以及相关的心理素质变化。

无关变量的控制：设置实验组对照组。实验组进行亲子关系教育软件的学习，对照组进行其他的计算机操作学习。实验中注意：①合理确定实验组和对照组，尽量做到两个组同质。②控制影响实验效果的因素，如实验采用双盲，以消除期待效应。

（四）实验处理与过程

实验采用实验组控制组单因素前测后测实验设计。

首先，在实验学校选取两个班的学生，分别为对照组和实验组，并用 PCRT 量表对实验组和控制组的学生初测，进行初始数据收集。接下来用自编初中生亲子交往计算机辅助心理教育软件对实验组的学生进行为期六次的实验干预，在干预的过程中要求每个学生一台计算机，实验组的学生在上微机课的时候进行计算机心理素质教育软件的学习，相互之间不产生干扰。教师不给予集体指导。让学生自己调节进度，自己进行学习和感悟。为了避免期望效应，担任微机课的教师也不知道课程的目的，采用了双盲实验。同时，控制组的学生进行相同课时的正常微机课教学。最后，在学生将全部软件都学习完之后，再用 PCRT 问卷对他们的亲子关系施测，收取后测数据。

在进行完计算机心理素质教育软件的干预之后，对个别学生及家长进行访谈，以验证心理素质教育软件的效果和学生对它的态度。

（五）实验结果与分析

1. 实验效果的检验

为了直观表现实验前后的效果，下面将实验组控制组的前测后测结果分别进行 t 检验。实验组和控制组的检测用独立样本 t 检验，前测后测用相依样本 t 检验。结果见表 9-12。

表 9-12 实验组控制组前测后测 t 检验

维度	前测		后测		t
	组别	$M\pm SD$	组别	$M\pm SD$	
消极拒绝	实验组	13.2647±2.3780	实验组	13.4706±2.17751	0.442
	控制组	12.7500±3.1813	控制组	12.3929±2.7398	−0.812
	t	0.729	t	1.726	
积极拒绝	实验组	14.6471±3.2369	实验组	14.9118±2.85368	0.446
	控制组	14.5714±3.3712	控制组	14.0357±3.8247	−0.905
	t	0.090	t	1.032	
严格型	实验组	12.5882±2.8404	实验组	13.8529±3.31326	2.177*
	控制组	11.8214±3.3671	控制组	12.0357±3.5222	0.427
	t	0.973	t	2.089*	
期待型	实验组	9.6765±3.3730	实验组	10.7647±2.47483	1.626
	控制组	9.2143±4.0766	控制组	10.0000±4.1633	1.422
	t	0.489	t	0.897	
干涉型	实验组	9.0882±3.3877	实验组	11.2059±3.66622	2.775**
	控制组	10.1071±3.9284	控制组	10.5000±3.5119	0.751
	t	−1.097	t	0.769	
不安型	实验组	6.2353±3.0357	实验组	8.5294±2.14949	3.475***
	控制组	6.1071±3.4890	控制组	7.6786±3.1810	2.807**
	t	0.155	t	1.093	
溺爱型	实验组	11.1176±3.5655	实验组	11.7353±4.32966	0.689
	控制组	11.4286±3.9198	控制组	10.7857±4.1576	−0.904
	t	−0.327	t	0.875	
盲从型	实验组	14.7647±3.4206	实验组	15.9118±3.8797	1.315
	控制组	14.5357±3.6564	控制组	14.500±3.5329	0.963
	t	0.254	t	1.484	

续表

维度	前测		后测		t
	组别	$M \pm SD$	组别	$M \pm SD$	
矛盾型	实验组	11.6765±3.3095	实验组	12.0882±3.3365	0.572
	控制组	11.7857±3.3484	控制组	13.0357±2.7953	1.604
	t	−0.129	t	−1.197	
不一致型	实验组	13.5294±3.7597	实验组	14.5000±3.8158	1.363
	控制组	13.4643±2.7418	控制组	13.0357±3.0488	−0.703
	t	0.076	t	1.643	
总分	实验组	116.588±16.94	实验组	126.971±15.222	3.342**
	控制组	115.786±17.346	控制组	116.589±18.786	0.332
	t	0.184	t	2.058*	

实验组与控制组的前测对比发现，在亲子关系问卷各个维度和总分上的得分没有统计上的显著性差异。所以基本符合两个组样本的同质性要求。

进一步分析可以看到，实验组除了矛盾型之外绝大多数维度学生的得分在实验前后都有不同程度的提高，实验组控制组后测 t 检验的结果表明虽然各个类型都没有得到显著性差异，但可以发现实验组和控制组的平均数差异加大了。因此，直观上来说，实验具有一定效果。况且，实验组后测成绩的总和显著高于控制组的总和，这说明，实验组后测的亲子关系问卷总得分显著高于控制组。实验组和控制组的前后测进行相依样本 t 检验发现控制组只是在不安型上出现了显著性差异，总分几乎没有什么变化，而在实验组中，除了这个维度之外，严格型、干涉型和总分也出现了显著差异。这说明亲子关系教育软件对于提高严格型、干涉型和不安型亲子关系上效果比较明显。

2. 实验组控制组增益量的显著性检验

根据实验设计的统计检验原则，要将实验组控制组前测后测的分数差做独立样本 t 检验，也就是将实验组和控制组在这段时期内亲子关系量表各个维度的增益做独立样本 t 检验，结果见表 9-13。

表 9-13　实验组控制组增益量的独立样本 t 检验（$M \pm SD$）

组别	消极拒绝增益	积极拒绝增益	严格型增益
实验组（$n=34$）	0.2059±2.71672	−0.2647±3.45805	1.2647±3.38722
对照组（$n=28$）	−0.3571±2.32879	0.5357±3.13265	0.2143±2.65772
t	0.865	−0.946	1.33

组别	期待型增益	干涉型增益	不安型增益
实验组（$n=34$）	1.0882±3.90313	2.1176±4.45016	2.2941±3.84967
对照组（$n=28$）	0.7857±2.92318	0.3929±2.76672	1.5714±2.96184
t	0.339	1.785	0.814

续表

组别	溺爱型增益	盲从型增益	矛盾型增益
实验组（n=34）	0.6176±5.22821	1.1471±5.08791	0.4118±4.20042
对照组（n=28）	−0.6429±3.76351	−0.0357±4.05044	1.2500±4.12423
t	1.068	0.997	−0.788
组别	不一致型增益	总分增益	
实验组（n=34）	0.9706±4.15229	18.11247±3.10626	
对照组（n=28）	−0.4286±3.22523	11.87078±2.24337	
t	1.457	2.050*	

从表 9-13 可以看出，虽然亲子关系的各个维度增益都没有达到统计上的显著性差异，但从总体趋势上看，实验组的学生总体增益基本都是正的，而对照组则有正有负。这说明在平均增益上，实验组是优于对照组的。另外，试验组总分的增益达到了显著性差异，这说明软件对于提高亲子关系总体是有效的。

3. 学生自身个性特点变化量的独立样本 *t* 检验

将学生前后测的自身特点变化量的差做独立样本 t 检验。结果见表 9-14。

表 9-14　实验组控制组增益量的独立样本 *t* 检验（$M \pm SD$）

组别	反社会性变化差	非社会性变化差	自我评价变化差	退行性变化差
实验组（n=34）	−2.1818±7.2906	−0.6667±5.7264	−1.0303±5.1142	0.1515±1.9223
对照组（n=28）	0.3929±6.6797	−0.8571±5.5358	−1.2500±5.3654	−0.1071±2.4089
t	−1.438	0.132	0.163	0.466
组别	神经质变化差	生活习惯变化差	学习能力变化差	
实验组（n=34）	−3.1515±6.0834	−1.8788±4.2775	−1.7879±3.3518	
对照组（n=28）	−2.2143±5.2165	−2.0000±5.7863	−0.9643±3.2028	
t	−0.640	0.094	−0.976	

从表 9-14 可以看出，学生的个性特点在实验前后没有明显的差别，有的维度升高有的维度降低了。这说明在没有干涉的情况下，学生的个性特点相对稳定，也说明学生自身的特点改变与亲子关系的改变之间不是因果关系，而是互相影响的。

为了考察不同个性特点的学生进行亲子关系训练之后的进步是否相同，按照其问题特点将实验组的 34 个被试分成高、中、低三组（总分的前 27%为高分组，表明儿童问题严重；后 27%为低分组，儿童问题轻微；其余为中），进行单因素方差分析，结果未产生统计上的显著差异（表格略），这可以说明该软件对不同个性特点学生的作用是等同的。

4. 父母评价

为了进一步验证实验效果，同时向学生父母征询在进行亲子关系训练时期学生的变化，父母评价可以作为实验效果的一个外部效标。

在没有告知家长进行实验的情况下，用问卷调查的方法考查学生近期在家里的表现。从学生中随机抽取10人调查其家长，结果发现，其中有7位家长认为“孩子在最近这段时间似乎不那么爱发脾气了”；6位家长认为“孩子最近更喜欢主动与我沟通了”；6位家长认为“孩子最近好像更能体谅我的难处了”；9位家长认为“孩子最近更喜欢和我讨论学校的一些事情了”；7位家长认为“孩子最近比以前更能体会我的感受了”。总之，大多数家长都感觉到了孩子的变化，另外，在对其中几位家长进行访谈时他们也同样指出了学生最近的一些小的变化。因此，可以假设如果实验的时间更长，软件应该能够更好地改善亲子关系。

5. 实验过程中软件收集的问题分析

软件的优势之一是学生与计算机的交互作用。利用学生在学习软件过程中填写的一些感触和体会可以有效分析他们目前的亲子关系状态及学习的效果。为了深入了解学生的情况，也为了侧面验证实验效果，选取几个方面对所搜集的材料进行分析：

1）父母对子女的态度

在软件中有一些问题涉及父母对子女的态度，下面选择几个亲子之间矛盾最突出的方面进行问题分析，可以帮助我们深入了解学生亲子关系的现状及其原因。

问题一：你的父母平时对你（　）。

A. 他们比较信任我，可以给我一定的帮助。

B. 他们不帮助我做任何事情，不信任我，一旦我做错了就骂我、惩罚我。

C. 当我表示我需要自由支配的空间的时候，他们表示同意，也愿意帮助我，就是有的时候还做不到对我完全放心。

结果：整理学生选择的答案，其中选择A的学生有5人，选择B的学生有21人，选择C的学生有7人。将不同选项的人数进行卡方检验，结果$\chi^2(2, N=33)=13.818$，$p<0.001$，达到了显著水平，这说明存在很大部分的学生家长在对待子女的自由问题上采取的方式多是直接干涉。

分析：这可以反映出一些家庭的现状，父母对子女不能给予足够的信任，做错事情倾向于惩罚孩子而不是帮助他们找原因，或者是由于现在独生子女越来越多，父母对子女的关注越来越多，而当这种关注超过了学生愿意承受的范围，就会引起子女的反抗，推想这样的反抗可能会引起子女的更多不满，于是反应到本题中就成了子女觉得父母根本不信任自己，不帮助自己改正错误，而是采取惩罚的态度。父母对孩子的自由不够尊重（至少从孩子的角度上来看）可能是导致亲子关系不良的一个原因。

问题二：父母对你的期望（ ）。

A. 我感觉恰好，不会让我有太大的精神负担。

B. 与我的能力相比，他们的期望实在是太多了，我有的时候觉得无法应付。

C. 感觉比我能力的水平还要低，似乎他们从来没有对我有什么要求。

结果：总结学生选择的结果，选择 A 的有 17 人，选择 B 的有 11 人，选择 C 的有 3 人（由于进行训练的过程中有的学生缺席或没有填写，每题作答的人数稍有出入）。将不同选项的人数进行卡方检验，结果 $\chi^2(2, N=31)=9.548$，$p<0.01$，达到了显著水平，说明父母对子女的期望一般都过高。

分析：随着社会转向知识型，父母也都深刻体会到了知识的重要性，正因为如此，导致有些父母不根据孩子的实际情况而是凭着自己的期望来设计孩子的未来，孟育群（1997）的研究中多次提到了目前父母对孩子期望过高的现状。从本题的作答情况来看，认为父母的期望过高的子女明显较高，这也是导致亲子关系紧张的一个重要原因，而且如果子女在这种压力下没有正确的应对方式，很可能会影响到孩子发展的其他方面。

2）子女对父母的态度

交往是双方面的，子女对父母的态度是影响亲子关系的另外一个主体，仍然从父母和子女矛盾最突出的几个方面选择问题进行简析。

问题一：面对这样的情况（软件的情景，母亲不放心让子女自己做任何事情），如果是你，你会（ ）处理？

A. 不理会妈妈的一连串问题，我行我素。

B. 敷衍她一下。

C. 认真和妈妈解释，告诉她自己的打算和计划，让她真正放心，并且适时提醒她你已经渐渐长大了，可以处理好自己的一些事情了。

结果：选择 A 的有 5 人，选择 B 的有 21 人，选择 C 的有 5 人。将不同选项的人数进行卡方检验，结果 $\chi^2(2, N=31)=16.516$，$p<0.001$ 达到了及其显著水平，这说明在生活中遇到这种问题选择敷衍一下的学生很多。

分析：随着年龄的增长，子女对独立的要求越来越强烈，想在各个方面证明自己长大的欲望也越来越强。因此，他们会用各种各样的方式反抗父母的干涉，从本题中可以看出，和父母遇到矛盾时真正能正确处理（和母亲解释）的人数很少，而敷衍一下成了很多学生一致的选择，因为可能敷衍一下，父母就不再发怒和干涉，而自己仍可以按着自己的想法行事。

问题二：平常你在家里（　）。

A. 我很少能分享父母的快乐，觉得他们的快乐是他们的，不关我的事。

B. 我经常为父母的高兴而高兴。

C. 我为他们高兴，但是通常我都不知道怎么表达。

结果：选择 A 的有 5 人，选择 B 的有 14 人，选择 C 的有 15 人。可以看出一般情况下，学生都能为父母的成功和喜悦而感到快乐，但是很大一部分学生无法恰当表达这种快乐。

分析：只有当子女和父母可以分享彼此快乐的时候，整个家庭才是团结和凝聚的。从本题的作答情况来看，虽然子女大部分能够体会到父母的快乐，但是不能够把这种感情表达出来的学生也有很大的比例。这可能是由于平时在家庭中父母很少重视家庭成员间情感的互相传递造成的。这也可以提醒我们感情的沟通和表达是改善亲子关系中一个重要的方面。

3）学习软件的收获

在软件中，有很多关于学生的自我探索和反省的问题，任意选择其中一个问题进行分析。

问题：通过这层面纱（父母的心声解读），你有什么感受吗?

结果：总结学生的答案，按观点出现的次数计算（一个人可以有两个或多个观点）归纳如下。

从自我反省方面。其中有 7 人提到了（以前不理解父母）通过刚才的学习“觉得很惭愧”“以前自己很过分”等。

从对父母的理解方面。其中有 10 人提到理解了父母的难处和辛苦，“我知道其实他们也很为难”“觉得父母真是用心良苦”等。有 6 人从中体会到了父母的爱“父母嘴上不说，可是我现在明白了其实他们心里很爱我”。多达 25 人提到理解父母的内心，如“我了解了他们的内心，现在不再记恨他们了”“我想我已经了解他们的内心”等。

从处理问题方面：其中有 20 人提到学会了以后如何处理这类问题，如“也要替父母想想，从而与父母和平相处，幸福地过好每一天”“不再与他们斗嘴”“我要以行动来报答他们”“我也有过这样的经历，每次都是他的错他却说我错了，有时我真的很想不通，不过我现在知道该怎么处理了”“父母做的一切都是为了我。他们只是想我能听他们的话。我以后会尽量理解他们”等。

本题的答题人数为 32 人，按一种观点在每人的陈述中出现的次数，每人可以有几个观点计算，有 21.88％的学生通过软件的呈现反省了自己以前的不足；31.25％的学生更加理解了父母的难处和辛苦；18.75％的学生更深刻地了解了父母的爱；78.12％的学生认为比以前更能体会父母的内心世界了；62.5％的学生学到了以后处理此类问题的方式。

分析：从上述分析可以看出，通过软件可以促进学生理解父母，更好地和父母相处。由于软件呈现了每个学生在现实生活中都会遇到的一些问题，所以会引起他们的回忆和思考，对比以前自己的所做所想，结合软件呈现的一些知识和内容，给学生一次深刻剖析自己和了解父母的机会，这样通过对问题的回答将学生思考问题的方面扩大，让他们站在父母的角度看待问题和矛盾，有利于提高和改善亲子关系。

二、实验后的个案分析

为进一步验证实验效果，同时作为前面研究的补充，说明实验的效果，我们根据 PCRT 问卷的调查分析结果，从量表总分比较低的学生中抽取几名，根据心理素质教育软件的内容对学生进行个别访谈。访谈过程中访谈教师在学生同意的情况下作简单记录，并且告诉学生这是完全保密的，不要担心。每个个案的访谈都单独进行。下面以被试李某（女，独生子）为例。

初中二年级学生李某，女，在参加软件学习之前的测试中，亲子关系量表得分分别为消极拒绝型 9.00，积极拒绝型 10.00，严格型 6.00，期待型 9.00，干涉型 6.00，不安型 6.00，溺爱型 18.00，盲从型 16.00，矛盾型 11.00，不一致型 8.00。总分为 99。对照常模的百分比可以看出，该生的各项得分均比较低。

通过实验前与李某的沟通，发现她认为父母对她的干涉比较多，这可以从她问卷的干涉型得分（6 分）得到验证。同时，她也觉得这样不好，但是不知道如何去应付，表明学生需要一定的指导和建议。

为了检验和证实实验效果，在进行了计算机心理素质教育软件的学习之后，发现李某同样问卷的测试各项得分分别为消极拒绝 14.00，积极拒绝 13.00，严格型 6.00，期待型 11.00，干涉型 7.00，不安型 7.00，溺爱型 18.00，盲从型 18.00，矛盾型 14.00，不一致型 12.00。虽然各项的得分仍然不是很高，但是对比前测数据可以发现她的各项得分均有了一定程度的提高。这可以从实验之后的访谈（见附录六第二部分）中得到验证。

同时，在她的感想（见附录六第三部分）中她写到：

“我常常觉得父母总是不够了解自己，甚至有时候还故意为难自己，却从来也没有为父母想过。没有站在他们的角度去看待问题。最近，我们上微机课看了许多关于与父母沟通的知识……我的感受真的很深很深，其实有很多时候的矛盾，都是由于自己的任性而引起的。自己只要求父母为自己付出，了解自己，却从未为父母付出，了解过他们……自从上了那几堂微机课后，我知道了，其实许多和我差不多大的孩子都向往自由，都想逃离父母的约束，拥有属于自己的空间，但那时我们不能够太任性，自己想怎么做就怎么做……总之一句话，做事不要随着自己的性子，要多和父母沟通，站在对方的角度想想。要知道，父母身上的担子比我们重，压力也比我们大。他们也有情绪，也需要人去理解，去关心，他们之所以对我们那么严格，是因为他们把所有的希望都寄托在我们身上。”

她的改变也可以从对其父亲的访谈中得到印证。

结论：对家长和学生的访谈验证了调查结果。说明软件对于学生甚至家长的内心都有一定的触动，对他们以后的亲子交往都有一定的帮助。类似的案例在实验过程中还很多。因此，可以说，计算机心理素质教育软件在提高亲子关系上是有效的，这种心理素质训练方式也是可行的。

三、实验效果的归因分析

从直观上看，实验之后实验组的亲子关系各个维度和总分除了盲从型之外都有所提高，虽然平均数的提高不能从统计学上证明实验的效果，但是仍然可以从侧面提示我们：经过六次课程的系统学习，学生的亲子关系得到了改善。

实验组和控制组的前后测对比可以说明实验效果。尤其是在干涉型不良亲子关系的提高上，实验效果最为明显。这可能是由于父母以前没有意识到对子女的干涉，而子女通常也不愿意或者是不会和父母表达自己的想法，在软件中很多地方都突出了两代之间的沟通，尤其是对于一些敏感话题（如早恋）的沟通存在问题。因此，父母意识到了以前对子女干涉过多并进行了调整。

在对实验组控制组前后测增益量的独立样本 t 检验中，发现在总分上有显著差异。这说明尽管实验在亲子关系各个维度的提高上没有达到显著性差异，但是累计的总分效果是显著的，因此，可以预期，如果实验的时间足够长，软件对于改善亲子关系是有效的。

而对于儿童特点前后测没有出现显著性差异，可以从侧面证明制作的亲子关系教育软件是针对特定教育内容的专门软件，有一定的内部效度。

计算机辅助心理素质教育软件之所以能够取得良好的效果，主要原因有以下几点。

（1）软件设计符合心理素质教育的要求、符合学生成长的需要是实验取得良好效果的第一保证。计算机辅助心理教育软件能够将适合学生成长阶段的知识形象地用多种手段表现出来，通过多种模式组合以生动活泼的形式对学生感染和触动，对于学生来说，这种方式比单纯的教师讲解更有吸引力，这是让他们深入体会和反思的前提。

（2）计算机辅助的优势是实验成功的条件。计算机辅助的形式一面能很好地将心理素质教育的原则策略体现出来，一面又具有自身独特的优势。例如，在与计算机的交流中，学生更能说出自己的心里话，学习进程由学生自己控制，有充足的时间去回忆和反省，更好地照顾到个别学生的情况等。

但是，任何一个实验，尤其是教育实验，都不可避免地会受到许多自变量之外的其他因素的干扰，影响到实验效果。

（3）被试选取。被试选取是实验设计中十分重要的一环。实验的成功与否一定程度上也依靠被试选取的是否得当。本研究中的被试取样范围比较小，由于时间等客观条件的限制，只选取了一所学校两个班级的学生，还没有足够广泛的代表性。

（4）实验环境。在本研究中，最大的干扰因素就是实验环境，虽然在实验中已经尽力控制了一些无关变量的干扰。但是与此同时，有些变量是无法控制的。例如，由于学生使用的微机上一般存有游戏，学生们难以完全拒绝其诱惑，致使有些同学上课不专心，影响了实验效果。

（5）学生变量。虽然为了控制成熟等因素的影响，设置了对照班，但学生的一些特殊情况就难以控制了。例如，如果当靠近学期末的时候，学习比较紧张，会同时影响到家长和学生的关系，这种关系可能会隐蔽地影响到实验效果等。

（6）软件变量。虽然已经进行了细致的安排和设计，但这毕竟是一项探索性的工作，因此，软件之中也难免出现内容或媒体表现上的一些失误，这也会影响到实验效果。

（7）时间因素。在讨论心理素质软件的评价这一问题的时候也曾经提到，对心理素质的评价需要考虑到效果延迟的问题，心理素质教育不能立竿见影，因此，时间也是影响实验效果的一个因素。

（8）意外因素。在实验过程中，有的学生家庭会发生一些重大的变故，如在实验过程中，有的学生家庭解体，这些因素无法由实验者控制但却会影响到实验的效果。

参考文献

陈旭，张大均．2002．心理健康教育的整合模式探析．教育研究，（1）：71-75.

方晓义，张锦涛，孙莉，等．2003．亲子冲突与青少年社会适应的关系．应用心理学，9（4）：14-21.

方晓义，张锦涛，刘钊．2003．青少年期亲子冲突的特点．心理发展与教育，（3）：46-52.

雷雳，王争艳，李宏利．2001．亲子关系与亲子沟通．教育研究，（6）：49-53.

刘儒德．1997．教学软件的选用与评价．北京：人民邮电出版社.

刘慧，张大均．2004．论心理素质教育对教师素质的要求．河北师范大学学报（教育科学版），（1）：57.

刘金明，孟四清．1997．初中生亲子关系、性格特性及其相关的调查研究．心理科学，20（5）：459-467.

李强，孟育群．2003．调适亲子关系培养孩子“孝与自立”的实验．教育科学，19（4）：56-61.

孟育群．1997．少年亲子关系诊断与调适的实验研究．教育研究，(11)：67-73.
孟育群．1998．少年亲子关系研究．北京：教育科学出版社：237-239.
石伟，张进辅，黄希庭．2004．初中生亲子关系特性的研究．心理与行为研究，2 (1)：328-332.
王争艳，刘红云，雷雳，等．2002．家庭亲子沟通与儿童发展关系．心理科学进展，10 (2)：192-198.
王争艳，雷雳，刘红云．2004．亲子沟通对青少年社会适应的影响：兼及普通学校和工读学校的比较．心理科学，27 (5)：1056-1059.
吴念阳，张东昀．2004．青少年亲子关系与心理健康的相关研究．心理科学，27 (4)：812-816.
Y. 许茨，1991．论青少年与父母的关系．戴伦译．青年研究，(12)：27-32.
张青方．1998．青少年心理社会发展与其父母教养方式的相关研究．青年研究，(5)：1-11.
张大均，田澜．2003．论心理素质教育的设计和实施策略．课程．教材．教法，6：66-70.
朱智贤．1989．心理学大词典．北京：北京师范大学出版社：493.
郑希付．1998．良性亲子关系创立模式．湖南师范大学社会科学学报，(1)：72.
张坤．2002．青少年对传统孝道的态度及其与亲子关系的研究．山东师范大学硕士学位论文．
Blustein D L，Prezioso M S. Schultheiss D P. 1995. Attachment theory and career decelopment：current status and future directions. Counseling Psychologist，23：416-432.
Collins W A，Russell G. 1991. Mother-child and father-child relationships in middle childhood and adolescence：a developmental analysis. Developmental Review，11 (2)：99-136.
Estrada A U，Pinsof W M. 1995. The effectiveness of family therapies for selected behavioral disorders of childhood. Journal of Marital and Family Therapy，21 (4)：403-440.
Gehring T M，Wentzel K P，Feldman S R，et al. 1990. Conflict in families of adolescents：the impact of cohesion and power structures. Journal of Family Psychology，3 (3)：290-309.
Joanning H，Brock G W，Avery A W，et al. 1980. The educational approach to social skill straining in marriage and family intervention. NATo Conference Series，(11)：175-191.
Paikoff R L，Brooks-Gunn J. 1991. Do parent-child relationships change during puberty? Psychological Bulletin，110 (1)：47-66.
Roe A. 1957. Early determinants of vocational choice. Journal of Counseling Psychology，4：212-217.
Schuhmann E M，Foote R C，Eyberg S M，et al. 1998. Efficacy of parent-child interaction therapy：interim report of a randomized trial with short-term maintenance. Journal of Clinical Child Psychology，27：34-45.
Treichler D G. 1967. Are you missing the boat in training aids. Film and AV Communication，(1)：14-16.
Webster-Stratton C. 1981. Modification of mothers' behaviors and attitudes through a videotape modeling group discussion program. Behavior Therapy，12：634-642.

第十章　促进师生关系的心理素质教育软件开发与实验研究

心理素质及其教育的复杂性，决定了心理素质教育途径的多样性。随着计算机的普及和青少年对计算机兴趣的持续增长及使用技能的提高，计算机辅助心理素质教育成为心理素质教育的新途径，它不仅能够促进心理素质教育内容与形式的更新，而且可以扩展心理素质教育的空间。师生交往是学生心理素质的组成部分，促进师生关系发展是学校心理素质教育的目标要求之一。因此，我们依据心理素质教育的理论研究和多媒体计算机的技术支持，构建了计算机辅助心理素质教育模式，开发了促进师生关系的心理素质教育软件，并以此软件为工具进行了教育实验，以探讨师生关系训练软件对提高初中生师生交往心理素质，促进师生关系的可行性和有效性。

第一节　研究概述

心理素质是一个本土化的概念，关于心理素质及心理素质教育模式的研究主要集中在国内，所以我们的现状分析主要立足于国内的研究，国外研究涉及较少。

一、心理素质教育的研究现状

（一）心理素质教育及其基本模式

张大均等（2000）把心理素质定义为“以生理条件为基础的将外在获得的各种经验和影响内化成稳定的、基本的、衍生性的，并与人的社会适应行为和创造行为密切联系的心理品质”。心理素质教育是指遵循学生心理适应和发展原则，运用科学的教育手段，发展学生的认知能力，健全个性，培养良好的社会适应能力的教育。

随着心理素质教育研究的深入，研究者们开始重视对心理素质教育模式的探讨。如张履祥等（2000）提出了完善认知结构（C）、强化智能训练（I）和加强人格品质培养（P）相结合的学习心理教育模式（CIP）。他们认为开设以培养学生学习策略和学习品质为主线的心理素质教育课，对学生进行学习策略、学科智能、学习品质和创造心理品质的综合训练，是优化学生心理素质结构、促进学生素质整体发展的有效途径。张喆（2001）主张中小学心理健康教育应构建一个开放的教育模式，包括注重感知的直观教育模式、激发学生积极参与的活动教育模式、充分发挥学生主体作用的问题解决模式，以及综合学校和社区教育资源的群体教育模式。郭斯萍和陈培玲（2001）提出，我国心理健康教育应坚持以教育模式为主、医学模式为辅的服务原则，坚持以素质模式为主、专业模式为辅的培训原则，坚持以文本模式为主、教学模式为辅的教学原则。申继亮等（2002）提出了实施全员、全科、全过程参与的心理健康教育模式，该模式需要教师具有较高的心理健康教育能力，较高的解决学生心理问题的策略水平和丰富的心理学、教育学知识。

陈旭和张大均（2002）在综合已有研究的基础上，提出并实施了生理—心理—社会—教育协调作用的整合模式，他们认为心理素质教育应“以促进学生积极适应和主动发展为基本目标，以指导学生学会学习、学会生活、学会交往、学会做人，促进智能、个性、社会性和创造性发展为基本教育内容，运用专题训练、学科渗透、咨询辅导等基本方式，从自我认识—动情晓理—策略导行—反思内化—形成品质等主体心理素质形成过程的五个基本环节，创设适宜的教育干预情景，设计有效的教育策略，最终达到培养健全心理素质和保持心理健康发展的根本目的。”本研究关于计算机辅助心理素质教育的模式就是在该协调整合模式的基础上提出的。

（二）心理素质教育的实施途径及其评述

当前我国心理素质教育的实施途径主要有心理素质专题训练、心理咨询辅导和学科渗透三种。

1. 心理素质专题训练

这种方式是教师根据学生心理发展的规律和特点，选择适合学生年龄阶段的心理教育内容，安排一定的训练活动，让学生在活动中充分体验和感受，促使学生形成和加强一定的心理品质（张大均，赵丽霞　2002）。目前，大多数学校采取这种形式进行心理素质教育，并取得了一定的效果。

但是这种方式存在一些局限：①时间要求相对比较严格，需要学校领导和教师的共同支持和参与；②要求根据不同的心理素质训练内容实施教学设计、组织和调控，这对心理教师自身的素质提出了较高要求，增加了活动的难度和复杂性；③从学生心理素质的形成和发展看，心理素质是以整体形式体现的，需要进行系统的培养和训练，而心理素质专题训练难以覆盖心理素质教育的全部，不利于学生心理素质的全面提高。因此，心理素质教育需要从学生学习、生活、交往和日常活动的各个侧面进行全方位的训练和辅导，单纯依靠专题训练难以达成心理素质整体结构和机能的全面提高（陈旭 2004）。

2. 心理咨询辅导与心理治疗

这种方式能够有针对性地消除学生的心理问题和矛盾，维护和促进学生的心理健康。但是此方式也存在一些局限：①往往是学生心理问题出现以后才进行干预，是一种被动的教育行为，而不是对学生心理素质的主动培养和对心理问题的预防性教育。因此，这种途径只对个别学生成长有重要作用，难以兼顾到大多数同学；②目标定位不容易把握。咨询辅导者在实际操作中容易在发展性目标、预防性目标、矫治性目标中发生摇摆；③对辅导人员的专业知识和技能要求较高，规范化的咨询辅导操作难度大，限制了咨询辅导工作的普及和学生受益的范围和程度。

3. 学科渗透

这种方式是心理素质教育与学科教学的有机结合，以自然的方式实现心理素质教育目标，在潜移默化中对学生的心理素质发展施加影响。它比专题训练活动课的教育效益要高，并且专题训练课还存在人为训练的痕迹。而且它在不增加人力、物力及时间的条件下实现心理素质教育目标，无疑是一种既节省时间，又能起到比较恒久效果的方法。我国一些学者在学科渗透方面已经进行了理论和实验研究（陈家麟 2002；沈贵鹏 2001；郑和钧 1999；吴增强 1998），证明这是一种行之有效的心理素质教育方式。

但这种方式也存在一些局限：①对教师的专业素质要求较高，不但要具备优秀的学科专业素质，而且要具备心理学专业知识和从事心理训练的专业技能；②对教师的综合素质要求高，观念转变难度大。学科渗透心理素质教育是一项全新的系统工程，教师的教育观、学生观、质量观、效益观等方面需要有较大的转变；③心理素质教育目标与学科教学目标的协调上存在一定的难度；④学科教学中发掘和利用心理素质教育资源存在较大的难度。

由上可知，心理素质教育采用单一途径均有局限性，科学有效地实施心理素质教育必须采用多种方式进行，克服实施途径的单一化。而且心理素质是一个复杂的、动态同构的自组织系统，其复杂性、成分的多样性也决定了心理素质教育实施途径的多样性。

此外，学校心理素质教育的现实也存在不足，如学校一直是心理素质教育的主导，忽视了学生心理素质的自我培育；又如由于学校心理素质教育师资力量不足，对辅导人员专业素质要求高，心理素质教育仍然难以面对全体学生，尚未真正成为素质教育的重要组成部分。

多媒体计算机在学校心理素质教育中的应用，则可能改变现有状况，提高学生心理素质自我教育的能力，促进心理辅导工作内容与形式的更新，扩展心理辅导工作的空间，为学校心理素质教育面向全体学生创造条件。

二、关于计算机在心理素质教育中的应用与评述

计算机已开始广泛渗透入心理素质教育领域，具体表现在以下两个方面。

（一）计算机辅助心理咨询

计算机辅助心理咨询即为心理障碍者提供电脑咨询程序，进行心理咨询和矫正。目前，较多的计算机辅助心理咨询是通过网络实现的，即网络心理咨询。网络心理咨询是借助一些心理网站所提供的在线咨询、专家信箱、专家咨询等联系方式，心理专家或咨询员针对需求者的特殊问题进行个别咨询。网络心理咨询具有扩展心理咨询的时间和空间、在平等氛围中进行心理咨询、来访者不易产生逆反心理等优点。

在国外，网上心理治疗提供了一种全新的心理治疗形式，它与传统面对面治疗相比在心理效果和成效上有所不同，能带来更有效的传递和新的治疗方式。Proudfoot 等（2003）最早开发了多媒体交互程序“beating the blues”，用于治疗焦虑和抑郁。此程序使用多媒体技术来提高病人的参与性和动机，包括菜单、建议、反馈和病人的视频案例，可作为真实病人的模型（Fiona，Pramod 2003）。

在国内，随着计算机多媒体的发展，也逐渐出现了一些专门的心理网站，如曲伟杰心理学校和新青年心理咨询中心都是规模相对较大、功能较多的心理网站。这些网站解释了一些常见问题，提供了一些心理测量，如曲伟杰心理学校提供了卡特尔等心理测量，新青年心理咨询中心提供的个性测量等。但是总的来说，国内现有的心理方面的网站一般都内容比较简单，功能比较有限，运行情况不是很好。

（二）计算机辅助心理训练

计算机除用于控制研究过程，处理、分析数据，模拟心理过程外，还用来作为心理训练的工具，尤其在儿童青少年知识和技能的掌握中发挥作用，促进了儿童青少年心理水平的提高。

现在市场上已有计算机辅助素质教育的软件，如南京先锋教育软件公司开发的“小学生素质教育”系统软件，深圳远航软件公司开发的“学生素质开发”软件等。宋丽红（2002）以现代教育技术、心理学、计算机科学为理论指导，设计开发了计算机辅助素质教育系统软件，该系统包括自立自律模块（提高学生自我管理、自我约束能力）、学习管理模块（提高学生学习的自觉性和合理安排学习

生活的能力)、益智游戏模块（利用游戏开发学生智力，提高学生创造力、观察能力等)、计算机技能训练模块（锻炼学生计算机基本技能)、网络访问模块（开阔学生视野、增加课外知识)，旨在提高学生创造力、自我管理、自我约束和独立思考的能力。虽然这些素质教育软件不是完全针对心理素质教育设计开发的，但是心理素质教育是素质教育的一部分，计算机辅助素质教育软件也为进行心理素质教育软件的开发提供了借鉴。

目前，已有研究者开发了针对整个心理素质教育的系统软件。吴宏亮(2000) 开发了高校心理素质教育系统，该系统可在互联网和校园网上发布，使高校学生和其他用户可以随时随地方便地使用，它集学习、测量、训练、咨询于一体，是一个立体化的教育系统。系统采用心理课程 CAI、典型事例分析、影视精品欣赏等多种形式进行心理知识教育；通过心理测量和问卷调查了解用户的心理状况和心理素质水平；通过心理咨询为用户答疑解惑；最后通过心理训练和心理游戏使用户的心理素质得到提高。心理训练是制作一系列的心理素质训练模板，让用户进行学习；心理游戏是通过开发一些心理游戏，测试参加者某些方面素质的欠缺，并通过心理游戏提高该方面的素质。此外，王丽荣（2000）的“慧智通心理素质教育系统”由心理测试和心理训练两大过程来实现。心理测试可通过问卷或人机对话的形式进行，由系统提出测试题目，学生选择回答，然后系统自动对每个学生的心理素质发展状况给以个性化的诊断与描述，并在此基础上，自动给出每个学生相对应的处方性训练建议与方法，完成心理训练。

由以上研究可以看出，研究者已经开始关注利用多媒体计算机进行心理素质教育。但是当前的心理素质教育软件还存在许多不足，如心理测验占了软件系统的大部分，但是测验并不等于心理素质教育；虽然有的软件包括了训练，但许多也仅限于心理学知识的传授，或心理案例的讲解，或给予一些知识性的建议。总体看来，在这些软件中学习者仍处于被动接受的地位，未能很好地体现心理素质教育的主体性、参与性原则。

当前，大部分计算机心理训练是针对某一心理品质进行的，主要集中在注意力训练、记忆力训练、认知策略训练、学习兴趣培养、意志训练、习惯训练等。这些训练都是针对某一心理品质进行的，具有很强的针对性。由于其设计巧妙、画面丰富、人机交流形式多样，可使学生在丰富有趣的游戏中，掌握学习方法、提高元认知能力、培养良好的学习习惯。例如，沈仁广和王前（2004）的探索性 CAI 模式是以计算机作为认知工具，由学生自主制订计划，对一定的数学问题进行实验和探索，从而提高学生自我监控学习能力的模式，实验证明该模式能够提高中学生数学自我监控学习能力。苗逢春和陈琦（1999）利用计算机辅助小学生两步应用题的教学软件，对小学三年级学生进行自我反思训练，在原来软件中穿插反思提问暗示，引导和训练学生的反思过程，提高了学生的反思水平。

综上所述，以计算机为工具进行心理训练是可行的。但目前这种训练大部分限于认知方面，人际交往方面的应用还不多见。传统的人际交往训练主要采用专题训练、心理咨询与辅导的形式进行。人际交往专题训练能够有效提高人际交往能力，但由于训练的课时有限，学生学到的知识技巧也有限，而且训练课上交往的情境性不强；心理咨询与辅导通常是针对有交往问题的学生开展的，但是大多数学生虽然没有严重的交往问题，但也存在一些困惑，需要进行指导。计算机辅助人际交往训练正好可以弥补传统训练途径的不足，因此，我们拟从这方面入手开拓计算机心理训练的新领域。

三、关于师生关系及其干预的研究与评述

有关师生关系的心理学研究主要集中在师生关系对青少年发展的价值、影响师生关系的因素和改善师生关系的干预研究。

（一）师生关系与青少年的发展

师生关系是影响青少年发展的重要因素，它对青少年的适应和发展，特别是情感适应、学习过程、行为发展，以及人际关系等方面均有重要的影响。董奇和陈传升（2001）对1640名中国青少年的调查表明，师生关系与青少年发展有很高的相关，甚至超过亲子关系与青少年发展的相关。刘静（2003）在20世纪90年代以来师生关系研究的述评中指出，早期研究强调师生关系的工具性价值，认为师生关系具有：①社会化功能（促进学生社会观念和社会能力的形成）；②个性化功能（促进学生个性发展）；③选择定向功能（将学生按其本身特点分配到社会上的适当位置）；④调节功能（师生传递信息，调节各自行为，确保教学顺利进行）；⑤保护功能（促进师生身心健康）；⑥激发学生学习兴趣，提高学习效率。但是到了后期，越来越多的研究者意识到师生关系的目的性价值，指出师生关系本身就具有教育意义，如认为师生关系具有发展功能，能促进师生双方的成长与发展。我们将师生关系的功能概括为以下五个方面。

1. 对学生心理健康的影响

师生关系与中小学生心理健康有一定的关系。良好的师生关系（如亲密型）有利于儿童形成对学校的积极情感态度，积极参与班级、学校活动，与同学形成积极的情感关系，发展良好的个性品质和较高的社会适应能力；不良的师生关系（如冲突型、依赖型）可能使儿童产生孤独的情感、对学校的消极情感，在学校环境中表现退缩、与老师同学关系疏远，以及攻击性行为等，从而影响其学业行为和成就，造成辍学、心理障碍等现象（Adelman，Taylor　2002；Bitch，Ladd　1998；Fisher et al.　1998）。阳德华（2001）的调查表明，对师生关系的

消极情感与学生的焦虑之间呈显著正相关，而积极情感则与学生的焦虑情绪呈显著负相关。张磊（2003）的研究也表明，师生关系与学生问题行为关系密切，尤其是冲突型师生关系与问题行为有显著负相关，依恋型师生关系与内化问题行为有显著正相关。

2. 对学生学校适应性的影响

学生的学校适应性与师生关系之间存在显著相关，师生关系良好的学生学校适应能力强，而师生关系不良的学生在学校适应上往往存在问题。国外研究（Ladd et al. 1999；Pianta 1997）发现消极的师生关系，尤其是师生冲突，是青少年学校适应的危险因素。积极的师生关系，尤其是温暖和开放的沟通，对儿童应对学校适应中较困难的危险方面能够带来保护性的效果（Bitch，Ladd 1998）。刘万伦（2002）、邹泓（1997）、李瑾瑜（1996）的研究均表明师生关系对中小学生学校生活和学校适应性有重要影响。

3. 对学生学业成绩的影响

亲密的师生关系与儿童的积极成果有关，如学业兴趣、课堂参与和学业成绩优秀等；冲突的师生关系与厌倦的学习态度、逃学、课堂走神和较差的学业成绩有关；依赖的师生关系与一些类似的适应困难有关（Bitch，Ladd 1998）。李春苗和刘祖平（1998）指出，中学生主观地认为与科任老师的关系严重影响本学科的学习成绩与学习兴趣。有关研究表明，学生喜欢的教师与对该教师所教学科的喜欢程度密切相关，一致率达到95%以上，而学生对不满意的教师和对该教师所教课程的不喜欢程度的相关也达80%（时蓉华 1993）。炼永文（2000）的研究指出，师生关系不同水平的学生在学习兴趣、学习热情、责任心、好胜心、自信心、学习毅力方面，存在非常显著的差异。张磊（2003）的研究表明中学生师生关系与学生的学业成绩存在显著相关。

4. 对学生人际关系的影响

研究发现，师生关系对亲子关系、同伴关系有很大影响，对儿童不良的亲子关系有一定的弥补作用，并影响其同伴交往的主动性、交往能力及社会地位等（Howes et al. 1994）。刘万伦和沃建中（2005）的研究也表明，师生关系影响儿童的同伴关系，冲突型师生关系与同伴拒绝、亲密型师生关系与同伴接纳、依赖型师生关系与同伴关系问题有密切联系。

5. 对学生自尊的影响

师生关系既能提高自尊，又能降低自尊。满意的师生关系，教师对学生的支持、关心、鼓励、期望和参与等都有助于青少年自尊的发展（魏运华　1998）。张磊（2003）的研究表明，师生关系与中学生自我概念存在普遍的相关，回避性、依恋性和亲密性对数学自我和一般学校自我具有显著预测性，依恋性对情绪稳定性自我具有显著预测性，亲密和谐型师生关系对学生的数学自我和同性关系自我具有更积极的意义。

此外，研究表明，学生的归因方式与师生关系密切相关（炼永文　2000）。良好的师生关系，教师对学生的期望、理解及客观的评价，都可以提高学生的自信心，使他们采取适当的归因方式进行自我评价。

由此可以看出，师生关系对青少年的发展具有非常重要的作用。因此，提高学生的师生交往心理素质，促进师生关系发展具有非常重要的意义。

（二）影响师生关系的学生因素

因为本研究主要从学生角度研究师生关系，所以我们重点考察了影响师生关系的学生因素。研究表明，来自学生侧面的相关因素与其师生关系的特点有重要的关系（王耘，王晓华　2002）。刘静（2003）指出，影响师生关系的学生因素包括学生的心理特点和学生的教师观。现有的实证研究主要集中在以下两个方面。

1. 学生学业因素对师生关系的影响

教师对不同学业表现的学生会表现出不同的交往态度，从而影响师生关系状况。王耘和王晓华（2002）的研究表明，学生的表现，尤其在学业上的表现会使老师形成不同的期望，这些期望体现在教师对待学生的行为上，对师生关系产生影响，学业表现好的学生有更积极的师生关系。李晓东等（2002）的研究也表明，学习困难对中学生与老师之间的关系有显著影响，学习困难学生与老师的关系紧张。

2. 学生人际行为因素对师生关系的影响

教师对学生行为的感知与教师形成的对学生的态度有关。教师往往更喜欢课堂上表现出合作、好奇和负责任行为的学生，而不是顽皮、狂妄、有依赖行为的学生。此外，Pianta 和 Steinberg（1992）的研究表明，问题行为包括操作、内化和学习困难，与早期师生关系呈负相关。Bitch 和 Ladd（1998）研究了师生关系和儿童人际行为之间的关系，将儿童的人际行为取向分为三类：对抗（moving against）、离开（moving away）、接近（moving toward）。这三种行为取向对应于反社会行为、不合群行为和亲社会行为。研究表明，儿童早期在幼儿园所展示的行为定向（对抗、离开、接近）与后来一年级的师生关系相关。幼儿园的反社会行为（对抗）与一年级的冲突型、依赖型师生关系有显著相关；幼儿园的不合群行为（离开）与一年级儿童对教师的依赖相关。

（三）师生关系的研究工具

目前师生关系研究主要采用心理测量法，其中测量工具主要有三种。

1. 人际关系量表

师生关系是学生人际关系的子系统，因此，一般师生关系状况的调查都是作为人际关系状况的一个部分进行的，如沃建中（2001）的中学生人际关系发展问卷中包含了师生关系方面的题目。

2. 教师评定量表

目前国外测量工具多采用 Pianta 等（1995）编制的师生关系量表（student-teacher relationship scale，STRS），分为亲密性、冲突性和依赖性 3 个维度(Bitch et al.　1998)。这是一个教师评定量表，目前被广泛使用。国内的王耘和王晓华（2002）在参考了 Pianta 量表的基础上，编制了适合 3～6 年级小学生的师生关系教师评定量表。该量表有 28 个项目，由班主任老师按照自己与学生关系的实际情况，在五点量表上逐一回答。该量表分为冲突性、亲密性和反应性 3 个维度。

3. 学生评定量表

学生评定量表多是参照 Pianta（1994）的问卷，在对教师和学生进行访谈的基础上编制的，如张磊（2003）、刘万伦（2002）的学生评定量表。张磊将师生关系量表分为了冲突性、依赖性、亲密性和回避性 4 个维度，刘万伦分则为亲密性、合作性、主动性 3 个维度。魏运华（1998）则自编了由学生评定的师生关系满意度问卷，分为 3 个维度：支持、关心和鼓励；期望；参与。

（四）改善师生关系的实验干预研究

了解是改善的前提，改善才是研究的根本目的。可以说无论是对师生关系的现状调查，还是对其影响因素的研究，都是为了改善师生关系。作为人际关系的一部分，师生关系的干预可以从人际关系干预研究中得到一些借鉴。目前，人际关系的实验干预研究主要有三个特点。

第一，从人际关系干预的领域看，同伴交往部分占的比重较大，亲子交往其次，师生交往训练的内容相对较少。张美峰（2003）对初中生问题行为的教育干预中，包括对师生交往问题的干预。她利用开设交往问题行为矫正训练课为主、个别咨询辅导为辅的方法对学生进行干预，通过“师生之间”等专题来帮助学生正确处理与教师的关系，结果显示，教育干预结束后学生师生交往中存在的问题明显减少了。

第二，从干预对象看，研究多集中在大学生（邢秀茶，王欣 2003；杨宏飞等 2002；齐平等 2001）。虽然有李代森等（2001）通过“小团体”游戏训练活动，培养小学生人际交往能力的研究，但小学生的干预研究很少。专门的初中生人际关系干预研究还未见到。

第三，从干预方式与内容看，大多数研究者认为应该从认知改变和行为训练方面进行人际交往训练。杜富君（2001）认为课堂交往技能训练方式包括：认知指导、榜样示范、体验引导方式；马世栋（2002）在进行高中生人际交往训练时，采取了针对观念和针对行为的训练策略。此外，韩仁生（1998）指出，可以从交往归因方面进行交往技能训练，因为归因的变化可以引起动机的变化，动机的变化对行为又有直接影响。实验包括集体干预和个别干预两种方式，集体干预主要是通过说服、讨论、示范、强化矫正等方式定期进行，活动内容紧紧围绕如何提高学生人际交往的自信心，以及充分认识到人品、自我修养、交往能力对于交往成功的重要性展开的；个体干预主要是针对有交往困难的学生，采用咨询和定向训练两种形式。

（五）关于师生关系现有研究的述评

综观已有研究，对我们了解初中师生关系的发展特点及现状、进行师生关系训练，都有很重要的启发。但是从总体上看，已有研究还存在一些不足之处。

第一，从研究对象上看，关于师生关系及师生交往技能研究主要集中在小学生和幼儿，以初中生为对象的研究较少，国内还未见到专门针对初中师生关系的教育干预实验研究。

第二，从研究的角度看，大量的理论探讨涉及的角度较广，包括教育学、心理学、教育社会学、教育哲学、教育心理学等专业的分析。

从教师角度研究的文章较多，学生角度的研究较少。许多研究偏重考虑教师是如何影响学生的，而很少研究学生是如何与教师交往的，没有把师生关系作为学生人际关系系统的一个子系统去研究。但是学生的个性特征、学业成绩等因素也会影响到师生关系，因此忽视学生在师生交往中的作用是以往研究中的一个缺憾。同时，已有训练也是以教师如何对待学生为主，使师生交往成为单向的一方依赖于另一方的交往，难以有效地处理双向或互动的师生沟通问题。

第三，从研究方法上看，理论研究较多，实证研究较少。许多研究采用教育理论分析的方法探讨师生关系，仅仅处于思辨水平，缺乏有力的证据。在实证研究中，调查研究较多，实验研究较少。主要采用问卷调查法对师生关系的特点进行描述性研究，教育实验法运用较少。

目前关于师生交往技能训练的研究中，理论说教较多，技能训练较少。至今没有发现完整的、行之有效的师生交往技能训练体系，已有的训练方法显得比较单一，主要通过心理素质活动课进行。但是由于师生交往的特殊性，以教师的身份进行师生关系训练，学生容易产生抵触情绪，认为是一种说教。所以，能否通过非面对面的训练方式来提高学生的师生交往技能、改善师生关系，成为本研究在思考师生交往训练时重点考虑的问题。

四、本研究价值及创新

本研究拟从对当前心理素质教育的分析入手，提出心理素质教育需要模式创新；在张大均教授等提出的心理素质教育整合模式的指导下，构建基于多媒体计算机的心理素质教育模式；深入调查初中师生交往的问题及师生关系发展现状，开发促进师生关系的心理素质教育软件，探索计算机辅助心理素质教育模式的有效性和可行性。这对增强心理素质教育的有效性，开拓心理素质教育的新途径，以及提高学生的师生交往心理素质，促进师生关系发展具有重要的理论与现实意义。

在理论上，探讨进行计算机辅助心理素质教育的必要性、可行性，是对学校心理素质教育理论研究的丰富和深化。探讨从学生角度改善师生关系，开辟了师生关系研究的新视角。

在实践上，开发促进师生关系的心理素质教育软件，为学生提供了操作性较强的师生交往技能，为心理素质教育开辟了新途径，也有利于增强心理素质教育工作的实效性。

本研究的创新：①从学生角度探讨改善师生关系，通过提高学生的师生交往心理素质促进师生关系的发展；②致力于心理素质教育模式的创新，构建了基于多媒体计算机的心理素质教育模式；③开发了促进师生关系的心理素质教育软件，并用教育实验验证了该软件的有效性和可行性。

五、本研究的思路与假设

（一）本研究的基本思路

理论分析→现状调查→模式构建→软件开发→实验验证。

理论分析 在综述当前关于心理素质教育、计算机多媒体技术在心理领域的应用，以及师生关系研究的基础上，提出心理素质教育的新途径——基于计算机多媒体技术的心理素质教育。

现状调查 为了解当前初中师生交往中存在的问题、初中师生关系的现状，对初中生进行了开放式和封闭式的问卷调查。

模式构建 主要借鉴当前心理素质教育理论的研究，探讨基于计算机多媒体技术的心理素质教育的目标、结构、模式、主题及策略等。

软件开发 探讨促进师生关系的心理素质教育软件的理论依据和技术支持，即探讨该软件开发的可行性、探讨其实现的手段，以及对初步开发的软件进行专家评定、收集学生反馈、不断修订和完善。

实验验证 通过对促进师生关系心理素质教育软件的学习，检验该软件能否促进师生关系，即验证该软件的有效性。

（二）研究假设

本研究包含以下假设：

假设1：心理素质及其教育的复杂性决定了心理素质教育途径和模式的复杂多样性，学校心理素质教育模式的构建应该并能够运用现代化教学手段。

假设2：基于计算机多媒体技术开发的心理素质教育软件能够提高学校心理素质教育的效果。

假设3：开发的心理素质教育软件能够促进初中生师生关系，能够提高初中生的师生交往能力。

第二节 计算机辅助心理素质教育模式的构建与教育软件开发

一、计算机辅助心理素质教育模式的构建

（一）计算机辅助心理素质教育的基本目标

培养学生良好的心理素质是心理素质教育的基本目标，计算机辅助心理教育是心理素质教育的重要实施途径，所以培养学生良好的心理素质也是计算机辅助心理教育的基本目标。培养学生良好的心理素质就是要使学生心理素质的各成分都得到健全、健康的发展，使其形成正常甚至超常的智能、完善的人格和良好的适应能力，为提高学生的整体素质奠定基础。计算机辅助心理素质教育也应遵循心理素质训练的基本原则，着重训练学生学会适应生活、适应学习、适应人际交往、适应身体发育，预防和矫正学生因为不适应而导致的各种心理和行为障碍。总之，利用计算机的多媒体属性，培养学生良好的心理素质、促进学生的积极适应和主动发展是计算机辅助心理素质教育的基本目标。

(二）计算机辅助心理素质教育的基本思想

1. 学生主动参与是计算机辅助心理素质教育成功实施的前提

心理素质教育的过程应当是学生主动参与的过程，学生在主动参与中发现问题、分析自我、探究原因、寻求方法、反思体验，形成思想、观念、能力等心理素质。因此，学生的主动参与是心理素质培养发展的前提，也是计算机辅助心理素质教育成功实施的前提。计算机辅助心理素质教育首先应该充分调动学生的积极性，让学生主动参与到计算机辅助心理教育中来。训练过程中，可以让学生自己操作，自己控制学习速度，选择学习内容进行训练；通过设计问题，观看其他人遇到的问题，引起思考，进行判断分析，寻求方法。而且计算机也可以通过提供生动活泼的画面、优美的背景音乐使学生对训练内容产生兴趣，愿意参与到训练中来。

2. 学生心理素质的形成过程是计算机辅助心理素质教育的基础

计算机辅助心理素质教育必须从学生生理、心理和社会性发展的年龄特征出发，以学生现有心理素质发展水平为起点，以学生学习、生活、交往和成长中普遍存在或可能出现的心理问题为切入点。张大均教授等提出了“自我认识—晓之以理—导之以行—反思内化—习与成性”的心理素质培育过程，计算机辅助心理素质教育也是以此为依据进行设计的。首先，通过一些小测验，让学生自测，了解自己的心理现状，或者讲述主人公的经历，以此联想自己，即“自我认识”；接着以一句话的形式总结，即“晓之以理”；训练系统的重点就在“导之以行”，同时给出几种技巧，由学生自由选择学习，技巧训练既力图改变学生的认识，也告知具体的行为策略；在技巧训练中会让学生写出自己的感受、想法、观点等，即“反思内化”的过程；设置“模拟训练”板块，给出模拟情景，让学生思考解决，是对技巧学习的应用，即达到“习与成性”。

3. 和谐心理环境的创设是计算机辅助心理素质教育的基本特色

心理素质训练的过程，也是创设和谐心理环境、激活或唤醒学生心理活动的过程，它通常能引发学生的认同感、缺失感，激发情感共鸣或者震撼，诱发行动愿望。学生的心理素质是在和谐的互动式心理环境中得到培养和锻炼的。因此，和谐互动式情景的创设也应是计算机辅助心理素质教育的基本特色，以及计算机辅助心理素质教育有效的保障。和谐心理环境的创设可以通过优美的背景音乐、生动有趣的动画、富有感情的配音等实现，更应该注重训练内容贴近学生生活，注重内容的有效性，让学生从心理上比较容易接受、乐意学习。

（三）促进师生关系的心理素质教育软件的训练主题

1. 初中师生关系的现状调查

为了解初中师生关系的现状，为进行师生关系训练主题的确定提供依据，我们进行了师生关系现状的问卷调查。

1）初中师生交往问题的开放式问卷调查

为了解当前初中师生交往的问题，我们向重庆市某中学初二学生 42 人发放了开放式调查问卷，共回收有效问卷 38 份。问卷含 3 个开放式题目："你认为师生交往中存在的问题有哪些?""你认为影响师生关系的具体原因有哪些?""你认为自己该如何改善师生关系?"采用内容分析法对问卷结果进行归类整理，结果见表 10-1。

表 10-1　初中师生交往开放式调查结果

问题类型	具体问题	频数	百分比/%
师生交往存在的问题	师生缺乏沟通	22	57.89
	师生冲突	30	78.95
影响师生关系的因素	学习因素	13	34.21
	害怕、胆小	20	52.63
	教师专制	23	60.53
	教师偏见	10	26.32
	教师误解	5	13.16
如何改善师生关系	多沟通	27	71.05
	认真学习	10	26.32
	多些尊重理解	6	15.79

调查结果显示，师生交往中存在最多的问题是师生缺乏沟通和师生间的冲突。这说明当前初中生与教师的交流较少、冲突性较强，这与初中生交往对象的转移及其叛逆性的心理特点有关。

影响师生关系的因素可概括为学生因素和教师因素。其中，34.21%的学生认为学习因素影响师生关系，即学习不好，老师对自己的印象也不好，影响师生关系；52.63%的学生认为不敢与老师交往，觉得老师太严厉，怕老师批评等，从而影响了师生关系；60.53%的人认为是教师的专制影响了师生关系；也有人认为是教师的偏见、教师的误解影响了师生关系。

多数学生认为可以通过多与老师沟通、认真学习、多些尊重和理解的方式改善师生关系。其中，71.05%的学生认为对于改善师生关系，沟通非常重要，应该经常和老师谈心、多交流；26.32%的学生认为对于改善师生关系，学习很重要，应该认真完成作业，课上积极回答问题，课下多问老师问题；另有6位同学谈到，师生间相互理解和尊重有利于改善师生关系。

2）初中师生关系现状的封闭式问卷调查

考虑到师生关系训练的对象是中学生，因此本研究采用师生关系的学生评定问卷，即采用北京师范大学王侠编制的师生关系问卷（学生版），该问卷具有较好的信效度。研究对象为重庆市北碚区某中学初中三个年级的学生，共抽取被试133名（男生63人，女生70人），其中初一58人，初二38人，初三37人。所有数据均利用SPSS 10.0进行统计处理。数据结果分析如下。

（1）初中师生关系发展的性别差异。初中各年级男女生师生关系状况的得分差异比较见表10-2。

表10-2　初中师生关系发展的性别差异比较

维度	男生（$n=63$）		女生（$n=70$）		t
	M	SD	M	SD	
亲密性	2.534	0.781	2.888	0.705	-2.746^{**}
冲突性	1.971	0.731	1.659	0.562	2.732^{**}
支持性	3.544	0.602	3.650	0.552	-1.063
满意度	3.384	0.581	3.369	0.766	0.133
总分	1.873	0.503	2.062	0.474	-2.231^{*}

如表10-2所示，初中男生与女生在总分及亲密性和冲突性因素上存在显著差异。女生的总分明显高于男生，与老师的亲密性也好于男生，冲突性比男生低，说明女生的师生关系状况明显好于男生。这与沃建中等（2001）关于女生的人际关系水平在初中阶段始终优于男生的结论一致。

（2）初中师生关系发展的年级差异。以年级为自变量，师生关系总分及诸因素得分为因变量进行方差分析，见表10-3。

表10-3　初中师生关系发展的年级差异比较

年级	亲密性		冲突性		支持性		满意度		总分	
	M	SD	M	SD	M	SD	M	SD	M	SD
初一（$n=58$）	3.081	0.691	1.607	0.616	3.763	0.590	3.551	0.737	2.197	0.478
初二（$n=37$）	2.345	0.791	2.007	0.753	3.467	0.588	3.243	0.614	1.762	0.547
初三（$n=38$）	2.557	0.589	1.856	0.520	3.463	0.470	3.362	0.847	1.882	0.321
F	14.208^{***}		4.791^{*}		4.613^{*}		2.087		11.332^{***}	

整体效果检验表明，年级差异达到极显著水平（$F=4.089$，$p<0.001$）。由

事后检验可知，在亲密性上，初二和初一的差异显著，初三和初一差异也显著，初一明显好于初二和初三；在冲突性上，初二学生与教师的冲突性明显高于初一；在支持性上，初一学生明显好于初二和初三；在满意度上，差异不显著；在总分上，初二和初一，初三和初一均存在显著差异，初一明显好于初二和初三。由此可以看出，初二年级的师生关系状况最差，其次是初三，初一最好。初二年级的师生关系状况最差，出现的问题最多，这也是我们最后选定初二年级进行实验干预的主要原因。

（3）不同学业状况初中生师生关系发展的差异比较。以学业状况为自变量，师生关系总分及诸因素得分为因变量进行方差分析。其中，学业状况是学生的自我的评价，分优、良、中、差四个等级。

如表 10-4 所示，不同学业成绩组学生在亲密性和总分上存在显著性差异。由事后比较可知，在亲密性因素上，学业状况自认为优和良的学生明显好于中等生。在总分上，也是优、良学生明显高于中等生。

表 10-4　不同学业状况初中生的师生关系差异比较

学业状况	亲密性		冲突性		支持性		满意度		总分	
	M	*SD*	*M*	*SD*	*M*	*SD*	*M*	*SD*	*M*	*SD*
优（$n=10$）	3.300	0.780	1.671	0.916	3.850	0.639	3.700	0.688	2.295	0.614
良（$n=65$）	2.869	0.759	1.707	0.617	3.659	0.529	3.498	0.785	2.077	0.467
中（$n=50$）	2.449	0.736	1.908	0.679	3.483	0.624	3.332	0.675	1.836	0.501
差（$n=8$）	2.719	0.633	1.857	0.489	3.594	0.580	2.875	0.725	1.833	0.333
F	4.783**		0.914		1.431		2.381		3.697*	

为更详细地探讨初中生学业成绩与师生关系的关系，我们对重庆市某中学初中二年级学生 67 名（男生 43 人，女生 24 人）进行了调查，并收集了学生最近一次期中考试成绩，作为学生的学业成绩变量。将师生关系总分及各因素和学业成绩作为变量，进行 Pearson 积差相关分析，结果见表 10-5。

表 10-5　初中师生关系与学生学业成绩的相关

维度	亲密性	冲突性	支持性	满意度	总分
学业成绩	0.182	−0.321**	0.182	0.226	0.290*

由表 10-5 可知，学生学业成绩与师生关系的总分存在显著相关（$p<0.05$），与冲突性因素存在非常显著的负相关（$p<0.01$）。

考虑到学业成绩对师生关系的影响，我们认为在升学率较低的学校可能师生关系状况要差一些，师生交往中存在的问题更多、更典型。因此，我们最后选定了一所升学率较低的学校，然后又从中选定了一个普通班进行实验干预。

2. 心理素质教育软件训练主题的确定

由前面的综述可知，大多数研究者从认知和行为方面进行人际交往技能训练（杜富君 2001）。我们也主要从认知改变和行为训练两方面进行了训练，并在认知和行为训练中穿插内容，激发学生的情感共鸣，增强情感体验。结合前面的调查结果，我们确定了训练的主题及内容（表 10-6）。

表 10-6 促进师生关系的心理素质教育软件训练内容

主题	主要内容
认识师生关系	了解师生关系的重要性；正确认识师生关系，师生关系不是拍马屁；真心喜欢老师，积极与老师交往，为改善师生关系做出努力
改善师生关系，从我做起	改善师生关系从克服不良个性品质开始：克服胆怯、焦虑；学会采取恰当方式引起老师的注意；认真学习，好好表现，获得老师的关注
积极与老师沟通	激起沟通的热情，敞开心扉与老师交流；寻找沟通的钥匙，如何进行言语沟通和非言语沟通；移走沟通的绊脚石，克服胆怯、叛逆、从众等不良心理
如何对待老师的偏心	调整失衡心理，客观看待老师的偏心，冷静对待；采取措施，积极行动，获取老师的偏爱；理解老师的偏心，听听老师的难言之隐
化解师生间的误解	学会宽容，理解老师；心动不如行动，如何采取行动化解误解；空椅子活动，多站在老师的角度想想
化解师生间的冲突	了解为什么会和老师发生冲突，懂得如何化解师生间的冲突，例如，要控制情绪，剖析原因，采取行动化解冲突

（1）认知方面。要想在人际交往中取得成功，必须以良好的认知能力为前提。对自己、交往对象、二者的关系有正确的认识和判断，才能采取恰当的交往策略，进行和谐交往。因此，我们安排了两方面的内容，即对师生关系和对自己的认知，其实，对师生关系的认知中包括对老师的认知。同时在认知方面，也加入了行为指导，以行动强化认知。在认识自己部分，由于影响人际交往的因素中，个性品质是非常重要的因素，优秀的个性品质（如宽容、自信、真诚等）可以提高个体的人际吸引力。前面的调查也显示，学生的学习和性格是影响师生关系的重要因素。因此，主要加强了对自己性格特征的认识，以及如何从自身出发为改善师生关系创造条件。

（2）行为方面。在强化认知的前提下，技能的提高主要还是依靠行为训练。因此，我们构建的内容体系重点在行为训练方面。前面的调查显示，师生间缺乏沟通、师生间的冲突是师生交往中普遍存在的问题；教师的误解、教师的偏见也是大多数学生认为影响师生关系的因素。根据此调查结果，我们构建了四部分行为训练内容：如何与老师沟通、如何化解师生间的误解、如何对待老师的偏心、如何化解师生间的冲突。这部分主要教给学生交往技巧，让学生学会面临具体问题时，如何解决处理。

（四）计算机辅助心理素质教育的训练模式

根据张大均教授等提出的学生心理素质形成过程，我们提出了基于计算机多媒体技术的心理素质训练模式：情景导入—认知改变—技巧指导—模拟训练—指导总结。下面以我们设计的促进师生关系的心理素质教育软件为例，进行详细介绍。

1. 情景导入

以一段优美的话或一段主人公的经历引入要讲述的内容，如第一课“认识师生关系”是以一些问题引起学生的思考进入主题；第三课“积极与老师沟通”是以主人公在生活中的经历引入主题；第五课“化解师生间的误解”则是以一首优美的抒情诗配上诗一般的画面引入主题。这些形式最终都是为了引发学生对内容的兴趣，引导学生进入学习的主题。

2. 认知改变

改变学生的不良认知，使其形成正确的观点。提高学生的交往技能必须先通过认知改变，通过学生的感知、想象和思维等认知活动达到训练目的。例如，可以讲述主人公的故事，让学生通过观念联想，联想自己。因为设计的问题是学生日常交往中经常遇到的，很容易让其联想到自己，然后通过设问的形式引发学生思考，如“你帮主人公想想办法”的问题，为主人公想办法的同时，也是为自己想办法。即使想不出什么办法，学生思考的过程也是一个反思自己认知的过程。

此外，可以通过小测验，让学生进行自我反省和和自我分析，了解自己的特点、长处和不足，以促进学生的自我发展。例如，第三课“积极与老师沟通”中，通过主人公的例子引入主题后，给出一个小测验，测验包括“你喜欢与老师聊天吗?”“你有了心里话愿意向老师述说吗?”“你学习上有困难，向老师请教吗?”等题目，学生根据自己的情况选择是否符合，回答完后，后面紧跟着出现一个评价。根据得分的高低，给出不同的评价：“你与老师之间相互理解，沟通还不错”或“你与老师之间还缺乏交流，需要加油努力。”这种测验法也是让学生对自己行为的一种反思。

3. 行为指导

由上面的问题引发了学生的思考，然后我们接着给出几种可借鉴的行为技巧。每一个技巧介绍，我们均遵循了从认知到行为的原则。首先让学生有一个新的认识，即认知的改变，然后再告诉他们可以如何做，给出一些具体的行为建议。比如在“认识师生关系”一课中，告诉学生如何为搞好师生关系“添砖加瓦”：节假日做一张小卡片送给老师；课前给老师准备一杯水；暗暗努力，考个好成绩；帮老师擦黑板等。这些都是日常生活中的举手之劳，学生完全可以做到。

依据榜样干预的原理，我们设置了主人公，通过看主人公或其他同龄人如何处理师生交往问题，给予学生行为指导。榜样干预的原理主要是班杜拉的社会学习理论，该方法利用个体可以通过模仿获得新行为反应倾向的原理，帮助师生关系困难学生通过观察学习，以良好的行为取代其不良行为；或帮助缺乏某些良好行为的学生学习这些行为。在干预中，我们主要以主人公为榜样，告诉学生该如何做，或者先让学生思考某些情景下该怎么做，然后再告诉学生正确的做法。为了激发学生的学习兴趣和真实性，我们都是选用他们的同龄人，选择学生生活中经常遇到的事件作为训练内容，与学生有更大的接近性，更容易起到教育作用。

角色互换是人际交往训练中经常用到的方法，它实质上是一种通过行为模仿或行为替代来影响个体心理的方法。它的基本原理是利用社会模仿、角色体验、团体互动、积极强化等效应，促使学生用积极的心理体验战胜消极的心理体验，并努力在实验中促使这种新的心理体验和行为方式巩固与迁移。空椅子活动是角色扮演的一种，只需要一个人表演，适合于社交方面有困难的学生。在第六课“化解师生间的冲突”中，我们设计了两把椅子，让学生分别坐在自己的椅子和老师的椅子上扮演不同的角色，站在老师的角度体会老师的想法和感受，有利于化解师生间的冲突。

4. 模拟训练

介绍行为技巧以后，接着给出几个模拟情景，让学生思考该如何做。比如第六课“化解师生间的冲突”，介绍了行为技巧以后，设计了“你来想想”这个板块，给出生活中遇到的与老师发生冲突的事例，让学生思考该如何处理。看学生是否真正掌握了所学的技巧，对学生来说，也是一种知识的运用。

5. 总结指导

给出一句总结性的话，点明本课学习的主要内容，让学生有一个概括性的了解，起到画龙点睛的作用。

以上是我们设计的师生关系训练的基本模式，具体到每一课时，又是灵活可变的。例如，有的课就直接在行为指导中设计了模拟训练，而没有单独列出。有的课中认知改变板块没有单独列出，直接与行为指导合为一体，每一个技巧介绍都是先从认知开始，然后介绍行为技巧。附录七详细介绍了训练内容的设计思想及模式。

二、促进师生关系的心理素质教育软件开发

（一）促进师生关系的心理素质教育软件开发的理论依据

1. 进行师生关系训练的理论依据

改善人际关系训练是一种帮助学生在人际交往过程中更有效地进行反应的技术，一般是通过客观的或评定的方式，找到在人际交往背景中最佳的交往技能和行为方式，然后再确定受训练者的行为方式与最佳方式之间的差别，最后通过一定方式的训练，使受训练者的行为方式得到改进，并逐步接近和达到最佳方式。

大量关于改善大学生人际关系的训练表明，通过团体咨询纠正人际关系认知偏差，同时辅以行为训练，能够提高大学生的人际交往能力，在短期内对改善大学生人际关系有较好的促进作用（邢秀茶，王欣　2003；杨宏飞等　2002；齐平等　2001）。李代森等（2001）的研究表明，“小团体”游戏训练活动可以有效培养小学生的人际交往能力。从这些研究可以看出，改善人际关系训练可以提高学生的人际交往技能，改善人际关系状况。而初中阶段是人生发展的关键时期，这个时期的心理发展具有可塑性的特点，可塑性意味着外在的教育可以促进其社会化进程，帮助他们正确处理发展中遇到的心理危机，当然也包括人际交往方面遇到的问题。

2. 进行心理素质教育软件开发的理论依据

计算机辅助心理训练的心理学原理最早源自行为主义学派，程序是先定出终点的行为目标，再将整个训练的内容细分为多个小的可操作的训练单元，按个体心理变化的顺序及一定的规律把小单元进行排列，以计算机多媒体方式呈现，学生在参考了一定的模拟情景或者看到正向的反应之后，从回馈中对自己的反应进行调整。这一程序根据心理学、教育学知识对素材进行整合，符合学生的心理发展特点，具有科学性。

现代认知心理学也为计算机辅助心理素质教育提供了理论依据。在现代认知心理学理论中，信息加工心理学注重对儿童认知过程的微观、静态分析，注重表征、策略等问题的研究，因此，可以说它是计算机辅助训练内容设计的微观指导。皮亚杰的理论更多地展示了认知发展的宏观、动态规律，注重认知发展的质变，因此可以称其为计算机辅助心理素质教育的宏观理论依据。布鲁纳的理论把儿童视为文化工具的继承者，注重发现法学习，可以作为发现式内容设计的基础。

建构主义学习理论对计算机辅助心理素质教育也具有理论指导意义。建构主义认为，知识不是通过教师传授得到的，而是学习者在一定的情景下，借助他人的帮助，利用必要的学习资料，通过意义建构的方式获得的。计算机辅助心理训

练即是通过学生自己对心理训练软件的学习，获取行为训练技巧，进行心理素质的自我教育。此外，建构主义认为学习是与一定的社会文化背景即“情境”相联系的，在实际情景下进行学习，引起学习者原有认知结构的改造和重组。计算机辅助心理训练软件，即是强调通过文本、图形、图像、声音、动画及交互手段，创设有利于学生对所学知识内容意义建构的情景。

（二）促进师生关系的心理素质教育软件开发的技术支持

1. 计算机辅助训练系统的优点

在传统心理训练中，往往存在教师主观成见对训练产生影响的情况，利用计算机呈现的训练方式则会克服这种缺陷。然而，至今为止，关于将人际交往训练结合到计算机辅助系统中的训练还未见到。

计算机辅助训练系统是将传统的教师讲、学生听的简单课堂教学模式，改为“呈现知识信息—呈现示范例子—操作练习—总结”这样一个有利于学生积极参与的学习模式。具有以下优点：

（1）实施个别化教学，发挥学生主体性。计算机辅助训练系统是以“学生为中心”的教学方式，每个学生单独使用一台微机进行学习。不同的学生可以在家中或者有计算机设备的任何场合进行学习。系统将资料呈现给学生，学生可以自行调控学习进度，自由选择、亲身体验、模拟练习，充分发挥学生的主体性。

（2）交互性强，有利于发挥学习者的积极性。按照认知学习理论的观点，人的认识不是外部刺激直接给予的，而是外界刺激与人的内部心理过程相互作用的结果，而人机交互、及时反馈正是计算机辅助训练软件的显著特点。在多媒体交互式学习环境中，学生可以按照自己的学习基础和兴趣选择需要学习的内容。这就意味着学生可以控制和掌握学习的主动权，有利于发挥主体的积极性。

（3）有利于形成良好的学习动机和情绪状态。由于中学生对计算机网络有强烈的好奇心，所以采用学生喜欢的方式进行心理素质训练，增强了学生对训练的兴趣。计算机辅助系统可以通过引人入胜的情境创设来吸引学生的注意，激发其学习兴趣，使其心理产生兴奋，形成良好的学习动机和情绪状态。

（4）教育信息量大，内容直观。计算机具有高信息量、友好的人机界面、广泛的交互性等特点，而且教育内容的呈现从平面走向立体化、从静态变为动态、从现时空趋向超时空。

（5）具有广泛的适应性，学习不受时间和空间的限制。学生学习可以突破时空局限，真正做到跨时间、跨地域、跨文化，丰富的信息容量可以开阔学生的视野，改变他们的思维方式，从而使学生更好地适应知识、技术、信息高度集中的知识经济时代。

（6）有利于知识的获取与保持，符合人们的认知规律。多媒体技术提供的外部刺激不是单一的刺激，而是多种感官的综合刺激，对于知识的获取和保持非常重要。多媒体技术既能让学生看得见、听得见，又能让其动手操作，符合学生的认知发展规律，使知识的保持更持久。

（7）容易解除学生学习的心理压力和戒备心理。由于师生交往训练的特殊性，把师生交往训练放在正常的课堂教学中，可能更容易让学生有心理压力。计算机训练系统，没有老师的参与和主导，免去了学生为了社会期望而掩藏个人真实感受的情况，容易取得良好的效果。

2. 计算机辅助训练系统可能的不足及弥补

当然，计算机作为一门应用技术，在训练这种需要人人互动的技能时，也存在不足之处，主要表现在：影响非言语性辅导手段作用的发挥，如表情、语气、身体姿态等，计算机辅助训练中这些手段的作用难以发挥，如果把握不当，还容易造成简单机械的结果。同时人际交往本身是一个互动的过程，但是人机对话毕竟不是人人对话，所以交往技巧的运用方面可能存在困难；不能很及时地得到反馈，无法根据反馈进行弥补和调整；对学习者的要求较高，必须具有一定的自控力，熟悉计算机的操作技能；学生的主动性、多向性容易被忽略等。

针对这些不足，我们采取以下措施加以弥补：加强情境性，设置跨时间、跨空间的情境，从而增强其真实性，避免人机对话的机械性；加强技巧训练，增强操作性，以实际作用提高其可利用性；利用举一反三，设置生活中可能遇到的情景，让学生运用技巧解决；为了让更多的学生能够使用此系统，在设置时，尽量做到只需简单操作即可进行学习，保证界面设置清晰明了。此外，可以有意识地通过以下方式优化计算机辅助训练系统：①榜样示范。在计算机中设计具体的师生交往问题，同时呈现正确的处理方式和交往方式，给出榜样示范，学生能够借助榜样，模仿到有效的交往技巧，同时辅助言语解释。②阅读与反思。配合训练目的呈现一些阅读材料，为学生提供观念与行为的榜样，在阅读的基础上，鼓励学生积极反思，使交往技能的知识与经验内化。③情境创设与心理角色扮演。用计算机模拟一些真实生活中的问题情境，让学生去解决，或给出一些情境让学生预测可能发生的事件，训练学习者的交往技能。

（三）促进师生关系的心理素质教育软件设计

1. 软件内容设计的原则

（1）目标明确化原则。为了正确引导学生学会如何与老师交往，软件内容必须保证目标明确。为此要做到：①有明确的目的，围绕主题组织训练内容，训练目标应尽可能明确，而且这种目标应当内化为学生的认知行动计划，这样学生的学习和信息加工才会在认知监控下，随时调整方向，朝着既定目标进行。②意义明确，所呈现的教学内容包括字幕、动画、声音、图形都要意义明确，准确无误。

（2）内容生活化原则。首先，应选取贴近学生生活的热点、焦点和难点问题作为训练内容。学生的心理素质是在其日常学习与生活实践中形成和发展起来的，进行心理素质训练也要紧扣学生心理生活的热点、焦点和难点来组织材料。为此，查阅了相关的文献资料，并进行了现状调查，了解当前初中师生交往中存在的问题，以及初中师生关系发展现状，为进行训练内容的构建提供依据，增强了心理训练的针对性。其次，设计一系列的模拟情境，让学生在模拟情境中，获得充分的心理体验，感悟正确的认知观念、思维方式与方法，掌握心理素质训练的策略，培养良好的心理素质。

（3）增强动机性原则。软件中设计了各种形式的奖励，这是依据行为主义强化的学习理论，通过奖惩等强化手段可以建立某种新的良好行为，或者消除某种不良行为。例如，在“积极与老师沟通”一课中，做完“与老师交往的状况”的小测验后，紧跟着有两个评价，如果与老师交往不错，则给出一个大拇指的图片，以示鼓励；如果与老师交往较少，则给出一个加油的图片，表示需要努力。

2. 软件形式设计的原则

（1）界面友好，操作简便。为保证初中学生便于操作，顺利学习，我们遵循了最佳界面效果原则，强调效果：①在计算机屏幕上显示的文字简练，意义明确；②画面内容围绕主题，而不只是图好看、新鲜或单纯为吸引学生注意力而偏离教学内容；③画面清晰，通过加亮、加粗、闪烁、框出、放大、音响等技术突出重点；④画面的布局合理，图形和文字匀称；⑤形式多样并不断变换，使内容呈现方式生动活泼；⑥提示信息规范，操作简便，学过计算机基础操作的学生都能顺利学习。在软件的文件夹中建立了说明帮助文档，学习者可以根据里面的介绍进行操作，此文档告诉学习者使用的播放器、打开的步骤和一些注意事项等。学习者可以在学校一起学习，也可以在家里单独进行学习。

（2）增强情境性。根据不同的教学内容，我们力图多用多媒体软件提供动画、图片等图文音像，以创设真实情景，丰富学生的感性材料，不断加深学生的认知表象，诱发再造想象。情境的创设可以使学生的注意处于积极的功能状态，激发学生求知的愿望和兴趣，维系学生积极的心向，使学生能以积极参与的态度主动做好进入学习情境的心理准备。

（3）生动有趣，引起学生注意。注意是心理资源的指向和集中，它是任何学习和活动的前提条件。因此，训练软件应精心设计交互界面，恰当地使用图形、图像和声音来表达主题内容，激发学生的学习兴趣和求知欲，使学生积极主动地学习。例如，通过亲切的解说词并配以悦耳动听的音乐再加上活泼的动画吸引学生的注意，充分调动学生的认知和情绪投入，这也是学生心理素质训练有效的前提和保证。

(4) 形式直观、具有启发性。由于多媒体环境的最大特点就是能使人感到身临其境，一些实物在屏幕上可以栩栩如生地再现，所以在设计软件时注意充分利用多媒体计算机能够处理和传递声音、图像、影像、动画的特点，使课程内容更加直观，更具启发性。

(5) 减少无关刺激的影响。虽然形式的多样性可以吸引学习者的注意力，但是人的知觉受无关刺激的影响，如果软件过分注重形式的花样，信噪混乱、屏幕颜色、动画等处理欠佳，会造成注意力分散。因此，我们在设计时，注意加大了训练内容与背景之间的区别，虚化背景，突出对象；在屏幕背景色彩运用上以淡色为宜；动画运用恰如其分、不喧宾夺主等。

总之，该软件设计巧妙，画面丰富，人机交流形式多样，尽可能使学生在丰富有趣的动画中，掌握师生交往的技巧，提高师生交往能力，改善师生关系。

（四）促进师生关系的心理素质教育软件的开发与修改

心理素质教育软件的开发遵循“脚本撰写—软件开发—专家评定—修订—学生反馈—再修订—专家评定”的开发模式。

1. 脚本撰写

首先，依据现有师生关系的研究，以及当前师生交往中存在的问题、师生关系发展现状，确定了训练的主题；根据现有心理素质教育模式研究，确定了基本训练模式。然后对每一个主题进行详细撰写，具体内容注重体现生动、有趣、贴近生活、符合学生发展规律、可操作性强等原则，并详细写出内容的表现形式。

2. 软件开发

我们请计算机专业人员根据撰写的脚本进行软件开发。他们使用 Flash 软件结合 Javascript、html 语言制作，其中 Flash 主要实现动画功能，Javascript 主要实现保存功能，html 主要负责把动画连成一个整体。Html 语言是生成活动文档的代码系统，其突出特点是交互性。要能把信息通过计算机发布到网络，就必须使用一种大多数计算机都能够识别的语言，在互联网上，通常使用的发布语言是 html，这样也为日后软件发布到网上奠定了基础。

3. 专家评定

开发一课软件后，我们请有关专家进行了评定，专家们从软件的内容、表现形式等方面提出了详细的建议。例如，有的专家提出，软件的课堂形式化严重，不利于学生接受，建议改为更游戏化的形式；有的专家提出软件的动画技术差，文字太多，鉴于此我们后期制作中加强了动画情景部分，减少了文字表述；还有专家提出了训练内容说教性太强，表现形式单调等建议，这些对我们软件修订具有非常重要的参考价值。

4. 学生反馈

根据专家建议，我们对软件进行了修订，然后从西南师范大学附中随机抽取初二年级一个班对软件进行了实验，以了解学生对这种心理训练方式的看法，以及对软件的建议和要求。实验后发放调查问卷 55 份，收回有效问卷 51 份。

1）整体效果

看完软件后，51％的人认为有很多有益的启发；39.2％的人认为有一些收获，但不大；9.8％的人没什么感觉。与心理素质训练课相比，52.9％的人认为两者结合起来更好，因为计算机方式能让人入迷，老师上课的内容更多一些，使用了计算机会更有趣。37.3％的人更喜欢计算机呈现方式，他们认为听老师讲没意思、太枯燥，而这种方式有了立体画面，更形象、更有趣，也很有启发。尤其在师生关系训练软件中，14 人中有 9 人更喜欢计算机呈现方式，这可能是因为师生关系训练涉及教师，而由教师给学生上训练课，学生会有所顾虑和压力。这也证明了使用计算机辅助软件进行师生关系训练的可行性和优势所在。58.8％的人认为看到的软件一般，41.2％的人感觉很好，没人感觉很差。这说明，学生对我们的软件基本满意，但也存在一些需要改进之处。

2）内容方面

由表 10-7 可知，在内容衔接上，52.94％的学生认为内容衔接较好，连贯、系统；29.41％的人认为还可以；15.69％的人认为安排散乱、抓不住主题。具体到师生关系训练软件，只有 1 人认为内容衔接不好；其余同学均认为还可以或衔接比较好。在内容的选择上，66.67％的人认为内容大多贴近生活，可以为日后交往提供很多帮助；31.37％的人认为很多问题都意识到了，但经过这样的学习可以促使思考，有学习的必要；27.45％的人则认为学习的内容大多都知道，没必要学习；只有 1.96％的人认为内容落伍、不符合时代。这说明，内容的衔接、选择方面，大部分同学较满意。

表 10-7　学生对心理素质教育软件内容方面的反馈

	反馈意见	频次	百分比/%
内容衔接	衔接较好、连贯、体系	27	52.94
	安排散乱、抓不住主题	8	15.69
	还可以	15	29.41
内容选择	大多贴近生活，可为日后交往提供很多帮助	34	66.67
	落伍、不符合时代	3	1.96
	大多内容都知道，没必要学习	14	27.45
	系统学习有助于促进思考	16	31.37

3）形式方面

由表 10-8 可知，在总体呈现方式上，41.2%的人认为形式比较灵活，52.9%的人认为一般，说明在软件的呈现上还需要进一步改进、完善，需要更加灵活。具体到人物的形象设计方面，49%的人还比较满意，37.3%的人感觉一般，另有 13.7%的人表示不满意。在画面的选择与安排上，82.4%的人比较满意，15.7%的人认为一般，只有 1 位同学感觉不满意。这说明画面的选择与安排上，学生总体的感觉还不错。在背景音乐和配音方面，76.5%的人感觉比较满意，15.7%的人感觉一般，7.8%的人感觉不满意，他们认为音乐应该更丰富、更特别一点。

表 10-8　学生对心理素质教育软件形式方面的反馈

教育软件形式	反馈意见	频次	百分比/%
呈现方式	灵活	21	41.2
	一般	27	52.9
	呆板	3	5.9
人物形象设计	满意	25	49
	一般	19	37.3
	不满意	7	13.7
画面选择与安排	满意	42	82.4
	一般	8	15.7
	不满意	1	1.9
背景音乐和配音	满意	39	76.5
	一般	8	15.7
	不满意	4	7.8

从以上分析可以看出，学生比较喜欢计算机软件形式进行师生关系训练，对初步开发的软件较满意，但也提出了许多不足和需要改进的地方。根据同学们的意见和建议，我们对初步开发的程序又做了进一步的修订。例如，有同学提出按

钮太多，界面显得有点乱，操作也不方便，我们就通过设置一定时间控制播放的速度来减少按钮，使界面清晰、易操作；有同学提到人物太卡通，我们又设计了更贴近生活的人物形象；还有同学提到播放的动画不够多、不够吸引人，我们就增多动画，加强动画的灵活性和趣味性；也有的同学提到音乐太单调，我们就搜集了更多、更优美动听的音乐，并尽量使音乐与解说词、训练内容相匹配；还有的同学提出内容有点过时，我们就更换了更丰富、更深入、更贴近生活、更具有情节性的内容等。

再次修订后，我们又将软件拿给专家评定，根据专家提出的意见，我们再次进行修改，如此反复几次，直至满意为止。

最终，我们共开发了六课师生关系训练的多媒体软件：认识师生关系；改善师生关系，从我做起；如何与老师沟通；如何化解师生间的误解；如何对待老师的偏心；如何化解师生间的冲突。

三、对计算机辅助心理素质教育模式的评价

心理素质教育是一项系统工程，除了学校的心理素质教育外，还应该扩大心理素质教育的空间，让学生随时随处都可以进行心理素质训练，计算机互联网就可以做到这一点，学习者将不受时间和空间的限制，寻找自己需要的心理素质训练，进行学习。这正是我们构建计算机辅助心理素质教育模式的出发点。

（一）计算机辅助心理素质教育模式体现了心理素质教育的思想

张大均教授等在综合当前心理健康教育模式的基础上，提出了心理素质教育的“生理—心理—社会—教育”的协调整合模式。我们在该模式的基础上，结合计算机辅助教学模式，提出了计算机辅助心理素质教育模式。该模式是以多媒体计算机技术为依托，以张大均教授等提出的心理素质教育思想为理论基础，有效实施心理素质教育的新探索。因此，协调整合模式的心理素质教育理论同样适用于计算机辅助心理素质教育模式，计算机辅助心理素质教育是协调整合模式的一种具体实施途径，其基本理论与思想均遵循张大均教授等提出的心理素质教育思想。

该模式力图通过对软件训练内容的精心设计，选择师生交往中存在的问题，从认知改变到行为矫正，再到反思体验、品质内化，实现心理素质教育“培养学生良好心理素质，促进学生积极适应与主动发展”的目标；注意加强形式设计的生动、有趣，以增强学生的学习动机和乐趣，促进学生的积极主动性；注意体现面向全体学生，发挥学生主体性，增强学生内化体验的心理素质教育原则。依据张大均教授提出的学生心理素质的形成过程，我们提出了“自我认识—晓之以理—导之以行—反思内化—习与成性”的计算机辅助心理素质教育的基本训练模

式。总之，基于多媒体计算机的心理素质教育模式在内容与形式设计上均体现了心理素质教育的目标、原则和实施策略。

（二）计算机辅助心理素质教育模式的新意

1. 情境性强

与当前使用较多的心理专题训练课、心理咨询辅导、学科渗透等心理素质教育方式相比，基于多媒体计算机的心理素质教育模式的情境性较强。计算机辅助心理素质教育模式力求利用自身的技术优势，通过音乐、动画等多媒体信息提供尽量逼真的交往情景，让学生在观看动画中感受交往情景，获取交往知识和技能，体验交往乐趣，最后形成稳定的交往心理品质。计算机可以提供模拟情境让学生尝试、练习，有利于学生巩固所学的知识技能；计算机可以通过音乐、背景、色彩、动画等为学习者提供和谐的心理氛围。同时，计算机通过创设能引起学生思考的问题情境，与目标、内容相符的，能触发学生感受的情境，民主、宽松、开放的、能触动学生内心世界的心理情境，最终形成观念的碰撞、情感的共鸣、行为的相互影响。总之，多媒体动画情境的创设能够给学生以直观感受，引起学生的学习兴趣，激活或唤醒学生的心理活动，在此过程中引导学生思考和行动，这些都是一般的心理训练方式难以实现的。

2. 系统性强

随着多媒体计算机的发展，网上心理教育资源逐渐出现了一些专门的心理网站，但一般内容比较简单、功能比较有限，运行情况不是很好，至今仍缺乏科学的、系统化的、功能完善的心理素质教育系统。宋丽红（2002）指出当前大多数计算机辅助素质教育软件功能单一，内容教条枯燥，只侧重于某一方面能力的培养，背离了素质教育全方面提高学生素质和能力的初衷。由上面的分析可知，心理素质是多成分的复杂系统，单一内容的训练势必影响心理素质教育的全面性和系统性。我们首先构建了计算机辅助心理素质教育模式，然后根据此模式开发了一系列的心理素质教育软件，能够对学生的各种心理品质进行有效培养和教育，而不仅是对某一品质的培养。具体到某一品质，我们又从多个方面，多角度进行训练。例如，我们开发的促进师生关系的心理素质教育软件，把师生关系训练细分为多个方面，每个方面均是从认知改变到行为指导，强调学生的体验、内化，具有较强的系统性。

3. 专业性强

目前，进行心理素质教育软件研究的大多是计算机人员、教育技术人员（宋丽红 2002；吴宏亮 2000；王丽荣 2000），专门的心理学研究者进行的这方面的研究还未见到。而计算机、教育技术研究者由于专业原因，他们主要偏重于技术方面，大都从技术优势出发考虑软件的开发，不是从心理素质教育的实际需求和特点出发。他们的研究中会重点介绍开发的流程、运用的技术，强调技术实现部分，而对心理素质教育软件开发的思想、内容的探讨不多。但在实际的心理素质教育软件开发中，软件训练的内容和思想是核心，技术只是一种手段，忽视心理素质教育软件的本质性内容，只会使开发的软件专业性不强，软件的有效性、科学性也会受到影响。

我们根据计算机辅助心理素质教育模式开发的心理素质教育软件是从心理学的角度，设计了训练的内容，然后让计算机人员实现技术支持。这里计算机只是作为一种实现心理素质教育目标的工具，软件的核心内容仍然是心理素质教育的内容体系，具有较强的专业性。

4. 操作性强

现有心理素质教育软件的内容多集中在心理学知识的介绍或心理品质的测量上，涉及的心理训练较少，仅有的软件也是简单地给出一些建议性的知识。而依据我们构建的计算机辅助心理素质教育模式开发的软件可操作性较强，该软件训练的重点是对学生进行行为指导，提供可操作性的技巧，学生在软件中学到的知识技巧，可以直接运用到生活中去。

根据构建的计算机辅助心理素质教育模式，我们以师生关系训练为例设计了心理素质教育软件，设计过程中借鉴了计算机辅助教学、多媒体课件制作等的成果，并邀请计算机技术人员加入合作，又通过几次专家评定、学生反馈，最后开发出了六课软件。从测试结果和使用效果来看，系统运行稳定高效，界面友好，满足了学生的需求，受到学生欢迎。当然，由于这是一种全新的尝试，开发的软件还存在很多问题，需要不断进行修改和完善。

第三节 促进师生关系的心理素质教育实验研究

一、促进师生关系的心理素质教育实验

（一）实验目的

（1）探索计算机辅助心理素质教育模式的有效性。

（2）促进初中生师生关系的发展。

（二）实验对象与方法

1. 实验对象

重庆市某实验中学初中二年级学生。实验班为 34 人，女生 12 人，男生 22 人；对照班为 33 人，女生 12 人，男生 21 人。

2. 实验方法

本研究采用心理测量、教育实验和个案访谈相结合的方法。心理测量是指用北京师范大学发展心理所王侠编制的初中师生关系量表（学生版）对师生关系状况进行测量；教育实验采用自己开发的计算机辅助师生关系训练软件进行（见附录七）；实验结束后，对实验班 2～3 名学生进行个案访谈。数据处理采用 SPSS 10.0 for Windows 进行处理。

（三）实验设计与程序

本实验采用实验班对照班前测后测实验设计，实验处理见表 10-9。

表 10-9　改善初中师生关系的实验处理

班级	前测	实验处理	后测
实验班	师生关系测量	计算机辅助师生关系训练	同前测
对照班	师生关系测量	日常学习	同前测

本实验过程大致分前测、实验干预、后测三阶段进行。

第一阶段：前测

实验班对照班学生均参加前测，测验内容为初中师生关系量表。测验完毕后对部分学生进行深度访谈，了解实验班和对照班学生的师生关系状况。

第二阶段：实验干预

实验班进行软件的学习，学习材料为我们开发的促进师生关系的心理素质教育软件，实验期为 1 个半月，每周一次，实验在学校的机房进行。实验前，实验人员将软件全部安装到计算机上，实验班学生在计算机课时间全体到机房学习，每人一台计算机进行自学，自主控制学习速度，软件中设有问题，要求学生回答。学生回答后，内容会自动保存到指定的文件夹内，供实验后分析。实验人员只负责一些技术上的帮助和解答。

对照班不进行任何训练，为了避免期望效应，对照班学生计算机课上也去机房，但是去上计算机课，并且计算机上曾经安装的实验软件一律删除。

第三阶段：后测

实验班与对照班均参加后测，测验内容为初中师生关系量表。

（四）实验变量

自变量：计算机辅助师生关系训练

因变量：初中生师生关系的发展水平

无关变量的控制：①合理确定实验班和对照班。保证实验班与对照班学生的师生关系状况起始水平大致相等。②控制影响实验效果的其他因素，消除期望效应。不告知实验班教师、学生实验的目的，对照班学生和实验班学生均按正常计算机课时间到机房学习。

（五）实验结果与分析

1. 实验班对照班学生师生关系前后测得分比较

实验班与对照班学生在初中师生关系总量表和各分量表上前后测得分比较见表 10-10。

表 10-10　实验班与对照班师生关系前后测得分比较

测验	维度	实验班（n=34）		对照班（n=33）		t
		M	SD	M	SD	
前测	亲密性	2.559	0.878	2.735	0.923	0.800
	冲突性	1.912	0.650	1.862	0.896	−0.264
	支持性	3.529	0.666	3.754	0.601	1.447
	满意度	3.606	0.630	3.849	0.652	1.550
	总分	1.946	0.541	2.119	0.618	1.223
后测	亲密性	2.908	0.466	2.716	0.839	−1.154
	冲突性	1.853	0.706	1.814	0.623	−0.240
	支持性	3.724	0.798	3.724	0.690	−0.004
	满意度	3.829	0.540	3.824	0.540	−0.039
	总分	2.152	0.497	2.112	0.515	−0.322

表 10-10 说明，实验前，实验班和对照班学生的师生关系状况在总分及各因素上的得分均没有显著性差异（$p>0.05$）。这说明我们随机选择的两个平行班，符合平衡组实验设计的要求。在实验后测的比较中，实验班学生和对照班学生的总分及各因素上的得分仍然差异不显著。但是从平均数上，我们可以看出，实验前实验班在总分及各因素上均差于对照班，而实验后除冲突性外，总分及其余因素均略好于对照班。从实验班实验前后的平均数，我们也可以直观地发现，实验班师生关系的总状况及各因素都有所提高和改善。

2. 实验班学生师生关系前后测得分比较

为了从另一个角度检验实验的效果，我们又对实验班学生前后测得分进行了配对检验。实验班学生师生关系前后测得分比较见表 10-11。

表 10-11　实验班学生师生关系前后测得分比较

维度	前测（$n=34$）		后测（$n=34$）		t
	M	SD	M	SD	
亲密性	2.559	0.878	2.908	0.466	−2.491*
冲突性	1.912	0.650	1.853	0.706	−0.458
支持性	3.529	0.666	3.724	0.798	−1.338
满意度	3.606	0.630	3.829	0.540	−1.912
总分	1.946	0.541	2.152	0.497	−2.220*

如表 10-11 所示，从总体上看，实验班学生在初中师生关系总问卷的总分前后测得分上有显著性差异，实验后好于实验前。说明实验结束后，学生的师生关系状况得到了改善。在 4 个具体的因素上，亲密性因素的后测得分显著高于前测（$p<0.05$），满意度、冲突性和支持性因素没有显著变化（$p>0.05$）。从平均数上也可以直观地发现，实验后实验班学生的师生关系总均分及各因素均好于实验前。

3. 对照班学生师生关系前后测得分比较

应平衡组实验设计的要求，我们也分析了对照班学生师生关系前后测得分的变化情况，结果见表 10-12。

表 10-12　对照班学生师生关系前后测得分比较

维度	前测（$n=34$）		后测（$n=34$）		t
	M	SD	M	SD	
亲密性	2.735	0.923	2.716	0.839	0.150
冲突性	1.862	0.896	1.814	0.623	0.336
支持性	3.754	0.601	3.724	0.690	0.276
满意度	3.849	0.652	3.824	0.540	0.185
总分	2.119	0.618	2.112	0.515	0.065

如表 10-12 所示，对照班学生在初中师生关系问卷总分及各因素上的前后测得分均没有显著性变化（$p>0.05$）。观察平均数发现，前后测总分基本没有变化，4 个因素上，有的略高，有的略低，变化不一。

4. 实验班对照班各因素增益量的差异性检验

为了检验实验效果是否达到统计上的显著差异，将实验班对照班实验前后的各因素分数的差（增益量）做独立样本 t 检验，结果见表 10-13。

表 10-13　实验班对照班师生关系各因素增益量的差异性检验

各因素增益	实验班（n=34）		对照班（n=34）		t
	M	SD	M	SD	
亲密性	0.349	0.818	−1.89	0.726	−1.947*
冲突性	−5.880	0.750	−4.76	0.814	−0.059
支持性	1.813	1.096	−3.03	0.630	−8.472***
满意度	0.224	0.682	−2.42	0.751	−1.414
总分	0.207	0.543	−6.47	0.571	−1.566

从表 10-13 可以看出，实验班对照班在亲密性和支持性上的增益量存在显著性差异，在这两个因素上，实验班均是有所提高，而对照班均是有所降低。从增益量上看，实验班在冲突性因素上为负值，在总分及各因素上均为正值，说明实验班师生关系在总体及各因素上均比实验前有了明显改善；对照班除冲突性因素有所降低外，其余各因素上的增益量也均为负值，说明对照班实验前后师生关系状况有所降低。

5. 实验班男女生师生关系前后测得分比较

为了考察计算机辅助训练软件对不同性别学生干预效果的差异，我们对实验班男生和女生的师生关系前后测得分分别进行了比较，结果见表 10-14。

表 10-14　实验班男生与女生师生关系前后测得分比较

性别	维度	前测（n=34）		后测（n=33）		t
		M	SD	M	SD	
男生（n=19）	亲密性	2.301	0.861	2.835	0.498	−3.037**
	冲突性	2.117	0.660	2.013	0.743	0.559
	支持性	3.392	0.633	3.636	0.816	−1.265
	满意度	3.582	0.659	3.691	0.575	−0.696
	总分	1.790	0.504	2.037	0.530	−2.006
女生（n=22）	亲密性	3.031	0.721	3.042	0.386	−0.050
	冲突性	1.536	0.448	1.560	0.543	−0.175
	支持性	3.781	0.677	3.885	0.773	−0.473
	满意度	3.650	0.598	4.083	0.366	−2.789*
	总分	2.232	0.509	2.363	0.361	−0.941

如表 10-14 所示，通过师生关系训练软件的学习，实验班男女生在师生关系总状况及一些因素上有不同程度的改善。其中，男生在亲密性上前、后测得分有

显著性差异，实验后明显比实验前与教师更亲密。在总分及冲突性、支持性、满意度因素上，虽然实验前、后得分未达到显著性水平，但也有一定程度的改善。女生在满意度因素上的前、后测得分有显著性差异，实验后明显比实验前对师生关系状况满意。在亲密性和支持性上也有一些提高，但未达到显著性水平。这说明相同训练内容的软件对男生和女生产生的效果不同。

6. 对实验效果的定性分析

我们通过师生关系问卷考察了师生关系的改善情况，以此来判断师生关系训练软件的干预效果。然而，训练软件重点是通过提高学生的师生交往技能改善师生关系，但是可能学生的师生交往技能提高了，或者有了这种意识，即认知上发生了改变，但在师生关系状况上还未表现出来，毕竟师生关系受师生两方的影响。因此，为了进一步考察计算机辅助训练软件的干预效果，实验结束后，我们利用自编的调查问卷“说说你的感受，发表你的高见”，试图定性分析实验干预的效果。问卷设计了 4 个开放式问题，即“学习了与老师交往的软件，你有哪些收获，或者说软件对你有哪些帮助?”“你是否在生活中运用了学到的技巧或知识？举个例子说说。”“对老师说说心里话：学习了如何与老师交往，你有什么心里话想跟老师说。”“你对软件还有哪些不满意的地方或好的建议”。我们向实验班发放调查问卷 34 份，回收有效问卷 30 份。采用内容分析法对问卷结果进行归类整理，收集到的调查结果见表 10-15～表 10-18。

表 10-15　问题 1

问题	具体内容	频数	百分比/%
学习软件后，你有哪些收获	学会了如何与老师相处	23	76.67
	更加了解老师、理解老师	14	46.67
	没有收获	1	3.33

表 10-16　问题 2

问题	具体内容	频数	百分比/%
你是否在生活中运用了所学的技巧或知识？举例	在对待师生间的误解时运用	7	23.33
	在与老师发生冲突时运用	5	16.67
	积极与老师沟通	6	20
	配合老师，努力学习	6	20
	在对待老师偏心时运用	1	3.33
	没有运用	5	16.67

表 10-17 问题 3

问题	具体内容	频数	百分比/%
对老师说说心里话	老师，我们应该多沟通	6	20
	老师，感谢您	7	23.33
	老师，给您提意见	14	46.67
	老师，我理解您了	8	26.67
	无	2	6.67

表 10-18 问题 4

问题	具体内容	频数	百分比/%
对软件还有哪些意见	没有意见，比较满意	18	60
	表现形式的背景、配音、人物的不足	3	10
	软件内容的不足	9	30

如表 10-15 所示，当问到“学完了软件，你有哪些收获”时，只有一位同学感觉没有收获，其他同学都有不同方面的收获。其中 76.67%的同学了解了如何与老师相处，学到了很多与老师相处的技巧。例如，“知道了怎样与老师沟通”“如何避免与老师的冲突”“遇到困难时，应该把老师当做知心朋友，与老师交流”“与老师发生矛盾时，应该先反省自己”“帮老师做力所能及的事”等。36.67%的同学在学习软件后，更加了解、理解自己的老师了。比如，有的同学写到“我知道了老师的许多内心想法，他们是关心我们的，不管是好同学还是差同学”“对老师有了新的认识，更了解老师的良苦用心了”“了解老师的苦衷”“我们要尊重老师，理解老师对我们的一片苦心”。

在“你是否在生活中运用了所学知识或技巧？举例说明”的问题中，有 5 位同学写到没有运用，其余同学都分别举例说明了对所学技巧或知识的运用。其中，23.33%的同学在“处理师生间的误解”时运用了所学的技巧。例如，有的同学写到：“我被老师误解了，我是在课外与老师谈话解释的，而没有像以前那样在课上和老师争辩。”“有一次，我被老师点名回答问题，但我没有回答对，老师在全班同学面前教训了我，让我丢了面子，我当时很恨老师，但是现在想想其实如果老师不关心我学懂了没有，又怎么会让我回答问题呢？老师是关心我，我误解老师了。”有 5 位同学写到：“在与老师发生冲突时运用了所学的技巧。”如“下课后再向老师解释，不会再与老师直接顶撞了。”另有 6 位同学写到在与老师沟通时运用了所学的知识，如有同学写到：“我会把自己的心里话写在联系本上告诉老师”“我现在下课经常与老师聊天、谈心”等。还有的同学在学习中更加积极，如上课主动举手回答问题，课下积极向老师请教等。

在“对老师说说心里话”中，7 位同学谈到非常感谢老师。例如，有位同学写到：“以前我非常讨厌你，因为你不了解我们，不让我们好好玩，现在我明白了你一心只想让我们把知识学好，是为我们好，所以我想对您说声谢谢!”“老师，你是一位非常好的老师，你帮我把成绩提上去，还怕被其他同学欺负，老师你真好。”另有8位同学谈到对老师的理解：“老师，我们已经知道了您的许多难处，以后我会理解你的，体谅你的苦衷，不给您添麻烦了，我想对您说对不起；老师您辛苦了!”等。有6位同学谈到想跟老师好好交流、沟通。同时，有14位同学诚恳地提出了一些意见，如“老师不太理解我们”“老师太凶、太严厉”“老师应多讲些课外知识等”，这也表明了学生想与老师沟通交流的愿望。

关于对软件的评价，60%的同学认为比较满意，有同学提出软件的表现形式上存在一些不足，如软件的人物、景物做得不够精细，立体感不强；有的地方配音，有的地方不配，让人搞不清楚。另有同学指出软件内容上的不足，如软件应该多添加一些课外知识，像心理测验方面的；举例太少，时间太长，与老师沟通的技巧还不够多。这些意见为我们进一步修改、完善软件提供了重要参考。

二、心理素质教育实验后的个案分析

为了解进行师生关系训练后学生心理与行为的变化，以进一步考察计算机辅助师生关系训练软件的干预效果，我们围绕师生交往中存在的问题、学习软件的感受等问题对学生进行个别访谈，并对班主任老师进行访谈了解该生情况，同时结合学生的作品进行综合分析。访谈过程均单独在一间办公室内进行。

T：访谈人员　S1：学生　S2：班主任

个案一：蒋××，男，最近一次期中考试成绩班级排名15

T：你以前和老师关系怎么样?

S1：不怎么样，我学习不好，上课经常捣乱，老师不喜欢我。

T：为什么上课捣乱?

S1：因为老师上课不提问我，不关心我，我就想起哄。

T：学生都想引起老师的注意，有没有想过其他的方式呢?

S1：以前没有。因为老师喜欢学习好的学生，我学习一般，又经常捣乱，所以老师也不认为我有什么优点。虽然我体育好，但体育又不是主课，老师不在意这个的。

T：这几周学了与老师交往的软件，有什么感想?

S1：我觉得软件挺有意思的，也学到了不少东西。比如，以前上课老爱跟老师对着干，现在我认识到错误了，尽量上课不乱说话，不捣乱了。

T：学习软件后，最大的感触是什么?

S1：感受最深的是，有个地方告诉我们通过展现自己的特长获得老师的注意，还有一个大拇指的图片。我以后要积极表现，多跟老师沟通，让老师了解我。

从以上访谈可以看出，该生以前师生关系状况较差，通过学习软件后，认识到了自己的不对，同时知道通过适当的途径获得老师的注意，在软件的学习中收获较多。

为了进一步了解该生学习软件前后师生关系的变化，我们又对与学生接触最多的班主任老师进行了访谈。

T：您觉得蒋××与老师的关系怎么样？

S2：一般，他上课经常捣乱。

T：您觉得最近他有没有什么变化？

S2：最近上课倒是表现还不错，说话少了，起哄也少了。他在联系本（类似于日记，里面大多是跟班主任老师说的话）上还说自己以前不对，不该上课捣乱、跟老师对着干。

T：您觉得他怎么样？

S2：其实他是一个挺聪明的学生，就是爱调皮，上课不认真。他体育挺好的，最近运动会上表现非常不错。只要认真学习，一定是个不错的学生。

从老师的访谈可以看出，学习软件的最近几个周内，该生在心理、行为上都发生了一些变化。他意识到了自己的不对，还主动写在联系本上；在课堂上也有意识地控制了自己的不良行为，努力获得老师的好感。实验过程中，我们也发现了这个学生的变化，前两节训练课他经常说话、不守纪律，后面几节课表现比较好，学习认真了，说话也少了。

在学完软件后的感受中他写到："我对老师有了新的认识，其实老师对我们每个人都很好的。""老师，我以前一直觉得您很不公平，我并不是您喜欢的学生，所以从来不愿意多跟您说一句话。现在想想，其实您对我挺好的，每次我成绩下滑了，您都找我谈话，真的非常感激您！"从这些话中，我们可以看出，该生对老师有了新的认识，对老师的态度从对立逐渐转向了亲密和感激。

此外，通过该生实验前后师生关系问卷的各项得分，我们也可以发现实验的效果。实验前：总分 1.12，亲密性 1.00，冲突性 2.00，支持性 2.88，满意度 2.60；实验后：总分 2.43，亲密性 3.63，冲突性 1.57，支持性 4.25，满意度 3.40。实验后，问卷总分及亲密性、支持性、满意度因素上都有明显提高，冲突性因素得分明显降低。

个案二：胡××，女，最近一次期中考试班级排 31 名

实验前向班主任了解学生情况时，班主任是这样评价该生的："胡××学习成绩很差，平时表现也不好，经常顶撞老师，跟老师作对，老师们都不喜欢她"。班主任还提到胡××现在的父母是她的养父母，她的亲生父母在乡下农村，养父母是小商贩，平时不怎么管她。鉴于她的特殊情况，我们将其作为个案进行研究，实验结束后，对该生进行了访谈。

T：你跟老师的关系怎么样？

S1：不好，老师不喜欢我，总是批评我，到处看我不顺眼。

T：你喜欢他们吗？

S1：以前很讨厌，但现在想想其实老师也是为我好，我自己也太任性，有时候当面顶撞老师，弄得老师也很没面子。

T：什么时候有这种改变的？

S1：以前有时候也这样想，不过想过以后还是和老师顶撞。最近计算机课上学了很多与老师交往的事情，我觉得自己很多地方做得不对，不是老师看我不顺眼，是我自己做的有点让人讨厌了。

T：最近跟老师关系好点了吗？

S1：是的，最近老师也帮我解决了很多生活中的困难，我很感激老师，其实老师对我还是很好的。

从上面的访谈中可以看出，该生对老师的态度有了很大的转变。

访谈结束后，我们又向班主任老师了解了该生最近的情况。

T：您发现胡××最近有什么变化吗？

S2：最近不跟老师顶撞了，经常在联系本上跟老师说自己的想法。比如期中考试刚结束后，她就自己找原因，也让老师帮她制订学习计划，问老师关于学习的方法等。这些都能看出，她比以前爱学习了。

T：她说您给了她很多帮助，她很感激您。

S2：最近她在联系本上说了很多她家里的事情，她的养父经常让她帮忙看摊子，不能好好学习。我把她爸爸叫到学校，好好谈了谈，现在问题解决了，她也能安心学习了。

通过班主任的谈话也可以看出，该生对老师的态度转变很大，认识到了自己的错误，对老师也有了新的认识，行为上也表现出能积极与老师交往，开始主动与老师沟通。

在学完后的感受调查表中，她写到："通过学习，我知道了遇到困难时，应该把老师当做知心朋友、与老师交流；当与老师发生矛盾时，要先反省一下自己，看看自己是不是做错了；在日常生活中，要多理解老师，帮老师做力所能及的事。"在对老师说说心里话中，她写到："老师，我想对您说，您是一位好老师，您帮我解决了很多困难，我在家里的痛苦只能跟您说，真的非常感谢您！"

从实验前后师生关系问卷的各项得分，可以看出，实验前：总分 1.23，亲密性 1.63，冲突性 2.29，支持性 2.38，满意度 3.20；实验后师生关系问卷的各项得分为：总分 1.69，亲密性 2.75，冲突性 2.25，支持性 3.63，满意度 3.40，师生关系得到了明显的改善。

综上所述，对初中师生关系的实验干预是有效的，计算机辅助师生关系训练是改善师生关系的有效途径。

三、对计算机辅助心理素质教育模式的有效性的探讨

我们使用开发的软件进行了教育实验，来验证师生关系训练软件的有效性，以此也来验证构建的计算机辅助心理素质教育模式的有效性。

（一）总体效应

对实验班学生师生关系问卷前、后测的横向和纵向比较，结果显示：①计算机辅助师生关系训练改善了实验班学生的师生关系状况，提高了学生的师生交往技能。实验前，实验班和对照班学生的师生关系发展水平不存在显著性差异。在接受六次计算机辅助师生关系训练后，实验班学生的师生关系问卷后测总分显著高于前测。这表明，从纵向比较上看，实验班学生的师生关系状况得到了显著性改善。从横向比较上看，虽然接受训练后，实验班与对照班后测总分仍然没有显著性差异。但从实验班对照班增益量比较可以看出，实验班学生前、后测总分的增益量为正值，而对照班学生的前、后测总分的增益量为负值，虽然二者之间的差异没有达到显著性水平，但在一定程度上也能够说明计算机辅助师生关系训练的实验干预效果。②计算机辅助师生关系训练对师生关系四个因素的影响不同。调查结果显示，它对亲密性因素的改善效果显著（$p<0.05$）；对冲突性、支持性和满意度 3 个因素虽有改善，但是效果未达到显著性水平（$p>0.05$）。③计算机辅助师生关系训练对男女生的干预效果不同。实验后，男生与老师的亲密性有了显著提高，女生对师生关系的满意度有了显著改善。

为什么计算机辅助师生关系训练，在师生关系各维度上会产生不同的干预效果呢？究其原因主要有以下三个方面：

1. 实验干预改变了学生对老师的态度，增强了学生对老师的亲近感

实验干预主要从认知、情感和行为三方面进行，从亲密性维度的题项来看，它主要测查的是学生对老师的一种态度，如“我愿意把自己的心里话告诉老师”“在我有困难的时候，我会想到找老师帮助我”“我很珍惜老师和我之间的关系”等。在师生关系训练中，我们设计了专门针对认识师生关系的一课，而且在后面的几课中也经常强调应理解老师、客观看待老师的错误等，这些都使学生对师生关系有了新的认识，重新审视自己对老师的态度，意识到师生关系的重要性，从而在心理上对老师产生一种亲近感，和老师不再是对立关系，所以亲密性因素上实验的效果非常明显。

2. 师生关系的双边性影响了师生关系的冲突性、支持性和满意度因素的改善效果

实验前后，冲突性并没有显著性改善。分析冲突性因素的题项可以看出，师生间的冲突涉及师生双方，学生单方面的努力和改变可能还难以带来双方关系的明显改善。例如，某学生认为老师总是惩罚和批评他，虽然学生可以改变对老师的态度，但是如果老师一直看不惯这个学生，遇到一点小错误就批评他，那么学生的感觉并不会改变，所以实验对冲突性干预的效果并不明显。当然，有时学生的态度、行为发生了改变也会影响到老师对学生的态度，也能改变师生间的冲突，所以这也是实验前后冲突性有所改善的原因。支持性和满意度因素存在着类似的问题。支持性即是学生从老师那里获得学习、生活中的支持和帮助。由于实验前后我们并没有干预老师，老师对学生的态度还和以前一样，学生从老师那里获得的支持和帮助也没有根本性地改变，这可能是实验前后支持性因素变化不明显的主要原因。虽然学生在教师对学生的支持关系中处于一种相对被动的地位，但是学生对老师的态度及学生的行为表现，仍然会影响到教师对他们的态度，因此这也能够从一定程度上影响到支持性因素。满意度因素没有得到明显改善的原因和冲突性、支持性因素类似。

3. 男女生心理发展特点的不同导致实验干预效果的不同

实验干预的效果显示，男生在亲密性上前、后测得分有显著性差异，实验后明显比实验前与教师更亲密。在总分及冲突性、支持性、满意度因素上，有一定程度的改善，但未达到显著性水平。女生在满意度因素上的前、后测得分有显著性差异，实验后明显比实验前对师生关系状况更满意。在亲密性和支持性上也有一些提高，但未达到显著性水平。为什么师生关系训练对男女生的干预效果不同呢？这可能和男女生原有的师生关系状况及其心理发展特点有关。由前面的调查可知，男生与老师的亲密性显著低于女生。可能是由于男生比女生要表现出更大的独立性和情感的内隐性，平时与老师的交往不会表现得很亲密，但是通过实验他们认识到了师生关系的重要性，逐渐表现出师生交往的主动性，与老师的亲密性增强。女生在满意度上有了明显改善，可能是因为原本女生的师生关系状况就明显好于男生，经过实验训练后女生更希望改善与老师的关系，更注意与老师的交往，所以对与老师的关系也逐渐感到比较满意。

（二）实验效果的定性分析

实验效果的定性分析是通过对学生学习完后的调查问卷和个案访谈进行的。结果显示，几乎所有的同学都从师生关系训练软件中学到了师生交往的知识、技巧，并且大部分同学都能自主地运用到实际生活中去。这说明我们的软件不仅让学生从知识层面上学到应该怎么做，而且让学生也真正在实践中运用了，对学生的帮助是显而易见的。当然其中也有5位同学提到并没有将所学知识技巧运用到生活中去，这也是以后我们需要加强的部分，一方面经常提醒学习者在生活中要应用，另一方面要不断加强训练内容的实用性，使学习者学完后可以直接拿来用。在“对老师说说心里话”中，大部分同学都谈到对老师的感激，或者更理解老师了，这说明学生对老师有了新的认识，改变了对交往对象的认知。认知的改变已经发生，这也是我们实验干预的目的之一，但这在师生关系问卷中并不能很好地测出，这也直接导致了问卷测量的实验结果并不是十分明显。在对软件的意见中，虽然很多同学说到对软件很满意，但是也有不少同学提出了一些建议，这说明一方面我们的软件作为一个初生之物确实存在许多需要不断完善的地方，另一方面说明学生也比较关注软件，希望软件能做得更好。

个案访谈的两位同学以前学习成绩较差，也不遵守纪律，和老师的关系比较僵，敌对意识较强。但是通过几次实验软件的学习，他们明显地表现出愿意与老师“化敌为友”的态度，愿意与老师和睦相处，愿意有话向老师诉说。在行为上也有所表现，知道该如何与老师沟通，如何获得老师的关心了，也更加理解老师了，由于他们做出的努力及他们的改变，老师对他们的印象也改变了不少。从这两个个案可以看出，我们的师生关系训练软件对学生的帮助是很大的，能够改善师生之间的关系。

由此我们可以看出，计算机辅助师生关系训练软件对改善师生关系，提高学生的师生交往技能是可行的、有效的。虽然师生关系量表的测量实验效果并不是十分明显，但是学生在认知层面上对自己、老师、师生关系都发生了很大的改变，有了新的、比较客观的认识，只是可能由于师生交往的双向性及时间等原因，师生关系能还未表现出非常明显的变化。

参考文献

陈家麟. 2002. 学校心理健康教育——原理与操作. 北京：教育科学出版社.

陈旭. 2004. 中学心理素质教育. 重庆：西南师范大学出版社.

陈旭，张大均. 2002. 心理健康教育的整合模式探析. 教育研究，(1)：71-75.

董奇，陈传升. 2001. 师生关系在青少年发展中的作用全国大城市抽样调查. 应用心理学，7(2)：3-10.

杜富君. 2001. 课堂教学中交往技能的训练. 教学与管理，(7)：50-51.

郭斯萍，陈培玲. 2001. 学校心理健康教育模式初探. 江西教育科研，(9)：14-16.

韩仁生. 1998. 中小学生交往成败归因的研究. 心理科学，(5)：467-469.

李春苗，刘祖平. 1998. 关于师生关系对中学生学习影响的研究. 教育探索，(1)：15-17.

李代森，王晓丁，陶友珍. 2001. “小团体”训练在小学教育中的意义. 四川教育学院学报，

17 (4)：69-70.

李瑾瑜. 1996. 论师生关系及其对教学活动的影响. 西北师范大学学报，33 (3)：57-61.

李晓东，聂尤彦，林崇德. 2002. 初中二年级学生学习困难、人际关系、自我接纳对心理健康的影响. 心理发展与教育，(2)：68-73.

刘静. 2003. 20 世纪 90 年代以来我国师生关系研究述评. 教育探索，(7)：52-54.

刘万伦. 2002. 师生人际关系对学生心理健康的影响. 淮南师范学院学报，4 (4)：24-27.

刘万伦，沃建中. 2005. 师生关系与中小学生学校适应性的关系. 心理发展与教育，(1)：87-90.

炼永文. 2000. 中学生学习动力现状调查及分析. 天津师范大学硕士学位论文.

马世栋. 2002. 高中生同伴竞争人际适应问题及其教育干预研究. 西南师范大学硕士学位论文.

苗逢春，陈琦. 1999. 计算机辅助小学数学教学中进行反思训练的实验研究. 学科教育，(8)：40-42.

齐平，欧罗城，黄丽春，等. 2001. 团体心理辅导改善大学生人际关系的研究. 健康心理学杂志，9 (2)：98-100.

申继亮，彭华茂. 2002. 当前学校心理健康教育的困境与出路. 北京师范大学学报（人文社科版），(1)：14-20.

沈贵鹏. 2001. 什么是心理教育——基于教育学反思. 教育理论与实践，21 (7)：51-55.

沈仁广，王前. 2004. 运用探索型 CAI 模式培养中学生数学学科自我监控能力的实验研究. 电化教育研究，(7)：76-79.

时蓉华. 1993. 教育社会心理学. 上海：世界图书出版公司.

宋丽红. 2002. 计算机辅助素质教育系统软件的设计与实现. 天津师范大学硕士学位论文.

王丽荣. 2000. 素质教育模式的新探索——慧智通心理素质教育系统. 现代中小学教育，(1)：53-55.

王耘，王晓华. 2002. 小学生的师生关系特点与学生因素的关系研究. 心理发展与教育，(3)：18-23.

魏运华. 1998. 学校因素对少年儿童自尊发展影响的研究. 心理发展与教育，(2)：12-16.

沃建中，林崇德，马红中，等. 2001. 中学生人际关系发展特点的研究. 心理发展与教育，(3)：9-15.

吴宏亮. 2000. 基于 Internet 的高校学生心理素质教育系统. 北京轻工业学院硕士学位论文.

吴增强. 1998. 论现代学校心理辅导模式. 教育研究，(1)：42-57.

邢秀茶，王欣. 2003. 团体心理辅导对大学生人际交往影响的长期效果的研究. 心理发展与教育，(2)：74-80.

阳德华. 2001. 师生、同伴关系与初中生焦虑的探讨. 中国心理卫生杂志，15 (2)：78-80.

杨宏飞，唐永卿，郭洪芹. 2002. 团体心理咨询对提高大学生人际交往能力的效果研究. 中国行为医学科学，11 (6)：692.

张大均，冯正直，郭成，等. 2000. 关于学生心理素质研究的几个问题. 西南师范大学学报（社科版），26 (3)：56-62.

张大均，赵丽霞. 2002. 小学心理素质教育初探. 忻州师范学院学报，17 (5)：56-61.

张磊. 2003. 中学生师生关系的特点及其与学校适应的关系研究. 北京师范大学硕士学位论文.

张美峰. 2003. 初中生问题行为教育干预. 西南师范大学硕士学位论文.

张履祥，李学红. 2000. 学校心理素质教育. 合肥：安徽大学出版社.

张喆. 2001. 关于建构中小学心理健康教育模式的思考. 沈阳师范学院学报（社科版），25 (4)：84-86.

郑和钧. 1999. 学科心育初探. 教育研究，(9)：53-80.

邹泓. 1997. 同伴接纳、友谊与学校适应的研究. 心理发展与教育，(3)：55-59.

Adelman H S，Taylor L. 2002. School counselors and school reform：new directions. Professional School Counseling，5 (4)：235-248.

Bitch S H，Ladd G W. 1998. Children's interpersonal behaviors and teacher-child relationship. Developmental Psychology，34 (5)：934-946.

Fisher D，Kent H，Fraser B. 1998. Relationships between teacher-student interpersonal behavior and teacher personality. School Psychology International，19 (2)：99-119.

Fiona O D，Pramod P. 2003. Pschyotherapy through e-learning：e-therapy (a pilot study) // Rossett A. Proceedings of World Conference on E-Learning in Corporate，Government，Healthcare and Higher Education：1356-1359.

Howes C，Hamilton C E，Matheson C C. 1994. Children's relationships with peers：differential associations with aspects of the teacher-child relationship. Child Development，65 (1)：253-263.

Ladd G W，Birch S H，Buhs E S. 1999. Children's social and scholastic lives in kindergarten：related spheres of influence? Child Development，70 (6)：1373-1400.

Pianta R C. 1997. Adult-child relationship processes and early schooling. Early Education & Development，8 (1)：11-26.

Pianta R C. 1994. Patterns of relationships between children and kindergarten teachers. Journal of School Psychology，32：15-31.

Pianta R C，Steinberg M S. 1992. Teacher-child relationships and the process of adjusting to school. New Directions for Child Development，57：61-80.

Pianta R C，Steinberg M S，Rollins K B. 1995. The first two years of school：teacher-child relationships and deflections in children's classroom adjustment. Development and Psychopathology，7：295-312.

Proudfoot J，Goldberg D，Mann A，et al. 2003. Computerized，interactive，multimedia cognitive behavioural therapy reduces anxiety and depression in general practice. Psychological Medicine，33 (2)：217-227.

第十一章　改善同伴关系心理素质教育软件开发与实验研究

同伴关系是初中生人际关系的主要形式，改善初中生的同伴关系是学校心理素质教育的重要目标。随着学校对心理素质教育重要性认识的逐步提高，探索有效的心理素质教育模式就成为一项亟待解决的任务，现有心理素质教育的不足也促使我们寻求新的有效的教育途径。与此同时，计算机多媒体的特有属性及其在心理学应用中的逐步扩展，使得计算机辅助心理素质教育成为一种可能的研究方向。为了验证计算机辅助心理素质教育新模式的可行性和有效性，我们开发出以改善同伴关系为内容的心理素质教育软件，并以此作为实验工具进行了教育干预实验。

第一节　研究概述

一、我国心理素质教育的研究概述

（一）研究现状

自 20 世纪 80 年代以来，心理素质教育日益受到世界各国的重视，我国中小学校随之也出现了各种形式的心理教育活动。但就总体而言，心理素质教育的诸多理论和实践问题尚需探索。目前，我国学校心理素质教育的现状为：在理论探讨上，弄清心理素质的概念、结构，揭示心理素质各因素间的相互关系，明确学生心理素质发展特点，归纳心理素质形成的影响因素，提出学校心理素质教育的培养目标、内容体系、教育原则、措施、途径和方法，以及心理素质教育的理论模型和操作模式，探索心理素质的培养模式及实施策略；在实证研究上，用较科学的方法探索心理素质的成分和结构，完成心理素质量表的编制及软件化，编写学生心理素质训练丛书，探索心理素质教育的途径、方法，开展大面积的心理素质教育实验研究，建立学生、学校、家庭、社会多方面协调的心理素质教育模式。

心理素质教育根本目的是全面培养学生的心理素质，具体可分解为两个方面（培养心理素质、促进心理发展，解决心理问题、保持心理健康）及三项任务（维护心理健康、培养心理品质、开发心理潜能），实施途径可分为心理素质专题训练、心理咨询辅导和学科教学渗透等三种基本途径（张大均　2004）。专题训练是目前开展心理素质教育较广泛采用的途径。研究发现，青少年心理素质的形成一般要经历如下过程：自我认识—动情晓理—策略导行—反思内化—形成品质。因此，心理素质专题训练过程常由三个彼此衔接的基本环节“判断鉴别—策略训练—反思体验”构成。虽然这种方法直接、见效快，但是时间要求更严格，需要学校领导和教师的共同支持和参与，更需要有经过专门训练的心理素质教育教师等。

心理素质作为个体全面发展的一个重要素质，还可以通过在其他学科中的渗透教育，潜移默化地提高学生的心理品质，挖掘学生的心理潜能。目前，中小学课程体系已相对成型，单独增加心理素质教育课有较大难度，且具有“人为”痕迹。如果能将心理素质教育与学科教学有效结合，则可在不增加人力、物力及时间的条件下实现目标，这无疑是一种既能节省时间，又能起到比较恒久效果的方法。但是，这种方式对任课教师的要求相对很高，要求其在学科教学中恰如其分地渗透心理素质教育的原则、方法。

心理辅导、心理咨询和心理治疗等也是心理素质教育不能忽视的方式，它对于消除学生的心理问题和矛盾，维持与增强其心理健康有着十分重要的作用。但是，目前我国各级学校开展心理辅导工作重点仍是维护学生心理健康，因而此途径只针对个别学生有重要作用，尤其对于那些在发展中遇到困惑或困难的学生。相反，它难以照顾到大多数同学，并且要求有专业的心理咨询教师主持。

（二）现存问题

自开展心理素质教育研究以来，无论是理论探讨还是具体实施上，都已取得很大进展，但也存在不少问题：①理论探讨较多，实证研究较少。心理素质教育研究主要集中在对心理素质教育的模式、途径、方法等的理论探讨上，对学生心理素质培养策略的实验研究相对较少。②训练途径单一，缺乏教学现代化手段支持。主要是在实验学校采用统编教材进行课堂教学，或专家讲座，或专题训练，很少采用现代化的教学手段，即使有，也只是幻灯片、录像之类的单一方法。③整体研究较多，细化研究较少。主要是整体提高学生心理素质，具体针对某一心理品质培养的系统研究较少。④事后矫正研究多，事前预防训练少。主要是通过心理咨询、心理辅导、心理治疗等方式处理已发生的心理问题，不是积极主动地培养心理素质，更没有对常见心理问题专门进行预防性教育。尽管专题训练可以起到一定作用，但由于大多学校教学任务紧，没有时间安排大面积的讲座。

二、同伴关系和交往技能训练的研究现状

（一）同伴关系对青少年发展和适应的影响

同伴关系是初中生人际关系的一种主要形式，它指同龄（辈）人或心理发展

水平相当的个体间，由于共同兴趣、需要和态度等而自发建立和发展起来的，心理上的相互关系。调查发现，76％中学生希望同学关系融洽，兴趣爱好相同；81％喜欢同性格开朗、有特长的人接近；65％认为生活中同学间应互相帮助，互相支持；70％认为最能谈心里话的人是同学朋友，其次是父母占 18％，最后是老师只占 8％（李建求　1997）。

"同伴关系在儿童青少年的发展和社会适应中起着重要作用"，围绕这一命题，有关理论主要集中在三方面（邹泓　1998a）：①同伴关系是发展社会能力的重要背景。Piaget（1926；1932）、Sullivan（1953）和 Hartup（1977）都曾类似论述同伴关系在社会能力发展中的作用。②同伴关系是满足社交需要、获得社会支持和安全感的重要源泉。Weiss（1974）认为，不同类型关系提供不同社会支持功能，满足不同社会需求。③同伴交往经验有利于自我概念和人格发展。Sullivan（1953）认为，少年期被同伴孤立的体验将导致自卑感。

同时，围绕该命题进行的相关研究主要分布如下：①同伴接纳与学业适应。研究表明，被同伴拒绝或不受欢迎学生其学习成绩普遍低于受欢迎学生。②同伴接纳与行为适应。研究发现，同伴关系同时预测了外在和内在问题（万晶晶　2001），以及同伴关系问题与高水平内化和外化行为问题相关（Derosier，Kupersmidt　1994）。③同伴关系良好对学校适应的改善作用。④同伴接纳与孤独感。⑤同伴关系与社会性发展。

由于伦理原因，青少年同伴关系在社会适应和发展中的作用研究一直局限于相关研究，既有回溯性研究，也有追踪研究和横断研究。被试主要来自儿童指导中心、精神病院和学校。而且，传统研究是分散的，分别探讨不同形式同伴关系的作用。最初证据表明友谊和同伴接纳对学生适应的作用是唯一的，并且互相重叠；近来研究发现不同同伴关系在大部分适应结果中都起到重要作用，且每种同伴关系对某种适应结果有单独作用。

（二）同伴关系的影响因素

有关同伴关系影响因素的研究，一般认为行为特征和社会认知是影响同伴关系的主要因素。近年里研究者也开始关注其情感层面的影响作用。

1. 认知因素

主要包括社会能力、在社会情境中提出的目标、为达目标所具备的恰当和不恰当的策略知识、准确理解和监控社会事件的能力、归因偏见、归因风格和社会信息加工的微观过程等（邹泓，林崇德　1999）。社会交往目标对同伴关系的影响研究主要集中于小学儿童，多采用假设情境实验法。研究表明，提出不恰当策略能力对男生社会行为和同伴接纳有较强预测作用，而提出恰当策略能力对女生社会行为和同伴接纳有较强预测作用（Wentzel，Erdley　1993）。除社会目标和社会策略外，在社会认知其他变量，如社会知觉、归因偏见、归因风格和社会信息加工的微观过程，研究者都发现了受欢迎与被拒绝学生的差异。有关认知因素和同伴关系的多数相关研究也表明，社会认知方式与同伴社交地位至少有三种可能的因果路径（Dodge，Feldman　1990）。

2. 情感因素

同伴关系不良学生，大多是由于早期不健康的亲子依恋泛化到后期同伴交往中，表现为对同伴缺乏热情，不能肯定对方，又怀疑自身能力，更多地体验交往焦虑。研究发现，不受欢迎学生比受欢迎学生更有可能怀疑自己的社交能力，缺乏自信（Kurdek，Krile　1982；Wheeler，Ladd　1982；Hymel，Rubin　1985），更多感到压抑、焦虑和孤独。

在若干情感因素中，孤独感是被研究最多的。研究显示，被同伴拒绝学生与其他社交地位群体相比，表达了更强的孤独感和对自己在同伴群体中处境的不满（Crick，Ladd　1988；1993；Parker，Asher　1993）。Boivin 和 Hymel（1997）用层次回归分析方法，探讨了社会行为、同伴接纳和孤独感三者的关系，检验了孤独感的有序中介模型。

3. 行为因素

关于社会行为与同伴接纳水平的关系研究，被试从幼儿到青少年，主要采用自然系统观察法、访谈法和行为评定法。研究者一般都是通过比较不同社交地位学生社会行为的差异，或寻找同伴接纳水平与社会行为是否相关，来确定社会行为与同伴接纳的关系。

早期研究普遍认为，亲社会行为与同伴接纳相关，攻击或破坏行为与同伴拒绝相关。另有研究表明，高接纳青少年被认为乐于助人、友善、服从规则、有幽默感并富于支持性；而低接纳青少年被描述为破坏性强、欺骗、破坏规则、太敏感、无吸引力等（Elkins　1958；Feinberg et al.　1958）。Coie 等（1990）从发展角度概括了社会行为与同伴接纳的关系。

纵观同伴关系影响因素研究的发展，研究思路、内容和方法都发生了一些变化。研究从试图简单确定因果联系，转向承认心理影响因素的多样性和不确定性；从考察单一因素转向同时探讨两种或两种以上因素（如行为和认知、行为和情绪）的内在联系与综合效应；从静态转向动态，考察同伴关系形成、保持或变化的不同过程中影响因素的作用。

（三）同伴关系的研究方法

青少年同伴关系是一个多层次、多侧面、多水平的网络结构。同伴关系一般分为同伴接纳（peer acceptance）和友谊（friendship）两种。前者是一种群体指向的单向结构，反映个体在同伴群体中的社交地位；后者则是一种个体指向的双向结构，反映两个个体间的情感联系（邹泓　1998）。20 世纪 90 年代，又加入了另一种关系模式，即同伴欺侮（peer viciumization）。与同伴关系两方面相对应，研究方法和测量工具也各有不同。

1. 同伴接纳的测量

根据研究目的不同，同伴接纳测量方法略有差异，但基本都是传统社会测量法（Moreno　1934）的变式。主要区别在于采用同伴评定法（peer rating）还是积极和消极提名法（positive and negative nomination）。

2. 友谊的测量

Bukowski 和 Hoza（1989）曾提出友谊测量的三层次模型，即友谊、友谊范围和友谊质量，该模型已成为评价友谊的基本框架。朋友数量测量一般采用最好朋友提名法，而友谊质量测查常用访谈法和问卷法。相关问卷主要有：Furman 和 Buhrmester（1985）的友谊关系问卷（FRQ）、Youniss 和 Smollar（1985）的友谊特征问卷、Bernd 和 Perry 等（1986）的友谊特征评价问卷、邹泓曾修订 Parker 等（1993）编制的友谊质量问卷（FQQ）、于海琴和周宗奎（2002）自编小学生友谊质量问卷。除此之外，Thomson（1989）、侯志瑾（1997）、沃建中等（2001）、张元（2002）、韩仁生和朱桂贞（2003）都曾做过相关研究。

（四）同伴关系的干预研究

目前改善同伴关系的干预研究主要是社交技能训练（social skills training，SST）和人际认知问题解决（interpersonal cognitive problem solving，ICPS）方法。SST 旨在通过干预方案实施，帮助关系不良（人际交往中认知、情感、行为缺失的）学生掌握同伴交往知识和技能，从而改善其同伴关系。其理论假设是社交技能缺失，认为社交技能缺失是导致青少年同伴关系不良的原因。一些研究者将技能缺失看做是社会能力（既包括外显行为，也包括认知和情感因素）缺乏。更多研究者将人际交往技能看做是将一系列认知、情感、行为过程和谐结合的能力，而在认知、情感、行为三方面，又有许多因素被视为“技巧的成分”。因此，本研究对初中生同伴关系的实验干预，从认知、情感、行为三方面展开。

大多数研究者将SST看做是一种改善或增加同伴交往能力的手段，应该从认知引导、情感体验和行为训练三方面进行同伴关系干预。已有研究表明，三种训练法（认知、情感、行为）都可以提高同伴交往水平（王争艳等 2000）。SST通过指导、训练、示范、角色扮演等教授学生具体社交技能，具体方法有行为塑造法、榜样策略法、角色扮演法、系统训练/学习法（张俊友 1999）。20世纪70年代提出的ICPS则是对社交技能缺乏学生进行弥补训练，Shure曾提供不同年龄学生的训练课程（潘佳雁 2001）。

此外，韩仁生（1998）指出可以从中小学生人际交往范围内归因训练方面进行交往技能训练，其实验分为集体干预（说服、讨论、示范、强化矫正等）和个别干预（咨询和定向训练）。李文权等（2003）将传统式家庭治疗技术引入班级团体心理辅导，通过搅动整个班级以改善班级中不受欢迎学生的同伴关系。另有归因研究认为，对不受欢迎学生进行认知层面的人际归因训练，能更加有效改善其同伴关系，这说明将人际归因训练作为SST的补充，两者整合训练将是一种很有前途的训练模式（潘佳雁 2002）。一项关于小学生的研究，运用认知改变、行为指导与体验学习的策略与方法，经过两年的人际交往技能培养训练，三至六年级小学生与同伴（异性与同性）交往水平明显提高。同时，实践经验也表明，通过有目的地组织一些集体活动来改善青少年同伴关系，也是简单易行而又比较有效的途径。

（五）现有同伴关系研究述评

综上所述，现有同伴关系研究，在理论探讨和干预实施方面，都取得了很大价值的研究成果。但现有研究仍存在一些不足：

（1）研究对象范围窄。大多文献都是关于儿童方面（小学生和幼儿园学生）的，以中学生为对象的研究较少。有关干预研究，大部分措施都是针对个体进行，干预对象多是同伴关系不良学生，帮助矫正不受欢迎学生缺陷，如社交技能的缺乏、个性特征的偏差等。

（2）研究方法传统性。同伴关系测量多采用传统的社会测量法及其变式；有关干预实施，理论说教较多，技能训练较少，且多采用社交技能训练。目前，中小学校改善同伴关系主要是通过心理素质活动课进行，至今还未发现成体系的、行之有效的计算机辅助改善同伴关系的心理素质教育软件。

（3）干预效果难定论。综述发现，为改善青少年同伴关系，心理学家们设计了种种干预方案，如特殊社会技能训练、认知疗法、训练策略等。其中SST及后来的ICPS，都是试图通过训练学生交往技能来改善其同伴关系。虽然很多研究表明SST可提高学生解决人际问题能力，增强社交技能，但其到底能否有助于改善同伴关系，目前研究仍无定论。总之，SST与同伴关系的关系并未得以最终阐明，但毫无疑问，仅靠 SST 改善不受欢迎学生同伴关系是不够的。至于 ICPS，Erwin（1994）声明其对提高学生人际问题解决技能有效，但被训练者同伴社交地位在短期并未发生显著改变。

三、本研究的价值与独特之处

（一）研究价值

1. 探索心理素质教育的新途径

目前，中小学校心理素质教育一般采用专题训练、学科渗透和咨询辅导等途径开展，但由于师资力量不足，辅导人员专业素质有待提高，导致现有心理素质教育实效性不强、科学性欠佳、专业性较差。因此，探索心理素质教育新途径已成为加强心理素质教育的内在要求。同时，计算机和网络的飞速发展，也给教育心理学工作者提出了一个崭新的视角。开发科学有效的心理素质教育软件既顺应了信息时代发展的要求，又符合学生心理素质发展的需要，是本研究的目的所在。计算机辅助心理素质教育软件的开发与应用将极大促进心理素质教育内容与形式的更新，拓展心理素质教育的空间，为学校心理素质教育活动的深化开展提供崭新的途径。

2. 提高心理素质教育的针对性和实效性

根据学校心理素质教育的基本目标，心理素质教育内容十分广泛，其中，适应人际交往是青少年学生健全心理素质的一个重要方面（陈旭　2001）。但是，青春期是个体生理、心理和社会性发生急剧变化的重要转折期，初中生在情感上已逐渐脱离家庭和父母而移向同伴身上，建立同伴关系和友谊、获得归属感和爱的需要，使得同伴交往成为初中生社会化的一个重要方面。青少年异性交往是其交往活动的重要方面，是其社会化发展的“必修课题”。

同时，中国特定社会文化背景下青少年的独特性，如大多青少年是独生子女，没有兄弟姐妹的陪伴，缺乏与同伴交往的技能等（邹泓　1998），也使研究中国的青少年同伴关系更具特殊的价值。这些环境变量无疑也对青春期教育提出了更高要求。

3. 丰富同伴关系的研究与干预实践

同伴关系研究历史已久。20 世纪 20 年代后期，同伴关系成为心理学界共同研究的课题之一（Hartup　1983）。60 年代末，同伴关系研究重新引起关注，短时间内研究文献激增。70 年代中期以来，系统深入的同伴关系研究开始出现，而且卓有成效（Asher，Parker　1989）。然而，与西方丰富的研究文献形成鲜明对比的是，我国在同伴关系研究领域积累的资料相对较少（特别是关于青少年的研究），虽有人曾就其发展特点、功能及影响因素做过较为系统的研究，但对青少年同伴关系技能训练的实证研究较为少见，大多数是理论阐述的训练研究。采用计算机这种辅助工具开展以交往心理素质训练的研究，在国内更属少见。面对我国庞大的青少年群体，为普及性地有效改善其同伴关系状况、提高其交往心理素质，开发一套普及的、科学的、有效的青少年同伴关系训练软件，有利于该领域相关研究工作的开展。

（二）本研究的独特之处

本研究是建立在已有心理素质教育和同伴交往技能训练研究的基础上，采用计算机辅助的形式，提高初中生同伴交往技能，改善其同伴关系。独特之处主要表现在以下两个方面。

1. 心理素质教育采用计算机辅助的形式开展

目前，我国中小学校在心理素质教育实施形式方面提出了一系列有效的方式，开辟了多种多样的途径。归纳起来，主要有 6 种（燕国材等　2002）：①开设心理常识课或讲座；②开展丰富多彩的心理教育活动；③建立科学完善的学生心理档案；④营造良好的心理素质教育气氛；⑤建立专用心理活动室，进行心理训练、集体行为训练和集体咨询；⑥引进心理咨询，并在中小学建立相应组织机构，配备专职心理辅导老师。在处理学生心理问题方面，目前主要有心理辅导、心理咨询和心理治疗。随着心理素质教育研究逐步深化，加之计算机的逐渐普及和网络技术的飞速发展，教育工作者和研究者开始尝试探索出一条新的教育途径，为心理素质教育掀开崭新的篇章。

2. 开发的心理素质教育软件面向全体学生

社交技能训练旨在通过干预方案的实施，帮助同伴关系不良儿童掌握与同伴交往所必需的知识和技能，从而改善其同伴关系。其干预对象，选择社会性退缩或孤立儿童，或同伴低接纳、不受欢迎学生，或被拒绝儿童，甚至那些可能被普遍接受却没有一个最好朋友的儿童（邹泓　1996）。大多数研究者将同伴交往技能训练看做是一种改变或增强同伴交往能力的手段，而心理素质教育则要求面向全体学生，促进学生心理素质的全面发展。因此，本研究开发的教育软件不仅考虑到同伴关系不良学生，突出心理辅导和心理咨询的特点，同时，更多是为培养全体学生健全的心理素质，针对同伴交往中的普遍问题，结合专题训练的优势，给予一般性和预防性的技能指导。

四、研究思路与假设

（一）本研究的基本思路

本研究以全日制初二学生为研究对象，其基本思路循：理论研究→构建模式→开发软件→实验验证。

理论研究　在综述国内外关于心理素质教育和同伴关系干预研究的基础上，本研究提出心理素质教育新途径——计算机辅助心理素质教育模式，探讨其实现的理论依据、技术支撑及目标、主题和策略等。

构建模式　以理论探讨和现状分析为基础，遵循心理素质教育目标，自编脚本形式的实验内容，构建计算机辅助心理素质教育的模式结构。

开发软件　利用先进的计算机现代技术开发计算机辅助改善同伴关系心理素质教育软件，经软件初步调适加以不断完善，使之逐步科学化、系统化。

实验验证　以自行开发的心理素质教育软件为工具，通过实验检验其有效性、可操作性和可推广性，从而验证计算机辅助心理素质教育新模式对于改善初中生同伴关系、提高其交往心理素质，是可行的和有效的。

（二）本研究的假设

假设 1：心理素质结构及其教育的复杂性确定了心理素质教育途径和模式的多样性，且学校心理素质教育的深化发展需要新模式的探索，而心理素质教育模式的构建应该并能够运用现代化教学手段。

假设 2：采用计算机辅助心理素质教育模式进行学校心理素质教育，能提高其教育效果，促进学生心理素质的发展。

假设 3：应用开发的计算机辅助心理素质教育软件能够有效改善初中生同伴关系，提高其交往心理素质。

第二节　改善同伴关系心理素质教育软件的理论构建与开发

一、改善同伴关系心理素质教育软件的理论构建

（一）改善同伴关系心理素质教育软件的内容构建

1. 初中生同伴关系现状的调查分析

为建构教育实验干预内容、探讨心理素质教育新模式提供实证依据，同时也为实验干预提供一定的参考，我们首先对初中生同伴关系的发展现状进行了调查。调查对象为重庆市某中学的初二学生共 97 人，其中男 48 人，女 49 人。调

查工具主要为五种。

第一，同伴评定量表（自编）。通常是给每位被试提供一份同班（同性别）同学名单，请他（她）在5点量表上标明自己对每个同学喜欢的程度。本研究中，为便于跨班级直接比较，将每位被试求得其同班同学评定分数之和的平均数都在全班范围内转换为Z分数，即为同伴接纳水平或受欢迎程度。

第二，积极提名和消极提名测验（自编）。请被试按照喜欢程度依序写出3个以内同学的名字及原因，没有可以不写。根据每位被试从同班同学得到的提名频次分别计算积极提名和消极提名分数，然后转换为Z积极分数和Z消极分数（以班为单位），即Zp和Zn，以此决定被试的同伴社交地位（Newcomb，Bukowski 1983）。为消除学生抵触心理，本研究没有使用消极提名法，而是将积极提名法与同伴评定法相结合，用评定法中最不喜欢的分数“1”代替消极提名分数。这一结果作为同伴评定量表的效度指标。

第三，人际关系能力问卷。采用北京师范大学王英春编制的人际关系能力问卷，共40个测题，分5个维度，即发起交往、提供情感支持、施加影响、自我袒露和冲突解决。

第四，同伴交往目标问卷（social goals questionnaire）。采用Jarvinen和Nicholls（1996）编制社会目标问卷、后经北京师范大学邹泓教授修订而成的《同伴交往目标问卷》。共36个测题，分6个维度，即支配性（dominance）、亲密性（intimacy）、受欢迎性（popularity）、提供支持（nurturance）、领导地位（leadership）和回避性（avoidance）。

第五，学业成绩测量。实验班对照班学生期中考试语文、数学、英语和物理成绩。

在研究过程中，我们根据同伴评定标准分数$Z>1$，$-1\leqslant Z\leqslant 1$和$Z<-1$将被试划分为高接纳、一般和低接纳三类同伴接纳水平不同的群体，分别为10人、49人和13人。4人因未完成问卷被剔除。有效被试中高接纳者与低接纳者各占13.9%和18.1%。回收数据统一采用SPSS 10.0 for Windows2000统计软件包进行分析处理。

1）同伴接纳和提名测验

（1）同伴评定量表与提名测验的相关。将同伴评定标准分数与积极和消极提名标准分数，以及积极和消极提名标准分数分别求相关，结果表明，同伴评定与积极提名（$r=0.665$，$p<0.01$）、同伴评定与消极提名（$r=-0.818$，$p<0.05$），以及积极提名与消极提名的相关（$r=-0.503$，$p<0.05$）均非常显著。

（2）不同同伴接纳水平的青少年拥有朋友数的比较。由于本研究实验干预样本较小，所以确定被试拥有的好朋友数时，我们暂不考虑互选与否，将每个被试的好朋友提名数按0、1、2、3、4和5个及以上分类。多因素方差分析结果表明，同伴接纳水平的主效应非常显著，$F(2, 72)=21.180$，$p<0.001$，而性别的主效应不显著，同伴接纳水平与性别的交互效应也不显著。这与邹泓（1999）研究结果“性别主效应不显著，同伴接纳水平主效应非常显著，二者之间的交互效应也非常显著”有所区别。

表 11-1　同伴接纳水平不同的初中生好朋友数的比较

性别	高接纳（$n=10$）		一般组（$n=49$）		低接纳（$n=13$）		F	事后比较
	M	SD	M	SD	M	SD		
男（39）	7.5000	0.7071	2.2963	1.5888	1.8000	0.9189	21.180***	1>2
女（33）	5.6250	1.3025	2.6818	2.1244	0.6667	1.1547		1>3

注：1表示高接纳组；2表示低接纳组；3表示一般组

由表11-1可知，不同同伴接纳水平的初中生，其所拥有的好朋友数存在极其显著差异，具体表现为：高接纳组>低接纳组、高接纳组>一般组。这说明同伴接纳与友谊虽是同伴关系中两个不同的方面，但二者之间存在一定的正向关联。

（3）初中生同伴接纳水平的差异比较分析

独立样本 t 检验结果表明：在性别、是否班干部、家庭结构和是否独生子女方面，初中生同伴接纳水平不存在显著差异。但是，方差分析表明，在关系自评和客观努力自变量上，表现出一定的差异，具体见表11-2。

表 11-2　初中生同伴接纳水平的现状分析

维度	组别	M	SD	F	事后比较
关系自评	成功组（$n=51$）	0.2152	0.9491	8.517***	1>2　3>2
	一般组（$n=19$）	−0.3526	0.7798		
	失败组（$n=2$）	−2.1371	0.3907		
主观愿望	强烈组（$n=34$）	9.566E-02	1.0408	1.526	
	一般组（$n=35$）	−1.2378E-02	0.9065		
	不强烈组（$n=3$）	−0.9397	1.2929		
客观努力	努力组（$n=41$）	0.2535	0.992	6.659**	1>2
	一般组（$n=29$）	−0.2277	0.8189		
	不努力组（$n=2$）	−1.8954	0.7325		

注：关系自评中1表示成功组；2表示失败组；3表示一般组
　　客观努力中1表示努力组；2表示不努力组；3表示一般组

从表11-2可以看出，随着初中生对同伴关系自我评价的逐渐降低，其同伴接纳水平呈下降趋势，具体表现为：成功组>一般组>失败组，事后比较发现成功组与失败组、一般组与失败组差异显著。在客观努力方面，随着初中生自身对改善同伴关系所做努力的逐渐降低，其同伴接纳水平也呈下降趋势，具体表现为：努力组＞一般组＞不努力组，事后比较发现努力组与不努力组差异显著。

（4）不同学业成绩组初中生同伴接纳水平的差异比较

为探讨学业成绩与同伴接纳水平之间的关系，我们根据学生期中考试语文、数学、英语和物理成绩作为学业成绩变量，考察二者的相关发现，学业成绩与同伴接纳水平存在显著性相关（$r=0.603$，$p<0.01$）。

同时，我们将被试划分为学业成绩高分组、低分组和中间组。分组方法：将所有原始分数转换成标准分数，作为学业成绩变量值。按照统计学原理，采用总成绩最好的 27％为高分组，最差的 27％为低分组，其余 46％为中间组。然后以学业成绩为自变量（高分组＝1、低分组＝2、中间组＝3），同伴接纳水平为因变量，进行独立样本单因子变异数分析，结果见表 11-3。

表 11-3　不同学业成绩组初中生在同伴接纳水平上的差异检验

高分组（n＝19）		中间组（n＝34）		低接纳（n＝19）		F	事后比较
M	SD	M	SD	M	SD		
0.7737	0.8728	－1.9615E-02	0.8330	－0.7386	0.8039	15.555***	1＞2、3 3＞2

注：1 表示高分组；2 表示低分组；3 表示中间组

从表 11-3 可以看出，在同伴接纳水平上，不同学业成绩组差异显著，具体表现为：高分组＞中间组＞低分组，事后比较发现高分组与中间组、低分组，中间组与低分组均差异显著。由此可见，学业成绩是影响同伴关系的一个重要因素。

2）同伴接纳和人际关系能力

独立样本 t 检验结果表明，初中生人际关系能力各因素及总分，在性别、是否班干部、家庭结构和是否独生子女自变量上均无显著差异，但基本得分趋势为：男生得分普遍低于女生得分；班干部学生得分普遍高于非班干部学生得分；双亲家庭学生得分普遍高于单亲家庭学生得分；除发起交往因子外，非独生子女学生平均得分普遍高于独生子女学生。方差分析则表明：对于不同同伴接纳水平的初中生，其平均得分发展趋势基本为高接纳组＞一般组＞低接纳组（除发起交往因子外）。

3）同伴接纳和同伴交往目标

独立样本 t 检验结果表明，初中生同伴交往目标各因素及总分，在性别、是否班干部、家庭结构和是否独生子女自变量上均无显著差异，但基本得分趋势为：①除领导地位和支配性因素外，男生得分普遍低于女生得分。这与邹泓（1999）的研究结果基本吻合，即女生在交往目标中对帮助与支持、受欢迎性、亲密性和回避性的追求高于男生，而对领导地位和支配性的追求低于男生；②除支配性因素外，班干部学生得分普遍高于非班干部学生得分；③除领导地位和支配性因素外，双亲家庭学生得分普遍高于单亲家庭学生得分；④除领导地位和支配性因素外，非独生子女平均得分均高于独生子女平均得分。

同时，以同伴接纳水平为自变量、同伴交往目标各因素及总分为因变量进行多元方差分析，进一步考察不同同伴接纳水平初中生其同伴交往目标的差异，结果见表 11-4。

表 11-4　初中生交往目标的同伴接纳水平差异分析表

维度	高接纳（$n=10$）		低接纳（$n=12$）		一般组（$n=44$）		F	事后比较
	M	SD	M	SD	M	SD		
帮助与支持	3.4000	0.4527	2.9722	0.9583	3.4356	0.4931	2.895	
受欢迎性	3.4000	0.4919	2.8750	0.7217	3.3561	0.5446	3.606*	3>2
领导地位	2.6800	0.5095	2.8500	0.9190	2.7227	0.6283	0.214	
亲密性	3.2286	0.5003	2.6905	0.4905	2.9935	0.5697	2.722	
回避性	3.2833	0.4782	3.1111	0.5238	3.1477	0.6610	0.247	
支配性	2.8000	0.6037	3.0500	0.7868	2.8727	0.6697	0.429	
同伴交往	3.1320	0.2425	2.9248	0.3820	3.0881	0.2822	1.724	

注：1 表示高接纳组；2 表示低接纳组；3 表示一般组

从表 11-4 可以看出，不同同伴接纳水平的初中生，在交往目标各因素及总分上，除受欢迎性外，均无显著差异，但在其总分、帮助与支持、受欢迎性、亲密性、回避性上，其平均得分基本趋势为高接纳组＞一般组＞低接纳组，而在领导地位和支配性上则是低接纳组＞一般组＞高接纳组。在受欢迎性方面，一般组学生平均得分显著高于低接纳组学生平均得分。

综上所述，基于同伴关系的现状调查，我们发现：部分学生同伴关系不良，原因在于其与同伴交往时确立的交往目标不合理，而且缺乏相应的人际交往技能。这就为我们构建教育软件的内容体系提供了实证依据，在编写实验教程时注重帮助学生确立合理的认知观念和交往目标，把传授知识与技能训练、素质培养结合在一起，使学生最大限度地介入学习过程，领会解决同伴交往问题的策略。

2. 心理素质教育软件内容的确立

根据社交技能训练有关理论和实证研究，归因研究普遍认为，进行认知层面的人际交往技能训练，可有效改善其人际关系。另有研究运用认知改变、行为指导与体验学习的策略进行同伴交往技能训练，结果显示，经过训练的被试交往心理素质明显提高。基于已有研究，我们所开发的计算机辅助心理素质教育软件从认知、情感、行为三方面进行同伴关系技能训练。

1）认知方面

主要内容：①对同伴关系的认知。认识“学会学习”和“学会交往”对于初中生的健康成长同等重要；认识青少年普遍性的同伴交往需求及交往心理特点。②对同伴的认知。客观理性看待同伴，学习他们的优点，以人所长补己之短。

③对自我的认知。客观合理地自我评价；正确认识合作和竞争等品质；学会表达自己，给人良好的第一印象。④其他。认识异性交往的必要性、可行性、发展阶段及注意事项；认识真正的朋友和友谊。

2）情感方面

课程开始通常是动画、精美小诗、童话故事或学生深有体会的一些“悄悄话”，或以情境模拟（发生在中学生身边的日常同伴交往小事）引导学生进入课程。这些活动形式都能调动学生学习兴趣和积极性，唤起其内心情感体验，激发其情感共鸣。同时，每节课尾都设计有背景音乐和精美名言警句，首尾呼应，整个课堂气氛充满情感色彩。

3）行为方面

技能训练更在于行为指导。在这方面，通常是先设置一些交往情景，以“你是否也曾……”等提出疑问，引起学生反思和身临其境的情感共鸣，再帮助故事主人公分析原因，找出解决问题的具体措施；或就这些问题情景，让他们自己发表意见，然后给出相应答案解释，最后再给出正确的行为方式；或给出一些发生在中学生身边的日常交往事例，正面典范给予强化，反面教材则给予正确合理的行为指导。

整个教育软件遵循心理素质教育规律和学习心理原理，针对初中生交往需求和关系现状，制定出三大主题，即与普通同学交往；异性交往；友谊。

第一部分：与普通同学的交往（1～3）。主要围绕贯穿整个教育软件的主人公韩宇，从第一天自我介绍开始，采用循序渐进的技能训练，课课之间通过故事紧密衔接。首先，介绍渴望和他人交往是所有初中生的共同心声，教授如何建立良好的第一人际印象；接着，让学生掌握如何克服同伴交往中的一些不良情绪（自身的或他人的）；最后，让学生掌握诸多亲社会行为（如合作、共享等）。

第二部分：友谊（4）。首先，设置冲突情景帮助学生分析原因，使之认识到朋友和友谊的重要性；其次，让学生在事例中进一步内化朋友概念，让情感从中得到升华；最后进行建立和维持友谊的行为技能训练。

第三部分：异性交往（5～6）。首先，以“能否交异性朋友?”这一问题情景引发学生思考，并介绍异性交往利弊和注意事项；根据异性交往常见心理问题，设计相关内容给予行为指导；正确划分友情和爱情的界限；同时，针对初中生这个特定年龄段的一些具体问题，如“如何受到异性尊重”“如何对异性说‘NO’”等都设计了相关内容。

（二）改善同伴关系心理素质教育软件的设计原则

计算机辅助改善同伴关系的心理素质教育软件主要遵循以下原则：

（1）内容：科学性原则。内容体系构建有充分的理论依据。

（2）思想：以学生为中心原则。充分给予学生自主权，发挥学生主体性，让学生自己参与训练。

（3）模式：创新性原则。计算机辅助心理素质教育是一种心理素质教育的新模式。

（4）目标：促进学生积极适应和主动发展的原则。利用初中生人际交往对象逐渐转移到同伴身上的特点，满足其交往需求、归属和爱的需求、获得自尊体验，调动其同伴交往积极性，主动改善其同伴关系。

（5）方法：因材施教原则。既有针对个别有同伴交往问题学生的心理辅导式教育，如部分内容设计的依据是学生常见的同伴交往心理问题（如异性交往部分中）；又有面向全体有同伴交往需求学生的专题讲座式教育，如大部分内容设计是预防性的，普及化的和教育性的。

（6）操作：简易性原则。统一设置"播放""继续""关闭"等按键，学生只需轻轻点击鼠标即可学习。如果学生想详知软件使用简介，可以点击记事本帮助说明文档。

（三）改善同伴关系心理素质教育软件的模式构建

改善初中生同伴关系的技能训练软件是一种有利于学生积极参与的计算机辅助心理素质教育模式，可具体化为如下环节：课首导入—情境模拟—原因剖析—技能指导—课尾总结反思。现对本研究开发的计算机辅助改善同伴关系心理素质教育软件的训练模式进行详细分析，见表 11-5。

表 11-5　计算机辅助改善同伴关系心理素质教育软件的模式分析

模块设置	训练目标	脚本内容简介
课首导入	采用动画、音乐、图片、解说词等媒体表现形式，激发学生好奇心和学习兴趣，引出课程主题。	1. 优美的音乐加解说词 2. 音乐中朗诵抒情小诗 3. 动画：两只小鸟争虫吃 4. 动画：友谊之花伴随一生 5. 主人公最近的烦恼 6. 连续性图片配以解说词
情境模拟	通过介绍主人公或其周围人的亲身经历，或以讲故事的形式，让学生身临其境，拉近内容和生活的距离，引起情感共鸣，激活心理活动。	1. 主人公结识新同学时自我介绍的经历和《小明的一天》 2.《孟飞的故事》 3. 主人公和文艺委员因筹办元旦晚会发生矛盾事件及连续性事件 4. 主人公和好朋友因没有把握好朋友间的距离而发生争吵事件 5. 不善和异性同学交往的小雅 6. 主人公和异性同学因借伞受到同学误解之事及后续事件

续表

模块设置	训练目标	脚本内容简介
原因剖析	采用四种不同的设问形式：或给别人出谋划策．或回忆自身经验．或假想自己置身其中．或正面阐发观点，通过提问引导学生自我反思，改变原有认知	1. 以旁观者身份，帮助别人分析问题找原因 2. 回忆曾经的类似经历，你是如何做的？ 3. 如果是你，你会如何做？ 4. 请你给出正确的建议：你认为……
技能指导	教育软件的主体部分，设计一个主界面，设置各板块，以不同形式的内容为载体，给予学生各种同伴交往技巧的指导性建议。各板块内容之间或并列、或递进，以认知改变和行为建议策略为主导，渗透情感体验成分	1.《正确认识》《热情待人》《付诸行动》 2.《渴望和他人交往是所有人的心声》、《投之以桃，报之以李》、《走人另外的“半边天”》 3.《发人深省的实验》《竞争？合作?》《沙漠的故事》《拜访心灵》 4.《〈资本论〉是怎样写成的》《熊的故事》《爱慕虚荣的朋友》《接受批评也是一种进步》《我和朋友的对话》《友谊的助推器和障碍物》 5.《小和尚的故事》《健康的男女同学交往》《交往中的男生和女生》《教你几招》《判断是非》《同龄人的苦恼》 6.《如何受到异性尊重》《把握异性交往的“度”》《如何避免陷人早恋误区》《如何对异性说“NO”》《友情和爱情的分界线》《同龄人的苦恼》
课尾总结反思	在音乐、歌曲、诗歌朗诵、动画等中结束课程学习，采用名言警句、精美小诗或经典故事深化主题，画龙点睛	1. 3. 4. 音乐中《送你一句话》 2. 动画：《送你个故事》 5. 6. 音乐中朗诵《送你一首诗》

整套教育软件共六次课程，但每课学习过程基本遵循以上模式，故我们现选取样课《学会合作　善用竞争》为例，具体分析如下：

学会合作善用竞争（1＋1＝?）

场景 1：班里（旁白：今天韩宇的班里举行文艺联欢晚会庆祝元旦）

文艺委员：韩宇，你把这个彩条挂好。

文艺委员：韩宇，帮我拿个凳子过来好吗?

文艺委员：韩宇，你帮忙催一下他们布置会场的怎么这么慢?

文艺委员：韩宇，……

（韩宇的心理活动和行为表现）（略）

结果晚会推迟了 20 分钟，效果也没达到预期目标。文艺委员满脸的挫败感，可是韩宇心里也不高兴。

主旨：以贴近初中生日常生活小事为例，让学生置身于生活化情境中，激起情感共鸣。

场景 2：晚上，韩宇躺在床上。

今天做的对不对呢？韩宇躺在床上辗转反侧，突然想起了小时候妈妈讲过的故事“1+1=0”。（故事略）故事讲完之后，妈妈问韩宇。

妈妈：你知道为什么两人都没能玩成吗？

韩宇：他们俩谁都不肯让谁。

妈妈：那你现在明白故事为什么叫“1+1=0”了吗？

韩宇：明白了。两个人互相争，所以谁也玩不成。

妈妈：韩宇真聪明。

“难道我还不如小时候了？”渐渐睡意袭来。（梦中情景略）

上帝的声音：同样的环境，选择天堂还是地狱都在自己，只要你愿意把手中的勺子伸到同伴的嘴里，你就是天使。

韩宇一惊，醒了。他好像有些明白了。

杰克·韦尔奇：帮助别人也就是帮助自己，别人得到的并非是你失去的。

利皮特：人的价值，除有独立能力外，更要具有和他人共同完成工作的能力。

主旨：通过主人公的自我反思，引发学生的认同感或缺失感，让学生意识到合作的重要性。

由你来参与：设计森林场景，五个宝藏盒，相应标题，自主选择，点击进入学习。

主旨：引导学生进入认知—行为策略训练环节。

宝藏盒一：“拜访心灵”

合作和竞争无处不在，当你遇到以下情况，有没有过这样的想法？

1. 同桌比你学习好，每次考试你会不自主地希望他（她）能生病或者心情不好让他（她）发挥失常？

2. 老师分配给你们几个人一项任务，你总是觉得同伴做得不如自己多，自己吃了亏。

主旨：呈现两则初中生常遇情况，激发学生思考和提出问题，激起心理活动。

【解读心灵】

每个人都希望在竞争中取胜，这种胜利可以把自己的光彩展示给大家，获得大家的认同和称赞。可是，任何方面都是冠军的人是不存在的，当自己不如别人的时候，心灵深处也许会祈祷借竞争对手的失利来获得自己的成功。

合作中的人都希望公平，都希望自己参与的项目能获得成功，但是，由于参与的人数多了，责任就容易分散，仿佛做不好大家都有责任，而做好了不算一个人的功劳，为什么要那么卖力呢？

主旨：从认知方面引导学生换位思考，转变思维方式，确立合理观念，唤醒其情感体验。

【心灵雨露】

竞争时：

竞争中有很多不应该有的想法、不应该做的事，如总是在想："我（们）应该得第一名……""她不可能比我好……""他们必将失败……"。

有赢必有输，无论何时何地，保持"重在参与"的良好心态，才是竞争成功的要诀。

敢竞争——当自己想赢得某次比赛，或竞选某个职位时，要勇于挑战对手，也挑战自我。

善竞争——不要总是想着名次、成绩和分数，而是将注意力集中到需要解决的问题上，尽量表现自身才华，以自身优势和对方劣势抗衡。

不嫉妒——当别人获胜时，要调整好自身心态，回头反思自我，失败在哪些地方。

合作时：

"我来帮一把"——当别人有困难时，主动伸出援助之手。

"我也要出点主意"——多出点子，多提建议。团体是大海，成员是海里的水珠。

"我来干这件事"——团体中有大量的事要做，这就要求大家分工合作，勇挑重担。

"我也有责任"——当团体出现失误时，作为一员，应主动承担自己应承担的责任。

主旨：从行为方面给予策略指导，让学生对本单元内容进行反思、归纳和总结，深化其对训练的情感体验。

（结束—奖励一块宝石—"恭喜你采到了一个宝藏，希望你继续努力！"—加油的卡通图像）

主旨：给予激励机制，保持学生兴趣，使之不会产生继续学习的厌烦情绪。

宝藏盒二："发人深省的实验"（略）

宝藏盒三："竞争？合作？"（略）

宝藏盒四："沙漠里的故事"（略）

送你一句话：合作离不开竞争，竞争也需要合作。合作的能力与竞争的意识就像人的两条腿，缺哪一条都走不了路。（"完"）

主旨：采用名言警句提高学生意识，对本单元主题起到画龙点睛作用。

二、改善同伴关系心理素质教育软件的开发

（一）改善同伴关系心理素质教育软件开发的必要性

计算机辅助教育（computer based education，CBE）是为提高教育质量，利用计算机技术、按照科学方法解决教育问题的一门新兴学科。随着计算机辅助学习（computer-assisted learning，CAL）模式的建构与优化问题受到人们的日益重视，作为其应用分支的计算机辅助心理训练也备受关注。常见计算机辅助心理训练包括注意力训练、记忆力训练、认知策略训练、学习兴趣、行为习惯训练等，有关人际关系的计算机辅助训练尚在探索中，这为计算机辅助改善同伴关系教育软件的开发和应用提供了广阔的发展前景。

从教育教学目的来看，心理素质教育的目标是面向全体学生，提高学生的心理素质。虽然目前学校心理素质教育开展得如火如荼，且已取得很大成效，但相比之下，学校投入了比成效更多的人力、物力和精力。那么，如何大面积提高教学效率，促使教学过程有效进行？计算机辅助心理素质教育为我们提供了可能。通过计算机专业人员开发软件并链接到互联网上，使高质量的教学软件为更多的学生共享，扩大教育受益面，促进软件的持续性利用；通过计算机在较短时间内显示较多学习内容，学生可在较短时间内理解并掌握所学知识，从而节省时间，提高学习效率。

本研究正是基于时代发展需求和心理素质教育目标实现需求，开发了计算机辅助改善同伴关系的心理素质教育软件，构建了新型的“自助式”心理素质教育模式，探索出了一条心理素质教育的新途径。

（二）改善同伴关系心理素质教育软件开发的可行性

1. 改善同伴关系心理素质教育软件符合初中生的主观需求

初中生正处身心迅速发展的青春期，霍尔曾将这一时期喻为疾风怒涛期（或狂飙期）。在此期间的中学生常表现出人际关系的两极性，如朋友关系中的友情和孤独、亲密和冷漠。随着年龄渐长，他们的同伴交往愿望日益增长，但由于其同伴交往需求高的主观状态与实际同伴关系不良的客观现实之间有矛盾。这就使得他们的同伴关系经常处于矛盾状态，既渴求与人交往，又表现出闭锁性和自卑性；既积极发展自己的同伴关系，又表现出消极心理防御机制。本研究正是针对初中生渴求发展同伴关系的这一特点，采用计算机辅助形式帮助其提高同伴交往技能，改善其同伴关系。同时，大部分初中生对计算机有着极大的好奇心，这也为计算机辅助心理素质教育提供了内在动机。

2. 计算机辅助改善同伴关系心理素质教育软件有其深厚的理论依据

计算机辅助心理素质教育，其思想可追溯到斯金纳的操作行为主义理论和其应用实践——程序教学，重视有序的单元序列、小步积累、及时强化及自定步调等原则（杨树林　1996）。斯金纳的程序教学思想虽有一定优点，但只重视学生的反应本身，不注重学习过程，更不注意学生通过学习学会思维等问题，不能充分发挥学生的主动性。本研究将心理素质的形成过程融入学生学习软件的过程，其间需要学生不断交替进行学习、内化、反思与巩固。这是本研究开发的计算机辅助心理素质教育软件不同于程序教学的最大特点，同时也体现出现代教育理论的基本思想，即学生主动、积极地参与到学习过程中，独立思考、自我发现、自我评价、自我发展。

吸取程序教学的合理"内核"和现代教育理论，本研究构建了心理素质教育新模式——计算机辅助心理素质教育模式，并开发出计算机辅助改善同伴关系心理素质教育软件。将训练目标分解为：认知、情感、行为三个方面，将训练过程分解为五大模块，即课首导入—情境模拟—原因剖析—技能指导—课尾总结反思。吸取程序教学的精华：每课设置不同数目的板块内容，可视为"小的步子"；每个板块内容学完之后，都有形式各异的奖励机制，可视为"及时强化"；部分课程中其板块设置为并列顺序，可供学生自由选择，可视为"自定步调"。

（三）改善同伴关系心理素质教育软件的特点

总的来说，计算机辅助心理素质教育软件与传统心理素质课堂教学及单一电教手段相比，改进了以往教学手段，呈现出以下四个特点：

（1）内容直观性。教育内容呈现从平面走向立体，从静态变为动态，从现时空趋向超时空。一方面，计算机软件不仅具有把文字、声音、图像、动画有机集成的特性，还能形成一种图文并茂的整体效果：生动形象的画面人物，言简意赅的关键词，悦耳动听的背景音乐。另一方面，计算机软件既综合了幻灯、录音、电影、电视及录像等电教手段的特点，而且还改变了机器单向传递信息的方式。同时，教材呈现采用交互式的"寻宝"等方式，寓教于乐，容益智、教学、游戏于一体，提高学生的学习兴趣和求知欲。

（2）方式交互性。录像教学虽已具有停止、快进、倒片、演示等先进功能，比传统教学等优越得多，但学生自己与所学内容不能交互，因而不能突破学生学习主体性和主动性这个难关。本教育软件根据程序教学原理，在板块之间合理设置按钮，学生可根据自身基础和内容难度，自行调控学习进度，对稍难内容进行"后退"重学，或对已学内容"跳过"。此外，每个板块内容学习完毕之后，教育软件都设计有交互性的奖励机制。

（3）效果高效性。研究发现，学生光听，只能记住约15％，光看可以增加到25％，若视听结合，则可记忆约65％（潘菽　1983）。由此可见，计算机软件的应用向学生提供了形式多样的感性材料，其直观性对理解抽象概念更为有效。20世纪80年代中期，一项未来教室（classroom tomorrow）实验研究发现：尽管学生要花更多时间来学习使用技术，但他们掌握的知识更丰富、更有效。此外，据统计，采用CAI教学比传统教学一般节省25％～50％的时间。

（4）目标个性化——实现个别化教学。计算机软件教学是以"学生为中心"的教学方式。众所周知，很多同伴关系不良学生，往往是内心希望大家接受并喜欢他，但因缺乏交往技能（尤其异性交往更明显）而常受挫折。在传统的心理素质训练课中，由于他们不愿将青春期的一些心事（如对某位异性的好感等）说给老师，所以无法对其进行个别辅导。但在本教育软件的应用研究中，每个学生单独使用一台计算机机与计算机对话学习，教师只是作为学生助手进行指导。

（四）改善同伴关系心理素质教育软件的优势及不足

计算机辅助改善同伴关系心理素质教育软件是教学现代化的表现，是计算机技术和心理素质教育的有机结合，是心理素质教育新模式的实践。

1. 心理素质教育软件优势

（1）情境性和模拟性。模拟手段在教学软件中发挥着不可替代的作用。本教育软件的"情境模拟"模块中采用图形、动画，模拟演示同伴交往中实际存在的问题情景，通过形象直观、生动有趣的故事，使学生深入浅出，展开想象，身临其境，掌握难以理解的交往技能；或以他人为镜，通过看他人反思自己。计算机情境模拟还可以通过动画，生动展示同伴交往中的各种微观心理现象。

（2）可操作性和可行性。第一，交往技巧和实施策略大多具有可操作性；第二，教育软件使用方法简单易学、可操作性强；第三，软件学习过程模拟课堂学习过程，符合教学规律；第四，中学生对计算机具有浓厚的兴趣和好奇心，通过改变学习形式激发他们对学习内容的兴趣。

（3）可伸缩性。软件设计是开放性的，预留一些接口，方便学习者补充和扩展，如反思体验等，可以自由发挥，给学习者留有广阔的空间。

（4）科学性。第一，符合初中生心理发展特点和客观规律，即动手操作能力和认知发展水平；第二，不以牺牲科学性为代价来换取形象和生动，即所列内容都有一定理论依据。

2. 心理素质教育软件可能的不足及解决办法

（1）交互性不强。技术受限，交互性难以达到预想效果。

（2）涵盖面不广。同伴交往内容丰富，本教育软件不可能针对实际情景中的所有交往问题都给予技能训练。这就要求本软件单元内容设计必须采用统一依据标准，内容呈现要有逻辑性和递进性，更要尽可能在一个理论基础之上。

（3）反馈性不强。同伴交往是个互动过程，但人机对话不同于人人对话，学生内心体验不能展现出来，不能根据学生的表情等反馈信息及时调整学习内容。这就要求本软件具有可伸缩性，适当留点课外作业，让学生在人机对话之外完成。

（4）控制性不够。学生在参与软件训练时，面临着无关变量控制不足问题，如学生将注意力过分集中于软件动画等，而忽视内容和技巧。这就要求软件开发必须建立在科学的内容基础之上，不可过分追求形式多样化，而忽略内容的理论依据和科学性。此外，本软件的运用对学习者有一定的操作技术要求。

（五）改善同伴关系心理素质教育软件的开发、调适与修改

1. 心理素质教育软件软件的开发

根据前面科学合理的内容体系，我们集中编写实验教程，然后再将其改编为适合软件开发的脚本，反复修改，并构思脚本实现效果（卡通人物、背景图片和相应动画等）。最后，根据我们的设计思想，与开发软件的计算机专业人员通力合作，一道开发出计算机辅助改善初中生同伴关系的心理素质教育软件，并进行初步调适。整个软件设计六课内容，以一个符合现代初中生特点的小主人公，围绕其亲身经历及其周围人的事情，阐述训练内容。软件集多种应用程序于一身，Flash 实现动画功能，Javascript 实现保存功能，而 html 语言则负责把各训练模块链接成一体。该软件的设计不仅符合心理素质教育的基本目标和实施过程，而且体现出浓烈的软件开发色彩。

2. 心理素质教育软件软件的调适

样课软件一经开发，为检验软件效果及完善软件的体系化工作，我们从西南师范大学附中随机抽样初二年级一个班共 55 名学生，以计算机辅助改善初中生同伴关系的心理素质教育软件为实验工具，对首次开发的样课软件进行初步调适。同时，以自编观后调查表为工具，调查学生对该教育软件的有关看法。研究结果如下：

（1）整体效果。调查表明，对于软件的整体评价，没有一人反映“差”。相

反，41.2%的学生认为所学软件好，另有58.8%的学生则认为软件一般。就软件的整体收益而言，51.0%的人学完软件，感觉得到很多有益的启发，9.8%的人则没什么感觉，还有39.2%的学生认为，有一些收获但不大。

同时，我们还将计算机软件学习形式与心理素质课训练形式的受喜欢程度进行比较发现，只有9.8%的人更喜欢老师上心理素质训练课，37.3%学生则喜欢这种计算机呈现的方式，还有52.9%学生认为如果能将两者结合起来则更好。

(2) 内容方面。由表11-6可知，在内容衔接方面，84.0%的学生认为内容衔接成体系或较连贯，只有16.0%感觉在学习时抓不主主题。在内容选择方面，半数以上学生（74.6%）认为所选内容大多贴近生活，这样系统学习有助于改善思考，为日后交往提供很多帮助，但也有25.4%认为内容落伍，或因熟悉内容而认为没必要学习。在内容呈现方式上，94.1%的学生认为呈现方式灵活多样，只有5.9%认为呆板单调。

表11-6　样课软件初步调适内容方面的调查结果

维度	答案	频次	百分比/%
内容衔接	衔接较好、连贯体系	27	54.0
	还可以	15	30.0
	安排散乱、抓不住主题	8	16.0
内容选择	大多贴近生活，可为日后交往提供很多帮助	34	50.7
	落伍、不符合时代	3	4.5
	大多内容都知道，没必要学习	14	20.9
	系统学习有助于改善思考	16	23.9
呈现方式	多样、灵活	21	41.2
	一般、可以	27	52.9
	呆板、单调	3	5.9

(3) 形式方面。由表11-7可知，就软件中人物形象的设计而言，86.3%的学生感到非常满意或比较满意，只有13.7%的学生不满意。在背景音乐和配音方面，76.5%的学生反映良好，15.7%的学生则感到一般，另有7.8%的学生则很不满意。对软件中背景画面的选择与安排而言，98.1%的学生认为非常满意或比较满意，只有2.0%的学生感到不满意。

表11-7　样课软件初步调适形式方面的调查结果

维度	满意程度	频次	百分比/%
人物形象	满意	25	49.0
	一般	19	37.3
	不满意	7	13.7
背景画面	满意	42	82.4
	一般	8	15.7

续表

维度	满意程度	频次	百分比/%
背景画面	不满意	1	2.0
音乐和配音	满意	39	76.5
	一般	8	15.7
	不满意	4	7.8

此外，针对学生“在日常交往中还曾遇到哪些问题”进行调查，为进一步建构、补充和丰富教育软件内容提供了实证依据。同时，有关学生在学习软件时“是否抓住学习主题”的调查结果表明，所有被试基本上都能掌握教育软件中的学习主题，这充分说明了我们初步开发的技能训练软件内容构建科学有效。

3. 心理素质教育软件的修改

教育软件初步调适之后，根据调查表中学生所提意见和建议，我们与软件开发专业人员进行了深入交流和探讨，以期完成调适软件的继续修订和完善，及后期软件的系统化制作。为此，双方经过沟通，我们传达了自己的心理学设计思想和期望的表现形式，他们也就技术实现的难易性和设想效果进行详细解说，充分体现出本研究的跨学科式合作。

针对内容方面，部分学生反映应该增强故事的情境性，还可增设更多互动性的板块内容；或安排有关内容的 Flash 小游戏，以此调节学习情绪。因此，我们在编写后面的脚本时，尽量详述故事突出其情境性，力争将以静表现的内容都改换动画效果，增强动态性；还设计一些不同选项链接不同解释的选择题，以增加互动性。就表现形式而言，针对人物设计不仅单调，而且不符时代，专业美工人员根据脚本需要，又新设了多个贴近现代初中生的卡通人物；针对背景音乐沉闷单一，双方共同努力，从专业音乐网站搜集了一些能够感动人心又切合内容的音乐；针对播放、继续按键多、操作易混乱，在后续课程中，各板块内容之间链接相对更加灵活，删减或增设了一些按钮；针对人物配音只有一个专业广播人员负责，但考虑到资金问题和整个软件配音的一致性，故没有再增设其他配音人员（软件脚本示例见附录八第二部分）。

第三节　改善同伴关系心理素质教育软件的实验研究

一、心理素质教育软件改善同伴关系的教育实验

（一）实验目的

采用自行开发的计算机辅助改善同伴关系心理素质教育软件，提高初中生同

伴交往心理素质，改善其同伴关系。验证教育软件的有效性和可操作性，从而探索心理素质教育的新途径——计算机辅助心理素质教育模式。

（二）实验对象与方法

1. 研究对象

选择重庆市某实验中学初二年级两个班进行。被试构成：实验班 37 人，对照班 39 人。其中，实验班男 20 人，女 17 人；对照班男 22 人，女 17 人。

2. 研究方法

本研究采用心理测量和教育实验相结合的方法。心理测量包括人际关系能力问卷、同伴交往目标问卷及自编的有感调查问卷。所有数据统一采用 SPSS10.0 for Windows2000 统计软件包进行处理分析。

（三）实验处理和实验过程

本实验处理采用实验班和对照班前、后测的实验设计，见表 11-8。

表 11-8　实验处理

班级	前测	实验处理	后测
实验班	1. 人际关系能力测验 2. 同伴交往目标测验	计算机辅助改善同伴关系心理素质训练	1. 人际关系能力测验 2. 同伴交往目标测验 3. 有感调查问卷
对照班	同上	日常教育教学	同上（除 3 无）

本实验过程大致分三阶段进行

1）准备阶段：制订实验方案，联系实验学校，实施前测工作

2）实施阶段

（1）利用每周一节的计算机课对实验班学生进行同伴关系技能训练，按教育软件设计的学习单元授课。

（2）教师计算机远程主控学生计算机，采用每课作业提交法进行个别分析。

3）资料整理与数据处理

（四）实验变量

自变量：计算机辅助改善同伴关系的训练

因变量：①人际关系能力水平；②同伴交往目标水平

无关变量的控制：设置实验班、对照班，前者进行同伴关系技能训练，后者不进行任何训练。注意：①合理确定两班，尽量两班同质；②控制影响实验效果

的其他因素，消除期待效应和时间效应。

（五）实验结果与分析

1. 实验班与对照班干预前差异比较

由表 11-9 可知，在人际关系能力问卷总分及各维度上，实验班学生与对照班学生在教育实验干预前无显著差异，但实验班学生平均得分均低于对照班学生平均得分。

表 11-9 实验班与对照班干预前差异比较

维度	实验班（n=34）		对照班（n=32）		t
	M	SD	M	SD	
发起交往	3.3381	0.7791	3.4948	0.6314	−0.899
提供情感支持	3.3214	0.6274	3.5508	0.5758	−1.554
施加影响	3.6122	0.7297	3.7188	0.6034	−0.648
自我袒露	3.3381	0.8200	3.5625	0.7055	−1.195
冲突解决	3.4750	0.7024	3.5391	0.6193	−0.394
人际关系能力总分	3.4170	0.6129	3.5732	0.5301	−1.111
帮助与支持	3.2892	0.7228	3.4063	0.4751	−0.772
受欢迎性	3.1961	0.6884	3.3594	0.4735	−1.128*
领导地位	2.7294	0.8119	2.5500	0.5424	1.061*
亲密性	2.9118	0.6350	3.0402	0.4720	−0.928
回避性	3.2157	0.6038	3.1042	0.6175	0.742
支配性	3.1294	0.5718	3.0437	0.7849	0.509
同伴交往目标总分	3.0786	0.3219	3.0840	0.3153	−0.068

在同伴交往目标问卷总分上，实验班学生与对照班学生在教育实验干预前无显著差异，但实验班平均得分低于对照班平均得分。在帮助与支持、受欢迎性和亲密性 3 个维度上，实验班平均得分低于对照班平均得分，而在领导地位、回避性和支配性上则是实验班得分高于对照班。在领导地位和受欢迎性上，实验班学生与对照班学生平均得分存在显著差异（$p<0.05$）。

2. 实验班与对照班干预后差异比较

由表 11-10 可知，在人际关系能力各因素得分、问卷总分，以及同伴交往目标各因素得分、问卷总分上，实验班学生与对照班学生在教育实验干预后均无显著差异，但对照班学生平均得分均高于实验班学生平均得分。

表 11-10　实验班与对照班干预后差异比较

维度	实验班（n=32）		对照班（n=31）		t
	M	SD	M	SD	
发起交往	2.5521	0.6285	2.6237	0.5757	−0.471
提供情感支持	2.3125	0.5846	2.6532	0.5597	−2.362
施加影响	2.2455	0.5820	2.5945	0.5346	−2.476
自我袒露	2.3490	0.7176	2.8118	0.6551	−2.671
冲突解决	2.3320	0.6488	2.5565	0.5532	−1.475
人际关系能力总分	2.3582	0.5540	2.6479	0.5220	−2.135
帮助与支持	1.8125	0.5499	2.0323	0.5063	−1.649
受欢迎性	1.8229	0.5865	2.0699	0.6128	−1.635
领导地位	2.3438	0.6569	2.4323	0.4707	−0.613
亲密性	2.0045	0.4955	2.3226	0.4532	−2.657
回避性	1.9219	0.5219	2.1720	0.6273	−1.723
支配性	2.6688	0.6751	2.7032	0.7282	−0.195
同伴交往目标总分	2.0957	0.3877	2.2887	0.3519	−2.067

3. 实验班干预前后差异比较

配对样本 t 检验表明，从人际关系能力问卷总分及各因素得分看，实验班学生实验后平均得分普遍高于实验前平均得分，且在提供情感支持和自我袒露两个因素上，均存在显著差异（$p<0.05$）；从同伴交往目标问卷看，各因素得分及问卷总分，实验班学生实验后平均得分普遍低于实验前平均得分，只在亲密性因素上，实验后平均得分有所提高。而且，在领导地位和支配性上，实验后平均得分显著降低（表 11-11）。

表 11-11　实验班干预前后差异比较

维度	前测（n=32）		后测（n=32）		t
	M	SD	M	SD	
发起交往	3.3594	0.7932	3.4479	0.6285	−0.571
提供情感支持	3.3828	0.6007	3.6875	0.5846	−2.591*
施加影响	3.7009	0.6753	3.7545	0.5820	−0.437
自我袒露	3.4063	0.7964	3.6510	0.7176	−2.241*
冲突解决	3.5586	0.6437	3.6680	0.6488	−0.678
人际关系能力总分	3.4816	0.5919	3.6418	0.5540	−1.443
帮助支持	3.2812	0.7447	3.1875	0.5499	0.563
受欢迎性	3.1875	0.6888	3.1771	0.5865	0.064
领导地位	2.7437	0.8163	2.3438	0.6569	2.033*
亲密性	2.8973	0.6514	2.9955	0.4955	−0.599
回避性	3.1979	0.6053	3.0781	0.5219	0.890
支配性	3.1625	0.5363	2.6688	0.6751	3.280**
同伴交往目标总分	3.0784	0.3321	2.9085	0.3491	1.941

4. 对照班干预前后差异比较

应平衡组实验设计要求，我们也分析了对照班学生同伴关系前、后测得分的变化情况，结果发现：综合考虑同伴关系的两个评价指标问卷，对照班学生人际关系能力总分及各因素得分都有所提高，但均没有达到显著性差异；交往目标问卷总分及各因素上的前、后测得分也均没有显著性变化。但前、后测平均数比较发现，总分及各因素上，有的变化较大，有的变化较小。

5. 实验班干预效果定性分析

通过问卷测量定量分析，我们看出计算机辅助改善同伴关系的心理素质教育软件起到一定的干预效果。但是，我们注意到，部分学生改善同伴关系的意识和态度有所转变，同伴交往技能也有所提高，但在对同伴关系改善状况的问卷测查中并未表现出来。因此，为全面了解实验效果，将被试的一些内隐性的、无法进行定量分析的变化反映出来，我们进行了如下定性分析。

1）课堂作业分析

现以样课《学会合作　善用竞争》为例进行课堂作业分析。由于在本章第二节的模式构建中对样课进行模式分析时已有详细内容，故在此只将学生作业及对应的板块内容进行描述。

天堂和地狱：韩宇来到上帝身边，上帝带他去了地狱。韩宇看见人们围坐在一口装满精美食物的大锅周围。面对精美的食物，所有人都是饥肠辘辘、面黄肌瘦、痛苦不堪。（动画情境：很多人围坐于一个大锅，每人手里拿个很长的勺子，但只能伸到别人嘴里，伸不到自己嘴里）上帝又领他来到天堂，同样的大锅、食物和长柄勺子，但每个人看起来红光满面，生活得十分快乐。（动画情境：拿着自己的勺子向别人嘴里送食物）

问题：上帝问韩宇：天堂和地狱的人们过着截然不同的生活，你知道为什么吗?

结果分析：

在随课回收的 23 份有效实验课程数据中，82.61％被试认识到“天堂和地狱”的本质区别是合作或纷争，认为“地狱的人相互争斗、钩心斗角，而天上的人相互帮忙”“他们品质不同，一个争夺一个谦让”“地狱的人都只想到自己”等。

发人深省的实验：让参与实验的学生两两结合，但是不能商量，各自在纸上写下自己想得到的钱数。如果两个人的钱数之和刚好等于 100 或者小于 100，那么，两个人就可以得到自己写在纸上的钱数；如果两个人的钱数之和大于 100，比如说 120，那么，他们俩就要给实验者 60 元。结果，几乎没有一组学生写下的钱数之和小于 100，当然他们都得付钱。

问题 1：如何做对两个学生都有利？________________

问题 2：和实验中的情形类似，总有自己的利益和他人利益冲突的时候，面对这种本可以双赢的局面，为什么最后容易两方都受到损失？________________

结果分析：

回收数据表明，50%学生认为参与实验的学生应该“互相谦让、友好相处”，“想一想实验结果再做决定”，或者干脆“先把利益让给别人”，都一致表明“合作是成功的基础”“合作是最重要的”。当他们为实验失败寻找原因时，所有被试的回答类似，如“大家都只想到自己的利益”“他们都想得到最好最多的利益”“实验结果很重要，但这个过程更重要”。

篮球比赛：最近举行的校园篮球大赛中，刘凡和张宁都是班级篮球队主力。最后要从他们两个中选出一个“班级最佳球员”，谁投篮最多，谁就有可能当选。刘凡想：“如果我有机会拿到篮球，就要尽量多地表现。”于是，好几次本来刘凡把球传给张宁，由张宁投篮最有可能得分。但是刘凡怕失去了投篮的机会，硬是自己投篮，以至于出现了好几次传球失误。张宁投篮也很拿手，但比赛中他却几次把球传给刘凡，使刘凡投篮成功。最终刘凡的投篮次数超出张宁。

问题 1：你觉得谁应该是“班级最佳球员”？为什么？________________

问题 2：如果你是刘凡，面对这种情况你会怎么做？为什么？__________

结果分析：

回收数据表明，站在第三者的角度，几乎所有被试都认为张宁应得“班级最佳球员”奖，因为“他在比赛中多次传球给刘凡，他有合作精神”“他在集体活动中不表现个人主义，凡事想到别人”。

当假设被试置身于与当事人相同的情境时，实验被试不仅能认知到本质性的心理品质，如“互相合作是最重要的”“合作是成功的源泉”“他们应互相配合”，而且体现出强烈的情感体验，如“我会感到伤心，因为我让张宁失望了”。同时，也表达出积极的行为意愿，如“我要是刘凡，就会给教练说清楚，不会再当班里的最佳球员，应该要有团队精神”“如果我是刘凡，我会将球传给张宁，因为我投不进球，应该把机会让给别人”“如果我是刘凡，我会和张宁一起合作，让这场球赛更精彩”。

数学竞赛：学校要选拔 5 个数学系的学生参加国际数学竞赛，同是数学尖子的张涛和王静全力以赴，精心准备。张涛为了集体的荣誉，把自己收集到的资料全部拿出来与大家一起分享，而王静怕同学超过自己就对大家封锁“情报”。

问题：如果你处在他俩的位置，你会选择怎么做？__________

结果分析：

所有实验被试中，88%学生站在张涛的一边，赞同其做法，因为“他为了集体荣誉愿意和大家一起分享自己的资料”“和大家一起讨论”。而且，表明自己“会把自己找到的资料借给同学看”“会与大家一起加油学习”“会帮助他们”。同时，还有部分学生获得深层次体验——“付出，就是收获”。只有极个别学生表现出回避和消极认知，如“别人不给我看，我也不给别人看”“我会自己准备自己的，不给别人看”。

综上所述，由于随课收集的课堂作业较多，故我们只对代表性的样课进行了课堂作业分析。分析结果表明：虽然在多个板块内容中设置的问题各异，但大多数被试都能认真完成课程中的问题，保存的答案也具有可分析性。不仅能对内容中的事情和人物做出是非评判，而且还表现出自身内心的深层次体验。这充分表明，他们在学习样课软件的过程中发生着内隐性的变化，而这些变化会随着整个软件六课课程的学习日积月累、巩固加强，最后潜移默化地迁移到他们在实际生活中的同伴交往，对于其同伴关系的改善起到一定的效果。

2）有感调查分析

为进一步对实验班干预效果进行检验，利用自编有感调查问卷（含 4 个开放式问题），在实验后对实验班学生进行调查，结果分析如下：

（1）学完软件之后，你有何想法？（任何相关的感触、收获和启发）

在被调查实验班 32 人中，70.97%的学生认为收益很大，“学习了很多与同学交往的方法”“知道了怎么和朋友交往，懂得要赢得朋友的心是要付出的，也要用正确方式”。而且，深受启发，“我知道了友情，我以前太激动以至于失去了好友，但现在我在努力把他们全都找回来，让他们了解我”。感触也颇多，“学了很多，想了很多，但感觉我们还是什么都不懂，还要学很多”。

同时，21.88%学生自感在异性交往方面收获很大，如“我学会了不应误入早恋的圈子，和异性应正常来往”，并很有感触地说“我会把握好与异性交往的尺度”。还有 3 人表明自己今后会有意识地应用软件中所学的交往技巧广交朋友。

（2）学完软件之后，你认为其中哪些内容对你帮助最大？有何帮助？

在被调查实验班 32 人中，31.25%的学生提到同学交往内容（如同学、朋友间的互助合作，如何给同学留下良好第一印象等）对他们帮助很大，59.38%的学生感到异性交往方面的内容命使他们受益匪浅，另有 9.37%没有点明具体内容。

其中，在异性交往方面，78.95％的学生对异性交往能持正确的认识，并表示掌握了一些异性交往的策略和注意事项，如“如何对异性说‘NO’”“和异性交往时，不要在夜晚单独去玩”“和异性交往时，要注意距离，分清场合，把握分寸”，等等。其中，还有21.05％提到“早恋”内容对他们受益很大，帮助他们正确区分友情和青春期时懵懂的好感，意识到早恋的危害性。

此外，有3人没有表明具体受益内容及启发，只是说“记不清了，总之有感动”“能把我的心里话说出来”，并表现出“以后要很好利用所学知识”的决心。

(3) 通过软件，你学到了哪些技巧？你是如何应用于日常交往中的？

在被调查实验班31人中，25.81％的学生认为他们学到一些同伴交往的技巧，如“说话做事要委婉些”“同学之间不能说谎话和互相欺骗”。同时，他们也在日常交往中有所应用，如“不会做题时就去主动问其他同学”等。此外，58.06％的学生明确表明他们学到与异性交往方面的技巧，另有5人选择了其他答案。

其中，在异性交往技巧方面，50％的学生认为自己学到了与异性相处的方法和技巧，及在遇到问题时如何处理的解决方案；或对异性交往已有更加正确的认识，如“我应该与男生交往”等。另有50％的学生学到一些很具体的交往策略，如“如何对异性说‘NO’”“与异性交往，不能经常单独相处”及“早恋”等。

在其他答案中，4人自感学到一些交往策略，但没表明具体哪些技巧及其如何应用。只有1人认为他没有学到任何东西，更没在日常同伴交往中加以应用。

(4) 学完软件之后，你有什么话想和同学说？

在被调查实验班31人中，只有6人因某种原因没有写下任何文字，51.61％的学生均以不同的文字表达了自己对以后和同学交往的愿望，如“希望我们能更好地做朋友”；也对他人提出相应期望，如“同学们，我们现在正是慢慢走向成熟的少年，千万别一时糊涂，而耽误了自己美好的未来。也许现在那些爱情之类的事是很吸引人，但我们还很小，毕竟心理还没成熟，根本不懂真正的爱情是什么”。同时，部分同学就本研究所开发的教育软件的有效性和其他同学作了沟通，如“学了这个真的很有用”等。另有29.03％的学生则从自我的角度剖析以前受挫的交友经历，并诚恳表达自我悔过的意愿，如“有时候我是很过分、小气，但那都是次要的，希望你能原谅，让我们的友谊永存”。

二、心理素质教育实验后的个案研究

为进一步考察、验证和补充前面的实验研究结果，我们通过对同伴低接纳个案学生进行访谈研究和作品分析，同时对班主任老师进行访谈，作为个案访谈效果的外部效标。个案的选择我们是根据同伴评定结果和消极提名测验，从同伴低接纳组中随机抽取两名个案，男生张×，女生刘××。围绕同伴关系技能训练等相关问题对学生进行访谈，访谈过程均单独在一间办公室内进行。（访谈记录见附录八第一部分）同时，结合个案学生作品进行综合分析。

（一）个案一

情况描述：刘××，女，同伴低接纳组，积极提名数为 0，同伴关系自我评价为“很成功”；改善关系主观愿望为“较强烈”；改善关系客观努力为“很努力”。

根据对刘××的教师访谈，发现班主任对其的印象和同伴评定结果有矛盾之处，因此我们又对其进行了学生访谈。通过对刘××的访谈，发现班主任老师和同伴评定结果矛盾的原因所在。因为刘××是转学学生，加入一个新的人际环境，需要经历一段人际适应的过渡期，尽管她自我评价同伴关系很成功，但事实上，同学们还并没有真正将其纳入集体中。尽管她也很努力想尽快适应新的人际环境，主观改善同伴关系的愿望较强烈，但我们也从中发现，她对异性交往的认识和技巧稍有欠缺。通过学习计算机辅助改善同伴关系心理素质教育软件，她对异性交往的认识有明显提高。

刘××实验前后同伴关系问卷得分情况见表 11-12 和表 11-13。

表 11-12　个案一实验前后人际关系能力问卷得分情况对比表

测验	发起交往	提供情感支持	施加影响	自我袒露	冲突解决	总分
前测	3.333 3	3.625 0	4.142 9	4.000 0	3.500 0	3.770 2
后测	4.833 3	3.875 0	4.285 7	4.000 0	4.250 0	4.198 8

表 11-13　个案一实验前后同伴交往目标问卷得分情况对比表

测验	帮助与支持	受欢迎性	领导地位	亲密性	回避性	支配性	总分
前测	1.166 7	1.666 7	4.000 0	2.285 7	3.333 3	3.600 0	2.642 1
后测	3.000 0	3.333 3	1.600 0	3.571 4	3.333 3	3.400 0	3.073 0

由表 11-12 和表 11-13 可以看出，刘××在实验后，人际关系能力问卷总分及各因素得分，同伴交往目标问卷总分及帮助与支持、受欢迎性、亲密性因素得分都有相应提高，而领导地位和支配性因素得分则有所降低。由此可见，对该生的教育效果明显，其同伴关系得到了相应改善。

此外，通过对该生课程数据的作品分析，也表明学习教育软件后，其内心有较大感触，体会颇深。

（二）个案二

情况描述：张×，男，同伴低接纳组，积极提名数为 2，同伴关系自我评价为“较失败”；改善关系主观愿望很强烈；改善关系客观努力方面很努力。

根据班主任老师情况介绍，张×同学品行良好，但同伴关系紧张，为探究其因，又进行了学生访谈。通过访谈我们得知，张×同学在日常交往中，有时会受到同伴的欺负。通过他的自我描述发现，早期家庭经验（哥哥的欺负）对其同伴关系产生了一定不良影响。同时，班主任老师对其的看法也有一定片面性，认为他邋遢，以学习为标准进行评价。这些都很可能导致同伴也对其存在偏见。虽然张×个人很希望改善同伴关系，并为此做了很多努力，但由于缺乏同伴交往的细节性技巧，其同伴关系甚为不良。

同时，张×实验前后同伴关系问卷得分对比发现，人际关系能力总分及各因子得分均有不同程度提高，同伴交往目标问卷中，亲密性提高较大，而支配性则显著降低（表略）；对该生的课程数据作品分析也表明对其干预实验较为明显。

综上所述，可以看出，采用同伴评定法和消极提名测验抽取的两名个案学生很具代表性，较为科学，基本符合实际情况。虽然部分学生属于同伴低接纳群体，但就改善同伴关系愿望而言，他们仍希望通过教育软件的学习，建立一个良好的同伴交往空间。这说明本研究对计算机辅助改善同伴关系心理素质教育软件的开发和实验有一定的实用性和推广价值。

个案一学生关系自评和实际同伴接纳情况有所矛盾，但通过访谈我们也从中受到启发，即改善同伴关系需要提供给学生交往机会，让他们彼此增进了解，运用并不断巩固强化所学知识。个案二学生虽然关系不良，但仍为之积极努力，在实验过程中，经常求助于身旁其好朋友××同学。

因此，我们可以得出结论：由于同伴低接纳学生在同伴群体中的不利位置，他们更希望改变现状，改善关系。所以，计算机辅助改善同伴关系心理素质教育软件的学习，对于同伴低接纳学生效果更佳。此外，我们还可以看出，影响初中生同伴关系的因素是多方面的，如父母的教养方式、班主任老师的不公正评价，以及学生的早期家庭经验等，这提示我们改善初中生同伴关系，家庭和学校结合、父母和老师结合开展研究工作则会更为有效。

三、对心理素质教育软件训练效果的讨论

（一）从实验班和对照班的前后测比较来看实验效果

在人际关系能力各因素及问卷总分上，无论是实验前还是实验后，实验班得分均低于对照班得分。这说明在选取实验对象时，实验班学生同伴关系整体较差于对照班，经实验干预虽其同伴关系有所改善，但由于其原本基础较差，故实验效果幅度较小，实验后仍普遍低于对照班。

就同伴交往目标问卷而言，实验前，实验班在领导地位、支配性和回避性上得分高于对照班，而在受欢迎性上则显著低于对照班，在帮助支持、亲密性及问

卷总分上也均低于对照班，这也说明了实验班学生同伴关系整体较差。实验干预后，对照班与实验班虽无一显著差异，但对照班得分普遍高于实验班。这从另一侧面说明，实验班学生对领导地位和支配性的追求有所下降，而受欢迎性方面也由实验前的显著区别提高为不再呈统计学差异。至于交往目标总体及其他因素，除回避性外，至少没有表现出不良效果。这也是本研究所选被试原来同伴关系就较差，导致实验效果幅度较小的一个充分说明。

（二）从实验班自身前、后测比较来看实验效果

在人际关系能力各因素及总分上，实验后得到普遍提高，而且提供情感支持和自我袒露两因素有显著提高。虽然平均数的提高不能从统计学上证明实验效果，但这仍从一个侧面告诉我们：通过教育软件的学习，实验班学生同伴关系得到了一定程度的改善。就同伴交往目标问卷而言，虽在问卷总分及帮助支持、受欢迎性、回避性上，实验后得分低于实验前，实验效果不符合期望值。但是领导地位和支配性上，实验后显著下降，而亲密性也有所提高。由此可见，计算机辅助同伴关系技能训练作为一种心理素质教育途径，和其他心理素质教育途径一样，在较短干预时间内，其实验效应主要体现在克服负向交往心理，而对同伴关系的改善则需要进行较长时间的针对性培养和训练，才能取得明显成效。单从以上结果分析教育实验到底成败与否，各有其半，不能盲目定论。

究其原因，本研究尚属教育实验，影响因素较多，加之实验周期较为短暂，故若想在短期内取得明显效果，较为困难。同时，帮助支持、受欢迎性和回避性这三个因素得分升高是我们的期望效果，而已有研究表明：任何一种良好心理素质的形成都需经过“自我认知—动情晓理—策略导行—反思内化—形成品质”这样一个漫长的过程。期间可能会经历多次周而复始的反复，之后才逐渐稳定成型，所以短期实验效果没有令我们满意也可理解，可能正处于从低谷走向上升的逐步稳定阶段。

那么，对于那些需要消除或完善的不良心理品质，若是有意识加以克服，则至少在认知和态度上能有所改善。这正如领导地位和支配性因素，其题项如“当同学知道我比他们强壮的时候，我感到很高兴”“与同学交往时，我喜欢他们畏惧我”“当我略施小计使同学按我的意愿去做时，我很高兴”，经过一段时间交往技能的软件学习，实验班学生会从主观认知上意识到需要改变自身一些不合理的交友原则和想法，相应这些题项得分可能就会有所下降，因而表现出满意的实验效果。但实验效果是否真的明显？是否已稳定成型？我们尚不能就此定论，仍需综合考虑各方面情况。同时，有关实验效果的稳定与否，还有待于继续深化探究。

（三）从定性分析来看实验效果

有感调查结果和课堂作业分析均表明，实验效果良好。就样课示例的学生课堂作业分析方面看，大多数实验被试不仅能认知到板块内容背后本质性的东西，如“合作”“谦让”“集体主义”等，还体现出自身强烈的情感体验，同时也表达了积极的行为意愿。因此，可以说，本研究开发的心理素质教育软件有助于激发被试内心的一些内隐性变化，这对于改善其同伴关系是有利的。而且，人为观察发现，实验课间，实验班整体课堂纪律较好，每人配置一台电脑，各自学习、作业，互不讨论，积极配合主试老师和随课老师，对每个问题基本都是认真作答，主动上交课堂作业，表现出良好的实验效果。

同时，有感调查表明：就软件本身的有效性而言，70.97％的学生认为收益很大，并赞赏有加；就软件涵盖内容而言，90.63％学生认为软件内容对他们帮助很大。此外，80.64％学生不仅表明自己要挽回已有过失，更强烈表达自己的交友意愿，而且呼吁他人要正确处理好同伴关系（尤其是异性交往）。由此可见，有感调查问卷让被试畅所欲言，反映出部分内隐性的干预效果。

上述结果虽都是定性分析所得，但这也足以在某种程度上说明实验效果良好。与此同时，同伴交往是个互动的过程，同伴关系的改善也需一个长期的过程，个体习得、内化、巩固交往技能并体现在交往行为上，后经他人认可、赞同并接受，随之关系得到改善，这都是循序渐进的。由于本研究实验周期较短，可能使得被试个体交往技能虽有提高，但其同伴关系并未得到及时改善，故仍有很多潜移默化的实验效果并不能立竿见影地反映出来。因此，有待于更深入研究开发的心理素质教育软件对初中生同伴关系的影响效果。

（四）本研究中有待进一步探讨的问题

一个实验的效果（尤其是教育实验）往往都会受到自变量外的其他因素的干扰，如被试选取、实验环境、期望效应、时间效应、学校教学安排、软件使用的一些硬件支持及运行时出现的一些技术失误等。本研究被试中独生子女较多使得部分分析样本比例有所失调，以期今后深化研究扩大被试量以增强其代表性；由于某些客观原因，本研究实验环境仍没有完全严格控制，个别学生观看了其他内容（亲子关系、师生关系）的教育软件，而且微机中自带的一些小游戏程序及娱乐歌曲也影响了个别学生的学习效果；学校还曾应课时需要在实验期间举办讲座而中断实验一周；教育软件虽经反复修正已成体系，操作简易，但部分学生仍因输入文字速度过慢而影响学习进程；同时，实验期间很多意外的技术问题也影响了实验效果；不仅如此，开发工作是合作双方的跨学科式合作，因为双方对于某些内容理解各异或技术受限，教育软件本身存在的一些不足也可能影响到实验效果；实验效果评价还牵涉到及时效应和效果延迟的问题。

此外，因受时间、人力和物力等多方面限制，本研究尚存如下主要不足：①多重变量影响虽有所控制，但仍难以完全避免，仍是实验效果不是非常满意的重要原因；②计算机辅助心理素质教育尚属开创性尝试，因相关文献有限及技术受限，软件内容编制及表现形式仍需不断完善；③教育软件设计虽具一定伸缩性以弥补技术受限的交互性不足，但学习者对训练的具体应用效果无法评估，故其交互性仍需加强。

以上不足有待于在后续的深化研究中加以克服：①在深化研究中严格控制实验环境等无关变量，如扩充被试量以增强样本代表性，扩大教育实验范围以证实本实验研究结论并加以推广；②继续查阅相关中外文资料，以便构建能够切实有效改善初中生同伴关系的训练内容；③加强软件开发技术学习，广泛搜集音像素材，增强软件的情境性、反馈性和互动性。

参考文献

陈旭. 2001. 中小学生心理素质专题训练活动的探索. 西南师范大学心理健康教育研究中心课题研究人员及实验教师培训资料（二），12：39-43.

韩仁生. 1998. 中小学生交往成败归因的研究. 心理科学，(5)：467-469.

韩仁生，朱桂贞. 2003. 中学生同伴交往的现状及其教育对策. 当代教育科学，21：48-54.

侯志瑾. 1997. 中学生社会支持系统及其与心理健康关系的研究. 北京师范大学硕士学位论文.

李建求. 1997. 特区中学生的个性心理变化趋势及其教育策略. 人大复印资料，11：37-40.

李文权，李辉，刘春燕. 2003. 系统式团体心理辅导改善儿童同伴关系的研究. 心理发展与教育，19 (1)：76-79.

潘佳雁. 2001. 将归因理论应用于同伴关系的研究. 中国心理卫生杂志，15 (6)：445-448.

潘佳雁. 2002. 中学生同伴交往接受和拒绝的归因研究. 心理科学，25 (1)：64-68.

潘菽. 1983. 教育心理学. 北京：人民教育出版社.

万晶晶. 2001. 近十年来国外儿童同伴关系与社会技能研究进展. 山西大学师范学院学报，4：85-88.

王争艳，王京生，陈会昌. 2000. 促进被拒绝和被忽视幼儿同伴交往三种训练法. 心理发展与教育，16 (1)：6-11.

沃建中，林崇德，马红中，等. 2001. 中学生人际关系发展特点的研究. 心理发展与教育，17 (3)：9-15.

于海琴，周宗奎. 2002. 小学高年级儿童亲子依恋的发展及其与同伴交往的关系. 心理发展与教育，18 (4)：36-40.

燕国材，崔丽莹，黄忆春. 2002. 心理素质教育论. 广州：广东教育出版社.

杨树林. 1996. 计算机辅助教学软件的教育效果. 教育科学，(1)：34-35.

张大均. 2004. 心理健康教育：十大问题亟待解决. 中国教育报［2004-6-16］，3 版.

邹泓. 1996. 社会技能训练与儿童同伴关系. 北京师范大学学报（社会科学版），(1)：46-50.

邹泓. 1998a. 同伴关系的发展功能及影响因素. 心理发展与教育，(2)：39-44.

邹泓. 1998b. 青少年的同伴关系发展特点、功能及其影响因素. 北京师范大学博士学位论文.

邹泓，林崇德. 1999. 青少年的交往目标与同伴关系的研究. 心理发展与教育，(2)：1-6.

张俊友. 1999. 浅谈社会技能训练一种促进儿童同伴关系的方法. 教育理论与实践，(6)：55-56.

张元. 2002. 4—6岁幼儿同伴交往能力量表的编制. 江苏教院学报（社科版），18 (1)：42-44.

Asher S R，Coie J D 1990. Peer Rejection in Childhood. New York：Cambridge University Press.

Asher S R，Parker J G. 1989. Significance of peer relationship problems in childhood// Schneider B H，Attili G. Social Competence in Developmental Perspectives. New York：Kluwer Academic/Plenum Publishers.

Berndt T，Perry. 1986. Children's perceptions of friendships as supportive relationships. Developmental Psychology，22：640-648.

Boivin M，Hymel S. 1997. Peer experiences and social self-perceptions：a sequential mode. Developmental Psychology，33：135-145.

Bukowski W M，Hoza B. 1989. Popularity and friendship：issues in theory，measurement，and outcome // Berndt T J ，Ladd G W Peer. Relationship in Child Development. New York：John Wiley，Sons Inc. ：15-45.

Coie J D，Dodge K，Kupersmidt J. 1990. Peer group behavior and social status// Asher S R，Coie J D. Peer Rejection in Childhood. England：Cambridge University Press.

Crick N R，Ladd G W. 1988. Rejected and neglected children's perceptions of their peer experiences：loneliness，social anxiety，and social avoidance. Southeastern Conference on Human Development.

Crick N R，Ladd G W. 1993. Children's perceptions of their peer experiences：attributions，loneliness，social anxiety，and social avoidance. Developmental Psychology，29 (2)：244-254.

Derosier M E，Kupersmidt J B. 1994. Children's academic and behavioral adjustment as a function of the chronicity and proximity of peer rejection. Child Development，65：1799-1813.

Dodge K A，Feldman E. 1990. Issues in social cognition and sociometric status// Asher S R，Coie J D. Peer Rejection in Childhood. England：Cambridge University Press.

Elkins D. 1958. Some factors related to the choice-status of ninety eighth-grade children in a school society. Genetic Psychology Monographs，58：207-272.

Erwin P G. 1994. Social problem solving，social behavior，and children's peer popularity. The Journal of Psychology ，128 (3)：299-306.

Feinberg M R，Smith M，Schmidt R. 1958. An analysis of expressions used by adolescents at varying economic levels to describe accepted and rejected peers. The Journal of General Psychology，93 (1)：133-148.

Furman W，Buhrmester D. 1985. Children's perceptions of the personal relationships in their social net-works. Development Psychology，21：1016-1024.

Hartup W W. 1977. Peer，Play，and Pathology，a New Look at the Social Behavior of Children. Newsletter：SRCD Inc.：1-3.

Hartup W W. 1983. Peer relations//Mussen P H，Hetherington E M. Handbook of Child Psychology. 4th ed. New York：Wiley：103-196.

Hymel S，Rubin K H. 1985. Children with peer relationship and social skills problems：conceptual，methodological and development issues//Whitehurst G J. Annals of Child Development. Greenwich，CT：JAT Press：251-297.

Jarvinen D W，Nicholls J G. 1996. Adolescents' social goals，beliefs about the causes of social success，and satisfaction in peer relations. Developmental Psychology，32 (3)：435-441.

Kurdek L A，Krile D. 1982. A developmental analysis of the relation between peer acceptance and both interpersonal understanding and perceived social self-competence. Child development，53 (6)：1485-1491.

Moreno J L. 1934. Who Shall Survive? A New Approach to the Problem of Human Interrelations. Washington D. C.：Nervous and Mental Disease.

Newcomb A F，Bukowski W M. 1983. Social impact and social preference as determinants of children's peer group status. Developmental Psychology，19 (6)：856-867.

Parker J G，Asher S R. 1993. Friendship and friendship quality in middle childhood：links with peer group acceptance and feelings of loneliness and social dissatisfaction. Developmental Psychology，29 (4)：611-621.

Piaget J. 1926. The Language and Thought of the Child. London：Rout Ledge and Kegan Paul.

Piaget J. 1932. The Moral Judgement of the Child. Glence：Free Press.

Sullivan H S. 1953. The Interpersonal Theory of Psychiatry. New York：Norton.

Thomson N P. 1989. Friendship in general practice. New Zealand Medical Journal，102 (869)：299.

Weiss R S. 1974. The provisions of social relationships//Rubin Z. Doing Unto Others. Englewoodcliffs，NJ：Pretice-Hall.

Wentzel K R，Erdley C A. 1993. Strategies for making friends，relations to social behavior and peer acceptance in early adolescence. Developmental Psychology，29：819-826.

Wheeler V A，Ladd G W. 1982. Assessment of children's self-efficacy for social interactions with peers. Developmental Psychology，18 (6)：795-805.

Youniss J，Smollar J. 1985. Adolescents' Relations with Their Mothers，Fathers and Peers. Chicago：University of Chicago Press.

第十二章　音乐审美欣赏对大学生抑郁症状的影响研究

利用音乐来调适人的心理问题，是一个既古老又新颖的课题。然而，纵观国内外教育心理和音乐心理研究领域，该课题的实证研究尚未得到足够的重视。面对现代社会个体心理问题日益增多的现实，充分利用音乐审美欣赏来调适个体的心理问题，促进其心理素质的健康发展，尤其是针对当代大学生心理问题突出、抑郁状况堪忧的实际，在学校心理健康教育活动中，充分利用音乐所具有的心理效应来调适大学生的抑郁症状和心理问题，促进其心理素质的不断提高，对于培育高素质人才具有重要的理论价值和实践意义。

第一节　研究概述

一、音乐的效能与音乐审美欣赏

（一）音乐的效能

美国音乐治疗之父高斯顿（Gaston）指出："音乐是人类的感觉，这不仅仅因为人类创造了它，还因为人类创造了与它的关系。音乐是一个人类必不可少和有效的功能，它在几千年中影响着人类的行为和自身条件。"（阿尔文　1989）古希腊的毕达哥拉斯学派也认为："用音乐某些旋律和节奏可以教育人，治疗人的脾气和情欲，并恢复内心能力的和谐。"（刘兆吉　1993）因此，在漫长的人类历史发展中我们可以看到许多关于音乐对身心作用的实践，它们广泛分布在哲学、宗教、教育、心理、医学等诸多领域。这些研究表明，音乐具有生理/物理、心理/情绪、人际/社会等多方面的作用。尽管还没有一致性的定论，不过已有一些源自经验性研究结果的理论性概念被发展出来，其中有部分概念可被引以作为支持音乐干预这样一种独特的模式的依据，相关的音乐效能（Donald　1979；Petrie　1984；Jocab　1987）见表12-1。

表12-1　音乐效能

1. 音乐具有调节生理节律、促进内分泌系统和免疫系统功能发挥的作用。
2. 音乐具有发展感知觉、集中注意力、促进机能协调的作用。
3. 音乐具有唤起刺激、培养想象力的作用。
4. 音乐具有自由表达、发泄感情、稳定情绪的作用。
5. 音乐具有促进社会化与语言互动、促进团体参与动机的作用。
6. 音乐具有发展休闲技能与新兴趣的作用。

不同的音乐可以对人的生理、心理产生不同的反应，从而引起各种非常不同的情绪反应。例如，洪亮、热烈的音乐可以使人激动、振奋；柔和、徐缓的音乐可以镇静安神；活泼、欢快的音乐可以令人轻松愉快等。

基于以往研究所提出的音乐效应，可确认音乐能够帮助大学生在心理与生理等方面改善其抑郁问题。

（二）音乐审美欣赏的概念

以音乐作为调节干预手段的实施方式有欣赏、演奏和创作三种形式。第一种形式多具有移情和顿悟效应，后两者具有抒发和投射效应。在具体的实施中，又包括音乐欣赏、音乐创作、接受性倾听、歌曲写作、歌词讨论、音乐想象、音乐表演，以及音乐学习等方式，其中音乐欣赏产生的效果最大。因此，本研究选择了音乐欣赏作为自变量。

关于音乐欣赏的概念界定，见表 12-2。从罗列的概念中，我们可以看出几点共识：

首先，这里所指的音乐欣赏不是单纯的乐曲解说，不像普通的音乐教学课那样，从作曲技术上、创作背景上、节奏曲调上对乐曲做纯乐理性的剖析，而是从审美的角度去解决音乐欣赏的本质问题，即理想的音乐欣赏应该使欣赏者用审美的眼光而非技术的、实用的眼光去进行音乐欣赏活动。

其次，乐曲是被欣赏的对象，是审美的客体，理解它固然重要，但更重要的是研究欣赏者，他们是审美的主体。欣赏者在音乐这一客体影响下所产生的感觉，是其意识中所产生的心理性的东西，它和音乐作品本身是完全不同的。所以，让欣赏者懂得怎样欣赏音乐的美，体会音乐所带来的美感，从而对自身的心理状况进行调适，这才是音乐欣赏的主导方面。只有把审美主体的研究放在应有的位置上，把音乐美和音乐审美结合起来研究，才能达到效果。

最后，音乐欣赏并非仅仅是欣赏者作为音乐的接受层面存在，它归根到底是欣赏者主体性的意识活动，欣赏者在欣赏过程中不可避免地要把自己的主体意识渗入到欣赏对象中，从而在一定程度上改变着音乐的本来面貌。同时，欣赏者也通过审美判断和审美选择的信息反馈方式给自身以影响，左右其审美选择，从而来调适自己的心理状况。

因此，从审美的角度去听音乐，进入音乐审美的范畴，这是更高层次的音乐欣赏。本研究用音乐审美欣赏来代替音乐欣赏，是对音乐欣赏这一概念表述得更准确化、更心理化和更深层次上的发展。

表 12-2　音乐欣赏概念一览表

1. 音乐欣赏是人们感知、体验和理解音乐艺术的一项实践活动，是音乐实践活动整体中不可缺少的一个重要环节。无论是音乐创作或表演，归根到底，都是为了供人们欣赏的，如果没有音乐欣赏这个环节，它们就从根本上失去了存在的意义。（张前　1983）
2. 音乐欣赏是欣赏者通过听觉去感觉音乐，从中获得音乐美的享受，得到精神的愉悦和认识的满足。（叶林　1995）
3. 音乐欣赏是指以具体音乐作品为对象，通过聆听的方式及其他辅助手段体验和领悟音乐的真谛，从而得到精神愉悦的一种审美活动。音乐欣赏对培养学生的审美观念、态度和训练审美能力有举足轻重的作用。（曹理　2000）
4. 音乐欣赏是个体从倾听音乐中达到某种程度的知觉、感性的鉴赏与共鸣的过程。（林贵美　2001）

（三）音乐审美欣赏中的审美要素

研究音乐欣赏领域与审美心理过程相对应的审美要素，对于构建音乐审美欣赏活动模式，具有重要意义。但有关音乐审美欣赏中审美要素的研究多为音乐美学、音乐心理学的研究范畴，且阐述多为理论性的，缺乏一定的操作性。

张前（1983）认为，音乐审美欣赏中的审美要素是音乐作品的表层（形式）与里层（内容）的统一，其中表层形式包括音乐音响及其艺术结构形式；里层内容包括情和意，情指音乐所表现的感情，意则是音乐所表现的思想意境。修海林和罗小平（1999）认为音乐的审美要素存在于形态、意识（观念）、行为三方面构成的完整一体中，审美要素行为上的存在指音乐技术上的操作行为，如乐器演奏、声乐演唱等；审美要素形态上的存在指音响形态与物化形态，其中物化形态包含乐器、乐谱、唱片等；审美要素意识上的存在指音乐在人的内化了的心理结构中的存在，包含了各类音乐文化观念、美学思想、各种音乐知识表述的逻辑思维等。

以上观点说明，审美欣赏中的审美要素不是单一的，是内容与形式的统一。

（四）音乐审美欣赏中的审美心理过程

音乐审美欣赏中的审美心理活动不是一般的心理活动，具有其特殊性，所以对其进行研究分析，对把握审美欣赏活动的系统构成和心理机制有着重要的意义。关于音乐审美欣赏中审美心理过程的一系列研究，见表 12-3。

表 12-3　音乐审美欣赏中审美心理过程分析研究一览表

1. 音乐审美欣赏活动一般不直接体现为具体的客观成果，而是主要表现为欣赏者主体性的一系列心理活动：从音响感知这一初级阶段入手，然后进入感情体验与想象联想阶段，最后通过理解认识这一高级阶段去领悟音乐的思想和生活意境，最终导致完备的音乐审美心理结构的形成。（张前　1983）
2. 审美主体在审美活动中的审美心理运动过程可分为审美期望、审美实现和审美弥散三个阶段。（曾欣然　2001）
3. 音乐审美欣赏过程中审美心理的过程可分为音乐审美直觉、音乐审美体验和音乐审美升华三阶段。（彭吉象　1994）
4. 在参照彭吉象对音乐审美欣赏中审美心理过程划分三阶段的研究基础上，曹理将音乐审美欣赏过程中审美心理过程进一步细分，指出音乐审美直觉阶段又包括音乐审美注意—审美期待—审美态度、音响感知和通感；音乐审美体验阶段包括想象、联想和情感体验；审美升华阶段包括理解、顿悟和共鸣。（曹理，何工　2000）

从表 12-3 可知：首先，音乐审美欣赏，是一个包括感知、记忆、想象、情感、理解等多种心理功能的综合动态过程（曹理，何工　2000）。其次，音乐审美欣赏有着一定程度的阶段性和层次性。对审美心理过程的阶段划分和描述，是进行音乐审美欣赏的基础，是构建音乐审美欣赏活动维度的依据。

二、大学生的心理健康问题与抑郁症状

（一）大学生的心理健康问题

心理健康问题是指影响个体正常行为和活动效能的不良心理因素或心理状态，它以精神和心理活动的失调紊乱为主要特征。大学生作为一个承载社会与家长高期望的特殊群体，其面临的心理压力明显高于其他同龄群体。综合以往关于大学生心理健康问题的调查研究结果（刘美涓，余华　1995；纪宏　1999；文辉等　2003），可以看出大学生群体存在着不同种类的心理问题，以抑郁、焦虑、躯体化、人际关系敏感等较为突出。其中按大学生心理问题的严重程度排列，尤以抑郁最为突出。因此，本研究选择了大学生抑郁这一具体的心理健康问题作为音乐审美欣赏干预研究的对象，同时，也探讨音乐审美欣赏通过对大学生抑郁的影响，以及对大学生总体心理健康的影响。

（二）抑郁症状的概念及分类

冯正直（2002）通过对文献的综合分析指出，抑郁一般分为抑郁情绪（depressed mood）、抑郁症状（depressive symptoms）和抑郁性神经症（depressive disorder）三种类型，反映了个体三种水平层次的抑郁。抑郁情绪是指一个人悲哀、不幸福和烦躁的心境，是个体对环境和内在刺激的一种情绪反应，以往有关大学生抑郁的研究主要集中在这个方面。抑郁症状则是由行为问题引起的个体悲哀情绪，主观的负性情绪体验是其主要核心成分，其特点是具有许多由抑郁引起的身心不适症状，并伴有社会性发展不良等（贾继敏　2001）。基于临床诊断的抑郁性神经症是指抑郁的严重状态，即个体长时间受到抑郁影响而不能正常学习和生活，这是精神病学研究的一个重要领域。抑郁的三种水平以阶梯模式相互联系（Compas et al.　1993；瞿书涛　1998）。个体的抑郁情绪持续较长时间，或是抑郁情绪加剧和发展，就会成为明显加重的抑郁症状。

个体对抑郁症状的感受较之对抑郁情绪的感受更确切；评定抑郁症状的检查工具，如 Beck 抑郁自评问卷和 Zung 抑郁自评量表的信效度较好；同时，大学生具有抑郁症状者甚多，是影响其心理健康的主要问题之一。基于这三点考虑，本研究选择大学生抑郁症状的变化作为研究的因变量。

关于大学生抑郁症状的概念，其界定受到研究取向的影响，精神分析、行为

主义和认知心理学对抑郁症状的具体定义各不相同。综合各种观点，发现以下共识：首先，抑郁症状表现为以忧郁为主的显著而持久的悲哀、不幸福和烦躁的情绪体验，其特点是具有许多身心不适症状，社会性发展不良等；其次，抑郁症状是一种常见的负性情绪体验，在正常个体身上有时也会或多或少地存在一些抑郁症状，使个体表现出一定程度的抑郁状态，长期处于抑郁状态就会引起抑郁症；再次，消极自我评价是抑郁症状的一个重要成分，存在抑郁症状的个体对自我、现在及未来存在一种消极认知，在解释外界信息时通常使用一种扭曲的思维方式。

关于抑郁症状的分类，有不同的方法，我国学者蔡焯基（1997）对抑郁症状的分类进行了总结，具体内容见表 12-4。

表 12-4　对抑郁症状分类的论述

1. Kierman 认为，抑郁症状可分为五类：情感症状、行为症状、对自我和环境的态度、生理变化和思维损害（有时可称为植物神经症状）
2. Lehmann 认为，抑郁症状可分为三组症状：心理方面的症状、机能方面的症状、躯体方面的症状
3. Zung 认为，抑郁症状可以分为四类：精神性一情感症状、躯体性障碍症状、精神运动性障碍症状、抑郁的心理障碍症状

由此可知，抑郁症状包含“生物一心理一社会”三个层面，因此，在音乐审美欣赏对大学生抑郁症状影响的实验研究中，大学生的抑郁症状的改善要包含这三个层面，实验研究的最终的目的是要恢复抑郁症状大学生正常的生理功能、心理功能和社会功能。

（三）大学生抑郁症状的常见表现和影响因素

大学生的抑郁症状主要表现为情绪低落、思维迟缓、郁郁寡欢、闷闷不乐、兴趣丧失、缺乏活力，干什么都打不起精神；不愿参加社交，故意回避熟人，对生活缺乏信心，体验不到生活的快乐；伴有食欲减退、失眠等。长期的抑郁会使人的身心受到严重损害，使其无法有效地学习和生活。

各类研究综合分析大学生抑郁症状的外在原因认为，这些抑郁症状的发生可能与大学生受各种生活事件的影响，以及对各种精神刺激的应激方式有密切的关系（张敬悬等　1995）。例如，社会竞争、学习压力、学业适应不良、人际压力、与人吵架、重大失败、恋爱不顺或失恋、家庭亲密关系紊乱等因素都会造成大学生产生抑郁症状。其中，对抑郁症状影响最大的是消极应付方式、健康适应因子、积极应付方式、惩罚因子和学习压力等（刘宇宁，金月兰　2001）。

分析造成抑郁症状的最根本的内在原因，弗拉赫（1988）指出，是对损失和被冷落高度敏感，缺乏自尊心，难以承认和调动自己的感情，难以建设性地发挥攻击力，依赖性引起内心冲突，多发性紧张，长期暴露于抑郁诱发性环境等。高天（2003）认为是自我表达障碍和自我评价的低下等。如果认真考虑这些影响因素，便可有针对性地确定干预所采取的措施。

（四）测量大学生抑郁症状的常用工具

判别大学生的抑郁症状，从方法上说，常用的差别标准主要有：心理测验标准、社会常态标准、社会适应标准、主观经验标准等（易法建 1996）。其中，心理测验标准是运用各种标准化的心理测验，如利用心理量表来判定人的心理健康情况，它所提供的数据较为客观。

评定抑郁症状的量表主要用于评估某些精神症状是否存在及其严重程度，多用于疗效评定，病情观察及精神药理学研究。因此，症状量表是一种规范的检测标准，比较适合本研究所进行的实验干预。其中的代表性工具主要有汉密顿抑郁量表 HAMD、贝克抑郁自评问卷 BDI、Zung 抑郁自评量表 SDS、卡尤勒（Carroll）抑郁量表等。由于 SDS 抑郁自评量表操作方便，容易掌握，能有效地反映抑郁状态的有关症状及其严重程度和变化情况，本研究采用该量表进行测量。

（五）干预大学生抑郁症状的有效方式

20 世纪 80 年代以来，众多学者有针对性地对不同群体大学生的抑郁症状进行了各种积极的干预实验研究，考察了各种因素对不同群体大学生抑郁症状的影响，并在小范围内做了各种干预实验，取得了良好的效果。近十几年来有关大学生抑郁症状的研究中，所采取的有效干预研究中，涉及剥夺睡眠，催眠与放松训练结合，进行阅读，从事体育锻炼（如打太极拳、跳健美操等），利用网络文化，开设心理卫生和人格心理学课程，重视社会家庭支持等各种方式，它们在不同程度上对大学生的抑郁症状有着积极的作用。

通过总结，不难发现现有的针对大学生抑郁症状的一些有效干预手段是通过认知、意志、行为、社会等层面来进行的，涉及改变认知、锻炼意志、强化行为、适应社会等方面。

三、音乐审美欣赏与大学生的抑郁症状

张大均（2004）指出当前的心理健康教育在具体实践中存在着“重行为训练，轻体验内化”的倾向，因此，应当重视情感体验内化的重要作用。文献分析中指出，抑郁症状是一种个体体验到的悲哀情绪，主观的负性情感体验是其主要核心成分，因此，将负性情感体验转化为正性情感体验是改善抑郁症状的关键。而在以往关于影响大学生抑郁症状的有效方式研究中，我们发现，通过审美的视角、情感体验的方式来进行有效干预的研究却很少。

在心理治疗领域，艺术正是通过自身所独特的情感体验内化方式对人的身心

产生着巨大的作用，所以，为什么不可以引入这些方式呢？正是音乐这一熟悉而陌生的事物，给我们提供了新的解决途径。音乐作为直接、自然表现情感的艺术形式，可以节制、弱化不良情感体验，使人获得良好情感体验，从而保持心理平衡、维持机体内环境的统一，是改善抑郁症状的一条重要途径。

因此，选择音乐审美欣赏，既是以美感为基础的复杂的美的认识活动，又是对艺术、自然景观、精神文明的感受、理解、评价时的情感体验过程，它涉及整个认识过程、情感过程和个性心理过程（刘兆吉　1985）。音乐审美欣赏的过程是与情感体验分不开的，音乐不仅是对客观世界的形象化的认识，而且是对客观世界情绪化的认识。因此，利用音乐审美欣赏来干预心理问题，最重要的就是要从情感上去体验它，在这个基础上去深入体会。

一些研究者对音乐和大学生的心理之间做过相关研究。柯锦泉（2002）曾对所在学校的 5 个不同专业的三个年级的 200 名大学生进行音乐与心理的抽样调查，表明了音乐对于培养大学生心理健康的重要性，并在调查基础上提出了一些具体的培养途径和手段。沈靖（2004）在其关于大学生的音乐喜好问题研究中探讨了音乐性质作用、音乐的跨风格线索，以及性别、人格维度、个体经验、熟悉度等对大学生音乐喜好程度的相关影响，获得了较为真实和直接的第一手资料和经验，并为推动有关的后续研究和实际应用奠定了基础。

因此，在以往研究的基础上，为了有效干预大学生的抑郁症状，本研究尝试将音乐审美欣赏作为刺激变量来进行干预。这是一项大学生心理健康教育的探索性研究。

四、现有研究的不足

纵观已有研究发现，理论研究多为间接研究，多从侧面说明其基本问题；实证研究转为缺乏，多是一些尝试性的、广泛意义上的应用实践，而且缺乏相应的基本理论指导。

首先，从研究广度和深度上看。广度上，研究音乐审美欣赏对大学生抑郁症状影响的研究相当薄弱，以中国学术期刊网（CNKI）从 1994 到 2005 年发表的文章为例，以“音乐欣赏”作为搜索关键词，共查到文章有 523 篇，以“音乐欣赏”与“抑郁”作为搜索关键词，就只有 3 篇文章涉及了音乐欣赏对抑郁问题的影响，并且只做了简单的理论与实际应用的探讨，其中仅有一篇做了实证研究，而且针对大学生群体的研究根本就没有。深度上，缺乏对音乐审美欣赏功能的实质深入探讨，缺乏对个体在音乐审美欣赏中审美心理结构和审美心理过程的深入探讨，缺乏对大学生抑郁症状这一机体变量与刺激变量之间相互作用的深入探讨。

其次，从研究方法上看。目前，关注音乐效应的描述性、经验性理论论述多，实验研究少，而且短时间完成的横向研究较多，需要较长时间的纵向研究和跟踪调查的研究较少；以往对抑郁症状干预的研究模式多停留在生理、心理或社会因素的单一取向上，通过审美取向的研究模式缺乏，对个体情感体验内化的重视不够。因此，通过音乐审美欣赏影响大学生抑郁症状的研究方法有待探索，应加强其针对性、科学性和可操作性。

最后，从研究成果和应用上看。在相关研究中，多理论研究，且零散，少实证研究，研究结果多为综述性文章；在较少的实证研究中，多心理测量，少实验干预，研究结果多为描述性调查报告；研究结果应用于大学生心理咨询、心理治疗的比较少。

五、本研究基础与总体构想

（一）研究的理论基础

1920 年蔡元培在北京大学音乐研究会的《音乐杂志》发刊词中说："求声音之性质及秩序与夫乐器之比较，关乎物理学者也；吾求人对于音乐之感情，则关乎生理学、心理学、美学者也"（蔡元培 1920）。因此，结合新的研究领域探讨音乐审美欣赏对大学生抑郁症状影响的基础，我们将从神经生理—基础心理—音乐美学—音乐治疗—团体咨询的角度去进行分析。

1. 现代神经生理学的研究提供了生理学的理论依据

音乐的心理疗效功能以现代生理学有关音乐的生理作用研究为基础。首先是音乐的神经调节作用使得人脑的边缘系统促进人体分泌一些有益健康的激素、酶和乙酰胆碱等物质，协调身心健康，使人的精神世界发生变化。其次是音乐的物理共振作用使得外在节奏与人体生理上的微振发生共振，会让人体分泌一种生理活性物质，调节血液流动和神经活动，从而导致人体获得快感。最后是音乐的信息沟通作用使得左右脑容易协调及沟通，特有的音乐节奏与旋律让我们平常较常用的主管语言、分析、推理的左脑得到休息；相对的，对掌管情绪、主司创造力、想象力的右脑则有刺激作用，对创造力等潜在能力的提升有很强的效果。

2. 现代心理学关于情绪与认知关系的研究提供了心理学的理论依据

在质疑美国心理学家阿诺德（Arnold）提出的情绪认知评价理论基础上，汤姆金斯（Tomkins）提出了情绪的动机理论，他认为情绪在人的生存和发展过程中起着至关重要的作用，决定着人的认知方向和人格发展方向（阿尔文 1989）。汤姆金斯的这一理论揭示了情绪在人类的生存和发展中起到的至关重要作用。音乐对于人的情绪的影响力是非常巨大的。因此，音乐成了我们的有力武器。情绪对人的判断产生了巨大的、有时甚至是决定性的影响。只要情绪改变了，人对问题的看法也会改变，如果说传统心理调适理论认为认知决定情绪，那么音乐审美欣赏的观点就是情绪决定认知，它正是利用音乐对情绪的巨大影响力，通过音乐来改变人的情绪，最终改变人的认知。

3. 审美心理学、音乐心理学的研究提供了音乐审美心理的理论依据

首先是音乐解脱论。该理论认为音乐的解脱作用，应当是使人们从过度的应激反应中解脱出来。这里的过度应激反应指肾上腺素过量分泌而产生的能量与消耗不平衡的情况。人们存在抑郁症状，其原因多半也是来自于与环境不适有关的过度应激反应。因此，当人们产生抑郁症状时，需要采取有效的“节能—备变”手段来缓和或逃避应激反应。各种审美活动，都能充当这种手段，而音乐则是这些手段中有明显效果的一种。

其次是音乐美感论。黎乔立（2000）认为，音乐之所以能导致听觉的美感，原因是音乐在心理能量调节上与视觉的规则图形具有同效性。由于音乐振动具有恒态的规则性，使得音乐尽管由多个频率组成（指乐音中的谐和音），但在我们的知觉中它实际上仅是一个频率。它的单纯、宁静与统一使得它成为了音乐的基础。

最后是音乐功能论。保罗·哈克和刘沛（2002）所提倡的音乐功能论认为应看重音乐教育对公民教育、责任感教育、合作教育、健康教育和道德教育等个体健康发展的作用，以及具有社会意义的音乐价值原理，并提出了“不是为音乐而音乐，而是音乐为每个个体”的主张。在此基础上，他认为功能性音乐的目的就在于“帮助年轻人理解音乐对人类行为的多种影响，以及音乐在社会中的多种功能，使他们能够使用音乐的高尚的功能，更有效地满足他们日常生活中的需求和挑战，使他们能够避免当今技术文化中音乐的消极社会效应。”

4. 音乐治疗的研究提供了技术方法的支持

20 世纪，以音乐作为调节干预手段的音乐治疗学得到了正式的确立和发展。这之后，音乐心理学出现两个分支倾向：音乐心理学实证研究与音乐治疗研究。在理论研究领域，音乐心理学较多地侧重于人对声音的知觉、音乐记忆和音乐想象及音乐感等；而音乐治疗却在另一条道路上突飞猛进。

研究表明，正确的音乐既能消除病人的不良体验，也能扩大其能享受到的感觉和体验的领域，还能使听音乐过程中出现的思维结构得以提高。Bruscia（1987）认为音乐治疗是一个系统的干预过程，在这个过程中，治疗师利用音乐体验的各种形式，以及在治疗过程中发展起来的，作为治疗的动力的治疗关系来帮助被帮助者达到健康的目的。Bunt（1997）认为音乐治疗是运用声音和音乐，在儿童或成人与治疗师共同参与下，支持和促进生理、精神、社会性和情绪情感的健康。沈靖（2003）也指出音乐治疗是通过音乐反应评估生理缺陷、精神紊乱或情绪紊乱患者的生理和心理健康状况，利用音乐刺激和音乐体验的各种形式，设计、策划和选择多方法的治疗方案实现对患者的帮助和干预，包括治疗、调节、教育和训练等方式的综合性过程，是一门音乐与人本精神和生命科学相融合的新医疗技术。因此，利用音乐治疗的一些具体技术，如聆听法、音乐冥想法、GIM 引导意象和音乐（guided imagery and music）法、聆听讨论法、参与性音乐治疗、即兴演奏法、音乐心理剧法等，能使音乐审美欣赏更有效地影响大学生的抑郁症状水平。

5. 团体心理咨询的研究提供了技术方法的支持

本研究背景中指出，心理咨询辅导作为一种手段，是进行大学生心理健康教育的主渠道，也是影响和调适抑郁状态的一种有效方式。心理学研究证明，人的心理适应主要是人际关系的适应，许多心理问题都与人际关系的状况有关。因此，与一对一的个别心理咨询所不同，团体心理咨询将着眼点放在群体上。在团体心理咨询中，通过人际交互作用的形式，模拟社会生活情境，促进个体在交往中认识、调整、改善与他人的关系，促使自身发展和完善。

因此，本研究试图通过团体活动，让有类似抑郁症状的大学生在活动中诉说自己的苦恼，促进自我理解，加深自我认识，同时从其他小组成员那里观察到和自己类似的苦恼，产生同感，互相支持，互相鼓励，共同分析抑郁问题产生的原因，找出解决问题的途径和方法，重新鼓起生活的勇气，从而达到改善抑郁症状的功能。团体咨询的常见形式主要有心理剧、交朋友小组等，主要的技法有角色互换、镜像法、集思广益、自我描述、生命线、作画等。

（二）研究总体构想

1. 概念界定

根据文献分析，我们认为：

音乐审美欣赏（music aesthetic appreciation）——指欣赏者以聆听的方式为主，辅助其他手段去感受音乐，从中获得音乐所具有的非语言的审美情感体验，得到精神的愉悦和认识的满足，从而有效调节和控制心理状态，获得身心全面健康发展的途径。

大学生的抑郁症状（undergraduate with depressive symptoms）——指大学生感到无力应付外界压力，如社会竞争压力、学习压力、人际压力、家庭亲密关系紊乱等，而伴随消极自我的评价中出现的以忧郁为主的显著而持久的厌恶、痛苦、悲哀、羞愧、自卑、不幸福、烦躁等负性情绪体验。

2. 研究目的

本研究为高校心理健康教育的探索性研究，从音乐审美欣赏活动理论模型的构建和活动操作方案的设计入手，在该模型的理论指导和操作规范下，对大学生的抑郁症状实施教育干预实验研究，以改善大学生的抑郁症状，同时促进其总体心理健康水平的提高。

3. 研究思路

本研究以探讨音乐审美欣赏对大学生抑郁症状的影响效果为目的，采用文献综述、问卷调查、团体干预实验与个案访谈分析等研究方法。

研究基本思路：首先，在问题提出基础上进行理论分析和活动设计，借鉴国内外相关研究，从音乐审美心理和跨音乐风格欣赏两个独特视角出发，初步构建符合大学生心理需要的音乐审美欣赏活动理论模型，采用半开半闭式问卷调查对其进行验证和修订，确立最终模型；以该模型作为理论指导，引入团体心理咨询和音乐治疗两种技术的特点，设计具针对性和可操作性的音乐审美欣赏活动实施方案。然后，在模型的理论指导和方案的操作规范下，采取团体干预的前、后测实验法对大学生的抑郁症状进行教育干预实验研究，结合个案访谈分析来探讨音乐审美欣赏对大学生抑郁症状影响的关系。最后，进行讨论和总结。

4. 研究假设

假设一：音乐审美欣赏对大学生的抑郁症状实施影响是可行的。

假设二：音乐审美欣赏能有效影响大学生的抑郁症状。

假设三：音乐审美欣赏通过改善大学生的抑郁症状，能促进大学生总体心理健康水平的提高。

假设四：音乐审美欣赏对不同大学生群体抑郁症状的影响存在一定的差异性。

第二节 音乐审美欣赏活动的研究设计

我们拟从音乐审美心理和跨音乐风格欣赏两个独特视角出发，构建既合乎大学生心理需要又能针对大学生的抑郁症状问题进行有效调适的音乐审美欣赏的活动理论模型；然后，以此模型为指导，引入团体心理咨询和音乐治疗两种技术上的特点，设计具有针对性和可操作性的音乐审美欣赏活动方案。具体分为以下三步。

第一步：根据文献综述中各位研究者的深入研究，初步构想音乐审美欣赏的活动理论模型。

第二步：通过实证调查验证和修订该构想模式，确立最终的音乐审美欣赏活动理论模型，并做进一步分析。

第三步：在最终确立的音乐审美欣赏活动理论模型的指导下，进行音乐审美欣赏活动操作方案的设计，包括曲目的选取范围、活动的总体安排及操作方案的具体设计等。

一、音乐审美欣赏活动理论模型的构建

（一）音乐审美欣赏活动理论模型的初步构想

通过文献分析，进行归类整理，初步构想出音乐审美欣赏活动理论模型，其维度成分如下：

（1）音乐审美欣赏内容构成的审美因素，包括立意情境美、音韵曲调美、配器伴奏美等。

（2）音乐审美欣赏方式遵循的审美原则，包括情感性原则、体验性原则、形象性原则、愉悦性原则等。

（3）音乐审美欣赏环境具备的审美特征，包括听觉环境的优美、视觉环境的优美，以及二者的和谐等。

（4）音乐审美欣赏指导操作的审美规范，包括指导仪态的审美规范、指导语言的审美规范、指导气质的审美规范等。

（5）音乐审美欣赏过程的审美心理描述，包括准备阶段及各环节连结阶段中的音乐审美注意与音乐审美期待、观照阶段中的音乐审美感知与音乐审美探索、延续阶段中的音乐审美回味与音乐审美反思等。

（二）音乐审美欣赏活动理论模型构建的实证调查

在音乐审美欣赏活动理论模型的初步构想基础上，编制了音乐审美欣赏活动理论模型的半开半闭式调查问卷。以信函和电子邮件的形式调查了专家 10 人，大学生 50 人，回收率 100%。该问卷封闭式调查项目的评议等级为 1～5 级，其含义依次为：1 表示非常不同意，2 表示较不同意，3 表示不清楚，4 表示较同意，5 表示非常同意。分析问卷调查的统计结果（表 12-5），考虑到被试对各个成分的赞成率普遍较高，拟取赞成率（等级 3 级以上，含 3 级）为 70%以上的成分，并综合考虑专家、学生在开放式项目中提到的各种意见，验证修改构想模型，确立最终的音乐审美欣赏活动理论模型。

表 12-5　音乐审美欣赏活动理论模型半开半闭式问卷调查统计结果

系统	维度	成分	专家（n=10）		大学生（n=50）	
			赞成人数	赞成率/%	赞成人数	赞成率/%
音乐审美欣赏审美要素表现系统	内容构成的审美因素	立意情境美	9	90	46	92
		音韵曲调美	10	100	48	96
		配器伴奏美	9	90	46	95
	方式遵循的审美原则	情感性原则	10	100	49	98
		体验性原则	10	100	49	98
		形象性原则	8	80	41	82
		愉悦性原则	9	90	41	82
	环境具备的审美特征	听觉环境的优美	10	100	45	90
		视觉环境的优美	9	90	44	88
		二者的和谐	10	100	45	90
	指导操作的审美规范	指导仪态的审美规范	8	80	46	92
		指导语言的审美规范	9	90	46	92
		指导气质的审美规范	10	100	48	96
音乐审美欣赏审美心理过程系统	准备阶段、各环节连接阶段	音乐审美注意与音乐审美期待	10	100	45	90
	观照阶段	音乐审美感知与音乐审美探索	10	100	48	96
	弥散阶段	音乐审美回味与音乐审美反思	10	100	47	94

1. 专家的问卷调查结果分析

从表 12-5 可知，专家对于音乐审美欣赏活动结构中的各个成分的赞成率普遍较高。其中，对于音乐审美欣赏活动模式中的形象性原则和指导仪态的审美规范两个成分的赞成率为 80%，其余都在 90%以上。在回答“您认为还可以补充的音乐审美欣赏活动要素是：__________”时，专家提出的主要意见有：①对音乐审美欣赏主体审美欣赏素养、审美欣赏态度（喜好）及审美欣赏意图等因素进行考虑；②补充音乐审美欣赏活动中的互动性原则，如欣赏者之间、欣赏者与指导者之间；③增加音乐审美欣赏活动评价及信息反馈内容。

2. 大学生的问卷调查结果分析

表 12-5 的统计数据显示，大学生对音乐审美欣赏活动结构中除了形象性原则（82%）、愉悦性原则（82%）、视觉环境的优美（88%）这三个成分的赞成率在 90%以下，其余都在 90%以上。在回答“您认为还可以补充的音乐审美欣赏活动要素是：__________”时，学生所提出的不同意见是：①强调音乐审美欣赏中实施音乐材料类型及风格的丰富性；②强调音乐审美欣赏操作方式的多样性；③强调音乐欣赏参与者在活动中情绪体验变化的分析。

根据这一统计结果，并综合考虑专家、学生所提出的意见，对理论分析中所构想的音乐审美欣赏活动模式做出修正，并指导活动实施方案的设计：①补充了音乐审美欣赏活动中的个性审美心理结构，将其拿到了纵向系统之中分析，它是构建纵向系统的前提；②关于实施音乐材料风格类型的典型性、丰富性问题，由于之前提出采用兼顾音乐风格与跨风格因素的材料选择，会在方案的具体设计中有所关注；③把操作方式的多样性、互动性问题添加到横向系统之中；④在活动实施方案的设计中补充音乐审美欣赏的活动评价反馈部分。

（三）音乐审美欣赏活动理论模型的分析

通过问卷调查的验证与修订，得到了最终的音乐审美欣赏活动理论模型。该模型有纵、横两个系统。其中，纵向系统为音乐审美欣赏活动的审美心理过程系统，它以音乐审美欣赏活动的实施结构为主线，从活动开始持续到结束；横向系统为音乐审美欣赏活动的审美要素表现系统，它渗透在纵向系统之中，贯穿活动的每一个阶段环节中。纵横两个系统交错形成一种立体网络结构。结构见图 12-1。

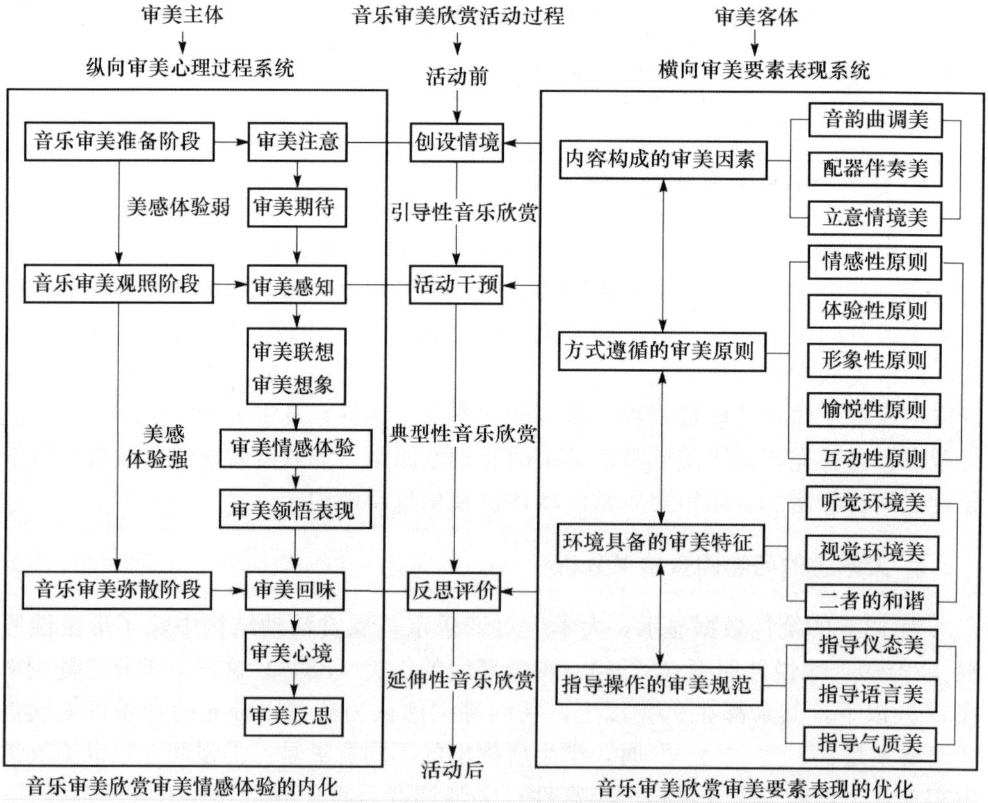

图 12-1　音乐审美欣赏对大学生抑郁症状影响的理论模型图

1. 横向系统：音乐审美欣赏活动的审美要素表现系统

分析音乐审美欣赏各个阶段环节中的审美要素，构建横向的审美要素表现系统，使音乐审美欣赏活动理论模型按照美的规律来构建，是实施干预的前提。在查阅资料和自主思考的基础上，本研究认为可以从音乐审美欣赏内容、音乐审美欣赏方法、音乐审美欣赏环境及音乐审美欣赏指导者四个维度构建音乐审美欣赏活动的审美要素表现系统。

维度一：音乐审美欣赏内容构成的审美因素

音乐审美欣赏内容是音乐审美欣赏的依据，是被试获得音乐审美感受和体验的客观条件。因此，选择具有欣赏价值、能够唤起美感的音乐作为音乐审美欣赏的内容是极其重要的，它是音乐欣赏实现以审美为核心的基础。音乐审美欣赏内容的审美因素包括音韵曲调美、配器伴奏美、立意情境美等。

维度二：音乐审美欣赏方式遵循的审美原则

音乐审美欣赏在本研究中作为一种干预的手段，有着与其他干预手段不同的方式，主要体现为：从感性入手，采用体验的方式，以情动人，以美感人，重视审美欣赏的潜效应。因此，音乐审美欣赏方式遵循五个原则，即情感性原则、体验性原则、形象性原则、愉悦性原则和互动性原则。其中，在最初构想基础上补充的互动性原则是指在音乐审美欣赏活动中，通过欣赏者之间、欣赏者与指导者之间的交流与互动增进对音乐、对自己及对他人的了解，这样有利于音乐审美欣赏所采用的方式能充分发挥其作用。

维度三：音乐审美欣赏环境具备的审美特征

音乐审美欣赏环境具备的审美特征主要体现在三个方面：一是听觉环境的优美，二是视觉环境的优美，三是两者间的和谐，这是创设良好音乐审美欣赏气氛和情境的外部条件。首先，音乐审美欣赏进行的基本手段是聆听。因此，音响美是创设良好听觉环境的关键因素，清晰悦耳的音响效果给人的听觉带来快感，并诱发美感的产生。其次，一个美好的视觉环境对音乐审美欣赏也是极重要的，场地的布置应优雅、艺术化。一些辅助性的音乐审美欣赏手段，如多媒体技术的运用，无不遵循努力创设审美氛围与艺术情境的原则。

维度四：音乐审美欣赏指导操作的审美规范

首先是指导仪态，是指导者在音乐审美欣赏活动中所显现的符合礼仪要求及审美规范的仪容、服饰、表情、姿态、手势、举止等。其次是指导语言，是指导者在音乐审美欣赏活动中适应研究需要而形成的一种专业语言，要符合审美的规范。最后是指导气质，是指导者人格和个性特点的外化，它源于其心理品质及学识基础。

2. 纵向系统：音乐审美欣赏活动的审美心理过程系统

对审美心理过程的阶段划分和描述，构建纵向的审美心理过程系统，是设计实施音乐审美欣赏的核心问题。通过对前人研究的归纳总结，我们可以将音乐审美欣赏中的审美心理过程分为三个阶段。

阶段一：音乐审美欣赏的准备阶段

该阶段是主体在其原有审美心理结构和审美动机的基础上，对某一确定的审美对象的精神准备或准备就绪的状态，从而完成原有审美心理结构的转化，它包括音乐审美注意和音乐审美期待两种心理活动。

其中，音乐审美注意是音乐审美心理过程的开始，它的出现取决于两方面：一方面指音乐呈现材料的结构形态所具有的新颖程度、风格和意蕴等；另一方面指主体，即音乐欣赏者原本所具有的音乐审美趣味，这属于个性的审美心理结构，是个体开展审美心理过程的前提，决定了个体审美活动的指向性、选择性和判别性。音乐审美注意和音乐审美期待构成音乐审美定向调节系统，调节主体采取一种特别的心理定势，为即将展开的音乐审美观照做好准备。

阶段二：音乐审美欣赏的观照阶段

该阶段是整个音乐审美心理过程的高潮，是音乐审美欣赏全面展开的实现阶段，是最活跃、最紧张、最持久也最能显示审美心理特点的阶段，它包括音乐审美感知与一系列音乐审美探索活动，如音乐审美联想想象、音乐审美情感体验及音乐审美领悟表现等，它们互相关联系渗透。

其中，音乐审美情感体验在音乐审美欣赏过程中具有的功能是多方面的：一是促进功能，情感作为动力进一步激发欣赏者的审美活动，如强化知觉、激励想象、实现升华等；二是定向和创造功能，音乐欣赏的全部过程都是在某种情感背景中展开的，因而它明显地受到情感性质和强度的制约；三是评价功能，审美情感不仅制约着欣赏者的各种心理活动，而且也影响着欣赏者的审美判断。因此，要重视音乐审美情感在音乐审美欣赏中的作用，这也是我们进行实验研究的出发点。

阶段三：音乐审美欣赏的弥散阶段

该阶段是当具体的音乐审美欣赏完成之后，欣赏者的审美心理得到某种满足后产生的积聚和沉淀，它包含音乐审美回味与音乐审美反思等心理活动。这时的欣赏者在音乐审美感知和探索基础上，在一种独特的审美心境中，展开审美回味，从而加深对音乐审美的认识和理解，并进行反思体验。

需要说明的是，音乐审美欣赏的准备阶段、观照阶段、弥散阶段是音乐审美欣赏心理过程中的三个相互联系又相互独立的阶段，其所包含的各种心理活动也只具有相对的意义，它们共同构成了音乐审美欣赏心理过程的综合的、动态的、复杂的完整性。在这样的过程中，渗透着各种音乐审美欣赏的表现要素，并推动着音乐审美欣赏的进行和变化。

二、音乐审美欣赏活动操作方案的设计

（一）音乐审美欣赏音乐曲目的选取

1. 选取标准

关于音乐曲目的选择，首先要注意四点。

1）兼顾音乐风格与跨风格因素的材料选择

通过文献分析，本研究做了一些有别于以往研究的探索。以往的许多类似研究都是以音乐风格类型为干预目标单位而进行的，而本研究在借鉴沈靖（2004）关于大学生音乐喜好及其影响因素的实验研究基础上，将研究的出发点落在跨音乐风格的视角上。基于心理学中“整体大于局部”的格式塔效应，本研究坚持音乐作为整体存在的意义，兼顾音乐风格与跨风格因素，实验材料全部选择多种风格且具有不同典型音乐元素特征的音乐曲目作为实验材料，但不过分追求节奏、速度、音色、旋律、音强等特定音乐因素与情绪之间的单独对应关系。将所选曲目利用音乐编辑软件对材料进行处理，达到实验所需。

2）纯音乐的材料选择

尽管语言的加入可以传达一些具体的信息，但对于音乐而言，最重要的意义是非语言的。许多研究表明，具有最大可能的音乐审美效应，使人的情绪产生最大影响的音乐，主要指的是纯音乐，如果语言在音乐中介入过多，会影响到音乐形象的独立性，使思维受到限制，这也是通常意义上的听歌和音乐欣赏的不同。因此，本研究在音乐类型的选择上，主要涉及中国音乐、西方音乐、现代轻音乐等，由于流行通俗音乐所具有的多变性、先锋性、不利于操作性及熟悉度等方面的原因而没有纳入本研究范围。在表现题材上，尤以表现自然美的音乐为主，这是缓解抑郁症状的一种值得提倡的方式，当欣赏者陶醉于大自然中，某些不适应就会得到解除。

3）非通俗流行音乐的材料选择

有个问题不得不引起关注，即熟悉程度对音乐情感体验的影响。通常，对这个问题的解决方式是采用被试普遍不熟悉的乐曲作为实验材料，但这样做的缺点是对音乐材料的代表性造成了限制。出于本研究需要的音乐材料数量较多，而且着眼点在于有效干预大学生的抑郁症状，同时为了尽量避免已有经验的干扰，选择采用的材料并非以低流行度为标准，而是具有熟悉程度上一定的跨度。有研究（刘沛 1991）表明，通俗音乐欣赏中的熟悉度产生较早，熟悉度达到一定水平后，会伴随着疲劳的产生与态度的消极反应增加，因此不适合本研究需要。而严

肃音乐的熟悉度产生较晚，音乐材料本身性质的丰富性使熟悉过程中注意的分配和广度等心理因素有较多的空间，使得熟悉度增强与态度的积极反应具有正相关。因此，本研究选择了大学生或许知道但并不完全了解的非通俗流行音乐曲目作为实验材料。

4）表达不同情感体验音乐的材料选择

有研究表明（范欣生 2002）通过寻找音乐与情感体验之间的关系，可以得到数种表达不同情感体验的音乐，见表 12-6。

表 12-6　表达不同情感体验的音乐类型

1. 平静、安宁、从容、安谧、抒情、满足、宁静、抚慰
2. 明亮、活泼、愉快、欢乐、舒展
3. 纤细、优雅、轻盈、新奇、幽默、奇幻
4. 多情、柔和、恳求、热望、梦境、忧伤
5. 兴奋、狂欢、冲动、不安、激情
6. 威严、强健、显赫
7. 崇高、神圣、严肃、高贵
8. 压抑、黑暗、沉重、黯淡、忧郁、悲惨、伤感、困惑、凄切

以上列举的音乐类型只要有所改变，所体现的情感体验就随之发生变化，同样也能在一定程度上使聆听者产生类似的情感体验。徐缓的音乐忧郁、悲切、苦闷、伤感、凄凉，使人体验到忧伤；快速的音乐内含激情、焦虑不安、惊惶，使人体验到兴奋；明亮的音乐则欢腾、愉快、喜悦、富有朝气，使人体验到欢愉。正是由于音乐具有对情感体验的影响力，本研究试图通过在音乐审美欣赏中选取表达不同情感体验的音乐来诱发或改变大学生的情感体验，使其能更好地移情、投射与抒发，实现顿悟与净化的效果，从而调适心理状态、解放身心，达到改善大学生抑郁症状的目的。

2. 选取范围

结合大学生抑郁症状的典型表现，本研究将干预选取的音乐分为三组，见表 12-7。

表 12-7　音乐审美欣赏活动音乐曲目的选取范围

分类	音乐类型及作用	选取原理	例曲
第一组	以凄切悲凉的乐曲宣泄情绪	在不同程度的抑郁使人不能自拔的时候，想借助欢快、热烈的音乐来加以抑制，效果并不理想，有时甚至会因为两种情绪反应过大，反而会使心情烦躁（范欣生 2002）。因此，在活动设计的初期，选择“忧伤”一类的音乐，可以将积聚在心中的不良情感体验宣达、发泄出去，从而尽快恢复心理平衡	如贝多芬（Beethoven）的《月光奏鸣曲》等

续表

分类	音乐类型及作用	选取原理	例曲
第二组	以抒情安宁的乐曲消除烦躁不安	音乐平缓宁静、平缓柔和、风格清幽恬淡、尤其是表现自然美的音乐，可以对人的情绪起着很好的净化作用，有助于呼吸平稳、心跳脉律和缓，使精神松弛、情绪放松、消除烦躁	如巴赫-古诺（Bach & Gounod）的《C小调前奏曲/圣母颂》等
第三组	以舒展、明快、旋律酣畅、生机勃勃的乐曲畅志怡（移）情	当抑郁这一负性情感体验慢慢随着音乐得到发泄，这时，再选择一些具有升发调畅、朝气蓬勃特性的音乐，使被试获得良好的正性情感体验，起到振奋情绪、鼓舞心志的作用，这会对改善抑郁症状帮助很大	如埃尔加（Elgar）的《爱的礼赞》等

从表12-7可知，干预实施音乐曲目的选取强调了“同质”和“异质”的原理，音乐直接表现情绪，而且不同的音乐体现不同的情感体验，对于情绪和心理干预来说，有时需要用相反的音乐情感体验来获得好的效果。因此，初期选取悲伤音乐，与被试的抑郁症状这一负性情感体验相符，之后选取安宁和明快的音乐，让被试获得良好正性情感体验，以改善其抑郁症状。

同时，这三组音乐的安排和使用要注意辨正选乐的原理。不管在整个音乐审美欣赏的三阶段设计中，还是每一次活动实施方案的设计中，都应该考虑这三组音乐的运用。一方面，每一次的活动方案设计都要使用到这三组音乐；另一方面，三组音乐的选择也有侧重点。

在准备阶段，以第一组音乐为主，通过凄切悲凉的乐曲宣泄情绪，第二组和第三组音乐适当加入；在实施阶段早期，以第二组音乐为主，通过抒情安宁的乐曲消除烦躁不安，第一组和第三组音乐可适当加入；在实施阶段中后期及结束阶段，尤以第三组音乐为主，通过舒展、明快、旋律酣畅、生机勃勃的乐曲畅志怡（移）情，第一组和第二组音乐可适当考虑。

（二）音乐审美欣赏活动总体安排

音乐是一种强有力的感觉刺激形式和多重感觉体验，它包含了可以听到的声音（听觉刺激）和可以感到的声波震动（触觉刺激），在欣赏音频多媒体文件时可以产生视觉刺激的体验，在音乐的背景下即兴律动可以产生肌肉的动觉刺激的体验，另外音乐结构的体验可以长时间地吸引和保持人的注意等。

另外，本研究中构建的音乐审美欣赏是团体性的参与活动，而这种共同的参与过程又常常会有助于个体建立起一个良好亲密的合作关系，创造出一个和谐安全的环境。参与者在这样的环境中，通过聆听音乐获得非语言审美体验的途径来自由表达自己的情绪；同时，这样的团体性音乐审美欣赏活动又要求具有一种强大的力量来强迫所有参与者进行完全的合作，并迫使参与者控制可能破坏音乐和谐的任何不良情绪。

综合分析以上有关音乐的感觉刺激体验和团体性音乐审美欣赏活动的强大作用，结合大学生抑郁症状的具体表现及影响因素，本研究将音乐审美欣赏活动方案设计的重点放在了人际关系培养训练、放松训练、律动与动作训练、注意力训练、情意培养、语言发展训练等方面，让音乐审美欣赏活动有目的地、针对性地对其进行干预。其中，我们引入了音乐治疗和团体心理咨询的一些具体技术，如自我描述、催眠与放松训练、角色扮演、角色互换、认知矫正、情感体验、集思广益、自由联想、即兴演奏表演、音乐心理剧等，从而增强大学生的自我感知能力和对自我及他人的接纳，使他们掌握一些技能，增加信心，并使他们在团体氛围中通过彼此真诚交流，获取社会支持特别是情绪支持，学会展示自我和有效调适抑郁症状的能力。

整个活动共分三个阶段进行。

第一阶段（1 周）：导入阶段

在音乐审美欣赏干预方案的早期实施过程中，进行人际关系培养是必要的。通过指导者的认真讲解、参与者之间的交流与实践体验，能够提高参与者对自身问题的认识能力，消除不必要的担心和疑惑，同时也增强了参与者对活动干预的依从性。

主题一：人际关系培养训练——存在抑郁症状的师范大学生由于自身存在的心理问题使得其消极、退缩，不敢、不愿或不会参加团体活动。尤其是抑郁症状者之间，由于自卑、经验不足或缺乏共同爱好，故常常不知道如何与旁人建立关系，而音乐审美欣赏活动却能够提供其互动和参与团体活动的机会与动机。

第二阶段（7 周）：实施阶段

随着活动的不断深入，以及一些音乐治疗和团体心理咨询技术的应用，在这个阶段，要求参与者情感介入的同时，要针对其存在的具体抑郁症状进行重点干预。

主题二：放松训练——对食欲减退、失眠、紧张、浮躁和情绪不稳的参与者，很难令其好好静下来欣赏，采用放松训练，即做肌肉放松或深呼吸法的训练以缓和其紧张或浮躁的情绪，再引导其进行欣赏。

主题三：注意力训练——对兴趣丧失、思维迟缓者，采用注意力训练。让被试用心去感受、用感情去听，使其体会并欣赏音乐旋律与节奏间所流露出的情愫与美感，有助于充分调动起参与者的潜在能力，使参与者的其他健康心理因素得以正常发挥。

主题四：律动与动作训练——对缺乏活力，干什么都打不起精神的参与者，采用律动与动作训练，有助于其适应性行为的重建。

主题五：音乐作画训练——对生活缺乏信心，体验不到生活快乐的参与者，采用音乐作画训练。绘画治疗（也称艺术治疗）的意义，主要是从创造活动中使被试感受到愉快与满足的经验；音乐作画是令个体将心中想要表达的声音画在纸上，或是听着（过）音乐将其心中的感受画在纸上。因此，二者有着相同的效果。音乐治疗本身的作用在于使用音乐激起被试的创作冲动，使其在自由的气氛下表现其潜藏于意识之下的恐惧与焦虑，减少个体的抑郁症状的痛苦，感觉轻松舒服，并促进整体人格的成长。

主题六：情意的培养——对情绪低落、郁郁寡欢、闷闷不乐的参与者，采用情意培养的训练，有助于参与者在良好的情绪状态中，学会使用合理的思维方式去认知和评价客观事物。

主题七：语言发展训练——对不愿参加社交，故意回避熟人的参与者，采用故事剧与语言发展训练，有助于参与者的一些社会功能在活动中得到逐步提高，从根本上认识到自我存在的价值及积极生存的意义。

主题八：综合性训练——之前的活动设计是针对具体的抑郁症状进行的，但到了活动末期，需要进行综合性的训练，来融合所有的内容和方式，让参与者体会到活动设计的整体性，也提高其整体能力。

每次活动后，分组讨论，让参与者联系自己的实际情况写活动心得体会。

第三阶段（1周）：结束阶段

音乐审美欣赏干预活动到了结束跟进阶段，这也是一个很重要的阶段，并不是“一哄而散”。这时，进行活动评价也是必要的。

主题九：活动总结反馈——活动结束之际，每个被试的心里都蕴藏着话语，要对同伴或对指导者诉说。通过设计惜别会，让学生回顾活动美好而难忘的情景，并懂得今后生活和学习中需要巩固和改进的地方。其作用具体体现为三点。一是促进整个活动的各个发展历程，保持活动的旺盛生命力；二是帮助指导者评估每个参与者和整个活动的设计实施效果；三是通过指导者协助参与者总结得失、学会迁移、适应团体外的世界、调适情绪、评价与跟进。

（三）音乐审美欣赏活动操作方案的具体设计

具体的活动方案设计及曲目来源见表12-8。

表12-8 活动设计一览表

活动阶段	活动名称	活动主题
导入阶段	活动一：听懂你的心	认识朋友与人际关系培养
实施阶段	活动二：倾听的心	放松训练与放松疗法
	活动三：西方音乐之旅	注意力训练

续表

活动阶段	活动名称	活动主题
实施阶段	活动四：来自海洋的声音	律动与动作即兴创作
	活动五：梦幻曲	音乐图画与艺术治疗
	活动六：影音漫步	音乐欣赏中情意的培养
	活动七：月亮忘记了	故事剧与语言发展训练
	活动八：唱自己的歌	综合性训练
结束阶段	活动九：总结惜别会	活动总结反馈

结合活动的阶段安排、活动主题及活动目标。共设计 9 次音乐审美欣赏活动，每次 1 个主题，时间为 60～70 分钟，每周 1 次，3 月内完成。活动设指导者 1 人，协助者 1 人。实验的实施环境应选择一个安静的地方，严防噪声干扰。室内环境应清雅宁谧，光线柔和，空气新鲜。所有活动设计方案，均以 Powerpoint 文件为载体，以播放音频文件的方式，呈现给被试。

下面我们以活动五（梦幻曲）为例，来具体说明我们之前构建的音乐审美欣赏活动理论模型是如何在具体的活动方案设计中得到体现和实施的。

活动名称：梦幻曲

活动主题：音乐图画与艺术治疗

活动目标：（1）训练被试注意倾听的能力。

（2）发展被试丰富的想象力和创造力。

（3）促进被试敢于用不同方法自由表达的能力。

（4）培养被试学习合作与积极参与团体的兴趣。

（5）提供被试快乐及满足自我的经验。

活动准备：旋律平缓柔和的背景音乐，图画纸一人两张，颜色笔若干

音乐曲目：威瓦尔第（Vivaldi）《四季·冬》

活动内容：见表 12-9

表 12-9 “梦幻曲”活动具体内容

活动阶段	基本思想	活动步骤说明
创设情景（审美准备）	以欣赏引导性音乐材料和思考引导性问题的形式，引起参与者的审美注意与审美期待	呈现一段音乐，让参与者体会音乐的一系列变化，如高低、强弱、长短、音色、节奏、速度、旋律等。提出问题：音乐可以用什么样的形状和色彩来表达 结合一些音乐片段，指导者从纯声学角度和时间结构角度简单讲解，让参与者了解音乐的一些基本元素与色彩、线条、形状之间的对应关系。同时让参与者自由表达自己的创意

续表

活动阶段	基本思想	活动步骤说明
干预活动（审美观照）	欣赏典型性音乐材料，引起参与者进一步的审美感知、审美联想想象、审美情感体验和审美领悟表现等审美心理活动，让参与者先试笔触反应	**活动一：听音乐作画** 步骤一：让参与者一边听威尔第（Vivaldi）的《四季之冬》，一边将其对音乐的感觉，或按照其对音乐各种元素的感觉，画出心中想象的东西 步骤二：随着音乐的结束，结束作画，让参与者把自己的画呈现给其他人，与大家共通讨论画的是什么，或者有什么感想
	引导个体进行个体的审美探索创作活动，尝试个体化的表达方式，有助于个体的感受	**活动二：个人创作** 步骤一：将自己心中所要表达的声音或一段乐曲用几何形状和色彩表达在纸上 步骤二：将画下的画面，用你自己的声音或者乐器表现出来，让其他成员欣赏，并和大家分享你的体会
	引导个体融入团体进行审美探索活动，与他人音乐表达方式的协调合作，在团体的和谐中以求个体的良好发展	**活动三：团体创作** 步骤一：依次将自己刚才所想要表达的声音和乐曲所作的画和本小组其他成员的连起来 步骤二：根据不同的方式表达，或唱、或演奏，大家的努力即为一段即兴的合奏曲，让其他小组成员欣赏
反思评价（审美弥散）	指导总结，整体掌握。引导参与者进行审美回味和审美反思	让参与者用简洁、概括的话语，总结本次活动的主题，最后在优美的音乐声中结束活动

第三节　音乐审美欣赏对大学生抑郁症状的影响

一、教育干预实验

（一）实验目的

通过实施音乐审美欣赏，使大学生在音乐审美中获得美的情感体验，达到改善其抑郁症状，进而促进其总体心理健康水平提高的目的。探讨音乐审美欣赏对大学生抑郁症状影响的有效性，揭示大学生抑郁症状与音乐审美欣赏之间的关系，为大学生抑郁症状的有效干预研究提供实证依据。

（二）实验设计

限于具体操作难度的实际情况，本研究未采用随机抽样并随机分派被试和配对选取被试的方法，而采用平衡组前、后测实验设计。自变量是音乐审美欣赏活动的实施，因变量是大学生的抑郁症状和心理健康水平的变化。实验处理见表 12-10。

表 12-10　音乐审美欣赏对大学生抑郁症状影响的教育干预实验设计

组别	前测	教育干预	后测
实验组	1. 被试抑郁症状的测量	音乐审美欣赏活动的实施	1. 同前测
	2. 被试总体心理健康水平的测量		2. 同前测
对照组	1. 被试抑郁症状的测量	不实施	1. 同前测
	2. 被试总体心理健康水平的测量		2. 同前测

（三）实验材料

1. 测量工具

本研究采用 SDS 抑郁症状自评量表和 SCL-90 身心症状自评量表进行。

关于抑郁症状的评定，采用 SDS 抑郁自评量表。该量表由 Willian. W. K. Zung 于 1965 年编制，为短程量表，用于评估抑郁症状的轻重程度及其在治疗中的变化。相关分析结果表明，本研究中 SDS 量表得分与 SCL-90 量表中抑郁因子得分之间的相关性较显著，其相关系数为 0.659（$p<0.05$）。因此，关于抑郁症状的评定，会同时以 SCL-90 症状自评量表中抑郁项目的得分作为辅助参考。

关于总体心理健康水平的评定，采用 SCL-90 症状自评量表。量表测试研究对象的心理健康水平与特征，包括躯体化、强迫症状、人际关系敏感、抑郁、焦虑、敌对、恐怖、偏执、精神病性、其他共 10 个因子 90 个项目。SDS 量表得分与 SCL-90 量表得分成显著的正相关，其相关系数为 0.466（$p<0.01$）。

2. 干预实验材料

采用音乐审美欣赏活动设计方案（见附录九第一部分）以播放音频文件的形式呈现给被试。

3. 实验环境及仪器设备

本实验研究选择在宽敞明亮、整洁宁静的多功能报告厅进行，报告厅内的投影显示本次活动的主题及内容。使用的设备仪器为报告厅的音响系统。

另外是一些实验操作的注意事项。一是播放音乐时，必须注意控制音量，音乐的声音应由小逐渐增强，音量恰到好处，一般为 40～60 分贝即可；二是每次接受音乐审美欣赏的时间不应持续过长，一般来说，30～40 分钟为宜；三是在耳痛、头痛剧烈、情绪极度激动的情况下应暂时避免对被试进行实验。

（四）实验被试

1. 被试选择的标准

对被试进行抑郁症状及总体心理健康水平的测试，根据吴文源（1990）和季建林等（1990）的研究，选取 SDS 抑郁自评量表得分大于 40 和 SCL-90 症状自评量表中抑郁因子得分大于 2.18 的大学生作为被试。

2. 被试选择的步骤

第一步：对大学生进行抑郁症状及心理健康水平的总体测试

对某大学本科一到三年级的 700 多名学生进行抑郁症状和总体心理健康水平的测试。测试对象分别来自计科院、文学院、资环院、数财院、政法院、生科院、教科院共 7 个院系，涉及多个专业。将这些院系进行了文理分科，理科类院系为：计科院、资环院、数财院、生科院；文科类院系为：文学院、政法院、教科院。共发放问卷 711 份，收回问卷 665 份，有效问卷 652 份，有效率为 91.7%。其中男生 182 人（27.9%），女生 470 人（72.1%）；城市生 270 人（41.4%），农村生 382 人（58.6%）；理科生 396 人（60.7%），文科生 256 人（39.3%）；一、二、三年级学生分别为 120 人（18.4%）、295 人（45.2%）、296 人（45.4%），平均年龄 20.1 岁。

调查结果显示，652 份有效问卷的 SDS 平均得分为 39.00±7.859，与国内常模（王春芳等　1986）33.68±8.55（$n=1340$）相比较，其差异极其显著，t 值为 17.290（$p<0.001$）。其中，存在抑郁症状的大学生人数是 261 人，占 40.03%，高于国内正常人群的流行率（张长春　1999），这些存在抑郁症状被试的 SDS 得分为 46.75±5.140，也明显高于全国部分量表协作组对抑郁症状测查的 SDS 平均分 42.98±9.94（舒良，汪向东　1999），其差异极其显著，t 值为 11.853（$p<0.001$）。

第二步：在存在抑郁症状的大学生中挑选出干预被试

在以上的测试者中，选取 SDS 抑郁自评量表得分大于 40 和 SCL-90 症状自评量表中抑郁因子得分大于 2.18 的，并且自愿参与研究的大学生作为实验被试，共 62 名，将其分为实验组与对照组，并根据不同水平被试（轻度：SDS 得分 41～47；中度：SDS 得分 48～55；重度：SDS 得分 56 以上）的前测结果调整平衡两组，尽量使实验组与对照组之间的差异不显著，实验组和对照组各 31 人，平均年龄 19.93 岁。实验组与对照组的前测结果见表 12-11。

表 12-11 实验组与对照组前测数据的差异显著性比较

水平	n	SDS 得分		SCL-90 得分	
		t	p	t	p
轻度	16	−0.325	0.748	0.446	0.659
中度	12	0.860	0.398	0.692	0.495
重度	3	−0.250	0.815	1.479	0.213
整体	31	−0.200	0.842	1.093	0.279

（五）问卷调查

对被试进行简单的背景信息调查，作答方式为选择。实验组和对照组的问卷有效回收率为 100%，问卷调查结果见表 12-12。

表 12-12 被试背景信息问卷调查结果

背景类别	维度	实验组（n=31）		对照组（n=31）	
		人数	百分比/%	人数	百分比/%
性别	男	8	25.8	9	29.0
	女	23	74.2	22	71.0
地区	城市	13	41.9	11	25.5
	农村	18	58.1	20	64.5
文理专业	理科	14	45.2	18	58.1
	文科	17	54.8	13	41.9
音乐喜爱程度	非常喜欢	10	32.3	5	16.1
	较喜欢	11	35.5	15	48.4
	一般	10	32.3	11	35.5
有音乐学习经验		8	25.8	5	16.1
有家庭音乐爱好传统		7	22.6	10	32.3
自评有音乐才能		10	32.3	9	29.0
他评有音乐才能		8	25.8	7	22.6
日常听音乐的频率	每天都听	9	29.0	9	29.0
	一周 3～5 次	13	41.9	10	32.3
	一周 1～2 次	5	16.1	8	25.8
	一周不到 1 次	4	12.9	3	9.7
喜欢的音乐类型	中国民乐	11	35.5	14	45.2
	西方古典	8	25.8	12	38.7
	流行音乐	20	64.5	24	77.4
	现代轻音乐	15	48.4	20	64.5
接触音乐最多途径	自己播放	20	64.5	25	80.6
	电视媒体	19	61.3	19	61.3
	公共场所	1	3.2	5	16.1
	他人播放	13	41.9	12	38.7

通过对主要可量化的被试背景因素相关检验得出：报告音乐的喜爱程度、音乐学习经验、家庭的音乐爱好传统，这些变量间的相关程度都相当高，大部分出现了 $p<0.01$ 的相关程度，使得研究中有理由将这些变量作为一个被试与音乐相关的变量系列来进行分析。另一个包含地区、性别、文理分科等被试人口学资料的变量系列中，地区与音乐学习经验、家庭的音乐爱好传统之间也存在较高的相关性（$p<0.05$），而性别、文理分科与其他变量之间的相关一律不显著，它们作为一个与被试自身相关的变量系列存在，可以说是另一个角度的信息。

基于以上分析，性别、地区、文理分科、音乐喜爱程度、音乐学习经验、家庭音乐传统 6 个因素，被选择作为能够最大代表被试背景信息的典型被试变量展开讨论。

（六）实验程序

第一阶段：前测分组

本研究以 SDS 抑郁自评量表和 SCL-90 症状自评量表的测量结果作为前测数据，通过抑郁症状前测数据将被试分成实验组和对照组，并通过检验实验组和对照组在抑郁症状上的差异性，来平衡实验组和对照组的人数，尽可能保证实验组和对照组在各方面的差异不显著。

第二阶段：教育干预

运用所设计的音乐审美欣赏活动操作方案对实验组的被试进行教育干预，对对照组则不干预。对实验组的教育干预主要是按照既定的活动程序，采用一系列的训练方式，在活动中有目的、有计划、有针对性地进行。有些活动内容也会随着实验中发现的问题和被试的实际情况进行部分修改和完善。实验前，让每一个被试签署“个人资料表”与“遵守团体公约同意书”，以保证活动的顺利进行。

第三阶段：后测并统计处理

实验组和对照组均参加后测，后测的方法和前测相同。后测后进行实验组和对照组被试抑郁症状和总体心理健康水平的显著性差异比较。

第四阶段：被试反馈活动实施效果

自编活动反馈调查问卷，以了解被试对实验意图与实验效果的认识，从而验证实验指导者对实验的指导情况，以及被试对实验的积极或消极反应。

（七）实验结果与分析

1. 音乐审美欣赏对大学生抑郁症状的影响

1）音乐审美欣赏对实验组与对照组被试抑郁症状的整体影响

以不同组别为自变量，抑郁症状的前、后测得分为因变量，进行独立样本和

配对样本 t 检验。实验组与对照组在抑郁症状方面的纵横比较结果见表 12-13。

表 12-13 实验组与对照组被试抑郁症状前后测的差异显著性检验（$M \pm SD$）

组别	n	前测	后测	t	p
实验组	31	48.355±5.225	40.129±5.117	6.824***	0.000
对照组	31	48.613±4.917	47.194±5.793	1.492	0.146
t		−0.200	−5.089***		
p		0.842	0.000		

由表 12-13 可知，实验前，两组整体被试在抑郁症状上不存在显著性差异（$p>0.05$）。实验后经检验，不管是横向上实验组与对照组的后测比较（$t=-5.089$），还是纵向上实验组的前后测比较（$t=6.824$），都显示差异极其显著（$p<0.001$）。对照组的前后测比较，差异则不显著（$t=-0.200$，$p>0.05$）。

这说明，在整体上，音乐审美欣赏能够显著地改善实验组被试的抑郁症状，达到了实验的主要目的。

2）音乐审美欣赏对轻度、中度和重度水平被试抑郁症状的影响

实验组与对照组是分别根据抑郁症状的轻度、中度和重度三种抑郁水平来进行分组的，因此要对各种水平的实验结果分别进行统计检验。

（1）实验组与对照组不同水平被试抑郁症状前后测的差异显著性检验

以被试的不同抑郁水平为自变量，抑郁症状的前后测得分为因变量，进行 t 检验。实验组与对照组不同水平被试抑郁症状前后测的差异显著性检验见表 12-14。

表 12-14 实验组与对照组不同水平被试抑郁症状前后测的差异显著性检验（$M \pm SD$）

水平	组别	n	前测	后测	t	p
轻度	实验组	16	44.125±2.029	39.313±4.542	4.114**	0.001
	对照组	14	44.357±1.865	44.857±6.237	−0.317	0.756
	t		−0.325	−2.808**		
	p		0.748	0.009		
中度	实验组	12	51.583±2.429	40.833±6.177	5.405***	0.000
	对照组	14	50.786±2.293	48.286±4.340	2.127	0.053
	t		0.860	−3.600**		
	p		0.398	0.001		
重度	实验组	3	58.000±1.000	41.667±4.041	6.274*	0.024
	对照组	3	58.333±2.082	53.000±5.568	2.630	0.119
	t		−0.250	−2.853*		
	p		0.815	0.046		

由表 12-14 可知，纵向看，在实验组的前后测比较中，轻度抑郁水平的被试

有着显著的差异（$t=4.114$，$p<0.01$），中度抑郁水平的被试有着极其显著的差异（$t=-5.405$，$p<0.001$），重度抑郁水平的被试则存在较为显著的差异（$t=6.274$，$p<0.05$）。对照组实验前后，抑郁症状的变化不显著（$p>0.05$）。

横向看，在实验组与对照组的后测比较中，轻度水平的被试（$t=-2.808$）和中度水平的被试（$t=-3.600$）有着显著的差异（$p<0.01$），重度抑郁水平的被试则存在较为显著的差异（$t=-2.853$，$p<0.05$）。

这说明音乐审美欣赏能够显著地改善不同水平被试的抑郁症状。

（2）实验组不同水平被试抑郁症状的方差分析

以实验组被试的轻、中、重度水平为自变量，抑郁症状的前测和后测得分为因变量，分别进行单因素方差分析，以考察实验对实验组不同水平被试抑郁症状的影响效果。

实验组不同水平被试在抑郁症状上的单因素方差分析结果见表 12-15。

表 12-15　不同水平实验组被试抑郁症状影响的方差分析（$M\pm SD$）

水平	轻度（$n=16$）	中度（$n=12$）	重度（$n=3$）	F	p	事后比较
前测	44.125±2.029	51.583±2.429	58.000±1.000	75.125***	0.000	1<2<3
后测	39.313±4.542	40.833±6.177	41.667±4.041	0.436	0.651	

注：1 表示轻度；2 表示中度；3 表示重度

由表 12-15 可知，实验前，实验组不同水平被试在抑郁症状的比较上，存在极其显著的差异（$F=75.125$，$p<0.001$）。实验后，实验组不同水平被试在抑郁症状的比较上，不存在显著差异（$F=0.436$，$p>0.05$）。

这也说明音乐审美欣赏能够显著地改善不同水平被试的抑郁症状。

3）音乐审美欣赏对实验组被试抑郁症状诸因子的影响

Zung（1967）编制的 SDS 抑郁自评量表反映了精神性-情感性症状、躯体性障碍症状、精神运动性障碍症状、抑郁的心理障碍症状这四个特异性症状。实验组被试在抑郁症状诸因子上的前后测比较结果见表 12-16。

表 12-16　实验组被试在抑郁症状各因子上的差异比较（$M\pm SD$）

特质性症状	前测	后测	t
精神性-情感症状	2.403±0.539	1.887±0.478	4.694***
躯体性障碍	2.161±0.310	1.811±0.235	4.869***
精神运动性障碍	2.548±0.553	2.097±0.507	4.215***
抑郁的心理障碍	2.64±0.454	2.210±0.413	5.395***
总分	48.355±5.225	40.129±5.117	6.824***

由表 12-16 可知，从实验组被试的整体检验结果来看，抑郁症状总分的前、后测差异是极其显著的（$t=6.824$，$p<0.001$）。从抑郁症状诸因子的检验结果来看，通过干预，实验组被试抑郁症状的四个因子前后测均有极其显著的差异（$p<0.001$）。

这说明音乐审美欣赏能够极其显著地改善被试抑郁症状的精神性-情感症状、躯体性症状、精神运动性障碍和抑郁的心理障碍这四个特异性症状。

2. 音乐审美欣赏对抑郁症状大学生总体心理健康水平的影响

1）音乐审美欣赏对实验组与对照组被试总体心理健康水平的整体影响

以不同组别为自变量，总体心理健康水平的前后测得分为因变量，进行 t 检验。实验组与对照组在总体心理健康水平上的纵横比较结果见表 12-17 所示。

表 12-17 实验组与对照组被试抑郁症状前后测的差异显著性检验（$M\pm SD$）

组别	n	前测	后测	t	p
实验组	31	224.129±39.172	199.710±42.170	4.028***	0.000
对照组	31	213.290±38.886	214.710±47.291	−0.250	0.804
t		1.093	−1.318		
p		0.279	0.192		

由表 12-17 可知，实验前，实验组与对照组整体被试的总体心理健康水平无明显差异。实验后经检验，尽管横向上实验组与对照组的后测比较差异不显著（$t=-1.318$，$p>0.05$），但纵向上，实验组的前后测比较差异却极其显著（$t=4.028$，$p<0.001$），对照组的前后测比较，差异也不显著（$t=1.093$，$p>0.05$）。

这说明，整体上，音乐审美欣赏通过改善实验组被试的抑郁症状，促进了实验组被试总体心理健康水平的提高，达到了实验的另一目的。

2）音乐审美欣赏对轻度、中度和重度水平被试总体心理健康水平的影响

（1）实验组与对照组不同水平被试总体心理健康水平前后测的差异显著性检验

以被试的不同抑郁水平为自变量，总体心理健康水平的前后测得分为因变量，进行 t 检验。实验组与对照组不同水平被试总体心理健康水平前后测的差异显著性检验见表 12-18。

表 12-18　实验组与对照组不同水平被试总体心理健康水平前后测的差异显著性检验（$M \pm SD$）

水平	组别	n	前测	后测	t	p
轻度抑郁	实验组	16	207.375±33.554	186.500±35.822	3.359**	0.004
	对照组	14	202.214±29.305	203.286±44.088	−0.115	0.911
	t		0.446	−1.150		
	p		0.659	0.260		
中度抑郁	实验组	12	237.083±33.359	215.250±49.853	1.818	0.096
	对照组	14	226.143±45.141	224.214±54.341	0.233	0.819
	t		0.692	−0.435		
	p		0.495	0.667		
重度抑郁	实验组	3	264.333±49.217	208.000±20.809	2.766	0.110
	对照组	3	220.000±16.522	223.667±7.234	−0.276	0.809
	t		1.479	−1.232		
	p		0.213	0.286		

由表 12-18 可知，纵向看，在实验组的前后测比较中，轻度抑郁水平的被试有着显著的差异（$t=3.359$，$p<0.01$），中度和重度抑郁水平的被试在实验后，其总体心理健康水平略有上升，但差异并不明显（$p>0.05$）。对照组实验前后几乎没有什么变化（$p>0.05$）。横向看，在实验组与对照组的后测比较中，不同水平的被试在总体心理健康方面都不存在显著的差异（$p>0.05$）。

这说明音乐审美欣赏通过对实验组轻度水平被试抑郁症状的影响，能够显著地提高其总体心理健康水平。

（2）实验组不同水平被试总体心理健康水平的方差分析

以实验组被试的轻、中、重度水平为自变量，总体心理健康水平的前测和后测得分为因变量，分别进行单因素方差分析，以考察实验对实验组不同水平被试总体心理健康水平的影响效果。

实验组不同水平被试在总体心理健康水平上的单因素方差分析结果见表 12-19。

表 12-19　不同水平实验组被试总体心理健康水平影响的方差分析（$M \pm SD$）

水平	轻度（$n=16$）	中度（$n=12$）	重度（$n=3$）	F	p	事后比较
前测	207.375±33.554	237.083±33.359	264.333±49.217	4.731**	0.017	轻度<重度
后测	186.500±35.822	215.250±49.853	208.000±20.809	1.740	0.194	

由 12-19 可知，实验前，实验组不同水平被试在总体心理健康水平的比较上，存在较为显著的差异（$F=4.731$，$p<0.05$）。实验后，实验组不同水平被试在总体心理健康水平的比较上，不存在显著差异（$F=1.740$，$p>0.05$）。

这也说明音乐审美欣赏通过对不同水平被试抑郁症状的影响，能够显著地提高其总体心理健康水平。

3）音乐审美欣赏对实验组被试心理健康诸因子的影响

SCL-90 症状自评量表包括躯体化、强迫症状、人际关系敏感、抑郁、焦虑、敌对、恐怖、偏执、精神病性、其他 10 个因子共 90 个项目。实验组被试在心理健康诸因子上的比较结果见表 12-20。

表 12-20　实验组被试 SCL-90 各因子上的差异比较（$M \pm SD$）

因子	前测	后测	t	p
躯体化	2.040±0.549	1.815±0.549	2.261*	0.031
强迫症状	2.807±0.601	2.619±0.668	1.948	0.061
人际关系敏感	2.842±0.570	2.581±0.744	2.407*	0.022
抑郁	2.841±0.637	2.345±0.607	4.370***	0.000
焦虑	2.523±0.521	2.387±0.601	1.354	0.186
敌对	2.360±0.727	2.253±0.810	1.007	0.322
恐怖	2.023±0.401	1.894±0.676	1.362	0.183
偏执	2.516±0.531	2.215±0.633	2.723**	0.011
精神病性	2.407±0.593	2.107±0.580	2.639*	0.013
总分	224.129±39.172	199.710±42.170	4.028***	0.000

从实验组被试的整体检验结果来看，心理健康水平总分的前后测差异是极其显著的（$t=4.028$，$p<0.001$）。从心理健康诸因子检验结果来看，通过干预，实验组被试抑郁因子的得分前后测有极其显著的差异（$t=4.627$，$p<0.001$），这印证了上文结论，即音乐审美欣赏能显著地改善大学生被试的抑郁症状；偏执因子的得分前后测有显著差异（$t=2.723$，$p<0.01$）；躯体化、人际关系敏感、精神病性 3 个因子的得分上前后测有较为显著的差异（$p<0.05$）。其他因子如强迫症状、焦虑、敌对、恐怖这 4 个因子上的得分前后测没有显著差异（$p>0.05$）。

这说明音乐审美欣赏通过有效改善被试的抑郁症状，能够显著地改善躯体化、人际关系敏感、精神病性和偏执 4 个心理健康因子。

3. 音乐审美欣赏对大学生抑郁症状影响的差异性

选择性别、地区、文理分科、音乐喜爱程度、音乐学习经验、家庭音乐喜好 6 个变量，作为能够最大代表被试背景信息的典型被试变量展开分析。

以性别、地区、文理分科、音乐学习经验、家庭音乐喜好 5 个被试变量为自变量，抑郁症状的得分为因变量，进行 t 检验；以音乐喜爱程度为自变量，抑郁症状的得分为因变量，进行 F 检验。不同被试群体在抑郁症状上的差异比较结果见表 12-21。

表 12-21　实验组被试抑郁症状影响的性别、地区、文理分科、音乐喜好度、学习经验、家庭音乐爱好差异（t/F）

变量	维度	n	前后测	后测
性别	男	8	2.909*	0.472
	女	23	6.145***	
地区	城市	13	4.828***	0.163
	农村	18	4.754***	
文理科	理科	14	4.172**	0.642
	文科	17	5.369***	
音乐喜好度	很喜欢	10	3.004*	
	较喜欢	12	4.343**	0.029[1]
	一般	9	4.511**	
音乐学习经验	有	12	3.958**	−1.512
	无	19	5.483***	
家庭音乐传统	有	8	2.665*	−0.478
	无	23	6.379***	

注：上标注 1 值表示该值为 F 值

由表 12-21 可知，音乐审美欣赏对大学生抑郁症状的影响不存在性别、地区、文理分科、音乐爱好度、音乐学习经验、家庭音乐爱好六个方面的显著性差异（$p>0.05$）。

这说明音乐审美欣赏能够显著地改善不同被试群体的抑郁症状。

4. 被试对音乐审美欣赏的反馈

1）被试对音乐审美欣赏曲目的反馈

关于音乐材料的选择一直是本研究的重难点之一，因此，在活动中设计一些开放式的问卷，让被试对所欣赏的音乐曲目做出体验感受的真实回答，可以在一定程度上帮助研究者探讨具体的音乐曲目和被试情感体验之间的相关性，从而验证音乐曲目选取标准的有效性。

本研究选取的音乐分为三组。

第一组：以凄切、悲凉的乐曲宣泄情绪

这一类音乐可以将积聚在心中的不良情绪宣达、发泄出去，从而使被试尽快恢复心理平衡，使得抑郁症状得以改善。例如，在欣赏贝多芬的《月光奏鸣曲》后，卷面询问：

（1）你感到音乐的情绪是怎么样的?

（2）音乐是否加重了你的郁闷？

（3）音乐是否让你沉入自己的痛苦之中不能自拔？

（4）听完以后，你感到悲哀还是产生另外的感觉？

多数回答是这样的：乐曲给人以忧伤、凄婉的感觉；与自己的心情相合拍；让自己联想到许多事情，包括自然界和人生的不尽如人意；感到旋律中也流动着自己的痛苦，但这种感觉又与陷入痛苦中不能自拔不同，它随着旋律一遍遍在流淌；感到心灵的负荷在减轻，好像长长地舒了一口气，心情变得轻松了。

第二组：以抒情安宁的乐曲消除烦躁不安

这一类音乐有助于呼吸平稳、心跳脉律和缓，使精神松弛、情绪放松、消除烦躁。例如，在欣赏巴赫一古诺的《C小调前奏曲/圣母颂》后，卷面询问：

（1）乐曲让你感到烦躁吗？

（2）乐曲让你感到安定、平和吗？

（3）是否引起生活事件的回忆？哪些事件？

回答肯定了轻灵秀逸的乐曲能带来安定、平和的感觉和美的享受，体验到和煦的阳光、和缓的微风，甚至联想到五月的遍地青草野花，想到童年时期无忧无虑的生活，有一种朦胧的幸福感，一阵阵温馨在心中涌动。心情感到渐渐平静、缓和，好像步入了诗情画意的美丽世界。

第三组：以舒展、明快、旋律酣畅、生机勃勃的乐曲畅志怡（移）情

这一类音乐可以起到振奋情绪、鼓舞心志的作用，这会对改善抑郁症状帮助很大。例如，在音乐审美欣赏前，先让欣赏者试着用简短的一两句话甚至是少数字词写下自己的心情，然后让欣赏者欣赏埃尔加的《爱的礼赞》，之后卷面询问：

（1）音乐让你有什么样的情绪体验？

（2）你现在的心情和欣赏之前有什么变化吗？

（3）音乐是否让你对自己、对生活充满了信心，并对未来充满了希望？

多数回答肯定了旋律流畅优美、节奏明快、情调欢乐的音乐能带来愉快和开心的体验感受，并且振奋精神、鼓舞意志。与欣赏之前有较大的不同，会由烦恼、郁闷、平静转为喜悦、欢快和兴奋。会对自己、对人生和未来都充满了信心和希望。

从以上被试对音乐欣赏个别曲目的反馈可以看出，被试对曲目的情感体验与选择该曲目的意图相符，这表明本研究中对音乐曲目的选择和实施达到了实验设计的目标。

2）被试对音乐审美欣赏干预实施的反馈

实验结束后，为了检验实验过程中实施者的落实情况，可通过自编活动反馈表（见附录九第二部分）让实验组被试来评判指导者是否能按研究的实验意图进行干预。由被试对问卷的反应结果进行分析，可以反馈评判其实验效果，从而推

知指导者是否落实了该研究的实验意图。

自编活动反馈包含三个评价项目，共 20 个题项，分别是音乐审美欣赏活动要素及过程评价、音乐审美欣赏自我感受封闭式评价和音乐审美欣赏自我感受开放式评价。以上项目，均需要被试对活动中的感受作出真实回答。结果如下：

(1) 音乐审美欣赏活动要素及过程评价结果分析

被试对音乐审美欣赏活动要素及过程的评价结果见表 12-22。

表 12-22　活动要素及过程评价调查统计结果

维度		成分	很满意	较满意	不确定	合计	平均分
活动要素评价	内容审美因素	立意情境美	14	14	3	135	4.35
		音韵曲调美	12	16	3	133	4.29
		配器伴奏美	8	17	6	126	4.06
	方式审美原则	情感性原则	10	15	6	128	4.13
		体验性原则	26	4	1	149	4.81
		形象性原则	15	11	5	134	4.32
		愉悦性原则	4	20	7	121	3.90
		互动性原则	11	18	2	133	4.29
	环境审美特征	听觉环境的优美	21	7	3	142	4.58
		视觉环境的优美	13	13	5	132	4.26
		二者的和谐	14	16	1	137	4.42
	指导审美规范	指导仪态的审美规范	14	15	2	136	4.39
		指导语言的审美规范	16	13	2	138	4.45
		指导气质的审美规范	19	11	1	142	4.58
活动过程评价	准备阶段	音乐审美注意与音乐审美期待	17	13	1	140	4.52
	观照阶段	音乐审美感知与音乐审美探索	6	22	3	127	4.10
	延续阶段	音乐审美回味与音乐审美反思	14	15	2	136	4.39

由表 12-22 可知，从被试对音乐审美欣赏活动要素表现及过程操作的评价来看，实验整体上是令被试满意的。其中在审美要素表现中，方式遵循的体验性审美原则、环境具备的听觉环境优美的审美特征，以及指导操作的审美规范这三个方面体现得最好（＞4.5）；而方式遵循的愉悦性审美原则得分较低（＜4.0），也说明有待改进。在审美心理过程中，各阶段和环节都实施较好（＞4.0）。

(2) 音乐审美欣赏自我感受开放式评价结果分析

音乐审美欣赏自我感受设计为开放式问题，包含第 18～20 题项，分别是“在这次活动中，您感受体验最深的是什么?”“活动后，你有什么具体收获或者有了什么新的变化?”“您觉得应该得到进一步解答的问题是什么?”。

问题一：被试的最深刻体验，回答主要有：①在音乐和音乐审美欣赏本质的体验方面，被试的共识是活动中的音乐是美妙的，音乐是生活的一部分，欣赏音乐能净化思想使人真诚、能释放烦恼使人松弛、转换思维使人灵活、愉悦情绪使人舒畅、触动心灵使人感动、促发想象使人开阔；②在音乐欣赏方式和内容的体验方面，被试的共识是在活动中学会用心去体验、理解和表达音乐，对音乐的爱好趋于多元化；③在人际交往的体验方面，被试的共识是活动有家的温馨，大家相互尊重、真诚交流、用心投入及勇敢坚持等。

问题二：被试的收获或变化，回答主要有：①对于音乐的认识进一步深入，发现音乐效应在生活中的重要，更加热爱音乐，也对音乐有了更深层的品位；②对于他人的认识进一步深入，人际交往并不难，能更多了解他人的生活方式、生活态度，发现每个人都有闪光点，能被他人的热情所感染，待人也更宽容；③对于自己的认识也进一步深入，找回了自信，对生活充满了希望，学会了自我控制情绪变化。

问题三：被试还需解答的问题，回答主要有：①如何更多、更好地调动参与者的积极性；②如何保持音乐效应的后续性；③如何改变参与者的其他问题，如焦虑等。

从以上实验组被试对实验的各种评价来看，实验的总体实施效果是较好的，其活动理论模型的构建和活动操作方案的设计都达到了研究的目的。

二、个案研究

本实验研究中，由于时间和地点的制约，使得三种水平，尤其是重度水平的被试数量有限，造成了一些归因上的困难，因此需要个案分析来补充说明。同时，实验数据也表明对于音乐审美欣赏对大学生被试抑郁症状的干预效果，是一种个体化了的，它可能受到许多复杂的个体变量不同程度的影响。实验中出现的个别被试在抑郁症状上的巨大变化，亦蕴含了一些有趣的信息。

本研究内容通过分析AB两个典型被试个案，一方面补充强化了前面实验的某些研究结果，另一方面也提示了此类研究方法上必须注重的个体视角。

（一）研究被试与方法

研究被试：本研究选择了两个典型个案（表12-23）。涉及中度和重度抑郁水平，二者在实验前后测数据和干预活动过程中的变化都十分显著，具有一定典型性，因此特作为个案分析的被试。

表12-23 个案被试情况

抑郁症状	个案	性别	出生地	文理分科	喜爱程度	学习经验	音乐传统
中度抑郁	A	女	城市	文科	非常喜欢	有	有
重度抑郁	B	男	农村	文科	一般	没有	没有

研究方法：主要采用个案访谈法、内容分析法进行。

基本程序：本实验研究设计了一个有系统、有阶段、有计划的干预方案，因此，对个案的分析研究是在不同的活动阶段中进行的。在活动的导入阶段、实施阶段和结束阶段这三阶段，安排了三次访谈（表 12-24）。围绕被试存在的抑郁症状问题、音乐审美欣赏活动中的感受等问题对学生进行个别访谈，同时结合被试在活动中对音乐所做出的各种表达而形成的作品来进行综合性地分析。访谈过程均单独在一间办公室内进行。

表 12-24　访谈安排

阶段安排	基本思想	访谈安排
导入阶段	了解问题 建立关系	安排第一次访谈。其目的一是全面收集个案的情况，如一些基本情况、社会文化背景、个人心理发展情况，个人问题陈述等；二是建立个案与指导者之间的相互信赖关系
实施阶段	诊断分析 明确目标 帮助指导	在第一次访谈后，综合分析个案的发展状况、心理状况、学习状况、健康状况及人际关系等五个方面。通过分析诊断，逐渐明晰被试抑郁症状的主要问题，包括学习障碍、人际关系障碍、恋爱与性障碍、情绪与人格障碍及职业选择上的问题，以此来确定干预的具体目标。 在分析问题性质和确定干预目标基础上，有针对性地进行干预。其间安排第二次访谈，注意要与个案主要的干预目标结合
终结阶段	逐渐结束 检查巩固	在结束之前，安排第三次访谈，做全面的总结，回顾整个活动参与的情况，强调最初的干预目标，使个案对自己有了一个更清醒的认识，进一步了解自己的问题的前因后果，明确今后努力的方向。并引导个案把音乐审美欣赏活动中所学到的新经验应用到日常生活中去，逐渐做到独立地通过有目的性地欣赏音乐来调适自己的情绪和应付周围的环境。 活动结束后，要进行追踪研究，检查巩固。通过通信、电话等方式来获得比较全面的反馈信息，取得干预效果的真实可靠评价

（二）个案分析

注：T 表示指导者　S 表示被试

个案 A：胡××，女，前测 SDS 得分 55，为中度抑郁程度被试

出生城市，文科专业三年级，非常喜爱音乐，有过音乐学习经验，有家庭的音乐爱好传统，其父对其音乐爱好影响极大。A 总体心理健康水平得分 216，高于正常人常模。对其访谈过程如下：

导入阶段

对她的第一印象是：长得较胖，说话吐词不是很清晰，较情绪化且容易激动。第一次访谈内容如下：

T：是不是有些什么事情在困扰着你？

S：我觉得对人生很茫然，不知所措。

T：能说得具体点吗？

S：我老在想一个问题，就是不知道自己毕业后该做什么才适合自己。我觉得自己很难适应这个社会。而且我做事情老是出错，却总改不了。

T：你想过自己为什么会有这样的困扰吗？

S：其实我上大学以来一直有这样的困扰。在上大学前，我曾出过车祸，头部有损伤，昏迷了三个月，苏醒过来已是物是人非了。出院后休学了一年。以前的我是个非常优秀的女生，而现在……感觉很失落，失去了很多，不知道自己能干什么，失去了方向。

T：你能简单说说自己的情绪特征吗？

S：倔强，爱发脾气，情绪波动大。

T：你既然非常喜欢音乐，那你对音乐的直观感受是什么？

S：宁静。

T：欣赏音乐让你觉得有什么样的体验？

S：忘记一切烦恼。

T：你最爱听的音乐是什么样的？

S：轻柔、缓慢、节奏不要太分明。

T：那你参加我们的活动，有什么样的预期目标吗？

S：让我对自己的人生有一个清楚的认识，对自己的将来充满自信吧。

从以上访谈可以看出，并结合个案 A 的一些情况分析，其抑郁症状的主要问题是情绪方面，让 A 变得更为自信、不再自卑、少发脾气等是干预的具体目标。

实施阶段

在以上分析基础上，有针对性地进行了干预安排。首先是鼓励、真诚表扬和支持 A 在活动中的各种积极表现，例如，当 A 大胆地用语言、图画或者旋律来表达自己对音乐的感受时，多加以赞赏。其次是多指导 A 进行音乐的自由审美联想想象，以寻求问题的根源；指导 A 进行放松训练、动作即兴创作、音乐绘画训练等一系列音乐审美领悟表现训练；指导 A 学会用合理的音乐审美情感体验代替不合理的情感体验。再次通过对 A 具体情况的准确把握，依据以往经验、活动中的实践和观察，对 A 的一些负性的抑郁情绪体验做出解释，从而提高 A 的自知力，促进其良好情绪体验的获得和抑郁症状的改善。

第二次访谈在活动四——海洋之心（动作即兴创作）之后进行，内容如下：

T：针对这些音乐后，你有什么样的情绪体验？

S：从浪漫到疲惫到害怕到安心。

T：对这次活动，你有什么样的总体感受呢？

S：心情很愉快，能把自己融入到音乐中去，忘记了现实，让音乐带着我走。

T：这样的音乐、这样的活动使你有什么样的收获吗？

S：让我真正认识到自己的不足，增加了我的自信，尽快行动起来弥补，超越自我。就像音乐所表达的——阳光总在风雨后。

从以上访谈可以看出，A通过几次参与音乐审美欣赏团体活动后，已经学会通过聆听音乐，使自己的情绪平静下来，同时开始重新认知自我，逐步增加自信。另外，通过观察，我们也注意到了A的变化，最初，她不愿将其往事告诉活动其他成员，但几次活动后，她更加勇敢地表达自己的想法，甚至鼓起勇气通过唱《你的样子》这首歌来告诉活动其他成员，她的过去和她构想的未来。

结束阶段

第三次访谈在活动的总结会后进行，内容如下：

T：在整个活动中，你的情绪体验有哪些？用简单的形容词来表达。

S：满意、兴奋、尊重、充满希望、充实、感动、安心、平静、开心、幸运、有兴趣和真诚。

T：在整个活动中，你感受体验最深的是什么？

S：情满人间，爱在天下。原来人与人之间可以没有距离，我可以活得更精彩。

T：活动结束后，你有什么收获或者变化？

S：发现音乐效力在自己生活中的重要。最大的收获应该是有了对现实的勇气和自信。一直以来我都有一种逃避的思想，总在想，如果我就这么消失了，也许什么痛苦都没有了，但活动后，发现其实自己并不孤独，有许多人和我一样。音乐是美好的，它告诉我们只要用心体会，世界是美好的。有股发自内心的力量，我可以做得更好，可以更从容地对待人生。

从以上的访谈内容中，我们可以发现，A通过参与近三个月的音乐审美欣赏团体活动，在音乐中体会到了合理的情感体验，在团体中增强了对自己、对生活、对未来的信心，在身体动作、语言发展、适应环境、社会交往等方面进步明显。同时，她在活动中的逐渐放开和积极表现，也博得了团体其他成员的理解、尊重和赞赏。此外，通过A实验前后所做量表的各项得分变化，也可以发现A的实验效果。实验前：SDS得分55，SCL-90得分216，SCL-90的抑郁因子得分37；实验后，SDS得分33，SCL-90得分165，SCL-90的抑郁因子得分27，抑郁症状水平及总体心理健康水平都得到了明显改善。

个案B：徐××，男，前测SDS得分59，为重度抑郁程度被试

出生农村，文科专业二年级学生，对音乐喜爱程度一般，没有音乐学习经验，没有家庭音乐爱好传统。其总体心理健康水平得分316，明显高于正常人常模。对其访谈过程如下：

导入阶段

他给我的第一印象是：很朴实憨厚，同时又较独立，来自云南的乡村。做前测问卷的时候，极其认真，并表达了参加活动的强烈愿望。第一次访谈内容如下：

T：最近你有哪些困扰？

S：我从大山里来，来西师都一年了，却总是觉得自己跟不上这里生活学习的节奏，观念也比较陈旧。最近产生困惑，四年的学习生活后，不知道自己会是什么模样。

T：说得更具体点？

S：我读高中的时候压力很大，家庭也有些不幸（不愿提及），于是总想着离开山村到大城市读书发展，所以来到大学后，感觉以前的压力给自己留下了后遗症。现在成绩十分不好，学习生活状态都不好，觉得自己很平凡，也很无奈。我很害怕自己受到伤害，平时学习不能集中精力，人比较古板，不灵活，或许有些自卑吧？

T：你能简单说说自己的情绪特征吗？

S：脆弱、敏感、优柔寡断、老实、有点散漫、也会消极。

T：你对音乐的直观感受是什么？

S：平静、感动、抚慰、共鸣、纯净和美好。

T：欣赏音乐让你觉得有什么样的体验？

S：是一种好的享受，可以摆脱世俗的烦恼。

T：你最爱听的音乐是什么样的？

S：温柔的、伤感的。

T：那你参加我们的活动，有什么样的预期目标吗？

S：我对音乐的各种知识不十分了解，但我希望通过聆听音乐，训练自己集中注意力的能力，同时开阔自己的心胸，扩大自己的视野，对人生更积极一些。

从以上访谈的内容出发，并结合个案 B 的一些背景情况，分析其抑郁症状的主要问题是学习与情绪方面，让 B 提高注意力和协调能力，并获得自信等是干预的具体目标。

实施阶段

在以上分析基础上，有针对性地进行了干预安排。首先是尽量多地鼓励 B 大胆用语言表达自己对音乐的内心感受体验，并给予真诚的表扬和支持。其次是在进行音乐审美欣赏时，指导 B 进行音乐的注意力训练，培养其审美的感知能力；同时进行一些律动训练，培养其协调能力。再次是通过对其生活学习中心理压力的解释，使 B 从一个全新的更全面的角度面对自己的问题，认识其自身及周围的环境，更加自信。

第二次访谈在活动三——西方音乐之旅（注意力训练）之后进行，内容如下：

T：在聆听这样的音乐前后，你有什么样的情绪体验变化？

S：听之前，我心里充满了新奇、期待和渴望。听的过程中，感觉有一丝淡淡的哀愁笼罩在心头，想起了家乡的月亮。听之后，觉得有些伤感，但突然有种强烈的感觉，觉得应该珍惜自己所拥有的一切。

T：对这次活动，你有什么样的收获体会呢？

S：我想是冷静、坚持和热爱生活。经过一段时间的聆听音乐，内心深处平静了一些。我对音乐有了新的体会，觉得美的东西要靠自己去发现，有时间静静地聆听音乐，重新认识自己。

从以上访谈可以看出，B 通过参与音乐审美欣赏活动，使自己开始安静下来，冷静思考某些问题。通过聆听音乐，其注意力也得到了增强，勾起自己的美好回忆，开始学会珍惜自我和发现美好的事物，从而增加自信。在几次活动中，通过观察，B 的变化也是很明显的。前几次活动他不爱说话、比较沉默，但活动干预的后几次活动中，开始活跃，用语言、旋律和图画来表达自己在音乐审美欣赏中所体会到的美好的感觉，从而提高自身的协调能力。

结束阶段

第三次访谈在活动的总结会后进行，内容如下：

T：在整个活动中，你的情绪体验有哪些？用简单的形容词来表达。

S：满意、兴奋、尊重、充满希望、充实、积极、自豪、感动、安心、平静、开心、有信心、幸运、有兴趣和真诚。

T：在整个活动中，你感受体验最深的是什么？

S：这个参与的过程是多么的宝贵，其间我感到充实和安慰。这个活动包含了一些丰富的精神层面的东西，只要用心投入，将受益无穷。

T：活动结束后，你有什么收获或者变化？

S：更加热爱音乐和热爱生活。

活动结束后，B 发来电子邮件谈到“由于我从大山里走出来，能有这样优美的音乐享受，以前我没想到过。现在虽然结束了，但我一次次深深的感动，回想起过程中的点点滴滴，我觉得一切都是那么美，那么令人感动。其中的一些积极的东西将渗入我的生活中。”

从以上的访谈及追踪反馈中，我们可以发现，B 通过参与近三个月的音乐审美欣赏团体活动，在音乐中训练了自己的注意力和协调能力，学会了以一种平和的心态对待自己、他人和事物，开始逐渐向外界敞开，由实验最初的有些自卑转为自信。此外，通过 B 实验前后所做量表的各项得分变化，也可以发现 B 的实验效果。实验前：SDS 得分 59，SCL-90 得分 316，SCL-90 的抑郁因子得分 57；实验后，SDS 得分 38，SCL-90 得分 219，SCL-90 的抑郁因子得分 34，抑郁症状水平及总体心理健康水平得到了极其明显的改善。

我们知道，研究对象往往是与特定的个体相联系的，因此存在无法忽略的背景差异性，即音乐欣赏者固有的个体间差异，如年龄层、文化背景与生活经历、音乐学习经验、个性倾向等一些因素（Sloboda，Juslin 2001）。在本研究中，以音乐作为干预手段的音乐审美欣赏活动的设计及其实施，从一开始就在关注如何为参与者提供更加个人化的服务。这种需求，代表了音乐实际应用领域普遍具有的与个体紧密结合的精细化和个人化的倾向，这一趋势也是未来该研究的一大主流。

从以上个案分析的访谈内容及实验数据的变化中可以看出，本项教育干预实验的设计实施体现了一定个体化的倾向，无论是对个案问题性质的分析还是对个案干预目标的确定都具有较强的针对性，因此个案实验效果较好。

最后还要指出，个案分析中呈现的差异往往是比较明显的，其代表性和说服力也是有限的，但它毕竟不同于实验数据的统计分析。本研究的个案分析部分，是一个探索，目的在于为音乐审美欣赏的教育干预研究注重个体性的方法创新提供启示。

三、对音乐审美欣赏陶冶模式及其效果的探讨

本研究的目标界定了对于研究变量的两个切入点：一是从音乐审美心理过程和音乐审美要素表现入手，针对抑郁典型症状，构建具操作性的音乐审美欣赏活动理论模型，设计音乐审美欣赏活动操作方案；二是以大学生的抑郁症状及其总体心理健康水平为干预对象，探讨音乐审美欣赏对其影响的共通性和差异性。实验数据在这两个方面都显示出了一些值得关注的和具有启发性的结果。

（一）音乐审美欣赏理论模型的构建和操作方案的设计

音乐审美欣赏活动理论模型的构建是与音乐审美要素的表现相联系的，由此组成音乐审美欣赏的横向系统，它是保证干预效果的前提。我们将音乐审美欣赏的审美要素表现分为四个维度：音乐审美欣赏内容构成的审美因素、音乐审美欣赏方式遵循的审美原则、音乐审美欣赏环境具备的审美特征、音乐审美欣赏指导操作的审美规范。音乐审美要素表现系统四维度所包含的具体内容都渗透在活动的各个环节和方面，实现了音乐审美欣赏中审美表现手段的优化。

音乐审美欣赏活动理论模型的构建要遵循个体音乐审美心理活动的规律，同样是与音乐审美心理过程相联系的，也由此组成音乐审美欣赏活动的纵向系统，它是保证干预效果的核心。我们将音乐审美欣赏的审美心理过程分为音乐审美准备、音乐审美观照和音乐审美弥散三个阶段。在三阶段中，被试进行着具体的审美心理活动，如审美注意、审美感知、审美联想想象、审美领悟表现、审美反思等，而这些活动最主要的和最终的目的是使被试获得良好的审美情感体验，这是实现被试改善其抑郁症状的关键。音乐审美心理过程系统三阶段所包含的内容突

出了音乐审美欣赏中审美情感体验的内化。

音乐审美欣赏活动操作方案的设计要具针对性、要程序化、规范化并具可操作性。因此，在音乐曲目的选择、活动阶段的安排，以及欣赏环节的设置等方面紧密结合了大学生抑郁症状的具体表现，符合大学生的心理需求。其中，还把音乐治疗与团体咨询技术引入其中，训练培养大学生改善抑郁症状和提高总体心理水平的能力，同时，还训练和培养了其音乐审美欣赏能力及和他人合作相处的能力技巧，这些能力最终会泛化和转移到他们的日常生活中去。音乐治疗与团体咨询技术的引入增强了该活动操作方案的针对性和可操作性，从而提高了音乐审美欣赏实施的可行性。

而且，从被试对音乐审美欣赏干预实施的反馈可以看出，被试对音乐审美欣赏活动要素表现及过程操作的评价总体上是较好的，实验整体上是令被试满意的。其中，在音乐审美要素表现中，方式遵循的体验性审美原则、环境具备的听觉环境审美特征及指导操作的审美规范这三个方面体现最好。在音乐审美心理过程中，各阶段和环节都实施较好。

总之，本研究对音乐审美欣赏活动理论模型的构建、活动实施方案的设计和实施体现了研究目标中对大学生抑郁症状影响的可行性，使得音乐审美欣赏活动中音乐审美情感体验得到内化、音乐审美要素手段得到优化，具有了较强针对性和可操作性。

（二）音乐审美欣赏对大学生抑郁症状影响的实验效应分析

1. 共通性

1）音乐审美欣赏对大学生抑郁症状的影响

首先，在整体比较上。通过音乐审美欣赏的教育干预，无论实验组与对照组的横向后测差异比较（$t=-5.089$），还是实验组的前后测纵向差异比较（$t=6.824$）都显示差异极其显著（$p<0.001$）。这说明，在整体上，音乐审美欣赏能够显著地改善实验组被试的抑郁症状，达到了实验的主要目的。

其次，在被试的轻度、中度和重度三水平分布上。纵向看，实验组不同水平被试的抑郁症状实验前后有不同程度的显著差异（轻度：$t=4.114$，$p<0.01$；中度：$t=-5.405$，$p<0.001$；重度：$t=6.274$，$p<0.05$）；横向看，不同水平实验组和对照组被试的抑郁症状实验后也有着不同程度的显著差异（轻度：$t=-2.808$；中度：$t=-3.600$；重度：$t=-2.853$）。另外，实验组三水平被试抑郁症状前测和后测方差分析表明，实验组三水平被试在抑郁症状上实验前差异极其显著（$F=75.125$，$p<0.001$），实验后不存在显著差异（$F=0.436$，$p>0.05$）。以上分析说明，音乐审美欣赏能够显著地改善不同水平被试的抑郁症状。

最后，在被试抑郁症状的诸因子上。通过干预，实验组被试抑郁症状的四个因子前后测均有极其显著的差异（$p<0.001$）。这说明音乐审美欣赏能够极其显著地改善被试抑郁症状的精神性-情感症状、躯体性症状、精神运动性障碍和抑郁的心理障碍四个特异性症状。

2）音乐审美欣赏对大学生总体心理健康水平的影响

首先，在整体比较上。通过音乐审美欣赏的教育干预，尽管实验组与对照组的横向差异比较不显著（$t=-1.318$，$p>0.05$），但实验组的前后测纵向比较差异却极其显著（$t=4.028$，$p<0.001$），对照组的前后测比较差异不显著（$t=1.093$，$p>0.05$）。整体上，音乐审美欣赏通过改善实验组被试的抑郁症状，促进了实验组被试总体心理健康水平的提高，达到了实验的另一目的。

其次，在被试的轻度、中度和重度三水平分布上。纵向看，实验组轻度水平的被试有着显著的差异（$t=3.359$，$p<0.01$），中度和重度水平的被试在实验后，其总体心理健康水平略有上升，但差异并不明显（$p>0.05$），究其原因，很大程度上与本研究干预的时间长短、不同程度的抑郁症状与总体心理问题之间是否联系紧密有很大的关系。横向看，不同水平的实验组与对照组被试在总体心理健康方面都不存在显著的差异（$p>0.05$）。另外，实验组三水平被试总体心理健康水平前测和后测的方差分析表明，实验组三水平被试在总体心理健康水平上实验前较为显著（$F=4.731$，$p<0.05$），实验后不存在显著差异（$F=1.740$，$p>0.05$）。这说明音乐审美欣赏通过对实验组轻度水平被试抑郁症状的影响，能够显著地提高其总体心理健康水平。

最后，在被试总体心理健康水平的诸因子上。通过干预，实验组被试抑郁因子的得分前、后测有极其显著的差异（$t=4.627$，$p<0.001$），这印证了上文结论，即音乐审美欣赏能有效改善大学生被试的抑郁症状；偏执因子的得分前后测有显著差异（$t=2.723$，$p<0.01$）；躯体化、人际关系敏感、精神病性 3 个因子的得分上前、后测有较为显著的差异（$p<0.05$）。其他因子如强迫症状、焦虑、敌对、恐怖这 4 个因子上的得分前后测没有显著差异（$p>0.05$）。这说明音乐审美欣赏通过有效改善被试的抑郁症状，能够显著地改善躯体化、人际关系敏感、精神病性和偏执 4 个心理健康因子。这可能与活动方案设计实施中涉及了一些可以改善其他心理问题的手段有关，如活动中强调人际互动、强调身心和谐、强调合作友善等。

2. 差异性

对于诸多的被试变量，本研究将其归纳为两大方面展开陈述：与人口学有关变量（包含性别、地区、文理专业）和与音乐有关变量（如音乐喜爱程度、音乐学习经验、音乐家庭爱好传统）。

结果显示，音乐审美欣赏对被试抑郁症状的影响不存在性别、地区、文理分科、音乐爱好度、音乐学习经验、家庭音乐爱好六个方面的显著性差异（$p>0.05$）。这说明音乐审美欣赏能够对不同被试群体产生积极的影响。由此可知，音乐审美欣赏对不同被试群体抑郁症状的影响具有普遍性，实验效果是较好的。

（三）研究不足与展望

由于音乐审美效应课题的研究难度，实验研究要尽善尽美实为不易。本研究属于心理健康教育的探索性研究，尚存在许多不足之处，如音乐心理学理论的掌握不够深，实验的设计不够简捷，实验中无关变量的严格控制不太满意，实验的范围较窄，实验的时间不够长，等等，在今后的研究中需要加以改进。由于是探索阶段，还有一些尚待解决的问题需要做进一步的探讨，简要总结分析如下：

1. 被试的问题

首先是被试的内在因素问题。表现为两个方面：一是被试的个性审美心理结构因素，即被试原本所具有的音乐审美趣味，如音乐审美态度、审美偏爱、审美标准、审美理想等，会影响个体审美活动的指向性、选择性和判别性；二是被试的人格维度，不同的个体被试由于其不同的人格维度对于音乐感受的作用也是不一致的。本研究在这两个问题上少有涉及或没有涉及，因此造成了一些结果归因的困难，建议后续研究在样本挑选时考虑这些方面，并扩展可能关联的变量。

其次是被试数量的问题。由于环境和时间的限制，本研究中重度抑郁水平被试的数量十分有限，造成了一些结果归因的困难，建议后续研究中扩大样本的取样。

再次是被试测试现场心理状态影响的问题。由于心理状态的即时性，以及它对审美情感体验的潜在影响，本研究尚未排除被试不同的心理状态在测试现场中，对结果的干扰。这一问题是音乐审美效应研究中普遍存在的关键难点，值得有关后续研究重视。

2. 研究方法的问题

本研究中主张关注音乐与听者的心理特征，是以人的聆听感受为切入点的音乐心理学研究，可称之为柔性的音乐心理研究，它能更深入地触及音乐心理的本质。然而，正是由于这种柔性的音乐心理研究方法所具有的特点导致了一系列困难，成为限制本研究的关键因素。这些困难包括对于音乐刺激的模糊性和广泛性，感受反馈信息收集的可靠性，个体特征及其与音乐交互作用的影响。由于对象的模糊性，以及相关理论在解释现象方面的不足，本研究存在来自方法上的一些质疑，也是后续研究所需要关注的难点。

3. 音乐材料选择的问题

关于音乐材料的选择一直是本研究的难点。基于研究方法上的特点，尽管本研究做了一些有别于以往的实验研究的探索，选取了多种风格且具有不同音乐特征的乐曲作为材料，考虑了不同音乐元素特征的分布，但仍存在不少问题。例如，针对大学生的具体抑郁症状特点，应构建更系统、更典型、更具针对性的音乐曲目表，建议在后续研究中做进一步的分析探讨。

参 考 文 献

保罗·哈克，刘沛．2002．走向功能音乐教育．人民音乐（11）：32-36.

蔡焯基．1997．抑郁症：基础与临床．北京：北京科技出版社：98.

蔡元培．1920．《音乐杂志》发刊词//王宁一，杨和平．20世纪中国音乐美学文献卷．北京：现代出版社：49.

曹理，何工．2000．音乐欣赏与审美教育．课程．教材．教法，(1)：36-40.

范欣生．2002．音乐疗法．北京：中国中医药出版社：83，159.

冯正直．2002．中学生抑郁症状的社会信息加工方式研究．西南师范大学博士学位论文.

弗拉赫·F．1988．神秘的潜力论——抑郁．方永德译．上海：上海人民出版社.

高天．2003．音乐在治疗中的应用原理．http://www.dabuluo.com/bllp/show Article.asp?Artide ID=3578[2012-9-18].

纪宏．1999．高师院校大学生心理素质调查研究及自杀危机干预．北京师范大学学报（社会科学版），1：26-33.

季建林，夏镇夷，徐俊冕．1990．不同专业大学生SCL-90评定结果分析．中国心理卫生杂志，4（3）：123-123.

贾继敏，徐俊冕．2001．抑郁症诊断分类的临床研究．临床精神医学杂志，11（2）：95-96.

柯锦泉．2002．浅谈音乐欣赏与当代大学生心理健康的培养．高等农业教育（9）：63-65.

黎乔立．2000．审美生理学导论．广州：广东人民出版社：189.

林贵美．2001．音乐治疗与教育手册：音乐治疗与教育的基本概念与活动设计．台北：心理出版社有限公司：59.

刘美涓，余华．1995．大学生SCL-90测试结果的研究．心理科学，18（5）：295-298.

刘沛．1991．音乐心理学简论//薛良．音乐知识手册（四集）．北京：中国文联出版公司：206-269.

刘宇宁，金月兰．2001．大学生抑郁情绪及相关因素的初探．中国临床心理学杂志，9（3）：208-209.

刘兆吉．1985．美育心理//董纯才．中国大百科全书·教育．北京：中国大百科全书出版社：251-252.

刘兆吉．1993．美育心理研究．成都：四川教育出版社.

彭吉象．1994．艺术学概论．北京：北京大学出版社.

瞿书涛. 1998. 抑郁症的多样性表现. 中华精神科杂志, 31 (4): 243-244.
沈靖. 2003. 音乐治疗及其相关心理学研究述评. 心理科学, 26 (1), 176-177.
沈靖. 2004. 大学生音乐喜好及其影响因素的实验研究. 华东师范大学硕士学位论文.
舒良, 汪向东. 1999. 自评抑郁量表和抑郁状态问卷//汪向东. 心理卫生评定量表手册. 中国心理卫生杂志, 1993 增刊: 194-195.
王春芳, 蔡则环, 徐清. 1986. 抑郁自评量表-SDS 对 1340 例正常人评定分析. 中国神经精神疾病杂志, 12 (5): 267-269.
文辉, 黎昕, 葛俊杰. 2003. 大学生心理健康状况的调查分析. 高教论坛, (2): 40-42.
吴文源. 1990. 抑郁自评量表 (SDS). 上海精神医学, 2: 41-42.
修海林, 罗小平. 1999. 音乐美学通论. 上海: 上海音乐出版社: 257.
叶林. 1995. 音乐审美欣赏. 拉萨: 西藏人民出版社: 1.
易法建. 1996. 心理医生. 重庆: 重庆大学出版社: 33.
曾欣然. 2001. 审美运动的心理阶段//车文博. 心理学咨询大百科全书. 杭州: 浙江科学技术出版社: 730.
张大均. 2004-6-16. 心理健康教育: 十大问题亟待解决. 中国教育报, 3 版.
张长春. 1999. 内科住院病人的抑郁状态. 健康心理学杂志, 7 (1), 82-83.
张敬悬, 翁正, 刘庆桂, 等. 1995. 家庭成员抑郁症状与其家庭职能关系的研究. 中国临床心理学杂志, 3 (4): 225-226.
张前. 1983. 音乐欣赏心理分析. 北京: 人民音乐出版社: 1-9.
朱丽叶特·阿尔文. 1989. 音乐治疗. 高天, 黄欣译. 上海: 上海音乐出版社.
Beck A T. 1967. Depression: Clinical, Experimental and Theoretical Aspects. New York: Harper & Row.
Bruscia K E. 1987. Improvisational Models of Music Therapy. Springfield, IL: Charles C. Thomas: 401-465.
Bunt L. 1997. Clinical and therapeutic uses of music//Hargreaves D J, North A C. The Social Psychology of Music. New York: Oxford University Press: 249-267.
Compas B E, Ey S, Grant K E. 1993. Taxonomy, assessment, and diagnosis of depression during adolescence. Psychological Bulletin, 114 (2): 323-344.
Jacob A. 1987. Report on a Project with Autistic Children at Indiana University//Pratt R. The Fourth International Symposium on Music: Rehabilitation and Human Well-being. New York: University Press: 157-164.
Petrie G. 1989. The identification of a contemporary hierarchy of intended learning outcomes for music therapy students entering internships. Journal of Music Therapy, 26: 125-139.
Sloboda J A, Juslin P N. 2001. Psychological perspectives on music and emotion//Juslin P N, Sloboda J A. Music and Emotion: Theory and Research. Oxford: Oxford University Press: 71-104.

第十三章　文学作品审美赏析对大学生情绪障碍的实验研究

目前，我国大学生心理问题突出，抑郁、焦虑等情绪呈流行病趋势发展。大学生心理健康教育已经引起教育主管部门高度重视，并在学校教育实践中大力推行。因此，探索一种利用文学作品审美赏析来干预抑郁、焦虑等不良情绪，提高心理健康水平的方法，对于我国高校培养高素质人才具有重要的理论价值和实践意义。本章采取实验干预的方式，探讨了文学作品审美赏析对大学生抑郁、焦虑症状的影响效果，结果表明：文学审美赏析能有效改善大学生的抑郁症状；文学审美赏析能有效改善大学生的焦虑症状；文学审美赏析能有效提高大学生总体心理健康水平。

第一节　研究概述

一、文学与文学审美心理

（一）文学作品的心理功效

自从人类诞生起，我们就会受到各种各样的精神压力，如时间流逝的压力、对死亡的恐惧等。所有的这些压力都要求释放或升华，而艺术，包括文学艺术，如艺术理论家维戈茨基所言，恰好提供了摆脱这些精神困境和宣泄郁积的内在压力的有效方式。通过对文学作品的赏析，能够消耗这些有害的能量，使人们的精神恢复平衡。

从古至今，文学都扮演着人类心灵良药的角色。古希腊哲学家亚里士多德认为文学艺术的鉴赏对人类的日常情感可以起到"净化"作用。他说："那些受到怜悯和恐惧，甚至任何一种情感影响的人，一定也有类似的感受，其他人都不同程度的易受这些感情的感染，而所有的人都会在某种程度上得到净化，因而他们的心情也会变得轻松、愉快"（库恩　1981）。早在春秋时期，孔子就认为诗可以鼓舞情操，礼可以端正行为，乐可以陶冶性情，使人完成德行。到了近代，精神分析大家弗洛伊德更是提出精辟的论断："富有想象力的作品给予我们的实际享受来自我们精神紧张的解除"（冯川　2003）。他认为文学是个体本能欲望的替代性满足。人本主义创始人马斯洛则认为，对于文学艺术的欣赏需求，能产生更深刻的幸福感、宁静感，以及内心生活的丰富感，使人朝着更健康的人格发展（张小元　2000）。

（二）文学审美心理研究

1. 文学作品审美赏析概念界定

文学包括文学的创作和审美。如接受美学理论把文学视为“一种审美接受与生产的过程”，将接受过程视为整个文学活动的中枢。而德国康士坦茨大学教授伊瑟尔（W. Wolfggang Iser）指出：“文学作品有两极：可将它们称为艺术的和审美的。艺术一极是作者的本文，审美的一极则是由读者完成实现……”（朱立元　1993），而对于大部分非天才的人来说，对于文学的接触多停留在审美赏析部分，自然其受益的方式更多的是通过阅读文学作品来实现的。由此可见，对于文学的接受具有更大程度的普遍意义，因此，本研究选择了文学审美欣赏作为自变量。

罗列一些关于“文学审美赏析”的概念界定，见表 13-1。

表 13-1　文学审美赏析的概念界定一览表

文艺鉴赏是对文学艺术作品和艺术活动的感受、理解、评价和审美的情感体验过程。刘兆吉（1992）
文学赏析指的是以欣喜愉悦的心态对作品的接受，这是一种感性直觉的即审美的接受，主体的感受往往只可意会不可言传。文学鉴赏是鉴别、分析、审查，就是在“品味”中有所鉴别、有所分辨、有所察觉。钱谷融和鲁枢元（2003）
艺术欣赏不同于艺术批评和艺术研究，它是一种具有审美愉悦、艺术直觉和艺术共鸣的一种非功利的艺术再创造过程。张小元（2000）
艺术审美鉴赏是人们欣赏艺术美的一种精神活动，又是美的形态的显现过程，主体与客体和谐统一的心理过程。林同华（1987）

从以上的概念我们可以归纳出文学审美的三个要素：①首先文学欣赏和一般意义的阅读不同，它不要求读者对作品作抽象思维，不思考其科学性质，也不对作品进行科学性、逻辑性的严格推理。另外，它也没有功利实际的目的，而是要求读者玩味、陶醉于其中，获得一种审美快感，达到一种释放。②文学赏析是一种接受过程。既然是接受过程，那么读者的主体性意识就理应受到重视。不同的阅读者由于知识结构和心理结构的不同，在赏析过程中会有不同的体验和情感，因而文学赏析没有统一的结果标准。③文学赏析是一种再创作过程，文学读者以文学作品为审美对象，通过体验、玩味、沉吟等欣赏行为展开复杂的心理活动，从而把作为物的文学作品再现为自己头脑中的意象。这些意象不是作品被动的反映，而是读者主动创造，它已经改变了艺术作品的存在方式。

2. 文学作品的审美特征

文学作品具有丰富的审美特征，这已经是被文学领域和心理学领域的专家共同认定的基本事实。列举一些有代表性的观点，见表 13-2。

表 13-2 文学的审美特征一览表

杨辛和甘霖（2001）认为文学是语言的艺术，它的美是借助语言塑造典型的艺术形象或意境，深刻反映生活或丰富的情感。
张小元（2000）认为文学的审美特征包括：以审美意象为存在形态的特征，广泛自由反映生活的特征，反映人类普遍性情感的特征。
钱谷融和鲁枢元（2003）认为文学作品的艺术生命特征即审美特征应包括：文学作品的生命活力，有机整体性，韵味风度美。
刘兆吉（1992）认为文学是语言的艺术，文学语言是文学创造艺术形象的工具，因而文学作品的审美特征更多体现在语言的艺术上。文学语言的基本特点是形象性、丰富性、音乐性和感性色彩。

从以上的观点我们不难发现，关于文学的审美的特征是多种多样的，但是其最重要的特征是情感性、体验性、形象性。

3. 文学审美的过程

对于文学审美过程的划分标准不同，因而其具体的划分阶段也就不尽相同，见表 13-3。

表 13-3 文学审美赏析过程一览表

刘兆吉（1992）从心理活动因素角度，把文学审美过程划分为感知、表象、想象、抽象思维和情感阶段。
张小元（2000）从时间与逻辑相结合的角度将其划分为态度、注意准备、品味、妙悟、反思判断等阶段。
林同华（1987）认为审美过程，就是“审美态度”所伴随的“审美经验”的发生、发展和反馈的过程。将审美过程划分为发生阶段、实践阶段和反馈阶段。
钱谷融和鲁枢元（2003）通过文献分析，指出还有如下划分方式：从接受动力角度，将其划分为发动、强化、骤发、平复几个阶段；从文本存在方式与接受心理的对应角度，将其划分为初始（心理转换）、实现（心理建构）、高潮与结束（心理效应）几个阶段。

由于文学审美的过程是一种多因素相互交叉、互相补充、相互作用的统一流动过程，是个体内心深处的隐秘活动，因而难以量化，只能通过经验和现象进行归纳。但是从以上划分标准中，我们不难看出：首先，文学审美是包括感知、表象、想象、抽象思维、情感等心理现象的综合主客体互动过程；其次，文学审美过程是有一定的时间层次，各层次所完成的任务既有侧重区别又有重叠渗透。

二、抑郁症状与焦虑症状

（一）抑郁症状的概念及分类

抑郁是一种情绪，是一种低落情绪，属于人的基本情感活动。同时抑郁又是情绪和情感进化的产物，具有多种信号功能，如社会交流、生理觉醒、主观觉察等（杨权 2000）。由于抑郁是一种情绪情感，所以抑郁可以是正常的情感反映也可以是异常情绪。冯正直（2002）在文献分析的基础上指出：根据其发展程度和水平，抑郁可以分为抑郁情绪、抑郁症状和抑郁神经症三种类型。抑郁情绪是指一个人悲哀、不幸福和烦躁的心境和情绪反应，抑郁症状是由行为问题而引起的个体悲哀情绪，其特点是具有许多身心不适症状，社会性发展不良。抑郁性神经症是指抑郁的严重状态，即个体长时间受到抑郁影响而不能正常学习和生活，这是精神病学研究的一个重点领域。

（二）焦虑症状的概念及分类

焦虑是因遭受心理冲突或挫折而引起的复杂情绪反应。它是一种不愉快的情绪，通常由忧虑、紧张、失望、不安、恐惧、焦急、羞愧等感受交织在一起（黄希庭　1987）。其范围从对现在或将来的过分关心到惊恐的感觉（阳性与阴性症状）。适度的焦虑能增强人们的警醒程度，有助于人们克服遇到的困难，然而无明确诱因或过度的焦虑却是有害的。对焦虑的分类可从多个角度进行，如有的研究者将其分为正常焦虑与异常焦虑、状态焦虑与品质焦虑等（章志光　2002），也有人从不同需要条件缺失而致不同的焦虑角度出发，将大学生焦虑分为基本型、归属型和发展型三类（章小梅　2004）。

我们根据 Kay 和 Fiszbein（1992）的阳性与阴性症状症状量表（PANSS）的划分类型，将焦虑划分为焦虑情绪、焦虑症状、焦虑障碍和惊恐障碍。焦虑情绪指主体有些担忧、过度关心或主观的坐立不安的情绪，但没有述说或表现出相应的躯体症状和行为。焦虑症状指主体有明显的神经紧张症状，并反映出轻微的躯体症状，并可能导致主体的社会适应不良。焦虑神经症，主述有严重的焦虑问题，几乎持续感到害怕并伴有恐惧，具有显著的躯体症状和行为表现。惊恐障碍是一类反复发生惊恐发作的焦虑障碍，患者突然间感到强烈的恐惧和不适，并迅速达到高峰，同时有认知症状和反映交感神经激活的躯体症状。

（三）抑郁与焦虑的关系

焦虑和抑郁是两种独立的情绪和障碍，但在实际中两者往往同时存在。在美国，95%以上的抑郁症病人至少存在一种焦虑症状，20%～65%的焦虑症病人也存在着抑郁（袁勇贵等　2000）。另外，焦虑和抑郁有很多的重叠症状（杨权　2003），见图 13-1。

在抑郁与焦虑出现的先后上，有很多基础研究得到的数据支持焦虑症状先于抑郁症状。行为学研究显示，灵长类幼儿与母亲分离后，首先表现的是抗议，而抗议是焦虑的原型；然后才表现失望，而失望则是抑郁的原型。在面临应激源时，初期还不能肯定失去帮助时感到焦虑，只有无望变得明显时才出现抑郁（杨权　2003）。

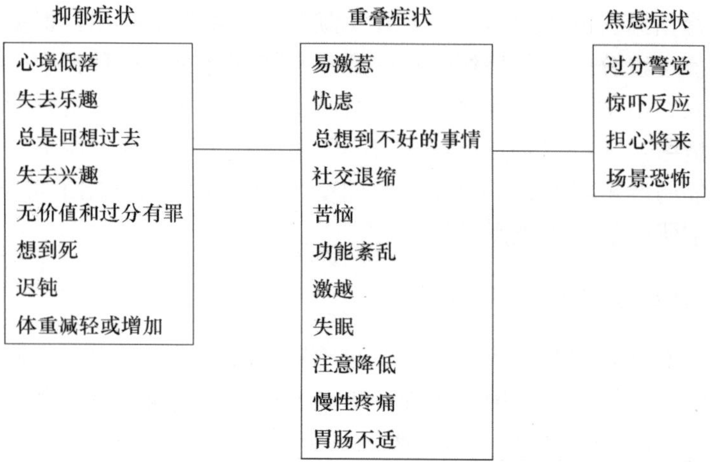

图 13-1　抑郁症状、焦虑症状及其重叠症状

关于抑郁、焦虑的相关研究非常丰富，早在 1934 年 Lewis 就提出了两组症状间的连续性，认为焦虑症状从整体或部分上是抑郁的一部分（袁勇贵等 2001）。袁永贵等（2002）的研究发现，所有抑郁症病人均存在焦虑症状，所有焦虑症病人也存在抑郁症状，并且两组的焦虑症状严重度无显著性差异。此外还有研究报告，几乎所有的焦虑量表和抑郁量表之间均存在高度相关性（Bystritsky et al. 1993）。对于两种症状关系的成因，Mendels 等（1972）的研究解释道：首先，二者有共同的生物学基础；其次，二者是对刺激因素的同一反应，而特征性症状是人格的病理塑形作用的结果；最后，原有疾病随着病情加重和病程迁延，其中的任一种都可以出现另一种的继发症状，换言之，慢性焦虑症病人可有继发性抑郁症，慢性抑郁症病人可有继发性焦虑症（袁永贵等　2002）。

虽然以上的相关研究大多是属于临床心理学范畴，但却说明了抑郁症状与焦虑症状的密切关系。根据这一特点，本研究选取同时具有抑郁与焦虑症状的大学生作为干预对象，重点对两种症状的重叠部分进行干预，以便取得更好的干预效果。

三、大学生的抑郁症状和焦虑症状

（一）大学生的抑郁现状

抑郁对个体的心理调适有阻碍作用，是 21 世纪影响人类身心健康的主要危险因素，近 10 年的研究报告显示，正常人群患抑郁的比例在迅速增加（Holden 2000）。大学生抑郁心理普遍甚至出现自杀倾向的现象，也越来越多地引起了社会各界关注，众多诱因导致大学生成为心理弱势群体。Chan（1991）发现中国香港大学生抑郁流行率为 50%；杜召云和王克勤（1999）发现中国大陆大学生抑郁流行率为42.1%；52%的贫困大学生存在抑郁状态或抑郁倾向。也有研究报道我国大学生抑郁的比例达20%～60%，高于国内其他职业人群及国外水平（曹鸣岐 2001)。

（二）大学生的焦虑现状

焦虑是一种普遍存在于大学生群体中的心理问题。根据国家卫生部门所掌握的数据，目前，17岁以下的青少年人群中，至少有3000万人正在遭受着各种情绪障碍和行为问题的困扰。而在大学生人群中，经常带有焦虑不安、恐惧、抑郁等焦虑症病理指标的人，目前已经超过了大学生总人数的16%（王晓丽 2005)。国家教委抽样调查12.6万名大学生，结果显示有心理问题的学生达到20.23%，其中焦虑是突出的问题之一。在中国一些流行病学的调查指出，焦虑和忧郁是大学生当中存在的对其日常生活影响最大的心理健康问题(樊富珉，王建中 2001)。

（三）干预大学生抑郁焦虑的有效形式

通过对文献分析，我们发现目前对大学生抑郁症状和焦虑症状的干预形式主要有团体人际关系训练、催眠治疗、放松治疗，从事体育锻炼，行为-认知治疗、开设心理健康课等，这些方法都在不同程度上干预大学生的抑郁症状和焦虑症状。同时，从以上的干预形式我们可以看到，现有干预大学生抑郁症状和焦虑症状的有效方式多是在认知、社会、行为、意志的层面进行，注重对行为、认知的影响和改变。

四、文学审美赏析与大学生的抑郁症状和焦虑症状

目前，我国心理健康教育实践中存在着“重行为训练，轻体验内化”的现状(陈旭，张大均 2002)，强调认知行为的训练和改变，忽视情感的熏陶与培养。大学生的抑郁、焦虑症状主要是一种悲伤和紧张不安情绪，主观的负性情绪体验是其主要核心，因此，转变这种负性情绪体验是改善抑郁和焦虑症状的关键所在。刘兆吉（1992）指出文艺鉴赏是对文学艺术作品和艺术活动的感受、理解、评价和审美的情感体验过程。个体在赏析文学作品时需要融合主观情感、思想进而形成审美意象，从而产生审美体验。因此，文学审美赏析是一种情感体验过程，利用文学审美的愉悦体验可以转变抑郁、焦虑的负性情绪。从前面的文献分析，我们发现目前干预大学生负性情绪的有效方式中，多在认知、社会、行为层面进行，通过纠正认知来达到改变情绪的目的；而利用审美情感体验这一良性情绪来直接改善抑郁、焦虑情绪的研究很少。

另外，文学审美要求阅读者具有一定文化水平、审美知识及审美需求，大学

生群体的受教育程度普遍较高，并且具备相当的审美经验和需要，是能够进行审美阅读并产生审美体验的。因此，选择大学生作为文学审美情绪干预的对象是具有可行性的。

五、理论基础与构想

（一）理论基础

1. 现代心理学关于情绪与认知关系的研究，提供了心理学的理论依据

20世纪70年代以来，情绪对认知过程的影响的研究逐渐开始兴起。汤姆金斯1974年提出情绪动机理论，他认为情绪在人的生存和发展过程中起着至关重要的作用，决定着人的认知方向和人格发展方向。一般认为，情绪独立于认知和其他心理过程，并与认知过程相互作用（罗峥，郭德俊 2002）。大量研究发现，正性情绪促进认知活动，而负性情绪破坏、瓦解和阻断认知活动。因此，通过改变情绪进而可以达到影响和改变认知的作用。文学赏析就是一种审美情绪体验，通过文学审美获得各种各样的审美情绪体验，以此提升个体的正向情绪，从而影响和改变个体对悲伤或焦虑事件的认知评价，并最后帮助其形成正确积极的评价。

2. 美学和文学心理学的研究提供了文学审美心理的理论依据

正如前面研究背景中所提到的，美学与文学心理学的研究中提出了很多关于文学的心理治疗理论。

首先是关于文学的宣泄说。其代表人物是古希腊哲学家亚里士多德，他认为文学作品尤其是悲剧作品最可以达到宣泄和净化的作用。当欣赏文学艺术作品时，通过剧情的“突转”和人物的“苦难”，唤起人们的怜悯和恐惧，因此他们可以用虚拟的因而也是对自身和现实生活无害的悲伤来宣泄心中沉积的悲伤情绪。通过宣泄情绪，心灵进入一种平静和谐状态，获得安宁和自由，达到净化。

其次是关于文学的直觉表象说。哲学家克罗齐认为人的情感在被直觉到之前，还是心中潜在的资料，还没有获得一定的形式；一旦被人直觉到，就获得了一定的形式而成为一种抒情的意象，于是内在的情感便得到了艺术表达。我们的内心总有很多未被表达和觉察的情绪，而通过艺术直觉可以使内在情感得到诗意的抒情表现，人们的忧郁心情也一扫而空，灵魂得到了净化。因此，个体通过文学审美产生艺术直觉，将自身难以被认识和觉察的情绪被对象化并将其表达出来。

再次是关于文学的间接满足说。间接满足说代表人物弗洛伊德认为读者在欣

赏文学作品时获得的快感，与儿童从游戏中获得的快感和成人从幻想中获得的快感，本质上是一样的，它们都满足了人们某些得不到满足的愿望。通过阅读文学作品，读者可以将自己未完成的情结在虚拟的文学想象空间中得以继续和完成。

最后是关于文学的人本主义解释。马斯洛认为需要的层次越高，其产生的心理效应越大。对于文学艺术审美的需要是一种高级需要，因此它能产生巨大的精神价值，并且能产生深刻的幸福感、宁静感，以及内心生活的丰富感，能使人朝着健康的人格发展。另外，在文学审美中，审美愉悦必然带来人心理、生理的积极反应，人能够在审美快感中获得精神自由，各种人生经验和阅读经验都被调动起来，一些从来没有经验过的人生感受就会突发于脑际，这时个体已经实现了对作品的超越，体验到超脱自由的审美情感，由此产生高峰体验。

3. 阅读治疗的研究提供了技术方法支持

随着近几十年对阅读治疗研究的深入，西方学者对阅读治疗的界定有了各自的侧重。Floyd（2003）认为：阅读治疗是对心理问题具有治疗作用的自我帮助式的阅读；McArdle 和 Byrt（2001）提出：阅读治疗是通常会带来心理治疗结果的指导性阅读。随着认知行为治疗的盛行，阅读治疗被赋予了认知阅读治疗的含义。Shechtman（1999）就认为阅读治疗主要是指心理问题患者在少量或者没有与心理治疗师接触的条件下，借助文字材料的暗示而进行的自行实施的方法。其假设是患者能够从文字材料中抽取与自己的需要有关的信息、经验和解决问题的方法。而大部分的研究者认为阅读治疗能使人产生认同、净化、领悟和高峰体验，改变人的气质和弥补其精神缺陷。因此，阅读治疗是一种具有临床治疗和预防发展双重功效的心理治疗方式，患者或接受者在医师、咨询师或教师的指导下，有计划、有导向、有主题的阅读选定的图书，同时参与相关的活动，借以改善情绪和认知方式，从而达到治疗和教育的目的。

目前，除了传统的阅读治疗技术如阅读讨论、读书笔记等，大部分研究者认为只有将阅读治疗视为交互式的互动过程时，它才能在指导性的阅读和讨论过程中发挥最有效的治疗作用（Gladding　1991）。互动性的阅读治疗已经和其他的治疗技术联合使用，如音乐治疗、戏剧治疗、游戏治疗等。因此，本实验将采取这一观点，采取互动性交互阅读方式，同时联合其他治疗技术，以期取得最佳效果。

综上所述，我们不难发现阅读治疗中涵盖有文学审美的治疗机制，同时由于其本身是一种心理治疗技术，阅读治疗中的文学审美必然是在一定的咨询、治疗模式下进行，从而有别于普通的文学审美。本研究试图利用阅读治疗的既有技术方法，充分发挥文学审美赏析的心理治疗效果，探索一条具有较强文学审美治疗功效的干预方式。

4. 团体心理辅导的研究提供了技术方法支持

二次大战之后，随着行为治疗团体、个人中心团体的兴起，团体治疗与团体咨询得到迅速普及和发展。如今，团体心理辅导日益成为高校心理咨询的重要方式之一。团体心理治疗或辅导是在团体情景下，借助团体的力量和各种心理咨询与治疗技术，使团体成员自知并自助，以达到消除症状、改善适应、发展人格的目的。它往往由咨询师根据来询者问题的相似性，组成课题小组，通过共同商讨、训练、引导，解决成员共同的发展问题或共有的心理障碍，增加社会适应性，促进人格成长。它既具有心理治疗的作用，也具有预防、发展和教育的作用（樊富珉　1996）。

本研究试图以团体辅导的形式开展文学审美活动，让有抑郁症状和焦虑症状的大学生在活动中诉说自己的苦恼，促进自我理解，加深自我认识；同时从其他小组成员那里观察到和自己类似的苦恼，产生同感，互相支持，互相鼓励，共同分析抑郁和焦虑问题产生的原因，找出解决问题的途径和方法，增强个人信心，从而达到改善抑郁症状和焦虑症状的目的。与此同时，本研究的活动设计将引入团体咨询的常见技术，如心理剧、交朋友小组、角色互换、镜像法、自我描述、生命线、作画等。通过这些技术的引入，使文学审美欣赏活动的实施能有效地干预大学生的抑郁症状与焦虑症状。

（二）本研究的思路与假设

本研究为高校心理健康教育的探索性研究，旨在建构文学审美赏析的活动模型，探讨并选取具有治疗功能的文学作品，验证文学审美赏析活动对大学生抑郁焦虑症状的干预效应。

第一步：在已有相关研究的基础上，结合大学生抑郁症状和焦虑症状的实际情况，初步构建符合大学生心理需要的文学审美赏析活动模型。然后，编制半开半闭式问卷对该模型进行验证和修订并确立最终模型。以该模型为理论指导，编制大学生文学作品选取倾向调查问卷并确立具体文学作品；引入阅读治疗技术和团体心理辅导技术，设计文学审美活动实施方案。

第二步：实施文学审美活动干预大学生抑郁症状和焦虑症状，对干预效果采取前、后测实验法和个案分析法进行研究。

第三步：对实验结果进行讨论并得出本研究的结论。

主要假设为以下四个假设。

假设一：文学审美赏析对大学生的抑郁症状和焦虑症状实施干预是可行的；

假设二：文学审美赏析能有效干预大学生的抑郁症状和焦虑症状；

假设三：通过改善大学生的抑郁症状与焦虑症状，文学审美赏析能够促进大学生的总体健康水平；

假设四：文学审美赏析对不同大学生群体抑郁症状和焦虑症状的干预存在一定的差异。

第二节　文学审美赏析活动设计

本节首先以文学审美心理为出发点，初步构建既符合大学生心理需要又能针对大学生抑郁症状和焦虑症状进行有效调节的文学审美活动模型；然后设计调查问卷验证和修订该活动模型，最后根据所修订的正式模型完成两方面的工作：①治疗性文学作品的选取。结合大学生文学阅读倾向的问卷调查结果与大学生抑郁、焦虑特点，选取有较强针对性的文学作品。②文学审美活动的设计。引入团体心理辅导与阅读治疗的两种技术，设计有针对性和有操作性的文学审美活动方案。

一、文学审美赏析活动模型的初步构建

在分析文献基础上，我们初步提出文学审美赏析活动模型，其各维度成分如下：

（1）文学作品的审美特征：以审美意象为存在形态（韵味风度），有机整体性，反映人类的普遍性情感，文学语言的艺术性。

（2）文学审美接受的特征：审美愉悦性、直观体验性与非逻辑性、艺术的再创造性、艺术共鸣。

（3）文学审美接受过程的心理阶段：准备阶段、实现阶段、判断阶段、沉淀阶段。

（4）文学审美活动的心理满足功能：净化与宣泄、自我陶冶、自我确证、幻想补偿。

（5）指导操作的审美规范：仪态美、气质美、语言美。

（6）环境布置的审美要求：舒适、安静、简洁。

二、模型的验证和修改

在文学审美赏析活动模型各维度初步构想基础上，编制了文学审美赏析活论模型的半开半闭问卷。以电子邮件和直接调查的形式调查了专家 10 人，大学生 50 人，回收率 100％（表 13-4）。该问卷封闭式调查项目采用 5 级评分，拟取赞成率为 70％或以上的成分，即 3 级和 3 级以上的成分。并综合考虑专家和学生在开放式项目中提到的各种建议，验证和修改构想模型，以确定最终的文学审美赏析活动的模型。

表 13-4　文学审美活动模型调查结果

维度	成分	专家（n=10）		大学生（n=50）	
		赞成人数	赞成率/%	赞成人数	赞成率/%
文学审美赏析的审美要素	文学作品的审美特征				
	以审美意象为存在形态	10	100	46	92
	全面、独立的有机整体	9	90	43	86
	反映人类的普遍性情感	10	100	45	90
	文学语言的艺术性	8	80	49	98
	文学审美活动的心理满足与治疗功能				
	净化与宣泄	10	100	42	84
	自我陶冶	10	100	49	98
	自我确证	10	100	40	80
	幻想补偿	10	100	48	96
	指导操作的审美规范				
	仪态美	9	90	48	96
	气质美	7	70	49	98
	语言美	8	80	49	98
	环境布置的审美要求				
	舒适、安静、简洁	10	100	46	92
文学审美接受过程要素	文学审美接受过程的心理阶段				
	准备阶段	10	100	47	94
	实现阶段	10	100	48	96
	判断阶段	9	90	41	82
	沉淀阶段	8	80	43	86
	文学审美接受的特征				
	审美愉悦性	10	100	50	100
	直观体验性与非逻辑性	10	100	46	92
	艺术的再创造性	9	90	47	94
	艺术共鸣	10	100	48	96

从上面的统计结果可知，专家对于文学审美赏析活动结构中的各个成分的赞成率普遍较高，除此之外，专家还提出以下的意见：①开展文学赏析活动时所遵循的原则问题；②其心理满足与治疗功能还应有“获得替代性经验，促进个人的顺应”；③文学审美赏析活动中的互动性与反馈；④实现文学审美赏析的多种途径和方式。学生对上述活动模型的赞同度也是比较高的，同时他们也提出了建议：①强调通过生动、活泼的方式实现文学审美赏析；②强调文学审美体验的个性化和时代化特征。

根据这一统计结果，同时综合考虑专家与同学的建议，对本模型进行修改，并应用于文学审美活动的设计和文学干预作品的挑选。其修订的依据：①补充文学赏析活动所遵循的审美原则，将其纳入文学审美赏析的横向系统；②将文学审美赏析活动的互动性、实现的多样化与反馈纳入活动设计原则中；③增加文学审美赏析的"替代性经验"功能，应用于作品挑选与活动设计，同时纳入文学审美赏析的横向系统；④增加文学作品选取的时代特点，将其应用于作品选取。

三、文学审美赏析活动模型的解释

根据实施问卷调查结果可看出，本研究的活动模型构想总体上是合理和正确的，同时，我们根据调查建议对文学审美赏析的活动模型进行了修订。该模型主要分为纵、横两大系统。其中纵向系统是以主体主观的文学审美接受过程为主线，从活动开始一直到活动结束；横向系统主要囊括了文学审美活动中的各个审美要素和审美环节，它是在每一次活动中都有所体现，并对纵向系统产生影响。纵横系统通过文学审美赏析活动发生联系和作用，其结构如图 13-2。

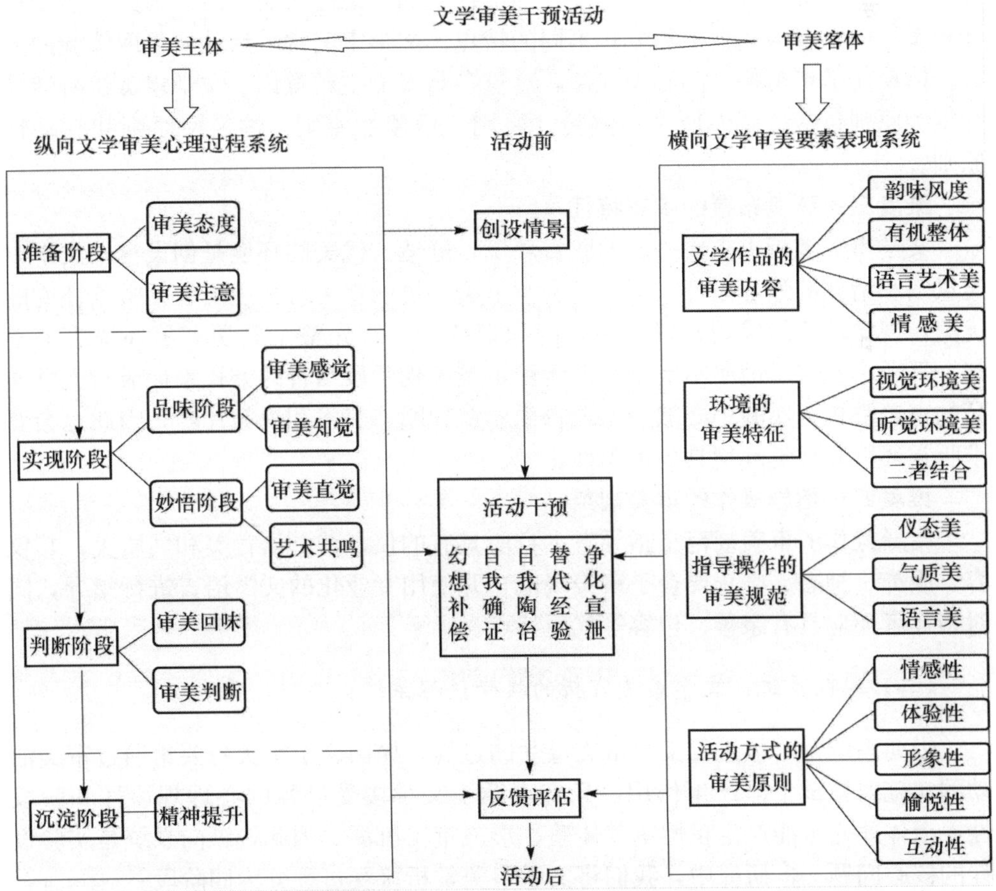

图 13-2　文学审美赏析活动模型图

（一）横向系统：文学审美赏析活动的审美要素系统

通过分析文学审美接受过程的各个参与要素，我们构建了横向的文学审美要素系统。在借鉴前人研究成果基础上结合自主思考，本研究将文学作品审美心理特征、文学审美赏析活动、文学审美环节及指导者纳入了该系统。

维度一：文学作品的审美内容

文学作品审美内容是文学审美赏析活动开展的主要依托载体，是个体产生文学审美体验最直接的条件，同时它也是文学审美赏析实现以审美为核心的基础。因此，应该根据文学作品的审美内容选取具有较高美学价值的文学作品，以唤起被试的审美快感产生审美经验。文学作品的审美内容主要包括韵味风度美、有机整体美、语言艺术美和情感美。

维度二：文学审美赏析活动的审美原则

本研究以文学审美赏析作为干预抑郁症状和焦虑症状的手段，因此在活动设计和实施中有着与其他干预方式不同的特点。文学审美赏析活动应采取体验的方式，体现文学审美接受的心理规律，尊重参与者的主题意识。文学审美赏析活动的审美原则包括情感性原则、体验性原则、形象性原则、愉悦性原则和互动性原则。

维度三：环境布置的审美特征

文学审美赏析也需要一定的欣赏环境，舒适、优美的环境是创设良好文学审美氛围和情调的外部条件。本研究文学审美环境的审美特征主要包括听觉环境的优美，视觉环境的优美，以及两者的和谐统一。首先整个文学审美环境应该柔和、舒适；其次，由于本实验采取多种审美表现手段结合的方式来促成对文学作品的审美赏析，实验中必然会出现音乐欣赏片断、美术和视频片断，因此也会要求听觉环境和视觉环境具备审美性。

维度四：指导操作的审美规范

指导操作的审美规范指指导者本身所具有的仪态美、语言美和气质美；其仪容、服饰、神态、举止要合乎审美规范，并使用专业化的文学语言进行指导，同时指导者还应具有亲善、包容等气质特点。

（二）纵向系统：文学审美赏析的接受过程系统

纵向系统是个体进行文学审美接受的过程，横向文学审美各要素通过审美活动的实施对被试个体产生作用，只有遵循了文学接受过程的心理规律性和阶段性，个体才有可能产生正性审美体验、形成审美沉淀。因此，纵向系统是实验设计的核心问题。本研究中，我们将文学审美赏析接受过程分为四阶段。

阶段一：文学审美赏析的准备阶段

在这一阶段，读者要完成的任务包括审美态度的确立和审美注意的形成，它的完成与否关系到文学审美感知和愉悦的产生。文学审美态度的主要特征包括非功利主义和非概念性，只有这样个体才能从现实世界脱身出来并尽情享受文学世界，这是进入文学赏析最重要的一个准备过程。

阶段二：文学审美赏析的实现阶段

审美态度一旦确立，读者就将在审美注意的引导下进入文学艺术作品的假定性世界。此时，欣赏主体与文学作品相互交融，产生强烈的艺术共鸣和美感愉悦。根据其过程先后，实现阶段又可以分为品味阶段、妙悟阶段。品味乃是对文学作品进行审美感知，是一个针对作品感性形象和特征的反复品尝和玩味。在这一阶段，主要涉及的是感觉与知觉两个心理要素。妙悟则是文学作品欣赏者经过充分品味作品的感性特征后，不经过任何形式的抽象思维和概念过程而直接领悟到艺术形象的内蕴意义之后，欣赏者出现了自我遗忘现象，与对象合而为一，达到审美的高潮。在这一阶段，审美直觉、艺术共鸣表现突出。

阶段三：文学审美赏析的判断阶段

在此阶段，欣赏者与文学作品分离，同时对自己先前的审美愉悦快感进行反思，进而得出关于作品的审美判断。此时，读者由感性直观转为理性探索，并把前一阶段所获得的印象和感受进行分析和品味，力求使之清晰化和条理化。

阶段四：文学审美赏析的沉淀阶段

这是文学审美赏析的最后一阶段，先前的文学审美体验正在潜移默化的影响者个体，这种影响不仅限于一时的快感和体验，而是使欣赏主体的精神世界发生变化，人格得以完善，审美素养逐渐形成，因此，个体的总体心理健康水平得以提高。

四、文学审美作品的选取

（一）大学生阅读倾向调查分析

为了能挑选出符合实验要求的文学作品，本研究对大学生的课外阅读倾向进行半开半闭问卷调查，试图以此了解目前大学生的阅读现状。同时，结合前面所建构的文学活动模型，选出具体的文学作品。

以四川某大学本科一至四年级的文理科学生为调查对象。调查对象分别来自电子信息学院、公共管理学院、文学与新闻学院、数学学院、材料学院、经济学院、制造学院、历史学院8个学院，涉及多个专业。将公共管理学院、文学与新闻学院、经济学院、历史学院划为文科学院，其余的为理工科学院。共发放问卷402份，回收324份，有效问卷315，有效率为78.36%。其中男生192人

(60.95%)，女生 123 人（39.05%），文科生 153 人（48.57%），理科生 162（51.43%），将大一大二划为低年级，共有 133 人（42.22%），将大三大四划为高年级，共有 182 人（57.78%），平均年龄 20.3 岁。

其阅读倾向调查结果见表 13-5 至表 13-8。

表 13-5　文学阅读倾向结果分析

题项	第一位	第二位	第三位
最喜欢作品	散文随笔	中国古典小说	西方经典小说
最喜欢的文学主题	亲情	爱情	智慧
最能安慰和鼓舞自己的文学作品	名人传记	叙事小说	抒情小说
最愿意和别人分享什么样的文学作品	叙事小说	历史文学	名人传记

表 13-6　文学阅读倾向的男女差异

题项	第一位	第二位	第三位
最喜欢作品	散文随笔 $t=0.06$	中国古典小说 $t=0.46$	西方经典小说 $t=-0.89$
最喜欢的文学主题	亲情 $t=-0.78$	爱情 $t=-1.23$	智慧 $t=-0.66$
最能安慰和鼓舞自己的文学作品	名人传记 $t=-0.34$	叙事小说 $t=0.89$	抒情散文 $t=-0.65$
最愿意和别人分享什么样的文学作品	叙事小说 $t=-0.73$	历史文学 $t=0.54$	名人传记 $t=0.65$

表 13-7　文学阅读倾向的文理差异

题项	第一位	第二位	第三位
最喜欢作品	散文随笔 $t=0.94$	中国古典小说 $t=0.35$	西方经典小说 $t=-0.72$
最喜欢的文学主题	亲情 $t=-1.30$	爱情 $t=0.60$	智慧 $t=1.84$
最能安慰和鼓舞自己的文学作品	名人传记 $t=-0.22$	叙事小说 $t=2.56$	抒情散文 $t=0.99$
最愿意和别人分享什么样的文学作品	叙事小说 $t=3.16$	历史文学 $t=0.53$	名人传记 $t=1.00$

表 13-8　文学阅读倾向的年级差异

题项	第一位	第二位	第三位
最喜欢作品	散文随笔 $t=-1.42$	中国古典小说 $t=-0.28$	西方经典小说 $t=-0.14$
最喜欢的文学主题	亲情 $t=1.44$	爱情 $t=-0.36$	智慧 $t=-0.42$
最能安慰和鼓舞自己的文学作品	名人传记 $t=-1.37$	叙事小说 $t=-0.88$	抒情散文 $t=0.65$
最愿意和别人分享什么样的文学作品	叙事小说 $t=0.01$	历史文学 $t=-0.96$	名人传记 $t=-1.88$

从以上的结果可以看出，目前最受大学生喜爱的作品分别是散文随笔、中国古典小说和西方经典小说；大学生最喜爱的文学主题分别为亲情、爱情和智慧；大学生认为最能带来鼓舞和安慰的作品分别是名人传记、叙事小说及抒情散文；最后，大学生最愿意和别人分享的文学作品分别是叙事小说、历史小说和名人传

记。另外，大学生的这些阅读倾向没有性别、年级、文理专业的差异。

开放型题型的调查结果说明，当问及对自己影响最大的作品时，有67%同学选择了经典小说与经典名家散文，当问及推荐文学作品帮助他人摆脱抑郁焦虑情绪时，有42%的同学选择了经典小说和名家散文及诗歌，同时选择心理自助读物的人也比较多，达到了23%。

因此，从整个问卷的调查结果可以看出，目前大学生阅读最多和最喜欢的文学作品仍是以经典散文、诗歌和小说为主，他们往往选择以亲情和爱情为主题的文学作品，更关注文学作品的审美情感性、抒情性，以及对个人成长的影响。这一阅读现状告诉我们，大学生具有一定的文学作品审美经验和要求，文学审美活动的作品要符合他们的喜好，本研究在选材上应该以表达亲情和爱情为主题的散文、诗歌和小说为主。

（二）作品选择

1. 选取标准

结合文学赏析活动模型及大学生文学阅读倾向调查结果，我们归纳出四点标准。

（1）选取具有较高审美价值的名篇佳作；

（2）注意作品审美性与读者接受心理的统一；

（3）选择表达不同情感体验的文学作品；

（4）兼顾高雅文学与通俗文学。

2. 具体选取的作品及其心理治疗功效

依据前面提到的相关理论基础和选取标准，我们把所选取的文学作品分为以下四组。

第一组：不同情绪主题组

选取作品：《俄狄浦斯王》《钗头凤》《假如给我三天光明》《珍珠鸟》《暗恋唐婉八百年》

悲剧的崇高壮烈让心灵的压抑情绪得以宣泄，在恐惧中产生怜悯和爱的情感，同时将个体因为焦虑和抑郁而过分关注自我的状态改变，引导其跳出自身的限制。悲戚伤感的诗词等，可以和抑郁低落的情绪产生共鸣，帮助化解掉这些不良情绪。在活动干预的初期，应多选用该类主体的作品，以便使个体内部的不良情绪宣泄出去，从而尽快达到心理平衡。宁静、安详的作品尤其表现大自然的幽静恬淡的散文，能够降低焦虑水平，使其精神松弛、情绪平缓，对抑郁的个体有安抚和平静的作用。而欢快、热烈的作品能够提升文学审美阅读者的正性情绪体验，可以起到振奋情绪、鼓舞心智的作用。这类作品适宜在个体宣泄掉不良情绪并开始恢复内心平静的时候选用。

第二组：不同情绪表达组

选取作品：《包法利夫人》《离骚》《大明宫词》

美国心理学家曾指出，诸如恐惧、抑郁、焦虑等情绪往往是在自身表现过程中消减的，对于人的诸种情绪障碍最好的解决方法往往就是让其本人意识到它们，并且正视它们。文学作品中几乎包含了人的全部情感世界的内容，任何的情感迷惑都可以在此找到表达的原型。因此，团体干预活动在初期释放消极情绪后，在第二个阶段就应选择具有代表性描写情绪困惑状态的作品，借此可以帮助抑郁和焦虑个体清晰地意识到未知情绪并对象化自己的情绪，从而促使被试正视这些情绪。

第三组：文学间接经验组

选取作品：《巴黎圣母院》《悲惨世界》《老人与海》

文学作品中不同主人公所表现出的个性品质，其在不同生活环境中所经历的不同遭遇，都可以给文学审美个体带来不同的间接经验，接受者通过“替身”（stand-ins）方式让文学艺术的结构取代现实情景，从而在满足自身隐潜的认知需要的过程中达到相应的心理治疗。同时，文学以主人公呈现的精神世界通过内摄（introjection）影响接受者的内在方面，使其在具有参照性的支持中不知不觉地纠正自我不良情绪情绪倾向。

第四组：文学意象、想象组

选取作品：《林中小溪》《秋天的日落》《吉米漫画：可不可以不勇敢》《格林童话》

个体通过体验、玩味等复杂心理活动，将文学作品再现为头脑中的意象。同时，个体还会利用自身的审美感观将文学作品形象体系创造性地呈现，进行独特的艺术想象。通过这种意象的再创作，以及艺术想象的再创作过程，个体体验到审美愉悦。

需要说明的是，以上的选取作品分组是根据本研究的实际情况进行的。由于时间场地的局限，我们在每次活动中将选取最可能实现治疗意义的作品。实际上，每部作品几乎都包括上面列出的文学审美的治疗成分，因此我们在活动实施中除了突出作品的某一种治疗成分，还要兼顾作品的其他治疗成分。

五、文学审美活动设计

（一）设计原则

原则一：立体审美性原则

本实验试图利用文学审美赏析来干预个体的抑郁与焦虑情绪，强调审美体验和快感，强调直观性和情感性。因此，在活动设计时，要极力创设情景，营造良好氛围，帮助个体进入审美状态。为了达到这一目的，我们在上面确立的作品基础上，加入很多与作品相关的视频、图像与背景音乐，使文学作品以一种立体的、全方位的方式呈现。使个体获得形式多样的审美快感，深化对文学作品的体验和认识。

原则二：团体性原则

由于本实验是在团体环境下进行，在此过程中有助于个体建立信任友善的人际关系，消除孤独、抑郁感，同时处于团体当中的个体会受团体动力的推动，不断与团体成员一起探索，积极地解决问题。因此，在设计活动时，我们充分发挥团体辅导的互动性优势，在文学审美的过程中引导个体与他人共同分享合作，以团体的方式进行放松训练、想象力训练、文学创作等。

（二）文学审美的活动过程

第一阶段（第一周）：导入阶段

成员相互熟悉，消除不必要的担心和疑惑，形成团体。首先向其解释本项活动的目的和意义，让其对治疗干预充满信心。其次，初步建立团体内人际关系，由于参加者都带有抑郁和焦虑情绪，活动开始不宜进行太热烈的认识方式，而是采用稳定和缓的方式进行，既有利于个体解除对他人的紧张和防备，又能满足个体对内部情绪的保护需要。

第二阶段（二至七周）：干预阶段

随着活动的深入，针对个体身上的抑郁焦虑情绪，逐渐展开文学审美的干预活动。

主题一：放松训练与放松治疗。具有抑郁焦虑情绪的个体都存在失眠、紧张、情绪波动大等特点，关注点纠结于内部的挣扎与矛盾，很难关注外部事物，自然也就难以接受文学干预的作用。因此，应使用意境淡泊幽静的文学作品来平静其烦躁与紧张，同时也可引导其利用诗词的咏读，一边进入诗词的意境，一边调节呼吸，放松肌肉。

主题二：自我确证与情绪对象化。通过赏析，让个体从接受对象上认识自我，甚至认识无法意识和认识的那部分自我，使内部的朦胧变得清晰，焦躁和紧张得以缓和，产生惬意感。主要通过即兴的文学创作、绘画表现来实现。

主题三：审美想象力和感受力的培养。文学审美的一个重要审美因素就是意象和意境，引导成员初步体验进入文学假定世界的感觉，产生艺术联想和想象，以及共鸣和美感愉悦，促进其产生审美快感，减轻问题情绪。通过背景音乐、视频或是图片的呈现，帮助个体挖掘文字背后的意向和主题。

主题四：情绪宣泄与净化。阅读悲剧引起怜悯与恐惧，松懈被压抑情感，在表达情感中释放情感，净化心灵。引入戏剧治疗理论，带领个体进入戏剧角色的内心挣扎，在表现剧情的过程中将压抑于内心的相似苦恼与痛苦宣泄出来，以苦难净化苦难，在怜悯悲剧主人公的同时，反观自己的生活。通过这一主题的活动，可以释放抑郁与焦虑情绪，同时还会启发个体反观审视自己的生活，纠正偏差的观点。

主题五：替代满足，幻想补偿。个体通过文学审美，在想象的世界中，满足现实世界中无法实现的需要，获得精神的满足，同时幻想本身就是一种放松，例如，在欣赏奇妙童话时，个体可以暂时离开现实社会，形成一个可以自我改变的契机，减轻本身的不安和焦躁，并使个人的情绪得以升华。

第三阶段（第八周）：整合与结束阶段

结合前七次的活动内容，鼓励个体思考自己的过去、现在与将来，并用艺术形式表达出来，达到一种整合。同时，要求个体将自己在活动中的收获和领悟记录下来。由于审美的个性化非常强，非常鼓励个体将自己的特别经历记录下来，并成为其今后应对人生危机的方法之一。另外，作为最后一次活动，应引导每个人回顾整个过程的美好经历和难忘体验，并分享对未来的计划，以此强化前几次活动的干预效果，同时可以增强个体对结束团体后的学习、生活的信心。另外，还应注意安抚个体的离愁，为分别做好心理准备。

六、文学审美赏析方案具体设计

根据实验开展的实际情况并结合活动的阶段安排、活动主题、活动目标。我们共设计 8 次文学审美欣赏活动，每周一次，每次约 120 分钟，整个活动共历时两个月。活动中指导者 1 人，协助者 1 人。大部分活动设计材料以 Powerpoint 文件呈现，同时辅以音频和视频播放的方式呈现给被试。文学审美赏析活动设计情况见表 13-9，具体活动方案设计见附录十。

表 13-9 文学审美赏析活动一览表

活动阶段	活动单元	活动主题
导入阶段	单元一：我与文学	认识朋友与人际关系培养
实施阶段	单元二：心灵的秘密花园	放松训练与放松治疗
	单元三：我是……	自我确证和自我发现的满足
	单元四：意境的世界	感受文学作品的意境，产生共鸣。
	单元五：宣泄与净化	阅读悲剧宣泄情感，净化心灵。
	单元六：我的舞台我表演	文学创作与戏剧治疗
	单元七：孩提时代与童话世界	童话疗法
结束阶段	单元八：每个人都是艺术家	自由创作，在创作中表达和整合团体惜别

下面就以第二单元——心灵的秘密花园为例（表 13-10），具体说明之前构建的文学审美活动模型是如何在活动设计中体现的。

单元二：心灵的秘密花园

单元主题：放松训练与放松治疗

单元目标：（1）帮助成员放松和稳定情绪，舒缓身心压力。

（2）训练成员审美注意力、审美态度。

（3）初步训练成员的审美意象和审美联想力。

表 13-10　心灵的秘密花园活动设计

活动阶段	活动名称	活动内容	理论思想
审美准备	1. 引入主题	在音乐背景中，领导者向成员朗诵一段优美的描写自然景色的文学作品，然后组织成员讨论“当听到这段文字的时候联想到了什么？”“你能体察到怎样的美？”“文学审美的世界是一个忘记功利和科学概念性的地方。”	以音乐渲染文学作品，引起被试的审美注意，同时呈现启发式问题，引起被试对审美态度的思考
审美实现	2. 直观的意象（文学＋画面）	分发给成员一段描写优美景色或人物的文学材料，如《庄子》中光怪陆离的超现实主义描写，《高唐赋序》中“梦会神女”的场景，让成员在内心描画出形象，再用幻灯向其呈现该人物的形象，然后组织成员进行讨论，看看自己心中的形象是怎么样的	欣赏典型性文学经典作品，并借助背景音乐和相关的画面，引起被试的想象、联想，并在此基础上产生艺术共鸣。获得审美体验
审美判断	3. 冥想放松（文学＋音乐）	经过前面的审美意象训练，即进入更高级的依靠联想进行的放松治疗阶段。在安详优美的背景音乐中，领导者先用暗示性语言引导成员放松下来，初步进入状态，然后引导成员倾听作品《林中小溪》《秋天的日落》，鼓励成员在头脑中形成意象并产生联想，让其在优美的文学意境中身心得到放松。在联想阶段只播放音乐。冥想结束后，鼓励成员写下自己的感受，并鼓励成员分享自己的感受，看看自己有什么改变	帮助被试进行审美回味与判断
审美沉淀	4. 评价总结	让成员总结此次活动的主旨，鼓励成员提出疑问、不足，鼓励成员回家后自己进行放松训练，培养自己的审美想象力，并向他们推荐一些相关资料	促成审美沉淀的形成

七、对文学审美活动模型的探讨

（一）关于文学审美活动模型

本研究根据主体的审美心理与审美客体的特点，构建了文学审美活动模型，分为横向与纵向两大系统，这是保证干预效果的前提。我们将个体的审美心理过程纳入到纵向系统中，而将文学审美活动中的各要素划分到横向系统。首先，对于纵向系统，将审美心理过程划分为审美准备、审美实现、审美判断和审美沉淀四阶段。在这四个阶段中，个体都在进行着具体的审美心理活动，如审美注意、审美感知、审美联想与审美想象，而所有这些活动和阶段的目的都是让个体进行有效的文学审美，达到宣泄情绪、表达情绪、满足幻想等文学治疗的目的。其中审美判断也可以划到审美实现阶段的，但是考虑到抑郁焦虑的大学生在审美干预时，除了通过情绪上的直接体验与感染，还需引导个体对自己先前的审美愉悦快感进行反思，进而得出关于作品的审美判断，将审美体验由感性直观转为理性探索，故而将审美单独列出。这样做有利于抑郁、焦虑个体在活动中能够将体验到的审美快感条理化、清晰化，使这些美好体验对个体产生更深远的影响。其次，在于横向系统中，我们纳入了文学作品审美特征、活动方式的审美原则、环境审美特征、指导操作四个与文学审美活动息息相关的要素。这些要素各自要遵循固有的审美规范，并相互渗透于文学审美活动的各个环节和方面，营造一种审美气氛，其目的是帮助个体在审美过程中产生最大效果的审美体验，从而达到干预抑郁焦虑情绪的目的。

（二）关于作品选取

对于作品的选择，是本研究的难点和重点，概括其难点主要有三点：①要广泛并详细涉及各种类型文学作品是困难的；②若要将文学作品的治疗作用与抑郁焦虑的症状对应起来，达到有针对性的干预效果，需要对文学作品进行仔细筛选；③大学生文学修养及兴趣偏好存在个体差异，对文学作品的选择与接受也就会有差异。针对以上困难，我们采取了多种方式来实现文学作品的选取：首先，从理论上明确文学作品审美的治疗机制及其具体的治疗要素，如文学的心理宣泄于净化功能、直觉表象功能、间接满足功能等，将其与抑郁、焦虑症状一一对应，作为作品选取的理论支持之一。其次，对大学生的阅读倾向及阅读经验进行问卷调查，其中包括调查大学生喜爱的文学形式与文学主题、对他们最具有心理健康意义的文学作品类型，以及他们自己认为最能排解抑郁焦虑情绪的具体作品。通过统计和分析发现，目前大学生的阅读倾向的主流还是正面的、经典的与教育性的文学作品，同时也有一些通俗化的、新近流行的文学作品。他们最喜欢的作品还是以散文、小说为主，这与相关研究一致；最喜爱的主题分别是亲情、爱情与智慧；而对于解除抑郁、焦虑情绪，大部分的大学生根据自己的体验，选择了世界经典作品，如《老人与海》《离骚》及名家抒情散文等，说明经典名著能真正地改善抑郁焦虑情绪。这是因为，经典名著经过时间的历练，具有思想性、哲理性和极高的美学价值，也就是说，在阅读这些名著时，个体可以得到更强烈的并且带有普遍性的审美体验。因此，我们选择了那些大学生普遍接受的经典文学作品，并按照文学的治疗功能，一一进行段落的选取。至此解决了两个问题：其一，这些作品都是经典名著，因而对抑郁与焦虑具有较高的审美治疗效果；其二，这些作品是被大学普遍接受的，因而是适合于当代大学生的文学审美干预材料，将个体差异的影响降到了最小。另外，在以经典作品为主的选取比例下，我们也适当的引进通俗流行文学，例如网络抒情散文《暗恋唐婉八百年》。

还应补充的一点是，关于文学作品长度的问题。由于实验活动时间有限，在其间呈现的作品都为短小精悍的诗词、散文，也有小说选段，但是都是经过精心选取的段子，并配合音乐、视频的辅助手段，目的是保证被试在短暂的实验活动时间内产生完整的、强烈的审美体验，同时培养对文学审美的兴趣。而另一些需要花时间阅读的作品，如小说、个人传记，则作为作业布置给被试阅读，以产生持续的干预作用。

（三）关于活动设计

本实验的活动设计有两个特色，其一为团体心理辅导活动，其二则是文学审美理论指导下的活动。首先，本实验活动设计充分利用了团体辅导的优势。团体咨询的感染力、效率、效果，以及对人际关系的推动作用都优于个别咨询。因此，在设计活动时，我们设计了很多互动的活动，以增进成员间的感情，力图创造信任、积极的团体气氛，使个体能够以更放松的状态进行文学审美。同时，利用团体动力推动活动进行，如团体讨论促成了个体审美判断和观点的澄清，同时启发更多审美妙悟，启发成员的创造性。另外，本实验充分体现了文学审美的特性。根据文学审美活动模型中活动方式的审美原则、环境审美特征、指导操作的审美特征来设计实验。为了体现活动方式的审美原则，即互动性、体验性、形象性、愉悦性与情感性，我们根据文学作品的内容，配合与其一致的背景音乐、图片和视频，尽力营造抒情、美妙的氛围。例如，在第四次活动中，为了帮助被试体验文学作品的意境，呈现了大量的优美相关图片的同时，鼓励被试在背景音乐中闭目回味所读作品的意境。而在欣赏悲剧时，则放映了《罗密欧与朱丽叶》和《大明宫词》视频片断，并鼓励成员演出《俄狄浦斯王》，引导其体验其中的巨大情绪。

第三节　文学审美作品审美赏析对大学生抑郁症状和焦虑症状的影响

一、实验目的及对象

对具有抑郁症状和焦虑症状的全日制大学生进行教育实验干预，以此改善大学生的抑郁症状、焦虑症状和总体心理健康水平，同时验证文学审美活动模型的有效性。

（一）被试来源

采取招募方式：2006 年 9 月，在四川某大学心理健康网站主页上发布招募信息，同时在校园内张贴招募广告。两个星期后，共有 89 人报名，分别来自文学与新闻学院、外语学院、历史学院、管理学院、数学学院、经济学院、通信学院、临床医学院、生命科学学院。其中城市学生 49 人（55%）农村学生 40 人（45%），文科类专业 42 人（47%）理工科类 47 人（53%），高年级 57 人（64%）低年级 32 人（36%），平均年龄 21.1 岁。

（二）选取标准

根据临床和教育研究中对抑郁与焦虑程度的等级划分（周建南 2003，邓稳根，雷良忻 2004），选择 SDS 抑郁自评量表标准分在 0.5 分及以上，同时 SAS 焦虑自评量表标准分为 41 分以上的大学生作为被试。

二、实验方法

（一）实验设计

限于实际操作难度，本研究未采取随机抽样并随机分派被试和配对选取被试的方法，而采用平衡组前、后测实验设计。自变量是文学审美赏析活动的实施，因变量是大学生抑郁、焦虑症状及心理健康水平的变化。实验处理见表 13-11。

表 13-11　文学审美赏析对大学生抑郁焦虑症状的教育干预实验设计

组别	前测	教育干预	后测
实验组	被试抑郁焦虑水平测量	实施	同前测
	被试总体心理健康水平测量		同前测
对照组	被试抑郁焦虑水平测量	不实施	同前测
	被试总体心理健康水平测量		同前测

（二）测验材料

1. 测验材料

本实验测验材料采用 SDS 抑郁自评量表、SAS 焦虑自评量表及 SCL-90 量表。

相关分析结果表明，本研究中 SDS 抑郁自评量表得分与 SCL-90 量表中的抑郁因子得分之间的相关性非常显著（$r=0.79$，$p<0.01$）。因此，关于抑郁症状

的评定也会同时参考 SCL-90 量表中的抑郁因子得分。

相关分析结果表明，本研究中 SDS 量表得分与 SCL-90 量表中的抑郁因子得分之间的相关性非常显著（$r=0.75$，$p<0.01$）。因此，关于焦虑症状的评定也会同时参考 SCL-90 量表中的焦虑因子得分。

关于总体心理健康水平的评定，采用 SCL-90 症状自评量表，由 Parloff 编制，我国吴文源修订，是常用心理卫生调查和非诊断性评估工具之一。量表测试个体的心理健康水平与特征，包括躯体化、强迫症状、人际关系敏感、抑郁、焦虑、敌对、恐怖、偏执、精神病性和其他 10 个因子共 90 个题项。另外本研究中 SDS 抑郁自评量表与 SAS 焦虑自评量表和 SCL-90 量表总得分也呈显著正相关，相关系数分别为 $r=0.70$（$p<0.01$）和 $r=0.53$（$p<0.05$）。

2. 实验设备

本实验的主要设备即多媒体教室，利用投影仪呈现文学作品选段、图片或视频，利用音响系统播放背景音乐。教室应配备可以活动的椅子、桌子，可以根据团体进行的情况调整座位方式，也可腾出地方开展热身活动等。

（三）实验过程

1. 实验分组

本研究以被试 SDS 抑郁自评量表、SAS 焦虑自评量表及 SCL-90 量表得分为前测数据，根据抑郁症状和焦虑症状的前测得分情况，将被试分为实验组与对照组，然后再对实验组与对照组在抑郁症状和焦虑症状上的差异性进行检验，通过平衡调整两组人数，最后使实验组与对照组具有同质性。实验结束再交替对对照组重复干预。实验组、对照组前测数据差异情况见表 13-12。

表 13-12　实验组与对照组前测数据差异显著性比较

类型	水平/因子	t	p
SDS 得分	轻度	−0.93	0.36
	中度	0.49	0.63
	重度	0.00	1.00
	整体	0.38	0.70
SAS 得分	轻度	0.46	−0.64
	中度	−0.42	0.69
	整体	0.39	0.69
	总分	0.52	0.60
SCL-90 得分	抑郁因子	0.44	0.65
	焦虑因子	0.69	0.49

由表 13-11 可知，在前测中，实验组与对照组在抑郁与焦虑的各个水平，以及 SCL-90 总得分、抑郁因子得分、焦虑因子得分上都没有显著差异。同时可以看出，本实验被试没有重度焦虑者，这可能与大学生焦虑的流行病学特点有关，一些流行病学的调查指出，大学生报告的焦虑情绪大部分属于轻度（李虹，王善慧 2003）而非重度（樊富珉，王建忠 2001）。

2. 教育干预

将设计的文学审美活动方案应用于实验组被试身上，对于对照组的被试则不使用。同时注意在活动进行中关注被试接受性、反应情况，对具体内容做相应调整。在实验前，让被试签订“团体公约”，以保证文学审美赏析活动能够顺利进行。

3. 统计分析

实验结束后，对实验组和对照组同时施测（SDS 抑郁自评量表、SAS 焦虑自评量表及 SCL-90 量表），并将问卷数据输入 SPSS for Windows 12.0 统计软件进行处理，比较前后测差异。

三、实验结果

实验结果分为四个部分：文学审美赏析对大学生抑郁症状的干预效果、文学审美赏析对大学生焦虑症状的干预效果、文学审美赏析对大学生总体心理健康水平的干预效果、文学审美赏析对大学生抑郁症状和焦虑症状干预效果的差异性。

（一）文学审美赏析对大学生抑郁症状的干预效果

1. 文学审美赏析对实验组与对照组被试抑郁症状干预效果

以不同的组别为自变量，抑郁自测量表前后测得分差异为因变量，进行独立样本和配对样本 t 检验。实验组与对照组在抑郁症状得分方面的纵横比较结果见表 13-13。

表 13-13 实验组与对照组被试抑郁症状前后测的差异显著性检验

组别	n	前测	后测	t	p
		$M\pm SD$	$M\pm SD$		
实验组	26	0.60±0.07	0.48±0.06	5.62***	0.000
对照组	26	0.59±0.07	0.56±0.06	−0.24	0.812
t 值		0.38	−3.24**		
p 值		0.70	0.003		

由表 13-12 可知，实验前，两组被试整体上在抑郁症状方面不存在显著性差异（$t=0.38$，$p>0.05$）。实验后经检验，在横向上实验组的前、后测得分呈极其显著差异（$t=5.62$，$p<0.001$），而对照组的差异性不明显（$t=-0.24$，$p>0.05$）；在纵向上实验组与对照组的前测比较没有显著差异（$t=0.38$，$p>0.05$），而实验干预后实验组与对照组后测抑郁症状分数有显著差异（$t=-3.24$，$p<0.01$）。这说明，在整体上文学作品审美赏析能够显著改善实验组被试的抑郁症状，这和最初的实验假设一致。

2. 文学审美赏析对实验组与对照组不同抑郁水平被试干预效果

以被试的不同抑郁水平为自变量，抑郁症状的前后测得分为因变量，进行 t 检验，结果见表 13-14。

表 13-14　实验组与对照组不同抑郁水平被试抑郁症状前后测差异显著性检验

水平	组别	n	前测 ($M\pm SD$)	后测 ($M\pm SD$)	t	p
轻度	实验组	12	0.52±0.02	0.47±0.04	2.77*	0.028
	对照组	14	0.53±0.03	0.56±0.02	−1.96	.081
	t		−0.93	−2.04		
	p		0.36	0.06		
中度	实验组	12	0.65±0.02	0.46±0.06	8.27***	0.000
	对照组	10	0.64±0.02	0.62±0.07	0.65	0.543
	t		0.49	−4.39**		
	p		0.63	0.001		
重度	实验组	2	0.71±0.01	0.61±0.03	3.33	0.186
	对照组	2	0.71±0.01	0.67±0.02	1.50	0.374
	t		0.00	0.24		
	p 值		1.000	0.84		

由表 13-13 可知，在轻度抑郁水平上，实验组前后测抑郁症状有显著的差异（$t=2.77$，$p<0.05$），而对照组前后测则无显著差异（$t=-1.96$，$p>0.05$）。从纵向上看，在轻度抑郁水平上，实验组与对照组在前测比较中差异不显著（$t=-0.94$，$p>0.05$），其后测的差异也不显著（$t=-2.05$，$p>0.05$）。在中度抑郁水平上，实验组前后测抑郁症状有极其显著的差异（$t=8.27$，$p<0.001$），而对照组前后测则无显著差异（$t=.65$，$p>0.05$）。从纵向上看，在中度抑郁水平上，实验组与对照组在前测比较中差异不显著（$t=0.49$，$p>0.05$），但其后测比较呈现非常显著差异（$t=-4.39$，$p<0.01$）。而对于重度抑郁，无论是在纵向上还是在横向上，实验组与对照组前后测都没有显著差异。

由上面的结果，我们可以看出文学审美赏析干预能够显著改善轻度到中度的抑郁被试的抑郁症状，但是对于重度抑郁被试的干预效果不明显。这可能因为重度抑郁被试由于症状过重，并影响到其注意力、阅读等基本功能。而文学审美赏析要求被试能够阅读，能够进行联想、想象等，重度抑郁水平上的被试似乎难以达到该要求，因此，实验也就无法达到预定的目的。

3. 实验组不同抑郁水平被试的方差分析

以实验组被试抑郁的三种水平为自变量，抑郁症状前、后测得分为因变量，分别进行单因素方差分析，以考察实验干预对实验组不同水平被试抑郁症状的效果。其结果见表 13-15。

表 13-15 实验组不同抑郁水平方差分析

水平	轻度（n=12）	中度（n=12）	重度（n=2）	F	p	事后比较
	$M \pm SD$	$M \pm SD$	$M \pm SD$			
前测	0.52±0.03	0.65±0.02	0.71±0.01	65.31***	0.000	1<2<3
后测	0.48±0.05	0.46±0.05	0.67±0.02	6.19*	0.011	1<2<3

注：1 表示轻度；2 表示中度；3 表示重度

由表 13-14 可知，实验前，实验组不同水平被试在抑郁症状的比较上都存在极其显著差异（F=65.311，p<0.001），实验后，实验组不同水平被试在抑郁症状的比较上仍存在显著差异（F=6.188，p<0.05），由是其显著性有所下降。由此说明文学审美赏析能够在总体上和各个水平上显著改善实验组被试的抑郁，并能够不同程度地改善不同水平被试地抑郁症状。

（二）文学审美赏析对大学生焦虑症状的干预效果

1. 文学审美赏析对实验组与对照组焦虑症状干预效果

以不同的组别为自变量，焦虑自测量表前后测得分差异为因变量，进行独立样本和配对样本 t 检验。实验组与对照组在焦虑症状得分方面的纵横比较结果见表 13-16。

表 13-16 实验组与对照组被试焦虑症状前后测的差异显著性检验

组别	n	前测（$M \pm SD$）	后测（$M \pm SD$）	t	p
实验组	26	51.42±8.39	40.60±6.49	6.29***	0.000
对照组	26	51.79±10.51	49.76±8.22	1.66	0.115
t 值		0.39	−3.71**		
p 值		0.692	0.01		

由表 13-15 可知，实验前，两组被试整体上在焦虑症状方面不存在显著性差异

(t=0.39，p>0.05)。实验后经检验，在横向上实验组的前后测呈极其显著差异(t=6.28，p<0.001)，而对照组的差异性不明显（t=1.66，p>0.05）；在纵向上实验组与对照组的前测比较没有显著差异（t=0.39，p>0.05），而实验干预后实验组与对照组后测焦虑症状分数有非常显著差异（t=−3.71，p<0.01）。

这说明，在整体上文学作品审美赏析能够显著改善实验组被试的焦虑症状，这和最初的实验假设一致。

2. 文学审美赏析对实验组与对照组不同焦虑水平被试干预效果

以被试的不同焦虑水平为自变量，焦虑症状的前后测得分为因变量，进行 t 检验，结果见表 13-17。

表 13-17　实验组与对照组不同焦虑水平被试焦虑症状前后测差异显著性检验

水平	组别	n	前测（$M\pm SD$）	后测（$M\pm SD$）	t	p
轻度	实验组	17	48.60±6.047	38.26±4.43	5.69***	0.000
	对照组	18	47.50±6.289	47.46±6.79	0.14	0.890
	t		0.46	0.64***		
	p		−4.12	0.000		
中度	实验组	9	64.84±4.62	46.67±7.51	10.26**	0.001
	对照组	8	66.80±8.25	57.80±8.49	2.26	0.109
	t		−0.42	−2.05		
	p		0.692	0.085		

由表 13-16 可知，在实验组前后测比较中，轻度焦虑水平被试有极其显著差异（t=5.69，p<0.001），中度焦虑水平被试差异非常显著（t=10.26，p<0.05），而对照组前后测的差异不显著。横向上看，在实验组与对照组的后测比较中，轻度焦虑水平被试存在极其显著差异（t=0.64，p<0.05），而中度焦虑被试则没有显著差异（t=−2.05，p>0.05）。

3. 实验组不同焦虑水平被试的差异显著性检验

以实验组被试焦虑的两种水平为自变量，焦虑症状前后测得分为因变量，分别进行差异显著性检验，以考察实验干预对实验组不同水平被试焦虑症状的效果，结果见表 13-18。

表 13-18　实验组不同焦虑水平差异显著性检验

水平	轻度（n=17）	中度（n=9）	t	p
	$M\pm SD$	$M\pm SD$		
前测	48.60±6.04	64.84±4.62	−5.39***	0.000
后测	38.26±4.43	46.67±7.51	−2.97**	0.009

由表13-17可知，实验前，实验组不同水平被试在焦虑症状的比较上都存在极其显著差异（$t=5.39$，$p<0.001$），实验后，实验组不同水平被试在焦虑症状的比较上仍存在显著差异（$t=2.97$，$p<0.001$），但是其显著性有所下降。因此，说明文学审美赏析能够在总体上和各个水平上显著改善实验组被试的焦虑，并且能够不同程度地改善不同水平被试的焦虑症状。

（三）文学审美赏析对大学生总体心理健康水平的干预效果

1. 实验组与对照组SCL-90前后测总体差异检验

以不同组别为自变量，总体心理健康水平的前后测得分为因变量，进行 t 检验。实验组与对照组在总体心理健康水平上的纵横比较结果见表13-19。

表13-19 实验组与对照组实验前后SCL-90总体差异检验

组别	n	前测（$M\pm SD$）	后测（$M\pm SD$）	t	p
实验组	26	217.05±37.88	152.00±23.23	6.98***	0.000
对照组	26	210.16±40.81	206.66±38.35	2.02	0.059
t		0.52	−5.17***		
p		0.603	0.000		

由表13-18可知，实验前，两组被试在总体心理健康水平上不存在显著性差异（$t=0.52$，$p>0.05$）。实验后经检验，在纵向上实验组的前、后测呈极其显著差异（$t=6.98$，$p<0.001$），而对照组的差异性不明显（$t=2.02$，$p>0.05$）；在横向上，实验组与对照组的前测比较没有显著差异（$t=0.52$，$p>0.05$），而实验干预后实验组与对照组后测分数有极其显著差异（$t=-5.17$，$p<0.01$）。

这说明，在整体上，文学作品审美赏析通过改善被试的抑郁、焦虑症状，进而促进了实验组被试总体心理健康的提升。

2. 实验组被试SCL-90前后测各因子比较

考察实验组被试经过实验后在其心理健康水平在各因子上的改变，结果见表13-20。

表13-20 实验组SCL-90前后测各因子比较

因子	前测（$M\pm SD$）	后测（$M\pm SD$）	t	p
躯体化	1.79±0.55	1.31±0.23	4.01**	0.001
强迫	2.98±0.63	2.19±0.38	4.98***	0.000
人际关系敏感	2.66±0.65	1.91±0.52	3.94*	0.001
抑郁	2.85±0.52	1.78±0.37	8.44***	0.000
焦虑	2.57±0.53	1.59±0.37	9.12***	0.000

续表

因子	前测（$M \pm SD$）	后测（$M \pm SD$）	t	p
敌对	2.27±0.85	1.54±0.85	3.47*	0.003
恐怖	1.99±0.78	1.33±0.35	3.67*	0.002
偏执	2.16±0.60	1.84±0.40	2.44*	0.025
精神病性	2.19±0.47	1.72±0.33	3.44*	0.003

从以上结果可知，通过实验干预，实验组被试的各项心理健康因子都有显著差异，其中抑郁、焦虑因子有极其显著的差异，这印证了上面的分析结果，即文学审美赏析能够显著改善大学生的抑郁焦虑症状。同时也发现强迫因子出现了极其显著的差异，这可能是强迫与焦虑、抑郁的关系所致，我们将在总讨论部分对这一现象进行分析。

（四）文学审美赏析对大学生抑郁症状和焦虑症状干预的差异性

1. 文学审美赏析对大学生抑郁症状干预的差异性

以性别、地区、文理分科、文学学习经验 4 个被试变量为自变量，抑郁症状得分为因变量，进行 t 检验；以文学喜好程度为自变量，抑郁症状得分为因变量，进行 F 检验，结果见表 13-21。

表 13-21　实验组被试抑郁症状干预的性别、地区、文理分科、年级、文学喜好程度及文学学习经验的差异

变量	维度	n	前测（$M \pm SD$）	后测（$M \pm SD$）	t（前后测）	t（后测）
性别	男	15	0.58±0.07	0.47±0.05	3.78**	−0.789
	女	11	0.63±0.08	0.50±0.08	4.21**	
地区	农村	12	0.59±0.08	0.49±0.06	2.80*	0.201
	城市	14	0.60±0.07	0.48±0.06	5.23**	
文理科	文科	10	0.60±0.07	0.49±0.07	4.48**	0.535
	理科	16	0.59±0.02	0.48±0.01	3.89**	
年级	低年级	12	0.58±0.07	0.47±0.05	3.64**	−0.956
	高年级	14	0.62±0.07	0.50±0.07	4.08**	
文学喜好程度	很喜欢	9	0.62±0.07	0.48±0.08	4.27**	0.204①
	较喜欢	12	0.54±0.06	0.49±0.04	2.64*	
	无所谓	5	0.67±0.04	0.47±0.07	8.20**	
文学学习经验	有	11	0.62±0.07	0.49±0.07	4.25**	0.335
	无	15	0.58±0.08	0.48±0.06	3.76**	

注：上标注①表示该值为 F 值

由表 13-21 可知，文学作品审美赏析对大学生抑郁症状的干预不存在性别、地区、文理分科、年级、文学喜好程度和文学学习经验的显著差异。也就是说，文学审美赏析能够显著改善不同大学生群体的抑郁症状。

2. 文学审美赏析对大学生焦虑症状干预的差异性

以性别、地区、文理分科、文学学习经验 4 个被试变量为自变量，焦虑症状得分为因变量，进行 t 检验；以文学喜好程度为自变量，焦虑症状得分为因变量，进行 F 检验，结果见表 13-22。

表 13-22 实验组被试焦虑症状干预的性别、地区、文理分科、年级、文学喜好程度、文学学习经验差异

变量	维度	n	前测（$M \pm SD$）	后测（$M \pm SD$）	t（前后测）	t（后测）
性别	男	15	51.91±9.56	40.68±7.01	5.71***	0.06
	女	11	54.99±9.32	40.48±6.12	5.19**	
地区	农村	12	51.72±10.93	41.35±6.36	3.89**	0.43
	城市	14	54.22±8.25	40.00±6.87	7.36***	
文理科	文科	10	52.03±8.50	39.10±8.40	5.39**	−0.69
	理科	16	53.80±3.06	41.55±1.55	5.45***	
年级	低年级	12	51.16±9.25	40.97±7.36	5.38**	0.23
	高年级	14	55.06±9.51	40.23±5.92	5.97***	
文学喜好程度	很喜欢	9	50.62±6.60	38.95±2.89	4.71**	0.42①
	较喜欢	12	53.47±10.0	42.18±7.15	3.78**	
	无所谓	5	56.12±12.71	39.90±9.62	8.34**	
文学学习经验	有	11	54.53±8.41	41.07±7.48	4.98**	0.23
	无	15	52.21±10.14	40.30±6.15	5.68***	

注：上标注①表示该值为 F 值

由表 13-22 可知，文学作品审美赏析对大学生焦虑症状的影响不存在性别、地区、文理分科、年级、文学喜好程度和文学学习经验显著差异。也就是说，文学审美赏析能够显著改善不同大学生群体的焦虑症状。

四、被试对实验的反馈

文学作品的选取是本研究的重点和难点所在，被试对这些作品的审美接受与否，是本次研究成败的关键。另外，活动过程中的各实验要素是否配合适当，是否能营造审美气氛也是影响实验有效与否的因素。因此，本实验安排了开放式与封闭式问卷，分别考察被试对所选文学作品的接受度和审美情绪体验，以及对文学审美赏析的操作实施的接受度。

（一）被试对文学作品的反馈

文学作品的选取是本研究的关键也是难点所在，虽然前面根据文学审美活动理论并结合文学阅读倾向调查结果选出了具体作品，但是这些作品是否被被试接受，其接受效果和体验是否为正向积极的，是本次研究成败的关键。因此本实验安排了关于文学作品的开放式问卷，考察被试对所选文学作品的接受度和审美情绪体验。

将本研究选取的文学作品分为三类。

第一类：对文学中的情绪主题的反应

针对情绪主题的四类主题，分别在欣赏完古希腊悲剧《俄狄浦斯王》、陆游爱情词《钗头凤》、普里什文写景散文《林中小溪》、海伦·凯勒的《假如给我三天光明》后，对被试进行卷面询问：

（1）读了悲剧之后你的情绪是怎样的？读了悲剧是否加重了您的悲伤或焦虑？是否感受到崇高和伟大？

（2）读了《钗头凤》你有什么感受？心中是否也感到忧伤？是否有将自己的忧伤宣泄释放的感受？

（3）读了《林中小溪》后你有什么感受？心中是否有平静、安详的感受？

（4）读了《假如给我三天光明》后你有什么感受？心中是否感到振奋快乐？

多数人的回答认为悲剧《俄狄浦斯王》给自己带来了极大的震撼，以前感到自己是世界上最不幸的人，但在了解了悲剧主人公的遭遇后，让自己体验到了极大的崇高感与悲伤，能够客观地评价自己的生活遭遇，珍惜自己所拥有的一切。大部分被试认为悲伤、凄凉的《钗头凤》仿佛在述说自己的心声，感觉自己并不是孤独的痛苦者，至少作品的作者是有过类似体验的，因而内心的压抑和苦恼有了一定的舒缓，感觉轻松一些了。而赏析完宁静、安详的《林中小溪》后，大多数被试觉得自己浮躁和不安的心绪被安抚下来，同时有种温馨的幸福，有人因此爱上了自然景物，并时时留意周围景物的变化，感受生命的情趣。而对于《假如给我三天光明》，大部分被试认为是一篇很鼓舞人，对生命充满了信心和希望的文章，同时从中传达了作者的开朗乐观情绪，这种情绪极大地感染了被试，他们报告自己因此而感到很振奋和充满力量。

第二类：利用文学中的情绪表达自己

在文学作品中总能找到各种情绪的原型，选择《包法利夫人》中具有代表性的描写抑郁焦虑情绪的选段（主人公遭受失恋打击后的种种痛苦的描写）

（1）读了这段描写，你有什么样的感受？

（2）该选段的描写与你自己的状态有什么关系？

（3）该段描写是否能帮助你更好地明了自己的状态？

多数人回答该段描写的状态是自己曾经经历过的或是现在正在经历的状态，而且有种强烈的共鸣，对包法利夫人产生了认同，并承认通过阅读，自己模糊的痛苦状态得到清晰的语言表达，而且通过这种表达后，抑郁焦虑的症状得以减轻。

第三类：文学中的间接经验

通过阅读文学作品，读者总能够从中学到很多间接经验，一方面能够扩大心理承受范围，纠正不良情绪，同时间接满足潜在的需求。以《悲惨世界》选段为例（该作品描写了主人公坎坷而传奇的一生，反映了广阔的社会现实）。

（1）读了《悲惨世界》选段后你有什么感受？

（2）主人公的一生遭遇给了你什么样的启示？

（3）如果你将来有类似遭遇，你会怎么做？

多数人回答阅读了《悲惨世界》选段后，感觉到社会的不公，从主人公的遭遇中感受到了其人性的光辉，同时也带给了自己很多关于社会的生存经验，并让自己提前体验了未曾经历的事，提高了自己的心理成熟度和承受力。很多人表示当今后遇到类似遭遇时，这些经验会帮助自己。

第四类：文学中审美快感与自由超越

这是文学更积极更高层次上的体验，蕴含于每一次的深度阅读与审美分析中，因此，我们将以活动中呈现的所有作品为例，考察被试是否体验到审美快感并由此产生心灵的自由超越。

（1）你对本次活动的所有作品有什么样的认识？

（2）你是否从阅读中感受到美的愉悦？

（3）这些作品是否帮助你获得更多心灵自由？

在回顾了整个活动的作品后，大部分人回答从活动中获得了满足，其心路历程大致为：抑郁、焦虑—释放、宣泄情绪—逐渐感到宁静—温馨幸福—快乐愉悦—个人认识的提升。很多人回答每次活动都是令人愉快的、让人盼望的，在阅读中体验到很多美妙情感，在被这些美妙作品打动的时候，自己看待事物的角度，以及对人生意义的追求都有改变，变得更合理更宽容，自己从中获得某种超然的感觉，自由而豁达。

由以上四个类别的被试报告可以看出，被试的反应与文学作品的选择意图是一致的，实验设计中文学的治疗要素都在被试身上产生作用，这说明本研究的作品选择与实施效果达到了实验目标。

（二）被试对文学审美赏析活动实施的反馈

为了检查文学审美赏析活动的实施是否达到预定要求，并便于中途随时进行调整，本实验设计了自编文学审美赏析活动实施反馈问卷，让被试评判指导者的实施是否是有效或是与实验要求一致的。采用 5 级记分，分为“很满意”“比较满意”“无所谓”“不太满意”“非常不满意”，统计“比较满意”和“非常满意”的人数，结果见表 13-23。

表 13-23　文学审美活动反馈结果

项目	维度	成分	满意人数	满意率/%
活动要素	文学作品审美特征	韵味风度	23	88
		整体性	26	100
		语言的艺术性	26	100
	活动方式的审美原则	情感性	26	100
		互动性	26	100
		体验性	26	100
		形象性	26	100
		愉悦性	26	100
	环境审美特征	情感性	26	100
		视觉环境	26	100
		听觉环境	26	100
		二者结合	26	100
	指导操作	仪态	24	92
		气质	25	96
		语言	25	96
活动过程	准备阶段	审美态度的确立、审美注意的形成	24	92
	实现阶段	产生强烈的艺术共鸣和美感愉悦	25	96
	判断阶段	得出关于作品的审美判断	20	77
	沉淀阶段	欣赏主体的精神世界发生变化，审美素养逐渐形成	25	96

从表 13-23 可以看出，被试对于活动方式与实施环境的满意度很高(100%)，对于指导者的操作满意度要稍低于前两者，但是其满意度都在 90%以上。而被试对于活动过程各成分的满意度差异较大，在审美过程的四阶段中，被试对于审美判断阶段的满意度不是很高（77%），这可能提示在实验过程中指导者较多地强调文学作品的情感体验性，而在一定程度上弱化了文学地教化和认知领悟作用。

（三）被试对文学审美赏析的反馈

从被试对文学作品选择的四个类别反馈结果看，本次实验的作品接受度较高，被试的反应与文学作品的选择意图基本一致，实验设计中文学的治疗要素都在被试身上产生作用，这说明本研究的作品选择与实施效果达到了实验目标。从文学审美活动实施的整体反馈结果来看，被试的满意度普遍较高，被试对于文学审美活动要素及操作过程的评价总体上是较好的，实验总体上是令被试满意的。

五、个案分析

（一）研究目的

由于本实验是以文学审美方式来干预被试抑郁焦虑情绪，而文学审美本身就是一种非常个体化的体验，虽然从统计结果上显示两项消极情绪在前、后测比较中有显著差异，但每个个案在文学审美活动中所体验的内容和改善的途径都是有差别的。另外，虽然干预是以团体辅导为主要方式，但是在团体进行当中总会涉及一些被试不愿意公开的具体问题。因此，本研究增加了个别咨询，给予被试谈论这些个人问题的机会，以帮助他们更好地投入到文学审美团体活动中去。此外，通过呈现这些案例，可以丰富研究结果。

（二）个案选取及研究方法

选择了本研究两个典型个案，涉及不同水平的焦虑与抑郁，个案基本情况见表 13-24。案例一在活动中完成了对个体情绪的具体化认识，同时开始了积极地自我探索，正在努力地寻找解决方法，情绪问题有所改善。而案例二则在实验前、后测数据上变化显著，其抑郁焦虑情绪得到了极大改善。

表 13-24　个案基本情况

抑郁程度	焦虑程度	性别	地区	文理分科
重度抑郁	轻度焦虑	女	城市	文科
中度抑郁	中度焦虑	男	农村	理工科

为了和团体辅导密切配合，并最终促成团体辅导的效果，本实验分别于第一次活动前、第四次活动后和第七次活动后共安排了三次单独访谈。每次访谈围绕被试的抑郁焦虑情绪与文学审美活动的感受展开，同时结合被试在文学审美活动中所创作的艺术作品进行综合分析。

（三）个案研究结果

1. 个案一

文科类专业四年级学生，（其中 A 代表主试，B 代表被试）。

1）初次访谈

通过电话报名加入，第一次见面发现其情绪非常不稳定，说话语速很快，仿佛想将内部所有的困扰全部倾倒出来，语调激昂，一直都处于很激动的状态。

B：老师请您一定要帮助我！我表面很开心，其实心里面非常的难受！

A：能告诉我那些困扰你的事情吗？

B：我很讨厌我的母亲，她吝啬、自私，就想着钱！我父母因工作关系常年分居，我5岁前都与母亲生活，她是个严格、冷漠的人。后来父亲调回来后我就与父亲关系很好，因为父亲对我很溺爱一切都随着我。而我母亲因为家庭出身优越，脾气很怪，家里面一切都要她说了算。我的高中生活是非常压抑的，当时也是由于母亲的专断，我服从了她安排，回到单位子弟学校上学，可是我一点都不喜欢那里的学习环境。后来，我得了一场大病，在住院时觉得活着实在没有意思，曾偷偷想就这样结束生命。后来病好了之后，更加无心学习，偏科很严重，最终导致高考失利不得不选择自考。当时我母亲也是支持我去上自考的，但是自从我上了大学之后，每次回家母亲都会把花在我身上的钱一一报给我听，好像是在向我讨账一样！

A：能说说你现在是怎样的感受吗？

B：我就是觉得很烦，很讨厌我的母亲，我自己也特别爱发火。

A：那你期待我们的活动可以给你带来什么帮助呢？

B：能让我安静下来，不要心里面老有怨气，让我开心起来。

谈话到此，指导者将有关于文学审美对提升心理健康的知识告诉她，同时指出以后的活动都是以此种形式开展，并且在活动进行中不会公开和她讨论其具体的心理困扰，而更鼓励其做更多的个人探索，鼓励其将自己的情绪问题以作品创作的方式具体化、对象化。

2）干预过程

从上面的访谈可看出，个案一抑郁和焦虑的主要原因是母女关系长期处于紧张状态，母女间的价值观差异巨大，并且两人的沟通与交流方式存在问题。因此，首先应平复其紧张情绪，让其放松心情。例如，在前两次的活动中，让其欣赏配有音乐的抒情散文、观看可引起联想的风景画。其次应协助其宣泄压抑在心中的对母亲的怨恨，以及由此产生的各种生活压力，如在第四次活动时通过欣赏陆游与唐婉互赠的爱情哀婉词，虽然是以爱情为主题的作品，但是那种凄切幽婉的情怀也能在某种程度上与其内心达到一致与共鸣，让消极情绪能够在咏词的时候慢慢被释放。最后，在后续活动中鼓励她将困扰自己的认识与想法表达出来(对象化)，再反观进行思考。

3）创作作品分析

在第七次活动时，我们在欣赏完一些短小的或者抒情或者富有哲理的小故事之后，让其看一些无主题的图片，然后鼓励她根据这些图片进行文学故事创作。在所呈现的7幅图中，她选了一只可爱小鹿图片作为创作图片。其故事内容大致讲得是在森林中有一只可爱的小鹿，它一直和自己的父母幸福地生活在一起，可是有一天它和自己的父母走散了。小鹿心里非常的恐惧和害怕，它从一个山头跑到另一个山头，不停地寻找自己的家人。天色渐渐得暗下来，小鹿又饥又渴，害怕有其他的动物伤害自己，但是四处都是一望无际的黑暗森林，它拼命的奔跑寻找，但是始终无法找到自己的父母……

在随后的个别咨询时，她解释了这个故事的意义。

A：能告诉我你为什么会讲这个小鹿的故事吗？

B：其实那只小鹿就是我自己。我现在的状态就像是那只小鹿，与家人失散，并且每天都害怕、伤心，不停地四处奔走，想找回以前的温暖。

A：是什么样的事情让你感觉如此呢？

B：其实就在几个月前，我的父亲刚刚去世（说到这里她不能抑制地开始抽泣）。5岁以后，父亲回来和我们生活在一起，他是一个很宽容温柔的人，从来都是那样的和蔼。以前每次我和我母亲发生战争的时候，父亲总是做一个和解的人，努力地安慰我。就在去年年底的时候，他突然病倒了，那时我还在学校，家里人为了不让我担心就一直瞒着我，当时他已经检查出是癌症。后来，可能他知道自己来日不多，在快到放假的时候给我打了个电话突然很牵挂地问候我。最后，我父亲已经快不行的时候，家里面的人才通知我回去，但当我赶到医院的时候，他已经处于深度昏迷，父亲连话都没来得及和我说就去世了。后来葬礼的时候，家里面的人也不让我哭，我觉得非常的难受。我觉得整个过程都让我觉得很压抑和愤怒，某种程度上我觉得这是我母亲的错误，这让本身就很紧张的母女关系更加紧张。

A：写了那个故事之后，你有什么样的感觉？

B：我感觉释放了一部分的感情，心里面没有那么难受了。我知道以前的日子是不能重新回来了，但是现在的生活实在是让人难以忍受。

A：你愿意再创作一个关于小鹿的故事吗？这一次请试着想象一下小鹿是怎么回到父母身边的，怎么走出困境的。

B：好的，我试试吧。

在后来的一次的谈话中，她没有再讨论所创作的故事，但是她开始讲到如何与母亲进行沟通，怎么样改善和家人的关系。

4）最后一次访谈

A：在整个活动中，你有什么样的情绪感受？可以用简单的形容词来表达吗？

B：感觉到放松、惬意，有时又感到情绪被疏解、被释放。

A：在整个活动中，你体验最深的是什么？

B：我可以以自己的方式来表达自己。

A：活动结束后，你有什么收获和变化呢？

B：通过以前几次课，我觉得文学可以给我带来平静，虽然现在有时还会感到心情不好，但是我会试着将这些坏情绪表达出来，我会写一些东西或是看一些散文。而且现在我和母亲的关系也在慢慢改善。

从以上访谈内容我们可以发现，个案一在文学审美赏析团体干预活动中，通过审美意象、联想缓解了紧张情绪和压力，通过欣赏忧伤主题的作品宣泄了部分对母亲的怨恨。其心情的平复与好转为进行下一步转变提供了契机，在故事创作中，案例一将自己内心的感受完全投射进故事，并通过创作故事来表达自己的现状，通过改编故事发展方向来实现对母女关系的新认识。案例一的实验数据也说明了这一转变，实验前其 SDS 得分 0.7、SAS 得分 45.00、SCL－90 得分 183；实验后其 SDS 得分 0.63、SAS 得分 38.75、SCL－90 得分 140。

2. 个案二

理工科类专业大四学生（其中 A 代表主试，B 代表被试）。

1）初次访谈

第一次见到他感觉是个很安静的人，说话很温柔，但是也显得有一些拘谨。

A：有什么我可以帮助的吗？

B：（沉默了片刻，深深地叹了一口气），我现在大四了，要面临找工作或是考研的选择，因此心理压力很大。因为以前大一大二没有怎么抓紧时间，感觉现在自己都没有学到什么东西，而且我平时也不喜欢参加集体活动，社会交往能力不是很强，感觉如果面对工作的话，自己会非常的心虚，感到无所适从，所以一想到工作就感到莫名的害怕和担忧。我周围也有同学考研，觉得自己好像也应该考研，也可以减轻找工作的压力，但是自己都不知道自己是不是真的想考研。现在我的生活就是很混乱的，也找不着以后的目标。

A：你能说说现在自己的情绪感受吗？

B：我就是感到压力很大，对很多事情都很担心很忧虑，做什么事情都提不起精神。

A：那你期待我们活动能给你带来什么样的帮助？

B：我希望能让自己不那么压抑和焦虑，能够锻炼自己与人交往的能力。

谈话到此，指导者将有关于文学审美的心理治疗作用告诉了他，同时指出以后的活动都是以文学审美赏析形式开展，同时鼓励他在团体内多与团员沟通和交流。

2）干预过程

从上面的谈话可知，其抑郁和焦虑的原因主要是对自己现状的不满，对自我和生活的迷茫，以及对未来的担忧。首先，用优美的散文、诗词放松他的情绪，使其焦虑水平下降；其次，在分享文学阅读感想的时候，鼓励他多参加团体内的发言，通过表达自己对作品的理解来强化其审美愉悦，宣泄消极情感，同时也能锻炼他的交际能力增强自信，以此降低其自卑心理；另外，引导他在阅读的时候去寻找作品当中的意义与生活经验（如作品主人公所经历的苦难，以及他们奋争的过程），并将这些间接经验应用到现实的生活中去。

3）创作作品分析

在第六次活动时，我们在欣赏完一些经典童话故事和几米漫画后，引导参与者试着画出自己最快乐幸福的时刻或者是对未来的憧憬，也可以画出其担心的或是害怕的事情。他画的是自己目前的状态：在一大片草地上，他靠着树干坐在一棵树的树荫下，远处是一个非常大而碧蓝的池塘，晴朗的天空中懒散地飘着淡淡的云彩。

在随后的个别咨询时，他解释了这幅图的意义。

A：能告诉我你画的这幅画的意思吗？

B：（他微微一笑）这是我现在的内心的样子。现在我就是那个坐在树下休息的人，很安详也很平静，不像刚开始那样的焦虑和担心了。

A：这样真是太好了，证明我们阅读的文学作品帮助了你。

B：是的，可以这么说。可能由于我是学理工科的，平时没有很多机会接触文学艺术，通过几次活动的欣赏，我感觉自己现在的感情更细腻，感受的东西和情感也更丰富了，而且在阅读那些歌颂大自然的散文后，我真的在身边发现了很多自然之美，感到了和谐，内心的焦躁不安也平息了。而且每次活动我们都会积极讨论和分享感受，这让我感到很有集体的归属感，觉得人与人的关系也可以这样的纯粹和真诚，而且我也可以很自信地表达自己的观点。

A：那你还担心工作和考研问题吗？

B；开始也是担心的，但后来读了《珍珠鸟》后，写了篇读后感。那篇文章中讲到的那种人与动物相互信任尊重的故事，以及鸟儿那种天真、简单的天性，让我深深感动。我觉得其实生活没有那么的复杂和艰难，如果生活出现了问题，那就努力找解决的方法。现在，我除了阅读一些文学作品外，还阅读了很多与工作相关的书籍，每天的时间安排都很充实，对于工作是越来越有准备了。

4）最后一次访谈

A：在整个活动中，你有什么样的情绪感受？可以用简单的形容词来表达吗？

B：快乐、轻松、找到了自己心灵的归属、更积极地看待事物。

A：在整个活动中，你体验最深的是什么？

B：自己的感情更丰富细腻，发现文学里面有一个这样丰富的奇妙的世界。

A：活动结束后，你有什么收获和变化呢？

B：体验到了欣赏文学作品的愉悦感觉，渐渐对于文学阅读产生了兴趣，而且，内心变得更加宁静。如果今后再碰到不开心的事情，我会通过阅读文学作品的方式来求得放松。

从以上的访谈内容我们可以发现，案例二的主要压力来自自身的发展问题和对将来生活的担忧，通过参加文学审美赏析活动，欣赏描写自然的唯美散文，案例二暂时跳出了对自身和前途担忧的状态，放松了一直紧绷的神经，同时为进一步的转变创造了契机。其后，案例二在团体活动中增加了人际交往并从中提高了自信心，最后案例二很好地将文学审美融入了自己的生活，一方面积极地完成每一阶段的学习生活任务，另一方面不忘经常阅读文学作品随时为内心减压，实现了很好的个人成长。案例二的实验数据也说明了这一转变，实验前其SDS得分0.69、SAS得分62、SCL－90得分290；实验后其SDS得分0.45、SAS得分42.5、SCL－90得分148。

六、实验效应分析

（一）文学审美赏析对大学生的抑郁症状有明显干预效应

首先，在整体比较上，文学审美赏析对改善实验组被试抑郁症状的效果良好，无论是实验组与对照组的横向后测差异比较（$t=-3.23$，$p<0.01$），还是实验组的前、后测纵向差异比较（$t=5.62$，$p<0.001$）都显示差异非常显著，达到了实验目的。另外实验组不同水平被试抑郁症状前、后测方差分析表明，实验组三种水平被试抑郁症状前测具有极其显著差异（$F=65.311$，$p<0.001$），实验后，实验组不同水平被试在抑郁症状的比较上仍存在显著差异（$F=6.188$，$p<0.05$），但是其显著性有所下降。由此说明文学审美赏析能够在总体上和各个水平上显著改善实验组被试的抑郁症状，并且可以不同程度地改善不同水平被试的抑郁症状。

其次，文学审美赏析对于轻度与中度抑郁症状被试的干预效果明显（其前、后测差异分别为$t=2.77$，$p<0.05$；$t=8.27$，$p<0.001$），而对于重度抑郁症状被试的干预不显著，但是从重度抑郁者的前、后测抑郁症状的平均得分可以看出，重度抑郁者的抑郁得分都有所下降，只是其改变没有达到显著水平。造成这一结果的原因有两点：①本研究中的重度抑郁被试人数太少，只有2人；②与重度抑郁被试本身有关，重度抑郁被试由于症状过重，自我完全沉浸在自我的忧伤情绪当中，并影响到其注意力、阅读等基本功能，无法更多地关注客体世界。而文学审美赏析要求被试能够阅读，能够进行联想、想象等，重度抑郁水平上的被试似乎难以达到该要求，因此实验也就没有达到预定的目标。

（二）文学审美赏析对大学生的焦虑症状有明显干预效应

在整体比较上，文学审美赏析对改善实验组被试焦虑症状的效果良好，无论是实验组与对照组的横向后测差异比较（$t=-3.70$，$p<0.01$），还是实验组的前、后测纵向差异比较（$t=6.28$，$p<0.001$）都显示差异非常显著，达到了实验目的。在被试轻度和中度两水平分布上，文学审美赏析对于这两种水平的被试的干预效果明显（其前、后测差异分别为$t=5.69$，$p<0.001$和$t=10.26$，$p<0.05$）。另外，实验组不同水平被试焦虑症状前、后测差异分析表明，实验组两种水平被试焦虑症状前测具有极其显著差异（$t=-5.39$，$p<0.001$），实验后，实验组不同水平被试在焦虑症状的比较上仍存在显著差异（$t=-2.97$，$p<0.05$），但是其显著性有所下降。由此说明文学审美赏析能够在总体上和各个水平上显著改善实验组被试的焦虑症状，并且可以不同程度地改善不同水平被试的焦虑症状。

需要说明的是，在本研究被试中，没有出现重度焦虑水平，一方面可能与被试的选取范围还不够大有关，另一方面也和我国大学生焦虑症状的流行病学分布特点有关，有研究者报告大学生焦虑情绪大部分属于轻度而非重度（李虹，王善慧 2001）。

（三）文学审美赏析对大学生总体心理健康水平的提高有显著作用

首先，在整体比较上，文学审美赏析通过改善实验组被试抑郁、焦虑症状，能够显著地促进其总体心理健康水平的提高，效果良好，实验组纵向比较差异显著（$t=6.98$，$p<0.001$），而对照组的纵向比较无显著差异（$t=2.02$，$p>0.05$），因此，通过文学审美赏析实验干预实验组被试的抑郁、焦虑症状，能够促进实验组被试总体心理健康水平的提高，达到了实验的另一目的。这说明个体心理健康状态是一个有机体系，是各种心理因子共同作用的结果，大量的相关研究证明了这点，如张运生（2005）、张瑾（2006）、蔡锦凤（2006）等的研究。

其次，在被试总体心理健康水平的诸因子上，文学审美赏析能够显著地改善被试的各个心理健康因子。这可能是因为活动中加入了身心放松训练、人际训练等干预手段。同时，这种改变也说明人的心理健康是一个相互联系的动态系统，在教育干预的时候应该将其视为一个整体。另外，在诸因子中，强迫因子的改变达到了极其显著水平，这在一定程度上揭示了强迫和抑郁、焦虑的关系。临床心理学的研究很好地解释了这一点：研究发现大部分的强迫症状都是由焦虑情绪引起的，同时焦虑情绪推动强迫症状的反复出现，当焦虑水平下降后，强迫症状也会减轻。在DSM-IV中，强迫症被视为一种焦虑性障碍，其主要依据是强迫性思维可导致焦虑，焦虑性障碍所特有的回避行为据称也常见于强迫症。袁勇贵等（2001）的研究发现，强迫症共患焦虑症（包括广泛性焦虑和惊恐障碍）的发生率为19.4%。焦虑症共患强迫症的发生率为8.8%，提示两者之间可能有某种内在联系。另外，很多的抑郁症也伴随强迫症状。文献报道强迫症状在抑郁症中的发生率很高：国内报道在28.7%～43%之间，国外报道为15%～35%（马宁等2003）。但许多学者认为强迫症和抑郁症是共病：Hamilton抑郁量表中，强迫症状被列为一项常规内容；Tukel（2002）对147个强迫症病人的共病调查，发现最常见的为重性抑郁症，占39.5%；Zitterl（2000）对72例强迫症病人的研究，72.9%的病人在入选时符合抑郁症的诊断标准；沈鑫华等（2000）对33例强迫症患者的调查，发现重症抑郁的同病率达30%。因此，正是由于强迫和焦虑和抑郁的关系，当实验被试的焦虑、抑郁症状得以显著改善后，其强迫症状也表现出显著改善。

（四）文学审美赏析对大学生抑郁、焦虑症状影响的差异性

文学审美赏析对大学生抑郁、焦虑症状不存在性别、地区、文理分科、年级、文学喜好程度、文学学习经验的显著差异。这说明文学审美赏析对不同群体大学生都具有影响力。虽然文学审美体验会因为接受者的个性特点、想象能力、已有知识结构、兴趣爱好等方面的不同而不同，但是其根本的审美愉悦性、心理安抚和自由超越等功效却是不变的。不同的个体进行文学审美赏析时，会出现不同的判断、观点，但这些差异并不影响他们体验的审美快乐，反而体现了文学审美的个体创造性。

（五）结论

（1）实验干预后，实验组与对照组后测抑郁症状分数有显著差异（$t=-3.24$，$p<0.01$）。这说明，在整体上文学作品审美赏析能够显著改善实验组被试的抑郁症状。

（2）在轻度抑郁水平上，实验组与对照组在实验前后的得分中均不存在显著差异（$p>0.05$），但实验组前后测抑郁症状有显著的差异（$t=2.77$，$p<0.05$）。在中度抑郁水平上，实验组前后测抑郁症状有极其显著的差异（$t=8.27$，$p<0.001$），实验组与对照组在后测中呈现显著差异（$t=-4.39$，$p<0.01$）。在重度抑郁水平上，无论是实验组与对照组的比较，还是实验组实验前后的比较，都没有显著差异存在。

（3）实验干预后实验组与对照组后测焦虑症状分数有非常显著差异（$t=-3.71$，$p<0.01$）。这说明，在整体上文学作品审美赏析能够显著改善实验组被试的焦虑症状。

（4）在实验组前、后测比较中，轻度焦虑水平被试有极其显著差异（$t=5.69$，$p<0.001$），中度焦虑水平被试差异非常显著（$t=10.26$，$p<0.05$），而对照组前后测的差异不显著。横向上看，在实验组与对照组的后测比较中，轻度焦虑水平被试存在极其显著差异（$t=0.64$，$p<0.05$），而中度焦虑被试则没

有显著差异（$t=-2.05$，$p>0.05$）。

（5）实验后经检验，在纵向上实验组的前后测呈极其显著差异（$t=6.98$，$p<0.001$）；在横向上，实验组与对照组的前测比较没有显著差异（$t=0.52$，$p>0.05$），而实验干预后实验组与对照组后测分数有极其显著差异（$t=-5.17$，$p<0.01$）。实验组被试的各项心理健康因子都有显著差异（$p<0.05$），其中抑郁、焦虑因子有极其显著的差异（$p<0.001$）。

（6）文学作品审美赏析对大学生焦虑症状的影响不存在性别、地区、文理分科、年级、文学喜好程度和文学学习经验上的显著差异。

参考文献

曹鸣歧．2001．论大学生抑郁情绪的调节．河南财政税务高等专科学校学报，15（2）：58-60.

陈旭，张大均．2002．心理健康教育的整合模式探析．教育研究，（1）：71-75.

杜召云，王克勤．1999．1597 名大学生抑郁的流行病学调查．中国行为医学科学，8（3）：88-90.

樊富珉．1996．团体咨询的理论与实践．北京：清华大学出版社.

樊富珉，王建中．2001．北京大学生心理素质及心理健康研究．清华大学教育研究，（4）：26-32.

方平．2005．情绪调节策略对大学生记忆任务的影响．首都师范大学硕士学位论文.

冯川．2003．文学与心理学．成都：四川人民出版社.

冯正直．中学生抑郁症状的社会信息加工方式研究．西南师范大学博士论文.

黄希庭，徐凤姝．1987．大学生心理学．上海：上海人民出版社.

黄希庭，郑涌．2002．当代大学生心理特点与教育．上海：上海教育出版社.

吉尔伯特·库恩．1981．美学史．朱立元译．上海：上海译文出版社.

李虹，王善慧．2003．大学生的焦虑状况调查．中国临床心理学杂志，11（2）：148-150.

李晓云，范川风．2000．大学美育教程．重庆：西南师范大学出版社.

李醒尘．2005．西方美学史教程．北京：北京大学出版社.

林同华．1987．美学心理学．杭州：浙江人民出版社.

刘兆吉．1992．文艺心理学纲要．重庆：西南师范大学出版社.

罗峥，郭德俊．2002．当代情绪发展理论述评．心理科学，25（3）：310-313.

马宁，谭立文，李凌江．2003．不同精神障碍中的强迫症状．中国神经精神疾病杂志，29（5）：399-400.

孟抗美．2002．文学艺术教育．人民出版社.

钱谷融，鲁枢元．2003．文学心理学．上海：华东师范大学出版社.

钱铭怡．2005．心理咨询与心理治疗．北京：北京大学出版社.

沈鑫华，杨剑红．2000．强迫障碍的临床表现和同病研究．临床精神医学杂志，10（1）：18-19.

童庆炳，程正民. 2001. 文艺心理学教程. 北京：高等教育出版社.
王翠玲. 2004. 不同情绪状态对认知任务类型影响的实验研究. 华东师范大学硕士学位论文.
王万清. 2003. 读书治疗. 广州：世界图书出版公司.
王晓丽. 2005. 大学生群体中的焦虑. 心理问题探究，23（15）：144-146.
徐西森. 2003. 团体动力与团体辅导. 广州：世界图书出版公司.
许友新. 1993. 神经症. 北京：人民卫生出版社：79.
杨权. 2003. 抑郁障碍的诊断与治疗. 成都：四川科学技术出版社.
杨辛，甘霖. 2001. 美学原理. 北京：北京大学出版社.
袁勇贵. 吴爱勤. 张心保. 2001. 从焦虑和抑郁的关系谈共病的诊断. 国外医学精神病学分册，28（1）：17-19.
张瑾. 2006. 大学生社交焦虑的团体辅导实验研究. 苏州大学硕士学位论文.
张小元. 2000. 艺术论. 成都：四川大学出版社.
张运生. 2005. 男护生心理健康状况探析. 中国高等医学教育，(3)：7.
章小梅. 2004. 大学生焦虑心理探究与对策. 黑河学刊，(5)：88-90.
章志光. 2002. 心理学. 北京：人民教育出版社.
周健南. 2003. 实用医学心理学. 北京：人民军医出版社.
周巧. 2005. 音乐审美欣赏对大学生抑郁症状影响的实验研究. 西南师范大学硕士学位论文.
朱立元. 1993. 现代西方美学史. 上海：上海文艺出版社.
Allan Luke. 1998. Culture，gender，and therapy：Editor's comments on "Strong in the Broken Places". Journal of Adolescent & Adult Literacy. New York：Sep：54.
Bystritsky A，Stoessel P，Yaeger J. 1993. Psychometric discrimination between anxiety and depression. Journal of Nervous and Mental Disease，181（4）：265-267.
Chan D W. 1991. Depressive symptoms and depressed mood among Chinese medical students in Hong Kong. Compr Psychiatry，32（2）：170-180.
Edgar H，Tyson M S 2002. Hip hop therapy：an exploratory study of a rap music intervention with at-risk and delinquent youth. Journal of Poetry Therapy，15：131-144.
Floyd M. 2003. Bibliotherapy as an adjunct to psychotherapy for depression in older adults. Clinical Psychology ，59：95-187.
Gladding，Samuel T. 1991. General interest books—the Oxford Book of Marriage by H. Rubinstein. Journal of Marital and Family Therapy，17：104-121.
Gould R A，Clum G A，Shapiro D. 1993. The use of bibliotherapy in the treatment of panic：a preliminary investigation. Behavior Therapy，24：241-252.
Hecker J E，Losee M C，Fritzler B K，et al. 1996. Self-directed versus therapist directed cognitive behavioral treatment for panic disorder. Journal of Anxiety Disorders，10：253-265.
Heidi L，Tussing M S，Deborah P，et al. 2001. Helping adolescents cope with the mental illness of a parent through bibliotherapy. Child and Adolescent Social Work Journal，18（6）：455-469.
Holden C. 2000. Global survey examines impact of depression. Science，7（63）：39-40.

Holman W D. 1996 The power of poetry：validating ethnic identity through a bibliotherapeutic intervention with a Puerto Rican adolescent. Child and Adolescent Social Work Journal，13：371-383.

Holman，Thomas B. 1995. Book reviews—What Predicts Divorce? By John Gottman. Family Relations，44：775-783.

James W F. 2002. Using bibliotherapy to teach problem solving. Intervention in School and Clinic. 38：75-83.

Jane E M. 1998. Bibliotherapy and DCT：co-constructing the therapeutic metaphor. Journal of Counseling and Development，76：243-251.

Jeffrey T，Thomas E S，Michael B，et al. 1998. Bibliotherapy and Perceptions of death by young children. Journal of Poetry Therapy，12：95-107.

Kay S R，Fiszbein A，Opler L A. 1993. Positive and Negative Syndrome Scale（PANSS）：Technical Manual. NY：Multi-Health Systems.

Lidren D M，Watkins P L，Gould R A，et al. 1994. A comparison of bibliotherapy and group therapy in the treatment of panic disorder. Journal of Consulting and Clinical Psychology，20：368-375.

Mazza N. 1999. Poetry Therapy：Interface of the Arts and Psychology. Boca Raton，FL：CRC Press.

Mcardle S，Byrt R. 2001. Fiction，poetry and mental health：expressive and therapeutic uses of literature. Psychiatric Mental Health Nurs，8：517-524.

Pamela A K，Gail G S. 1998. Easing the pain of divorce through children's literature. Early Childhood Education Journal，26：89-94.

Pardeck J T. 1995. Bibliotherapy：an innovative approach to helping children. Early Child Development，2：83-88.

Sargent K L. 1985. Helping children cope with parental mental illness through use of children's literature. Child Welfare，65：617-628.

Shechtman Z. 1999. Bibliotherapy：an indirect approach to treatment of childhood aggression. Child Psychiatry Hum，30（1）：39-53.

Tukel R，Polat A，Ozdemir O，et al. 2002. Comorbid conditions in obsessive-compulsive disorder. Comprehensive Psychiatry，43（3）：204-209.

Zipora S. 1999. Bibliotherapy：an indirect approach to treatment of childhood aggression. Child Psychiatry and Human Develop. 5：39-53.

Zitterl W，Demal U，Aigner M，et al. 2000. Naturalistic course of obsessive-compulsive disorder and comorbid depression. Psychopathology，33：75-80.

附　　录

附录一　挫折应对自我监控训练

一、挫折应对自我监控训练材料——假如爸爸妈妈分了手

（一）主题分析

1. 训练意图

学会在逆境面前保持勇敢、坚强的精神，并能克服逆境所造成的伤害，从而取得进步。

2. 训练目标

（1）面对逆境，引导自己澄清认识，树立正确的观念。

（2）主动应用各种有效的应对挫折的策略，调整心境，继续自己正常的生活和学习。

3. 重点、难点

重点：能够主动调整自己对逆境或挫折的认识，运用有关策略稳定自己的心境或情绪。

难点：让那些各方面比较顺利的学生体会到逆境或挫折是没人可避免的，它是判断生命坚强与否的试金石，激发这部分学生居安思危。

（二）版块剖析

1. 判断鉴别

1）目标

体会挫折，引导自己正确认识挫折事件。

2）操作程序

步骤1　教师借用古语导入课题。古人云："人有悲欢离合，月有阴晴圆缺。"生活中，每个人都会遭遇到不顺心的事情，请学生说说自己生活中遭遇过哪些烦恼。然后教师请大家听一段录音，讲述一个中学生不堪面对父母离异的

故事。

步骤 2 结合生活中的例子，教师让学生谈谈对父母分手的认识，并让学生假设自己遭遇到这种事，会怎样？教师鼓励学生实事求是，并引导他们从情感上、认识上、行为上来分析自己面对父母分手时可能存在的问题。根据学生情况，可以让他们写在纸条上，交给老师。由教师念给大家听。

步骤 3 教师启发学生认识到：当人们不能改变或阻挡挫折的发生时，那么就可以调整对挫折的认识，以减轻自己的痛苦。让学生自愿组合，针对学生用书上的几个问题相互间进行问答。

2. 训练策略

1）目标

使用挫折应对策略，调节情绪，纠正认识。

2）操作程序

（1）策略 1——顺应事实

步骤 1 让学生设想父母分手后，自己的生活和学习会产生哪些具体变化？自己怎样对付？例如，搬家、转学、他人的闲言碎语、经济条件的变化、家庭重新组合、面对新的人际关系等。

步骤 2 请出几名勇敢者，让他们当“靶子”，其他同学轮番“攻击”他们，向他们提出父母分手后可能面临的问题，询问他们如何克服？如果攻击方超过规定时间不能提出问题，就算失败；如果勇敢者一方在规定时间不能回答攻击方所提的问题，就算失败。如果勇敢者“胜利”了，教师就带领学生给以掌声鼓励，并激励他们再接再厉；如果勇敢者“失败”了，教师就鼓励他们从“失败”中站起来，告诉他幸福最终属于勇敢者。

（2）策略 2——寻求情感的支持

步骤 1 教师和学生共同创作一段小品，小品歌颂友情、亲情。让学生通过观赏，体验到真情可以缓解或化解痛苦，增添面对困难的力量。在小品中最好能加上一首感激亲情、友情的歌曲，如《像我这样的朋友》，如果配有舞蹈，则更好。

步骤 2 让学生在纸上写一段发生在自己身上的真情故事，故事的内容为讲述在困难和逆境中，友情、亲情对自己的鼓励和支持。写完后交给教师，由教师念出来。

步骤 3 教师向大家介绍班上某个（某几个）同学现在正遭受痛苦和不幸，请大家给他真诚的鼓励。

（3）策略 3——主动转移

生活多么宽广。教师讲讲“眼不见，心不烦”的道理。然后问问同学，他们在遇到不开心的事情时，是利用哪些途径转移注意力的？如旅游、写作、绘画、听音乐、运动等。请他们绘声绘色地谈谈自己的感受。

（4）策略4——采取心理防卫

挫折清单。请学生列举从小到大自己所遭遇的挫折。然后教师用投影让学生观摩下列挫折清单，并请学生对比，然后说说自己的感想。

1816年，他的家人被赶出了居住的地方，他必须工作以抚养他们。

1818年，他母亲去世。

1831年，经商失败。

1832年，竞选州议员——但落选了！

1832年，工作也丢了——想就读法学院，但进不去。

1833年，向朋友借一些钱经商，但年底就破产了，接下来他花了17年，才把债还清。

1834年，再次竞选州议员——赢了！

1835年，订婚后就快结婚了，但爱人却死了，因此他的心也碎了！

1836年，完全精神崩溃，卧病在床六个月。

1838年，争取成为州议员的发言人——没有成功。

1840年，争取成为选举人——失败了！

1843年，参加国会大选——落选了！

1846年，再次参加国会大选——这次当选了！前往华盛顿特区，表现可圈可点。

1848年，寻求国会议员连任——失败了！

1849年，想在自己的州内担任土地局长的工作——被拒绝了！

1854年，竞选美国参议员——落选了！

1856年，在党的全国代表大会上争取副总统的题名——得票不到100张。

1858年，再度竞选美国参议员——又再度落败。

1860年，当选美国总统。

他就是永不退缩的林肯总统。

教师告诉学生，林肯在面对挫折时，他曾如是说：“此路破败不堪又容易滑倒。我一只脚滑了一跤，另一只脚也因而站不稳，但我回过气来告诉自己——这不过是滑了一跤，并不是死掉都爬不起来了。”

请学生大声读读这段话。

通过比较法，让同学想想自己或他人的人生中还有哪些事情比父母分手更让人痛苦？

教师让学生重点练习合理化法。因为人的消极情绪往往来源于失真的认知，特别是内心的自责思想。改变它必须采取三个步骤：

(1) 认识到并一一记录下内心的自责思想；

(2) 弄清这些思想错误（或不真实）的根源；

(3) 对这些错误或不真实的思想进行反思，并发展出一个更加现实的自我评价系统。请学生按照下面的例子，纠正自己头脑中其他的错误认识。

随想（自责）：父母离婚是因为我。

认识偏差的根源：乱找原因。

合理的想法：父母离婚是因为他们自身。

将四个策略用一两个小品表演展现出来。注意后三个策略都是用来调整情绪的，在此基础上，做到冷静、正确地认识，顺应和接受事实。

3. 反思体验

1) 目标

感悟挫折的价值，激励自己勇敢面对挫折。

2) 操作程序

(1) 教师用投影显示下面这段故事，让学生读读并谈谈自己的感想。

逆　境

晴晴摔了一跤，当时也没哭；两天后，她的左手举不起来，才发现锁骨受了伤，又痛又不方便，还得很长时间才能康复。

她心里很不舒服，可是晴晴却发现了一项意外的收获。“妈，我现在知道哪边是左边了！”

她太小，一直分不清楚左右，这下好了，她知道了，痛的那边就是左！

有一句话说：“当上帝关上了所有的门，他会给你留一扇窗。”我们总是不甘心地哭着去捶那关上了的门，却忘记那个开向清风明月的窗。

(2) 教师提供材料。例如，沙漠里的鸵鸟被追击而无法逃脱时，把头钻入沙堆，危险看不见了，也就等于不存在了；小孩子摔了东西，闯了祸，常用双手把眼睛蒙起来。让学生创作漫画。

(3) 征得同意，请有类似经历的同学介绍自己是如何面对父母的离异，并且能够不断地取得进步。

(4) 写给自己的话，让学生写一段激励自己勇敢面对挫折的格言警句，并在激越的音乐中念出来与大家一起共勉。

(5) 青春的回答。(填完后，请学生念出来)

面对父母的离异，一开始你接受不了，在情绪上可能会____________________并且思想上有一些这样那样的想法，认为父母的离异确实给你造成了一些影响，比如____________________________________但是你通过____途径，逐渐恢复自己正常的学习、生活、交往，你的生活又充满阳光和希望！并且，通过磨难，你发现自己学会了很多以前不曾拥有的品质____________________并且你能够面对很多事情，如______________________________祝贺你！你成功地经受了一次重大的人生考验。为自己颁发一枚勋章，奖励自己面对逆境所表现的勇气和信心。继续努力吧！

二、挫折应对自我监控训练的提问单

1. 注意识别阶段

（1）问题是什么？

（2）关于这个问题我目前知道了些什么？已有哪些信息？这些信息对我有什么作用？

2. 评价阶段

（1）我是否正确认识了挫折的性质？

（2）我对自己应对挫折的资源是否认识全面？

3. 计划阶段

（1）我的计划是什么？

（2）我将采取哪些策略？

4. 检查总结阶段

（1）我遵照了我们的计划或策略吗？我需要一个新的计划或策略吗？

（2）哪些措施起了作用？

（3）哪些没有起作用？

（4）下一次我应该有什么不同措施？

三、预先应对自我提问单

1. 资源扩展阶段

我积极应对资源了吗？

2. 识别阶段

我注意到什么潜在的挫折源了吗？

3. 初始评价

（1）这个潜在的挫折源是什么？
（2）这个潜在的挫折源会变成什么？
（3）我应该为此担心吗？
（4）有什么事情需要我留意吗？

4. 初步应对

我能做什么？

5. 激发和应用反馈

（1）潜在挫折源进一步变化了吗？
（2）初始努力产生效果了吗？
（3）关于潜在挫折源我知道些什么？

四、应对过程中自我言语单

1. 准备阶段

（1）我能制订一个计划对付这个挫折。
（2）仔细想想我能做些什么。这要比一味焦虑好得多。
（3）不要消极的自我言语，尽量想得积极些。

2. 面对阶段

（1）循序渐进；我能对付这件事。
（2）这种焦虑正是专家所说的我应该体验到的；它提醒我启动应对活动。
（3）放松；事情还在我的控制之中。慢慢地进行深呼吸。

3. 应对阶段

（1）感到恐惧或害怕时，不妨暂停一下。
（2）关注当前；我必须做些什么？
（3）不必企图完全摆脱恐惧；只要能够设法控制就行。
（4）在所发生的事情中，它不是最糟糕的。

（5）想想其他的事情。

4. 自我强化阶段

（1）应对措施生效了；我能处理这件事情。
（2）它不像我预期的那么糟糕。
（3）我确实为自己所取得的进步高兴。

附录二　英语学科教学中培养学生学习适应性的教学设计举例

Unit 9 Do you want to go to a movie?

一、教学内容：Section A 部分中 53～54 页的内容
　　渗透内容：学习热情，听课方法和复习方法
二、教学目标：（1）学习有关电影类型的词汇和句型
　　　　　　　（2）能够表达自己爱好某一类电影的理由
　　　　　　　（3）学会谈论自己的爱好，询问他人爱好
　　渗透目标：（1）充满学习热情；
　　　　　　　（2）形成良好听、读音方法和习惯
　　　　　　　（3）掌握、形成善于听课、会做笔记的方法和习惯
三、教学重点：
（1）学习词汇：action movie，thriller，documentary，comedy
（2）学习运用重点句型：Do you want to go to a movie? /Yes，I do. I want to go to...
　　　　What kind of movies do you like? /I like...
　　渗透重点：（1）维持学习热情
　　　　　　　（2）掌握相关听课方法和复习方法
四、教具准备：教学课件、放音机
　　渗透准备：了解学生对英语感兴趣程度；了解学生对已传授的学习方法的掌握运用情况
五、渗透契机：（1）Section A 部分教学内容
　　　　　　　（2）整个教学过程
六、教学课时：1 课时
七、渗透过程

（一）判断鉴别

1. 创设问题情境，呈现刺激

师（问）：大家想不想知道中文中的电影类型名称（如喜剧片、恐怖片、动

作片）用英文是如何表达的？想不想知道如何用英文表达自己的电影爱好，又如何询问别人的呢？

生（答）：想。

师（说）：今天我们就来学习这些内容。（用多媒体课件展示四幅不同类型的电影海报和相应的英文名称，通过视听效果，引起学生认知冲突，激发学生的学习动机。）

2. 启发探究（渗透契机，抓住学生的好奇心，根据教学内容，进行单词、句型学习方法的重点引导）

师（说）：俗话说得好，磨刀不误砍柴工，学习新内容之前，我们来复习一下以往是怎么学习单词和句型的呢？首先是怎么学习单词的？

生：（答）

师小结：①根据字母组合找发音规律和拼写规律；②看看是开音节还是闭音节；③联想记忆；④谐音记忆；⑤归类记忆

师：我们以前是怎么找到句型的特点的呢？

生：（答）

师小结：①看句末的标点符号：句号是陈述句，问号是问句，感叹号是感叹句；②看谓语动词是 be 动词还是行为动词；③看句首是否有疑问词，有就是特殊疑问句；④看回答，yes 或 no 开头的是一般疑问句。

师总结：学习方法很重要，掌握了它们，学习起来就会事半功倍，轻松有余，古语“工欲善其事，必先利其器”讲的就是这个道理。同学们在学习中要善于归纳总结，处处做个有心人。

（二）策略训练

1. 讲解释疑（完成 1a 和 1b 部分的教学任务，其中穿插课件展示和播放录音）

让学生感受 action movie，thriller，documentary，comedy 四类影片的特点，掌握单词读音、拼写的正确方法，并强化单词记忆方法；通过几组变式句型，引导学生尝试探究句型特点，最终教师释疑。

2. 辨析操练

（1）采用师生问答和生生交流的互动方式，引导学生开展 pairwork 活动，完成 1c 和 2c（两部分合起来）的口语交际教学任务。

（2）提醒听音做题的方法，引导学生完成 2a 和 2b 部分的教学任务。

师：又到了听音做题时间了，同学们告诉我，听音做题时应该注意有哪些步骤呢？

生：（答）

师小结：放音前抓紧时间看问题，目的是熟悉题目。第一遍听音时完成作业，第二遍听音时检查对错，第三遍，注意模仿语音、语调。这个步骤很重要，大家一定不要忘。（第三遍放音时教师一句一句的停顿，让学生有时间模仿，最后评讲答案）

3. 变式引申（采用创设活动情境，角色扮演方式）

活动：有甲乙两人，甲约乙去打篮球/排球……（自编），乙不去，说想去看电影，甲问乙喜欢哪种类型的电影，乙作出了回答，甲说自己也喜欢这类电影，结果两人一同去看电影去了。

要求：①用到问候语；②以前学的句型用得越多越好。

提示：Let's play…；I want to…；　What kind of movie do you like?

4. 反馈评价（穿插在整个教学活动中）

教师鼓励学生大胆交流、表演，学生的说话错误等表演结束才指出，但仍以鼓励、表扬为主，增强学生参与感和成就感，养成大胆说英语的习惯。

5. 启发探究

用课件展示名词单、复数的变化，让学生观察、寻找规律；请同学尝试回答（教师适时点拨）；最终教师归纳总结（其间要求学生做好笔记）。

师：这是个重点，请同学们做好笔记，想想笔记怎么做呢？

生：（答）

师小结：①记要点；②最好写在书上相应的地方；③用自己的话写；④课后要及时整理；⑤没写完的，课后立即补上。

（三）反思体验

1. 实践巩固（采用创设活动情境，角色扮演方式，其间教师进行鼓励、表扬、反馈评价）

活动：先通过课件分别呈现周杰伦、赵薇和姚明三位明星的照片和个人资料（包括生日、家庭成员、喜欢的颜色、喜欢的水果、喜欢的运动等）。然后每次由两个学生扮演，一个扮演记者，采访另一个同学扮演的明星（根据已掌握的明星资料提问），同桌间预先准备两分钟，再请同学上台表演。（目的：培养学生大胆展示自我的勇气，通过教师鼓励、表扬增强学生学好英语的信心。让学生在情境活动中，运用新学内容，发展口语表达能力）

2. 总结归纳

（1）教师引导学生对整节课所学内容进行梳理，回顾，突出要点、重点；

（2）强调学习时要注意运用相关学习方法进行。例如，听课要“六到”（神到、心到、眼到、口到、耳到、手到），尝试回忆复习法，做笔记方法；

（3）采用名言警示方式，对掌握学习方法、形成学习习惯的意义进行强调。

没有正确的方法，即使有眼睛的博学者也会像瞎子一样盲目摸索。——笛卡儿

好的学习方法就像一把万能钥匙，能随时为我们打开新知识的大门。掌握有效的学习方法是成功的基本条件。

3. 迁移提高

通过学生完成家庭作业和教师对作业的批改、下批语实现。

附录三　数学教学中渗透学生学习自我效能感培养材料

一、数学学习——心理2游戏

1. 积极评价多一点，信心足一点！

面对数学的学习，你是否有时觉得信心不足、愁眉不展，进而怀疑自己学好数学的能力呢？没有人天生就是数学通。很多时候，不是你没有能力学好数学，而是因为你把目光过多地集中在了自己表现拙劣的一面，而忽略了自己表现good的一面！如若不信，不妨自己动一动手，把自己每天、每周的数学学习的良好表现记录下来，多的也能堆成一座小山呢！当然，不可能每天都是good，但那些不佳的表现，已经令我们学好数学的信心降到了谷底，就把它仍到爪哇国，和它挥手说再见吧！现在就请动手吧！

____的优良表现	____的自我奖赏
注意是自己表现不错的一面！ 例如：完成了当天的学习目标（当天的学习内容）；完成了本周的学习目标（单元知识内容）； 今天做对的题项数：____； 课堂上答对了老师的提问； 老师表扬了我； 独自完成了一道或几道题； 帮同学解决了一道或几道难题； 上课、做作业比以前认真了； 做题速度加快了； 等等。	可以是你想要的任何东西，在这里写下或画下。 例如：自己的一个笑脸； 父母的微笑； 一朵红花； 自己许久以来的一个愿望； 一直想去的某个地方； 一直想买的一本书、某件小物品等。 总之是要你所要！

2. 自我认识多一些，进步快一些！

虽然不一定每个同学都对数学感兴趣，但在数学学习上有所提高还是愿意的吧！目标是行动的先导，赶快为自己找一个和自己差不多但在某些方面比自己做得好，通过努力又可以赶得上的 model（榜样）吧！其实与其说是 model，不如说就是你自己，你还未实现的自己，你想成为的自己！榜样不一定是同班的同学，可以是你要好的同伴，也可以是你自己，只要你认为你做得足够好！

____的榜样	差距在哪里？	____的努力	____的自我鼓励
（可以写下他的名字，也可以画下他或她的肖像，总之用你想要表达的方式来表现！）	（有时候也许你不明白，自己也不比他或她差到哪里去，为什么好像就是不如他或她呢？这是因为学习好是由很多因素决定的，某些方面你没有做到或做得不够，差距就产生了！现在就找一找，看一看，差距在哪里吧！） 例如：学习不够努力； 信心不足； 上课听讲不认真； 做作业做题马虎； 不爱向同学求助； 缺乏应考技巧； 等等。	画一条线段，代表你俩的差距，每天、每周你认为自己进步了多少，就从这条线段上挖去多少，直到这线段消失不见！不管进步何其微小都要挖去，日积月累，差距总会不见的！	例如：只要我努力，我是可以的！ 只要我肯，我能做的和他一样好！ I believe I can do it better!

二、渗透教案

（一）平行四边形的特征

课前准备：举出生活中常见的平行四边形的例子，要求每个小组制作一个平行四边形图片。（教师要强调，在制作图片的时候，不要一个人单独去做，一定要小组成员集体去做，也就是一个小组成员在做的时候，其他成员要仔细观察）（体现小组合作）

1. 设问激趣，引出课题

师：上一节课结束的时候，我让每个小组举一些生活中常见的平行四边形的例子，现在我要检查一下你们举出了多少？下面我要选择两个小组来回答，大家来看一看，这两个小组哪一组善于发挥集体合作的优势，举出的例子最多？

师：第 x 组和第 y 组，你们这两个小组可以商量一下，推荐一个代表（一定要民主）来回答这个问题。

师：第 x 组，你们这一组推荐谁？（被选择的同学不要推辞，大家选择了你，说明对你比较有信心！）（言语鼓励）

x 组 A 生：……

师：好，不错！举出了 a 种。你们这一组其他同学还有要补充的吗？（如果还有学生没有想到的，教师可以给出一些）

师：好，下面我们来看一看 y 组的表现！

y 组 B 生：……

师：好，也很不错，举出了 b 种！

师（评价）：看来，这两个小组在课余都很认真地思考了这些问题！根据数量来看，是 x 组略胜 y 组（体现小组竞争），y 组一定要努力啊，下面还有机会，争取超过 x 组！（如果时间许可，可以让胜组 x 组长简单说明举出了这么多例子的原因，如果他们是发挥了每个小组成员的积极性，动员了每个成员参与的积极性，这样可以为其他小组树立榜样）

师：其他小组还有不同于这两个组的例子吗？

师：好，刚才大家举出了很多生活中平行四边形的例子，那你们能准确给出平行四边形的定义吗？

生（齐答）：……（师在黑板上下出平行四边形的定义）

师：刚才我们举了很多平行四边形的例子，又知道了它的定义，现在我们来看两个小练习。看一看下面这些图形中哪些是平行四边形，哪些不是，为什么？另外还要数一数图形中有多少个平行四边形？看哪一组找的又快又准？

小练习：书中图 12.1.1

生思考师巡视指导！抽取两个小组两名同学（中等偏差或差生）（针对学生不同水平设置不同问题层次）进行回答！然后师进行鼓励评价！（有时为了活跃课堂氛围，可让同学来进行评价！，当学生正确回答问题时，其他同学给予掌声作为奖励！）

师：两组对边分别平行的四边形叫平行四边形，这是平行四边形的一个非常重要的特征，刚才同学们在判断的时候也都用到了这一特征，那么除此之外，还有什么特征呢？现在我们就一起来探索平行四边形的其他特征！

2. 小组合作，探究指导

师：现在请每个小组把你们事先准备好的平行四边形拿出来！（教师让每个小组举图片示意，以确保每个小组都有图片）

然后教师陈述以下操作步骤：

(1) 将手中的平行四边形图片放在一张纸上，沿其边缘画出一个平行四边形，记作▱EFGH，这样▱EFGH 就和▱ABCD 完全一样，它们对应边相等，对应角相等。

(2) 然后用一枚图钉在 O 点穿过，将▱ABCD 绕 O 点旋转 180°，观察旋转后的▱ABCD 和纸上所画的▱EFGH 是否重合？

(在这一过程中，教师要走下讲台作具体指导，要求每个小组作图者要认真，其他成员要认真观察)

师：做好了吗？

生答：好了！

师：那好，现在我们选择两个小组来看看他们的观察结果？

问题：(1) ▱ABCD 绕 O 点旋转 180°后与▱EFGH 重合吗？

(2) 绕 O 点旋转 180°重合，根据我们上章所学的知识，说明▱ABCD 是____图形？

(3) 根据所学的平行四边形的结论，就▱ABCD 而言，你能得出什么结论？

$AB=$____；$AD=$____；$OA=$____；$OB=$____；$\angle A=$____；$\angle B=$____。

(教师可以点名提问，就以上问题，简单的可以找组间成绩相当的同学回答，如果他们能正确回答，积极给予表扬，并说明他在这次学习活动中比较认真，希望下次还有优良表现；若不能回答，教师要有耐心，给予提示，或让组内其他成员来补充；另外教师可以找 2～3 组来看是否得出了同样的结果，有没有结果不一致的?)

3. 深入探讨，获取定论

下面教师进一步启发：

现在我们一起来看▱ABCD，我们知道 AD、BC 都是▱ABCD 的边，且又是对边，而这些对边又相等，说明____

同样，$\angle A=\angle C$；$\angle B=\angle D$，说明____

教师板书：▱的特征……

4. 练习巩固

师：下面我们就来根据▱这一特征，解两个例题：

例 1
例 2 } 由教师具体讲解

练习 1
练习 2 } 选两名学生板书（可以选刚才的 x 组和 y 组）

师：现在我们再给 y 组一次机会，希望他们通过这次表现，将比分拉平！(积极期望)

然后，教师讲评板书情况，教师讲评的时候可以从多方面入手，如做题的速度、结果、规范性、整洁等，多鼓励表扬少批评指责！

5. 归纳总结

……

实施情况：成功体验、言语鼓励、榜样示范、积极期望、良好的课堂氛围基本上都做到了。学生在讨论中有意外收获（一个小组提出了 3 个值得思考的问题），教师反映学生积极性参与性很高！

建议：

（1）为节省讨论时间，教师可以不必让每一个小组都回答，可以选取 3～4 个小组（每次轮流）来回答，然后问其他小组是否有不同意见？若没有小组主动回答，教师可以提问。

（2）讨论次数可以根据教学内容的多少和教学进度适当安排。

（3）注意每个小组内每次发言者的不同，保证每个成员都有发言机会。

（4）教师在指导时，可以询问小组讨论结果和存在的问题。

附录四　小学五年级数学教学中渗透学生学习自我监控能力培养教案选

渗透教案设计（选一）

一、教学内容：小数乘整数，教科书第 1 页例 1，以及“做一做”，练习一的第 1～4 题：

渗透内容：意识性——预习之重要性（含计划性、准备性）

二、教学目标：（1）理解小数乘整数的意义。

（2）掌握小数乘整数的计算法则。

（3）正确运用计算法则计算小数乘整数的乘法。

（4）培养学生的迁移类推能力。

（5）调动学生对数学的好奇心和求知欲。

渗透目标：让学生理解对要学习内容进行预习、准备的重要性。

三、教学重点：（1）小数乘整数的意义。

（2）小数乘整数的计算法则。

渗透重点：预习的意义。

四、教具准备：妈妈买布的情境图准备。

渗透准备：预习意义的板书设计准备。

五、主要教学契机：（1）例 1 的教学。
（2）练习题的讲评。
主要渗透契机：（1）复习导入题后的创设情境。
（2）“教学例 1 后”教师分析小结的教学情境。

六、渗透过程

（一）判断鉴别

★暴露问题（在复习导入题后，由教师针对学生表现提问，暴露学生在预习意识上存在的问题）

教师提问与标准参照：

（1）你知道我们为什么要做上面这些题（复习导入题）吗？

• 检查大家以前知识的掌握情况。
• 为新知识的学习做好准备。

（2）你知道为什么有的同学做得好而有的同学做得差吗？

• 有的同学对以前的知识掌握得好而有的同学掌握得差些。
• 有的同学预习了要学的知识而有的同学则没有预习。
• 有的同学认真预习了而有的同学不认真。

教师小结：同学们在预习上存在的主要问题是：不想预习；认为预习不重要。

（二）渗透导向

★重点提示（抓住学生预习意识不强的典型表现，提示出问题的核心所在，进行重点引导）

典型表现：（1）我经常是老师叫预习才预习。
（2）预习浪费时间，反正上课老师要讲。

重点导向：（1）预习很重要。
（2）预习有作用。

（三）策略训练

★范例参照（教师在教学例 1 后分析小结的教学情境中，通过具有操作性的活动，让学生分析讨论，然后提供参考标准，让学生理解预习的重要性）

活动参照：假如打一场没有计划的仗，会怎么样？（讨论分析）

标准参考：①很乱；②被动；③迷糊；④失败。

教师小结：不预习就像打一场没有准备的仗。

（1）不知道要学什么，简单的问题也不能回答。

（2）思维很慢，被动地跟着老师的思路走。

(3) 不知道哪些知识重要。

(4) 对知识的理解不深，产生听课困难。

(四) 体验迁移

★**观点警醒**（通过名言警句，让学生体验预习的好处）

警句范例：磨刀不误砍柴工。（卡片发放，要求学生保存）

好处参照：

(1) 知道要学什么，什么是重点内容。

(2) 可以发现难懂的地方，作为听课的重点。

(3) 有助于查漏补缺，减少听课困难。

(4) 有助于提高思维能力，加深对知识的理解。

(5) 有助于培养自学能力。

★**内化巩固**（通过迁移训练，加深学生对预习重要性的理解）

出主意

王刚说：“预习耽误玩的时间，不划算。”

你的意见是____

____

渗透教案设计（选二）

一、教学内容：连乘 乘加 乘减，教科书第 9 页例 6，以及“做一做”，练习三的第 1～3 题（要求预习）

渗透内容：方法性——预习方法（含意识性、准备性、执行性）

二、教学目标：(1) 掌握小数的连乘、乘加、乘减的计算顺序和计算方法

(2) 培养学生的迁移和类推能力

渗透目标：(1) 让学生学会预习的一些具体方法

(2) 进一步理解认真预习或讲究预习方法的好处

三、教学重点：(1) 连乘、乘加、乘减的计算顺序

(2) 连乘、乘加、乘减的计算方法

渗透重点：让学生学会预习的一些具体方法

四、教具准备：例题和一些练习题的视频准备

渗透准备：具体预习方法的板书设计准备或视频准备

五、主要教学契机：(1) 例 6 的教学

(2) 练习题的讲评

主要渗透契机：(1) 预习检查时的创设情境

(2)“教学例 6 后”教师分析小结的教学情境

六、渗透过程：

（一）判断鉴别

★暴露问题（教师通过提问检查预习情况，暴露学生在预习方法上存在的问题）

教师提问参考：（1）同学们预习了吗？

（2）怎么预习的呢？

教师小结：同学们预习存在两个主要问题：预习不认真；预习不讲方法。

（二）渗透导向

★重点提示（抓住学生预习方法不当的典型表现，提示出问题的核心所在，进行重点引导）

典型表现：（1）我预习只是大略把要讲的内容看一遍。

（2）我预习就是把认为重要的话勾画一下。

（3）我预习就是做一做前面和后面的练习题。

重点导向：（1）预习要认真。

（2）预习讲方法。

（三）策略训练

★范例参照（在教学例6后，教师通过小结性的提问，让学生理解体会一些具体的预习重点，学会一些具体的预习方法，然后提供参考标准）

提问参照：（1）你觉得这一节的重点内容是什么？

（2）该重点内容的相关知识点有哪些？

（3）这节内容在书上有没有重要的文字解释，或文字小结？

（4）你在上这节课之前，有没有弄不懂的问题？

（5）你们在预习的时候，思考过上面这些问题吗？

（6）你们在预习的时候，想过解决这些问题的方法吗？

标准提供：（结合上面的问题加以解释）

读——读标题，读内容。

找——寻找哪些是要解决的重要知识点。

查——复习并查阅与本课直接相关的重要知识点。

思——尽力独立思考，提出一些自己仍然不能解决的问题。

画——在书上对重点、难点画线或做记号。

（四）体验迁移

★观点警醒（通过对常见观点的分析，让学生体验认真预习和讲究预习方法的好处）

观点：我预习了，好像没有什么用。

分析：（1）预习根本就不认真。

（2）预习没有讲究方法。

（3）预习只是走了个过场，只图完成任务。

作用参照：（认真预习和讲究方法去预习）

（1）能把握住重点内容。

（2）理解内容更深入些。

（3）让你的知识更有条理。

（4）解决你上课不敢举手回答问题的窘态。

（5）让你的思维更灵活。

（6）让你更清楚自己对要学知识的掌握情况。

（7）帮你养成学习的好习惯。

★内化巩固（通过作业题的布置，加深理解，巩固所学知识）

现学现用：说说你将如何预习下一节课的内容？

附录五　小学生情绪调节困难研究实验材料

一、小学生情绪调节困难正式问卷

学校名称：＿＿＿＿＿＿＿＿班 级：＿＿＿＿＿＿＿＿年 龄：＿＿＿＿＿＿＿＿

学 号：＿＿＿＿＿＿＿＿

家庭来源：城镇　□农村　□　　　　性 别：　男□　女□

亲爱的同学：

你好！欢迎参加这项心理测验。测验中的问题是对你的情况做以了解，每个人的实际情况不一样，因此，所有问题都没有标准答案，没有对错和好坏之分。请一定要根据你自己的实际情况认真回答，希望你能珍惜这次了解自己的机会。衷心感谢你的合作与支持！

注意事项：

- 请一定要如实回答。你实际情况是怎样的、就怎么回答。
- 请认真回答每一个问题，注意不要漏题。

• 测验没有时间限制，但对每个题目不用多费时间反复考虑，根据第一印象选择最符合你实际情况的答案。
• 每个问题只选一个答案，只需在与自己情况相符合的数字上画“√”即可。

谢谢你的合作！

西南师范大学教育科学研究所

A_6．我不知道现在是高兴还是不高兴。
a. 很不符合我　　b. 比较不符合我　　c. 一般符合我
d. 比较符合我　　e. 很符合我

A_3．我经常关心我的感受。
a. 很不符合我　　b. 比较不符合我　　c. 一般符合我
d. 比较符合我　　e. 很符合我

A_{34}．当心烦的时候，我总是能找到一种方法，最终使我的心情变得更好。
a. 很不符合我　　b. 比较不符合我　　c. 一般符合我
d. 比较符合我　　e. 很符合我

A_2．我能理解别人的感受。
a. 很不符合我　　b. 比较不符合我　　c. 一般符合我
d. 比较符合我　　e. 很符合我

A_5．我们不能控制心情的好坏。
a. 很不符合我　　b. 比较不符合我　　c. 一般符合我
d. 比较符合我　　e. 很符合我

A_{19}．心烦的时候，我难以按时完成作业。
a. 很不符合我　　b. 比较不符合我　　c. 一般符合我
d. 比较符合我　　e. 很符合我

A_7．我很难说清楚我心里的感觉。
a. 很不符合我　　b. 比较不符合我　　c. 一般符合我
d. 比较符合我　　e. 很符合我

A_9．我常常在乎我的感受。
a. 很不符合我　　b. 比较不符合我　　c. 一般符合我
d. 比较符合我　　e. 很符合我

A_{48}．我知道怎样对待不愉快的事情。
a. 很不符合我　　b. 比较不符合我　　c. 一般符合我
d. 比较符合我　　e. 很符合我

A_{28}．我常常能知道别人的感受。
a. 很不符合我　　b. 比较不符合我　　c. 一般符合我

d. 比较符合我　e. 很符合我

A_{41}. 我常常惹出很多麻烦。

a. 很不符合我　b. 比较不符合我　c. 一般符合我
d. 比较符合我　e. 很符合我

A_{40}. 当心烦的时候，我很难集中注意力。

a. 很不符合我　b. 比较不符合我　c. 一般符合我
d. 比较符合我　e. 很符合我

A_{13}. 我常常不知道自己的心情是好还是不好。

a. 很不符合我　b. 比较不符合我　c. 一般符合我
d. 比较符合我　e. 很符合我

A_{12}. 我很在乎我的感觉。

a. 很不符合我　b. 比较不符合我　c. 一般符合我
d. 比较符合我　e. 很符合我

A_{49}. 我知道怎样才能过得愉快。

a. 很不符合我　b. 比较不符合我　c. 一般符合我
d. 比较符合我　e. 很符合我

A_{11}. 我很容易理解别人的感受。

a. 很不符合我　b. 比较不符合我　c. 一般符合我
d. 比较符合我　e. 很符合我

A_{29}. 当我心烦的时候，我感到很难控制自己。

a. 很不符合我　b. 比较不符合我　c. 一般符合我
d. 比较符合我　e. 很符合我

A_{30}. 在我心烦的时候，我仍然可以完成作业。

a. 很不符合我　b. 比较不符合我　c. 一般符合我
d. 比较符合我　e. 很符合我

A_{21}. 我很容易冲动。

a. 很不符合我　b. 比较不符合我　c. 一般符合我
d. 比较符合我　e. 很符合我

A_{46}. 在我的朋友不高兴的时候，我很快就能觉察出来。

a. 很不符合我　b. 比较不符合我　c. 一般符合我
d. 比较符合我　e. 很符合我

A_{27}. 当我心烦的时候，我很难专心地去做作业。

a. 很不符合我　b. 比较不符合我　c. 一般符合我
d. 比较符合我　e. 很符合我

A_{44}. 我常常因为心情不好发火。

a. 很不符合我　　b. 比较不符合我　　c. 一般符合我

d. 比较符合我　　e. 很符合我

二、情绪调节教案设计

第 16 课　朱鹮飞回来了

一、渗透内容： 在体验到某种情绪时，保持对冲动行为控制以完成任务的能力。

二、渗透目标：

(1) 通过对感觉与情绪词句的学习，体验其中所蕴含的情绪状态；

(2) 培养学生为达到目标而做出努力，坚定地克服困难以解决问题的坚持性和自制性；

(3) 掌握克制情绪以完成学习任务的策略及方法；

三、渗透材料： 朱鹮的录像、图片；策略图表等。

四、渗透过程：

(一) 渗透契机： 课文第 6～9、11～13 自然段

(二) 判断鉴别 (课前完成)：实话实说

实 话 实 说

1. 我常常因为焦虑导致考试成绩不好。　(　)
2. 心情烦乱时，听课时常常走神，无法听讲。　(　)
3. 父母的唠叨会使我的作业出现许多不该犯的错误。　(　)
4. 上课了，我仍然想着课间玩耍的事情。　(　)
5. 遭到老师批评后，我很难再集中注意力。　(　)
6. 我常常因为生气而无法注意听讲。　(　)
7. 我有时候会因为贪玩而忘记了做作业。　(　)
8. 如果我心情不好，往往不知道老师到底讲到哪儿了。　(　)
9. 我常常因为心烦而不能按时完成作业。　(　)
10. 很多时候，我会因赌气而甩手不干了。　(　)

(三) 情境创设： 同学们请看一组数字：1＝1；1＝8760；1＝？(板书)“1＝1”表示每小时就有一种生物灭绝；“1＝8760”告诉我们一年里有 8760 种物种在我们这个美丽的星球上消失；“1＝？”表示你知道一只熊猫的价格吗？猜猜看？(学生自由发言) 熊猫是无价的。

在我国陕西秦岭一带有一种鸟，它的数量比大熊猫还要少，所以它比大熊猫还珍贵得多！你知道它叫什么吗？(呈现图片)

本文讲述了科学家在小朋友的帮助下，历尽艰辛发现、保护朱鹮，并使之得到了繁殖的故事，这是多么有意义的一件事情啊！阅读时要仔细体会一下大家在发现朱鹮过程中的情感变化，以及他们的表现情况，看看他们哪些地方最令你感动？哪些地方最值得我们学习？

（四）策略导行：

字词渗透：“腼腆”一词的含义是什么？（生答）然后请大家用生活中遇到的事件造句或者举例子。

分角色朗读：让同学们分角色朗读课文第6～9自然段，要表达出小光和小胖子天真可爱与热情的神态，从中体会他们的神情、动作和语言，并从中划出你认为最能表达他们高兴劲的句子？（生答）

集体讨论：仔细阅读课文第11自然段中“天气很热，虫子不停地对他们进行骚扰。但是，大家都忍耐着，尽量减少活动，以免干扰观察工作”等。

(1) 你从这句话中体会到了什么？（朱鹮发现过程的艰辛）

(2) 你是从哪些词句中看出来的呢？（天热、虫子骚扰、苦苦等待与“轻轻地”对照）

(3) 在这种艰辛的情况下，大家的表现是怎样的？（忍耐、克制）

(4) 大家为什么要这样做？（为了不干扰考察工作进行）

启发诱导：（朗读第12自然段，教师提问参照）

(1) 文中用“踏破铁鞋、千辛万苦”等词句形容寻觅朱鹮的过程，你认为大家（考察队员、小光、小胖子）发现朱鹮后的心情是怎样的？（十分激动）

(2) 但是考察队员的反应是怎么样的呢？（捺住、小心翼翼、悄悄地、生怕）；小光和小胖子反应又是怎样的呢？（兴奋，但能控制情绪、克制自己）

☆ 教师引导参照：“从考察队员以及两位小朋友的精神，反观我们自己，我们是不是在兴奋或者烦闷的时候易于分心，而不能集中精力听讲或作业呢，比如课上得意忘形，不知道老师讲些什么；心烦意乱时，没精打采，无心做作业等？”（生答：有）

结合学生填写的“实话实说”，抽学生回答，并接着追问学生自己认为应该如何控制自己的情绪，以更好地投入到学习中呢？（让学生自由回答）

教师通过以上的引导、讲解，让学生理解自己所存在的问题及自制的重要性，适时给予学生呈现情绪调节之自制的策略及方法。

策略渗透

1. 加强控制，做情绪的主人（情绪调节的策略）

如果你心情烦闷或特别高兴，首先需要调整自己的情绪状态，有关情绪调节的策略与方法我们已经讲过了，想想看都有哪些策略可以使用！

2. 加强自我控制

(1) 自我命令　如在课桌上贴张警示条：不准东张西望！注意听讲！

(2) 使用记号法　当你发现自己走神时，在纸上做个记号，这样可以提醒你回到学习上去。

(3) 看书时使用铅笔　边看边用铅笔画出重点，或写出心得体会。

（五）反思体验（课外完成）：

1. 名人践行

★ 法国昆虫家法布尔为了了解蚂蚁的生活习性，曾一连四个小时趴在潮湿、肮脏的地面上，用放大镜观察蚂蚁搬动死苍蝇的活动。

★ 古希腊数学家阿基米德当时已有 75 岁，一天他正蹲在地上画几何图形，罗马军队突然闯进他的房间，可他毫无觉察，直到罗马士兵用宝剑指着他的鼻子，他才知道发生了什么事情。但他镇静地说："等一下再杀我的头，再给我一会儿工夫，让我把这条几何定理证完，不然给后人留下一条没有证完的定理啊！"

2. 操作练习

在我们的学习过程中，可能随时会遇到一些兴奋欢乐的事情，以至于溢于言表、得意忘形；也会遇到一些令人心情烦闷的事情，以至于无精打采、满脸沮丧。这些都是正常的现象，或许我们每个人每天都会遇到，但关键在于遇到这些事情时，我们怎样才能成为"情绪的主人"。尽力去控制情绪而不为情绪所干扰，以能够按时完成任务，比如考试、听讲、做作业等。想想看，你都遇到过哪些事情，你当时的感受是高兴、喜悦，还是愤怒、沮丧、悲观……你又是采取了哪些措施保证任务最终顺利完成的呢？

活动	事件	感受	措施
考试			
听讲			
做作业			
看书			

3. 心情日记

附录六　改善亲子关系心理素质教育软件开发与实验研究材料

一、脚本样课举例分析

课程内容	分析注解
先是用一段优美的动画突出本课的中心思想——如何和父母交流。	提起学生的兴趣，让他们注意力集中于软件。也明确了本课的学习目的。
【主人公的话】不知道怎么回事，好像突然之间觉得父母不能了解自己了，所以什么话也不想和他们说。 • 下面的情况，你遇到过吗？ • 和父母的相处，你出现过下面的情况吗？ 1. 相处困难，一方说 Yes，另一方一定说 No； 2. 针锋相对，父母说一句，子女顶一句； 3. 单方独白，父母只管说，子女口头虽应着，但却心不在焉，仍旧我行我素； 4. 互不理睬，父母子女谁也不愿意和谁说话交流。	采用和谐互动策略，以主人公的话，贴近学生的生活，引起共鸣。 列举现实生活中学生经常遇到的各种问题。
面对这样的情况，我想大家心里很想改变，能和父母成为好朋友，这一定是所有同学的愿望吧。	话外音讲解，引导学生进入思考。
【片断一】学会发泄不满情绪 峰峰很喜欢足球，放学后同学一邀请，他就忍不住去踢了。踢完之后回到家里。 爸爸的脸上布满了阴云："就知道玩！" "没有，我……"他想反驳几句，因为今天是周末，同学邀请他。可是，还没有等他开口，妈妈就说"你还想狡辩啊？看你不好好学习，将来……"看着妈妈的愤怒，他只好什么也不说，低头听着，心里却仿佛压着什么一样，很不舒服。	以下逐步将学生在日常生活中遇到的各种问题用生动的形式表现出来。

• 你能理解吗?

1. 父母并不是想让你害怕和压抑，他们是希望来帮助你形成好习惯。

2. 当他们对你这样发威的时候，他们并没有意识到影响了你的心情。

这些不良情绪是同父母交往的绊脚石，如何去除这些绊脚石呢?

用体验内化策略，引起思考。

首先，当自己感觉有了压抑情绪的时候，不要继续勉强自己。

有人把人的心理比喻成一个气球，在日常生活中，我们经常把一些欲望、冲动、需要等压进这个气球，于是这个气球越来越大，当压到一定程度的时候，我们就会觉得内心的压力太大了，有气球快要爆炸的感觉。适当、适时、适地地宣泄，对于维护心理的健康和平衡非常重要。

从父母的角度分析问题，给学生从父母角度思考的空间，这是理解父母的前提。

其次，当认识到不应该压抑自己的不满之后，要用适当的方式和父母沟通，不过分压抑自己。

1. 正是愤怒的时候，可以对假想的对象释放愤怒。

2. 和父母一起制定一个时间，每周或者每天都有固定的时间听听父母的苦衷，也让父母安静地听听你的不满。

3. 一起制定符合实际情况的方案，以免以后父母处理类似情况的时候还独断专行，也以免你以后犯同样的错误。

4. 在方便的地方放上一个本子。你和父母，如果对对方有意见了。就可以随时写上去。大家畅所欲言，不留隐患。

采用行为改变策略，用活泼的形式指导学生如何处理自己的不良情绪，以便以后遇到类似情况的时候可以借鉴和有效处理。

一句话智慧

发泄的方式是很多的，但是要注意，有些发泄方式是不应该和不健康的，有的时候这样不但起不到任何发泄作用，还会带来更严重的后果。

用最简单的话点出这段的主题，给学生留下深刻印象。

因此，还要学会有效调节自己情绪的方法。

1. 语言暗示：语言对人的心理和情绪有着神奇的作用。几句话可以把人逗笑，也可以用几句话把一个人说得垂头丧气。

2. 转移注意力：要有效控制自己的情绪，有人建议在发怒之前先将舌头在口内绕上几圈，这样你就不会因为冲动而说出不应该说出的话来，不妨尝试一下。

3. 做一个扫除：心情烦恼的时候，可以让自己动起来。比如，科学证明，洗浴就对改变情绪有良好的作用。所以，心情不好的时候洗洗澡，让自己在水的冲淋中变得心情爽朗。

最后，行为指导，告诉学生在现实生活中如何处理，都是可以切实操作的指点。

【片断二】家庭中言语交流的艺术

【学会家庭中的表扬】

每个人都希望能被表扬，爸爸妈妈也不例外，尤其是自己儿女的赞扬，他们听起来就更加受用了。

“妈妈，你做的饭是我吃过的最好吃的。”

“爸爸，我觉得你很和蔼，对我也从来不轻易发脾气。”

你以前表扬过他们吗？试试看，这些无意的表扬很可能起到非同寻常的作用。

由于以下片断的作用与上面基本相同，所以从略。四个片断用媒体技术连贯起来，让学生学习既有层次又较连贯。这个过程加入引起学生反思的内容，以便将所学东西真正内化。

【学会向父母承认错误】

每个人都会犯错误，有了错误不要找借口，能勇敢地承认错误是会得到父母的谅解和帮助的。

“妈妈，我错了，我不该不告诉你们就跑出去玩，让你们担心了。”

“爸爸，是我不好，你工作那么辛苦，我不该不好好学习，让你操心。”

当然，不能光说不做啊。一定要用实际行动表明你确实认识到你错了才可以。这样才能取得爸爸妈妈的信任。

【学会婉转表达】

先看下面两种说法：

“这都什么年代了？你们懂什么啊？”

“爸爸妈妈，有些事情确实和你们当年的情况不同了。”

两种说法不同在哪里？

和父母之间无论有多大的矛盾，双方都希望化解。因此，交流的时候，最重要的一点是——一定要尊重父母。

“你们就知道强迫我做自己不喜欢的事情！”

“我知道你们想让我这样做也是对我好。可是我也有我自己的想法……”

两种说法不同在哪里？

主动站在对方的角度重新考虑问题，会给你你意想不到的收获，当你能为父母考虑时，父母的怨气就减少了大半，就更容易设身处地为你着想了。

想一想　你觉得家里的沟通：

A. 很好。我和父母经常有时间在一起交流看法。

B. 几乎很少有交流。

C. 介于A、B之间。

你在和父母交流的过程中还有什么高招？

【片断三】家庭中非言语交流的艺术

【学会不同语气说话】

有的时候，交流的目的是否能达到，不在你说了什么，而在于你怎么说的。继续学习——

尝试一下用不同的语气说话：

“妈妈，我只是出去踢了一会球。作业我会做完的。”用比较确定，让对方放心的语气。

“妈妈，我只是出去踢了一会球。作业我会做完的。”用生硬的，反感的，厌弃的语气。

聪明的同学会用合适的态度和语气表达自己的要求。

问问你　如果你想周日出去和同学一起聚会，应该如何向父母表达？用不同的语气默默地说给自己听。

【学会不同表情说话】

语气不同能使同样一句话说出两种味道，那么表情呢?

下面看两个同学说同样一句话：

一个面带微笑，眼睛看着妈妈，很真诚地说：“妈妈，这个周末我想出去放松一下。”

另一个眼睛盯着电视，不屑一顾地说同样的话。

你如果是妈妈，会答应哪个的请求呢?

回忆一下 当你和父母顶嘴的时候是什么样子？是不是皱着眉头，扬着脖子，满不服气的态度？这个态度对问题的解决有利吗?

如果下次发火，不妨借用家里的镜子看看你自己。(演示一张愤怒的脸，一张不屑一顾的脸，一张反抗的脸)

一句话智慧

和父母的矛盾不论大小，都要注意自己的非言语表达。

只要严于律己，言行一致，就能提高沟通效果，改善和父母的关系。

给你支招：

不妨和父母一起商量一下看平时在交流中都有些什么需要注意的地方。大家制定一个规定，比如，一个手势，当一方犯了错误的时候，另一方就可以用这个手势来终止或者提示。

你在家里注意到这些非言语表达了吗？说说你的感受。________________

【片断四】和父母交流，你准备好了吗?

【交流需要一定的时间做保证】

或者父母的工作很忙，或者你大部分在家的时间都用来学习了，但是无论如何都不能忘记和父母的交流需要时间做保证。

当父母在家、你也不上学的时候，你们大多在做什么？是不是一家人围坐在电视机前看电视？可是，多久没有一家人好好交流一番了?

关掉电视，和父母在一起玩玩小时候的游戏，还记得和妈妈一起读漫画书吗？还记得爸爸教你折纸船吗？还记得一家三口一起唱过的儿歌吗？

对电视说声“再见”，把同父母交流和沟通的时间找回来。

【沟通的内容应该是广泛的】

和父母的沟通和交流，应该是多方面的。比如：

1. 和父母一起制定每天的作息时间表（如何时起床、吃饭、做作业、看电视、休息、家务和上床睡觉等），然后切实履行。

2. 和父母一起做家务，边做边和父母交流一下对一些事情的看法，听听他们的意见和建议。也把自己的想法告诉他们。

3. 邀请父母和自己一起说说话，谈谈学校的学习和生活情况。

4. 说一声“爸爸妈妈我爱你们”，道一声“晚安”。

生活中，你和父母之间的交流障碍主要是什么？________________

送你一句话

真诚地敞开心扉，才能坦诚的去对待别人，父母不仅是家长，更是朋友。

二、访谈记录

T：访谈老师　S：被访谈学生　P：家长

实验前学生访谈：

T：在家里和父母相处融洽吗？

S：一般吧。

T：觉得和父母沟通上有什么困难没有？

S：有。我觉得父母比以前难相处了，比以前爱发脾气了，我喜欢自由，不愿被管。

T：你是说以前你和父母相处得不错？

S：嗯，小时候父母在我心里很伟大，很了不起，但现在我总觉得他们跟不上时代，遇事只为自己想，不管别人怎么想。

T：从你的话里是不是觉得父母对你干涉比你希望的多？

S：是啊，尽管有的时候我说你们少管我，让我自己处理自己的事情，他们也答应。可是他们总是说一套做一套，说不管到时候（做事）还是要听他们的。每次都这样，烦死了。

T：那你对这些矛盾是怎么处理的呢？

S：我和他们想法不同，性格不一样，说话也总说不到一起，所以就有的时候就表面上答应他们，有时候也撒谎（笑，可能觉得不好意思。）

T：那你尝试过理解他们，用更好的方法沟通吗？

S：我也觉得自己这样不好。但是我不知道该怎么做，我也理解他们，但是他们好像不理解我，也可能这就是代沟吧，很多同学都这样。

实验后学生访谈：

T：咱们最近一段时间上了微机课，你有什么感触？

S：（沉思）体会很多。其实相处不好的时候不仅是我们有气，父母也有，所以我们不能太自私了，也要为父母多想想，感觉有的时候自己也太任性了。

T：你觉得以前和父母的沟通中有哪些问题吗？

S：很多问题和那里（软件中）说的都相似。

T：能说个例子吗？说个你印象深刻的。

S：比如，我以前没注意过非言语表达。也没想过要注意，在家我总是按自己的意思做事，从没想过他们的感受。现在我发觉自己这样很不好，容易造成矛盾。

T：那从软件中你学到了什么？

S：我能更好地了解父母了，在学习了软件之后，还学会了沟通的较好方式，通常不好直接对他们说的，我就用写的，把自己要说的或想说的写在纸上，给他们看，自己这时就出去，让他们看完后把自己的想法也写下来，自己回去时再看。

T：你觉得这对你以后和父母交往有没有作用？

S：有啊。我能够充分理解父母的难处了，觉得其实父母很关心我们，也很为我们着想，只是我们太任性所以不知道，其实我们应该多静下心来与父母沟通交流，把自己的想法告诉他们，还有，我觉得我们也应该多帮助父母，要知道他们也会遇到困难，也会有不好的时候。

实验后父亲访谈：

T：您觉得自己和孩子的沟通怎么样？

P：还可以。就是感觉她有的时候有些任性。

T：您觉得在和孩子交往的问题上，您处理的怎么样？

P：一般吧。还是有的时候会不知道怎么办。大人的心他们总是不能完全理解。

T：那您感觉最近一段时间她有没有变化？比如学习啊，和您的沟通等方面。

P：好像她在最近一段时间内不那么任性了，也更喜欢和我们沟通了，还有上学期考试没有考好，学习似乎也更积极主动了，比以前省心多了。

T：那对于亲子交往这个问题，您怎么看？

P：最近，通过互相沟通，我们父女更加了解彼此了，所以，我认为家长和子女应该经常的交谈，让子女谈出他们的感想，让她说出对某些事情的观点来，只有通过这些方法，我们才能在子女和家长关系问题上相互的了解。

三、被试李某的学后感触

我常常觉得父母总是不够了解自己，甚至有时候还故意为难自己，却从来也没有为父母想过。没有站在他们的角度去看待问题。

最近，我们上微机课，看了很多关于与父母沟通的知识，也做了关于这个方面的一些题，我的感受真的很深很深，其实有很多时候的矛盾，都是由于自己的任性而引起的，自己只要求父母为自己付出，了解自己，却从未为父母付出，了解过他们。记得曾经发生过这样一件事。

我的爸爸是一名普普通通的工人，也很关心我。自从进入初中后每天晚上都要上晚自习，爸爸也不厌其烦。每天晚上都到校门口接我。刚开始，自己出于新鲜，看到爸爸每晚都来接我，心里很高兴，但是时间长了，自己也开始厌倦了。不愿意爸爸再来接我，只愿意和同学一起回家。把这件事告诉了爸爸，可他说什么也不同意。于是自己开始不理他，甚至讨厌他，在回家路上总是不和他说话。常常觉得他为什么就是不能给自己自由呢？总是把自己看得紧紧的，自己仿佛就是一只笼中鸟。

但现在想起来自己当时真是任性了，爸爸之所以那样做，还不是处于好心，担心我怕我出事，而自己却还给他脸色看。

自从上了那几堂微机课后，我知道了，其实许多和我差不多大的孩子都向往自由，都想逃离父母的约束，拥有属于自己的空间，但那时我们不能够太任性，自己想怎么做就怎么做，甚至像有些人那样由于对父母的一点不理解就离家出走，而应改去和父母谈谈心，告诉他们自己已经长大了。

总之一句话，做事不要随着自己的性子，要多和父母沟通，站在对方的角度想想。要知道，父母身上的担子比我们重，压力也比我们大. 他们也有情绪，也需要人去理解，去关心，他们之所以对我们那么严格，是因为他们把所有的希望都寄托在我们身上。

附录七　促进师生关系软件脚本示例

如何解决师生冲突

主题思想	内容设计	表现形式
情景导入 引入主题 引起学生思考，引起共鸣	在紧张的学习生活中，韩宇和同学制定的“秘密”行动计划，因为老师出面干涉而无法执行。 “唉！又破产了！” “本来都已经计划好了，可是现在被王老师知道了，她就是不让去。” “都是因为王老师太死板，不懂得一张一弛乃文武之道。” （这时）**师生之间发生了冲突**。 不知道为什么，好像我们经常和老师的意见不同，老师总是不理解我们。 周末，阳光灿烂，多想大家一起去爬爬山； 元旦，到处洋溢着喜悦，多想开个 Party 庆祝一下。 但是每次老师都有理由拒绝我们——“好好学习吧，别成天都想着玩了。” 老师也年轻过，他们怎么就这么不理解年轻人呢？ 唉！真是郁闷！	**配音、动画、图片** **动画：** 几个同学在一起：“我们周六去春游吧。”，老师：“不许出去玩，好好学习。” 突出呈现 **图片动画：** 阳光明媚，几个同学“真想去爬爬山”；喜庆的气氛“真想开个 Party” 出现老师图片“好好学习吧，别成天都想着玩了。” 出现一个小人，一脸苦闷的样子
认知改变 提出问题，引起思考 讲故事，引道理 引导思考，思考即不断反思 适时点拨	为什么会和老师发生冲突呢？ 我们都熟悉《盲人摸象》的故事，同是一头象，有的人说像大柱子，有的人说像蒲扇，有的人说像绳子，为此大家发生了激烈的争执。争执的根本原因是他们每个人站的角度不同，又不了解别人的立场，以致各有各的看法，互不相让。 同样的道理，你明白为什么会和老师发生冲突了吗？ 【知心姐姐告诉你】 老师怕学生出危险，怕学生一时贪玩耽误了学习；而学生呢，总觉得老师不理解他们，觉得和老师有代沟，也不愿意和老师多交流，这样就很容易发生冲突。	**动画配音：** 一头象，几个人。有的摸着象身，有的摸到象耳，有的摸到象尾，并说大象像什么，表现出激烈争吵的气氛 用天使的图片比喻知心姐姐 灵活呈现文字
行为指导 给予技巧 形象说明	（那么）**如何化解师生冲突呢？** 冲突的存在并不可怕，重要的是有了冲突，作为学生如何解决呢？继续看下面的内容。 控制情绪 愤怒时，体内就像有两个使者，一种是和平的使者，它告诉你不要与人争吵；另一种是战争的使者，它命令你进行战斗。我们要多多派出和平使者，有时候战争使者要出去，我们要说服它、劝解它。	突出呈现 用一个箭头，表示继续 配音，出现两个卡通动画，一个性情温和，一个怒气冲天。出现战争使者，在他下面画个“×”，表示不要

续表

主题思想	内容设计	表现形式
具体方法指导	试试下面的方法： (1) 转移法 要发脾气时，可以赶快离开这个环境。或者自己把自己关起来，闭目养神，冷静一会，待情绪稳定下来再出去。 (2) 释放法 将自己闷在心里的愤怒通过别的方式发泄出来。你可以用力地蹦跳或喊叫，可以到没人的地方大哭一场。或者找个朋友倾诉心中的不快。 (3) 深呼吸 当然，如果在课堂上和老师有了冲突，你既不能远离教室，也不能当时释放，这时就必须以理智抑制情绪。试试深呼吸法！ 做 3～5 次深呼吸，对自己说："这没什么，不就是这么点事嘛！没什么大不了的，会过去的。""冷静点，我能应付得了。"当你把注意力集中在呼吸上，再去关注你的怨气时，这时的你和刚才已经不一样了！	在一个小屋子里，自己闭目静思，"冷静一会" **动画**： 一个人站在一个地方大喊"我恨你"、哭泣、和朋友在一起聊天 **动画**： 深呼吸
名人名言	前美国总统托马斯·杰弗逊，临终时的遗言之一就是，"当你气恼时，先从 1 数到 10 再说话，如果怒火中烧，就数到 100。"	一个刚才怒火冲天的人，一个微笑的人，关键词"刚才的你""现在的你" **配音**
一句话总结	【知心姐姐告诉你】积极了解、思考你和老师的分歧在哪里，才能面对问题来处理，而不是诉诸情绪，冲突越演越烈。	
	剖析原因	
技巧二	当你冷静下来，先想想为什么会发生冲突：	
反思自己	【想想自己】 是不是我太冲动、太情绪化？ 是不是我的言行太偏激了？还是没有和老师说清楚？	配音，出现"我"的图片，然后出现键词
反思老师 也是认知改变的过程	【想想老师】 你是不是觉得老师太不理解我们了， 或者你认为老师不公平，让人讨厌。 你有很多与老师发生冲突的理由，你有很多怨恨老师的依据，但是你有没有想过： 老师的所作所为真的完全没有道理吗？真的完全就是老师的错吗？ 也许老师有时可能会显得比较独断，但是对老师永不出错的苛刻要求现实吗？不服管教的态度就能够处理与老师之间的冲突吗？	配音，出现老师的图片"真是有代沟呀""太不公平了"多样呈现
反思主人公的故事 给出原因	想想韩宇和他的同学与老师发生冲突的原因： **双方的立场不同**：老师是让学生抓紧时间学习，不愿意让学生出去游玩；担心出去的安全问题；而学生则想适当放松一下，非常想出去玩。 **缺乏沟通**：如果学生好好和老师商量，确保安全的同时，让老师放心—出去游玩不仅不会耽误学习，而且还会在适当的放松之后，学习更有劲头。说不定老师会答应你的要求！	把"原因"二字突出显示，要多待一些时间，让学生思考 **图片**：老师"抓紧时间学习"，学生"好想好好放松一下。" **动画**：老师和学生在一起交流，"我们保证不影响学习，而且我们会更有劲头学习的。"
一句话总结	找到了冲突的原因，对症下药，就能找到适宜的解决办法。	

续表

主题思想	内容设计	表现形式
给予技巧，与通剖析原因相承 反思自己	采取行动 冲突的解决不是停止在控制情绪、找找原因就行了，关键是行动起来，化解冲突。 **☆问问自己：** 发生冲突之后，先问问自己： 我和老师的分歧到底在哪里？ 解决问题的方式可能有哪些？ 哪些解决方式是老师难以接受的？ 哪些解决方式是我和老师都能接受的？ 问清楚自己这些问题，也许解决冲突的办法你就心中有数了。	配一句音，出现一句话
技巧指导	**☆恰当表达自己的意愿，进行有效沟通** 不与老师发生冲突，不等于事事都听老师安排，按老师的意思做。人与人的思想不会完全相同，分歧无法避免。关键是你如何表达不同意见，避免冲突。	**配音**
给出情景，引起思考，	看看下面这两位同学： 老师，你为什么这么不理解我们呢？怎么一点也听不进学生的意见呢？ 老师，我们知道您是为我们着想，只是我们觉得，是不是这样更好一些呀……	**配音：** 高且尖的语气 温和、诚恳的语气
让学生自己辨别	听了这两位学生的话，你有什么不同感受呢？你更喜欢听哪位学生的话呢？	
通过主人公的行动，给出正确的处理方式	看看韩宇等同学是如何处理冲突的呢？ （诚恳地）“老师，我们的学习确实太紧张了，老师也费了很多心血，同学们刚刚有了进步，本应该进一步提高。” （让老师感觉你们是站在一个立场上的，紧接着你态度的转变就可能带动老师态度的转变。） “可是，同学们的计划已经酝酿很久了，如果不能成行，学习情绪有可能一落千丈，就会违背了老师的良好意愿。” （相信老师会被你打动的！）	**配音**：回到开始主人公经历的情境，学生和老师进行交流 上面的话出现后，再出现这段话。 **配音**
	表达不同意见时，切忌“老师不同意，我誓不罢休”的态度。这样不可能说服老师改变决定，因为无形之中你已经把老师推到了敌对的立场上了。	**配音**
强调	注意掌握语言分寸，做到无理莫强辩，有理让三分；切忌得理不让人，无理也争三分。	**配音**
技巧	**☆学会真诚地道歉**　冲突发生后，如果你觉得自己有不对的地方，应及时向老师道歉。	
强调提醒	【提醒你】 任何时候在冲突中都不要使用污辱性语言，比如：“你一个老师有什么了不起的”，“你不就是个穷教书的吗？”这种语言最伤感情，容易使冲突升级。	

续表

主题思想	内容设计	表现形式
模拟训练 模拟情境，学生回答 给出提示 情景二 学生思考 给出提示 回忆自己，通过学习，思考该如何解决	**你来想想** 如果你遇到下列情景，该如何做呢？ 1. 下课铃响了，同学们一起说好去打球，但是老师却让我们在课外活动期间做练习题。 ____________________ （老师是为我们好，但又剥夺了我们的休息时间，诚恳地告诉老师“我们一定会按时完成作业”，当然一定要保证课下完成作业，不让老师失望。） 2. 今天老师批评我，我一时顶撞了老师，事后我觉得我不应该那样对老师。 我想对她说：____________ 我应该这样做：____________ （写个纸条怎么样？“老师，我很后悔那样对您说话，希望您能原谅我。”） **回想你记忆最深的和老师发生的一次冲突** 你当时是如何解决的？ ____________________ 你现在觉得当时解决办法合适吗？（　） 现在你觉得还有什么更好的解决办法吗？ ____________________	动画表现场景，问题不用配音 学生写的东西保存 提示配音加相应的图片，并突出呈现 同上 一个问题保存后，再出现另一个问题
课下学习	**【与人交流】**和同伴交流一下与教师交往中的经验，看怎么处理冲突更有效。 回到家中与父母探讨，如何解决与老师的冲突。	和同学在一起交流，和父母在一起的图片
总结指导	**【送你一句话】** 师生冲突很正常，但是作为学生，你应该积极寻找办法解决冲突，只有这样才能有利于发展良好的师生关系，也有利于我们的学习和进步。	随着背景音乐，呈现文字，并配音

附录八　改善同伴关系教育软件研究材料

一、访谈记录

T1：访谈老师　　　S：被访谈学生　　　T2：班主任老师

（一）个案一　刘××，女，同伴低接纳组，积极提名数=0

同伴关系自我评价：很成功；改善关系主观愿望：较强烈；改善关系客观努力：很努力

教师访谈情况：

T1：请问您班上的刘××同学表现如何？

T2：很乖的女孩子。

T1：她和同学的关系怎么样？

T2：文静、听话，和同学们的关系都挺好的。

T1：可在这次现状调查中，她却没有被任何一个同学提名。

T2：应该不会，她平时都很积极，又乐于主动帮助同学。

学生访谈情况：

T1：你和同学相处有困难吗？

S：没有，都挺好。

T1：你有没有认为自己哪些方面还有不足？

S：看不惯男生和个别女生，我妈不叫我和男生接触，我也觉得不能太多交往。

T1：为什么？

S：不好意思，也不知道怎么和他们相处。而且，有些男生很讨厌，上课总说话，下课也疯打。还有女生××1总是不爱搭理人，××2也喜欢说别人小话。

T1：谈谈你的好朋友。

S：我只和××很谈得来，常在一起，我俩之间从不保守秘密。

T1：那你和其他同学呢？

S：其他人关系一般，我这学期才从农村转学到这里，和他们不是很熟悉。

T1：那你现在的同学和以前的同学相比呢？

S：以前的好，很怀念，以前大家都在一起玩（很高兴）。

T1：已经学习了三节课内容，你有哪些收获？

S：知道了如何和男生相处，还有和好朋友的相处（提到软件中主人公和好朋友的故事，以及两个人在沙漠中合作寻药的故事）。

T1：在日常交往中，你是否有意识运用这些技巧？举个例子说说。

S：有，我和后排男生相处次数比以前多了，但还只限于课上，多是讨论学习问题，下课便不再多说话。

T1：你对软件内容和形式有何看法？谈谈你的感受。

S：都挺好的，没啥意见，帮助很大，好像人物设计得有点卡通。

（二）个案二　张×，男，同伴低接纳组，积极提名数＝2

同伴关系自我评价：较失败；改善关系主观愿望：很强烈；改善关系客观努力：很努力

教师访谈情况：

T1：请问您班上的张×同学表现如何？

T2：很邋遢，学习不聪明。

T1：他和同学的关系怎么样？

T2：比较孤立，似乎很多同学都不喜欢他。

T1：是否有不良品行？

T2：没有。

学生访谈情况：

T1：你和同学相处有困难吗？

S：有。

T1：请具体谈谈。

S：兴趣不一样，说出的话也不一回事；经常说错话，同学不理我，借东西也不借；没有求助过别人，但我有了困难却没有人帮助……

T1：你认为是什么原因？

S：可能是我兴趣不广泛，所以就不敢主动和他们结交。

T1：已经学习了两节课内容，你感觉收获如何？

S：很有帮助，知道了和同学交往时应该注意哪些方面，现在说话很注意语言方式，很多技能都用得上。

T1：在日常交往中，你是否有意识运用这些技巧？举个例子说说。

S：有，以前上体育课打羽毛球时，总是站得远远的，现在也敢和他们一起玩了。

T1：谈谈你的好朋友。

S：朋友很重要，没有朋友就没人和说话。但上网时我不会，问××，他总是不告诉我。

T1：你对软件内容和形式有何看法？谈谈你的感受。

S：教会我很多技巧，但我还是有很多问题需要解决。

二、软件脚本示例

第五课　建立健康有益的异性同学关系

场景1：

这两天同学们对我和林娜的议论非常大。就因为前天下午放学后正下大雨，林娜没带雨具，而我恰好雨披和雨伞都带着。我就把雨伞借给了她，恰好几个同学看见了，他们就冲我做鬼脸，还一直嚷着："羞！羞！羞！"我很难堪！事情都过去两天了，可他们还在到处和别人说这件事情，弄得我……唉，真麻烦！

你是否也曾遇到类似韩宇的情况？

该怎么办呢？

你是否也曾有过以下的想法？

我可以和他交朋友吗？

上课的时候，

我能不能借支笔给他？

我可以和她交朋友吗？
下雨的时候，
我能不能送她回家？

虽然我和异性之间总是有那么一道无形的“三八线”，
但内心深处又多么希望得到异性的尊重和信任。

虽然每当别人谈论异性的话题时我总是避而远之，
但我又确实很想听到他们谈论的内容。

是对还是错？
是苦还是乐？
真是说不清。

场景 2：

小雅的成绩在年级是数一数二的，她还弹得一手好钢琴，芭蕾也跳得漂亮。可以说她是一位品学兼优的好学生了，可就是有一点让人搞不懂：她很少和男生交往，更不主动与男生说话；如果非说不可，那就用最“精练”的语言。她认为：男女之间就应该“规规矩矩”、各不相干，否则“那像什么话”？别人也会说三道四的。

想一想：小雅对待异性同学交往的态度是否正确？________________
为什么？______________________________

【心灵解读】

小雅之所以不和或很少和男生来往，主要是因为她对异性交往没有正确的认识，认为男女同学交往会带来“流言蜚语”。

想一想：你认为中学生能否异性交往？________________
为什么？______________________________

【心灵解读】

男女同学“混编”学习，双方都特别注意自身的言谈举止，都希望得到异性的较高评价。世界是由男女两大部分组成，少了任何一部分，都会“塌下半边天”来。

总之，异性之间可以交朋友，但选择什么样的异性朋友，如何正确交往，便成为我们每个中学生应该掌握的技巧。

场景 3：

(1) 小和尚的故事

从前，一个老和尚收养了一个弃婴，一直养到十来岁的时候，老和尚才第一次带他下山化缘。在山路上，小和尚看到一个面容娇好的村姑，心里十分喜欢，目送她走得很远。老和尚见此情景，立即双手合十："阿弥陀佛，善哉善哉！"并告诉小和尚：那是会吃人的老虎。小和尚竟脱口而出："我就喜欢老虎！"

读了这则故事，你有何启发？

启示：少男少女对异性产生朦胧的情感是一种**正常、自然和健康**的事情

青春期是"人生的生长高峰之一"。这个时期内的男女生表现出不同的生理差异，这给他们的心理发展带来一定影响。

作为男生的你

☆是否喜欢在女生面前表现自己？

☆是否不愿老师或家长在女生面前批评指责自己？

☆是否在心里很想接近女生，但行动上又故意疏远？

作为女生的你

☆在男生面前，是否总是有意识地塑造"淑女"形象？

☆是否开始喜欢有意无意地在镜子里端详自己？

☆是否也想同男生说几句话，但又怕同学说自己"轻佻"？

其实，不管是男生还是女生，都已开始意识到两性关系，在心理上都对异性有极大的"兴趣"，对异性充满好奇。所以，无论男女都有**结交异性伙伴**的渴望，只是由于其心理的闭锁性，才表现出对异性的向往和自我克制的矛盾。

(2) 健康的男女同学交往

片断一：你与异性同学交往时，是否有以下的想法？

"我与异性交往是为了向别人证明自己有吸引力。"

"我与异性交往是为了对家长、老师的压制表示不满和反抗。"

"我与异性交往是为避免别人嘲笑自己'落伍''孤僻'而随大流。"

"我为尝试'恋爱'的滋味而与异性交往。"

"我为补偿与同性同学交往的失败而与异性交往。"

"我与异性交往是寻求依赖与安全感（女生）。"

"我与异性交往是寻求保护他人的成就感（男生）。"

动机不合理

片断二：你选择异性朋友时，是否是以下的标准？

"只要对方外表漂亮（英俊）、时尚、前卫，不管其他方面怎么样，我都愿意与之交往。"

"我选择出手大方或有钱的异性交往。"

"我只选择'讲义气'的异性朋友。"

择友标准失调

片断三：你和异性交往时，是否有以下的情况？

“我经常与异性出入校外公共场所，如公园、酒吧等。”

“我经常与某一固定的异性朋友单独在一起。”

“我与某个异性单独约会过。”

方式不恰当

那我如何与异性同学交往才是健康的呢？

片断一：与异性交往是为了学习异性身上的优点，取他人之所长，补自身之所短，互相补充，共同进步。

片断二：选择异性朋友可采用以下标准：

☆选择心灵美的他（她）。不能以貌取人，外表的漂亮并不等于心灵的美丽。

☆选择多优点的他（她）。不能老看不如你的同学，要以比你强的同学为榜样。

☆选择勤俭节约的他（她）。不能以家庭贫富和穿着好坏衡量别人。

片断三：与异性交往的方式需注意以下几点：

☆场所不宜过小。选择集体交流，避免单独接触。

☆频率不宜过多。不能有事没事频繁地与异性交往。

☆人员不可固定。不宜长时间只限于和一个异性交往。

（3）交往中的男生和女生

在同伴交往活动中，男女生常表现出不同的心理和特点，你想了解吗？

1. 男生比女生乐于竞争，女生比男生更为忍让。

2. 女生倾向于找比自己年龄小的同伴玩，男生倾向于跟年龄比他大的同伴合作。

3. 女生对同伴关系更敏感，希望和朋友分享喜悦、分担烦恼；男生对同伴关系变化较迟钝，对同伴的苦恼或不舒服有点漠然。

4. 男生的攻击性行为比女生多，攻击方式也有差异，女生主要是说三道四，男生更多是拳打脚踢。

5. 在异性交往方面：女生的愿望比男生更强烈，女生更希望和男生交往，但是，女生社交活动普遍低于男生。表现为女生交往圈子狭窄，交友较少。

6. 在男女性格方面：男生心胸豁达、交友主动，不计较点滴得失，帮助别人更胜于别人帮助自己，在女生面前，这种特点显得更为突出；女生富有同情心，为他人设身处地着想，真诚热情、耐心细致、谦虚谨慎。

想一想：你知道男女生在同伴交往活动中，还表现出哪些不同特点？____

（4）教你几招

在日常的异性交往中，你的情绪是否常常处于波动之中？看看下面几位同龄人的表现。

片断一：

“我必须和她配合才能完成小组实验，但是我因害怕说错话而坐立不安

啊……”——**焦虑**

☆自我暗示。一旦感到紧张害羞而不知所措，则深呼吸几次，给自己几秒钟的“STOP”。暂时静心，想想自己该说什么。

片断二：

“我长得太胖了，所以从不敢主动和男生说话。”——**自卑**

☆列举异性身上所没有的但自己具备的优点，如“我是女生，很细心。”

☆对着镜子反复说：“虽然我长得胖，但时间久了，他们就会发现我是个很好的女孩。”

片断三：

“我觉得和女生接触别人会说闲话，所以我在女生面前表现得冷若冰霜。”——**冷漠**

☆主动热情助人，给别人一份关怀，就会有两份快乐。

片断四：

“我一想到和男生交往就很害怕，不敢和他们说话，更不敢看他们的眼睛。”——**恐惧**

☆先找你的同性好朋友交流，再试同一个较熟的异性交谈，最后接触不熟的异性。

☆先设想即将面对的和异性接触的场景，假设出种种可能遇到的情形，并想好甚至练习好如何应付。

片断五：

“我一个男子汉比她聪明多了，凭什么我就考不过她呢？不甘心……”——**嫉妒**

☆看到异性身上优于自己的闪光点，找找自身原因，“是不是自己还不够努力？”

片断六：

“张军总喜欢在上课时踩着我的凳子晃来晃去，我觉得男的都很惹人烦。”——**敌意**

☆不能因为一个人不好，就代表所有人都不好。

☆委婉告诉他，他的做法影响了你的学习。

片断七：

“我向同桌小芳请教问题时，前排林平总是回头看，还一脸坏笑，我觉得他在笑话我。”——**敏感**

☆提醒自己：行得正，走得直，怕什么？“走自己的路，让别人说去吧！”

片断八：

“尽管我很想多交一些异性朋友，但一直压抑心中的想法。”——**抑郁**

☆放下思想包袱。越担心出错，就越不敢正视他（她），也就永远走不出第一步。

想一想：

1. 回忆你是否有类似的情况？你是如何克服的？＿＿＿＿＿＿＿＿

2. 除上述列举之外，还有哪些问题也曾困扰着你和异性的交往？＿＿＿＿＿＿＿＿

（5）判断是非

看看以下的这些行为在男女同学交往中是否合适？

1. 课间休息时，一群男女同学在操场上围成一圈打排球，欢声笑语一片。

2. 一群男女同学正在教室里围着课桌相互打闹，使教室里乌烟瘴气。

3. 晚自习后，男生小田约女生小芳聊天，此时天已经黑了，月亮挂在天边，下课的同学陆续从他们身边走过。

4. 校园里几个男女同学勾肩搭背地说笑着，他们认为这是思想开放的表现。

5. 快到国庆节了，男女同学正在手拉着手，学跳集体舞，准备参加国庆联欢活动。

6. 郊游活动中，男生在爬山时主动帮助女生背背包，女生则主动掏出手绢让男生擦汗。

想一想：你认为在今后要改进自己的哪些行为，才能让异性更喜欢与你交往？

（6）同龄人的苦恼

李京是班里的学习尖子，平时少言寡语，只有他邻近的几个男同学常常听他讲解难题。他们都很佩服他，但大部分女同学都对他有看法，认为他傲气，不爱理人，不敢和他打交道。

想一想：你对异性同学是否也是一副爱理不理的样子？

你是否心里很想多结交异性同学，但在行为上总感到拘束？

你知道这是为什么吗？

其实李京不是傲气，对女同学的过分冷淡使别人对他产生了误解，觉得他高傲无礼、不可接近。他内心何尝不愿获得女同学对他的信任呢？

处于青春期的初中生，自我意识强，往往对自我形象关注太多，加上“男女授受不亲”等传统观念的影响，很容易产生“异性恐惧症”。表现为在异性面前感觉不自在、紧张甚至恐惧，思路混乱、语无伦次，害怕与对方目光或身体的接触，不能进行正常的异性交往。

你知道该怎么办吗？

片断一：

☆对异性的向往不敢自然流露。当与异性目光相对时，害怕对方窥探出心中的秘密，于是干脆采取回避的态度。

建议：正确认识这种异性吸引心理，多读这方面的书籍，多和异性同学接触。

片断二：

☆在异性面前不能正常发挥才智，常显得冒冒失失；或因紧张而抓不住异性谈话中的关键信息，往往是不知所云，于是对异性交往产生惧怕。

建议：放下包袱，去除杂念，想一想这是你的同性伙伴你该怎样，像对同性一样真诚对待异性。

【心灵寄语】

做个有心人，多留意一下别人是如何和异性同学交往的，做个开朗、活泼的自己。

想一想：你在与异性同学交往时，曾遇到哪些令你烦恼的问题？
你是如何解决的？

送你一首诗

不要害怕青春的冲动，她是成熟的开始
不要恐惧异性的目光，她是真挚的交流
不要禁锢对异性的渴望，她是人类的本能
不要限制与异性的交往，她是社会的需要
不要被自卑孤僻所包围
只要你是真诚善良的
相信你一定能被异性接纳和喜欢

完

附录九　音乐审美欣赏对大学生抑郁症状的影响研究材料

一、音乐审美欣赏活动实施方案具体设计

活动一设计

活动名称：听懂你的心
活动主题：人际关系培养训练
活动目标：（1）让被试了解音乐的神奇力量，了解音乐审美欣赏活动的意义和活动要求。
（2）增进被试与指导人员的交流和信任。
（3）激发被试主动参与活动的热情，增强他们的集体归属感。
（4）让被试初步认识和接触，消除陌生感。

活动准备：旋律优美、安谧、抒情的背景音乐，个人资料表，团体公约同意书

音乐曲目：（1） Reynaldo Hahn. L'Heure exqiuise
Samuel Barber. Adagio for Strings（和声版）
（2） Myers（arr. John Williams）. Cavatina
（3） Ronan Hardiman. Never

（来源：UTOPIA 音乐专辑．环球国际音乐股份有限公司出版发行．2002）

活动内容：

活动阶段：	活动过程
创设情景	（1） 在优美的音乐背景中，指导者进行自我介绍，并介绍团体的名称、性质、进行的方式及团体的目标。同时鼓励参与者提出疑问。 （2） 发下“个人资料表”，指导者说明并示范填写方式，以帮助成员具体了解自己。之后，邀请参与者简单自我介绍，并说明参加团体的原因及对团体的期待，以帮助成员相互了解对方。
实施干预	**活动一：音乐的力量** 指导者讲解音乐的作用功效，让参与者了解音乐的神奇力量，增强其参加活动的动机。 **活动二：听音乐交流** 让参与者欣赏音乐，鼓励参与者将其在音乐欣赏中产生的各种体会和感觉，用言语自由表达出来，和所有成员共同分享。 **活动三：你我的约定** 指导者说明团体规范的重要性，并鼓励参与者针对规范提出疑问，然后请参与者共同通过“团体公约同意书”，并署名。
反思评价	让参与者用简洁、概括的话语，总结本次活动的主题，然后在优美的音乐声中结束活动并预告下次团体主题。

活动二设计

活动名称：倾听的心

活动主题：放松训练与放松疗法

活动目标：（1） 了解被试对音乐的喜好程度、喜好类型等。
（2） 促进被试情绪的稳定和放松，调节其身心。
（3） 促进被试自如地放松肌肉。
（4） 促进被试进入欣赏的情况（状态）。

音乐曲目：《音乐减压放松系列之——小溪吟咏》
（来源：高天．音乐减压放松系列．解放军卫生音像出版社出版发行．2003）

活动内容：

活动阶段：　活动过程

创设情景	（1）在优美的音乐背景中，指导者提问："你感受到的什么是音乐的美?"让参与者轮流自由回答，说出自己体会到的具体的音乐的美。 （2）指导者又提问："你最爱和感受最深的音乐是什么?"让参与者轮流自由回答，说出心中最喜爱、感受最深刻的音乐等，让所有成员讨论分享。
实施干预	**活动：放松训练** （1）让参与者写下或说出欣赏音乐前的情绪感受。 （2）说明训练要求，让参与者在欣赏音乐曲目过程中，在指导者的言语暗示下，进行音乐的审美联想想象，配合着音乐从头到脚进行放松。 （3）鼓励参与者说出或写出自己在欣赏完音乐后的感受，看看到底有什么变化。
反思评价	让参与者总结本次活动的主题，并提出一些疑问、不足甚至是建议，为后面的活动提供借鉴。最后在优美的音乐声中结束活动并预告下次团体主题。

二、音乐审美欣赏活动评价表

亲爱的同学：

谢谢您参加这次活动，我们很想了解您的感受和意见，作为今后工作改进的参考，请如实填好以下问题并交回。无论表扬还是批评，我们都将感激不尽。

1. 在这次活动中，您对活动要素和活动过程的评价是：

项目内容	满意	较满意	不确定	较不满意	不满意
活动要素评价					
1. 在内容构成的审美因素上，音乐审美欣赏活动具有立意情境美	□	□	□	□	□
2. 在内容构成的审美因素上，音乐审美欣赏活动具有音韵曲调美	□	□	□	□	□
3. 在内容构成的审美因素上，音乐审美欣赏活动具有配器伴奏美	□	□	□	□	□
4. 在方式遵循的审美原则上，音乐审美欣赏活动体现了情感性原则	□	□	□	□	□
5. 在方式遵循的审美原则上，音乐审美欣赏活动体现了体验性原则	□	□	□	□	□
6. 在方式遵循的审美原则上，音乐审美欣赏活动体现了形象性原则	□	□	□	□	□
7. 在方式遵循的审美原则上，音乐审美欣赏活动体现了愉悦性原则	□	□	□	□	□

续表

项目内容	满意	较满意	不确定	较不满意	不满意
8. 在方式遵循的审美原则上，音乐审美欣赏活动体现了互动性原则	□	□	□	□	□
9. 在环境具备的审美特征上，音乐审美欣赏活动强调了听觉环境的优美	□	□	□	□	□
10. 在环境具备的审美特征上，音乐审美欣赏活动强调了视觉环境的优美	□	□	□	□	□
11. 在环境具备的审美特征上，音乐审美欣赏活动强调了以上两种环境的和谐	□	□	□	□	□
12. 在指导操作的审美规范上，音乐审美欣赏活动重视了审美化的指导仪态	□	□	□	□	□
13. 在指导操作的审美规范上，音乐审美欣赏活动重视了审美化的指导语言	□	□	□	□	□
14. 在指导操作的审美规范上，音乐审美欣赏活动重视了审美化的指导气质	□	□	□	□	□
活动过程评价					
15. 在音乐审美欣赏的准备阶段以及各环节的连接阶段中，很好地进行了音乐审美注意与音乐审美期待等审美心理活动	□	□	□	□	□
16. 在音乐审美欣赏的观照阶段中，很好地进行了音乐审美感知与音乐审美探索	□	□	□	□	□
17. 在音乐审美欣赏的弥散阶段中，很好地进行了音乐审美回味与音乐审美反思等市美心理活动	□	□	□	□	□

2. 在这次活动中，您感受体验最深的是：

3. 活动后，您有什么收获或者有什么变化吗？

4. 您觉得应该得到进一步解答的问题是：

再次感谢您的参与！

签名：________

____年____月____日

附录十　文学审美干预实验计划书

（一）团体名称：“文学审美干预”团体

（二）领导者：李谷静

（三）督导者：郭成

（四）团体性质：封闭性、结构性团体

（五）团体目标：1. 成员通过对文学作品的审美赏析，缓解紧张、压抑、焦虑等症状。

2. 在审美过程中，成员产生审美快感，体验愉悦平静的内心状态。

3. 活动结束后，成员能够在一定程度上提高自我认识，悦纳自我，进而得到成长。

（六）成员对象：具有情绪问题（抑郁、焦虑）的大学本科生

（七）人数：10～25 人

（八）筛选方式：采取广告招募，自愿参加，经 SDS、SCL-90、SAS 初测后挑出适宜人选。再经过晤谈了解其意愿动机与生理心理状况，确定最终人选。

（九）团体时间：2006 年 10 月中旬至 2006 年 12 月中旬每周 1 次（19：00～21：00）

（十）具体活动设计

单元一　我与文学

单元主题：通知成员下次活动主题及注意事项。消除陌生培养兴趣

单元目标：1. 增进成员对彼此的认识消除陌生感。

2. 让成员了解文学审美的治疗作用，表明团体的目标和意义。

3. 激发成员对文学艺术的兴趣和热情。

4. 初步培养成员对团体的认同感，增进团体动力。

活动内容　时间：110 分钟

活动名称	活动内容	时间	准备工作
1. 暖身活动	先让到场的成员听一段音乐，同时幻灯片上出现一些优美景色的音像 领导者适时作自我介绍，对成员表示欢迎	10	影音资料
2. 引出团体目标	小记者 将每人编号，以抽号的方式彼此认识并采访做记录。（采访时播背景音乐）采访内容包括：姓名、年龄、自我特点、最近最难过的事情、参加团体的目的 讨论分享，领导者引出团体目标，介绍文学审美的功效（播放相关幻灯片或录像资料）并鼓励成员分享自己以往的文学审美经验	50	影音资料 抽号小纸条
3. 感受文学的力量	结合前面成员的分享，领导者理更加深入地介绍文学审美功效。现场鼓励成员说出自己对团体的期望，领导者现场（配幻灯片与背景音乐）带领成员进行作品分析。	30	诗歌作品
4. 订立契约	组织成员表达对团体规则的意见，讨论后订立团体公约，并署名。同时在团体辅导室内张挂出公约。通知成员下次活动主题及注意事项	20	公约广告纸

单元二　心灵的秘密花园

单元主题：放松训练与放松治疗

单元目标：1. 帮助成员放松和稳定情绪，舒缓身心压力。

2. 训练成员审美注意力、审美态度。

3. 初步训练成员的审美意象和审美联想力。

活动内容 时间：120 分钟

活动名称	活动内容	时间	准备工作
1. 引入主题	在音乐背景中，领导者向成员朗诵一段优美的描写自然景色的文学作品，然后组织成员讨论“当听到这段文字的时候联想到了什么?”“你能体察到怎样的美?”“文学审美的世界是一个忘记功利和科学概念性的地方。”	20	音乐资料，文学作品
2. 直观的意象（文学＋画面）	分发给成员一段描写优美景色或人物的文学材料，如《庄子》中光怪陆离的超现实主义描写，《高唐赋序》中“梦会神女”的场景，让成员在内心描画出形象，再用幻灯向其呈现该人物的形象，然后组织成员进行讨论，看看自己心中的形象是怎么样的	30	文学作品，图文资料
3. 冥想放松（文学＋音乐＋熏香）	经过前面的审美意象训练，即进入更高级的依靠联想时行的放松治疗阶段。在安详优美的背景音乐中，领导者先用暗示性语言引导成员放松下来，初步进入状态，然后引导成员倾听作品《林中小溪》《秋天的日落》，鼓励成员在头脑中形成意象并产生联想，让其在优美的文学意境中身心得倒放松。在联想阶段只播放音乐。冥想结束后，鼓励成员写下自己的感受，并鼓励成员分享自己的感受，看看自己有什么改变	50	音乐资料，文学作品，熏香
4. 评价总结	让成员总结此次活动的主旨，鼓励成员提出疑问、不足，并和他们一起讨论改进的方法和他们接受的方式，更好地促进以后的活动开展。鼓励成员回家后自己进行放松训练，培养自己审美想象力，并向他们推荐一些相关资料。通知成员下次活动主题及注意事项	20	

单元三　我是……

单元主题：自我确证和自我发现的满足

单元目标：1. 通过赏析，让成员从接受对象上认识自我，甚至认识无法意识和认识的那部分自我。

2. 自我得到语言形式的表达。

3. 让个体内部的朦胧变得清晰，焦躁和紧张得以缓解和，产生惬意感。

活动内容 时间：140 分钟

活动名称	活动内容	时间	准备工作
1. 引入主题	镜中的我 由成员写下 A、B 格中的自我特质。A、B 格封折不给他人看。 访问其他成员对自己的看法，填满 C、D 格 两相对照：成员讨论分享自己的看法，领导者引出今天的团体主题	30	镜中自我四格表

续表

活动名称	活动内容	时间	准备工作
2. 精读文章，进行自我的发现	在阅读之前组织成员回忆最近自己的心情，有什么样的迷茫或是困惑 将成员分成若干小组，阅读描写主人公内心挣扎和矛盾的名著选段，如《包法利夫人》《悲惨世界》《大明宫词》等。注意在阅读前详细的介绍作品的背景主人公所面临的生活，带领成员理解和领悟作品 本部分又分为几个小主题：①对生命的困惑；②爱情的挣扎；③现实生活的困惑。每个主题欣赏前鼓励成员抒发自己在这几个方面的困惑与问题，欣赏完后组织成员讨论自己的阅读感受与个人心得	80	A4 打印文学阅读材料
3. 回味与体会	精选一篇励志和安慰人心的散文，配上优美的音乐和有寓意的幻灯画面，领导者在后面深情朗诵内容。成员或欣赏画面或闭目聆听，让其充分的回味和宁静下来	20	幻灯片、背景音乐灯光调暗
4. 作业	领导者开出书单，鼓励成员回家进行更进一步的阅读，并写下自己的读书日记。看看对自己的认识是否有变化 通知成员下次活动主题及注意事项	10	

单元四 意境的世界

单元主题：感受文学作品的意境，产生共鸣。

单元目标：1. 培养成员审美想象力和感受力。

2. 引导成员初步体验进入文学假定世界的感觉，产生艺术共鸣和美感愉悦。

3. 促进其产生审美快感，减轻问题情绪。

活动内容 时间：130 分钟

活动名称	活动内容	时间	准备工作
引入主题	感受自然的世界 领导者向成员呈现以自然美景为主题的幻灯，然后将成员两两一组，告诉大家要静下心来，体验大自然的美，然后要组内的一个成员蒙住自己的眼睛，另一成员从旁协助。此时播放一段时间的音乐，领导人提示成员静下心来，然后在音乐背景中领导者朗诵一段描述漫步于花园、树林等的作品，协助的成员带领体验成员散步，并适时呈现鲜花和树叶等让体验成员触摸、嗅。双方互换（但所采用的作品不一样），活动结束后，开展讨论	30	幻灯片 羽毛 树叶等自然素材。
精读阶段	选择几个较有代表性的意境作品，带领成员体会和共鸣 （1）失意，愤懑的。《琵琶行》《离骚》 （2）忧伤、凄美的。《钗头凤》、《暗恋唐婉八百年》 （3）喜悦的，幸福的。《珍珠鸟》《假如给我三天光明》 精读结束后，鼓励成员回顾和讨论。谈谈他们在过程中所体会的愉悦或是沉重感，进行心灵的沉淀	60	A4 打印作品

续表

活动名称	活动内容	时间	准备工作
视觉呈现回顾	播放根据上面作品改编的影视作品，主要是精选的篇章，让成员有更深刻的把握	30	影视资料
作业	鼓励成员阅读作品，培养对作品意境的把握，开出书单 做团体温度测试，询问成员对团体的看法，以便改进 预告下次活动	10	

单元五　净化与宣泄

单元主题：戏剧阅读与戏剧治疗

单元目标：1. 阅读悲剧引起怜悯与恐惧

2. 松懈被压抑的情感，在表达情感中释放情感，净化心灵。

3. 引入戏剧治疗

活动内容　　时间：120 分钟

活动名称	活动内容	时间	准备工作
暖身活动	组织成员讨论自己对悲剧的看法，分享自己的心得。然后领导者向其讲解有关悲剧的文艺理论和历史背景，以及悲剧对人心的震慑净化作用	20	
精读剧本	选取古希腊悲剧《俄狄浦斯王》、电视文学剧本《大明宫词》进行作品阅读和分析	0	印有作品的资料
朗诵和熟悉	将成员分成若干组，在组内分配角色，进行角色朗诵，借此帮助成员熟悉作品和理解戏剧冲突，帮助其情感的外化和释放 组织成员讨论其体会，鼓励他们将自己的情感冲突或是生活创作成剧本	0	
作业	鼓励成员以分组方式创作作品、准备戏剧表演，在下次活动中进行表演。(可以演出本次的作品，也可以自己创作) 预告下次的活动内容	0	

单元六　我的舞台我表演

单元主题：文学创作与戏剧治疗

单元目标：1. 体验创作的快感。

2. 利用创作将内部矛盾对象化，澄清症结。

3. 在表演中抒发和表达压抑的情感。

活动内容　　时间：125 分钟

活动名称	活动内容	时间	准备活动
温习与回顾	组织成员回顾上次的戏剧，鼓励成员分享自己的创作剧本。领导者向成员总结讨论内容，鼓励成员演出角色	30	
表演	让成员表演自己选择的角色和剧本，或是成员自己编定的剧本，但一定注意周围气氛，鼓励和宽容成员。演出完毕后，每个人畅所欲言，谈感想	80	灯光调暗一些必要的背景、简单的服装。
整合与沉淀	组织成员演唱一首歌曲，在歌唱中抒发情绪整合感受。将自己的心愿叠成纸鹤，放入心愿信封	15	蜡光纸歌曲
作业	告知下次活动内容	5	

单元七　孩提时代与童话世界

单元主题：童话疗法

单元目标：1. 在童话世界中暂时离开现实世界，创造自我改变的契机。

2. 回忆童年生活，唤起最初和最单纯的感情。

活动内容　　时间：120 分钟

活动名称	活动内容	时间	准备工作
引入活动	组织成员回忆自己儿时最喜爱的童话或神话，分享大家儿时阅读的感受	10	
倾听童话	创设情境，让成员假象自己回到儿童时代，领导者播放经典童话声像资料。尽情回顾童年的快乐与伤痛，分享感受 《格林童话》《吉米漫画：可不可以不勇敢》	30	童话声像资料
中断联想	领导者向成员朗读一段童话或神话，让成员发挥想象力进行神奇的创造 让成员将自己的想象力用颜色和形状表现出来，能够画出自己心中的神话形象更好，领导者鼓励成员在想象中回顾自我并创设改变的机会 让成员向他人讲述自己的作品	40	色笔，画纸
整合	鼓励成员想象自己儿时的理想童话世界，可用剪贴画作业来完成。同时组织分享与讨论	30	剪贴画和彩纸
作业	预告下次团体活动内容	10	

单元八　每个人都是艺术家

单元主题：自由创作

单元目标：1. 思考自己的过去、现在与将来，并用艺术形式表达出来。

2. 在创作中学会表达和整合自己。

活动内容　　时间：140 分钟

活动名称	活动内容	时间	准备工作
引入活动	播放音乐，组织成员闭眼回顾自己的人生，让其分享自己最受感动的文学作品或是最激励自己成长的事件，注意要让每位成员都能大致理解他人的体验	40	背景音乐
创作	告知成员将自己上面的分享以诗歌、绘画、剪贴、雕塑的方式由创作出来。强调其创作本身技巧不重要，主要是在其中能够表达自己 鼓励成员讲解和分析自己的作品 鼓励成员以后能够自觉运用创作来自助	60	画纸、画笔 剪贴材料 剪贴板 雕塑黏土
回顾团体活动 互赠卡片	回顾每次团体的主题，自己的成长经历 谈对未来生活的期待和计划。（可以是前面的创作内容） 相互赠送祝福与卡片	40	回顾幻灯问卷
告别	在音乐观看幻灯片（记录了每次团体生活的点滴，配有抒情的文笔），成员相互道别 分发后测问卷		

所用文学作品来源

《庄子》——庄子．庄子著．中国社会科学出版社．2004.

《高唐赋序》——中国古典文学百部．第二卷．罗晶主编．青海人民出版社．1998.

《包法利夫人》——包法利夫人．（法）福楼拜（Flaubert，Gustave）著．译林出版社．1992.

《悲惨世界》——悲惨世界．（法）雨果著．译林出版社．2001.

《青蛙王子》《灰姑娘》——格林童话全集．（德）格林（Grimm，J.），（德）格林（Grimm，W.）著．译林出版社．1993.

《俄狄浦斯王》——古希腊悲剧故事集．（英）丘尔契（Church，J.）改写．中国青年出版社．1958.

《假如给我三天光明》——假如给我三天光明．（美）海伦·凯勒著．北方文艺出版社．2005.

《离骚》——离骚今译．郭沫若著．人民文学出版社．1958.

《钗头凤》——陆游集．第二册．（宋）陆游著．中华书局．1976.

《巴黎圣母院》——巴黎圣母院．（法）雨果（Victor Hugo）著．译林出版社．1995.

《暗恋唐婉八百年》——http://article.hongxiu.com/a/2004-7-24/420743.shtml.

《珍珠鸟》《林中小溪》《秋天的日落》——人一生要读的 60 篇美文．中国和平出版社．2006.